DESIGNING AN
THE SUPPLY CHAIN

供应链设计与管理

概念、战略与案例研究

工商管理经典译丛
运营管理系列

（第3版）

大卫·辛奇-利维 (David Simchi-Levi)

[美]　　菲利普·卡明斯基 (Philip Kaminsky)　　著

伊迪斯·辛奇-利维 (Edith Simchi-Levi)

季建华　邵晓峰　译

中国人民大学出版社
·北京·

译者序

《供应链设计与管理》（第 1 版）的中文版问世于 2000 年 12 月，弹指已八年，本书的第 3 版即将与读者见面。

正如作者在第 3 版序言中所说，新形势下，企业与供应链的业务模式发生了很大的变化，尤其是互联网和电子商务的兴起以及 RFID 技术的应用，为供应链管理的发展提供了更广阔的空间。在此期间，中国的物流与供应链管理由粗放转向精益，由重规模转向重效益，其发展速度跃居世界前列。最近，中国政府将物流业作为唯一的服务业，与其他九大制造行业一起列入"十大行业"，制定了相应的"十大行业振兴规划"，中国物流业之发展由此可以期待。

然而，随着全球化与外包的发展，供应链的复杂性与风险也日益显现，人们不再仅仅关注效率与精益，也开始关注供应链的风险管理与应急管理问题。正是出于对这个问题的关注，本书第 3 版增加并充实了许多新内容、新主题，尤其是供应链全球化中的风险管理以及与此相关的战略库存等内容。我们近几年也开展了这方面的研究。2008 年初，我们有幸承担了有关应急运作管理研究的国家自然科学基金重点项目，研究主旨是供应链领域突发事件的预防、预警与应对。2008 年，中国经历了特大地震和雨雪冰冻两场严重的自然灾害，目前正经历全球性的金融危机。所有这些都使我们深刻体会到：供应链管理在突发事件方面的研究工作十分重要，尚有许多课题需要深入研究。

大卫·辛奇-利维教授在本书中所撰写的大量案例，来自他担任工程部主任的麻省理工学院的制造业领袖项目。上海交通大学安泰管理学院目前正与麻省理工学院合作，创办中国的制造业领袖项目，我作为一名导师也参与了这个项目。这个项目要求深入到全球著名跨国公司中，了解它们供应链的问题并提出解决方案。学生在此过程中可以得到很大的锻炼，对教师来说，也是从实践中学习和研究供应链问题的一个极好机会。

在翻译了本书前两版的基础上，我们又用近一年的时间完成第 3 版的翻译。本书是团队工作的成果：上海交通大学安泰管理学院运营与物流管理研究中心副主任邵晓峰副教授负责第 9 章到第 15 章的校译和修改；硕士生杜守梅负责前言、第 1、2、4 章的翻译；硕士生王凯翻译了第 3、14、15 章以及附录等内容；硕士生陈斯泓翻译了第 5、6、7 章；第 8、9 章由博士生盛方正完成；硕士生傅添、柴轶、莎娜及罗小凌分别完成第 10、11、12、13 章的翻译。我本人除了组织、协调全书的翻译工作，还对前言及第 1 章到第 8 章进行校译与修改，并对全书作终校、修改与统稿。

在即将付梓之际，我向我们团队各位同仁表示诚挚谢意，由于各位精诚合作，追求卓越，使本书前两版受到读者的追捧与好评，并使第 3 版得以及时出版。同时，衷心向所有支持、帮助过我的领导、同事及朋友表示感谢。

由于时间紧张，加之译者的水平有限，若有不当之处，恳请专家和同行批评、指正。

季建华

上海交通大学安泰管理学院

中文版第 3 版序

五年前在为本书中文版第 2 版作序时，我们注意到各方面开始对供应链管理予以关注，并且从那之后这种关注变得越来越多。这种趋势的迅速发展主要有这样几个原因：首先，越来越多的公司其生产成本缩减已经达到极限，它们开始将目光转向供应链，并且发现通过计划管理和供应链管理来缩减成本更加有效。事实上，20 世纪 90 年代沃尔玛的成功正是一个极具震撼力的例子。沃尔玛的成就一方面归功于与供应商的战略伙伴关系，另一方面归功于被称为直接转运的创新物流战略以及对供应商沟通效率的重视。

其次，信息和通信系统如今已得到了广泛应用，并能对供应链各个部分的综合数据进行访问。特别是互联网和电子商务的兴起，对总体经济和公司业务都产生了巨大的影响。例如像亚马逊（amazon. com）这样的一些业界巨头采用的直销模式，能够使顾客直接通过互联网订货，从而使亚马逊公司可以进行直接销售，而不需要借助于第三方分销商或者传统商店。同时，一些先进技术如无线射频识别技术（RFID）的采用和不断提高的计算机能力，都为供应链管理的进一步发展提供了更多的机会。

尽管各个领域对供应链的兴趣日渐增长，但对供应链的管理却在很多方面变得越来越难以掌握。制造业供应链的全球化日益凸显，供应链的复杂性和风险也显著提高。随着企业越来越多地采用精益而高效的供应链，这些供应链更加容易受到自然或人为意外事件的冲击。并购业务的增多和发展中国家市场购买力的提升，也促使企业重新设计供应链以获得更高的运营效率。对一些新的采购方式只有正确运用，才能为企业带来新的机会。在本书中，我们想提供一系列的概念、模型、策略和框架来帮助发展中的企业和管理者避免这些风险，同时抓住和利用这些机会。

全球化供应链中蕴藏的机会和风险，几乎没有什么地方能比中国提供更好的例子。事实上，中国是世界上增长最快的经济体，也是各种工业产品的主要制造国和消费国。自 2001 年加入世界贸易组织以来，中国已经成为世界贸易领域极为重要的市场。根据美联社报道——"中国汽车月销量首度超过美国"，中国已经取代日本成为世界第二大汽车市场，并随时有可能超过美国位居第一。根据《纽约时报》（约瑟夫·卡恩："中国制造，中国购买"，2003 年 1 月 5 日）报道，中国人的手机购买量已位居全球第一。同时，中国人对别克汽车的年购买量有大约 10 万辆，并光顾大约 3 000 家的麦当劳、肯德基、必胜客和星巴克。因此，在全球经济放缓导致其他国家经济不景气时，中国经济仍能保持将近 9％的增速也就不足为奇了。

过去几年里，日立和索尼都在上海建立了大型的制造运营中心并不断地进行扩建。日本汽车制造商在华设立制造工厂已有些时日了；大众公司在中国运营着多家工厂，其中一家已有超过 20 年的历史；通用汽车在中国拥有 8 家工厂，总的年产量超过 100 万辆。戴尔、思科和英特尔都在中国内地进行运营，并且它们的供应商已进行了多年的本地化供应。

　　然而，很多在中国经营的公司仍然面临着重大的供应链挑战，比如某些服务的缺失、物流系统的支离破碎、地方保护主义的遗留、第三方服务能力的不足和很多法律法规的相对滞后等。最近的一些事件，如美泰公司（Mattel）对中国制造玩具的召回，凸显了对中国复杂的供应链进行管理时偶尔出现的一些困难。中国经济的地理分布也带来了更多的挑战，因为占据全国 2/3 人口的西部和内陆市场在很大程度上难以进入。因此，企业要想在中国繁荣发展，供应链管理领域有效的工具、方法和概念自然就至为重要。

　　上海交通大学的季建华教授于 2001 年翻译了《供应链设计与管理》的第 1 版。该书的出版取得了很大的成功，并在学生、教师和企业管理者中引起了巨大反响，中国很多管理学院使用该书。第 1 版的印量超过了 2 万册。第 1 版的成功使季建华教授受到鼓舞，进行了第 2 版和第 3 版的翻译工作。我们非常感谢季建华教授在翻译过程中所做的大量艰苦工作，这些工作使得中国这个全球最大最重要的供应链市场的众多学生和工作者能够了解本书的内容。

大卫·辛奇-利维

剑桥，马萨诸塞州

菲利普·卡明斯基

伯克利，加利福尼亚州

伊迪斯·辛奇-利维

列克星敦，马萨诸塞州

序

在过去的几年中，我们看到在供应链管理领域爆炸性地出现了大量的出版物；不但出版了大量的相关书籍，还在学术、贸易和流行杂志上出现了大量的相关文章。但是，这些出版物要么太技术化——让从业者和学生无法接受，要么缺乏按照其主题所应具有的广度和深度。显然，很难找到一本适合于面向商业与工程专业学生的供应链管理用书。《供应链设计与管理：概念、战略与案例研究》这本书恰好解决了这个问题！

该书在供应链界具有重要的贡献，是供应链管理发展一个主要的里程碑。本书以足够的深度全面涵盖了供应链的主题，并指出了这一领域的主要挑战。它由从事多年供应链管理研究、咨询和软件开发的学术界和工业界专家编写而成。

本书包括许多经典和新的案例研究，大量的实例深入分析了涉及库存管理、网络设计和战略伙伴等方面的技术性问题。因此这是一本适合本科、硕士和 MBA 阶段供应链管理课程的教材。由于每一章都是自成体系的，教师可以根据课时和需要选择章节。这本书包含三个电脑游戏：电脑啤酒游戏为学生从事供应链管理提供了一个极好的教学工具，也为讨论供应链中信息价值、战略伙伴、集中决策制定等问题提供了基础；风险分担游戏使得学生了解到在供应链管理中一个重要的概念——风险分担；投标游戏讲述了采购策略的重要性。作者极具创造性地使用游戏来激发学生的兴趣，并向他们展示了供应链管理中具有挑战性的主题。

最后，由于许多公司将供应链管理看做它们商业战略的核心，因此该书对供应链任何环节的管理者都有重要意义。

我非常感谢作者，感谢他们为供应链界写出这么杰出的著作。

李效良教授 （Hau L. Lee）

克莱纳·珀金斯（Kleiner Perkins）风险投资公司、

梅菲尔德（Mayfield）风险投资公司、

红杉资本（Sequoia Capital）风险投资公司讲席教授

斯坦福大学国际供应链论坛主席

前　言

三年前，当这本书的第 2 版出版的时候，我们提到我们的目标是在第 1 版被认可内容的基础上增加新的知识。我们很高兴地看到第 2 版取得了成功；和第 1 版一样，我们从教师、学生、管理人员和咨询人员那里获得了大量的反馈。然而，新的概念和技术变化都在日益更新，我们已经发现很多重要的新的教学方法和概念，因此现在又到了再次修订版本的最佳时机。

本书的第 1 版来源于我们过去几年在西北大学教授的供应链管理课程和经理人员培训课程，同时来源于我们在 LogicTools 公司进行的咨询项目与开发的供应链决策支持系统。之后，我们继续在麻省理工学院和加州大学伯克利分校从事经理人员培训工作和常规教学，并继续开发不同的供应链决策支持工具。通过这些课程，我们产生了许多革新性的和有效的供应链教学思想。这些项目的重点是以较容易理解的方式，介绍供应链设计、控制和运作方面比较重要的最新模型和解决方案。同样，LogicTools 公司的咨询项目和决策支持系统正关注于将这些新技术用于解决面向客户的特殊问题。在最近的三年中，我们已经将新开发出来的模型和技术增加到课程中，并且继续开发出集成这些方法、模型和解决方案的框架以便学生更好地理解。

在过去 20 年中，不论是在企业界还是学术界，对供应链管理的兴趣正在迅速增长，而且这个趋势仍在继续。促使这种发展的趋势有几股力量。首先，在 90 年代，许多公司意识到它们已经尽最大可能地减少制造成本。其中的很多公司发现更加有效地规划和管理供应链以降低成本的重要性。事实上，沃尔玛的成功正是一个极具震撼力的例子，该公司的成功部分归功于其实现了被称为直接转运的新物流战略。与此同时，信息与通信系统的广泛实施，为供应链所有环节提供了访问全面数据的途径。

其次，互联网和电子商务在经济上尤其是在商业实践上的影响已经非常巨大了。供应链业界正在迅速地发生着变化，变化的范围也十分惊人！例如，企业界一些巨头，如戴尔电脑和亚马逊网上书店，所采用的直销模式使客户可以通过互联网订购产品，从而使企业可以不依靠第三方配送商或传统的商店来销售自己的产品。同样，在企业对企业的电子商务交易与合作模式上，互联网也产生了巨大影响。与此同时，运输业解除管制也导致了多种运输模式的发展，降低了运输成本，并显著地增加了物流系统的复杂性。

最后，在过去的五年里，一些新生因素也导致了人们对供应链管理兴趣的增长。随着生产离岸化和全球化的持续发展，供应链的复杂性和风险显著增加。同时，不断上涨的能源成本及不断加速的企业间兼并收购，促使许多公司为了更好地利用现有的资源与基础设施而重新审视它们的供应链战略。

因此，许多公司会进行供应链分析并不奇怪。但是，在大多数案例中，这些分析是基于经验和直觉的；在这一过程中几乎没有使用什么分析模型或规划工具。比较而言，近 20 年来，学术界开发了大量的供应链管理模型和工具。遗憾的是，这些第一代技术的稳定性和灵活性还不够，因此不足以让企业界有效地使用。不过，这一状况在近几年已经有所改变，这期间开发出了许多改进的分析工具和理念，以及有效的模型和决策支持系统，但是，企业界还不熟悉这些技术与理念。事实上，根据我们的了解，目前还没有书籍在恰当的层次上讨论这些问题、模型和工具。

我们试图在本书中通过提供有关设计、控制、运作和管理供应链系统非常重要的最新模型、概念和解决方法来填补这一缺口。此外，我们尝试向读者传递许多供应链关键概念背后的感觉，并提供一些简单的技术用于分析供应链各方面的问题。

本书在形式上强调适合企业主管和从业者，以及有兴趣在相关行业就业的学生使用。另外，它将向读者介绍用于支持供应链设计、分析和控制的信息系统和决策支持工具。

本书可以作为：

- MBA 层次的物流与供应链管理课程教材。
- 工业工程专业学士与硕士的物流与供应链管理课程教材。
- 教师、咨询者以及供应链所有环节从业者的参考书。

当然，供应链管理是一个非常广泛的领域，仅靠一本书，无法既保持足够的深度又涵盖所有的相关领域。实际上，学术界与企业界在界定相关领域上存在相当大的分歧。然而，我们试图对供应链管理的许多关键方面进行广泛的介绍。尽管许多基本的供应链管理问题是相关的，我们仍然尽可能使每一章自成体系，从而使读者可以直接参考其感兴趣的章节。

本书讨论的范围既包括基本的主题，如库存管理、物流网络设计、配送系统、顾客价值，又包括更高层次的主题，如战略联盟、供应链中的信息价值、供应合同、采购与外包、产品设计及产品设计与供应链战略之间的接口、业务流程和包含决策支持系统的信息技术、技术标准和风险管理、供应链管理中的内部问题。每一章都使用了大量的案例分析和实例。同时，读者可以跳过数学与技术的章节，而不会影响内容的连贯性。

■ 第 3 版新增内容

在第 3 版中我们做了实质性的改变。事实上，我们在延续先前版本的结构与逻辑的同时，着力寻找或开发了可以阐明许多重要供应链问题的有效框架。另外，受企业界新发展的影响，我们增加了大量新的主题，同时也充实了其他主题的内容。

简而言之，主要变化有：

- 新案例。例如亚马逊公司的欧洲分销策略案例；戴尔公司提高台式计算机供应链的柔性案例；H. C. Strack 公司案例；Steel Works 公司案例；Selectron 公司从合约制造商到全球供应链集成商的案例；Zara 服装公司案例。
- 新主题。例如网络规划、战略库存、风险管理战略、全球采购战略、技术标准。

- 新章节。包括网络规划、配送战略、供应合同、定价和技术标准。
- 新概念。例如供应链开发、战略采购、面向服务的架构。

我们着重：

- 引入了"供应链开发"的概念（第 1 章），并应用于产品设计与供应链战略（第 11 章）。
- 增加了网络规划的内容，并强调了供应网络中的战略安全库存和库存计划（第 3 章）。
- 新增了一章，介绍了战略性及商品元件供应合同（第 4 章）。
- 加强了提前期对供应链战略的影响力的讨论（第 6 章）。
- 新增了配送战略的内容，重点介绍了联合库存和客户查询的影响（第 7 章）。
- 修订了采购及外包战略这一章，着重于研究外包、战略采购和供应商分布的框架（第 9 章）。
- 开发了供应链全球化中的风险管理新框架（第 10 章）。
- 新增了供应链中智能定价和收益管理的内容（第 13 章）。
- 新增了技术标准的内容，比如面向服务的架构和无线射频识别技术（RFID）（第 15 章）。
- 为了描述不同的概念、框架和战略，我们增加和更新了大量案例。

本书还包括 3 个软件包——电脑啤酒游戏、风险分担游戏和投标游戏，它们有助于阐明我们在书中讨论的许多概念。实际上，在对经理人员和 MBA 学生的教学过程中，我们发现这些游戏能帮助学生更好地理解诸如牛鞭效应、供应链中的信息价值、提前期的影响、集中决策制定、风险分担和在供应链运作中的供应商竞争等问题和概念。在第 2 版中，我们增加了微软电子数据表格，它可以帮助学生理解第 4 章介绍的供应合同中的许多概念。

本书中有些部分是基于我们自己以及与他人合作所做的工作。

- 第 1 章和第 3 章借鉴了由 J. Bramel 和大卫·辛奇-利维编写并由 Springer 出版公司于 1997 年出版的《物流管理法则》一书的内容；发行于 2004 年 10 月的第 2 版内容（与 X. Chen 和 J. Bramel 合作）。
- 供应链开发的概念首先是由麻省理工学院的 C. H. Fine 教授提出的，随后被他和大卫·辛奇-利维应用于开发有效的供应链战略中。我们将在第 1 章和第 11 章讨论其中的部分内容。
- 有关牛鞭效应的一些材料来源于 Chen，Drezner，Ryan 和大卫·辛奇-利维发表在《供应链管理的数量模型》中的一篇文章，该刊物由 S. Tayur，R. Ganeshan 和 M. Magazine 编辑，由 Kluwer 学术出版公司在 1998 年出版。
- 第 6 章的材料来源于两篇论文，一篇由本书的第一和第三作者发表，另一篇由这两个作者与 M. Waston 共同发表。该论文发表于由 T. Harrison，H. Lee 和 J. Neale 编辑，Kluwer 学术出版公司出版的《供应链管理实践》刊物上。
- 第 7 章中联合库存和客户查询的材料是基于《库存集中化：零售商 vs. 制造商》一文。这篇文章是由 R. Anupindi 和 Y. Bassok 于 1999 年发表在《管理科学》刊物上。这篇文章启发了第一作者（和 X. Chen，Y. Sheng 合作）研究出了在案例 7—2 和 7—3 中使用的仿真模型。

- 第 9 章中使用的部分材料是源于作者从新加坡国立大学 C. P. Teo 和西班牙 IESE 商学院 V. M. de Albeniz 那里得到的教学材料。

- 第 14 章的内容广泛地借鉴了由 C. Heinrich 和第一作者于 2005 年 5 月发表在《供应链管理评论》上的一篇文章。

- 第 15 章无线射频识别技术是源自《RFID 和新业务模式》一书中由大卫·辛奇-利维写的一章内容。这本书由 C. Heinrich 编辑，并在 2005 年由 Wiley 出版公司出版。

- 电脑啤酒游戏曾在菲利普·卡明斯基和大卫·辛奇-利维的一篇文章中讨论过。该文章刊登在由 H. Lee 和 S. M. Ng 编辑的《供应链与技术管理》刊物中，该刊物由生产与运营管理协会出版。

- 投标游戏来自 V. Martinez de Albeniz 和大卫·辛奇-利维合作的《供应期权市场中的竞争》这篇文章。这篇文章是他们 2005 年在麻省理工学院的研究手稿。

- 风险管理的一些资料出自大卫·辛奇-利维、L. Snyder 和 M. Watson 于 2002 年发表在《供应链管理评论》上的一篇文章。

目　录

第 1 章 CHAPTER 1

供应链管理介绍

什么是供应链管理

当今全球市场竞争激烈，新产品的生命周期越来越短，顾客期望值不断提高，这些因素都迫使企业开始投资并关注于它们的供应链。同时通信与运输技术的不断发展（例如，移动通信、互联网、隔夜送达），促使供应链及其管理技术也不断地发展。

在一个典型的供应链里，首先需要购买原材料，在一个或多个工厂中生产出产品，然后运到仓库临时储存，最后再运往零售商或客户。因此，为了减少成本并提高服务水平，有效的供应链战略应该考虑供应链中不同层次上各环节的交互作用。供应链，也被称作物流网络，由供应商、制造中心、仓库、配送中心和零售网点组成，而原材料、在制品库存和成品在这些设施之间流动（见图 1—1）。

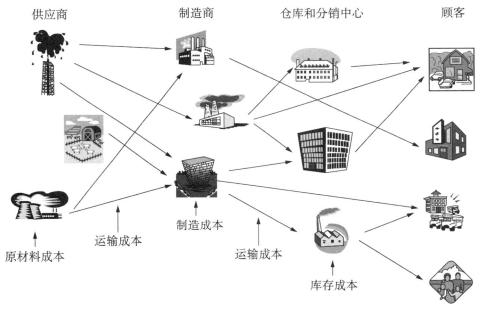

图 1—1   物流网络

在本书中，我们将提出并解释对有效供应链管理具有重要意义的概念、理念、实用工具和决策支持系统。那么，供应链管理的确切含义是什么？我们将其定义如下：

> 供应链管理是用于有效集成供应商、制造商、仓库与商店的一系列方法，通过这些方法，使生产出来的商品能以恰当的数量，在恰当的时间，被送往恰当的地点，从而实现在满足服务水平要求的同时使系统的成本最小化。

从这个定义可以得到几点结论。首先，凡是对成本有影响并在满足顾客需求过程中起作用的环节，都在供应链管理考虑之列：从供应商和制造厂开始，经过仓库和配送中心，直到零售商和商店。事实上，在有些供应链分析中，还必须考虑供应商的供应商和顾客的顾客，因为他们也对供应链绩效产生影响。

其次，供应链管理的目标是整个系统的效率和成本效益。系统的所有成本，包括运输和配送，以及原材料、在制品和成品的库存都要最小化。因此，重点不是简单地最小化运输成本或降低库存，而应该在供应链管理中使用系统方法。

最后，由于供应链管理围绕着供应商、制造商、仓库和商店进行有效集成，因此供应链管理涵盖从企业战略层到战术层，再到运作层所有层次的活动。

什么是物流管理，或价值链管理，或需求链管理？各个公司、咨询人员和学术界都提出许多术语和概念用来着重说明他们所理解的对于供应链管理非常重要的问题。虽然其中的许多概念都非常有用，富有见解，但基于本文的目的，我们将采用供应链管理作为我们将要讨论的一系列概念、方法、策略及思想的通用名称。

供应链管理的难点是什么？尽管我们会在本书中讨论各种各样的原因，但都与以下部分或全部原因相关：

1. 供应链管理战略不能孤立地考虑。它们直接受大多数组织都具有的另一链——开发链的影响。开发链包含了一系列与新产品导入相关的行为。同时，供应链管理战略必须和组织的特定目标，比如市场份额最大化或增加利润一致。

2. 为了使系统综合成本最小化，并维持系统的服务水平，设计与运作一条供应链极具挑战性。事实上，即使运作单一设施，要在降低成本的同时维持服务水平，常常也很困难。而要考虑到整个系统，难度会以指数级增加。寻找系统最优策略的过程被称为全局优化。

3. 不确定性和风险存在于每一条供应链中。顾客的需求永远不可能准确预测，途中时间不可能准确确定，机器和车辆也会随时出现故障。同样，最近工业发展趋势，包括致力于降低供应链成本的外包、离岸化和精益生产，都显著提高了供应链风险等级。因此，供应链的设计与管理需要尽可能消除供应链中的不确定性，并能有效应对其余的不确定性。

在以下三节中我们将对每个原因做详细的讨论。

开发链

开发链是与新产品导入相关的一系列活动与流程。它包括内部需要去开发相关能力与知识的产品设计阶段、寻找供应商决策和生产计划等。尤其需要注意的是，开发链包括很多决策，例如产品结构、内部应该生产什么和要从外部供应商采购什么，即自制/外购决策、供应商选择、供应商早期参与及建立战略合作关系等。

如图1—2所示，开发链与供应链交叉于生产环节。显然开发链的特性与决策将对供应链产生影响。同理，很容易可以看出，供应链的特性必然会对产品设计策略发挥作用从而对开发链造成影响。

实例 1—1

惠普（HP）公司是最早意识到开发链和供应链交叉的公司之一。适用的案例是喷墨式打印机的导入。在制定产品结构决策时，不仅考虑到人工和材料成本，还考虑到整个产品生命周期中的供应链成本。近来，惠普在同时考虑开发链和供应链的特性的情况下致力于制定何种设计活动需要外包及需要何种组织架构与之对应的决策。

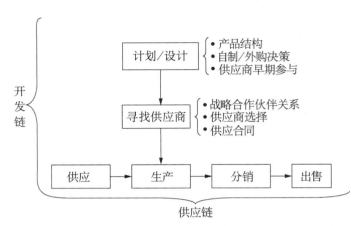

图1—2 企业发展和供应链

在大多数组织中，不同的经理负责这些链的不同部分。典型的是工程副总裁负责开发链，生产副总裁负责生产环节，供应链或者物流副总裁负责满足顾客需求。除非精心设计，这种组织结构的典型后果就是导致产品设计与供应链战略的不匹配。

更糟的是，在许多组织中，其他链也同时与开发链和供应链交叉。这些链包括逆向物流链，即与产品或零部件回收相关的链和备件链。在本书中，我们将挖掘这些链中的不同特性以便更好地理解它们对产品和供应链战略的影响。我们将描述出这些特性如何导向，从而建立起协助匹配产品和战略的框架。

全局优化

什么原因使得寻找系统最优或全局最优的一体化方案这么困难？以下的各种因素使问题变得具有挑战性：

1. 供应链是一个复杂的网络。其设施在地理上布局很分散，很多情况下可能分布于全球。以下的实例充分说明了当今典型的全球企业网络的特征。

实例1—2

美国国家半导体公司是世界上最大的芯片制造商之一，其产品用于传真机、蜂窝电话、计算机和汽车，竞争者包括摩托罗拉公司和英特尔公司。目前，该公司有4个晶片制造厂，其中3个在美国，1个在英国，同时在马来西亚、中国和新加坡还有测试和装配厂。产品经过装配后将被运往全球数百个制造厂，包括诸如苹果、佳能、德尔福、福特、IBM、惠普和西门子等公司。由于半导体行业竞争非常激烈，较短的提前期和按期交付能力是关键的竞争力。1994年，国家半导体公司95％的顾客在订单发出45天内可以收到货物，剩下的5％的顾客会在订单发出90

天内收到货物。这样短的提前期使公司使用了 12 个不同的航空承运公司，使用了大约两万条不同的航线。它们的困难之处在于，没有顾客会在事先知道自己到底是属于 5％的将在 90 天内收到订货的顾客，还是那 95％在 45 天内收到订货的顾客 [93，232]。

2. 供应链的不同环节通常具有不同甚至相互冲突的目标。例如，供应商显然希望制造商能够保持稳定并大量地采购，同时交货时间可以灵活一些。尽管大多数制造商希望实施稳定长期的生产过程，但是它们需要灵活性以满足顾客的需要和不断变化的需求。因此，供应商的目标将与制造商对灵活性的期望有直接的冲突。事实上，由于生产决策的制定往往缺少关于顾客需求的准确信息，因此制造商匹配供应和需求的能力在很大程度上取决于当需求信息到达时改变供应量的能力。同样，制造商大批量生产的目标与仓库和配送中心降低库存的目标存在冲突。更糟的是，降低库存水平的目标意味着运输成本的增加。

3. 供应链是一个动态系统，会随着时间不断地发展。实际上，不仅是顾客需求和供应商能力会随时间变化，供应链关系也随时间不断变化。例如，顾客能力的增加，迫使制造商和供应商制造出各种各样高质量的产品，最终的趋势是生产定制产品。

4. 系统随时间变化也是一个重要的因素。即便可以精确地获知需求（例如，由于合约协定），计划过程仍需要考虑由于季节波动、潮流、广告与促销、竞争者定价策略等造成的影响以及需求和成本参数随时间的变化。这些随时间变化的需求和成本参数导致确定使系统成本最小化并满足顾客需求的有效供应链战略变得困难。

当然，全局最优意味着不仅供应链各个环节优化是重要的，而且与开发链和供应链相关的流程优化也是重要的。也就是说，识别出优化的流程与策略，或者开发链和供应链同步化也是至关重要的。

管理不确定性和风险

供应链运行于不确定的环境中，需要针对不确定性进行设计，这使全局优化变得更困难。导致这种情况的存在有许多原因：

1. 匹配供应与需求是主要的挑战：

a. 波音飞机制造公司在 1997 年 10 月宣布，"原材料短缺、内部及外部零件短缺以及生产力的低效率"导致账面亏损 26 亿美元 [215]。

b. "美国手术用品公司第 2 季度销售下降 25％，相当于损失 2 200 万美元。销售和收入的大幅下跌源于过低估计了医院货架上的库存" [216]。

c. "EMC 公司声称在 2006 年第 2 季度丧失了价值 26.6 亿美元的销售收入，利润损失约 1 亿美元。这次问题主要是由于预期 DMX-3 新系统的订单会高于 DMX-2 系统，而实际的订单低于预期，从而导致库存的混乱" [188]。

d. "库存有如此多不同的渠道能进入我们的系统中，把库存管理好一直是一个挑战" [约翰尼·多布斯（Johnnie Dobbs），沃尔玛供应链和物流执行官]。

e."英特尔公司，世界上最大的芯片制造商，周三公布季度利润下滑 38%，这是由于来自超微半导体公司（Advanced Micro Devices）的激烈竞争和个人计算机市场的总体减速而导致库存增加"[76]。

显然，由于生产活动往往在需求到来数月之前就已开始，制造商不得不致力于实现特定的生产水平。这些提前的承诺意味着巨大的财务和供应风险。

2. 即便顾客对特定产品的需求变化不大，供应链中库存和缺货水平波动也会很大。为了说明这一点，图 1—3 显示了在一条典型供应链中，分销商向工厂订货的波动远大于零售商需求的波动。

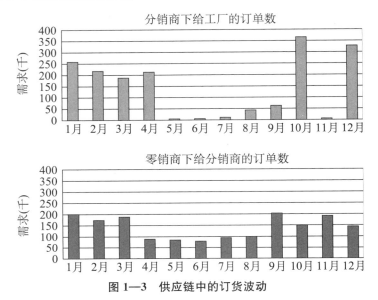

图 1—3　供应链中的订货波动

3. 预测不解决问题。实际上，我们认为所有预测的第一条原则是"预测总是不准确的"。因此，即便具有最先进的预测技术，也不可能精确估计特定商品的需求。

4. 需求并不是影响不确定性的唯一因素。交货提前期、制造产出、运输时间以及部件可得性，都会对供应链有显著影响。

5. 近来致力于降低成本的一些趋势比如精益生产、外包和离岸化都明显地增加了风险。例如，一家零部件供应商在加拿大和墨西哥的汽车制造商。当生产计划稳定和运输确定性较强时，零件可以准时运送到装配厂。然而，当发生不能预测的灾难时，比如"9·11"恐怖袭击、港口罢工或者气象灾害，这种策略可能会由于零件短缺而导致生产线的关闭。

同样，外包和离岸化意味着供应链在地理空间上更加分散，因此自然和人为灾难将会产生巨大的冲击。

实例 1—3

● 2005 年 8 月 29 日，卡特里娜飓风袭击了新奥尔良和墨西哥湾。宝洁公司的咖啡制造商，比如 Folgers 品牌，一半以上的供应来自受飓风影响严重的新奥尔良。6 个月之后，宝洁执行官告诉《纽约时报》"宝洁的产品在货架上还是没货"[176]。

● 2002 年西海岸港口罢工关闭了从西雅图到圣迭戈的港口。罢工导致水果蔬菜腐烂，商店得不到补充，工厂因为零件短缺而关闭。经济学家估计这次罢工每天经济损失达 10 亿美元 [84]。
- 1999 年 9 月，台湾发生了一场毁灭性的大地震。最初，岛上 80％的电力丧失。接着，对于大量部件来源于台湾制造商的像惠普、戴尔这样的公司，也受到了由于供应中断而带来的影响 [11]。
- 2001 年 1 月 26 日清晨在印度古杰拉特邦发生的地震延误了纺织品从印度的运出，从而影响了许多美国服装制造商 [67]。

尽管不确定性不能完全被消除，我们仍将探索用不同的实例来描述如何用产品设计、网络建模、信息技术、采购和库存策略来降低不确定性，以及如何为了减少风险而建立起柔性和冗余的供应链。

供应链管理的演化

20 世纪 80 年代，许多企业开发出新的制造技术和策略，使得它们可以减少成本，并在不同的市场更好地进行竞争。准时制造、看板、精益生产、全面质量管理等策略变得越来越流行，为了实施这些战略，企业投入了大量的资源。然而，在最近几年，可以清楚地看到许多企业降低生产成本的幅度已经接近了实际可能的极限。许多企业正在探索有效的供应链管理，以此作为它们增加利润和市场份额的下一步行动。

事实上，物流和供应链成本在美国经济中扮演着重要的角色：由美国供应链管理协会主办的，创办于 1989 年的《物流状况报告》每年都提供包含运输成本、库存成本和总的物流成本在内的整个国家的物流费用和趋势。从图 1—4 可以看出美国物流成本在 80 年代早期大概为国内生产总值（GDP）的 12％，2003 年之前稳步下降。绝对数值则非常令人震惊。1998 年总费用为 8 980 亿美元，而 2005 年则为 11 800 亿美元。11 800 亿美元比起 2004 年的费用增加了 1 560 亿美元。如果考虑到美国经济在 2005 年下滑，而物流成本增加了约 15％，这个数字就显得更加惊人。根据《物流状况报告》，费用的增加是由 "高燃料成本、卡车司机和铁路能力短缺、离岸化和外包，以及安全成本" 所造成的。

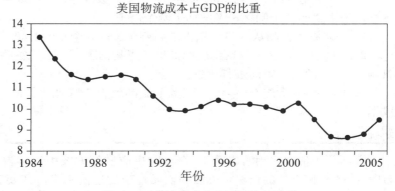

图 1—4　物流成本占美国经济的比重

资料来源：www.dcvelocity.com/articles/20060801/news.cfm.

理解构成美国物流成本的各个成本要素的重要性也是非常有趣的。图1—5中的数字（源自《物流状况报告》）表明，运输成本是最大的成本构成要素，库存成本比运输成本的一半稍微多一些。除了个别年份，近年来这两种成本都稳步增长，2003年前，总的物流成本增长低于经济增长，但最近两年物流成本的增长快于经济增长。

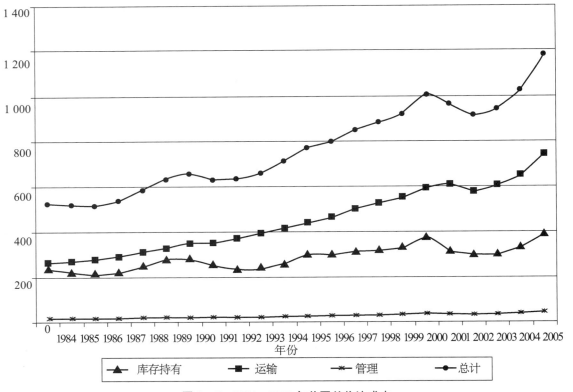

图1—5　1984—2005年美国总物流成本

资料来源：www.dcvelocity.com/articles/20060801/news.cfm.

由于供应链里多余的库存、低效的运输策略和其他不经济的行为，这些巨大的投资把不必要的成本要素也包括在内。例如，专家认为，通过实施更有效的供应链战略，杂货业还可以节约300亿美元，这个数字相当于其年运作成本的10%[93]。为了说明这个问题，考虑如下两个例子：

1. 一袋谷类食品从工厂到超级市场要花超过3个月的时间。

2. 一辆新车，从工厂运到经销商处，平均需要15天。这一提前期应该与实际只需4～5天的路途时间进行比较。

因此，在20世纪90年代，许多企业都致力于降低本企业及供应链合作者的成本。

实例1—4

宝洁公司估计在刚刚启动18个月的供应链新方案中为零售顾客节约了6 500万美元。"根据宝洁的情况，方法的实质在于制造商和供应商要紧密合作……一起制定经营计划以消除在整个供应链运行过程中的资源浪费"[214]。

这个例子说明了供应商和制造商之间的战略伙伴关系可能会对供应链绩效有重要的影响，战略伙伴关系可以帮助双方降低成本。

实际上，宝洁、金佰利等制造商和沃尔玛等零售巨头都将战略合作伙伴关系视为它们经营战略的重要元素。许多公司，比如3M、伊斯曼-柯达、陶氏化学、时代华纳和通用汽车都将它们物流操作中的绝大部分业务转交给第三方物流服务提供商。

同时，许多供应链合作者都采用信息共享，因此制造商可以使用零售商的实时销售数据来更好地预测需求并缩短提前期。此外，信息共享可以帮助制造商控制供应链中的变动（牛鞭效应，见第5章），从而使库存减少和生产稳定。

实例 1—5

美利肯公司（Milliken&Company），一家纺织和化工企业，是最早采用实时信息技术的企业之一。美利肯拥有几家服装供应商和大的百货商店，它们都同意采用来自百货商店的销售点（POS）数据来"同步"它们的订单和生产计划。从美利肯纺织厂收到订单到百货商店最终收到服装的提前期由18周缩短到3周[185]。

90年代降低成本和增加利润的巨大压力促使许多工业企业都采用外包策略。公司在考虑将采购到生产制造的所有环节外包。事实上，90年代中期，采购量占公司销售额的比重显著增长。1998—2000年间，电子行业元件外包量的比重由15%上升到40%[186]。

最后，90年代后期，互联网和电子商务模式导致了这样的预期，即许多供应链问题仅仅通过采用新技术和商务模式就可以解决。电子商务策略本应该减少成本、提高服务水平和增加柔性，当然同时也提高利润，即使这些是在将来的某个时候实现。在现实中，这些预期经常不能得以实现，许多电子商务失败了。在大多数情况下，一些备受瞩目的互联网商务的失败可以归咎于它们的物流策略。

实例 1—6

成立于1999年1月的Furniture.com公司，供应来自许多家具制造商的数以千计的产品，尽管只有少数几个品牌。这个公司在2000年前9个月的销售额为2 200万美元，每月网站访问量为100万人次。它在2000年11月倒闭，其倒闭原因归咎于物流上的细节，尤其是低效率的交货环节。起初Furniture.com公司采用承运商将产品从中心仓库运送到客户手中。由于运输成本高昂，这个公司成立了拥有六个地区分销商的联盟。遗憾的是，这些关系难以维持，包含维修和退货处理的许多问题无法解决。

当然，在大多数情况下，互联网引入了新的渠道，建立了直接面对客户的商业模式。这些新的渠道需要很多公司学习新的技能，增加了现有供应链的复杂性。

实例 1—7

根据思腾思特（Stern Stewart）咨询公司经济增加值管理体系（EVA）数据，从1988年到1996年8年间，戴尔公司股票增长3 000%，使其在竞争中脱颖而出。戴尔在这期间的成功归功于虚拟一体化，这个战略模糊了供应商、制造商和最终用户的传统界限。戴尔出售的计算机是由其他制造商生产的元件组成的，这个决策使戴尔从拥有资产、进行研究开发和管理大量人力的负担中解放出来。同时，戴尔的直销模式和按订单生产策略客观上消除了产成品库存。这些经营策略使得戴尔比竞争对手增长更快，并且只维持 8 天的库存。

近年来情况发生了变化。工业领域意识到外包、离岸化、精益生产和准时制这些致力于降低制造和供应链成本的趋势明显地增加了供应链风险。因此，在过去几年里，领先的企业开始关注寻找能均衡成本降低与风险管理的战略。

许多方法被工业界用来管理供应链风险：

- 在供应链中建立冗余，这样即使某一部分失效，比如仓库发生火灾或者港口关闭，供应链仍能满足需求。
- 利用信息来更好地感知和响应突发事件。
- 为了更好地匹配供应与需求，在供应合同中要有柔性。
- 加强包括风险评估在内的供应链过程管理。

当然，上述方法中，许多都极大依赖于技术。事实上，截至 2000 年，很多公司都在推动执行 ERP 系统以及包含供应商绩效评估工具在内的新技术，这些都为改善供应链的弹性和反应性创造了机会。同样，先进的库存计划系统被用来更好地管理供应链中的库存，从而帮助公司更好地理解产品设计对供应链成本和风险的影响，以此有利于开发链和供应链的整合。

实例 1—8

联合技术公司（United Technologies Corp.）采用第三方供应商软件来持续衡量和评价供应商绩效。这个软件同时依据每个供应商的历史交货数据和外部财务数据做出供应商风险预警。联合技术公司采用供应商绩效和风险预警系统，同时有团队协助一级供应商改善它们的供应链，并降低其上游供应商的风险。联合技术公司称，这些措施显著提高了库存周转，减少了违规的成本（非计划的超时、废料等等）[1]。

如我们在图 1—4 中看到的，随着近年来供应链成本的持续增加，供应链所遇到挑战的紧迫性并没有减小。伴随着全球化所产生的复杂性、高运输成本、落后的基础设施、气象灾害以及恐怖威胁，管理供应链变得越来越具有挑战性。在本书中，我们将讲述新技术和供应链战略如何帮助企业迎接这些挑战。

复杂性

前面讲的都是一些供应链管理成功的例子：宝洁、沃尔玛、联合技术以及其他公司。这些例子说明在某些行业，供应链管理或许是确保企业成功的一个最重要的因素。事实上，在计算机和打印机行业中，大多数制造商使用相同的供应商和同样的技术，企业往往在成本和服务水平上竞争，这两方面同时是我们供应链管理定义中的两个关键要素。

以上例子也引出了一个重要的问题。如果这些企业已经通过实施战略伙伴合作、采用信息共享技术或者运用风险抑制策略而改善了供应链绩效，是什么阻碍了其他企业采用同样的技术改进供应链绩效？

前面的讨论表明成功的公司必须拥有的三个至关重要的能力：

- 匹配供应链战略与产品特性的能力。实际上，显然对于技术频繁变化、所谓的高时钟频率产品和产业，它的供应链战略必定从根本上不同于低时钟频率产品的供应链战略。类似地，产品设计策略也同时依赖于开发链和供应链特性。因此，开发链和供应链的交叉同时影响到产品设计和供应链战略。

- 替代传统供应链战略的能力，在传统供应链中每个参与方在做决策的时候很少考虑对其他供应链伙伴的影响，而正是与这些合作伙伴一起才能建立起全局优化的供应链。

- 有效管理不确定性和风险的能力。正如前文所述，外包、离岸化等行为和精益生产、准时制等生产策略明显增加了企业风险等级。这还伴随着显著增加的需求不确定性。实际上，在高新技术产业，产品生命周期变得越来越短。尤其是计算机和打印机，许多型号只有几个月的生命周期，以至于制造商可能只有一笔订单或只生产一个批次。由于是新产品，没有历史数据可以用来让制造商精确地预测顾客的需求。与此同时，这些产业里产品型号的增多大大增加了具体型号产品需求预测的难度。同时，在这些行业中产品价格通常下降得很快，大大降低了产品在生命周期中的价值［146］。

实例 1—9

一个生产工业用继电器的韩国制造商服务水平为 70％，即订单即时满足率只有 70％。而另一方面库存在持续地上涨，其中许多产品并不需要。库存周转率定义为年出货量与平均库存的比例，而这家制造商的库存周转率为 4。然而在电子行业，领先企业的年库存周转率通常是 9。如果这家韩国制造商能将库存周转率上升到这个水平，就可以显著地降低库存水平。因此这家制造商正在寻求能在以后三年内将服务水平提高到 99％，并大幅削减库存水平和成本的策略。

几年前，大多数分析家曾认为不可能同时实现改善服务和降低库存水平这两个目标。实际上，传统的库存理论告诉我们，提高服务水平，企业就必须增加库存和成本。令人吃惊的是，最近信息与通信技术的发展，以及对供应链战略更好的理解，产生了可以同时实现这两个目标的革命性方法。在以后的章节中，我们将尽可能详细地介绍这方面的方法和策略。我们将重点说明采用特定策略的原因，不同策略之间的权衡以及特定策略在实践中的实施。

供应链管理中的关键问题

在本节中，我们将介绍后面章节中详细讨论的供应链管理问题。这些问题跨越了企业大范围的活动，从战略层到战术层，再到运作层：

- 战略层决策对企业有长期的效应。这包括产品设计，自制与外包决策，供应商选择，战略合作，仓库和制造厂及物流网络的数量、布局和容量决策。

- 战术层决策需要每年或每季度更新。通常包括采购与生产决策、库存策略与运输策略（包括拜访顾客的频率）。
- 运作层决策是每天进行的，包括调度、报价提前期、制定路线和车辆装载。

以下我们将介绍一些关键的观点、问题和不同决策之间的权衡。

配送网络配置 考虑几个生产厂向一群地理上分散的零售商提供产品的情况。目前的仓库布置被认为是不合理的，管理者希望重新组织或重新设计配送网络。原因可能是需求模式的改变或一些现有仓库租约合同的结束。另外，需求模式的改变可能需要改变工厂的产量、新供应商的选择，以及货物在配送网络中的流动方式。管理者应如何选择仓库的位置和容量，确定每个厂商的生产批量，并设定设施之间的运输流，包括生产厂到仓库和仓库到零售商，以保证这些决策可以使所有生产、库存和运输的成本最小化并满足必要的服务水平要求？这是一个复杂的优化问题，需要先进的技术和方法来解决。

库存控制 考虑一个零售商要维持某个特定产品的库存的情况。由于顾客需求随时间不断变化，零售商只能用历史数据来预测需求。零售商的目标是确定订货点和订货量，以使订货成本和库存持有成本实现最小化。而从本质上讲，为什么零售商先要持有库存？是因为顾客需求存在不确定性，供应过程存在不确定性，还是有其他原因？如果是因为顾客需求的不确定性，有没有什么方法可以使它减少？使用预测工具预测顾客需求会有什么影响？零售商应该订购比预测的需求更多还是更少，或者是相等的量？最后库存周转率应为多少？这是否会随行业不同而不同？

生产采购 在许多行业，需要均衡运输和制造成本。尤其是降低生产成本通常意味着每个制造厂只负责少量品种的产品，因此能大批量生产从而降低生产成本。然而这可能导致运输成本增加。

类似地，降低运输成本通常意味着每个工厂都是柔性的，具有生产多数甚至是全部产品的能力，但这导致小批量生产从而增加了生产成本。在这两种成本中寻找平衡点是困难的，但需要每月或每季度都去做。

供应合同 在传统的供应链战略中，链上的每一方只关注自己的利润，很少在制定决策时考虑对其他供应链伙伴的影响。供应方和买方的关系是通过规定价格、数量折扣、交货提前期、质量、退货等条款的供应合同确立的。问题是，供应合同是否可以用来取代传统供应链战略以优化整个供应链绩效？特别是，数量折扣和收入分配合同对供应链的绩效有何影响？供应商是否可以采用某些定价策略以激励买方在一段时间内订购更多的产品，同时还能增加供应商的利润？

配送策略 许多组织面临的一个重要挑战是应该多大程度上集中化（或分散化）它们的配送系统。每种策略对库存水平和运输成本的影响是什么？对服务水平的影响怎样？最后，产品何时应该由集中仓库空运到各个需求点？这些问题不仅对于需要决定配送策略的单个企业来说非常重要，对于在做有关合作程度有多大的决定的相互竞争的零售商来说也同样重要。例如，出售相同品牌的竞争者是否应共享库存？如果共享库存，它们的竞争优势是什么？

供应链集成和战略合作伙伴 如前文所述，由于供应链本身的动态性和不同机构或伙伴所追求目标的冲突性，设计与实施全局优化的供应链是相当困难的。然而，戴尔、沃尔玛和宝洁的成功案例说明，集成并全局优化的供应链不但可以实现，还可以影响企业的绩效和市场份额。当然，有人可能认为这三个例子中的企业都处于各自行业中最大企业之列；这些企业可以实施其他小企业很难支付得起的技术和策略。但是，在当今的竞争市场，大多数企业没有可选的余地，迫使它们必须要整合其供应链并进行战略合作。这样的压力源于它们的顾客和其他供应链伙伴。如何才能成功地集成供应链？很明显，信息共享和运作规划是成功集成供应链的关键。但什么信息应该共享？如何使用这些共享的信息？信息如何影响供应链的设计与运作？在组织内，以及与外部伙伴，什么程度的集成是必要的？最后，都可以实现哪些类型的伙伴关系，在给定的状况下应该实现哪种类型的伙伴关系？

外包和离岸化策略 试想你的供应链战略不仅涉及协调供应链内的不同活动，还包括做出哪些自制、哪些采购的决策。一个企业应如何界定属于自己核心竞争力的制造活动，以使其在企业内部完成？哪些制造活动不属于核心竞争力，其相应产品和部件是否需要从外部供应商购买？问题的答案与产品结构是否存在关系？外包存在什么风险？如何才能最小化这些风险？当你进行外包时，如何保证按时供应产品？什么情况下公司应该对一个部件拥有两个供应源？最后，即使公司决定不外包，什么时候应将生产转移到远东地区？离岸化对库存水平和资本成本的影响是什么？有什么风险？

产品设计 有效设计在供应链中扮演着某种关键的角色。最显著的是，某些产品设计相对其他设计会增加库存持有成本或运输成本，而其他设计可能有利于生产提前期缩短。不过，重新设计产品通常是昂贵的。什么时候值得去重新设计产品以降低物流成本或缩短供应链提前期？是否可以通过产品设计来缓解顾客需求的不确定性的问题？是否能够量化这种策略带来的节约？为了利用新的产品设计，供应链应作何种改变？最后，诸如大规模定制等新概念日渐流行，供应链管理对这些概念的成功实施将起何种作用？

信息技术和决策支持系统 信息技术是有效供应链管理得以实现的关键。实际上，目前供应链管理之所以引起人们如此大的兴趣，一方面由于充分的数据使机会增多，另一方面由于完善的数据分析可以获得成本的节约。供应链管理中的主要问题不在于是否能够获取数据，而在于什么数据应该发送。也就是说，什么数据对于供应链管理非常重要？什么数据可以忽略？这些数据应当如何分析和使用？互联网的影响是什么？电子商务起什么作用？在内部和供应链伙伴之间需要哪些基础设施？最后，由于信息技术和决策支持系统都可以用于供应链，这些技术是否可以看作获得市场竞争优势的工具？如果可以，是什么阻碍了其他企业使用同样的技术？

顾客价值 顾客价值是企业对顾客所作贡献的测量指标，它基于企业提供的所有产品、服务和无形影响。最近几年，这一指标已经取代了诸如质量和顾客满意度等指标。显然，如果一个企业希望满足顾客的需要并提供价值，有效供应链管理就非常关键。但是在不同行业中，什么决定了顾客价值？如何衡量顾客价值？在供应链中信息技术如何用来增加顾客价值？供应链管理是如何作用于顾客价值的？顾客价值中出现的趋势，如关系的培养与经验的积累，如何影响供应链管理？在传统的世界和网络世界里，产品价格和品牌的关系如何？

智能定价 收益管理策略成功地运用于诸如航空、酒店和汽车租赁等行业。近年来，许多制造商、零售商和承运商都采用了不同的技术来提高供应链绩效。在这种情况下，公司通过整合定价和库存（或可能的能力）来影响市场需求并提高财务绩效。这是如何成功的？智能定价策略是否可以用于改善供应链绩效？回购策略对供应链有什么影响？

在以后的章节中将详细地讨论以上每个观点和策略。你将看到，每个案例所关注的要么是开发链，要么是供应链，焦点则可能是获得全局优化的供应链，或者是管理供应链中的风险和不确定性，或者是两者都关注。表 1—1 对供应链关键问题概括如下。

表 1—1　　　　　　　　　　　**供应链管理的关键问题**

	链	全局优化	管理风险和不确定性
配送网络配置	供应链	Y	
库存控制	供应链		Y
生产采购	供应链	Y	
供应合同	供应链、开发链	Y	Y
配送战略	供应链	Y	Y
战略伙伴	开发链	Y	
外包和离岸化	开发链	Y	
产品设计	开发链		Y
信息技术	供应链	Y	Y
顾客价值	供应链、开发链	Y	Y
智能定价	供应链	Y	

本书目标和概况

由于许多原因，在最近几年中，对物流和供应链管理的兴趣呈现爆炸性的增长。这种兴趣已经促使许多公司分析它们的供应链。但是，在大多数情况下，物流和供应链管理是根据直觉和经验进行的，过程中很少使用分析工具和设计工具。与此同时，在近 20 年里，学术界发展了大量可以支持供应链管理的模型和工具。然而，早期的时候，这些技术要么稳定性不够，要么不够灵活，不能被企业界有效利用。

但是，这一状况在近几年已经发生了改变。分析与理念已经改善，有效的模型和决策支持系统也已开发出来，只是企业界对它们还不太熟悉。

本书的目的是通过介绍设计、控制、运营和管理供应链系统中很重要的最新模型和解决方法以填补上述空白。我们希望本书不仅能成为 MBA 层次的物流与供应链课程教材，还能成为教师、咨询人员和供应链过程各环节管理人员的参考书。每一章都包括案例研究、大量的实例和问题讨论。另外，每一章都是自成体系的，学习的时候数学和技术的部分可以跳过，并不影响本书的连续性。因此，我们相信任何只对供应链管理某个方面感兴趣的人都可以使用本书。例如，运输经理决定要使用某种运输模式，库存控制经理想要在生产流畅的同时尽可能降低库存，采购/供应经理要设计公司与供应商和客户的供应合同，物流经理管理整个公司的供应链，所有这些人都可以从本书获得帮助。

本书包括的章节涵盖以下主题：

- 库存管理。
- 物流网络规划。
- 战略性及商品元件的供应合同。
- 信息的价值及供应链中信息的有效运用。

- 供应链整合。
- 集中和分散化的配送战略。
- 战略联盟。
- 外包、离岸化和采购战略。
- 全球物流和风险管理战略。
- 供应链管理和产品设计。
- 顾客价值。
- 收益管理和定价策略。
- 信息技术和业务流程。
- 技术标准及对供应链的影响。

另外，本书包括三个软件包，电脑啤酒游戏、风险分担游戏和采购游戏，以及一组电子数据表格。电脑啤酒游戏是传统供应链管理角色扮演仿真的高级版本，最早由麻省理工学院开发。除了继承传统桌面游戏的特点，电脑啤酒游戏有许多选项和属性，使得读者可以领会许多在传统游戏中难以传授的供应链管理概念。这些包括信息共享的价值，提前期长短的影响，集中决策和分散决策造成供应链绩效的差异。这个游戏对我们在本书中讨论的内容作了补充。特别是，它有助于阐明第5章提出的观点。

同样，风险分担游戏用来说明库存管理中的重要问题，尤其是供应链管理中一个被称为风险分担的重要概念，这个概念将在第2章中讨论。游戏中，参与者同时管理只有一个仓库的供应链和没有任何仓库的供应链。在后面的情况中，参与者直接将商品从供应商发运到零售店。通过这个游戏，软件记录了两种供应链的利润，从而参与者能比较集中化和分散化系统的绩效。

采购游戏用来描述弹性（期权）合同和供应商竞争对供应商和采购方行为的影响。这个游戏展示了高新技术行业存在的真实情况，即需求高度不确定，采购方需要在旺季之前跟一个或多个供应商确定储备量。这个游戏是对第9章采购战略材料的补充。三个软件包都会在附录中作详细介绍。

最后，本书还包括了一系列电子数据表格。这些电子数据表格说明了第2章和第4章中描述的各种库存概念和供应合同。

问题讨论

1. 考虑一个国内的汽车供应链。
a. 汽车供应链包括哪些组成环节？
b. 供应链中涉及哪些不同的企业？
c. 这些企业的目标是什么？
d. 举例说明这个供应链中存在的冲突目标。
e. 偶尔或意外事件导致供应链面临的风险是什么？
2. 考虑银行提供的消费者抵押服务。
a. 抵押供应链中包括哪些组成环节？
b. 供应链中是否包含大于一家的企业？这个或这些企业的目标是什么？

c. 产品供应链和服务供应链的相似之处是什么？区别是什么？

3. 供应链随时间变化的例子有哪些？

4. 纵向一体化的企业拥有、管理并运作所有相关的业务职能。横向一体化的企业由一些独立运营的企业组成，公司总部提供品牌、指导和一般战略。比较并对比这两种类型企业的供应链战略。

5. 如果一个企业是完全纵向一体化的，有效供应链管理是否仍然重要？

6. 考虑一个主要销售桃子罐头的食品加工企业的供应链。在这个供应链中不确定性的来源是什么？

7. 考虑一个企业重新设计其物流网络。为数不多的几个集中仓库的优点是什么？大量靠近最终用户的仓库的优点是什么？

8. 考虑一个企业选择运输服务提供商。使用卡车承运商的优点是什么？使用诸如 UPS 这样的包裹速递公司的优点是什么？

9. 企业库存水平较高有什么优点？有什么缺点？库存水平低有什么优点和缺点？

10. 供应链建立冗余有哪些途径？供应链建立冗余的优点和缺点是什么？

11. 如图 1—5，运输成本增加的原因是什么？库存成本增加的原因是什么？它们是否相互影响？如何相互影响？

案例

美太医疗器械公司

美太（Meditech）从母公司拆分出来仅 3 年，就占领了内窥镜相关医疗器械的主要市场。国家医疗器械公司是其主要的竞争对手，在 10 年前就已创造了 8 亿美元的市场规模。但是美太通过开发新型革新性的器械，并通过最好的销售队伍销售，与对手进行激烈的竞争。两方面结合带来的好处，使美太在短期内获得了显著的成功。尽管取得了成功，但顾客服务和配送部的经理丹·弗兰克林（Dan Franklin）注意到顾客的满意度在下降。美太最近推出了几个新产品，这几个新产品是美太整个产品线中主推的产品。新产品的推出是美太快速产品研发战略中重要的环节，它需要谨慎地推出，以保护美太的声誉和其他产品的销售。但是美太常常不能在一开始订单蜂拥而至的时候及时满足顾客需求。产能变得紧张，顾客需要等待 6 个星期以上才能收到货物。交付服务的不足在医疗行业中是致命的，也危及美太的声誉。

公司背景

内窥镜技术常用于微创手术过程。微创手术与传统肉眼直视下的手术不同，它只需要很小的创口进行手术。在手术中使用内窥镜技术不但能减少病人的痛苦，还能节省手术费用。这种手术过程缩短了病人的恢复期，从而减少了手术的总支出。尽管有这些好处，而且内窥镜技术已经有了几十年的历史，但此技术直到近 10 年才开始流行。就在 3 年前，预计手术用内窥镜器械市场将在 5 年内翻一番，而且 5 年后的市场增长也是可以预见的。美太公司的

资料来源：Copyright © 1995 by Massachusetts Institute of Technology. This case was prepared by LFM Fellow Bryan Gilpin under the direction of Professor Stephen C. Graves as the basis for class discussion.

母公司，拉哥（Largo）医疗保健公司，决定把美太独立出来，集中精力于制造和销售内窥镜器械。拉哥公司的管理层希望新公司在没有其他业务分散精力的情况下能迅速发展，并尽快占领内窥镜器械的市场。

由 6 年前开始创办以来，美太已经制造出了大量革新性和低成本的产品。新产品被快速地引入市场，并由销售队伍迅速地推动其销售。升级后的产品具有了新的特性，作为新产品被推入市场。因此，美太和国家医疗器械的竞争集中于新产品的不断开发和推广。每年美太都会推出十几种或更多的新产品。

尽管两家公司的开发策略很相似，但销售策略却显著不同。国家医疗器械主要向外科医生销售；美太的销售队伍则同时向医院的物流经理和外科医生销售。物流经理更关注成本和交货绩效，外科医生则更关注产品性能。随着医疗成本不断增加的压力，物流经理的地位越来越重要。美太从这种重要的转变中取得了有利的位置。

美太的战略迅速显示出它的成功之处。6 年内，美太占有了内窥镜器械市场的领先份额。无论按照何种市场标准，这个领先都来之不易，尤其在医疗器械领域更为惊人。专业的卫生保健行业的市场份额倾向于逐步变化。医生通常离不开所偏爱的制造商。医院通常采用集团购买组织（GPOs），以便利用其与供应商的扩展合同。通常一个医院转换供应商需要花几个月的时间进行协商和建立信任关系。

大多数内窥镜器械都很小，足以让外科医生在掌上使用。它们本身是机械的，通过几种复杂的机构提供需要的功能。用于制造内窥镜器械的材料包括注塑件、金属刀片、弹簧等。内窥镜在外科手术中是一次性的，使用完就要丢弃。这种器械决不能重新消毒后再给其他病人使用。美太整个产品线共包括 200 多种最终产品。

配送

美太从一个中央仓库配送其所有产品，并使用两个主要的渠道——国内经销商和国际联属企业，将产品从中央仓库配送到最终用户。第一个渠道只针对国内的销售，使用国内的分销商或经销商将产品运往医院。经销商向多个厂家订货并收货，这些厂家里包括美太，通常这些经销商会持有数百种产品的库存。这些库存的种类涵盖从医用手套和阿司匹林等一般的商品，到内窥镜等医疗器械。使用经销商供应产品，医院不需要直接向制造商进行零散订货。另外，由于经销商拥有遍布全美的地区性仓库，经销商仓库到大多数医院的距离都很短。短距离使医院库存的频繁补货成为可能。有时，经销商的卡车一天供应两次，降低了医院的库存，进而降低了材料成本。

地区经销商仓库以独立实体方式运作，它们自行决定订货时机和订货批量。因此，虽然美太只使用了 4～5 个主要的分销公司，但会收到来自数百个独立运作的地区仓库的订单，并要分别把货物运送到这些仓库。每个仓库同样要分别运送产品到数十个或更多的医院，这样就有数千家医院收到美太的产品。

国际销售的分销渠道使用拉哥医疗保健公司的国际联属企业。国际联属企业是拉哥医疗全资拥有的在美国国外的附属机构。与国内经销商类似，联属企业负责自己所属地区的医院配送。但相比国内经销商距离医院客户可能只有数英里远的状况，一个联属企业可能需要运送的产品要横跨整个国家。但从美太的角度看，联属企业的订单本质上与经销商没什么区别——国际联属企业提交订单给美太，而美太以产品满足其要求。

内部运营

制造内窥镜的生产过程包括 3 个主要步骤：零部件装配、产品包装和产品消毒。每个步骤会在下面分别描述。

装配

装配过程是手工进行的。从供应商来的零部件经过质量保证部门简单的检查后，到达装配区。在可以被任何一条装配线使用前，这些零部件先存放在仓库中。每条装配线由一个受过交叉训练的生产团队操作，这些团队的成员能够生产一个产品系列中的多个产品。当这个产品系列的产品在换型时，几乎不需要消耗多少时间和成本，仅需要生产团队领导的指令和零部件恰当的供应。对于一批器械，一般的装配周期（假定需要的零部件都有可用的库存，一批产品从做装配计划到实际装配的时间）为 2 个星期左右。零部件的提前期大约在 2～16 个星期。装配好的器械将从装配区运往散装成品仓库等待包装。

包装

包装过程使用几个大型包装机。机器直接将零散的器械装入塑料容器，并在容器顶部贴上软标签。整个塑料容器被放入一个纸板箱，并立即运往消毒区。包装区的产能不会影响产品的输出。

消毒

消毒过程使用钴辐射消毒机。器械连同塑料容器包装和纸板包装被放入消毒机，消毒机将运行一个小时。射线穿透纸板箱和塑料并破坏任何潜在的有害污染物。消毒机可以对四道隔离墙内的所有产品进行消毒。目前其容量的限制还不是问题。经过消毒的器械被立即运往成品仓库。

运营组织

整个运营组织由运营副总裁肯尼思·斯特朗格勒（Kenneth Strangler）负责（运营组织结构图见图 1—6）。下属部门包括几个工厂经理（分别是美太四个生产厂的经理），供应商管理主管，以及计划、配送和顾客服务主管。除此之外，公司还有其他副总裁（图中没有显示），分别负责市场和销售、产品研发以及财务。所有的副总裁向公司的最高负责人——美太的总裁汇报。组织中，生产厂经理负责管理生产人员、工程技术人员、质量保证、支持服务和向相关设施供应原材料。有几个营业单位直接向工厂经理汇报。每个营业单位全权负责特定产品系列的装配，或者包括包装和消毒的整个过程。每个装配营业单位最重要的工作是实现每周的生产计划。生产计划的实现可以确保向包装/消毒流程稳定地供应散装器械。确定装配和包装/消毒生产计划的流程将在后面讨论。

向运营副总裁汇报的还有供应商管理部门以及计划、配送和顾客服务部门。供应商管理部门处理与供应商的关系，包括建立采购合同和在必要的时候寻找新的供应商。计划、配送和顾客服务部门以确保顾客在需要时收到产品为主要目标。顾客服务部中的主要职位包括顾客服务与配送经理丹·富兰克林、中央计划经理、库存经理和物流经理。顾客服务部负责处理从突发性顾客投诉到建立改善交付服务策略等工作。顾客服务代表与经销商和联属企业之间日常的工作是，保证他们及时了解产品交付计划和发生的问题。部门通常的职责需要顾客服务代表与医院方保持直接的联系。

顾客服务部处理有关产品从成品库出库后流动的相关问题，而中央计划确保足够的成品可以满足订单。他们制定月生产计划，而营业单位使用月生产计划来确定周计划和日计划。

库存经理查尔斯·斯托特（Charles Stout），为营业单位确定成品库存策略和建立零件和散装产品库存的指导原则。当最高层下达降低库存的指令时，库存经理必须确定库存还可以从哪些方面降低，然后具体执行这些降低库存的措施。通过最近的努力，斯托特成功地消除了数百万美元的过时和滞销库存。

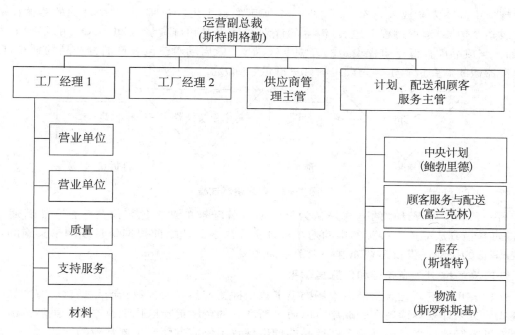

图 1—6　美太运营组织结构图

生产计划和调度

生产计划与调度流程一般分为两部分：基于每月预测的产品装配和零部件订购计划，以及基于产成品库存水平的包装和消毒日排程计划。每个财政年度的第四季度，市场和财务部门确定年度预测。根据每个月的周数，将年度预测按比例拆分成每个月的预测。随着时间的推移，中央计划部门与市场部门一起，根据实际的市场趋势和发生的事件调整预测值。在每个月初，由市场部门和中央计划部门共同调整当月的预测。

特定器械的装配计划从月需求预测开始。基于每月的预测，中央计划部门确定需要从未包装产品库存转移到成品库存的产品数量，以满足期望需求。这个数量被称为成品的"转移需求"，可以通过把每月的需求减去当前的成品库存，再加上必需的安全库存得到（目前的安全库存政策是维持 3 个星期的需求）。

一旦完成 200 多种零部件的编码，转移需求通过组织批准被实施，这一过程一般需要 1～2 个星期。尽管转移需求计划不一定真正地被用于装配计划或包装与消毒工艺，但它提供了每日的预计生产总量。任何问题都将在计划中被界定并解决。

装配计划和零件的订货补充基于月需求预测和当前的库存水平。每个月的中旬，完成的月计划（其中包含月预测值）被送至装配营业单位。营业单位的计划员将预测输入物料需求计划（MRP）系统，以生成每周的生产计划和每个成品需要的零部件订货量。MRP 系统制定装配计划和零部件订购计划基于：（1）月预测；（2）装配、包装和消毒的提前期；（3）当前的零件、未包装成品和最终成品的库存水平。尽管每星期都可能需要进行几次 MRP 计算，计划员还是会尽力不改变周生产计划以确保每周实际的改变次数不超过每周公布的允许改变的次数。（计划改变通常需要重新安排人员和订购更多的零部件。每周公布的允许改变次数，由营业单位经理确认后公布。）

与基于预测的装配计划相比，包装和消毒排程计划是基于成品库存的补充需求计划进行的。为了便于计划，包装和消毒被看作一个运作过程，因为未包装仪器经过包装直接进入消毒过程，中间不需要放入仓库。（见图 1—7 所示的整个生产过程。）一个批次的器械在一周内完成整个包装/消毒过程。包装/消毒的计划在订货点和订货量（OP/OQ）的基础上进行［例如，当成品库存低于事先设定的订货点（OP），就启动对已包装且消毒产品的补充订单。订单上器械的需要量等于事先设定的订货批量（OQ）］。

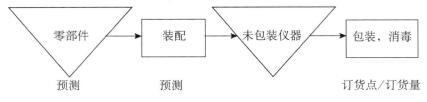

图 1—7　美太生产过程

另一种看待排程计划的方式是认为材料通过装配被推到未包装仪器库存，然后通过包装/消毒被拉到成品库。装配的推动是在每日实际需求到达之前根据每日预测来实施的，而包装/消毒的拉动，仅仅是补充这一天销售掉的成品。

新产品的推出，高库存和低服务水平

在过去几年里，美太已经向市场推出了数十种新产品，大多数新产品是对现有产品的升级换代。美太计划继续现在的战略，以通过新产品的持续更新取代现有产品。虽然革新性产品被市场很好地接受，但是每个新产品的推出导致了供应方面产生噩梦般的问题。丹·富兰克林感觉到顾客开始厌倦每次新品推出导致的低水平服务。通过与许多医院物料经理会面，丹开始认识到顾客沮丧的原因。

富兰克林无法确定为什么美太一直存在新产品推出后的供应短缺。预测绝对是一个问题，但确定影响的程度是困难的。以前并没有对预测准确度进行数据跟踪，也没有保存预测和需求的信息。数据的收集需要一个长期的过程，这个过程需要从以前月计划的纸质文件中获取信息并手工输入计算机。即便有更好的方法可以采用，预测也只能有限度地改进。

新产品推出的问题还包括成品库存水平过高。最近美太雇用了一个咨询人员研究其库存。她发现在不影响服务水平的前提下，总库存可以至少降低 40％（见图 1—8）。[①] 尽管库存水平较高，但令人失望的是去年实际服务水平却低于企业目标。管理层担心减少库存会进一步降低已经很低的绩效。

另一个引起问题的可能原因是经销商和联属企业的"恐慌性订购"。恐慌性订购通常发生于经销商或联属企业不能确定产品是否能按时收到，因而通过增加订货批量寄希望于美太至少能交付订货的部分产品。订货批量的增加会导致需求的临时增加，这有助于解释为什么美太的需求总是大于供应。习惯了过去交货中存在的问题，经销商和联属企业动辄使用恐慌性订购。在一次与美太最大经销商代表的交谈中，代表指出恐慌性订购是很有可能的。考虑到地区仓库本身的分散化特征，经销商几乎无法控制各个仓库的实际订货，因此仓库能在中央经销商完全不知道的情况下采用恐慌性订购。另一方面，发生恐慌性订购的可能性不代表实际真的会发生。更糟的是，证实其存在或不存在的数据几乎无法找到。

———————————

① 注意补货的假设：简单而言，图 1—8 假定成品（FG）库存每周补充一次，提前期为一周。在每周的开始，将"订购"足够的产品，"转移中"的产品加上成品库存等于每周产品需求的 $2\frac{2}{3}$ 倍。这里，转移中的产品指还没到成品库存的在制品。平均来说，每周的需求应该与转移中的产品数量相当。因此，平均而言，每周开始的成品库存相当于周需求的 $2\frac{2}{3}-1=1\frac{2}{3}$。

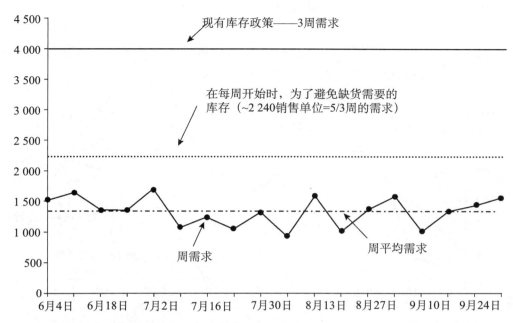

图1—8　某代表性产品周需求模式说明目前的库存水平和咨询人员推荐的库存策略

富兰克林要求他的一个下属对新产品推出问题和库存/服务水平之间的矛盾进行调查。该工作人员花了几个月时间根据需求模式、生产率和预测来汇编信息。与美太本身的分散化特征相一致，信息存在于公司不同地区的不同系统中。没有一种固定的方式可以找到某种特定产品将来的需求、库存或生产率。开发一个通用的数据格式也是非常困难的，有的数据按照日历的月份表示，有的按照星期，还有的按照公司的财政日历（按照4周、4周和5周的月份依次变动）。一旦将这些数据放在一起，将表达以下信息：

● 新产品在推出后的需求遵循一定的模式，在最初的几周内达到高峰，但随后立即变得相对稳定（见图1—9）。

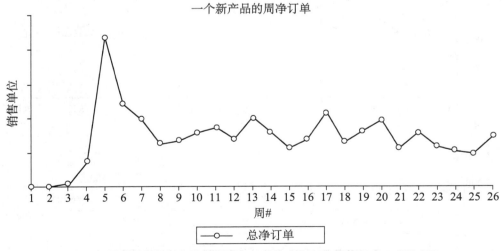

图1—9　新产品推出后典型的需求模式，产品在第四周末正式推出

● 生产计划的变动经常大于需求的变动（见图 1—10 和图 1—11）。

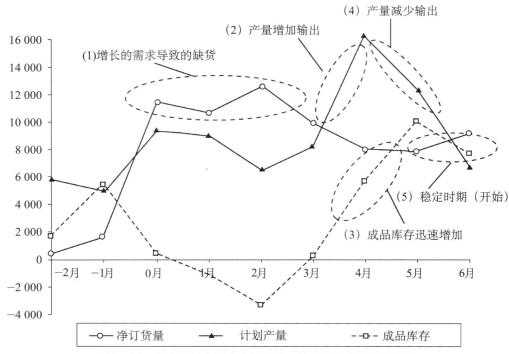

图 1—10 新产品推出时生产的反应，产品在 0 月前两周推出

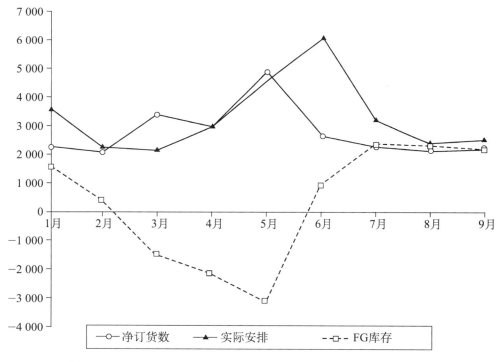

图 1—11 遇到意想不到的高需求时（并非新产品的推出）生产的反应。
意想不到的需求发生于第 3、4、5 月。注意图中只显示了每月的装配产出，不包含包装/消毒产出

● 通过历史数据的简单线性回归可以大大改进月预测。

有了这些信息后，富兰克林开始思考如何调整美太的交货问题。

案例问题讨论

1. 美太在推出新产品过程中有什么问题？所有产品的制造过程都存在这些问题吗？

2. 从系统和组织角度考虑，是什么造成了这些问题？

3. 为什么顾客服务经理首先认识到这个重要的问题？

4. 你将如何解决这个问题？

库存管理和风险分担

案例

Steel Works 公司

加里·莱明（Gary Lemming）坐在靠角落的新办公室里，在桌子上轻轻敲着铅笔。莱明刚被任命为 Steel Works 公司新成立的集中物流集团的领导。公司制造部实行了十多年物料需求计划（MRP）系统，因此直到今天早晨莱明还一直对这个工作很有信心。

"我们的库存水平太荒谬了！"公司财务总监吉恩·杜·布兰克（Jean Du Blanc）大声说道。"我们的客户服务在行业中是最差的，而且一直在恶化。"公司 CEO 科克·卡洛（Kirk Callow）抱怨说。莱明开始解释："你们是知道的，我已经组建了团队来关注这些……"没等他说完，卡洛就站了起来："销售额下降了 30％，成本却增加了 25％。我们最好的客户一直在打电话告诉我他们要转向我们的竞争对手。以这样的速度失去市场份额，不到一年的时间我们就不能继续经营了。我不想听有关团队的事情，我需要你一个星期内回到这里告诉我如何解决这个问题。"

莱明注视着他要求本周内与自己碰面的人员名单。他摇着头——怎么才能降低费用提高绩效呢？如何才能找到正确的解决方法？

背景

Steel Works 公司是一家生产定制和特殊用途钢材的制造商，1993 年的销售额是 4 亿美元。它是于 1980 年由来自麻省理工学院的三名优秀的材料科学家创办的。这个公司目前在 5 个地点雇用了 2 500 多名员工。它的第一个产品，DuraBend™，为公司赢得了高科技提供商的美誉，并在被视为典型的商品市场中占据了重要地位。它的两个部门分别生产特种产品和定制产品，是各自独立和截然不同的业务。

定制产品

早晨，莱明的第一个来访客人是斯蒂芬妮·威廉斯（Stephanie Williams），她是定制部门的总经理。"我们的信条是'顾客是第一位、第二位和第三位的，但绝不是最后一位'，"威廉斯女士解释道，"定制部门开发大多数产品是根据单个顾客的合同来做的。这些产品都是客户专用的，从产品研发之前一直到我们的产品成为客户产品的一部分，我们一直和客户紧密合作。我们拥有世界上最好的科学家和工程师，这就是美国最大的公司与我们合作的原因。我们已经设计出使客户产品功能更好的金属。这也就是为什么我们不允许将我们的产品卖给除了原始客户以外的任何人——客户的竞争对手很乐意购买我们的产品。"

威廉斯继续解释，最后当产品不再具有先进性的时候，定制部门将与顾客谈判，以允许公司将产品卖给其他人。"这样的谈判是一种艺术，"斯蒂芬妮解释道，"但它可以使我们的销售额产生巨大变化。"

"以 DuraFlex™R23 为例，我们依据合同用了一年的时间来为三大汽车厂商之一研发出这种产品。目前市场上还没有这种相似的产品。我们说服了客户允许我们以比他们的买价高出 30％的价格在市场上出售这种产品。目前我们仍向我们的客户大量供货，特种产品部门则为了蝇头小利，生产相同的钢材，并以较高的价格出售给其他四家汽车制造商和复印机公司。"

威廉斯演示了定制产品部门生产系统的简图。系统中的 3 个生产基地分别位于定制产品部三大研发中心的方圆几英里范围内，用来服务于美国西部、中部和东部的客户。这些客户的产品被分配到专门的工厂和研发中心。Steel Works 运营着工厂附近的几家仓库。

莱明脑海里唯一的问题是库存水平为何如此之高。回答是直接和坦率的："我们必须使客户满意。当你告诉客户需要等 3 个星期才能交货时，他们是不会满意的！1991 年，我们听从公司降低库存的指示，将库存降低了 20％，结果我们每个星期都缺货！"

特种产品

"让我告诉你一些事情，"巴利·怀特（Barry White）一边冲进房间一边说，"我们与定制部门完全不同。"怀特先生是特种产品部门的总经理，特种产品部门的销售最近几个月一直严重受挫。

"定制部门除了整天在实验室里待着什么都不做。我们每天在市场上做销售，公司 67％的收入都来自我们。我拥有最好的销售团队，是他们使整个业务运转起来。"

"定制部门认为他们是特殊的，因为他们拥有一些大客户。你猜怎样？我们也拥有大客户。我们特种产品部门最大的客户创造了公司 10％的收入。我们用尽了血、汗和眼泪来维持这些大客户及其他客户。你想解决一些问题？生产是问题所在。你应该和他们谈谈。顾客由于仓库没有钢材交货而责备客户服务代表，因此客户服务代表抱怨生产经理，于是生产经理每天向我抱怨。这些并不是客户服务代表的错，这是工厂的错。"

"上星期信息系统部门拜访我时告诉我，如果整个 Steel Works 都集成到同一计算机系统会有多好，并想要我们部门为此支付 1 200 万美元。他们以为自己了解我们的业务，但实际上并非如此。我们不需要集中计算机系统，我们需要重视和解决生产中的问题。"

怀特解释道，就像定制产品部门一样，他们打算在同一工厂生产同一系列的产品。特种产品部门拥有 3 个工厂，生产 6 种不同的产品线。这个部门的总体战略是开发生产的规模经济并依赖物流网络在全国配送产品。为了进一步提高效率，同一产品系列几乎总是在同一工厂生产，从而节省生产成本（同一产品系列的产品之间的转换成本通常会明显低于不同产品系列之间的转换成本）。产品轮番生产，比如 DuraFlex™R23 总是在每月的第一个星期生产。

还不等莱明了解清楚，怀特已经冲出了办公室。

分析

已经是星期二了，这个星期 20％的时间已经过去了。德比·克莱恩（Debby Klein），高级物流分析员，坐在莱明面前。

"就像你说的那样。定制部门拥有很多产品，其中约 90％的产品卖给单一客户。而特种产品部门有 130 家客户，出售 120 种产品。他们的产品太多了，我根本没有办法追踪！"

德比接着描述了严峻的客户服务水平："根据我们订单录入系统的数据，大约录入的 70％的订单在 48 小时内从仓库给客户发货。剩下的订单（30％）要么录入系统后被客户取消，要么处于延期交货状态。我不知道多少延期交货的订单被取消，也不能确定我们是否需要知道这些数据。"

莱明接着询问了大客户的情况。"是的，他们是大客户。特种产品部门在 1993 年时约 15％的销售来自他们，但他们购买了很多不同的产品。除此之外，客户中还有别的大客户，同时有小客户、中型客户。"（见图 2—1）"谢谢你，德比。"莱明说道，同时感觉比以前更加困惑。

午饭后，莱明拿到了特种产品部门俄亥俄州工厂传真给他的生产计划。俄亥俄州工厂生产 DuraBend™ 和 DuraFlex™ 两种产品系列。工厂按照常规的轮番生产方法作调度计划，每个月生产每种系列一次。这种方法看起来和巴利·怀特确立的这个部门的生产战略相符。

大客户（>2 500 万美元）	5
小客户（<100 万美元）	107
其他客户	18
总计	130

图 2—1　特种产品客户概况

这天快下班的时候，一位年轻的预测专家玛丽亚（Maria）来拜访莱明，看起来非常沮丧。"我查看了你要求我关注的那些产品。正如你所说的那样一团糟，80％的产品都属于'高度不稳定'的类别（见图 2—2）。标准差如此之大，我认为需求预测工具不会有多大用处。"

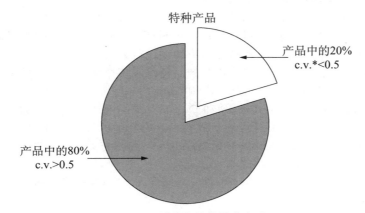

图 2—2　特种产品的需求变动

注：c. v. 是一个月需求的变异系数，也就是一个月需求的标准差除以每月需求均值。

咨询

周三大清早，福瑞德·周（Fred Chow），一位物流咨询师走进了莱明的办公室。他对莱明说道："根据你在电话中的描述，答案非常简单。有 3 件事需要你去做：

1. 停止生产所有这种产品：有些产品可能每年的销售只有几千美元，有的产品可能根本就卖不出去。停止生产这些产品，集中精力于利润高、批量大的产品，从而使收益最大化。

2. 使用统计预测程序包来预测需求，这能降低你所需要的库存量。要知道，你需要持有的库存水平是个最小二乘回归的函数，是需求和提前期误差的标准差。因此，减少这些可以降低库存。

3. 你的仓库可能太多了。每个人都知道仓库少一些意味着更低的库存。"

莱明非常激动。虽然他不明白最小二乘这些事，虽然玛丽亚昨天说预测没有作用，但现在他明白了一些事情。莱明一直很庆幸碰巧在这个点上给这个咨询师打了电话。

现实

业务部完全拒绝了停止生产低流动性产品的想法。"我们不能这么做！我们大多数最重要的客户购买这些产品！"大多数人都这么认为。

也许这些反对意见还不够说明问题，德比说道："减少我们的仓库？你在说什么？如果我们必须从更少的仓库出货，那需要更长的时间，成本也会增加，这样真就使业务部门疯掉了。另外，合并两个仓库并不意味着将要省那么多钱。当然可以节省一些固定成本，但不足以弥补额外增加的运输成本。"

莱明不相信这些，于是他决定花费一些精力去研究仓库合并的事情。几个小时过去了，看了几百份文件后，莱明意识到他低估了与仓库合并相关的数据收集和数字分析工作。即使这个方法有减少成本的潜力，他的团队在本星期内也没有足够的时间来完成。

晚上 11 点

星期四接近午夜，莱明正在努力工作。德比、玛丽亚和刚毕业于麻省理工大学斯隆商学院的约翰·汤普森（John Thompson），都聚集在莱明的办公室里。办公室的黑板上列了许多方法：ABC 分析法、顾客细分、经济订货批量……这些方法都被划掉了。莱明可以看到卡洛脸上的怒气——他的职业生涯正在离他远去。

那现在你怎么做呢，约翰·汤普森？

Steel Works 公司数据综述

因为分析 Steel Works 公司所有的数据几乎是不可能的，所以现在提供给你的是 1994 年产品的代表性样本数据。DuraBend™ 和 DuraFlex™ 两种产品系列比重的详细数据也包括在内。

本书所附的光盘中有五个电子表格可以协助你进行分析：

S0121958. XLS 表格是 DuraBend™R12 产品每月和每个顾客的销售数据。

MONTHVOL. XLS 表格是 DuraBend™ 和 DuraFlex™ 每月的总销售数据。

PRODBAT. XLS 表格是 DuraBend™ 和 DuraFlex™ 的生产批量的数据。

FINCLDAT. XLS 表格是 DuraBend™ 和 DuraFlex™ 的单位成本和 1994 年的售价数据。

EOMINV. XLS 表格是 DuraBend™ 和 DuraFlex™ 每月月末的库存量数据。

注：表格中提供的所有数据（包括美元）都是以千计量的。

当从数据中推断结论时，可以假设 DuraBend™ 和 DuraFlex™ 两种产品系列是整个特种产品部门的代表。

学习完本章，你应该能够回答以下问题：

● 公司应该如何处理顾客需求的剧烈变动？

● 服务和库存水平的关系是什么？

● 提前期和提前期可变性对库存水平的影响？

● 有效库存管理策略是什么？

● 买方和供应方如何通过供应合同来改善供应链绩效？

● 什么方法可以用来预测未来的需求？

▌ 引言

在许多行业和供应链中，库存是最主要的成本之一。比如在美国，1 万多亿美元花费在库存上。对于许多经理来说，有效的供应链管理意味着降低供应链库存水平。当然，这只是供应链管理最简单的观点——事实上，有效的供应链库存管理的目标是在正确的地点、正确的时间拥有正确数量的库存，从而在满足客户服务水平的同时使系统成本最小。遗憾的是，在复杂的供应链中，管理库存一般很困难，同时还可能对顾客服务水平和供应链的系统成本产生重大影响。

正如我们在第 1 章中所讨论的，一个供应链一般由供应商、制造商（将原材料转变为成品）和配送中心与仓库（成品从这里配送给顾客）组成。这意味着库存在供应链中存在着以下几种形式：

- 原材料库存。
- 在制品库存。
- 成品库存。

每种形式的库存需要不同的库存控制机制。然而确定这些机制很困难，因为必须考虑供应链不同层次之间的相互影响来确定有效的生产、配送和库存控制策略，从而降低系统成本，改善服务水平。然而，确定这些库存控制机制所带来的好处将会是巨大的。

实例 2—1

通用汽车（GM）是拥有全球最大的生产和配送网络之一的公司。1984 年，通用汽车的配送网络由 20 000 个供应商、133 个零部件制造厂、31 个装配厂和 11 000个经销商组成。运输成本大约为 41 亿美元，其中 60％为原材料的运输。另外，通用的库存价值为 74 亿美元，70％是在制品，剩下的都是成品车。通用采用一个决策工具，能结合库存和运输降低公司的总成本。事实上，通过调整运输量（如库存策略）和路线（如运输策略），成本每年能降低 26％ [24]。

如果库存管理起来非常昂贵并且非常困难，那为什么要持有库存？持有库存有很多原因，库存控制机制就需要考虑这些因素。库存持有原因如下：

1. 意想不到的顾客需求变化。顾客需求总是很难预测，顾客需求的不确定性在最近几年有所增加是因为：

a. 越来越多产品的生命周期缩短。这意味着顾客需求的历史数据将不可用或作用很有限（见第 1 章）。

b. 市场上许多竞争性产品的出现。产品种类的迅速增加使得预测特定型号产品的难度不断增加。事实上，预测产品组的需求相对容易一些，即预测在同一市场上竞争的所有产品的总需求，而要预测具体的个别产品的需求则困难得多。我们将在第 3 节、第 6 章和第 11 章进一步讨论。

2. 在许多情况下供应的数量和质量、供应成本和交货时间存在显著的不确定性。

3. 提前期。即使在需求或供应中不存在不确定性，但由于交货有提前期，也需要持有库存。

4. 运输公司要实现规模经济，促使企业运输大批量的产品，所以持有了大量的库存。实际上，许多提供运输服务的企业通过提供运价折扣鼓励客户大量运输（见第 3 章）。同样，生产商给分销商和零售商提供激励，促使它们大批量购买，从而也导致了高库存水平。

即使持有库存的原因非常明显，在正确的时间、地点持有准确数量的库存也是非常困难的：

- 1993 年，在预测到即将到来的亏损后，戴尔电脑公司的股票价格迅速下跌。戴尔承认实际需求远远低于预测需求，这导致了其库存的账面减值 [218]。
- 1993 年，由于高于预期的过剩库存，丽诗加邦（Liz Claiborne）服饰公司的收入出现意想不到的下降［219］。

- 1994 年，低效的库存管理导致 IBM 苦苦挣扎于 ThinkPad 生产线生产不足的困境。
- 2001 年，思科公司（Cisco）由于销售下降导致 22.5 亿美元的过剩库存。

这些例子提出了库存管理和需求预测的两个重要问题。由于在大多数情况下，需求是不确定的，需求预测是确定订货批量的关键要素。但是需求预测与最优订货批量之间的关系是什么？订货批量应该等于、大于还是小于预测的需求？如果订货批量不等于预测需求，会偏离多少？这些问题将在下面讨论。

用来决策如何管理库存的战略、方法或技术被称为公司的库存策略。为了制定有效的库存策略，管理者必须考虑供应链的许多特性：

1. 首要而且最重要的是顾客需求，它可能是事先知道的或随机的。后一种情况下，当历史数据可用时，可以使用预测工具来估计顾客的平均需求和顾客需求变动量（经常用标准差来衡量）。

2. 补货提前期。可能在发出订单的时候就已知道这一信息，也可能是不确定的。

3. 需要考虑的不同产品的数量。这些产品在预算或空间上相互竞争，因此它们的库存策略相互影响。

4. 计划期的长度。

5. 成本，包括订货成本和库存持有成本。

a. 订货成本一般包括两部分：产品购买成本和运输成本。产品购买成本与规模经济有关；也就是说，订单量越大，产品单价越低。

b. 库存持有成本，或保管成本，包括：

i. 各州的税、财产税和库存保险。

ii. 维护保养费用。

iii. 过期成本，因为存在由于市场变化所导致库存价值贬值的风险。

iv. 机会成本，代表投资于其他（如股票市场）而非库存的投资回报。

6. 服务水平要求。当顾客需求是不确定的，通常不可能百分之百地满足客户，所以管理层需要规定一个可以接受的服务水平。

单阶段库存控制

我们首先考虑单阶段供应链库存管理。根据其特点，有很多技术和方法可以进行有效的单阶段库存管理。

经济批量模型

经典的经济批量模型，由福特·哈里斯（Ford W. Harris）在 1915 年提出，尽管是一个简单的模型，但说明了订货成本和储存成本之间的权衡。考虑有一个仓库面临单一产品的稳定需求。仓库从供应商处订货，假定供应商有无穷数量的产品。模型的假设如下：

- 需求速度是恒定的，每天需求 D 件产品。

- 订货批量每次固定订货 Q 件，也就是每次仓库向供应商订购 Q 件产品。
- 仓库每次订货都会发生一个固定成本（准备成本）K。
- 库存持有成本 h，即保管每单品库存的单位时间的成本。
- 提前期，发出订单到收到货物经过的时间，这里假设为零。
- 初始库存为零。
- 计划期无限长。

我们的目标是寻找最优的订货策略，以实现在满足需求（即不出现缺货）的同时，使每年的平均采购和保管总成本最小。

这是真实库存系统的一个最简化的版本。在一段长时期内需求固定的假设是不现实的。产品补充通常要消耗一段时间，固定订货批量的要求会受到一些限制。令人惊讶的是，从这个模型中得到的结论有助于我们在更复杂的现实系统中制定有效的库存策略。

我们很容易看到上面描述模型的最优策略中，订货将在库存降到零的时候准时收到。这被称为零库存订货特点，当采用在库存降到零的时候立即订货并同时收货的策略时，就会看到这种现象。很明显，直到库存降到零时再订货是成本较低的一种策略，因为这样节约了库存持有成本。

为了在经济批量模型中寻找最优订货策略，我们考虑库存水平是时间的函数（见图 2—3）。这是所谓的锯齿状库存模式。我们称两次相邻补货之间的时间为一个周期。因此，整个周期 T 内的库存总成本为：

$$K + \frac{hTQ}{2}$$

式中，K 为每次订货时会发生一次的固定成本，而库存持有成本可以看成是单位产品在单位时间持有成本 h 和平均库存水平 $Q/2$ 及周期 T 的乘积。

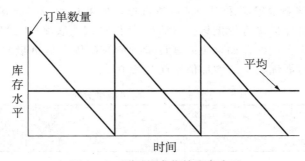

图 2—3　随时间变化的库存水平

由于库存水平在周期 T 内由 Q 向 0 变化，单位时间的需求稳定为 D 件，因此 $Q = TD$。因此我们可以将成本除以 T，并将 T 用 Q/D 替换，可得单位时间的总平均成本为：

$$\frac{KD}{Q} + \frac{hQ}{2}$$

应用简单的微积分，很容易得到使成本最小的解所对应的订货量 Q^*：

$$Q^* = \sqrt{\frac{2KD}{h}}$$

通过这个简单的模型可以发现这个模型的两个重要特点：

1. 最优策略平衡了单位时间库存持有成本和单位时间准备成本。实际上，单位时间准备成本＝KD/Q，单位时间持有成本＝$hQ/2$（见图 2—4）。因此，增加订货批量会增加单位时间持有成本，同时会减少单位时间准备成本。最优订货批量在单位时间准备成本（KD/Q）等于单位时间持有成本（$hQ/2$）的相交点上。也就是：

$$\frac{KD}{Q} = \frac{hQ}{2}$$

或

$$Q^* = \sqrt{\frac{2KD}{h}}$$

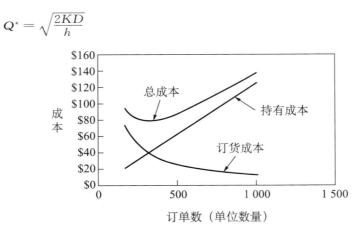

图 2—4 经济批量模型：单位时间的总成本

2. 总库存成本对于订货批量并不敏感。也就是说，改变订货批量对年准备成本和库存持有成本的影响不大。为了说明这个问题，假定一个决策者令订货批量 Q 等于最优订货批量 Q^* 乘以系数 b。换言之，对于一个给定的 b，$Q = bQ^*$。因此，$b = 1$ 意味着决策者采用经济订货批量。如果 $b = 1.2$（或 $b = 0.8$），则决策者采用的订货批量比最优订货批量多（或少）了 20％。表 2—1 给出了 b 的改变对系统总成本的影响。例如，如果决策者订货批量较最优订货批量多 20％（$b = 1.2$），那么总成本相对最优成本的增加值不超过 1.6％。

表 2—1 灵敏度分析

b	0.5	0.8	0.9	1	1.1	1.2	1.5	2
成本增加	25.0％	2.5％	0.5％	0	0.4％	1.6％	8.9％	25.0％

实例 2—2

假设一家五金供应仓库根据合同每星期向当地制造公司供应 1 000 单位的特制紧固件。仓库向它的供应商订货，每次订货和运输费用是 20 美元。仓库以 1 美元的单价购入紧固件，同时以 5 美元的价格卖给当地公司。年持有成本是库存价值的 25％，也就是一年 0.25 美元。仓库经理想知道当库存变为零时每次应该订购多少件产品。

要回答这个问题，我们可以应用前面的公式。每年的需求（假设制造公司一年工作 50 周）是 50 000 个，每单位产品的年持有成本是 0.25 美元，每次固定准备成本是 20 美元。仓库每次下达一个订单的最优订货量为 2 828 个。

■ 需求不确定性的影响

前面的模型说明了准备成本和库存持有成本之间的权衡。但是，它忽略了需求不确定性和预测的问题。实际上，许多公司将世界看成可以预测的，在销售季节到来以前就做好预测，并根据预测制定生产和库存的决策。尽管这些公司知道当它们进行需求预测时，需求的不确定性实际仍然存在，但是他们做计划使用预测数据时好像所做的预测已经精确地代表了现实。在这种情况下，对于所有预测需要记住以下原则（见 ［148］）：

1. 预测总是不准确的。
2. 预测的期限越长，预测误差越大。
3. 综合预测更准确。

上述原则中，第一条意味着供应和需求很难匹配，第二条意味着顾客的长期需求更难预测，例如预测期限长达 12～18 个月。第三条指出，虽然很难预测顾客对单品库存单位（SKU）的需求，但若预测一个产品系列内所有 SKU 单位的总需求会容易许多。这个原则是风险分担概念的一个例子（见第 3 节）。

■ 单期模型

为了更好地理解需求不确定性的影响，我们考虑一系列更详细和复杂的情形。首先我们考虑一种生命周期非常短的产品，因此公司只有一次订货机会。在需求产生之前，公司必须决定库存量以便能满足需求。如果库存过多，公司会因为过多的库存而受损。如果库存太少，公司将失去一些本应该有的生意，从而使利润受损。

依据历史数据，公司通常可以预测各种需求情况和每种情况可能发生的机会或概率。遵循特定的库存策略，公司可以估计与每种需求情况相关的利润。因此，给定一个订货批量，公司可以对每种情况下的利润根据其可能发生的概率加权，从而计算出特定订货量下的平均或期望利润。因此公司自然采用平均利润最大化的订货量。

实例 2—3

考虑一个设计、生产并销售夏季时尚服饰（如泳装）的公司。在夏季到来的 6 个月前，公司必须确定其所有产品的生产数量。由于没有明确的迹象表明市场会对新的设计产生什么反应，公司需要使用不同的工具来预测每种款式的需求，并计划相应的生产和供应量。在这种情况下需要进行的权衡就很清楚了：过高估计顾客需求会导致销售不掉的库存，过低估计需求会导致缺货并失去潜在客户。

为了辅助作出这些管理决策，市场管理部门使用过去 5 年的历史数据，结合当前的经济状况和其他因素来建立泳装需求的概率预测模型。基于可能的天气状况和竞争者的行为，他们对即将到来的夏季估计了几种可能的销售状态，并为每种状态设定了概率或发生的几率。例如，市场部门相信销售 8 000 件的情景发生几率为 11％；其他情景有不同的销售量，分别有不同的发生概率。这些情景在图 2—5 中将详细说明。这些预测的概率加权平均需求为 13 000 件，但是实际需求可能大于或小于平均需求。

我们还有以下数据：

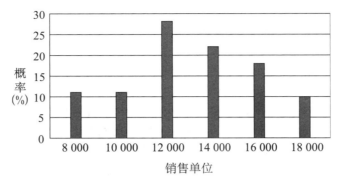

图 2—5 概率预测

- 为了开始生产，制造商必须先投资 10 万美元，该投资额与要生产的数量无关，这笔费用被称为固定生产成本。
- 可变生产成本为每件 80 美元。
- 在夏季每件泳装的售价为 125 美元。
- 在夏季任何一件没有被售出的泳装都将在折扣店以 20 美元的价格出售。我们称此价值为残值。

为了确定最优的生产量，公司需要了解生产数量、顾客需求和利润之间的关系。

假定制造商生产 10 000 件，而需求最终实际是 12 000 件。显而易见，利润等于夏季的销售收入减去可变生产成本和固定生产成本。即

$$利润 = 125 \times 10\,000 - 80 \times 10\,000 - 100\,000 = 350\,000（美元）$$

另一方面，如果公司生产 10 000 件泳装而需求只有 8 000 件，利润等于夏季销售收入加上残值减去可变生产成本和固定生产成本。即

$$利润 = 125 \times 8\,000 + 20 \times 2\,000 - 80 \times 10\,000 - 100\,000 = 140\,000（美元）$$

注意需求为 8 000 件的概率为 11%，而需求为 12 000 件的概率为 27%。因此生产 10 000 件泳装产生 350 000 美元利润的概率为 27%，产生 140 000 美元利润的概率为 11%。同样，可以计算出每种给定状况下生产 10 000 件泳装的利润。这时我们可以确定生产 10 000 件的期望（或平均）利润。这个期望利润就是所有状况下的利润分别乘以各状况对应的概率相加而成。

当然，我们会找到平均利润最大时的订货批量。图 2—6 绘出了作为产量函数的平均利润。图中显示最优生产量，或者说是平均利润最大的生产量大约为 12 000 件。

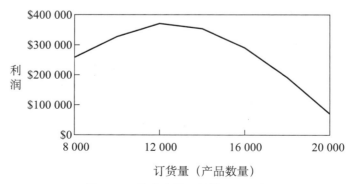

图 2—6 作为产量函数的平均利润

有意思的是，期望利润最大时的订货量不一定等于平均需求。事实上，在前面的案例中，期望利润最大化的订货量是 12 000 件，但平均需求是 13 000 件。

那么最优订货量或生产批量和平均需求之间存在什么关系？最优订货量是否应该总是如前面案例所示小于平均需求？为了回答这个问题，我们将计算再多生产一件泳装的边际利润和边际成本。如果这件泳装是在夏季卖出，则边际利润是每件售价与生产泳装的单位可变成本之差。如果这件泳装在夏季未能售出，则边际成本是可变生产成本与残值之差。因此，如果在夏季没有销售这件多生产的泳装的成本大于在夏季销售这件泳装所获得的利润，那么最优生产量一般小于平均需求。如果情况相反，那么最优生产量通常大于平均需求。

实例 2—4

让我们回到案例。在这个案例中，平均需求是每年 13 000 件，前面我们看到最优订货量约为 12 000 件。为什么会这样？

为了回答这个问题，我们计算多生产一件泳装的边际利润和边际成本。如果这件泳装在夏天售出，那么边际利润是 45 美元。如果这件泳装在这个夏天没有售出，边际成本是 60 美元。因此，在销售季节这件多生产的泳装没有售出的成本大于售出所获得的利润，于是最优生产批量小于平均需求。

当然，这在公司的目标是平均利润最大化的情况下是成立的。对于某些其他类型的投资，如果销售没有达到预期目标，库存投资就会面临贬值风险；如果需求超过预期，库存投资则有好的收益。有趣的是，在我们的模型中可以描述出盈利潜质和贬值风险，从而有利于库存投资管理决策。

实例 2—5

再次考虑上述案例。图 2—6 描绘出了作为产量函数的平均利润。图中显示了最优生产量，或者说是平均利润最大的生产量约为 12 000 件。图中还显示了生产 9 000件或生产 16 000 件会有相同的平均利润 294 000 美元。如果出于某种原因，我们必须在 9 000 件和 16 000 件之间选择，该选择多少？

为了回答这个问题，我们需要更好地理解与特定决策相关的风险。出于这个目的，我们构造了一个频率直方图（见图 2—7），它提供了有关 9 000 件和 16 000 件两种给定产量的潜在利润。例如，考虑产量为 16 000 件时的利润。图中显示利润的分布并不是对称的。损失 220 000 美元的概率为 11%，获得至少 410 000 美元利润的概率为 50%。*另一方面，频率直方图中，产量为 9 000 件时只有两种可能的产出。利润为 200 000 美元的概率是 11%，利润为 305 000 美元的概率是 89%。因此，虽然生产 16 000 件和 9 000 件具有同样的平均利润，但当我们增加产量后可能的风险和可能的回报都会增加。

---

* 原文疑有误。——译者注

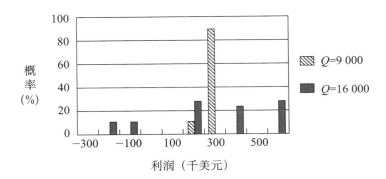

图 2—7　利润的频率直方图

总结如下：

- 最优订货批量不一定等于预测需求或平均需求。实际上，最优数量依赖于多销售一件产品所产生的边际利润和边际成本。更重要的是，固定成本对产量没有影响，只对是否生产的决策有影响。因此，对于给定的一个生产决策，产量与固定生产成本无关。
- 平均利润一般会随订货量增加而增加，直到产量达到一个特定值，之后再继续增加会导致平均利润开始下降。
- 当我们增加产量，风险——即遭受损失的概率——也会增加。与此同时获得较大利润的概率也会增加。这就是风险和回报之间的权衡。

■ 初始库存的影响

在前面的模型中，我们考虑的是销售季节非常短，公司只有一次订货或者生产的机会去满足需求。接下来，我们考虑类似的一种情形，不过这个公司目前已经拥有一些库存，这些库存可能是上个销售季节剩下的。如果没有额外的订单或生产，目前拥有的库存可以用来满足需求。当然，公司不可能出售多于其初始库存水平的产品量。另一方面，如果下达订单，就必须支付固定费用，同时也能获得另外的存货。因此，当具有初始存货时，需要权衡的问题是要么避免支付固定费用而只拥有少量的存货，要么支付固定费用从而拥有更多的存货。

实例 2—6

回顾前面的案例，假定现在所考虑的泳装是去年生产的一种款式，制造商初始库存为 5 000 件。假定对这种款式的需求遵循前面所介绍的同样的情景模式，制造商是否应该生产？如果要生产，应该生产多少件？

如果制造商不再生产泳装，则销售不超过 5 000 件，也不会有额外的固定成本。但是如果制造商决定生产，就要支付与生产数量无关的固定生产成本。

图 2—8 可以清楚地说明这个问题，其中的实线代表不包括固定生产成本的平均利润，而虚线则代表包括固定成本的平均利润。

在图 2—8 中，虚线与图 2—6 中的曲线相同，而图中实线部分所对应于每种产量的曲线位置都在虚线之上；两条曲线垂直距离之差就是固定生产成本。同样注意

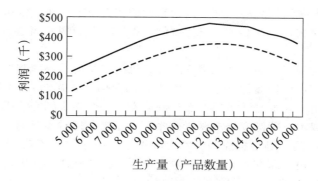

图 2—8　利润和初始库存的影响

如果什么也不生产，平均利润可以从图 2—8 中的实线中得到并等于：

225 000（由图中得到）＋5 000×80＝625 000（美元）

其中最后的部分是 225 000 美元中已包括的可变生产成本。

另一方面，如果制造商决定生产，则很明确库存会从 5 000 件上升到 12 000 件。因此，这时的平均利润从图中虚线中得到并等于：

371 000（由图中得到）＋5 000×80＝771 000（美元）

由于增加库存到 12 000 件的平均利润大于不生产产品时的利润，最优策略是生产 7 000 件＝12 000 件－5 000 件。

现在考虑初始库存为 10 000 件的情况。根据同样的分析，很容易发现没有必要再生产其余的泳装，因为初始库存 10 000 件的平均利润要大于我们生产 2 000 件使库存达到 12 000 件时的平均成本。这是因为如果我们不生产，则不需要支付固定成本；如果生产，则要支付与生产量无关的固定成本。

因此，如果生产，我们可以获得的最大平均利润为 375 000 美元。这与我们有 8 500 件初始库存并决定不生产时的平均利润相当。因此，当初始库存低于 8 500 件时，我们决定生产并使库存增加到 12 000 件。反之，如果初始库存超过 8 500 件，则不再生产。

泳装的分析启发我们想到一种在库存管理实践中非常有用的库存策略：当库存水平低于特定值 s 时，我们订货（或生产）以增加库存水平到 S。这个策略被称为 (s, S) 策略或最小最大策略。我们一般称 s 为订货点，称 S 为最大库存水平。最后，可以发现如果没有固定成本，最优库存量将是最大库存水平，要不断地订购足够的数量来提高库存到既定的水平。

实例 2—7

在泳装生产的例子中，订货点是 8 500 件，最大库存水平是 12 000 件。两个水平之间的差距由订货、生产或运输的固定成本决定。

■ 多次订货

前文分析的模型假定决策制定者进行的决策在一个计划期内只有一次订货。这可能是时尚产品的状况，因为它们的销售季节很短，不可能有机会基于实际的顾客需求再次订货。但在许多实际情况中，决策制定者会在一年中的任何时刻重复订货。

例如，考虑一个分销商面对随机的产品需求并向制造商订货。当然制造商不能立即满足分销商的订单——无论分销商何时发出订单都需要一个固定的交货提前期。由于需求是随机的，而且制造商有一个固定的交货提前期，所以即便没有订货准备成本，分销商仍需要持有库存。经销商持有库存的原因有三点：

1. 为了满足提前期内发生的需求。由于订货不可能立即就满足，因此手头必须有一定的库存来满足从订单发出到收到订货之间的顾客需求。

2. 为了防止需求的不确定性。

3. 平衡年库存持有成本和年订货固定成本。我们已经看到越频繁的订货导致越低的库存水平，因而可降低库存持有成本，但导致了更高的年订货成本。

虽然这些问题直觉上很清楚，但分销商要确定应该采用的具体库存策略并不简单。为了有效地管理库存，分销商需要决定何时订购以及订购多少。我们将对以下两种策略进行区分：

- 持续检查策略，在这种策略中，库存每天都要检查，当库存达到特定水平或订货点时就下达订单。当库存可以持续检查的时候，这种库存策略最适用——如采用计算机化库存系统。
- 定期检查策略，在这种策略中，每过一段固定的时间间隔就检查库存水平一次，每次检查以后确定合适的订购数量。当频繁地检查库存和下达订单不可行或不便利的时候，这种订货策略就比较适用。

■ 持续检查策略

我们首先假设一个库存可以被持续检查的系统。这种持续检查系统与定期检查系统相比，提供了一个反应性更强的库存管理策略（为什么？）。

我们做一些假设。

- 每日需求是随机的，但满足正态分布。换言之，我们假定每日需求的概率预测符合众所周知的钟形正态分布曲线。注意，我们可以通过平均值和标准差对所预测的正态分布进行全面的描述。
- 分销商每次向制造厂订购产品，需要支付一个固定的成本 K，再加上与订购数成比例的费用。
- 库存持有成本根据单位时间保管单位库存的费用计算。
- 库存水平的检查在每天结束时进行，如果发出一个订单，订货经过固定提前期后到达。
- 如果顾客订单到达时，手头无库存满足客户需求（例如，分销商已经断货了），这笔订单将失去。
- 分销商规定一个必需的服务水平。服务水平是提前期中不出现缺货的概率。例如，分销商希望确保提前期内能至少满足 95％ 的顾客需求。因此，这里服务水平为 95％。

为了描述分销商使用的库存策略，我们需要以下信息：

AVG＝对分销商的平均日需求

STD＝对分销商日需求的标准差

L＝从供应商到分销商的补货提前期（天数）

h＝分销商持有单位库存一天的成本

α＝服务水平，即缺货的概率为$1-\alpha$

另外，我们需要定义库存状况的概念。任何时刻的库存状况就是仓库的实际库存加上分销商未到的订货减去缺货量。

为了描述分销商将采用的策略，回顾一下由拥有初始库存的单期库存模型所延伸的（s，S）模型。在那个模型中，当库存降到s水平，我们就订购足够的产品使库存达到S水平。对于持续检查模型，我们采用比较简单的方法，这个方法称之为（Q，R）策略——无论何时库存降到订货点R，订购Q单位产品。

订货点R由两部分组成。首先是提前期内的平均库存水平，它是日平均需求与提前期的乘积。这确保了当分销商发出订单后，系统有足够的库存满足提前期内的期望需求。提前期内的平均库存需求为：

$$L \times AVG$$

第二个部分代表安全库存，是分销商需要在仓库和途中保存，以防止提前期内需求偏离平均值的库存数量。这个数量由下式计算：

$$z \times STD \times \sqrt{L}$$

式中，z是一个常数，称为安全系数。这个常数与服务水平相关。因此，订货点等于：

$$L \times AVG + z \times STD \times \sqrt{L}$$

安全系数z从统计表中查找，以确保在提前期的缺货概率为$1-\alpha$。这意味着重新订货点必须满足：

$$\text{prob} \{提前期需求 \geq L \times AVG + z \times STD \times \sqrt{L}\} = 1-\alpha$$

表2—2提供了满足不同服务水平α的一系列z值。

表2—2 服务水平和安全系数z

服务水平	90%	91%	92%	93%	94%	95%	96%	97%	98%	99%	99.9%
z	1.29	1.34	1.41	1.48	1.56	1.65	1.75	1.88	2.05	2.33	3.08

订货量Q是多少呢？虽然在这个模型中计算最优订货量不是很容易，但前面我们所叙述的经济订货批量对于这个模型是很有效的。前面已讨论过经济订货批量的计算公式如下：

$$Q = \sqrt{\frac{2K \times AVG}{h}}$$

如果顾客需求没有变化，无论何时，当库存水平在$L \times AVG$时，分销商将订购数量Q的产品，因为需要花L天才能收到订货。但是，需求存在变动，因此，当库存下降到订货点R时，分销商发出批量为Q的订单。

图2—9说明实施这种策略的时候，库存水平随时间的变化。那么平均库存水平有多少呢？可以看到在两次相邻订单之间，最小库存水平就在订货到来前一刻，而最大库存水平则是在订货到达之时。在收到订货前的期望库存水平为安全库存：

$$z \times STD \times \sqrt{L}$$

而订货到达之际的期望库存水平为：

$$Q + z \times STD \times \sqrt{L}$$

因此，平均库存水平等于：

$$Q/2 + z \times STD \times \sqrt{L}$$

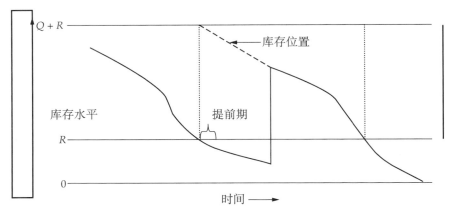

图 2—9 在（Q，R）策略中随时间变化的库存水平

实例 2—8

考虑一个从工厂订货并出售给零售商的电视机分销商。假定电视机分销商试图针对仓库的某型号电视机制定库存策略。分销商每发出一次电视机的订单，都需要支付一笔订货固定成本 4 500 美元，这个成本与订货批量无关。分销商购买每台电视机的成本为 250 美元，平均库存年持有成本是产品成本的 18％。补货提前期为两个星期。

表 2—3 提供了前 12 个月每个月的销售数据。假设分销商希望保证 97％ 的服务水平，那么订货点和订货量应该为多少？

表 2—3 历史数据

月份	9	10	11	12	1	2	3	4	5	6	7	8
销售量	200	152	100	221	287	176	151	198	246	309	98	156

从表 2—3 可以得出平均月需求为 191.17，月需求的标准差是 66.53。

由于提前期为两个星期，我们将月平均需求和标准差转化为周平均需求和周标准差，计算如下：

$$周平均需求 = \frac{月平均需求}{4.3}$$

$$平均周需求的标准差 = \frac{平均月需求的标准差}{\sqrt{4.3}}$$

表 2—4 提供了计算得到的有关数据。这样我们就可以计算在提前期内的平均需求和安全库存，安全库存可以用表 2—2 按照 97％ 的服务水平找到对应的安全系数为 1.9（或更精确 1.88），然后用公式计算。订货点的计算是把安全库存加上提前期内的平均需求。所有这些数据都在表 2—4 中给出。

表 2—4 库存分析

参数	平均周需求	周需求标准差	提前期内的平均需求	安全库存	重新订货点
值	44.58	32.08	89.16	86.20	176

为了确定订货量 Q，计算平均每周每个电视机的库存持有成本为：

$$\frac{0.18 \times 250}{52} = 0.87 \text{ （美元）}$$

或 87 美分。这意味着订货批量 Q 可以计算如下：

$$Q = \sqrt{\frac{2 \times 4\,500 \times 44.58}{0.87}} = 679$$

这意味着，无论何时，当库存水平降至 176 单位，分销商应下达 679 个电视机的订单。最后，平均库存水平等于：

$$679/2 + 86.20 = 426$$

这意味着分销商平均保持着 10 个（426/44.58）星期的库存。

■ 可变提前期

许多情况下，交货到仓库的提前期固定且事先是知道的假设不一定成立。实际上，在许多实际情况中，到仓库的提前期可以是随机的或事先不能确定的。在这些案例中，我们假设提前期满足正态分布，平均提前期定义为 $AVGL$，标准差定义为 $STDL$。在这种情况下，订货点 R 计算如下：

$$R = AVG \times AVGL + z \sqrt{AVGL \times STD^2 + AVG^2 \times STDL^2}$$

式中，$AVG \times AVGL$ 代表提前期内的平均需求，而

$$\sqrt{AVGL \times STD^2 + AVG^2 \times STDL^2}$$

代表提前期内的需求的标准差。因此将要保持的安全库存等于：

$$z \sqrt{AVGL \times STD^2 + AVG^2 \times STDL^2}$$

如前所述，订货批量

$$Q = \sqrt{\frac{2K \times AVG}{h}}$$

■ 定期检查策略

在很多实际情况中，库存水平的检查是周期性的，间隔期是固定的，每次检查后都要订购适当的数量。如果间隔期相对很短（例如一天），可以采用改良后的 (Q, R) 策略。然而 (Q, R) 策略不能直接使用，因为当仓库下单的时候，库存水平可能已经降到订货点之下。为了解决这个问题，定义两种库存水平 s 和 S，每次检查库存，如果库存下降到 s 以下，就订购足够多的产品使库存量达到 S。我们把改良的 (Q, R) 策略称为 (s, S) 策略。虽然决定 s 和 S 的最优值是困难的，但计算一个有效的近似值可以在假设为持续检查的情况下，计算出 Q 和 R，然后令 s 等于 R，S 等于 $R+Q$。

如果库存持续检查的时间比较长（例如每周或每月），库存检查之后下单是可行的。由于库存水平检查是周期性的，发出订单的固定成本是一个沉没成本，可以被忽略；可以假想固定成本用于确定检查周期。订购的批量经过一定的提前期后到达。

在这种情况下应该使用什么库存策略？由于固定成本在这个环境中不起作用，库存策略只由一个参数——基本库存水平来刻画。也就是说，仓库要确定一个目标

库存水平——基本库存水平，并在每次检查库存后，订购足够的货物使库存状况上升到基本库存水平。

有效的基本库存水平应该是多少？为了解决这个问题，令 r 为检查周期的长度——我们假定每隔长度为 r 的时间发出一次订货。如前所述，L 是提前期，AVG 是仓库的平均日需求，STD 是日需求的标准差。

注意，在仓库发出订货的时候，订货要使库存量上升至基本库存水平。下一批订货到来之前，这一水平的库存应能防止仓库出现缺货。由于下一批订货在 $r+L$ 天后到来，当前的订货要足以满足 $r+L$ 天内的平均需求。

因此，基本库存水平应包含两部分：$r+L$ 天内的平均需求，等于 $(r+L) \times AVG$。而安全库存，即仓库用以保障 $r+L$ 天内需求偏离平均需求时的供应，其计算公式如下：

$$z \times STD \times \sqrt{r+L}$$

式中，z 为安全系数。

图 2—10 显示了采用这种策略时随时间变化的库存水平。在这种情况中平均库存水平如何？如前所述，库存水平在收到订货之际达到最大，在临收货前为最小。很容易看到收到订货时的期望库存水平等于：

$$r \times AVG + z \times STD \times \sqrt{r+L}$$

而临收货前的期望库存水平就是安全库存，为：

$$z \times STD \times \sqrt{r+L}$$

因此，平均库存水平是这两个水平的平均值，等于：

$$\frac{r \times AVG}{2} + z \times STD \times \sqrt{r+L}$$

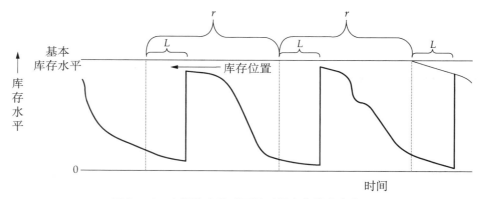

图 2—10 定期检查策略下随时间变化的库存水平

实例 2—9

我们继续前面的例子，并假定经销商每 3 个星期发一次电视机的订单。由于提前期是 2 个星期，基本库存水平需要覆盖 5 个星期。因此，该时期内的平均需求为：

$$44.58 \times 5 = 222.9$$

按照 97% 的服务水平计算，安全库存如下：

$$1.9 \times 32.08 \times \sqrt{5} = 136.3$$

因此，基本库存水平为 223＋136＝359。也就是分销商每 3 个星期发出一次订货，要使库存量升至 359 台电视机的水平。这里，平均库存水平等于：

$$\frac{3\times 44.58}{2}+1.9\times 32.08\times \sqrt{5}=203.17$$

这意味着，经销商平均保持 5 个（203.17/44.58）星期的库存。

■ 服务水平优化

目前，我们假设库存优化的目标是基于特定服务水平来决定最优库存策略。问题当然是如何决定适当的服务水平。有时候，服务水平是由下游客户决定的。比如零售商可以要求供应商维持特定的服务水平，而供应商将采用这个目标来管理自己的存货。

在其他情况下，业务单位拥有一定的灵活性来选择适当的服务水平。图 2—11 所显示的库存、服务水平等之间的权衡非常清楚：其他都相同的情况下，服务水平越高，库存水平就越高。同样，相同的库存水平下，一个业务单位供货的提前期越长，它所提供的服务水平就越低。最后，对服务水平的边际影响随着库存水平而降低。也就是说，库存水平越低，每单位库存对服务水平的影响就越大，进而影响到期望利润。

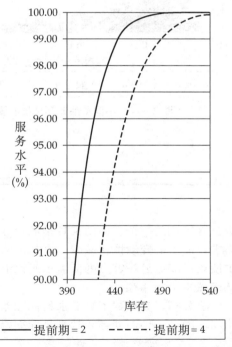

图 2—11 作为提前期的函数的服务水平与库存水平的关系

因此，零售商在决策每个单品库存单位的服务水平时可能采用的策略是使所有或部分产品的期望利润最大化。即给定所有产品的某一服务水平，我们决策每一单品库存单位的服务水平，从而使期望利润最大化。其他情况都相同时，具有以下特性的产品服务水平比较高：

- 高边际利润。
- 高产量。
- 低变动性。
- 较短的提前期。

图 2—12 很好地描述了利润优化对服务水平的影响。纵轴代表每年的销售额，横轴代表需求不稳定性。每个圆圈代表一种产品，圆圈的大小则与边际利润成比例。所有产品的库存目标水平是 95%。可以看到，高边际利润、高产量和低变动性的许多产品的服务水平高于 99%（灰色圆圈表示）。另一方面，低边际利润、低产量和高不稳定性的产品的服务水平低于 95%。

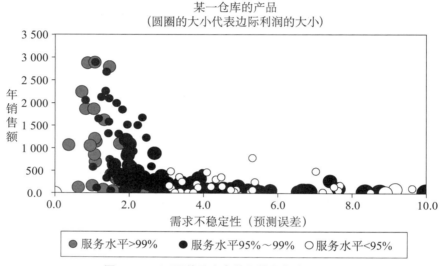

某一仓库的产品
（圆圈的大小代表边际利润的大小）

图 2—12 不同单品库存单位的服务水平优化

风险分担

描述供应链变动性的一个有力的工具是风险分担的概念。风险分担意味着如果汇集各地的需求，需求的变动性将减少。这是因为我们汇集不同地点的需求，某一客户的高需求便更可能被另一客户的低需求所抵消。变动性的降低能够允许安全库存的减少，从而减少平均库存。

为了理解风险分担，有必要了解需求的标准差和变异系数。标准差是用来衡量需求偏离平均需求的大小，而变异系数则是标准差和平均需求的比率：

$$变异系数 = \frac{标准差}{平均需求}$$

在这一点上理解标准差和变异系数的区别是非常重要的，它们都度量了客户需求的变动性。实际上，标准差衡量顾客需求变动的绝对值，变异系数衡量顾客需求相对平均需求的变动。

有了这些背景介绍，考虑如下案例来理解风险分担的作用：

案例

风险分担

ACME 是美国东北部一家制造和分销电子设备的公司，公司正面临着配送问题。目前的配送系统将东北区分成两个市场，每个市场有一个仓库。一个仓库位于新泽西的帕拉姆斯，另一个仓库位于马萨诸塞的牛顿。客户一般是零售商，直接向仓库订货。在目前的配送系统中，每个客户被分配到一个单一的市场中，并向相应市场的仓库订货。

仓库向位于芝加哥的制造厂订货。交货到每个仓库的提前期为一个星期，制造厂有足够的产能满足所有仓库的订单。目前的配送战略提供 97% 的服务水平，意味着每个仓库使用的库存策略可使缺货的概率不大于 3%。当然，不能满足的订单将失去，无法通过以后的交货来补偿。

由于最初的配送系统是 7 年前设计的，公司新任命的首席执行官决定检查目前的物流和配送系统。ACME 公司在它的供应链中处理大约 1 500 种产品，服务东北地区大约 10 000 个客户。ACME 公司考虑使用以下替换的策略：将两个仓库替换成位于帕拉姆斯和牛顿之间的一个仓库。我们称后面这种系统为集中化配送系统。首席执行官坚持，无论采用何种物流策略，都要维持 97% 的服务水平。

很明显，目前具有两个仓库的配送系统较只有一个仓库的策略有一个重要的优点：由于每个仓库更靠近一组特定的客户，从而减少了交货时间。但是，新提出的方案也有其重要的好处，它使 ACME 以更低的库存水平同样获得 97% 的服务水平，或者以同样的库存水平获得更高的服务水平。

直觉上，这可以解释如下。由于需求是随机的，某个零售商高于平均水平的需求很可能被另一个零售商低于平均水平的零售需求所抵消。随着仓库所服务的零售商数量增加，这种情况出现的可能性也会增加。实际上，这正是前面所介绍的预测的第 3 条原则：综合预测更准确。

如果决定转换成集中化系统，并维持 97% 的服务水平，ACME 能减少多少库存？

为了回答这个问题，我们需要对 ACME 目前和未来配送系统中使用的库存策略进行更严格的分析。尽管需要对所有的产品进行分析，但我们将先从两种具体产品 A 和 B 的分析中解释。

对于这两种产品，向工厂订货的固定成本都是每次 60 美元，单位产品库存持有成本为每星期 0.27 美元。在目前的配送系统中，从仓库向顾客运输产品的成本是平均每件 1.05 美元。估计在集中化配送系统中，从中心仓库运往顾客的运输成本平均为每件 1.10 美元。为了进行分析，我们假定两个系统的交货提前期没什么差别。

表 2—5 和表 2—6 分别提供了产品 A 和 B 的历史销售数据。表中包括每种产品在过去 8 周内每个市场的每周需求量。注意产品 B 是一个滞销产品——产品 B 的需求相对产品 A 的需求要小。

表 2—7 提供了每种产品平均周需求和周需求标准差的历史数据，同时给出了每个仓库需求的变异系数。

表 2—5 　　　　　　　　　　　　　　产品 A 的历史数据

周	1	2	3	4	5	6	7	8
马萨诸塞	33	45	37	38	55	30	18	58
新泽西	46	35	41	40	26	48	18	55
合计	79	80	78	78	81	78	36	113

表 2—6 　　　　　　　　　　　　　　产品 B 的历史数据

周	1	2	3	4	5	6	7	8
马萨诸塞	0	2	3	0	0	1	3	0
新泽西	2	4	0	0	3	1	0	0
合计	2	6	3	0	3	2	3	0

表 2—7 　　　　　　　　　　　　　　历史数据概括

统计量	产品	平均需求	需求标准差	变异系数
马萨诸塞	A	39.3	13.2	0.34
马萨诸塞	B	1.125	1.36	1.21
新泽西	A	38.6	12.0	0.31
新泽西	B	1.25	1.58	1.26
合计	A	77.9	20.71	0.27
合计	B	2.375	1.9	0.81

　　实际上标准差衡量顾客需求变动的绝对值，变异系数衡量顾客需求相对平均需求的变动。例如这里分析的两种产品，我们看到产品 A 需求的标准差要大于产品 B，而产品 B 需求的变异系数要大于产品 A。两种产品之间的差别对最后的分析有很大影响。

　　最后，注意集中化配送系统中，每种产品的平均需求是现有仓库平均需求之和。但是中心仓库所面对的需求变动，由标准差或变异系数衡量，远小于两个仓库的需求变动之和。这对于目前的和所建议的系统的库存水平有重大影响。这些库存水平的计算方法如前面几节所介绍，计算结果列于在表 2—8 中。

表 2—8 　　　　　　　　　　　　　　库存水平

	产品	提前期内平均需求	安全库存	订货点	Q
马萨诸塞	A	39.3	25.08	65	132
马萨诸塞	B	1.125	2.58	4	25
新泽西	A	38.6	22.80	62	131
新泽西	B	1.25	3	5	24
合计	A	77.9	39.35	118	186
合计	B	2.375	3.61	6	33

　　注意产品 A 在新泽西的帕拉姆斯仓库的平均库存水平约为：

　　　　安全库存＋$Q/2=88$

　　类似地，在马萨诸塞的牛顿仓库产品 A 的平均库存是 91 件，而在中心仓库里的平均库存为 132 件。因此，当 ACME 公司将目前的系统改为集中化系统，产品 A 的平均库存显著下降了 36%。

　　产品 B 在帕拉姆斯的平均库存为 15 件，在牛顿的平均库存为 14 件，在中心仓库中的平均库存为 20。因此，ACME 将减少 43% 的平均库存。

这个案例形象地说明了风险分担的概念。如前面提到的，源自风险分担的需求汇集可以降低需求变动，从而减少安全库存和平均库存。例如，在上面的集中化配送系统里，中心仓库为所有顾客服务，使需求变动减少，这可以通过标准差和变异系数来衡量。

我们总结出有关风险分担的三个关键点：

1. 集中化库存同时减少了系统的安全库存和平均库存。直觉上可以解释如下：在集中化配送系统中，无论何时，当一个市场区域的需求高于平均需求，而另一个市场区域的需求低于平均需求时，仓库中原来分配给一个市场的库存可以重新分配给另一个市场。在分散化配送系统中，在不同市场的仓库之间重新分配库存几乎是不可能的。

2. 变异系数越大，从集中化系统中获得的好处越多，即从风险分担中得到的利益越多。这可以解释如下：平均库存包括两部分——与平均周需求成比例的部分（Q）和与周需求标准差成比例的部分（安全库存）。由于这里平均库存的减少主要通过安全库存的减少来获得，因此，变异系数越高，安全库存对库存降低的影响就越大。

3. 从风险分担中得到的利益依赖于一个市场相对于另一个市场的需求方式。我们把一个市场的需求增大会使得另一个市场的需求也增大的这种现象，称为两个市场的需求是正相关的。类似地，正相关的时候，一个市场需求减小，另一个市场需求也会减少。直觉上，两个市场需求的正相关度越高，风险分担所能获得的利益越少。

在第6章，我们将提供风险分担的不同实例。在那一章，风险分担是用于综合各种产品或各种不同时间的总需求，而不是我们在这里所做的按客户汇集需求。

集中化与分散化系统

前一节中的分析提出了一个重要的实际问题：我们在比较集中化配送系统和分散化配送系统时，需要权衡什么？

安全库存。很明显，当企业从分散化向集中化系统转变时，安全库存会减少。减少的数量依赖于一些参数，包括变异系数和不同市场之间的需求相关度。

服务水平。当集中化和分散化系统拥有同样的总安全库存时，集中化系统的服务水平相对较高。如前所述，服务水平的增加依赖于变异系数和不同市场之间的需求相关度。

管理费用。一般来说，在分散化系统中的管理费用较高，因为其规模经济程度较小。

顾客提前期。由于在分散化系统中，仓库距离顾客更近，因此，响应时间通常更短（见第3章）。

运输成本。运输成本的影响依赖于具体的情况。一方面，当增加仓库数量时，出库运输成本——从仓库向顾客交货的运输成本——会减少，因为仓库离市场更近；另一方面，入库运输成本——从工厂运输产品到仓库的成本——会增加。因此，对总运输成本的净影响无法直接判断。

供应链环境下的库存管理

到目前为止，我们所考虑的大多数库存模型和实例都假定单一设施（例如，一个仓库或一个零售点）管理自己的库存，从而尽可能使自己的成本最小。

在本节中，我们考虑一个由多个设施组成的供应链，这些设施都属于一家公司。串行供应链由一系列环节组成，每一环节仅供货给单一下游，直到最终环节满足最终客户需求。例如，一个制造商供货给一个批发商，这个批发商供货给单一分销商。最终这个分销商给一个零售商供货从而满足客户需求。

如果这个串行供应链是由一家公司拥有，这个公司的目标是管理库存以减少系统成本，那么考虑不同设施的交互作用和这些交互作用对每个设施采用库存策略的影响对于这个公司来说是重要的。

我们假设：

1. 库存决策由一个决策者制定，其目标是使系统成本最小。
2. 决策者能了解到每个零售商和仓库的库存信息。

在这些假设下，一个基于所谓级库存的库存策略是系统管理的有效途径（需要注意的是很难对这个问题找到最优策略，但这里介绍的策略是非常有效的）。

为了理解这一策略，有必要介绍级库存的概念。在一个配送系统中，每一阶段或每一层次（如仓库或零售商）通常被称为一级。因此，在系统任何阶段或层次的级库存等于该级的现有库存加上所有下游库存（下游意味着接近客户）。

如图 2—13 所示，分销商的级库存等于分销商的库存加上零售商的在途库存和现有库存。同样，分销商的级库存状况是分销商的级库存加上分销商的在途订货减去缺货量（见图 2—13）。

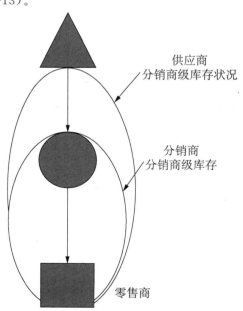

供应商
分销商级库存状况

分销商
分销商级库存

零售商

图 2—13　串行供应链

管理串行供应链提供了如下有效方法。首先，零售商的库存采用前面介绍的 (Q, R) 策略。零售商的订货点和订货量采用前面讨论的公式计算：

$$R = L \times AVG + z \times STD \times \sqrt{L}$$

$$Q^* = \sqrt{\frac{2KD}{h}}$$

在这个案例中，提前期 L 是从零售商下达订单到收到货物之间的时间，并且假设仓库拥有足够的存货。只要零售商的库存跌至订货点 R 之下，就订购 Q 单位的产品。类似地，分销商的订货点 R 和订货量 Q 也这样计算。在这种情况下，仓库的策略是控制它的级库存状况，只要仓库的级库存状况低于 R，就订购 Q 单位产品。

分销商级库存状况的订货点应如何计算？在这里，订货点为：

$$R = L^e \times AVG + z \times STD \times \sqrt{L^e}$$

式中，

　　L^e＝级提前期，定义为零售商和分销商之间的提前期加上分销商和它的供应
　　　　商，即批发商之间的提前期；

　　AVG＝零售商的平均需求；

　　STD＝零售商需求的标准差。

接下来，类似的方法被用来管理批发商和制造商的库存，这里提前期适当调整，并且使用级库存。

实例 2—10

考虑前面描述的四阶段供应链。假设零售商面对的平均周需求是 45，标准差是 32。同时假设每阶段需要维持 97% 的服务水平（$z=1.88$），每阶段之间以及制造商和它的供应商之间的提前期是一周。每阶段的固定订货费用和持有成本如表 2—9 所示，表 2—9 同时也给出了订货批量。

表 2—9　　　　　　　　　　　　　成本参数和订货批量

	K	D	H	Q
零售商	250	45	1.2	137
分销商	200	45	0.9	141
批发商	205	45	0.8	152
制造商	500	45	0.7	255

接下来，采用每一阶段的不同级库存，订货点计算如下：

零售商：

$$R = 1 \times 45 + 1.88 \times 32 \times \sqrt{1} = 105$$

分销商：

$$R = 2 \times 45 + 1.88 \times 32 \times \sqrt{2} = 175$$

批发商：

$$R = 3 \times 45 + 1.88 \times 32 \times \sqrt{3} = 239$$

制造商：

$$R = 4 \times 45 + 1.88 \times 32 \times \sqrt{4} = 300$$

在每一级，当级库存状况低于那一级的订货点时，就订购 Q 单位产品。

如果供应链的某一阶段不止一个单位怎么办？例如，单一仓库供应多个零售商的两阶段的供应链。相同的方法完全可以适用于这种情况，只是仓库的级库存是仓库拥有的库存加上所有零售商的在途库存和持有库存。类似地，仓库的级库存状况是仓库的级库存加上仓库的在途库存减去缺货量（见图 2—14）。

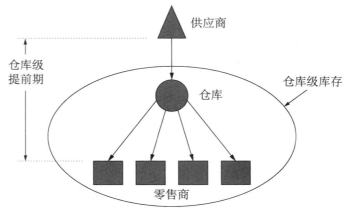

图 2—14　仓库级库存

为了管理这个系统的库存，每一个零售商的订货点 R 和订货批量 Q 和以前一样计算，并且当零售商的库存状况低于订货点 R，就订购 Q 单位的产品。

仓库级库存状况的订货点应如何计算？在这里，订货点为：

$$R = L^e \times AVG + z \times STD \times \sqrt{L^e}$$

式中，

L^e＝级提前期，定义为零售商和仓库之间的提前期加上仓库和供应商之间的提前期；

AVG＝所有零售商的平均需求（即综合需求的平均）；

STD＝汇集所有零售商需求的标准差。

实例 2—11

考虑实例 2—8 中的电视机分销商。在那个例子中，我们为仓库确定库存策略。现在假定仓库向一组零售商供货。表 2—3 提供了综合的零售商需求历史数据。最后，两周的提前期是级提前期——仓库发出订单并将货物送达顾客的时间。因此，分销商需要在系统中确保 176 单位的库存，即大约 4 周的供应，包括在运至仓库的途中、仓库中、运至零售商的途中和零售商处的库存。

零售商又应如何计算？在这种情况下，我们需要进行同样的计算，但这次使用仓库到零售商的相应提前期。

例如，假定需要经过一周零售商才能从仓库收到订货。采用前面同样的方法以保证 97％的服务水平，我们可以得到该零售商的订货点水平 R 为 20。因此，当零售商库存为 20 时，将发出一个订单。很明显，如果其他零售商面对不同的需求或提前期，它们的订货点也将不同。

这个技术可以扩展至更复杂的供应链——具有更多层次的供应链，假定供应链是集中控制的，且决策者可以获得每级的库存信息。

实际问题

在最近的一次调查中①，要求物流和库存经理确定有哪些有效降低库存的策略。从调查结果看，排在前 7 位的是：

1. 定期库存检查。在这个策略中，每隔固定的时间库存会被检查一次，同时做出订货量的决策。定期库存检查策略使得确定滞销和过时产品成为可能，从而有利于管理层持续降低库存水平。

2. 消耗速度、提前期和安全库存的严格管理。这使得公司可以确保库存保持在合适的水平。这样的库存控制过程使得公司可以发现连续数月消耗速度减慢的状况。如果不采取适当的措施，消耗速度的降低意味着同一时期内库存水平的上升。

3. 降低安全库存水平。这可能要通过缩短提前期来实现。

4. 引入或加强周期盘点活动。系统每天对部分库存进行盘点，以取代每年的库存实物盘点。在这种系统中，每种产品在一年中都将被盘点数次。

5. ABC 分类法。在这种策略中，产品被分成三大类。A 类产品包括所有高回报产品，一般占每年销售额的 80％和库存种类的 20％。B 类产品占每年销售额的 15％，而 C 类产品代表低回报产品，价值只占销售额的 5％。由于 A 类产品是业务的主要部分，应当对其使用高频率的定期检查策略（例如每周检查）。对 B 类产品也使用定期检查策略，但其检查频率要低于 A 类产品。最后根据产品的价值，公司要么对 C 类中较贵产品不保存库存，要么保持 C 类中便宜产品的大量库存。

6. 将更多库存或库存所有权转移给供应商。

7. 定量方法。这些方法类似于本章所介绍的方法，主要关注库存持有成本和订货成本之间的权衡。

值得注意的是，这个调查主要关注的并不是降低成本，而是降低库存水平。在最近几年里，我们注意到企业界在提高库存周转率上所作的努力。库存周转率定义如下：

$$库存周转率 = \frac{年销售额}{平均库存水平}$$

这一定义意味着库存周转率的增加将导致平均库存水平的下降。例如，零售巨头沃尔玛在所有打折销售的零售商中具有最高的库存周转率。这意味着沃尔玛有更高的流动性、更小的商品过时风险，以及更少的库存投资。当然，低库存水平并不总是合理的，因为这可能增加失去销售机会的风险。

因此，问题在于公司在实践中应该保持多少合理库存。最近对企业实践的调查表明，答案每年都在变化，它依赖于具体的行业。② 实际上，调查显示，2001 年，企业的平均库存周转率有大幅度的增加——参加调查的制造商中 52.9％增加了它们的库存周转率。表 2—10 提供了 2001 年企业界不同行业一些制造商的库存周

---

① *Inventory Reduction Report*，no. 07-01（July 2001），pp. 10-12.

② *Inventory Reduction Report*，no. 03-02（March 2002），pp. 6-10.

转率。

表 2—10 不同制造商的库存周转率

行业	上四分位数	中间值	下四分位数
电子元器件	8.1	4.9	3.3
电子计算机	22.7	7.0	2.7
家用音像设备	6.3	3.9	2.5
造纸	11.7	8.0	5.5
化工	14.1	6.4	4.2
烘烤食品	39.7	23.0	12.6
印刷和出版	7.2	2.8	1.5

资料来源：基于风险管理协会的一个调查。

预测

通过本章，我们已经叙述了预测的问题。我们知道预测的 3 条原则是：

1. 预测总是不准确的。

2. 预测的期限越长，预测误差越大。

3. 综合预测更准确。

然而，预测是管理工具箱中一个关键的工具。我们已经看到，尽管预测本身有困难，但主管人员仍能在正确的库存管理中更好地利用预测。另外，预测也不仅仅用于库存决策，像是否进入特定市场、是否扩大产能或是否实施促销计划等决策，都能从有效预测中获得好处。在这一节中，我们将探讨不同的预测方法，这些方法可以单独或结合使用。当然，就预测的内容而言，可以单独写一整本书（已经有许多这方面的教材或名著），我们这里的目标是介绍几种不同的方法，并就这些方法的适用范围提出建议。

尽管有许多不同的预测工具和方法，但都可以分为以下四大类（见 [83]）：

● 涉及专家意见的收集的判断方法。

● 涉及消费者行为的定性研究的市场研究方法。

● 通过过去的结果推测未来结果的数学方法，即时间序列方法。

● 基于大量系统变量进行计算的数学方法，即因果方法。

下面我们将详细讨论这些方法。

判断方法

判断方法试图将不同专家的意见系统地组合起来。例如，由于销售人员（或经销商）更接近市场，他们通常对预期的销售有更好的感觉。销售人员汇集意见法就是把每个销售人员根据合理的方法做出的销售预期综合在一起。

为了达成多数人的一致，可以考虑使用专家座谈。这一方法认为通过沟通和公开地分享信息，能够达成一个较好的预测。这些专家可以是外来的专家，也可以是公司内部各职能领域的专家。

德尔菲方法是一种结构化技术，它能使一组专家达成一致，却不需要召集这些专家到一起。实际上，这种方法可以避免专家组中个别有很强影响力的人主导整个决策过程。在德尔菲方法中，对专家组每个成员进行意见调查，一般是书面形式。调查结果被汇总并整理，然后每个成员在看到整理后的调查结果后可以调整自己的意见。这个过程通过几次的反复，最后将达到一致。

例如，回忆本章中的泳装生产案例。在该案例中，泳装制造商使用概率预测进行生产和库存决策。这个预测由几个情景组成，每种情景有一定的发生概率。这种概率预测十有八九就是由市场部门通过上面列出的一种或多种判断方法得出的。

■ 市场研究方法

市场测试和市场调查对于预测可能是很有价值的工具，尤其是对于新推出的产品。在市场测试中，通过测试几组潜在顾客对产品的反应，可以估算整个市场对产品的预期需求。市场调查涉及收集多种潜在顾客的数据，一般通过面谈、电话调查和问卷调查等方法来收集数据。

■ 时间序列方法

时间序列方法使用大量过去的数据（即，被预测值的依据是过去的数据）以估计未来的数据。常用的时间序列方法有许多种，每种方法都有不同的优点和缺点。我们将在第 5 章探讨不同时间序列预测方法与牛鞭效应之间的关系。

下面，我们将介绍几种常用的时间序列方法（详见［148］）：

移动平均。每个预测值是在此之前一定数量实际需求的平均值。这种方法的关键是选择多少个需求点进行处理，从而最小化不规则效应。第 5 章介绍了移动平均预测对牛鞭效应的影响。

指数平滑。每个预测值是前一预测值和前一实际需求的加权平均。因此，该方法与移动平均较为类似。不同之处在于，需要对过去的数据乘以权重，越是近期的数据权重越大。

有趋势数据的方法。前面两种方法假定数据没有明显的趋势。如果数据有趋势，使用回归分析和霍氏（Holt's）方法效果会更好，因为这些方法考虑了数据的趋势。回归分析将数据点拟合成一条直线，而霍氏方法结合了指数平滑的概念与跟踪线性趋势的能力。

季节性数据的方法。有许多方法适用于带季节性变化的需求。例如，季节分解方法从数据中除去了季节性模式的部分，并对这些处理过的数据应用上面列出的预测方法。与此相似，温特（Winter's）方法是一个在指数平滑中考虑趋势和季节性的方法。

更复杂的方法。现在已经提出了许多更复杂的方法。但是，实践中一般不使用这些更复杂的方法，实践证明复杂的方法不一定比简单方法更准确［148］。

■ 因果方法

上面介绍的时间序列方法，完全基于要预测数据的历史值。相反，因果方法预测所基于的数据不是历史数据值。具体而言，被预测的数据是其他数据的函数。例如，用因果法预测下季度的销售，可能基于通货膨胀、国民生产总值、失业率、天气或其他销售以外该季度的数据。

■ 选择恰当的预测技术

有这么多预测技术可用，特定情况下使用哪种技术更合适？钱伯斯（Chambers）、穆里克（Mullick）和史密斯（Smith）（CMS）在《哈佛商业评论》上的文章中 [41]，提出了有助于这个决策的 3 个问题：

- 预测的目的是什么？预测结果将如何使用？如果是预测销售总额，采用较为简单的技术可能是合适的，然而如果需要更详细的销售预测，更高级的预测技术可能是必要的。
- 使用预测的系统动态性如何？系统是否对某些类型的经济数据有敏感性？如果是，因果预测将有意义。需求是否具有季节变化、上升或下降的趋势？这些特征都将影响预测工具的选择。
- 过去对将来的影响有多重要？如果过去很重要，时间序列方法就有意义。如果系统变化太显著而使得过去的数据作用下降，则判断或市场研究方法更有效。

CMS 还指出产品生命周期不同的阶段，需要不同的预测技术。在产品开发阶段，市场研究方法可以显示不同产品和设计的潜在销售。在产品试制阶段，额外的市场研究将有价值，判断方法可能对预测产品将来的需求有用。在快速成长阶段，时间序列法可能最有价值

此外，一旦产品变得成熟，时间序列分析和因果方法都可能有用，其中因果方法根据对经济数据的估计预测长期的销售业绩。

最后通过结合使用上一节介绍的不同技术，预测的质量通常会得到改善。吉奥葛夫（Georgoff）和莫迪克（Murdick）发现"复合预测的结果通常大大超过单一的估计、预测技术和专家的分析"[83]。显然这是真实的，因为在给定情况下，一般很难直接从几种可用预测技术中挑出最有效的技术。

小结

在供应链中匹配供应和需求是一个重大的挑战。为了削减成本并提供必要的服务水平，考虑库存持有和准备成本、提前期、提前期变动性和需求预测很重要。库存管理的第一条原则是，预测总是不准确的。因此，简单的需求预测对于确定有效库存策略是不够的。实际上，本章所介绍的库存管理策略还考虑了需求变动性的信息。

库存管理的第二条原则是预测的期限越长，预测质量越差。这说明当预测期限增加时，每周预测的精度会下降。

库存管理的第三条原则是综合的需求信息总是比分解的数据更精确。也就是说，综合的需求数据变动性更小。这是风险分担概念的理论基础，风险分担能够在不降低服务水平的同时降低库存。

当然，尽管预测有许多缺点，但是得出一个尽可能有效的预测值仍然是有必要的。目前有许多方法可以用来改善预测。

在本章我们讨论了一个集中管理系统的库存管理。当然，在很多情况下，不同管理者或公司拥有或控制供应链的不同环节。在第 4 章里，我们将探讨在分散化系统中有效管理库存的合同和策略。

问题讨论

1. 基于本章开头的案例，回答以下问题：

a. 基于提供的电子表格中的数据，Steel Works 的产品具有什么特性？Steel Works 的客户如何？你的答案和案例中的信息意味着什么？

b. 变异系数告诉了我们什么？你能够确定 DuraBend™ 和 DuraFlex™ 产品线之间的变异系数吗？

c. Steel Works 一直以来持有多少库存？它应该持有多少库存？

d. 虽然没有关于定制产品部门的数据，案例中的信息有没有暗示任何比较明显的机会？

2. 公司如何处理顾客需求的巨大变动？

3. 服务和库存水平之间存在什么样的关系？

4. 提前期、提前期变动对库存水平有什么影响？

5. 管理层在确定一个目标服务水平时应考虑哪些因素？

6. 考虑 (Q, R) 策略。解释为什么收到订货前的期望库存水平为：

$$z \times STD \times \sqrt{L}$$

而收到订货时的期望库存水平为：

$$Q + z \times STD \times \sqrt{L}$$

7. 考虑前面分析的基本库存策略。解释为什么收到订货时的期望库存水平等于：

$$r \times AVG + z \times STD \times \sqrt{r + L}$$

而收到订货前的期望库存水平为：

$$z \times STD \times \sqrt{r + L}$$

8. 想象你经营一家商店。列出你出售的五种产品，从最低目标服务水平到最高目标服务水平进行订货。提供你的订货依据。

9. 考虑由一个制造厂、一个直接转运中心和两个零售点组成的供应链。商品从制造厂运到直接转运中心，再从那运到零售点。令 L_1 为从制造厂到直接转运中心的提前期，L_2 为从直接转运中心到每个零售点的提前期。令 $L = L_1 + L_2$。在下面的分析中，我们将固定 L 并变动 L_1 和 L_2。

a. 比较两个系统的安全库存，其中一个系统从直接转运中心到零售点的提前期为零（即，$L_1 = L$ 且 $L_2 = 0$），另一个系统从制造厂到直接转运中心的提前期为零（即，$L_1 = 0$ 且 $L_2 = L$）。

b. 为了降低安全库存，直接转运中心应该靠近制造厂还是应该靠近零售点？为此，分析增加 L_1 并相应减少 L_2 对总安全库存的影响。

10. 假定你在选择一个供应商。你宁愿供应商的提前期短一点但是变化很大，还是提前期较长但变化很小？

11. 尽管我们一般将库存相关成本分成固定部分和可变部分来进行建模，但是实际情况更复杂。讨论一下在短期内是固定的但长期内会发生变化的库存相关成本。

12. 忽略随机性的经济批量模型在什么时候是有用的？

13. 面对高需求变动会有什么不利的地方？是否会有什么好处？

14. 给出一个具体的按照地区、时间和产品汇集需求的风险分担的例子。

15. 你认为什么时候两个商店对一个产品的需求是正相关的？什么时候又会是负相关的？

16. 考虑由索尼公司推出的第一款随身听。讨论在产品生命周期的开始、中间和末尾阶段，哪种预测方法更有用？现在，考虑近期推出的苹果随身听型号。你将如何评价所使用预测技术的变换？

17. 技术问题：KLF 电子是一个美国的电子设备制造商。公司有一个制造厂，位于加利福尼亚的圣何塞。KLF 电子公司将其产品配送到 5 个地区仓库，分别位于亚特兰大、波士顿、芝加哥、达拉斯和洛杉矶。在目前的配送系统中，将美国分成 5 个主要的市场，每个市场由相应的一个仓库负责供货。顾客一般是零售商，它们直接向本地区的地区仓库订货。这意味着，在目前的配送系统中，每个顾客被分配到单一的市场，并只向一个地区仓库订货。

仓库向制造厂订货。制造厂一般要花两个星期来满足任何一个地区仓库的订货。目前，KLF 公司向顾客提供的服务水平是 90%。在最近几年中，KLF 注意到来自对手的竞争和顾客要求改善服务水平并降低成本的压力都在显著增加。为了改善服务水平并降低成本，KLF 将考虑更换其采用 5 个仓库的配送策略为仅用一个中央仓库的策略。这个中央仓库应该是现有仓库中的一个。公司的首席执行官坚持无论使用什么配送策略，KLF 的策略都应该保证服务水平上升到 97%。

回答以下三个问题：

a. 一份对 5 个地区市场顾客需求的详细分析发现，5 个地区市场的需求非常相似。也就是说，如果一个地区的周需求高于平均周需求，其他地区的周需求也会偏高。这一发现对新系统的吸引力有何影响？

b. 为了进行严格的分析，你选择了一个典型的产品 A。表 2—11 给出了该产品在过去 12 周里每个地区市场的周需求数据。一个订单（仓库发给制造厂）需要 5 550 美元的准备成本，库存持有成本为每单位每周 1.25 美元。在目前的配送系统里，从制造厂运输单位产品到仓库的平均成本在表 2—12 中给出（见入库一栏）。表 2—12 还给出运输单位产品到地区市场各商店的平均成本（见出库一栏）。最后，表 2—13 提供了从现有仓库运输单位产品到其他地区市场的平均成本，可以假定这些地区仓库将变成中央仓库。

表 2—11　　　　　　　　　　　　　　　　　历史数据

周	1	2	3	4	5	6	7	8	9	10	11	12
亚特兰大	33	45	37	38	55	30	18	58	47	37	23	55
波士顿	26	35	41	40	46	48	55	18	62	44	30	45
芝加哥	44	34	22	55	48	72	62	28	27	95	35	45
达拉斯	27	42	35	40	51	64	70	65	55	43	38	47
洛杉矶	32	43	54	40	46	74	40	35	45	38	48	56

表2—12   每单位产品运输成本

仓库	入库	出库
亚特兰大	12	13
波士顿	11.50	13
芝加哥	11	13
达拉斯	9	13
洛杉矶	7	13

表2—13   集中化系统中单位产品的运输成本

仓库	亚特兰大	波士顿	芝加哥	达拉斯	洛杉矶
亚特兰大	13	14	14	15	17
波士顿	14	13	8	15	17
芝加哥	14	8	13	15	16
达拉斯	15	15	15	13	8
洛杉矶	17	17	16	8	13

假定你只对产品A比较两种系统，你将推荐哪个系统？为了回答这个问题，你必须基于历史需求数据比较两种策略下的成本和平均库存水平。同样，你还要确定哪个地区仓库更适合作为中央仓库。

c. 建议在集中化配送策略中，产品的配送采用UPS陆上服务，可以保证产品在3天内到达中央仓库（0.5周）。当然，在这种情况下，从制造厂到仓库的单位运输成本将增加。事实上，在这个例子中，运输成本将增加50%。例如，从制造厂运到亚特兰大仓库的单位成本变成18美元。你是否推荐这种策略？解释你的答案。

案例

斯波特·奥波米耶公司

美国科罗拉多州的阿斯潘

沃里·奥波米耶（Wally Obermeyer）推着他的山地车，手中拿着一大沓打印好的预测数据和办公室的钥匙，走进了位于科罗拉多阿斯潘的斯波特·奥波米耶（Sport Obermeyer）公司总部大门。这是1992年11月一个清冷的早晨，沃里在进门之前稍作驻足，深深地吸了几口清新的空气，眺望着远处美丽的群山。

沃里很早就来到公司，今天要进行一项最重要的工作，确定今年每种产品的产量。斯波特·奥波米耶公司是一家生产时尚滑雪服的企业，每年冬季将至的时候都需要提前确定每种产品的产量。这项任务需要结合仔细的分析、经验、直觉和推测。这个早晨，斯波特·奥波米耶公司将在缺少市场对不同产品系列反响信息的情况下，确定1993—1994年的滑雪服系列。实际上，即使对目前1992—1993年的产品系列，也还缺少明确的迹象说明最终用户的反响。尽管等待市场信息对于确定下一年度产品系列有很大的吸引力，沃里还

资料来源：Copyright © 1994 by the President and Fellows of Harvard College. This case was written by Janice H. Hammond and Ananth Raman of Harvard Business School.

是很清楚，继续拖延会推迟向零售商的交货，交货的延迟也会减少想购买奥波米耶公司产品的顾客。

与以往一样，奥波米耶新的产品系列有很好的构思，但是产品系列最终的成功取决于公司预测市场对不同款式和颜色反响的能力。零售商对 1993—1994 年度产品系列的初步反馈至少要等到第二年 3 月的拉斯韦加斯商品交易展示会，大大超过奥波米耶公司许多产品开始生产的时间。沃里说：

> 我们总要在拉斯韦加斯才能确定公司的命运。就像大多数时尚服饰制造商，我们每年面临一场"时尚的赌博"。每个秋天我们要在销售季节到来以前开始生产，但与此同时，市场趋势很可能在发生变化。好的赌博者能够在下注以前算出成败的几率。我们在滑雪服上的时尚赌博成功与否，同样取决于预测每种滑雪服畅销与否的精确度。

对零售商需求预测的不准确逐渐成为奥波米耶公司一个主要的问题。近几年来，产品种类的增加以及更激烈的竞争都使预测精度的提高变得更困难。这两种情景都是令人烦恼的。一方面，每季末，公司都要处理大批款式和颜色不受零售商喜爱的过剩产品。滞销的产品通常要大幅打折，其销售价格往往要低于生产成本。另一方面，公司的畅销产品却往往脱销。尽管畅销产品的需求很大，但是由于公司无法预测出什么产品将畅销，每年都会失去相当多的收入。

昨天，沃里组织"采购委员会"开了一天的会议，现在他正坐在办公桌前思考着该会议的结果。这一年，与以往的惯例不同，沃里组织了一个由奥波米耶六个主要经理组成的采购委员会，根据这个委员会一致达成的意见来确定生产种类和数量。沃里不再寄希望于收集更多完整的信息，而是要求委员会每个成员独立预测零售商对公司每种产品的需求。现在，沃里要对每个成员做出的预测加以分析。当发现每个成员所做出的预测存在巨大差异时，他退缩了。他如何才能更好地利用昨天的努力，以确定来年要生产的产品系列及相应产量？

沃里面对的第二个问题是如何分配在中国香港和内地的生产量。上一年，大约有 1/3 的滑雪服产于中国内地，都是由深圳的分包商完成的。这一年，公司计划在中国生产一半的滑雪服，继续由分包商完成，并开设一家位于广东省罗村的新厂。中国的劳动力成本非常低，但是沃里仍然有些担心质量和可靠性。沃里还知道在中国内地的工厂最小订货批量一般要大于在香港的厂家，同时遭受着美国政府严厉的配额限制。如何在一个有充分根据的决策中考虑这些差异，以正确分配产品的产地？

中国香港的荃湾

奥波斯波特（Obersport）有限公司的管理主管雷蒙德·谢（Raymond Tse）正在焦急地等待斯波特·奥波米耶公司关于 1993—1994 年产品系列的订货。一旦订单到达，他必须迅速将订单分解成对特定配品的需求，并向供应商发出相应配品的订单。任何延迟都会引起以下问题：在与供应商的关系上增加压力，分包商和分包商工厂的加班，甚至延迟向斯波特·奥波米耶公司的交货。

奥波斯波特有限公司是由克劳斯·奥波米耶（Klaus Obermeyer）和雷蒙德·谢共同建立的合资公司，主要是协调斯波特·奥波米耶公司在远东的生产。奥波斯波特负责斯波特·奥波米耶公司整个远东所有生产厂的纺织品和配品采购。材料将由雷蒙德·谢所拥有的阿尔派公司（Alpine）的工厂或其他位于中国的独立分包商进行裁剪和缝制。雷蒙德是阿尔派有限公司的总裁和所有者，该公司包括位于中国香港的滑雪服制造厂和刚刚在中国内地建立的制造厂。阿尔派公司年生产量的 80％都是斯波特·奥波米耶公司的订货。

中国广东的罗村

雷蒙德·谢和他的堂兄谢兆全（Shiu Chuen Tse）自豪并喜悦地注视着刚刚建成的联合工厂。工厂周围是罗村的大片稻田，工厂建成后将能提供 300 名工人的工作、宿舍和娱乐设施。这一工厂是阿尔派在中国内地直接投资的第一个生产设施。

兆全一直生活在罗村——谢氏家族在罗村已经居住了数代。雷蒙德的父母以前是村子的乡绅，在雷蒙德出生以前移居香港，第二次世界大战时期，曾回到罗村暂住几年，那个时候雷蒙德还是一个小孩。在离开罗村 40 多年后，1991 年他首次来到罗村。村民们很高兴能见到他。除了见到雷蒙德的喜悦外，他们希望说服他能为罗村带来投资和良好的管理技术。经过与社区人员的讨论，雷蒙德决定建一个工厂。到目前为止在该工厂的投资已经超过了 100 万美元。

兆全与阿尔派香港方面的管理层一起合作，在工厂第一年的运作中雇用了 200 名工人。工人有的来自本地，有的来自邻近省份的城镇，大多数人来到工厂后都在进行培训。对于阿尔派公司的顾客订货，其中有一部分会分配给罗村的工厂，兆全希望自己做好这些订货相应的计划，但由于需求、工人技能等级和生产率水平都很难预计，因此计划很难进行。

斯波特·奥波米耶有限公司

斯波特·奥波米耶的起源可以追溯到 1947 年，克劳斯·奥波米耶从德国移民到美国，刚开始在阿斯潘滑雪学校任教。在寒冷的雪天里，克劳斯发现他的许多学生在滑雪时穿的衣服既不保暖又不时尚——因为采用的布料都缺乏保暖性和流行性，不像他祖国德国的滑雪者所穿的衣服。

在夏天的几个月里，克劳斯到德国去寻找耐用、高性能的滑雪服给他的学生使用。作为一个训练有素的工程师，克劳斯还设计并推出了许多不同的滑雪服装和滑雪设备。20 世纪 50 年代，他把一条旧羽绒被改成一件鹅绒背心。20 世纪 80 年代早期，他使"滑雪闸"变得流行，从而取代笨重的"可脱式挂带"，滑雪闸可以防止滑雪板在滑雪者脱下后滑下斜坡。经过这些年的努力，斯波特·奥波米耶发展成为美国滑雪服饰市场的杰出竞争者——1992 年的销售额估计为 3 280 万美元。公司占有了儿童滑雪服市场 45％的份额，成人滑雪服市场份额的 11％。哥伦比亚体育服饰是一个每款服饰都价低量高的竞争对手，近 3 年增长迅猛。到 1992 年该公司已经占领了成人滑雪服市场 23％的份额。

奥波米耶的产品线很长，包括外衣、背心、滑雪套装、罩衫、滑雪裤、毛衣、套领和附件。外衣是最关键的设计部分，其他的产品都要根据外衣来匹配款式和色彩。

奥波米耶的产品根据穿着对象分成五大类：成年男子、成年女子、男孩、女孩和学龄前儿童。公司对每一类产品，按照价格、滑雪者类型和市场的时尚程度进行市场细分。例如，公司将成年男子顾客分为四种类型，分别叫做：弗雷德（Fred）、雷克斯（Rex）、比戈（Biege）和克劳西（Klausie）。弗雷德是四种类型中最保守的，弗雷德类型的顾客趋向于购买基本款式和色彩的服装，喜欢购买适合所有季节的服装。高科技的雷克斯是经济上富裕、较为注重形象的滑雪者，他们喜欢炫耀材料、配件和滑雪装备上采用的最新技术。相比较，比戈类型是登山型滑雪者的核心，他们将滑雪性能放在了第一位，避免任何非功能性的设计要素。克劳西类型是外表鲜艳、引人注目的滑雪者或滑雪板玩家，通常喜欢如粉红色和灰绿色等亮色的服装。

在每一产品大类中，包括大量的款式，每种款式中有几种颜色和一系列尺寸。图 2—15 显示了不同年份奥波米耶公司成年女子滑雪服外衣的种类数量，包括 16 年中奥波米耶公司总的库存单品数、平均款式数、每种款式的颜色数及每款式—颜色的尺寸数。

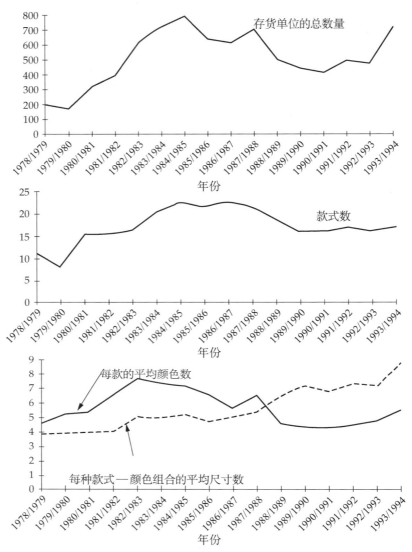

图 2—15　奥波米耶的女式外衣的产品种类

注：
款式的一个例子是星尘外衣。
款式—颜色组合的一个例子是红色的星尘外衣。
存货单位的一个例子是尺寸为 8 号小的红色星尘外衣。

　　奥波米耶通过提供良好的性价比进行竞争，这里性能代表其产品的功能和款式，目标是中高端滑雪服市场。不像它的一些竞争者同时生产滑雪服和一般的日常服饰，奥波米耶出售的主要产品（超过 85%）是顾客在滑雪中使用的产品。对于真正的滑雪者，功能是关键的——产品必须保暖和防水，同时不能限制滑雪者腿脚自由的伸展。

　　管理层相信有效实施其产品策略要依靠几个与物流相关的活动，包括同时将配套的产品运至零售商（使得消费者可以同时看到并购买配套的产品），在销售季节早期交货给零售商（最大化零售商每天每平方英尺可销售产品的数量）。

管理方式

从整个公司的历史来看，克劳斯·奥波米耶一直积极参与公司的管理。克劳斯相信公司应该轻松地运行。克劳斯的个人哲学是他管理风格的核心，在个人生活和职业生活中他寻求两者的和谐。他认为：

> 我们正在融合市场的力量而不是抵御它们，这将导致冲突的解决。如果你抵抗一个力量，你就会导致冲突的升级。重要的不是金钱、财产和市场份额，而是要与你的环境保持协调。

按照他的哲学，克劳斯相信滑雪服市场应该留给那些对底线不做明确要求的人。克劳斯的管理风格强调对人的信任以及为顾客提供价值。他相信商业的许多方面已经进入艺术的领域。在做决策的时候，应该根据自己的判断和直觉。在与雷蒙德·谢合资的企业中，克劳斯依靠他对雷蒙德的信任，总是将生产和投资决策交给雷蒙德。

尽管克劳斯是公司的灵魂和心脏，但家庭中的其他成员对公司的成长也起了关键的作用。克劳斯的妻子诺姆（Nome）是一个成功的设计师，积极参与了公司新产品的开发。克劳斯认为诺姆对时尚有一种感觉——克劳斯非常信赖诺姆对不同设计流行程度的判断。

最近几年，克劳斯的儿子沃里开始积极参与公司内部运作的管理。读完高中后，沃里在公司做兼职的同时，还是阿斯潘山脉滑雪巡逻队的一名成员。工作 6 年后，沃里在 1980 年考入大学。1986 年，从哈佛商学院毕业后，沃里开始集中精力于科罗拉多一个水利发电站的建设。到 1989 年，电站建成并开始日常的运作，不再需要沃里过多的参与。这时，沃里正式加入斯波特·奥波米耶公司，出任公司副总裁。

与常见的情况一样，公司的创建者和他获得 MBA 学位的儿子有着不同的管理方式——沃里更依赖于历史数据的收集和分析技术；克劳斯则采用更直觉化的风格，更依靠其在行业中长期的经验。

订货周期

斯波特·奥波米耶主要通过滑雪用品专卖店销售其产品，这些专卖店一般在城市里或滑雪区附近。奥波米耶也向一些大型百货公司［包括诺德斯特姆（Nordstrom）］和直接邮寄零售商（包括 REI）提供产品。在美国，大多数滑雪服一般在 9 月份到次年 1 月份之间销售，销售高峰期在 12 月份到 1 月份。大多数零售商要求在销售季节到来以前就收到全部的订货，斯波特·奥波米耶公司希望在 9 月初就将配套的商品运至零售商店。计划与生产活动的开始比消费者实际购买产品要早两年（见表 2—14）。

表 2—14　　　　　　　　　　奥波米耶 1993—1994 产品系列的计划和生产周期

月份	设计活动	订单接收和生产计划	物料管理	生产	零售活动
1992 年 1 月					
1992 年 2 月	设计过程开始				
1992 年 3 月	1992—1993 年拉斯韦加斯展示会				
1992 年 4 月					
1992 的 5 月	概念定稿				
1992 年 6 月					

续前表

月份	设计活动	订单接收和生产计划	物料管理	生产	零售活动
1992 年 7 月	草图送至奥波斯波特		订购原色纺织品		
1992 年 8 月				样板生产	
1992 年 9 月	设计定稿			样板生产	
1992 年 10 月				样品生产	
1992 年 11 月		向奥波斯波特发出第一笔生产订单	收到第一笔订单 ● 计算纺织品和配品需求 ● 订购配品 ● 发出印染订单	样品生产	
1992 年 12 月				样品生产	
1993 年 1 月			中国元旦假期	中国元旦假期	
1993 年 2 月				全面生产	
1993 年 3 月		1993—1994 年产品系列（收到 80% 的零售商订单）拉斯韦加斯展示会向奥波斯波特发出第二笔生产订单	收到第二笔订单 ● 计算纺织品和配品需求 ● 订购配品 ● 发出印染订单	全面生产	
1993 年 4 月		收到额外的零售商订单		全面生产	
1993 年 5 月		收到额外的零售商订单		全面生产	
1993 年 6 月		收到额外的零售商订单		全面生产运输成品	
1993 年 7 月				全面生产运输成品	
1993 年 8 月				全面生产空运成品	1993—1994 年产品系列交付零售商
1993 年 9 月					零售期
1993 年 10 月					零售期
1993 年 11 月					零售期
1993 年 12 月		收到零售商补货订单			高峰销售期
1994 年 1 月		收到零售商补货订单			高峰销售期
1994 年 2 月		收到零售商补货订单			零售期
1994 年 3 月					零售期
1994 年 4 月					零售期

设计过程

1993—1994 年产品系列的设计过程开始于 1992 年的 2 月。奥波米耶的设计团队和高层管理者每年都要参加在德国慕尼黑举办的国际户外服饰展示会，在那里将看到目前欧洲的时尚。克劳斯认为"欧洲在时尚方面领先于美国"。另外，每年在拉斯韦加斯将举办大型的滑雪装备和服装的大型贸易展示会。1992 年 3 月的拉斯韦加斯展示会为 1993—1994 年产品系列的设计提供额外的参考。到 1992 年 5 月，设计概念将最后定稿。7 月，设计草图将送到奥波斯波特进行样板的生产。由于样板只用于奥波米耶内部管理的决策制定，通常利用前一年剩下的材料制作。奥波米耶公司从完成的样板中精炼设计，在 1992 年 9 月确定最终的设计。

样品生产

当最终设计完成后，奥波斯波特开始生产服装样品——小批量生产每种款式颜色，销售人员再将这些样品向零售商展示。与样板相比较，样品使用的是正式生产将采用的纺织品。印染分包商乐于为样品制作处理小批量的材料。销售代表在长达一周的拉斯韦加斯展示会上向零售商展示这些样品。拉斯韦加斯展示会一般在 3 月举办，展示会结束后，这些样品将拿到零售商处继续展示，直到春天结束。

原材料采购和生产

样品生产的同时，奥波斯波特将根据奥波米耶公司最初的生产订货（一般是奥波米耶公司年生产量的一半）和奥波米耶的物料清单，确定纺织品和配品的需求。由于有些供应商需要长达 90 天的提前期，所以奥波斯波特及早发出订单和印染指令非常重要。奥波米耶第一批订单的裁剪和缝制将在 1993 年 2 月进行。

零售商订货过程

在拉斯韦加斯贸易展示会上，大多数零售商会发出订单。在贸易展示会后一周，奥波米耶收到的订货一般占全年订货量的 80%。有了这些信息，奥波米耶公司可以精确地预测全年总需求（见图 2—16）。完成预测后，奥波米耶发出第二笔同时也是最后一笔生产订单。零售商剩余的订单（不是补货订单）通常在 4、5 月份收到。值得注意的是，零售商会在销售高峰期对畅销产品发出补货订单。

到奥波米耶仓库的运输

在 6—7 月，奥波米耶的服装采用海运，从中国香港奥波斯波特的仓库运到西雅图，然后用卡车将这些服装运往丹佛的仓库（运输将花费 6 个星期）。大多数在 8 月生产的产品将直接空运到丹佛，以保证及时交货给零售商。另外，对于中国制造的商品，由于特定产品目录的严格配额限制，空运通常是必要的。美国政府限制从中国进口的数量。美国口岸的政府官员要检查进口的商品，违反配额限制的产品将被送回出口国。由于配额所限制的是从中国进口特定目录商品的总数，因此各公司通常都尽可能抢在别的公司用完配额之前进口自己的产品。

到零售商的运输以及零售商的补货订单

到 8 月底，奥波米耶通过诸如 UPS 和 RPS 等小包裹承运商将订货运到零售商。零售商的销售通常开始于 9 月、10 月和 11 月。高峰期是 12 月和 1 月。到 12 月和 1 月，零售商预见到某些品种的期望销售将大于现有库存时，通常会要求奥波米耶公司补充相应品种的库存。如果奥波米耶现有库存中还有这些品种，则这些需求将被满足。

到 2 月，奥波米耶会以打折的价格向零售商提供货物补充。同样，零售商开始打折销售现有库存，以便在销售季节结束前出清存货。随着时间的流逝，零售商会进一步打折。销售季节结束后，残余的商品将保存到下一年，以亏损的价格销售。每年末，奥波米耶使用多种方法来清理库存，包括以低于成本的价格大量在南美市场销售，或进行实物交易（例如，将滑雪服与公司可能需要的诸如宾馆的房间或乘坐飞机等其他产品或服务进行交易）。

供应链

奥波米耶公司通过奥波斯波特公司获得大部分的外衣产品（见图 2—17）。在最近几年，

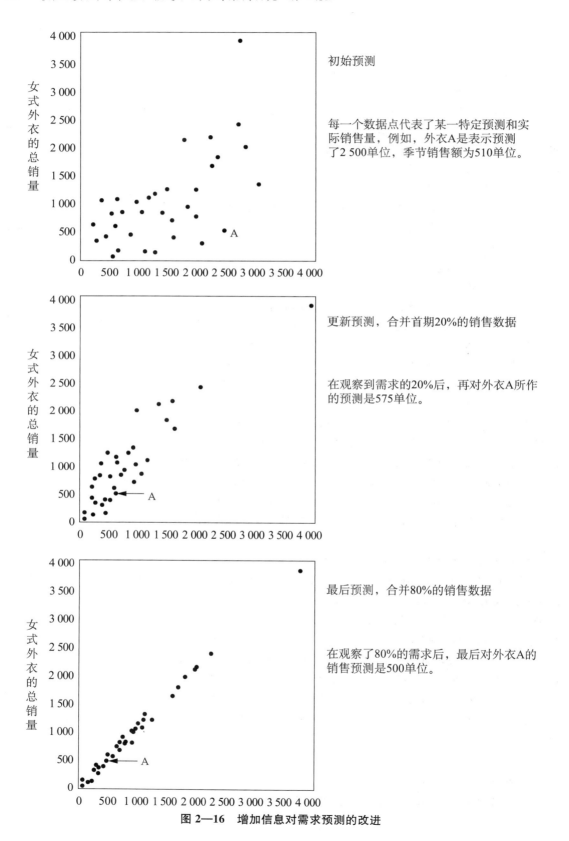

初始预测

每一个数据点代表了某一特定预测和实际销售量，例如，外衣A是表示预测了2 500单位，季节销售额为510单位。

更新预测，合并首期20%的销售数据

在观察到需求的20%后，再对外衣A所作的预测是575单位。

最后预测，合并80%的销售数据

在观察了80%的需求后，最后对外衣A的销售预测是500单位。

图 2—16　增加信息对需求预测的改进

作为缩短提前期的一个努力，沃里开始与奥波斯波特公司一起提前采购并储存原色纺织品。[①] 为了提前采购纺织品，奥波米耶与纺织品供应商签订合同，要求供应商每个月生产特定数量的纺织品，之后，奥波米耶公司将规定如何印染这些原色纺织品。而根据合同，无论最后是否需要，奥波米耶必须购买这些纺织品。面料和衬里需要分别购买不同类型的纺织品。每年面料大概需要 10 种不同的纺织品。奥波斯波特公司向美国、日本、韩国、德国、奥地利、中国和瑞士的供应商采购面料用纺织品。衬里用纺织品主要在韩国和中国采购。（表 2—15 提供了配品采购的提前期、品种和其他方面的信息。）

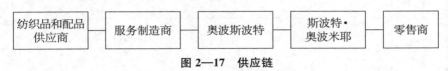

图 2—17　供应链

之后，每种原色纺织品都将被印染，每种面料用纺织品一般提供 8～12 种色彩的印染。在每个季节开始之前，奥波斯波特公司会与分包商根据每种面料所需颜色一起准备小批量印染。每次这样的小批量印染都需要两个星期的时间。如果奥波米耶公司不满意小批量印染的质量，则还需要返工，因此时间会有所延长。另外，奥波斯波特与印染供应商一同开发用于印制图案的"筛网"，这一过程需要 6 个星期。

大多数其他任务将在斯波特·奥波米耶制定产量计划后进行。在收到斯波特·奥波米耶公司的生产指令后，奥波斯波特立即要求分包商开始纺织品的印染。例如，一件典型的男式外衣，需要长度为 2.25～2.5 码、宽度为 60″ 的面料。对于儿童或学龄前儿童的外衣，需要的面料显然要少一些。染色分包商需要 45～60 天的提前期，以及最小为 1 000 码的订货批量。印花分包商需要 45～50 天的提前期，以及最小为 3 000 码的订货批量。

奥波米耶的产品除了面料和衬里，还采用隔热材料和多种其他配品。每件滑雪服需要大约两码的隔热材料。隔热材料（除了在中国和韩国购买的隔热鹅绒）都从杜邦购买，杜邦在中国的许可专卖店可以在两周内供货。每年初，奥波斯波特公司把每种隔热材料当年的预计需求提前告知杜邦公司。

奥波斯波特公司还必须确保其他多种配品及时可用，如 D 字扣、带扣、按扣、纽扣、拉链、附有铸件的拉绳，以及各种商标和标签。带扣、D 字扣、拉绳和纽扣在中国香港本地采购，需要 15～30 天的提前期。多数按扣向德国供应商购买。由于按扣需要的提前期较长，奥波斯波特保持一定的按扣库存，并根据需要在本地进行染色。商标和标签提前期较短，相对较便宜，奥波斯波特通常持有这些材料的过剩库存。

大多数拉链从日本一家大型拉链生产厂吉田拉链（YKK）购买。奥波斯波特每年使用大量不同类型的拉链。拉链在长度、布带颜色、拉头形状、链齿形状、链齿颜色和链齿材料上都有所不同。奥波斯波特 60% 的拉链来自吉田拉链位于中国香港的工厂，吉田拉链香港工厂生产的通常是标准拉链。这些拉链的提前期为 60 天。剩下的是非标准拉链，通常直接向日本采购，提前期通常为 90 天或更长。如果订购的颜色是标准色，吉田拉链要求的最小订货量为 500 码；如果不是标准的，则要求的最小订货量为 1 000 码。所有生产材料由奥波斯波特公司收货，所要求的各种式样的材料被收集并配送到各个专门裁剪和缝制特定款式的工厂。奥波米耶的产品分别在中国几家不同的工厂生产。

---

① 原色纺织品是仅仅经过纺织还没印染的纺织品。

表2—15 奥波米耶公司外衣配品采购信息

配品	品种数	产地	采购提前期	最小订货数	每件外衣用量	占所有材料成本比例（%）
面料用原色纺织品	10	日本、美国、瑞士、德国、奥地利、韩国、中国	45~90 天	5 000~10 000 码	成人每件 2.2~2.5 码 儿童每件 1.5~2 码	30
面料用染色纺织品	每种纺织品 8~12 种颜色	在产地国完成染色	印染：45~60 天	染色：1 000 码 印花：每种样式 3 000 码，每种样式 1 000 码 和颜色 1 000 码	成人每件 2.25~2.5 码 儿童每件 1.5~2 码	13
衬里用染色纺织品	6	尼龙：韩国、中国 羊毛：韩国、中国、美国	45~60 天	600~1 000 码	成人每件 2~2.25 码 儿童每件 1.25~1.75 码	13
隔热材料	使用 3~4 种不同比重材料（每米 80~240 克）	中国、韩国	2~3 周	50~100 码	成人每件约 2 码 儿童每件约 1.2~1.5 码	16
拉链	400 种标准带子颜色 4 种齿型 4~5 种颜色的链齿 2~3 种材料的链齿 5~6 种拉头类型	中国、日本	标准（从香港）：60 天 定制（从日本）：大于 90 天	500 码（标准颜色） 1 000 码（定制颜色）	约 1 码	12
线	80 种颜色	中国	30 天	5 000 码	2 000~3 000 码	2
绣标、绳扣、使用说明标签等	多种	大多来自中国	15~30 天	多种	多种	10
按扣（没染色的）	10	德国、意大利、中国	1~2 个月	1 000 件	5~10 件	3
上色按扣	50 种颜色	中国	15~30 天	每种颜色 1 000 件	5~10 件	1
						100

裁剪和缝制

奥波米耶一个典型的产品需要许多裁剪和缝制步骤（表2—16显示了洛可可——Rococo款式滑雪服的缝制操作顺序）。每步操作的人员分配随工厂不同而不同，依赖于工人技能水平和交叉培训的程度。中国香港的工人比内地同行工作效率要高50%。另外，香港工人一般受过多种作业的培训，具有更多的技能。因此，在香港的生产线，10个工人就可以胜任所有的操作，而在内地可能需要40个工人。内地的生产线较长，从而导致了生产线中大量的不平衡。因此，一个香港缝纫工人固定时间内的实际产出几乎是内地工人的两倍。（中国香港和内地操作的比较见表2—17。表2—18显示了在香港生产洛可可滑雪服的成本。表2—19显示了在内地生产洛可可滑雪服的估计成本。奥波米耶销售洛可可滑雪服给零售商的批发价是112.5美元，零售商的售价为225美元。）

表2—16 洛可可女式样例滑雪服装配操作

	港元/每件	操作
1	0.05	裤带环（×1）。
2	0.20	暗线缝制前肩。所有缝制包括：内衬（×5）、前衣襟（×1）和领子（×2）。
3	0.50	暗线缝制前波纹面（×2）。
4	0.50	双明线缝制前波纹面（×2）。
5	0.70	锯齿形缝制前波纹面接缝（×2）。
6	2.40	缝制拉链双唇袋（×2），插入D字扣（×1）。
7	0.25	五线锁边缝制衣袋（×2）。
8	1.00	暗线缝制下波纹面，缝制前肩褶（×2），插入主要前衣面。
9	0.40	1/4″双线缝制前后肩接缝（×4）。
10	0.30	单明线缝制（双明线缝制的中间）前后肩接缝（×4）。
11	4.50	翻转衣面和衣领，缝合拉链：暗线缝制底沿和袖口，在前拉链左方底沿留一个开口。
12	1.00	1/4″双线缝制从底沿到领沿的前拉链。
13	0.50	暗线缝制后波纹面接缝（×2）。
14	0.50	1/4″双线缝制后波纹面接缝。
15	0.70	锯齿形缝制后波纹面接缝（×2）。
16	1.00	暗线缝制后波纹面接缝（×2），暗线缝制前后肩接缝（×4）。
17	0.50	暗线缝制衣面边缝（×6）。
18	0.25	三线锁合衣面边缝。
19	1.00	暗线缝制袖口和底边。
20	0.80	暗线缝制前衣襟缝，然后1/4″双明线缝制前衣襟缝。
21	1.10	暗线缝制袖子接缝（×4），暗线缝制袖面接缝，在袖面接缝处缝制褶子（×2）。
22	0.90	1/4″双明线缝制套袖接缝和袖面缝（×6）。
23	0.70	单次双线连锁缝制套袖接缝和袖面接缝，双线缝制袖面中心接缝（×6）。
24	0.70	暗线缝制袖孔接缝（×2），配合袖孔接缝的槽口（×2）。
25	0.50	双线缝制袖孔接缝（×2）。
26	0.40	单次双线连锁缝合套袖接缝和袖面基体，双线缝制袖面中心接缝（×6）。
27	0.60	单次双线连锁缝合底边饰面（×1），插入底边拉绳。
28	0.60	暗线缝制袖口，插入/缝上袖口松紧（×2）。
29	1.00	缝上领面（×1），暗线缝制领沿，缝合领底，插入裤带环，换线。
30	0.25	1/4″双针缝合衣袋中部（×1）。
31	0.35	在衣襟双针缝合的中心进行锯齿形缝合（×1）。
32	0.80	直针缝合衣襟末端（×1）。
33	0.20	缝上主要标签，在边缝插入标签，缝上尺码标签。
34	0.80	缝上内袋：在左边缝上带拉链的口袋，在右边缝上带维可牢尼龙搭扣的口袋。

续前表

	港元/每件	操 作
35	0.20	给前衣面缝上 1/16″镶边（×2）。
36	1.70	三线锁合内衬衣袋（×2）。
37	1.60	三角缝制拉链饰面末端，暗线缝合拉链面缝，翻出并缝制 1/16″镶边（×1）。
38	1.30	在内衬上作 13 道明线缝制。
39	1.40	五线锁合内衬。
40	0.80	缝上垫肩（×2）。

注：洛可可滑雪服的平均总劳动力成本＝78 港元。（栏中的数据是单次操作的成本，有些操作需要重复数次以完成一件滑雪服。）

* 对于这款滑雪服，第一步和第二步中的配件由外部分包商完成。

表 2—17　中国香港和内地的操作比较

操作内容	香港	内地
小时工资	30 港元	0.91 元人民币
汇率	7.8 港元＝1 美元	5.7 元人民币＝1 美元
工作时数	每天 8 小时，每周 6 天	每天 9 小时，每周 6.5 天
	总计每周 48 小时	总计每周 58.5 小时
	每年最多允许加班 200 小时	高峰生产期，每天 13 小时，每周 6.5 天
每人每周（非高峰期）产出	19 件滑雪服	12 件滑雪服
每件滑雪服实际劳动时间（包括维修）	2.35 小时	3.6 小时
每件滑雪服支付劳动时间（包括维修）	2.53 小时（每件外衣）	4.88 小时（每件外衣）
每件服装劳动成本	75.6 港元	4.45 元人民币
生产线人员配置	每条生产线 10～12 人	每条生产线 40 人
培训	交叉培训	只培训单一操作
最小订货批量	每款 600 件	每款 1 200 件
维修率	1%～2%	10%
挑战	工资率 劳动力： 　低失业率（2%） 　年轻工人喜欢办公室工作	劳动力： 　缺少质量和清洁意识 　需要培训

表 2—18　洛可可滑雪服成本信息（在中国香港制造）　　　　　　　　　　单位：美元

奥波米耶到岸成本	
奥波斯波特离岸成本[a]	49.90
代理费（奥波斯波特支付，7%）	3.49
运输（海运）[b]	1.40
税、保险和杂项	5.29
总到岸成本	60.08
奥波斯波特离岸成本	
材料	30.00
劳动力	10.00
配额、奥波斯波特利润和管理费用	9.90
总计	49.90

a. 奥波斯波特离岸价（FOB）意味着由奥波米耶公司支付运输费用并在运输途中拥有产品。

b. 如果空运，每件滑雪服的运输成本约为 5 美元。

表 2—19　　　　　　　洛可可滑雪服估计成本信息（如果在中国内地制造）　　　　　　单位：美元

奥波米耶到岸成本	
奥波斯波特离岸成本[a]	42.64
代理费（奥波斯波特支付，7%）	2.98
运输（海运）[b]	1.40
税、保险和杂项	4.90
总到岸成本	51.92
奥波斯波特离岸成本	
材料	30.00
劳动力	0.78
运输成本和中方管理费用	2.00
配额、奥波斯波特的利润和管理费用	9.90
总计	42.68

a. 奥波斯波特离岸价（FOB）意味着由奥波米耶公司支付运输费用并在运输途中拥有产品。

b. 如果空运，每件滑雪服的运输成本约为 5 美元。

在中国内地和香港，工人的工资都采用计件工资，计件工资的计算与相应社会上的竞争性工资保持一致。内地的工资水平比香港要低得多。在广东的缝纫工厂里，每个缝纫工每小时平均只赚 0.16 美元，而在香港的工厂，则是 3.84 美元。

香港的工人可以比内地工人更快地提高产能，因为香港的生产线更短，使得香港工厂可以更有效地生产小批量订货。滑雪服的最小生产批量在内地是 1 200 件，在香港是 600 件。

奥波米耶每年生产大约 200 000 件滑雪服。公司裁剪和缝制的最大产能为每月 30 000 件，这包括所有制作奥波米耶产品工厂的总产能。

奥波斯波特负责监控分包工厂的生产和质量。奥波斯波特的人员在产品被运往美国之前会随机抽查每个分包商生产的产品。

生产计划

沃里最关心的是，为 1993—1994 年度奥波米耶计划的需求设定恰当的生产量。他估计奥波米耶每销售一件滑雪服，从批发价中赚取 24%（税前），销售季节销售不掉的滑雪服以每件损失批发价 8% 的方式销售。因此，一款滑雪服，如洛可可的批发价为 112.5 美元，奥波米耶公司销售一件滑雪服的期望利润为 24%×112.5 美元＝27 美元，销售不掉时期望损失为 8%×112.5 美元＝9 美元。

　实例

为了建立生产决策的直觉，沃里决定将公司的问题缩小。他看着采购委员会关于 10 款女式滑雪服[①]样例的预测（见表 2—20）。由于这 10 款代表奥波米耶总需求的 10%，所以使用小问题代表大问题。沃里假定在 7 个月生产期内，裁剪和缝制的产能为每月 3 000 件（实际产能的 10%）。采用这种假设，沃里需要承诺第一阶段生产 10 000 件，剩下 10 000 件的预订将推迟到拉斯韦加斯展示会。

沃里研究了采购委员会的预测，想知道他怎么才能估计每种款式较早生产的风险。是否可以使用某种方式将每个成员预测的差异作为需求不确定性的度量？对前几年需求的观察显

————————

① 当召集购买委员会的时候，沃里要求每个成员预测销售，再将每个成员的预测汇总为一个指定的汇集图（对于滑雪服，200 000 件）。类似地，在本例问题中预测的结果汇总为 20 000 件。

表 2—20

采购委员会预测样例，10 款女式滑雪服

款式	价格 (美元)[a]	个人预测						平均 预测	标准差	2 倍标准差
		劳拉	卡罗琳	格雷格	温迪	汤姆	沃里			
Gail	110	900	1 000	900	1 300	800	1 200	1 017	194	388
Isis	99	800	700	1 000	1 600	950	1 200	1 042	323	646
Entice	80	1 200	1 600	1 500	1 550	950	1 350	1 358	248	496
Assault	90	2 500	1 900	2 700	2 450	2 800	2 800	2 525	340	680
Teri	123	800	900	1 000	1 100	950	1 850	1 100	381	762
Electra	173	2 500	1 900	1 900	2 800	1 800	2 000	2 150	404	807
Stephanie	133	600	900	1 000	1 100	950	2 125	1 113	524	1 048
Seduced	73	4 600	4 300	3 900	4 000	4 300	3 000	4 017	556	1 113
Anita	93	4 400	3 300	3 500	1 500	4 200	2 875	3 296	1 047	2 094
Daphne	148	1 700	3 500	2 600	2 600	2 300	1 600	2 383	697	1 394
总计		20 000	20 000	20 000	20 000	20 000	20 000	20 000		

a. 奥波米耶的批发价。

注：劳拉是市场主管，卡罗琳是客户服务经理，格雷格是生产经理，温迪是生产协调员，汤姆是销售代表，沃里是公司副总裁。

因四舍五入，个别数字有误差。

示，采购委员会一致程度越高，预测的准确性越高（从技术角度看，他发现某种款式需求的标准差大约是采购委员会对该款式需求预测标准差的 2 倍）。在这一基础上，他为每个款式构建了一个预测分布，该分布符合正态分布，均值为采购委员会的预测均值，标准差为预测标准差的两倍（见图 2—18）。

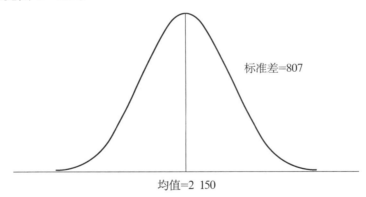

标准差=807

均值=2 150

图 2—18　Electra 款滑雪服的预测分布

在何处生产

为了完成计划的决策，沃里还需要决定哪些款式在中国香港生产，哪些在中国内地生产。这一年，奥波米耶希望在内地生产一半的产品。从长期看，沃里想知道在内地生产是否会限制奥波米耶管理生产和库存风险的能力。内地较大的最小订货批量是否会限制公司增加产品种类或管理库存风险的能力？考虑到中美贸易关系的不确定性，奥波米耶增加在内地的生产是否太冒险？

案例问题讨论

1. 用表 2—20 中给出的样例数据，提出沃里在初始阶段每种款式应该生产多少的建议。假定在样例问题中，所有 10 个款式都在中国香港制造，沃里最初的生产承诺至少为 10 000

件。在最初的分析中，忽略不同款式的价格差异。

2. 你能否找到你所用订货策略的风险衡量方法？这个衡量方法必须可以计量。

3. 重复你的方法并假定现在所有 10 个款式在中国内地制造。则两种情况下的最初生产承诺有何不同？

4. 你将如何建议沃里通过改变运作来改善绩效？

5. 沃里应该如何考虑中国香港采购和中国内地生产（短期和长期都要考虑）？你建议应采用何种生产策略？

物流网络规划

案例

比斯公司

比斯公司（Bis）是一家制造并分销涂料的公司。目前，该公司拥有八家制造厂，分别位于亚特兰大和丹佛，面向遍布全美的 2 000 个零售店客户，如家得宝、沃尔玛等。目前的配送系统中，所有的产品在交付到零售客户之前先运到遍布全美的 17 个仓库。

公司成立于 1964 年，起初是一个家族式企业，在 20 世纪 70 年代和 80 年代以稳定的速度增长。而目前比斯公司有 12 个股东，并由一个新任命的首席执行官经营。

在涂料行业中毛利大约是 20%，比斯公司以类似的价格生产、销售约 4 000 种单品库存单位（SKU）。尽管利润率较高，但新上任的首席执行官注意到公司的配送网络不是最有效的。在最近的股东会议上，他指出目前公司使用的配送策略是 20 年前设计的，一直没有修改。该策略由以下步骤组成：

- 在制造厂生产并储存。
- 分拣、装载并发运到仓库中心。
- 卸货并储存于仓库。
- 分拣、装载并发运到商店。

因此，股东们决定借助外界的帮助来改进他们的物流网络和供应链战略。经过销售部门连续 6 个月的工作，你的公司可以获得这份合约。当收到这份合约的时候，你承诺在不影响对方利润率的前提下改进效率并降低服务成本。在初始的建议中你提到"通过再造整个配送网络可以实现这一承诺"。看上去，再造整个配送网络，以及承诺设计并实施新的配送策略，使你的建议吸引了比斯公司的股东。

你的小组提出了三个需要注意的问题：

第一，比斯公司应该采用的最佳物流网络配置是什么？从前期的分析中得出一个重要发现：比斯采用的单层网络使卡车利用率比较低，从而导致运输成本居高不下。因此建议比斯公司考虑将物流网络变为双层配送网络，包含有一级仓库和二级仓库。一级仓库从工厂接收货物，并转运到二级仓库，再由二级仓库服务各个零售门店。由于一级仓库的数量较少，卡车的利用率可以大幅提高并因此降低运输成本。现在的主要问题是确定一级仓库和二级仓库的数量、选址和规模大小。

第二，在新的物流网络中，公司应该将库存放在什么位置？库存量要设置多少？具体来说，就是供应链中 4 000 个单位（即单品库存）的库存产品如何放置？是要把全部库存放在工厂还是放一部分在一级仓库？

第三，每种产品应该由哪个工厂来生产？是应该每个工厂生产较少品种的产品以扩大规模效益、降低生产成本，还是以更好的柔性生产，以更多品种的产品来满足附近的零售商、降低配送成本？

为了确定最优网络配置，你已经把全国的零售店划分成 550 个地区，并把产品分成 5 大系列。收集到的数据包括以下内容：

资料来源：比斯公司是一个虚构的公司。案例中的材料参照了我们从几家公司中获得的经验。

1. 2004 年度，每个客户区对每种产品系列的需求量（以单品库存单位表示）。
2. 每个制造厂的年生产能力（以单品库存单位表示）。
3. 每个仓库的最大容量（以单品库存单位表示），包括新仓库和现有的仓库。
4. 从制造厂到仓库和从仓库到客户，每个产品系列每英里的运输成本。
5. 建造仓库的准备成本和关闭现有设施的成本。
6. 新仓库可能的选址地点。

由于市场上有大量的竞争产品，顾客服务对于比斯公司具有特定的意义。没有具体的金额数据可以用来表示具体的服务水平。但是，首席执行官坚持为了保持竞争力，交货时间不应超过一天。

比斯公司刚完成一个综合市场研究，显示其市场将有显著的增长。预计这个增长在不同的顾客区将基本一致，但具体产品之间将有所变动。表 3—1 给出了 2006 年和 2007 年的估计年增长系数。

表 3—1   预计年增长

产品系列	1	2	3	4	5
增长系数	1.07	1.03	1.06	1.05	1.06

八个制造厂的可变生产成本随着产品和工厂的不同而不同。考虑到涉及的成本和风险，首席执行官和公司股东反对建造新的制造厂。但是，他们希望能够将每个工厂生产的重点产品系列进行调整，以降低包括运输成本在内的整个供应链的成本，而不是像以前那样只考虑工厂的生产成本最小化。

比斯公司提出以下问题：

1. 比斯公司需要从现有的配送网络转变成双层物流网络吗？需要建设多少一级配送中心和二级配送中心？需要建在什么地方？

2. 开发出的模型是否真的代表比斯公司的物流网络？比斯公司如何验证这个模型？将客户和产品综合对模型的精度有何影响？

3. 对于新的物流网络，最优的库存策略是什么？是否每个仓库都要存有所有产品的库存？

4. 比斯公司的生产策略是否要转变成每个工厂只生产少量产品系列的模式？这种转变对运输成本将有怎样的影响？

学习完本章，你应该能够回答以下问题：

● 企业如何开发体现其物流网络的模型？
● 企业如何验证这个模型？
● 把客户和产品综合后对模型精度有何影响？
● 企业如何知道该建立多少配送中心？
● 企业如何知道该在哪里建立配送中心？
● 企业如何在配送中心之间分配每种产品的产出？
● 企业如何知道是否、何时以及何地需要扩大生产能力？

引言

物流网络由供应商、仓库、配送中心和零售网点组成，原材料、在制品和成品库存在各环节之间流动。第 2 章中讨论了在现有供应链中如何管理库存的方法，而本章我们聚焦在网络的规划方面——通过这一工作，公司组织和供应链管理将实现以下目的：

- 在生产成本、运输成本和库存成本之间找到合适的平衡点。
- 通过高效的库存管理，满足供应和需求之间的匹配。
- 通过在最高效的工厂获取所需产品，实现资源利用的最优化。

当然，这是一个复杂而且多层次的过程，需要对网络设计、库存持有及管理、资源利用等问题综合决策以降低成本、提高服务水平。网络规划往往划分为以下三个步骤：

1. 网络设计，包括生产工厂和仓库的数量、选址和大小的决策，从仓库向零售店配送的策略等。关键的采购决策也往往在这个过程中做出，通常决策考虑的时间范围是若干年。

2. 库存策略，包括库存点的决策，向仓库供货的工厂选择，从而保证一定的库存量和生产工厂的零库存。当然，这些决策与第 2 章涉及的库存决策有很大的联系。

3. 资源分配。有了物流网络和库存策略之后，现在的目标就是确定不同产品的生产和包装是不是在合适的地点内完成。工厂的采购策略应该是什么？每个工厂应该有多大的生产能力以满足季节性波动？

本章中我们将对每个步骤进行讨论并提供相应的案例。

网络设计

网络设计就是对供应链配置和基础设施所做的决策。正如第 1 章所解释的，网络设计是对公司有长远影响的战略决策。网络配置可能涉及的问题关系到生产厂、仓库和零售店，同时也关系到配送和采购。

通常由于需求类型、产品组合、生产过程、采购战略、设施运营成本等方面的变动，供应链基础设施需要重新评估。同时，兼并收购也会促使不同的物流网络整合。

在下面的讨论中，我们关注以下关键战略决策问题：

1. 确定合适的设施（如仓库和工厂）的数量。
2. 确定每个设施的位置。
3. 确定每个设施的规模。
4. 为每个设施分配每种产品的空间。
5. 确定采购需求。

6. 确定配送策略，也就是客户将从哪个仓库收到何种产品。

我们的目标是设计或重新配置物流网络，从而在不同的服务水平要求下，使每年的系统成本最小化，其中包括生产和采购成本、库存持有成本、设施运营成本（储存、搬运和固定成本）以及运输成本。

在这样的情况下，需要进行的权衡就很清楚了。增加仓库数量一般会造成：

● 由于减少了平均到达客户的运输时间，从而改进了服务水平。

● 为了保证每个仓库应付顾客需求的不确定性而增加安全库存，从而增加了库存成本。

● 管理费用和准备成本增加。

● 减少了仓库的运出成本，即从仓库至顾客的运输成本。

● 增加了仓库的运入成本，即从供应商/制造厂到仓库的运输成本。

事实上，公司必须在新建一个仓库的成本和离顾客的距离之间作出权衡。因此，仓库选址决策对于确定供应链产品配送渠道是否有效至关重要。

我们将在下文中介绍一些有关数据收集和成本计算的问题，这对于模型优化是必须的。其中有些信息参考了其他物流教材如 [19]，[101] 和 [180]。

图 3—1 和图 3—2 给出了两个供应链规划（supply chain planning，SCP）工具的屏幕显示（部分），供用户在不同优化阶段查看。一个代表优化以前的网络，另一个代表优化后的网络。

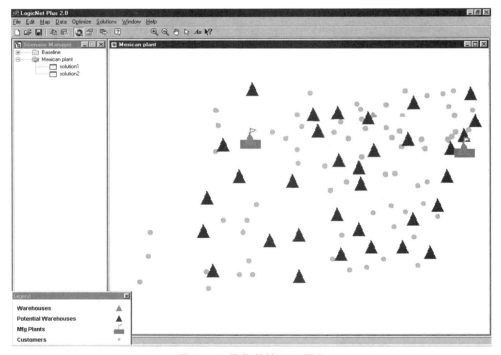

图 3—1　优化前的 SCP 屏显

■ 数据收集

一个典型的网络配置问题涉及大量的数据，包括的信息有：

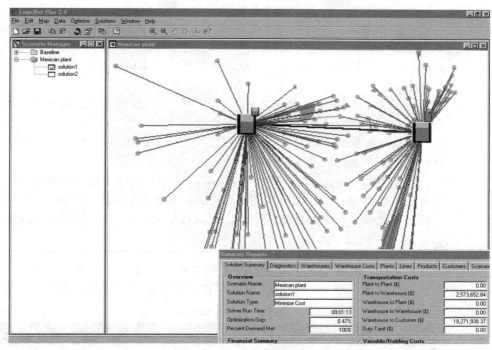

图 3—2   优化后的 SCP 屏显

1. 顾客、零售商、现有仓库/配送中心、制造厂和供应商的位置。

2. 所有产品的数量和特殊的运输方式（诸如冷冻运输）。

3. 每个位置的顾客对每种产品的年需要量。

4. 每种运输模式的运输费率。

5. 仓库成本，包括劳动力、仓库保管费用和运营维护费。

6. 向顾客发货的频率和运量。

7. 订单处理成本。

8. 顾客服务需要和目标。

9. 生产和采购的成本及能力。

■ 数据综合

　　快速看一遍上面的信息目录，就会发现模型优化设计的数据量是惊人的。例如，典型的软饮料配送系统包含 10 000～120 000 个客户。同样，在一个零售物流网络中，如沃尔玛和彭尼（JC Penney）公司，在网络中流动的产品达数千种甚至数十万种。

　　出于这个原因，第一步的数据综合很重要。这一步按照以下原则进行：

　　1. 采用网格或其他聚类技术将距离较近的顾客集合起来。所有一个单元格内或一个族内的顾客被看作位于单元格或族中心的单一顾客。这些单元格或族被称为顾客区。根据 5 位或 3 位邮政编码划分顾客是一种非常有效的技术。注意，如果按照服务水平或交货频率对顾客分类，就要在每类中进行综合。这意味着在每一类中单独进行顾客综合处理。

2. 应该根据以下原则将产品综合为合理数量的产品组：

a. 配送模式。所有在一个源头分拣并送往一个顾客的产品集合成一类。有时不仅需要按照配送模式，还要按照诸如重量和体积等物流特征进行综合。也就是在具有同种配送模式的产品中，将单品库存的单位体积和重量相似的产品综合为一个产品组。

b. 产品类型。在许多情况下，不同的产品可能仅仅在产品型号、款式或包装形式上有所不同。这些产品就可以综合成一类。

当然，替换详细数据为粗略数据对模型效果的影响将是一个重要的考虑因素。我们将从两个方面说明这个问题。

1. 即使存在能够根据原始详细数据解决物流网络设计问题的技术，采用数据综合技术仍然很有用，因为我们在客户和产品层次预测需求的能力还很差。通过数据综合可以减少需求的变动，因此，在综合层次上进行的需求预测会更精确。

实例 3—1

为了说明数据综合在需求变动上的影响，考虑一下只有两个顾客（例如零售店）进行综合。表 3—2 提供了这些顾客在过去 7 年中的需求数据。

表 3—2　　　　　　　　　　　　　　两个客户的历史数据

年	2000	2001	2002	2003	2004	2005	2006
顾客 1	22 346	28 549	19 567	25 457	31 986	21 897	19 854
顾客 2	17 835	21 765	19 875	24 346	22 876	14 653	24 987
总计	40 181	50 314	39 442	49 803	54 862	36 550	44 841

假定这些数据准确地代表了下一年每个顾客配送需求量。表 3—3 提供了每个顾客和两个顾客综合后的平均年需求及其标准差和变异系数。关于标准差和变异系数差别的讨论见第 2 章。

表 3—3　　　　　　　　　　　　　历史数据汇总

统计量	平均年需求	年需求标准差	变异系数
顾客 1	24 237	4 658	0.192
顾客 2	20 905	3 427	0.173
总计	45 142	6 757	0.150

注意综合后的年需求等于每个顾客平均年需求的加总。但是，综合顾客的变动通常用标准差和变异系数衡量，小于两个顾客变动之和。

2. 大量研究表明，将顾客综合为 150～200 个区域，总运输成本估算值的误差影响通常不超过 1%。参见 ［19］ 和 ［96］。

实践中，在数据综合过程中通常可以遵循以下指导原则。

● 将需求点综合为 150～200 个区域。如果顾客按照服务水平或交货频率分类，则在每一类中综合为 150～200 个点。

● 确保每个区有大致相等的总需求，这意味着每个区的面积可能不等。

● 将综合的点放在每个区的中心。

● 将产品综合成 20～50 个产品组。

　　图 3—3 给出了位于北美的一些客户的信息，图 3—4 显示了通过 3 位邮政编码技术综合的相应点的信息（部分）。

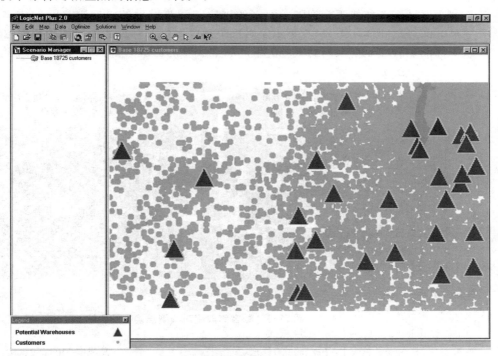

图 3—3　数据综合以前的 SCP 屏显

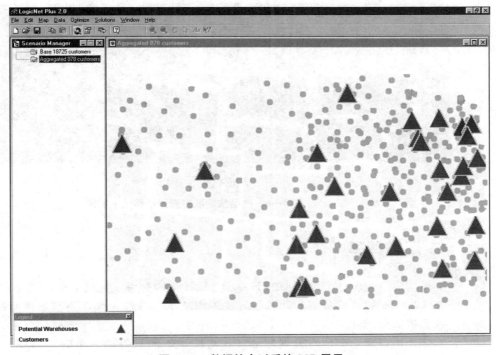

图 3—4　数据综合以后的 SCP 屏显

　　最后，图 3—5 表示了在只有一个制造工厂和一种产品的情况下顾客集成度的影响（部分）。原来的供应链有 18 000 个需求点，通过 3 位邮政编码，减少到 800 个区域。正如你所看到的，原来的供应链和改进后的供应链之间的成本差异小于 0.05%。同样，图 3—6 显示了对一个具有 5 个工厂、25 个可能的仓库选址、46 种产品被分成 4 个系列的供应链中产品集成度的影响（部分），原有供应链和改进后供应链的成本差异小于 0.03%。

总成本：5 796 000 美元　　　　　　　　　　　总成本：5 793 000 美元
总客户数：18 000　　　　　　　　　　　　　　总客户数：800

成本差异<0.05%

图 3—5　顾客集成度对模型准确性的影响

总成本：104 564 000 美元　　　　　　　　　　总成本：104 599 000 美元
总产品数：46　　　　　　　　　　　　　　　　总产品数：4

成本差异：0.03%

图 3—6　产品集成度对模型准确性的影响

■ 运输费率

　　构建有效配送网络模型的下一步是估计运输费率，包括卡车、铁路及其他运输方式。大多数运输费率的计算与运输距离基本呈线性关系，不与运量呈线性关系。我们将区分内部车队和外部车队的运输成本。

　　公司自有卡车运输成本的估计相对简单，涉及每辆卡车的年费用、年行驶里程、年运量，以及卡车的有效运力。所有这些信息可以用来计算每单品库存单位每英里的运输成本。

在模型中考虑外部车队的运输费率要复杂得多。我们将区分两种运输模式：整车运输（TL）和零担运输（LTL）。

在美国，整车运输承运人将全国分成几个区。基本上每个州就是一个区，但是某些特大的州例外，如佛罗里达或纽约，被分成两个区。承运人向他们的客户提供州际运费表。这个数据库提供了两个区域之间每辆卡车每英里的价格。例如，计算从伊利诺伊的芝加哥到马萨诸塞的波士顿的整车运输成本，需要得到这两个区之间每英里的价格，然后乘以芝加哥和波士顿之间的距离。整车运输成本结构的一个重要特征是它的非对称性。例如，从伊利诺伊到纽约的运输成本要高于从纽约到伊利诺伊的运输成本。

在零担运输业中，一般包含三种运输费率：等级费率、特价费率和商品费率。等级费率是标准费率，几乎所有商品或产品都有相应的标准费率。《分级运输费率表》对每种运输设定一个级别或类别，从《分级运输费率表》中可查到各种运输的等级费率。例如，通过广泛使用《统一运输分类表》可以将铁路运输分成从 400 到 13 之间的 31 个等级。而《国家机动车辆运输分类表》则包括从 500 到 35 的 23 个等级。在所有情况下，等级越高，相应的商品运输费率越高。确定一个产品具体的类别涉及很多因素，包括产品密度、搬运和运输的难易度、破损的责任。

一旦费率确定，就需要确定费率基准数。这些数一般等于出发地和目的地之间的近似距离。有了商品的运输等级和基准数，就可以从承运商的价目表（诸如运输费率表）中得到每百磅（或英担（cwt））的具体运输费率。

另外两种运输费率——特价费率和商品费率用于提供例外的更便宜的费率（特价），或针对特定商品的费率（商品）。对于这两种运输费率更详细的介绍，可以见 [101] 和 [160]。大多数承运人提供包含所有这些运输费率的数据库文件，这些数据库一般可添加到决策支持系统中。

多样化的零担运输费率和具有高度分散特征的卡车运输业导致了对精密复杂的运输费率计算软件的需求。这种费率计算软件的一个例子是广泛使用的 SMC3 的 RateWare 费率软件（见 [228]）。这个软件工具可以处理各式各样的承运人价目表，还能处理 SMC3 的 CzarLite，CzarLite 是最为广泛使用的一种基于邮政编码的零担运输费率表。与承运人价目表不一样，CZAR-Lite 提供了一个市场价格列表，该表中的价格是通过地区内、地区间和全国范围零担运输定价调研得到的。这为托运人提供了一个公平的定价系统，并防止由于个别承运人运作偏离市场而影响托运人的选择。因此，CZAR-Lite 费率常被用于托运人、承运人和第三方物流提供商之间进行零担运输合约的协商。

图 3—7 中我们提供了一个承运人以离芝加哥的距离为变量的运输 4 000 磅的收费函数。费用包括两个等级：等级 100 和等级 150。你可以看到，在这个例子中，运输成本函数不是线性的。

■ 里程估计

如前面的解释，从一个特定起始点到特定目的地的产品运输成本是两地之间距离的函数。因此我们需要使用一个工具来估计距离。我们可以使用街道网络或直线距离来估计距离。具体而言，假定要估计 a，b 两点之间的距离。我们需要知道

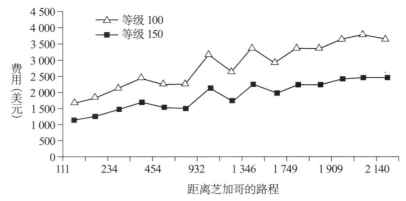

图 3—7 运输 4 000 磅的运输费率

lon_a 和 lat_a，即 a 点的经度和纬度（b 点同样）。然后从 a 到 b 之间用英里表示的直线距离 D_{ab} 可以按照下式计算：

$$D_{ab} = 69 \times \sqrt{(lon_a - lon_b)^2 + (lat_a - lat_b)^2}$$

因为经度和纬度是度数值，所以值 69 代表在美国大陆上与每一纬度相当的英里距离近似值。这一等式只对短距离较为准确，它没有考虑地球的曲率。在考虑地球曲率下衡量较长距离时，我们使用由美国地质勘测局（U. S. Geological Survey）提出的近似公式，见［126］：

$$D_{ab} = 2 \times 69 \times \sin^{-1} \sqrt{\left[\sin\left(\frac{lat_a - lat_b}{2}\right)\right]^2 + \cos(lat_a) \times \cos(lat_b) \times \left[\sin\left(\frac{lon_a - lon_b}{2}\right)\right]^2}$$

这些等式可以计算出相当精确的距离，但在两种情况下都少估了实际的路程距离。为了纠正这些误差，我们将 D_{ab} 乘以一个系数 ρ。一般在都市区 $\rho=1.3$，而美国大陆 $\rho=1.14$。

实例 3—2

考虑一个制造商要从伊利诺伊的芝加哥运输一整车产品到马萨诸塞的波士顿。制造商使用了一个每卡车每英里收费 105 美分的整车运输承运商。为了计算这次运输的成本，我们需要地理相关数据。表 3—4 提供了每个城市的经度和纬度。

表 3—4　　　　　　　　　　**地理信息**

城市	经度	纬度
芝加哥	−87.65	41.85
波士顿	−71.06	42.36

注：表中的度数是十进制，因此 87.65 度代表地理表示法的度/分进制下的 87 度 39 分。经度代表东西向位置，任何在子午线西部的位置，其经度为负。纬度代表南北向位置，任何位于赤道以南的位置，其纬度为负。

应用以上等式可以计算出从芝加哥到波士顿的直线距离为 855 英里。乘以绕行系数 1.14，可以估计出实际路程为 974 英里。这个估计值可以与实际值 965 英里做个比较。因此，基于路程估计值算出的运输成本为 1 023 美元。

使用确切的距离数据会更合适，而确切的距离数据可以通过地理信息系统（GIS）获得。但是，采用这种技术一般会显著减慢供应链规划工具的速度，而上面介绍的近似技术在大多数应用中都能提供足够的精确度。

■ 仓储成本

仓库和配送中心的成本包括三个主要的部分：

1. 搬运成本。包括与每年流经仓库的货物量成比例的劳动力和设施成本。

2. 固定成本。包括那些与在仓库中周转的库存数量不成比例的成本因素。固定成本通常与仓库规模（容量）成比例，但不是线性比例（见图3—8）。从图中可见，在特定范围的仓库规模下，成本不变。

3. 储存成本。代表库存持有成本，与平均库存水平成比例。

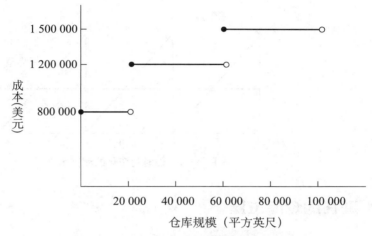

图3—8 作为仓库容量函数的仓库固定成本

因此，相对于其他两种成本，仓库搬运成本的估计较为容易。为了说明这个差异，假定某顾客一年需要1 000单位的产品。这1 000单位产品不需要同时经过仓库，因此平均库存水平将远小于1 000单位。因此，当为供应链规划构建数据时，我们需要将这些年周转量转化为随时间变化的库存数量。同样，年周转量和该产品的平均库存都无法说明需要多少空间来存放这些产品。这是因为仓库需要的空间与库存的峰值成比例，而非年流量或平均库存。

克服这一困难的有效方法是利用库存周转率。它的定义如下：

$$库存周转率 = \frac{年销售量}{平均库存水平}$$

在我们的案例中，库存周转率是每年从仓库流出的总量与平均库存水平的比例。因此，如果该比率为 λ，平均库存水平等于年总流量除以 λ。将平均库存水平乘以单位库存持有成本可以得到每年的储存成本。

最后，为了计算固定成本，我们需要估计仓库的规模。这将在下一小节中讨论。

■ 仓库容量

配送网络设计模型的另一个重要输入参数是仓库的实际容量。问题是给定每年流经仓库的货物量，如何估计必需的实际空间。在考虑这一问题时，库存周转率同样是合适的途径。如前所述，将仓库的年流量除以库存周转率可以计算平均库存水平。假定有一个稳定的运输和交货计划，如图 3—9 所示，必需的储存空间大致为平均库存水平的两倍。当然，实践中存放在仓库的托盘需要额外的空间用于搬运和进出，因此，考虑走廊、分拣、分类和处理设备，以及 AGV（自动导引小车），我们一般要将需要的储存空间乘以一个系数（＞1）。这个系数依赖于具体的应用，它可以使我们更精确地评估仓库可用的空间。实践中常用的系数是 3。这个系数将会按以下方式使用。考虑以下情况，仓库的年流量为 1 000 单位，库存周转率为 10。这说明平均库存为 100 单位，但是如果每单位需要 10 平方英尺空间，则产品需要的空间为 2 000 平方英尺。因此整个仓库需要的空间为 6 000 平方英尺。

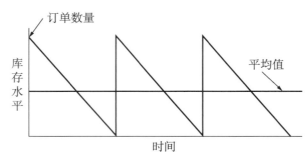

图 3—9　随时间变化的库存水平

■ 潜在的仓库位置

有效确定新仓库潜在的位置也很重要。一般来说，这些位置应该满足以下条件：
● 地理和基础设施条件。
● 自然资源和劳动力可得性。
● 本地行业和税收制度。
● 公共利益。
这样一来，只有若干个位置满足所有的要求，这些就是新设施的潜在位置。

■ 服务水平需求

在这里定义服务水平有多种方式。例如，我们可能规定客户到为其服务仓库的最大距离，这就保证了仓库可以在合理的时间内为顾客服务。有时候我们必须认识到，对于某些顾客，如那些在农村和偏远地区的顾客，很难以同样的服务水平为其服务。在这种情况下，可以将服务水平定义为到为其服务的仓库距离不超过规定值的客户数占所有此仓库服务客户数的比例。例如，我们可能需要 95％ 的顾客离为其服务仓库的距离在 200 英里以内。

■ 未来需求

如第 1 章所述，在战略层次的决策，包括配送网络设计，对公司有长期效应。

实际上，决策所考虑的仓库数量、位置和规模对公司的影响至少有 3～5 年。这意味着顾客需求在以后数年中的变化需要在网络设计时予以考虑。通常采用基于情景的方法并结合净现值计算处理这个问题。例如，各种可能的情景代表计划期内各种未来可能出现的需求模式。这些情景可以直接考虑到模型中，以确定最优的配送策略。

■ 模型和数据验证

前一节中说明了为网络配置模型进行数据收集、制表和筛选时会遇到的困难。但一旦完成，我们如何确保数据和模型能精确地反映网络设计问题？

处理这一问题的过程被称为模型和数据验证。一般可以先使用模型和收集到的数据重构现有的网络，然后将模型的输出与现有的数据比较。

验证的重要性无须赘述。模型的设计要模仿现有运作条件，包括所有在当前网络配置下产生的成本——仓储、库存、生产和运输，算出相应的目标函数值。这些数据可以与公司实际的会计信息比较。这通常是确定是否存在数据错误、假设不合理、模型有缺陷等问题的最好方法。

例如，一个项目里，在验证过程中计算的运输成本总是低于从会计数据中获得的成本。经过对配送实践仔细的检查，咨询人员得到的结论是卡车的有效运力只达到卡车额定运力的 30%，这意味着卡车每次运输的负载很小。因此，验证过程不仅有助于核准模型中的一些参数，还能对现有网络的利用率提出可能的改进建议。

它还有助于通过对网络配置进行局部和小范围的改动，检验该系统如何反映这些改变对成本和服务水平的影响。特别是这一步骤还包括设置一系列假设的分析问题。这其中包括估计关闭一个现有仓库对系统绩效的影响。或者，它允许用户改变现有网络中的物料流向，以观察成本的变化。通常，主管人员对这些系统微小改动的结果有相当好的直觉，所以他们可以更容易发现模型中的错误。但是对于系统完全的重新设计，直觉就变得不太可靠了。总结下来，模型的验证过程一般涉及以下问题的回答：

- 模型是否有意义？
- 数据是否匹配？
- 模型的结果是否可以被完全解释？
- 是否进行灵敏度分析？

验证对于确定模型和数据的有效性很关键，但这个过程还有其他的好处。尤其，它可以帮助用户在目前的运作现状与优化后可能的改进之间建立联系。

■ 解决技术

一旦数据收集好、编制成表格并经过验证，下一步就是优化物流网络的配置。实践中，一般使用两种技术：

1. 数学优化技术包括：

- 准确算法，该方法可以确保寻找到最优方案，即最小成本方案。
- 启发式算法，该方法可以寻找到较好的方案，但不一定是最优方案。

2. 仿真模型，该方法提供了一个用于评估设计者所设计的具体方案的办法。

启发式算法和准确算法的必要性

首先从数学优化技术开始我们的讨论。为了理解启发式算法的效果和准确算法的必要性，可以考虑以下由乔弗利昂（Geoffrion）和范·罗伊（Van Roy）在文献 [82] 中给出的例子。

实例 3—3

考虑以下配送系统：

- 单一产品。
- 两个制造厂，以 $p1$ 和 $p2$ 代表。
- 制造厂 $p2$ 实际的产能为 60 000 单位。
- 两个制造厂有同样的生产成本。
- 两个现有的仓库 $w1$ 和 $w2$ 具有同样的仓库搬运成本。
- 三个市场区域 $c1$，$c2$ 和 $c3$ 的需求分别是 50 000，100 000 和 50 000。
- 表 3—5 提供了每单位的配送成本。例如从制造厂 $p1$ 到仓库 $w2$ 的配送单位产品的成本是 5 美元。

表 3—5		每单位配送成本			
仓库	$p1$	$p2$	$c1$	$c2$	$c3$
$w1$	0	4	3	4	5
$w2$	5	2	2	1	2

我们的目标是找到合适的配送策略以确定供应商经仓库到市场区域的产品流，该策略要满足不超过 $p2$ 的产能约束，满足各市场区域的需求，并最小化总配送成本。可以看到，相比前面所讨论的物流网络配置问题，这个问题很容易解决。这里我们假定设施的选址不是一个问题，我们只尝试寻找有效的配送策略。

出于这个目的，直觉上可以考虑如下两个启发式算法：

启发式算法 1

对于每个市场，我们选择最便宜的仓库来满足需求。因此 $c1$，$c2$ 和 $c3$ 都将使用仓库 $w2$ 来供货。然后，为这个仓库选择配送成本最便宜的制造厂。这样，将首先从 $p2$ 配送 60 000 单位，剩下的 140 000 单位由 $p1$ 供应。总成本是：

$$2 \times 50\,000 + 1 \times 100\,000 + 2 \times 50\,000 + 2 \times 60\,000 + 5 \times 140\,000$$
$$= 1\,120\,000 \text{（美元）}$$

启发式算法 2

对于每个市场，选择仓库使经过该仓库的总配送成本最低，即考虑入库和出库配送成本。因此，对于市场区域 $c1$，考虑路径 $p1 \rightarrow w1 \rightarrow c1$，$p1 \rightarrow w2 \rightarrow c1$，$p2 \rightarrow w1 \rightarrow c1$，$p2 \rightarrow w2 \rightarrow c1$。

在所有这些方案中，最便宜的是 $p1 \rightarrow w1 \rightarrow c1$，因此为 $c1$ 选择 $w1$。通过同样的分析，我们为 $c2$ 选择 $w2$，为 $c3$ 选择 $w2$。

这意味着仓库 $w1$ 需要交货共 50 000 单位，而仓库 $w2$ 要交货共 150 000 单位。最好的入库配送模式是从制造厂 $p1$ 向仓库 $w1$ 供应 50 000 单位，从制造厂 $p2$ 向仓库 $w2$ 供应 60 000 单位，从制造厂 $p1$ 向仓库 $w2$ 供应 90 000 单位。该策略的总成本是 920 000 美元。

遗憾的是，两种启发式算法都没有产生最好的，或成本最小的策略。为了寻找最好的配送策略，考虑以下优化模型。事实上，前面的配送问题可以描述成下面的线性规划问题。[①]

因此，令

- $x(p1, w1)$，$x(p1, w2)$，$x(p2, w1)$ 和 $x(p2, w2)$ 为从制造厂到仓库的流量。
- $x(w1, c1)$，$x(w1, c2)$，$x(w1, c3)$ 为从仓库 $w1$ 到顾客区 $c1$，$c2$ 和 $c3$ 的流量。
- $x(w2, c1)$，$x(w2, c2)$，$x(w2, c3)$ 为从仓库 $w2$ 到顾客区 $c1$，$c2$ 和 $c3$ 的流量。

我们要解的线性规划模型是

$$\text{Min } \{0x(p1, w1) + 5x(p1, w2) + 4x(p2, w1) + 2x(p2, w2) + 3x(w1, c1) + 4x(w1, c2) + 5x(w1, c3) + 2x(w2, c1) + 1x(w2, c2) + 2x(w2, c3)\}$$

服从以下约束：

$$x(p2, w1) + x(p2, w2) \leqslant 60\,000$$
$$x(p1, w1) + x(p2, w1) = x(w1, c1) + x(w1, c2) + x(w1, c3)$$
$$x(p1, w2) + x(p2, w2) = x(w2, c1) + x(w2, c2) + x(w2, c3)$$
$$x(w1, c1) + x(w2, c1) = 50\,000$$
$$x(w1, c2) + x(w2, c2) = 100\,000$$
$$x(w1, c3) + x(w2, c3) = 50\,000$$

所有的流量大于或等于零。

我们可以很容易地在 Excel 软件中建立这个模型并使用 Excel 中的线性规划模块来寻找最优的策略。有关如何构建 Excel 模型的更多信息见 [116]。表 3—6 中给出了这个最优策略。

表 3—6 最优配送策略

仓库	p1	p2	c1	c2	c3
$w1$	140 000	0	50 000	40 000	50 000
$w2$	0	60 000	0	60 000	0

最优策略的总成本为 740 000 美元。

这个例子清楚地说明了基于最优化技术的价值。使用这个工具可以确定显著降低系统总成本的策略。当然，我们要分析并解决的物流网络配置模型一般会比上面描述的例子复杂得多。其中一个关键的差别为是否需要选择仓库、配送中心或直接转运中心等设施的位置。遗憾的是，这些决策使得线性规划不再合适，而需要采用整数规划技术。这是因为线性规划只能处理连续变量，而选择是否在某个特定城市建立仓库的决策是一个 0—1 变量——不准备建立时变量值为 0，准备建立则为 1。

因此物流网络配置模型是一个整数规划模型，显然整数规划模型更难解决。对物流网络配置问题准确算法有兴趣的读者可以参考文献 [29] 和 [193]。

[①] 这一部分需要线性规划的基础知识，可以跳过而不影响学习的连贯性。

仿真模型和优化技术

前面介绍的数学优化技术有一些重要的局限性。它们处理静态的模型——通常给定年需求或平均需求——不考虑随时间的变化。基于仿真的工具考虑了系统的动态性并对所设计的系统作出绩效评估。因此，用户必须为仿真模型提供一系列设计方案。

这意味着仿真模型允许用户进行微观层次上的分析。事实上，仿真模型可能包括（见 ［90］）：

1. 个体的订货模式。
2. 具体的库存策略。
3. 仓库中库存的移动。

然而仿真模型只能为预先设定好的物流网络设计构造模型。换言之，给定仓库、销售商等的配置，仿真模型可以用来估计该配置下的运作成本。如果要考虑不同的配置（例如，有些客户可能要更换为其服务的仓库），模型就必须重新运行。

在第 14 章更详细的介绍中，你会发现仿真并不是优化工具。它对于刻画特定配置的绩效很有用，但对于从大量潜在配置中确定最有效的配置用处不大。另外，考虑诸如个别顾客订货模式、特定库存和生产政策、日常配送策略等详细信息的仿真模型，需要大量的计算时间才能得到期望精度的系统绩效。这意味着在使用仿真工具时，一般只能考虑非常少的方案。

因此，如果系统动态性不是关键问题，静态模型就是合适的，而且可以使用数学优化技术。以我们的经验，实践中使用的网络配置模型基本上都是这一类型。当特定的系统动态性很重要时，利用由哈克斯（Hax）和坎迪亚（Candea）在文献 ［90］ 中提出的两阶段方法是有道理的，该方法同时利用了仿真和优化方法的优点：

1. 考虑最重要的成本因素，在宏观层次上使用优化模型生成一系列成本最小化方案。
2. 用仿真模型来评价第一阶段产生的方案。

■ 供应链规划工具的关键特征

对于供应链规划工具，其中一个关键的要求是灵活性。在此，我们将灵活性定义为系统体现大量现有网络特征的能力。事实上，根据每个特定的应用，在相应的一系列设计方案中总可以找到一个适用的。这些可选方案中的一个极端就是完全重新优化现有的网络。这意味着每个仓库都可能开放或关闭，所有的运输流可能都要重新定向。而另一个极端，可能需要在优化模型中考虑以下必要特征：

1. 顾客的具体服务水平要求。
2. 现有仓库。大多数情况下，已经有一些仓库，并且它们还没超过使用年限，因此模型不能关闭这些仓库。
3. 现有仓库的扩大。前提是现有仓库可以扩大。
4. 专门的流动模式。在大多数情况下，专门的流动模式（例如，从某一特定仓库运往一系列特定客户）不能改动，或者某些制造点不制造或不能制造某种产品。
5. 仓库到仓库之间的流动。有些情况下，货物可能会从一个仓库流向另一个仓库。

6. 物料清单。有些情况下，最终装配由仓库进行，模型需要考虑这一因素。因此，用户必须提供用于装配最终成品的部件信息。

对于供应链规划工具，仅仅包括上面介绍的所有特征是不够的。它还应该在处理上述问题的同时不降低其有效性。第二个要求与所谓的系统鲁棒性（robustness）直接相关。这个要求确保了系统生成解决方案的相对质量（例如成本和服务水平）不依赖于特定的环境、数据的可变性或特殊的设定。如果给定的供应链规划工具鲁棒性不足，则很难确定其对某些特定问题的有效性如何。

库存策略与物流配置网络的协调

库存策略的重要性以及协调库存和运输策略的必要性，一直都是显而易见的。然而，在复杂供应链中管理库存通常非常困难，同时会对客户服务水平和供应链成本有比较大的影响。

在第 2 章中，我们详细讨论了库存相关的问题。库存的存在形式可能有以下几种：

- 原材料库存。
- 在制品库存。
- 产成品库存。

以上的每种库存都有特殊的库存控制策略。然而，要决定采用何种控制策略非常困难。为了降低系统性成本和改进服务水平，必须考虑在供应链不同水平上高效的生产、配送和库存控制策略之间的相互作用。而一旦采取了合适的库存策略，可以产生巨大的效益。在第 2 章中，我们讨论了很多不同的控制策略和方法，并专注于解决由于需求不确定产生的各种问题。

战略安全库存

第 2 章中的讨论主要是对单个设施（例如仓库或零售店）内的库存进行管理以尽可能降低成本，或者是一个公司对所辖的多个设施内的库存进行合理控制以降低成本。在本节中，我们继续讨论多个设施属于一家公司的情况。优化目标是管理库存以使系统成本最小，同时考虑多个设施之间的相互作用以及这种作用对单独设施内库存策略的影响。

生产工厂内的一种库存策略就是订单到达后再安排生产，也就是按订单生产（make-to-order，MTO）的策略，区别于以前讨论过的按库存生产的策略（make-to-stock，MTS）。在复杂供应链中进行库存管理的一个重要问题就是在何处存放安全库存，也就是哪处设施用来按订单生产，哪处设施按库存生产？这个问题的答案显然要根据需要的服务水平、供应网络、提前期以及运营问题的多少等来确定。这样一来，管理层需要专注于战略模型以使企业能够有效设置供应链安全库存。这是一个困难的优化问题，超出了本书所论述的技术和方法水平。

通过下面的例子来更好地理解这个问题，考虑一个单产品、单设施的库存模型。令：

- SI 为发出订单到该设施接收货物的时间，这个时间又称为到达服务时间。
- S 为该设施向客户做出的承诺服务时间。
- T 为该设施内的加工时间。

当然，我们必须假设 $SI+T>S$，否则就不需要库存了。

我们假设该设施对库存实行定期检查策略（见第 2 章），需求满足第 2 章所描述的正态分布（严格来说，我们认为需求在一定时间范围内是独立分布的且服从正态分布）。给定确定值 SI，S 和 T，假设没有准备成本，该设施需要保证的安全库存为：

$$zh \sqrt{SI+T-S}$$

式中，z 是与服务水平有关的安全库存因子；h 是库存持有成本；$SI+T-S$ 这个值称为该设施的净提前期。

现在考虑两阶段供应链模型，设施 2 为设施 1 提供产品，设施 1 向最终客户提供产品。定义 SI_1，S_1 和 T_1 为设施 1 的到达服务时间，承诺服务时间和设施加工时间；设施 2 的各符号有相应含义。这样 S_1 为对客户的承诺服务时间，S_2 为设施 2 对设施 1 的承诺服务时间，因此有 $S_2=SI_1$，SI_2 为供应商对设施 2 的承诺服务时间。所有这些关系如图 3—10 所示。

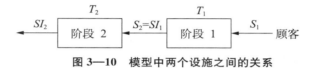

图 3—10　模型中两个设施之间的关系

我们的目标是在没有要求外部供应商提供新的服务承诺的前提下使供应链成本最小化。我们注意到，如果减少从设施 2 到设施 1 的承诺服务时间，就能够优化设施 1 和设施 2 的库存量。实际上，在这个例子中，设施 1 的库存量会减少，而设施 2 的库存量会增加。这样，整体的目标就是选择每个设施合适的承诺服务时间，从而选择库存的存放位置和存放量，以减少系统安全库存成本。

为了说明供应链中配置安全库存的战略权衡，考虑下面的例子。

案例

ElecComp 公司

ElecComp 公司是一家生产电路板和其他高科技零部件的合同制造商。公司生产大约 27 000 种高价值产品，而这些产品生命周期相对较短。行业内的竞争使得 ElecComp 公司需要向客户承诺比较短的交货提前期，一般比普通制造业的提前期要短很多。然而，生产过程非常复杂，包括不同阶段的复杂组装。

由于制造提前期较长而客户提前期较短，ElecComp 公司备有较多的产成品库存。这样，公司通过预测长期需求来管理库存，也就是"推式生产"。这种情况导致公司需要有很大的安全库存量，并带来了相应的财务负担和缺货风险。

ElecComp 公司的管理层很早就意识到推式生产不是适合该公司的长远战略计划。然而，由于较长的生产提前期，基于订单的拉式生产也是不合适的。

基于此，ElecComp 公司计划制定新的供应链战略，其目标是：

1. 减少库存和财务风险。

2. 向顾客提供有竞争力的提前期。

上述目标可以通过以下手段实现：

● 在生产和装配的多个设施之间设立合理的库存位置。

● 对每个设施的每种零部件计算出合理的安全库存量。

对 ElecComp 公司的供应链进行重新设计时，主要是建立一个混合型的供应链，也就是供应链的一部分是推式生产，即基于按库存生产的策略；而其余部分是拉式生产，即基于按订单生产的策略。注意：按库存生产的设施需要保证安全库存，而按订单生产的设施内将没有库存。因此，问题的关键是确定在供应链上的什么位置将按库存生产的方式转变为按订单生产的方式，也就是"推拉界限"。

ElecComp 公司采用了新的推拉结合策略，并取得了显著的成效。在同样的顾客提前期内，按照生产线的不同，安全库存减少了 40%～60%。更重要的是，ElecComp 公司发现即使将顾客提前期再减少 50%，在安全库存上还能够减少 30%。

为了对分析过程有更好的理解，参照图 3—11，图中的产成品（零件 1）在达拉斯由两个零部件装配而成，这两个部件分别来自蒙哥马利工厂和达拉斯的另外一家工厂。图形中的每个方框内都标明了产品的价值，方框下面的数字表示该零件在该工厂内需要的加工时间，图形中的箱式图表示安全库存的多少。设施之间的转运时间也在图上标出，同时标出的还有每个设施向下游承诺的提前期。例如，组装厂向顾客承诺了 30 天的提前期，这表明任何订单都会在 30 天以内被满足，而蒙哥马利工厂对组装厂承诺的提前期是 88 天。组装厂为了能够达到 30 天的承诺提前期，就需要在工厂内保有成品库存。

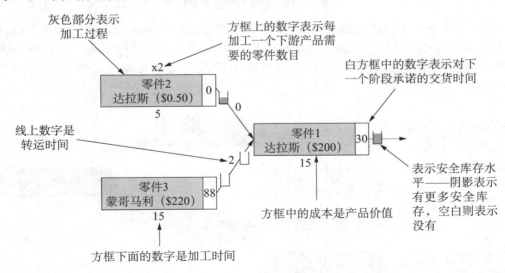

图 3—11 有关如何看图的说明

我们注意到，如果 ElecComp 公司能够将蒙哥马利工厂的承诺提前期从 88 天降到 40 天或 50 天，组装厂就能够减少成品库存，而同时蒙哥马利工厂需要增加库存。当然，Elec-Comp 公司的目标是减少系统库存和总体成本，而这些功能可以通过 LogicTools 公司（www.logic-tools.com）的库存分析软件来实现。通过对整个供应链进行优化，该软件能够计算出每个设施内合理的库存量。

例如，如果蒙哥马利工厂将承诺提前期减少到 13 天，组装厂就不需要任何产成品库存。任何顾客订单都会带来对零件 2 和零件 3 的需求。因为零件 2 有大量库存，所以零件 2 可以马上到达，而零件 3 则需要 15 天才能到达组装厂——13 天的蒙哥马利工厂承诺提前期加上 2 天的运输时间。另外，还需要 15 天在组装厂内进行加工。这样，最后产成品可以在给顾客的承诺期内交货。因此，在这个例子中，组装厂是按订单生产的，也就是拉式生产；而蒙哥马利工厂需要保有库存，因此是推式生产，也就是按库存生产。

现在这种权衡就比较清楚了，考虑图 3—12 的情况。浅灰色方框（零件 4，5，7）代表外部供应商，深灰色方框代表 ElecComp 公司内部的设施或工厂。注意，组装厂对顾客的承诺提前期是 30 天，并且保有库存以满足这种承诺。更准确地说，组装厂和零件 2 的生产厂都是按库存生产，其他工厂都是按订单生产。

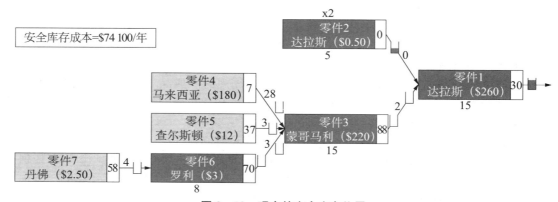

图 3—12　现在的安全库存位置

图 3—13 描述了同样能够提供 30 天提前期的优化后的供应链。我们注意到通过调整 ElecComp 公司内部的各个设施的承诺提前期，组装厂开始按照订单生产，并且不需要保有产成品库存。另一方面，罗利和蒙哥马利工厂需要提供更短的承诺服务时间并保有库存。

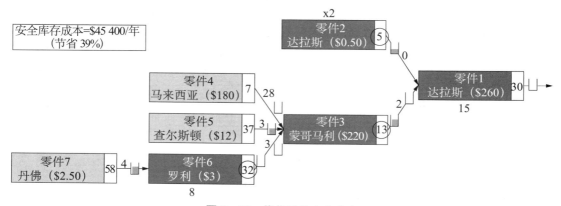

图 3—13　优化后的安全库存

那么，在这个最优策略中，哪里是拉式策略，哪里是推式策略？组装厂和生产零件 2 的达拉斯工厂都是按照订单生产的，因此是拉式生产策略；而蒙哥马利工厂是按照库存生产的，因此是推式生产方式。优化后的供应链中降低了 39％ 的安全库存。

在这一点上，可以进一步分析向顾客提供更短的提前期的影响。ElecComp 公司管理层考虑将顾客提前期从 30 天减少到 15 天。图 3—14 描述了这种情况下的最优供应链状况，可以看到影响是显著的。根据图 3—12 中的基准值，库存减少了 28％，而顾客提前期减半。在表 3—7 中可以看到这个研究的总结。

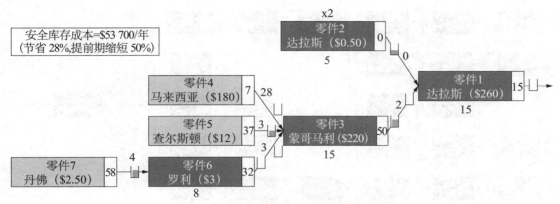

图 3—14   优化后的库存和缩短的提前期

表 3—7   结果总结

项目	安全库存持有成本（美元/年）	顾客提前期（天）	周期（天）	库存周转（次/年）
现在	74 100	30	105	1.2
优化后	45 400	30	105	1.4
缩短的提前期	53 700	15	105	1.3

最后，图 3—15 和图 3—16 代表了一个更复杂的产品结构。图 3—15 是优化前的情况，而图 3—16 是优化了推拉界限位置和各个设施内的库存水平之后的情况，优化的效果同样明显。通过正确决策哪些设施按库存生产，哪些设施按订单生产，在保证顾客服务提前期不变的前提下，库存成本降低了 60％以上。

总体而言，通过使用库存优化软件（LogicTools 公司的 Inventory Analyst™），ElecComp 公司能够显著降低库存成本，同时可以保证预期服务时间不变甚至显著降低。这些是通过以下措施来实现的：

1. 确定推拉界限；也就是确定需要按库存生产的设施并存放安全库存。其余的设施按订单生产，不存放安全库存。这样就可以将库存放在成本较低的设施内。

2. 利用风险共担的概念。这个概念提出，对各种零部件需求的不确定性小于对最终成品需求的不确定性（见第 2 章）。

3. 将传统的局部供应链优化策略替换为总体的供应链最优策略。在供应链局部最优策略中，供应链上的每个部分都选择使本部分效益最大化的策略，而不去考虑对整个供应链的影响。而在总体最优策略中，从整体的角度出发，为每个部分选择合适的策略，从而使整体效益最大化。

为了更好地理解 ElecComp 公司应用的新的供应链解决方案，请参照图 3—17，图中给出了安全库存成本和承诺提前期之间的关系。黑色的平滑曲线表示传统的安全库存成本和报价提前期之间的关系，这条曲线是各个局部供应链最优化决策的结果。而虚线则是公司通过全局最优化并确定了推拉界限之后的结果。

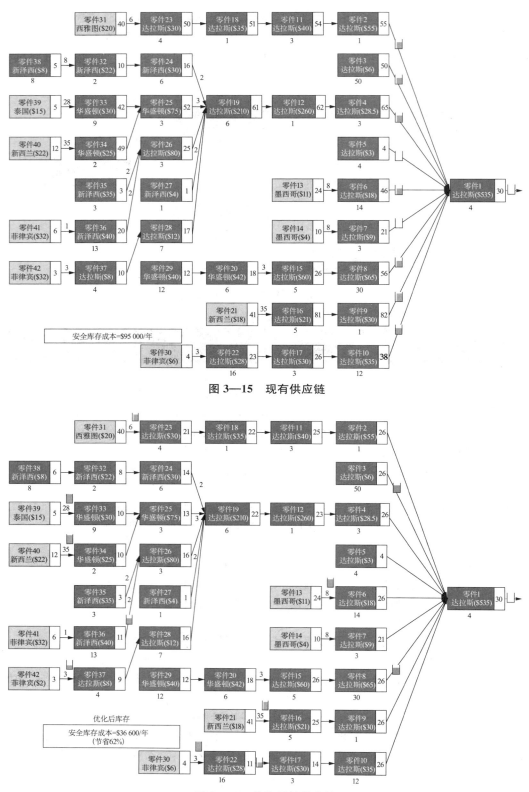

图 3—15　现有供应链

图 3—16　优化后的供应链

通过全局最优化确定了推拉界限，使得曲线向下移动。注意以下两点：

1. 对于相同的报价提前期，优化后可以显著降低安全库存成本。

2. 对于相同的成本，优化后可以显著缩短报价提前期。

最后，注意到传统的曲线比较平滑，而优化后的曲线则不是这样，而是有很多跳跃点。跳跃之处表示推拉界限对成本的显著改变。

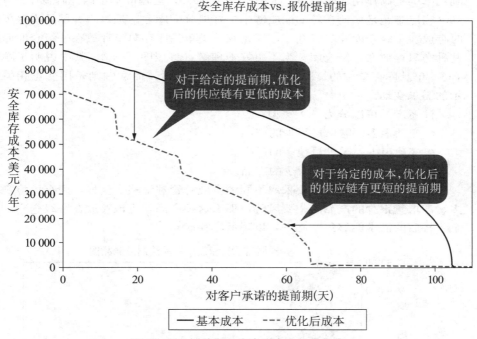

图 3—17 提前期和安全库存之间的权衡

公司如果运用上述的供应链优化策略，一般能够显著缩短提前期，同时降低成本。这种战略使得公司能够提供更短的提前期，并且有更优化的产品成本结构以取得定价优势。

■ 集中库存与网络设计

网络设计当中的一个重要难点就是如何评估网络变化对于总体库存特别是节点库存的影响。一般的公司倾向于在靠近客户的地方保有大量的库存，并且乐于囤积尽量多的原材料。显然这种战略是基于局部最优化做出的决策。每个部分只考虑局部的最优化，这往往会带来下述不利的后果：

● 较低的库存周转率。

● 不同地区、不同产品具有各不相同的服务水平。

● 有时需要加急运送，从而导致运输成本过高。

以上的讨论说明供应链中的库存设置需要根据全局优化的模型，下面的例子说明了优化过程和一些结果。

实例 3—4

考虑一家生产包装产品的美国公司。该公司拥有单级库存的供应链，产品从制造厂流向仓库，再流向零售店。该供应链现有 17 个仓库，6 个位于美国中部地区。现有供应链效率较低，因为入厂卡车只有 63％ 的利用率。

公司刚完成了一个项目，将供应链的单级库存改进为二级库存，产品从制造厂运往一级仓库，再从一级仓库运送到各个二级仓库，最后运送到零售店。新的方案使仓库数量从 17 个减少到 14 个，5 个为一级仓库，9 个为二级仓库。这对于卡车利用率的提高作用非常明显，大概达到了 82％，运输成本也因此降低了约 13％。

当然难题是如何在新的供应链中更好地分配库存。是每一种单品库存单位都同时存放在一级仓库和二级仓库，还是某一类单品库存单位存放在一级仓库而另外一些种类只存放在二级仓库？为了更好地理解，参照图 3—18，其中说明了顾客需要 4 000 单品库存单位的情况。纵轴表示每周的销量，而横轴则是用变量相关系数表示的需求变动。

注意产品可以分为三大类型：

● 变动很多、需求量很少的产品。
● 变动很少、需求量很多的产品。
● 变动很少、需求量很少的产品。

对于每个产品类型需要采取不同的供应链管理策略。例如，库存风险是变动很多、需求量很少的产品的主要风险，那么这种产品就应该存放在一级仓库，以使各个零售店的需求能够集中起来，以降低库存成本。

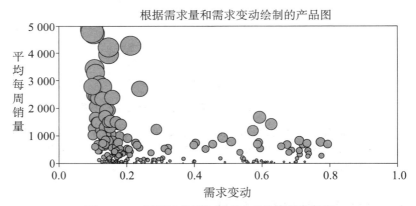

图 3—18　根据需求量和需求变动绘制的产品图

另一方面，变动很少、需求量很多的产品应该放在靠近终端消费者的地方，也就是二级仓库，这样能够更好地降低运输成本。

最后，对于变动很少、需求量很少的产品，分析要更复杂一点，因为有其他更多因素需要考虑，如利润水平等。

对实例 3—4 的分析使我们可以得出一个比较直观的结论，即不确定性对于变动很多、需求量很少的产品是一个非常重要的影响因素。因此，应该将库存集中在一级仓库以利用风险共担的优势，这是拉的策略。另一方面，对于变动很少、需求量很多的产品，需要利用规模经济效益以尽可能降低运输成本，因此库存应该存放在比较靠近客户的地方，这是推的策略。这个框架跟后续的第 6 章的框架很相似。

资源配置

对于给定的物流网络，公司需要按照供应链主计划，按照月、季度或者年的时间长度来决定资源的有效使用。供应链主计划就是协调分配生产和配送的资源以达到利润最大或系统成本最低的目标。在这个过程中，公司要考虑整个计划期内的需求预测，也就是月度、季度或年度的安全库存需求。这些需求跟前一节描述的方法比较类似。

合理分配生产、运输、库存资源等以满足最终需求可能比较具有挑战性，特别是在公司面临季节性需求、受限制的生产能力、竞争性的环境或较高的需求不确定性时。实际上，诸如何时生产以及生产多少、在哪里存放库存、在哪里租用仓库等的决策会对整个供应链的表现具有很大的影响。

传统上讲，供应链规划过程是由手工填写表格，并由公司的每一个职能部门分别独立完成。生产计划一般在工厂制定，并独立于库存计划，通常这两个计划需要在稍后的时间有所协调。这意味着，各个部门只能"优化"一个参数，通常是生产成本。

但是在现代供应链中，很容易理解上述的顺序决策是不能奏效的。例如，仅侧重于生产成本通常意味着每个工厂生产单一类型的产品，从而进行大批量生产并减少平均固定费用。然而，这可能会增加运输费用，同时工厂生产的某些产品可能远离市场需求。另外，降低运输成本通常会要求每个制造工厂生产很多不同类型的产品以使客户能够从就近工厂获得产品。

要找到能够平衡上述两种成本的方法，需要将顺序决策过程替换为考虑不同层面供应链交互作用的决策过程，以识别能够使供应链达到绩效最优化的策略。这被称为全局最优化，它需要一个以优化为基础的决策支持系统。这些将供应链建模为大型混合整数线性规划的系统，能够充分考虑到供应链的复杂性和动态性。

这些决策支持工具需要下面的数据：

● 设施地点：工厂、配送中心和需求点。
● 交通运输资源，包括内部运输部门和一般承运商。
● 产品和产品信息。
● 生产线的信息，如最小批量、生产能力、成本等。
● 仓库容量和其他信息，如具有某些技术（如冷柜）的特定仓库以储存某些特定产品。
● 根据位置、产品和时间确定的需求预测。

根据计划过程的目标，结果可能集中于以下两点：

● 采购策略。在计划期内，每种产品需要在什么地方生产？
● 供应链主计划。生产量是多少？不同产品、地点和时间段内的运输量及仓储需求分别是什么？

在某些应用中，供应链主计划作为一个详细的生产调度系统的输入而存在。在这种情况下，生产调度系统员工根据供应链主计划中的生产量和规定日期，制定详细的生产序列和时间表。这使得规划员能够整合后端的供应链——制造和生产，以及前端的供应链——需求规划和补货系统（见图 3—19）。此图说明一个重要的问题，补货系统的关注重点是服务水平。同样，战术性规划（公司产生供应链主计划的过程）的关注重点是成本最小化或利润最大化。最后，供应链的详细的生产序列部分要关注于可行性。也就是说，所排定的详细生产时间表需满足所有生产条件的制约因素，并符合由供应链主计划规定的所有截止日期要求。

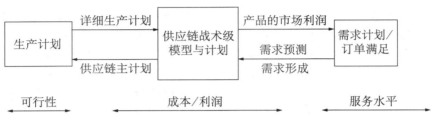

图 3—19　扩展后的供应链——从生产到满足订单需求

当然，战术性决策过程的结果，也就是供应链主计划，需要在供应链的各个参与者之间共享以提高协作效果。例如，配送中心的经理可以利用这些信息更好地计划人力使用和配送需求。类似地，生产经理利用这个计划可以确定他们有足够多的原材料供应。

更进一步讲，供应链主计划工具能够在较早时候就发现供应链中的潜在问题，并使决策者能够回答以下问题：

● 租用的仓库是否会缓解生产能力问题？

● 应在何时、何处建立应对季节性或满足促销需求的库存？

● 是否可以重新安排仓库位置以减轻生产能力方面的压力？

● 预测的变化将对供应链产生什么影响？

● 工厂加班或外包生产将会有什么影响？

● 每个仓库应该由哪个工厂补货？

● 公司使用海运还是空运？海运意味着较长的运输时间，因此需要较高的库存水平。而空运可以显著缩短交货时间，降低库存水平，但运输成本却会大大提高。

● 为满足地区性突发需求，是需要在不同仓库之间调货还是从工厂紧急调货以弥补缺口？

战术规划工具的另一个重要的能力是分析需求计划和资源利用率以实现利润最大化。这使得决策者能够平衡促销、新产品推出，以及需求方式和供应链成本的变化。规划者现在能够分析不同定价策略的影响以及市场、存货、客户等对利润率的影响。

当然，我们必须决定是否把重点放在成本最小化或利润最大化上。虽然这个问题可能在各种情况下会有不同的答案，但很显然，成本最小化在供应链结构固定或经济衰退导致供大于求的情况下都很必要。在这种情况下，重点是有效分配资源，以最低的成本满足需求。另一方面，利润最大化在经济增长导致供不应求时更为重要。在这种情况下，因为有限的自然资源或昂贵的制造过程导致产能有限，比如化学和电子工业，所以决定为谁供货和供货多少比节约成本更重要。

最后，一个有效的供应链的总体规划工具还必须能够帮助提高供应链模型规划的准确性。当然，这是违背直觉的，因为精确的供应链总体规划模型取决于精确的需求预测，这是模型的一个输入。但是，应该注意到精确的需求预测通常是依赖于时间的。也就是说，需求预测的准确性在最初的一段时间远远高于后面的一段时间。比如，预测期限的前四个星期的准确性会大大高于后续时间内需求预测的准确性。这意味着在预测的较早阶段应该建立更详细的模型，比如每周的需求信息。另一方面，需求预测的后期相对不准确，决策者在规划模型时可以预测某一个月或者两三周的总需求量。这意味着以后的需求预测汇总了更长时间段内的需求。因此，根据风险共担的原理，预测的准确性会提高。

总之，供应链的总体规划有助于解决供应链中的一些基本权衡问题，如生产准备成本与运输成本、生产批量大小与生产能力。它考虑到供应链成本随着时间的推移的变化，如生产、供应、仓储、运输、税收，以及库存、产能及其变化。

实例 3—5

这个例子说明了供应链的总体规划如何动态并且持续地帮助一家大型食品制造商管理供应链。食品制造商对生产和配送的决策一般由部门作出，即使在部门级别，这些问题往往也是大规模的。事实上，一个典型的部门可能包括上百种产品、多个工厂、一个工厂内的许多生产线、多个仓库（包括物流设施）、不同包装的材料结构表，及一年 52 周对每个产品在每个区域的需求预测。预测会考虑到季节性和促销计划。年度预测是很重要的，因为如果要在年底促销，可能需要在较早的时候就扩大生产量。同时需要考虑生产和仓储能力的限制以及产品有限的货架寿命。最后，生产计划会涉及许多职能部门，包括采购、生产、运输、配送和库存管理。

传统上讲，供应链规划过程是由手工填写表格，并由公司的每一个职能部门分别独立完成。也就是说，生产计划一般在工厂制定，并独立于库存计划，通常这两个计划需要在稍后的时间有所协调。这意味着，各个部门只能"优化"一个参数，通常是生产成本。战术规划工具 SCP 使得该公司能够减少整个系统的成本，更好地利用制造和仓储等资源。事实上，从一份详细的比较中可以看到，使用 SCP 战术规划工具的结果与人工操作电子表格的结果相比，能够减少整个供应链的总成本（见图 3—20）。

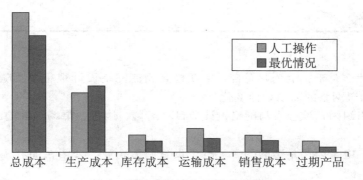

图 3—20 人工操作的情况和优化之后的情况对比

小结

供应链的优化非常困难，原因有各部门目标的冲突、需求和供给的不确定性以及供应链的动态性等。然而，通过网络规划并结合网络设计、库存策略、资源分配等，公司可以在全局范围内优化供应链的绩效。这种优化的实现要考虑到整个网络，同时需要考虑到生产、仓储、运输、库存成本以及服务水平的要求。

表3—8总结了每一个层面关键的规划项目，如网络设计、库存策略与管理以及资源分配。该表显示，网络设计一般涉及较长的计划，通常要延续很多年，并且针对较大范围内的产品，能产生较高的投资回报。而资源分配的规划（供应链总体规划）范围通常是月度或季度的，并且重新规划的频率较高（例如每隔几周），通常会迅速对供应链产生影响。库存规划重点关注短期的需求不确定性、提前期、加工时间或供应情况，重新规划的频率较高（例如每月），以根据最新预测和预测误差确定当前适当的安全库存。库存规划也可用于战略性决策中，如确定在供应链中的什么位置保有库存，以及在什么阶段按库存生产、什么阶段按订单生产。

表3—8 网络规划特性

	网络设计	库存策略与管理	资源分配
决策重点	基础设施	安全库存	生产及配送
计划期限	年度	月度	月度
集成水平	产品族	单件产品	一类产品
频率	年度	月度/每周	月度/每周
投资回报率	高	中	中
实施时间	很短	短	短
用户	很少	少	少

问题讨论

1. 为什么对于一个企业而言，定期检查物流网络设计很重要？随着时间的推移，一个企业对其物流网络的需求如何变化？

2. 在组织内，谁会参与网络设计项目（运营、销售、市场等部门的经理）？在哪些方面参与？

3. KLF电子公司是美国的一家电子设备制造企业。公司在加利福尼亚州圣何塞拥有一个制造厂。

KLF通过位于亚特兰大、波士顿、芝加哥、达拉斯和洛杉矶的5个地区仓库配送产品。在目前的配送系统中，将美国市场分为5个主要市场，每个市场由一个地区仓库负责。顾客一般是零售商，直接从本市场区域的地区仓库收货。在当前的配送系统中，每个顾客被分配到一个单独的市场并由一个地区仓库来为其提供服务。

制造厂直接向仓库发货。制造厂一般需要花两周来满足每个地区仓库的订货需求。最近几年，KLF 注意到竞争和客户压力的增加，迫使其改进服务水平并降低成本。为了改进服务水平并降低成本，KLF 将考虑替换其现有 5 个地区仓库的配送策略，改为通过一个中心仓库来负责所有顾客的订单。

请描述你将如何设计一个针对单一仓库的新物流网络。提供分析的框架及主要的步骤。具体而言，你需要什么数据？相对于现有的配送策略，新提出的策略有何优势和劣势？

4. 在潜在仓库位置的选择中，考虑如地理和基础设施条件、自然资源和劳动力可得性、地区行业和税收法规，以及公共利益等问题是很重要的。对于以下行业，针对上面所列出的问题，给出会影响仓库潜在位置选择的具体例子：

a. 汽车制造

b. 医药

c. 图书

d. 飞机制造

e. 图书配送

f. 家具制造和配送

g. 个人电脑制造

5. 考虑医药和化学行业。在医药行业，产品利润率很高，一般使用隔夜送达。另一方面，在化学行业中，产品利润率较低，出库运输成本远高于入库运输成本。这些特征对这两个行业的仓库数量有何影响？你认为在哪个行业里仓库会更多——化学行业还是医药行业？

6. 在第 2 节中我们看到整车运输费率结构是不对称的，为什么？

7. 给出组成仓库搬运成本、固定成本和储存成本的具体内容。

8. 采用准确优化技术和启发式优化技术解决一个问题会存在什么不同？

9. 什么是仿真？它如何帮助解决复杂的物流问题？

案例

H. C. 斯塔克有限公司

1. 开端

汤姆·卡罗尔（Tom Carroll）是一名麻省理工学院制造业领袖项目的学员。1999 年 6 月 1 日，在完成了一个艰难的学年之后，汤姆来到 H. C. 斯塔克公司（Starck），开始为期 6 个月的实习。他知道，他的工作将涉及缩短提前期，但是不知道任何细节。他在公司首先认识的人是运营部主管李·塞拉德（Lee Sallade）。图 3—21 给出了 H. C. 斯塔克公司的组织结构简图。李解释说销售部向他施加压力，以缩短提前期（从顾客下单直到产品发运的时间）。总体来讲，这个指标一般是在 8～14 周，时间长主要是由较长的制造时间决定的，但是没有确切的数据可以参考。销售部认为，如果时间可以缩短到 3 个星期，他们将在市场上

资料来源：Copyright © 2000 Massachusetts Institute of Technology. This case was prepared by LFM Fellow Thomas J. Carroll under the direction of Professors Stephen C. Graves and Thomas W. Eagar as the basis for class discussion rather than to illustrate either effective or ineffective handling of an administrative situation. The case is based on the author's LFM internship at the H. C. Starck, Inc. during July-Dec., 1999.

有重大优势，并且将会增加销量。李也认为提前期很重要，但警告说不能仅仅关注提前期，而应关注整个周期时间，即在生产过程中原材料到产品流程的全部时间。

> 我们需要减少周期时间以及提前期。拉里［该公司总裁］上一次在缩短提前期时间的项目上弄得焦头烂额，而分销商得到了所有的好处。你应该首先跟他谈一谈。

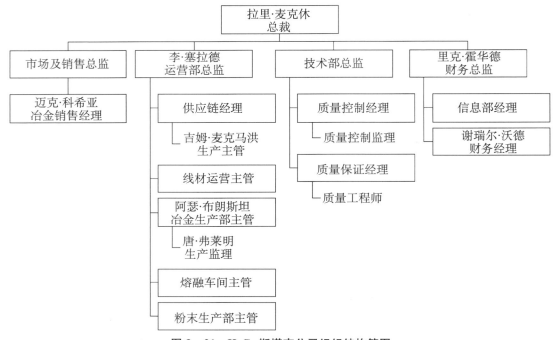

图 3—21　H. C. 斯塔克公司组织结构简图

注：为简便起见，安保、采购、人力资源等部门未列出。

李解释说生产周期时间和库存都很重要，但是因为公司具有很高的钽库存，所以难以调整。

> 与用钽粉制作钽锭相比，用废料制作钽锭为我们提供了成本优势。我们有重新利用废品的技术优势，而其他公司则没有。我们在需要废料之前就先购买，因为供应是反复无常的。我们曾经在 1996 年发生过一次废料断货，不想再次发生这种事。有时我们购买的废料超出正常需要，以确保不间断地供应。

李同时还强调了依靠数据进行管理的想法。他知道现在许多业务都是基于"业内神话"，而严格的数据收集和分析可以帮助打破这一运作模式。汤姆又与李讨论了运营中的一些问题，并有了清晰的项目目标——在不增加库存的前提下，将所有冶金产品的客户服务时间降至 3 周或更少。虽然目标很明确，但方法却不简单。正像李所说的："我们不确定该如何实现这一目标，这就是为什么我们聘请一个像你这样的聪明的美国麻省理工学院的学生！"汤姆有很多工作要做，而且他也十分渴望能够学有所用。

2. 公司

H. C. 斯塔克公司始创于 1940 年。麻省理工学院的毕业生理查德·莫斯（Richard Morse）在这一年成立了全国研究公司（NRC）。作为工艺开发公司，该公司侧重于真空技术的利用。该公司最初位于剑桥区纪念大道 70 号（目前是麻省理工学院的 E51 楼）。NRC 早期研发的工艺有冷冻浓缩橙汁、"假日牌"速溶咖啡。1950 年，NRC 将其真空技术应用在高纯度金属的生产上，并于 1959 年进入钽加工领域。莫斯于 1960 年离开公司。1963 年该公司被诺顿（Norton）收购之后，经历了一系列的所有权变化。1976 年诺顿将 NRC 剥离，H. C. 斯塔克 AG 公司（一家专门从事难熔金属生产的德国公司）购得 50% 的股份，一家风险投资集团获得另外 50%。拜耳 AG 公司于 1986 年购买了 H. C. 斯塔克 AG 公司的多数股份。之后不久，拜耳公司（美国）又购买了其余的 H. C. 斯塔克有限公司持有的 50% 的股份。此时 HCST 主要集中在钽还原和钽粉的生产上。但直到 1989 年，HCST 从 Fansteel 收购轧机和钽丝产品，它才大举进入了冶金产品市场。H. C. 斯塔克国际集团在日本、泰国和德国也拥有钽还原和钽粉制造业务，但牛顿市的生产厂是唯一有熔化和轧机能力的工厂。

3. 钽

钽（Ta）于 1802 年被化学家埃克伯格（Ekeberg）发现，但许多化学家起初认为铌和钽是同一种物质，直到 1844 年才由罗（Rowe）和 1866 年由马里格纳克（Marignac）证明铌酸和钽酸是两种不同的酸。第一次比较纯的钽是由冯博尔顿（von Bolton）在 1903 年生产出来的。钽矿石分布在澳大利亚、巴西、莫桑比克、泰国、葡萄牙、尼日利亚、扎伊尔和加拿大。分离铌和钽需要几个复杂步骤。一些方法被用于商业化生产，包括用钠对七氟钽酸钾进行还原。

钽是一种灰色、密度高的硬质金属。温度低于 150℃ 时，钽几乎不会产生任何化学反应，只会被氢氟酸、氟离子和三氧化硫等腐蚀。碱只能很缓慢地腐蚀它，在高温下，钽变得不太稳定。该元素的熔点高达约 3 000℃，仅次于钨和铼。钽用于制造各种合金，特点是高熔点、高强度和良好的延展性。钽在电解电容器和真空炉的材料中约占 60%。钽也被广泛用于制造化学工艺设备、核反应堆、飞机和导弹零部件。钽对一般的化学液体不起反应，而且是一种无刺激性的材料，因此广泛应用于外科用具。钽氧化物制作的特殊玻璃具有很高的折射率，适合做相机镜头。钽还有许多其他用途，全世界每年消耗约 550 吨。

钽价格很高，如表 3—9 所示。将这个价格与铝（0.65 美元/磅）、银（73 美元/磅）（《华尔街日报》，1999 - 06 - 23）相比，可以看出钽是多么昂贵。

表 3—9   钽价格   单位：美元

形态	每磅价格
钽矿石	35～45
电容级别粉末	135～240
电容线	180～250
钽板	100～150

注：价格数据来源于 1998 年 USGS。

4. 钽供应链中的 H. C. 斯塔克有限公司

H. C. 斯塔克公司对含锡渣钽矿石进行开采加工，提纯成钽"双盐"——K_2TaF_7。这种白色粉末装在托盘尺寸大小的容器内，从德国运往分散在世界各地的 4 个钽粉生产工厂。"双盐"与熔融钠反应，然后冷却形成粒子状的坚实的大盐块，再用大型机械粉碎这些大盐块，接着通过几个步骤过滤出纯钽粉。图 3—22 是一个简化后的钽供应链。大部分的粉末进一步提炼和分级，然后出售用于烧结钽电容器的生产。一些粉末烧结成块以用于生产线材，也主要用于电容器。过大或者过小的钽粉颗粒都是不符合要求的，需要报废，并送回熔炉重新熔融。此外，还会回收其他多种形式的废料。

熔融车间收到上述废料、冶金车间的产品废料、公开市场上收购的废料、客户使用之后产生的废料，以及偶尔从政府储备购买的钽锭。（美国和俄罗斯最近已减少其战略金属储备，并定期通过拍卖销售过剩库存。）废料经过处理和混合，以得到理想的化学特性，然后在电子真空炉中熔化成锭。该 8 英寸直径的钽锭冷却后形成 4 英寸厚的钽板材，作为冶金生产部门的最初原料。

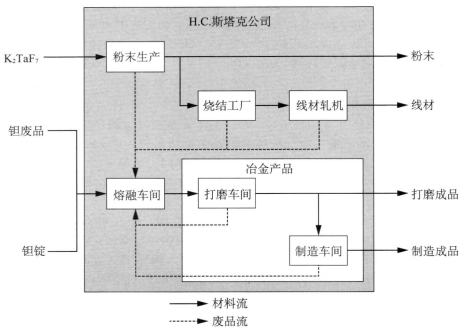

图 3—22　钽供应链中的 H. C. 斯塔克公司

5. 冶金部门的产品

HCST 公司的冶金产品（MP）部门包括两个基本职能领域——轧制和深度制造。该轧厂有 3 台机器，将传入的 4 英寸的钽板材压到最后符合要求的厚度，还有各种设备实现诸如清洗、切割、退火等功能。该轧厂只生产平板形状的钽产品。深度制造区域包括钣金车间、加工车间和几条管焊线。该车间需要从轧制车间获得轧板，并生产更复杂的成品。

所有进入车间的 4 英寸厚的板材都先由大型轧机进行轧制。这个轧机可以生产最多 36 英寸宽、0.015 英寸厚的板材。12 英寸宽的铝箔轧机可以将 0.030 英寸厚的板材压为厚度为 0.014 英寸或更薄。还有一个 16 英寸宽的轧机，但它仅用于非常小的定制工作。轧厂的生产主管唐·弗莱明（Don Fleming）刚在 HCST 工作一年，但他从另一个轧厂的工作中积累了丰富的经验。唐这样描述这个过程：

> 当我们将板材从 4 英寸厚轧薄时，会出现"鱼尾"和边缘裂缝。当轧到 1/4 英寸厚的时候，需要停下来修剪边缘的裂缝防止其进一步扩大，这通常会导致大约 20% 的修剪损失。如果最后的厚度在 1/16 英寸以上，那么在这一步中还要退火。

金属经过冷轧之后就会硬化。开始时较软并且有韧性的钽，可减少高达 95% 的横截面面积，同时变得更硬更脆。在超过 1 000℃ 下进行退火处理，其晶体结构有机会再结晶，并恢复到没有应力的状态。这能够恢复原来的柔软性和韧性，使板材可以被进一步轧制。退火前，板材必须进行化学清洗，因为高温退火时的温度会导致任何表面的污染物（主要是大气中的碳、氧、氮、氢和润滑油）进入到板材内部造成脆化。这个轧制—清洗—退火的过程可能会重复几次，如图 3—23 所示。唐继续他的解释：

> 如果最终的规格小于 1/16 英寸，我们会一直轧制至 1/8 英寸以后再退火，可以用大型轧机将板材轧制至 0.015 英寸厚。如果需要压得更薄，则需要用铝箔轧机。即使我们使用相同的轧机，轧制过程也有不同的衡量标准。1/8 英寸之前的轧制直接在大型轧机上以自由轧制模式进行，1/8 英寸之后的轧制是最终轧制，这一工作是在张力状态下完成的。因此，我们使用一套不同的工作辊道进行前期轧制和最终轧制，这些辊道能够在两道工艺流程之间完全替换以改变大型轧机。

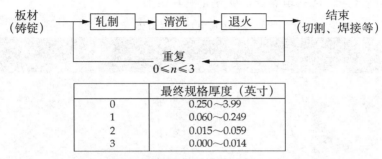

	最终规格厚度（英寸）
0	0.250~3.99
1	0.060~0.249
2	0.015~0.059
3	0.000~0.014

图 3—23　基本的生产过程

在自由轧制阶段，工件通过轧机只需要借助于移动的工作辊道即可。由于板材没有连接到任何其他东西上，其整个长度都可以轧制。在张力轧制过程中，钛引导装置用附在每个工件上的螺旋弹簧进行连接（就像笔记本电脑的上下两块板连接在一起）。钛引导装置是螺旋上升的，装在轧机的两边。张力轧制过程中，板材通过引导装置的拉动而通过工作辊道。由于弹簧部分不能再通过工作辊道，因此有一部分板材无法继续轧制。这部分的浪费加上修剪边缘裂缝的量，损失平均为 10%。

这一系列的轧制工作是整个生产过程的开端。按照最后轧制的厚度将板材分类，然后再规划每类板材轧制的步骤和暂停点，一般的产品层级结构如图 3—24 所示：

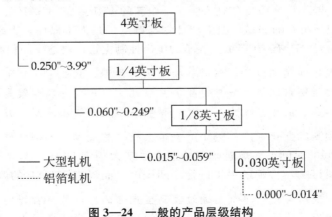

图 3—24　一般的产品层级结构

与唐谈好了这些问题之后，汤姆又同冶金生产部主管阿瑟·布朗斯坦（Arthur Bronstein）见了面。阿瑟进一步讲述了生产过程中的一些细节问题：

平均一块钽经大型轧机轧制时承受的压力是 570 磅，这需要 55 分钟来处理，包括一块一块轧制前的准备工作。对于最终轧制工序，平均一块的重量是 450 磅，需要两个小时才能完成。不同的轧制工艺之间的设备转换需要 8 个小时。大型轧机配备了两班工人分别进行轧制和转换。在满负荷时工资水平约为每小时 25 美元，通常会有 5%～10% 的加班时间。

阿瑟还给了汤姆一份轧机的生产报告，包括去年以及本年度至今为止的数据（见表 3—10）。大型轧机一般以两个星期的周期运行，大约一个星期进行前期轧制，一个星期进行最终轧制。这个时间表是每天运行 3 班（即 24 小时），每星期运行 5 天，一年内只有 4 个星期由于节假日和维护而关闭。一年期间大型轧机平均有 85% 的良好运行时间。阿瑟在考虑这是否是最佳的时间表，或者更频繁的转换将会更有益？

表 3—10 　　　　　　　　　　　　　　大型轧机生产报告 　　　　　　　　　　　　　单位：磅

时间	1998 年		1999 年	
	前期轧制	最终轧制	前期轧制	最终轧制
1 月	28 936	12 307	36 255	8 686
2 月	68 001	10 828	46 175	18 106
3 月	38 210	24 529	75 256	15 500
4 月	78 514	22 122	16 978	14 112
5 月	61 782	20 155	28 539	18 219
6 月	43 176	24 277	28 103	25 586
7 月	57 216	15 880		
8 月	7 838	9 296		
9 月	28 394	15 981		
10 月	44 151	11 383		
11 月	23 731	16 287		
12 月	46 591	9 792		
年产量	526 540	192 837	231 306	100 209

6. 排程

H. C. 斯塔克公司于 1999 年初安装了一个新的 ERP 系统（SAP 公司的 R/3），目前正在使用该系统，以记录所有的交易。但生产计划与调度仍是人工操作。吉姆·麦克马洪（Jim McMahon）——在 HCST 有 20 年工作经验的生产控制主管，讲述了原材料的订购方法：

我得到销售预测以后，将其转换成生产预测。我通常一年下一次订单，确定这一年内每个月的钽锭订购量，当然每年会修改几次订单。获取钽锭是真正的苦差事——熔融车间只有那么多的生产能力。此外，销售订单通常成堆涌来，并且非常难以预测。

除了销售预测的变化，产品的生产上也会有一些变动。吉姆估计，轧机大约能够满足其计划安排约 90% 的时间，而熔融车间的这个数字大约为 80%。大部分停工的原因是设备故障。除了原材料订购，吉姆还手工进行车间调度，而没有用 SAP 的调度工具。

我只知道所有的订单都是通过我到生产部的。保罗（吉姆的助理）或者我一旦拿到销售订单就着手安排生产订单。然后就把订单堆在我的桌子上，直到合适的时间再发给生产车间。如果这些订单不需要 8 个星期之内生产完成，我可能会根据生产车间的负荷，把订单再多保留 4 个星期。我已经在这里待了很长时间，知道什么工作会用多久完成。我不相信 SAP，因为我觉得它生成的表单是不正确的。

　　事实上，SAP 生成的表单确实是个问题。问题之一是标准成本。标准成本是按照 SAP 给出的表单计算的，但是某些产品的标准成本竟然低于原材料费用，这在逻辑上显然是不合理的。工程部门正在着手调查和解决这些问题，但这是一个艰难缓慢的过程。一个特别难进行合理排程的产品是管材。管材是由平板轧制成管，再用瓦斯钨弧焊处理缝隙。该工厂一天两班，可以生产和检查大约 1 500 英尺的管材。管材订单往往很大并且难以预测，1 000 英尺的管材订单很常见。此外，由于极高的材料成本，几乎所有的管材都要按照订单要求来切割。除了长度，还要弯曲成其他形状（如弯成用于热交换器的 U 形），或一端要求有焊帽，都需要根据订单的要求进行定制化生产。吉姆这样解释这个问题：

> 　　最大的问题是管材生产排程的不稳定性，经常有大的高峰和低谷。"一揽子订单"能在某种程度上帮助解决这个问题，使我们能够对生产排程做一些平滑性的调整。

　　在"一揽子订单"中，客户将承诺购买一定数量的某种产品，比如 5 000 英尺的直径为 3/4 英寸、管壁厚为 0.015 英寸的管材，要求年底交货。然后，该工厂将用标准的 20 英尺长的管材来完成订单中的 5 000 英尺管材库存。有时候在一年中，客户会发出一些临时变动的订单。比如一个典型的新订单可能会订购 50 根 9 英尺 9 英寸规格的钽管，并需要在 6 个星期内发货。这些新订单中的钽管将从库存中减去，并发运给客户。在这个例子中，废品率会控制得比较低，因为只需要 25 根 20 英尺长的标准库存钽管就可以加工成订单所需的钽管，只产生不到 3% 的废料。但很多时候废料率会比较高，如果上面的例子中新订单订购的钽管稍长，比如说 50 件 10 英尺 9 英寸长的，这样就需要 50 根 20 英尺长的标准钽管来加工，每根将有 9 英尺 3 英寸长的剩余钽管。这些剩余的钽管将被保留，直到能够有合适的订单，这样将产生很多尺寸奇怪的钽管。而少于 2 英尺长的钽管将被作为废料。

7. 销售与市场营销

　　冶金产品的市场营销与销售经理迈克·科希亚（Mike Coscia）讨论了销售激励的有关问题：

> 　　我们的企业基于四个目标来分享奖金：销售数量、资产报酬率、质量和安全。过去两年里，每年我们都会达到允许的最高销售费用支出，今年很可能还是这种情况。缩短提前期可以帮助我们赢得更多的销售，并提高公司的资产报酬率，但它并不直接影响我们的奖金。

他觉得缩短提前期非常重要：

> 　　钽的价格是锆或镍基合金的 4 倍。如果客户不能及时订到钽，他们可能会用其他的合金来临时取代，一旦这种取代可行，他们将不会再重新使用钽。

迈克对我们能否实现 3 周提前期的目标表示怀疑：

> 　　我认为实现不了。我们的销量是 15 年前的 10 倍，但生产过程并没有改变。有时我认为销售最好的做法就是能不接订单。我们刚刚开始把预测数据输入到 SAP 系统中。生产计划仍是手工操作。似乎有一个"信息黑洞"，订单送到轧制车间，但是需求数据似乎并没有传达到熔融车间。

　　有一个小组几个月前开始调查订单处理问题，其目标是让所有的文件从客户到生产部门的时间在 80% 的情况下能够缩减到两周以内。迈克对新的 SAP R/3 系统表示了他的失望：

> 　　我不明白为什么需要这么长时间，特别是现在，我们已经采用了 SAP 系统，为什么还会有纸质文件从销售部传到生产部？为什么不能通过 SAP 自动传送信息？我知道 SAP 能够做到这一点，但对 SAP 系统仍有很多抱怨，并且担心系统可能会出错。

作为一种解决"信息黑洞"问题的手段，销售、生产控制和运营部门最近设立了一个每天上午 8：00 的"鼓声会议"。这个会议的目标是实现按时交货，每天的会议审查下周将要发运的货物信息。任何有可能延迟的产品都会在整个工厂范围内加快生产进度。这个会议也使每个人都能了解最新的订单状态，但有一个意想不到的负面效果：很多工作没有及时完成，直到它们上了"鼓声会议名单"，才会匆忙地像比赛一样完成。

8. 财务

HCST 公司的财务经理谢瑞尔·沃德（Cheryl Ward）实施了 SAP 中的财务模块：

> SAP 系统对我们收集财务数据的方法做出了一个根本的改变。生产人员原来需要每周将工作时间记录单和材料表单交给财务部门，再由财务人员将数据输入，并确保数据正确。现在，生产部门的相关数据直接输入 SAP 系统，能够实时传到财务部门。这是一个很大的公司文化上的改变。

这个过程花了几个月的时间，但生产车间工人慢慢精通了数据录入的操作，并有相当高的准确性和可靠性。虽然数据记录得不错，但在屏幕后进行计算的 SAP 系统却不太好。其中的一个例子是退火熔炉。车间的每个订单都被定义了 8 个小时的熔炉时间，虽然大部分零件确实需要 8 个小时来退火，但是许多零件可以同时放进炉内，而 SAP 系统没有考虑到这一点，从而导致在分配管理费用（以致产品成本）上出现错误，同时在调度系统中也存在类似问题（这也是没有使用 SAP 进行排程的一个原因）。从财务角度看，这些错误导致大量的成本分配差异，需要在会计结算期结束时进行调整。即使是只考察 6 个月的执行情况，有时的调整值即达到实际值的 100%。HCST 公司的财务总监里克·霍华德（Rick Howard）讨论了库存相关问题：

> 库存成本是很高的——我们似乎有多年的库存存货。由于废料是一个非常重要的原料，我们认为这是一种战略采购——即使我们并不真的需要，也会购买。钽交易市场上的交易比较少，所以我们会尽可能抓住更多的市场份额，并将原材料控制在自己手中，而不是我们的竞争对手那里。工厂降低成品库存没有真正地省钱，它只是把成品存货变成了废料库存而已。钽废料价值为每磅 75 美元，而较厚的钽成品材料（厚度大于 1/4 英寸）价格为每磅 100 美元，超薄钽成品材料价格平均为每磅 125 美元，所以将库存保持在生产链的较前端不会节省太多成本。我们会在系统中的某处存放库存，而在接近终端处存放是一种战略选择。

里克指出，作为拜耳的一个子公司，HCST 的资金成本比较好，只有 9%。里克还对中国公司最近开始销售钽丝表示担心。虽然它们的质量不是很好，但它们的销售价格大致只相当于 HCST 的生产成本。里克担心，中国公司最终将改善其质量，然后可能进入轧制产品市场。

9. 总裁

汤姆还与 H. C. 斯塔克公司的总裁拉里·麦克休（Larry McHugh）见了面，拉里描述了他在另外一家公司减少生产周期的经验：

> 我不太喜欢有关提前期和服务水平方面的项目。这种项目对面向终端消费者的公司会比较有用，而对像我们这种 B2B 的公司则不是很实用。我们已经在全球的钽化工处理工艺市场上占了很大份额。我们的一些客户抱怨供货提前期太长，但即使我们缩短提前期，实际上大多数客户也不会采购更多。我认为在一些较小的领域更快地交付可能会给我们带来一些优势，比如熔炉部件和喷射靶。在来到 H. C. 斯塔克公司之前，我在另一家公司负责运营管理工作。我们花了很多资金来实施戈德拉特（Goldratt）的"目

标"管理方法。我们深刻领悟了这种管理方法的精髓,并且确实大大降低了生产周期,但却没有得到什么好处。当时那家公司的产品是通过区域分销商来销售的,而它们最终获得了降低库存带来的好处。你可以说,提高绩效之后我们可以招募更多的经销商,但因为区域专卖的原因,以及竞争对手已经牢牢控制了一些经销商,所以我们当时真的没有办法改变现有格局。因此,我们花了很多钱,但却没有什么能拿得出手的成果。我不希望这种情况在这里再次发生。有一个地方确实需要你帮助我们改进,那就是库存。如果你可以找到办法削减库存,那么这可能会节省一些钱。

10. 提前期和库存数据

到这个时候,汤姆听到的来自公司不同部门的人员的意见和建议是相互矛盾的。每个人都似乎有一种意见,但很少人有数据来支持他们的论点。汤姆决定应该先收集一些数据,在此基础上再提出他的建议。尽管 SAP R/3 系统没有被用于生产计划,但它被用来记录所有的会计事项,包括记录订单产生和物料移动。交易记录接近实时,通常是在实际物料移动后的几个小时内,而且有时会在几分钟内。即使一些价值计算的表单是不可靠的,手工录入的数据却是相当准确的。图 3—25 显示的是从客户角度采集的时间数据——从发出订单到产品交付需要多长时间。(刚开始使用 SAP 时数据记录比较差,所以 1 月和 2 月的数据没有考虑。)数据显示,平均的提前期是 7 个星期以内,而不是像很多人认为的 12 周。很多较长时间的订单实际上是"一揽子订单",对这些订单还没有发货。

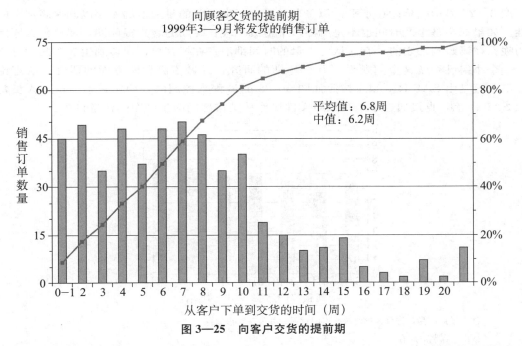

图 3—25　向客户交货的提前期

在该项目启动时,很多人都认为是较长的生产时间导致了较长的客户提前期。图 3—26 显示了生产提前期的情况,也就是从原材料交付到最终产品交付的时间。原材料交付就是原材料进入生产车间,而最终产品交付就是产品进入仓库货架或包装好等候发运。该图表明,平均而言,最终产品在两周多的时间内就能完成生产,且 75% 可以在 3 个星期之内完成。生产平均时间只有两个多星期,而从客户发订单到交货却要近 7 个星期,这是怎么回事呢?其他 5 个星期都发生了什么事?一种可能性是因为原材料的短缺导致生产无法开始。

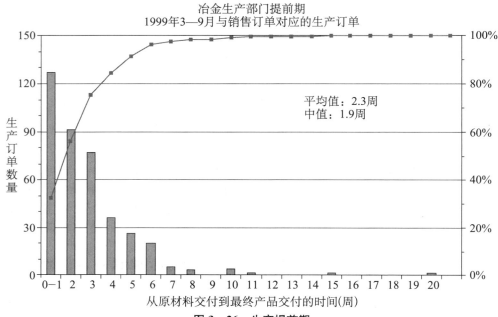

图 3—26　生产提前期

图 3—27 显示的是库存水平，似乎存放了比正常需要的量更多的库存以确保高水平的可用性。如果既不是生产时间也不是库存水平造成了较长时间的客户提前期，那是什么原因造成的呢？在汤姆到来之前，有人认为大量的时间都浪费在把客户订单传到生产车间的过程中了。一个小组已经就这个问题做了几个星期的研究，并做了流程图方面的研究。从理论上讲，信息流是由 SAP R/3 系统按照如图 3—28 的流程来控制的。而实际上，操作人员常常忽视 SAP 系统，直接通过手工和纸质文件操作从销售部门向生产车间传送订单。

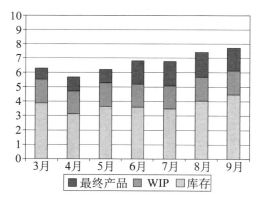

注：最终产品：按照客户要求生产的材料，并为该客户储备。

WIP：在制品库存。

库存：在仓库中的既不是产成品也不是废料的材料。可能包括从熔融车间运送过来的材料、中间产品或标准形状产品，或者客户订购之后剩余的少量产品。

图 3—27　库存水平

通过自定义的 ABAP（SAP 公司的编程语言）报告可以查看整个过程中的前两个步骤，并且采取了一些措施来减少第一步（创建销售订单）的时间，可以短至一个工作日或更少。

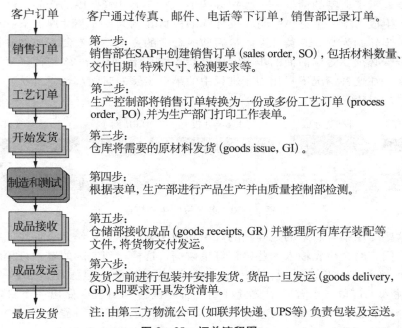

客户订单　客户通过传真、邮件、电话等下订单，销售部记录订单。

销售订单　第一步：
销售部在SAP中创建销售订单 (sales order, SO)，包括材料数量、交付日期、特殊尺寸、检测要求等。

工艺订单　第二步：
生产控制部将销售订单转换为一份或多份工艺订单 (process order, PO)，并为生产部门打印工作表单。

开始发货　第三步：
仓库将需要的原材料发货 (goods issue, GI)。

制造和测试　第四步：
根据表单，生产部进行产品生产并由质量控制部检测。

成品接收　第五步：
仓储部接收成品 (goods receipts, GR) 并整理所有库存装配等文件，将货物交付发运。

成品发运　第六步：
发货之前进行包装并安排发货。货品一旦发运 (goods delivery, GD)，即要求开具发货清单。

最后发货　注：由第三方物流公司 (如联邦快递、UPS等) 负责包装及运送。

图 3—28　订单流程图

第二阶段（建立工艺订单（PO））仍然需要最多两个星期。其他的过程就没有可用的数据了。汤姆将报告扩大到整个过程，数据如图 3—29 所示。这一数据证明，生产时间只占总提前期的一小部分（约 25%）。最终产品等待发运的时间也相对较少——多数订单一到仓库就发运了。问题出在从销售订单（SO）到仓库开始发放原材料（GI）的过程中，这个过程中销售部门将数据录入到 SAP 中，然后经过一段时间工厂开始生产。（在 8 月大幅度增加的 SO-PO 值可以归因于每年两周的工厂停工。）这一长期滞后时间一部分归因于缓慢的手工传递过程，另一部分则归因于目前的生产策略，即按订单生产的策略所使用的生产路线，无论最开始投入的原材料是 4 英寸板还是 1/4 英寸板。根据最终产品所要求的厚度和形式，在形成最终产品以前，材料可能会流经多个工艺订单中写明的工艺流程。

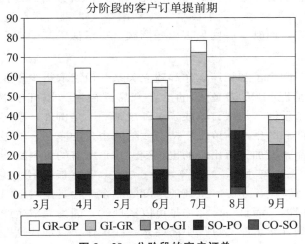

分阶段的客户订单提前期

图例：GR-GP　GI-GR　PO-GI　SO-PO　CO-SO

图 3—29　分阶段的客户订单

图 3—30 显示了典型的情景——客户订购了 0.015 英寸管壁厚的产品，然后三个独立的生产订单由此生成。第一个订单是将 4 英寸厚的板材轧制为 1/4 英寸厚。下一个订单是用两步将板材进一步轧制为 0.015 英寸厚。最后剪成合适的宽度，再卷制、成型并检查。问题是最后的生产步骤必须要等到前面的步骤完成之后才能开始。图 3—26 只衡量了客户定制产品的生产提前期，在这种情况下只相当于进程中的第三步骤的时间，也就是从 0.015 英寸厚的板材生产管材的过程。

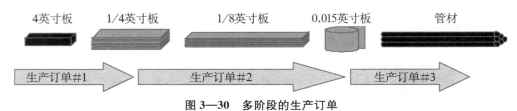

| 4英寸板 | 1/4英寸板 | 1/8英寸板 | 0.015英寸板 | 管材 |

生产订单#1　　　　　生产订单#2　　　　　生产订单#3

图 3—30　多阶段的生产订单

把上述这些工序结合起来的是确定的订单和加快生产计划。作为一种降低客户提前期的方法，销售部门有时会事先输入一些销售订单数据，这样，当实际的客户订单到达时，生产材料已部分通过生产过程。有时，这种方法是行之有效的，但往往造成两个问题。因为 SAP 系统对输入的订单要求有一个交货日期，所以销售部门就会做出一个日期。如果日期太远，该命令可能会被运营部门忽略。如果日期很近，运营部门可能会在客户真正需要之前就发货，或者满足了开始的不太确定的订单，却发现客户修改了其所需的订单，这样已经生产的材料就过时了。每天的"鼓声会议"进一步使这些问题矛盾激化。在这个销售、运营、质量和生产控制各部门召开的会议上，所有下周即将发运的订单都会进行审查，任何可能延迟的订单都会加快生产。这样做的一个后果是，订单一般会被忽视，直到它上了"鼓声会议名单"。由此产生的生产策略就变成了"加快生产快要延迟的订单"。

11. 销售数据

对于是否保持一个纯粹的按订单生产的车间有不少争论，主要问题是冶金产品部门出售 4 种不同的合金，共有超过 600 个独特的零件编号。极端的产品多样化和不可预测的需求，似乎排除了任何按库存生产的可能性。但对前 9 个月销售数据的审查发现，似乎产品的多样化程度实际上大大低于原先估计。（为简单起见，我们将只考虑 4 种合金中的两种——这两种被选为代表是因为它们有非常不同的需求概况，而且二者共占到总需求的 80%。）虽然每种合金会有 100～200 个零件编号，但图 3—31 和图 3—32 表明，在过去的 9 个月中只有不到一半的零件进入销售，而其中一些只售出一两次。需求似乎集中在少数的几种零件上。

12. 案例总结

在花了两个月的时间来了解工厂运作和建立关系并设法取得少量业务收益之后，汤姆花一些时间来审视整个情况。HCST 公司的冶金产品部被定为按订单生产的车间作业方式，客户提前期一般为 7 个星期。加快订单成了一种规则而不是例外，事实上，每天的会议都是为了加快订单所要求产品的生产。该工厂持有大约 6 个月的库存，但很少有产品是通过库存销售的，甚至库存产品稍微加工再出售的也很少。几乎所有的材料都会通过一些标准规格板材完成——4 英寸板、1/4 英寸板、1/8 英寸板、0.030 英寸板，但这些板材却没有相应的库存，只有 1/4 英寸板有一些，还有一些其他厚度的剩余库存。销售部门很努力地想将客户提前期减少到 3 个星期以内，而且目标似乎是可以实现的，因为完成生产订单平均只要两个多星期。而在接到订单到开始生产的过程中需要做一些工作，以加快这一进程。似乎持有一些标准的中间尺寸的库存将有助于缩短客户提前期，因为某些产品只需要简单的一次加工即可

材料	厚度	描述	1999年/销售量——磅/月								
			1月	2月	3月	4月	5月	6月	7月	8月	9月
1001	0.005	Sheet - 1.0"× 23.75"	171	0	0	20	0	0	0	17	0
1002	0.010	Sheet	20	56	287	179	41	204	560	143	276
1003	0.005	Sheet	263	576	584	812	617	969	572	359	909
1004	0.015	Sheet	68	611	1 263	167	1 917	803	321	377	404
1005	1.000	Thermowell per Dwg # ABC12	0	0	0	0	0	0	0	0	2
1006	0.150	Sheet	101	0	0	0	0	0	0	0	0
1007	0.060	Plate	0	146	32	117	129	414	581	26	191
1008	0.040	Sheet	321	101	191	486	8	98	263	176	690
1009	0.030	Sheet	0	122	614	275	422	360	686	246	177
1010	0.020	Sheet	0	54	102	183	45	54	126	92	119
1011	0.002	Foil	618	1 079	1 215	1 188	1 020	290	1 590	849	1 017
1012	0.125	Plate	228	8	32	90	432	17	8	0	450
1013	0.150	Plate	1 100	0	0	0	0	35	0	0	0
1014	0.250	Plate	6	12	0	770	0	752	0	0	174
1015	0.375	Plate	0	0	0	0	0	0	375	0	0
1016	0.500	Tube—0.50" OD	3	0	0	51	6	54	33	27	33
1017	0.750	Tube—3/4"	0	0	0	8	12	558	0	0	12
1018	0.015	Tube—1.0" OD	8	0	0	0	0	230	0	41	0
1019	0.020	Tube—1.5" OD	0	0	0	0	0	0	0	11	0
1020	0.500	Tube—.50" OD	44	3	0	0	0	0	35	0	0
1021	0.020	Tube—5/8" OD	0	6	0	0	0	8	0	0	0
1022	0.102	Sheet	0	27	33	0	0	0	0	0	0
1023	0.010	Sheet—1.0" × 23.75"	0	99	14	18	0	0	0	0	0
1024	0.060	Plate—7/8" × 39.125"	15	0	24	0	0	0	0	15	0
1025	1.125	Ring—6.25" OD × 4.5" ID	45	0	0	0	0	0	0	0	0
1026	1.000	Ring—4.0" OD × 2.5" ID	12	0	0	0	0	0	0	0	0
1027	0.015	Sputter Target—2.0" × 5.0"	0	105	0	0	0	0	0	0	0
1028	0.500	Ring—10" OD × 8.5" ID	0	189	0	48	293	93	0	0	174
1029	0.500	Disk—10" dia	275	0	353	0	581	0	530	414	1 017
1030	0.250	Plate—5.25" × 10.25"	0	0	0	57	0	18	0	17	0
1031	0.500	Disc—6" Dia	0	0	0	15	0	0	0	0	0
1032	0.010	Tube—2" OD	0	0	0	14	0	12	12	0	0
1033	0.8 mm	Disc—314 mm Dia	0	0	0	0	20	0	0	0	0
1034	0.375	Disk—9.625" dia	0	0	0	0	57	0	0	0	0
1035	0.015	Tube—1.0" w/end cap	0	0	0	0	0	2	0	0	0
1036	0.125	Ring—12-3/4" OD × 9-3/8" ID	0	0	0	0	23	0	0	0	0
1037	0.125	Plate—3.5" × 13.2"	0	0	0	0	0	0	0	0	33

图 3—31 合金 1 的发货清单

达到客户要求。但哪些材料需要持有库存，以怎样的水平设置库存？此外，并不是公司的每个人都认为减少客户提前期是一个优先项目，有些人更专注于减少库存，而另一些人则认为库存水平并不重要。汤姆还有 4 个月时间拿出一个计划并执行它，他该怎么做？

材料	厚度	描述	1999年/销售量——磅/月								
			1月	2月	3月	4月	5月	6月	7月	8月	9月
2001	0.045	Repair Disc 4" Dia	0	0	0	0	0	0	0	0	13
2002	0.045	Repair Disc 2 1/2" Dia	0	0	0	9	0	0	0	0	0
2003	0.045	Repair Disc 1" Dia	0	0	0	0	0	2	0	0	0
2004	0.045	Repair Disc .75" Dia	0	0	2	0	0	0	1	0	0
2005	0.015	Endcap to fit 1" OD	0	0	0	0	0	0	0	0	0
2006	0.045	3/4" Repair Disk	0	4	4	0	9	4	9	0	5
2007	0.045	1" Repair Disk	0	6	7	0	0	8	0	2	1
2008	0.045	1 1/2" Repair Disk	0	4	4	8	0	4	0	4	0
2009	0.045	2" Repair Disk	0	4	5	4	10	10	0	4	0
2010	0.045	2-1/2" Repair Disk	0	6	7	0	0	0	4	0	4
2011	0.045	3" Repair Disk	0	0	0	9	0	0	10	0	5
2012	0.045	4" Repair Disk	0	8	6	15	0	84	7	9	8
2013	0.045	5" Repair Disk	10	0	0	0	0	12	0	11	0
2014	0.045	6" Repair Disk	0	12	0	0	8	0	0	6	32
2015	0.045	3/4" Patch Kit	0	0	2	0	0	1	0	0	3
2016	0.045	1" Patch Kit	0	0	2	0	1	0	1	0	3
2017	0.045	1 1/2" Patch Kit	0	0	1	0	2	1	1	0	6
2018	0.045	2" Patch Kit	0	0	0	0	0	1	0	0	5

图 3—32 合金 2 的发货清单

2019	0.045	2 1/2" Patch Kit	0	0	0	0	0	1	1	0	4
2020	0.045	3" Patch Kit	0	0	0	0	5	1	0	0	6
2021	0.045	4" Patch Kit	0	0	0	0	9	0	5	0	16
2022	0.045	6" Patch Kit	0	0	0	0	9	0	0	0	0
2023	0.045	5" Patch Kit	0	7	0	0	5	0	0	0	0
2024	0.005	Sheet—Annealed	0	6	0	0	6	0	0	0	0
2025	0.002	Foil Annealed	551	0	0	0	0	0	0	0	0
2026	0.010	Sheet Annealed	0	0	435	0	251	412	0	0	0
2027	0.060	Plate Annealed	0	0	277	323	60	0	504	12	205
2028	0.045	Sheet Unnannealed	67	0	0	0	0	0	0	0	0
2029	0.045	Sheet Annealed	137	122	430	18	37	16	0	368	5
2030	0.375	Plate Annealed	0	0	0	23	0	0	0	0	0
2031	0.020	Sheet Annealed	761	521	826	671	889	1 004	3 975	27	7
2032	0.025	Plate Annealed	0	69	24	0	0	0	0	0	0
2033	0.150	Plate Annealed	0	0	0	0	41	0	0	0	0
2034	0.125	Plate Annealed	0	35	78	63	34	0	0	208	0
2035	0.030	Sheet Annealed	1 638	116	1 138	634	524	579	1 672	703	517
2036	0.015	Sheet Annealed	108	0	13	56	0	27	0	0	1
2037	0.015	Welded Tube .50" OD	0	0	6	0	0	23	7	0	0
2038	0.025	Welded Tube 1.5" OD	0	0	0	0	0	2	0	0	0
2039	0.020	Welded Tube .50" OD	0	0	181	142	0	0	0	0	0
2040	0.025	Welded Tube .75" OD	296	936	2 989	1 366	2 468	989	657	528	1 392
2041	0.020	Welded Tube .75" OD	0	50	316	3	379	0	2 856	0	0
2042	0.025	Welded Tube .75" OD	0	0	0	0	0	32	0	0	5
2043	0.015	Welded Tube 1"-1.49 OD	0	0	480	444	0	77	118	343	0
2044	0.020	Welded Tube 10." OD	0	0	0	32	241	108	4	0	0
2045	0.030	Welded Tube 1.0" OD	0	0	370	0	0	1	0	0	41
2046	0.015	Welded Tube 1.5" OD	0	0	0	0	40	0	133	0	0
2047	0.030	Welded Tube 1.50" OD	0	255	100	0	0	0	0	0	0
2048	0.030	Custom Sheet Annealed	0	1	1	0	0	0	0	0	0
2049	0.020	Custom Sheet Annealed	0	0	0	0	0	35	0	0	0
2050	0.015	Welded Tube 1" OD With Cap	0	0	0	1 003	0	0	176	0	0
2051	0.022	Welded Tube 1.25" OD	0	0	0	1 014	0	0	0	0	0
2052	0.035	Tube 1.25" OD	0	0	302	0	0	0	0	0	0
2053	0.020	Disc 66mm OD	0	0	0	0	0	0	0	0	0
2054	0.118	Tube .815" od × 3mm wall	0	0	0	8	8	0	0	0	0
2055	0.118	Tube .614" od × 3mm wall	0	0	0	6	0	0	0	0	0

图 3—32　合金 2 的发货清单（续）

案例问题讨论

1. 为什么提前期会这么长？

2. 斯塔克公司应如何缩短提前期？

3. 缩短提前期需要多少成本？通过缩短提前期可获得哪些收益？

这是一个相对长而复杂的案例。你应该在有限的时间内运用最好的分析方法，从而能够判断出事态的发展方向，并鉴别出关键的策略。我们并不要求你对给出的数据作出详尽的分析（当然如果你有充分的时间来完成也是非常好的）。

第 4 章 CHAPTER 4

供应合同

案例

美国工具厂

美国工具厂（ATW）是一家生产电钻、锤子等电动工具和手工工具的顶级的高质量的美国制造商。这家公司的生产基地遍布全球，主要市场在欧洲和北美洲。产品主要通过分销商和经销商或者直接出售给家庭使用者和技术工人。

ATW 和它的分销商及经销商之间建立起了非常成功的合作伙伴关系。它收入的 80％都是通过分销商和经销商这条渠道获得的。新管理团队在 2004 年接管了公司，因此这条渠道是新管理团队关注的焦点。ATW 和它的分销商及经销商之间的关系有两种形式：

- 大的分销商倾向和 ATW 之间达成供应商管理库存（VMI）协议。根据协议，ATW 管理分销商的各种产品的库存水平，并且在必要的时候补货。
- 中型和小型分销商不具有参与供应商管理库存的技术能力，因为它们不具备给 ATW 自动传递必要的销售和库存信息的技术。

很多分销商不仅出售 ATW 的产品，而且销售 ATW 竞争对手的许多产品。

大的分销商通常对供应商管理库存的绩效非常满意。ATW 供应链副总裁戴夫·莫里森（Dave Morrison）最近和 ATM 的大的关键经销商召开了一系列会议。在这些谈话中，经销商们强调以下几点：

- 他们的销售人员可以引导客户购买 ATW 的产品或者 ATW 竞争对手的产品。也就是说，购买者通常会就产品/品牌组合来咨询分销商销售团队的意见。
- 最近，分销商的销售团队做决策主要根据以下因素：
  - 不同产品或品牌的舒适度。
  - 促销品。
  - 利润。
- ATW 产品在分销商处的库存水平不影响销售，因为供应商管理库存，送货是多频次的——一周几次。
- 对于很多产品，由于要室内储存，存放空间是有限的。供应商管理库存在维持或提高服务水平的同时显著地降低了库存水平，进而减少了需要的存放空间。

戴夫也和许多小分销商会面。他们认为购买 ATW 产品的三个原因是：品牌知名度、质量和销售支持。和大经销商的情况一样，他们也表示他们的销售人员可以引导需求到特定的产品/品牌组合。有意思的是，他们用以下事实证实了自己的说法：

- 60％的销售是由购买者事先指定的，分销商在其选择的品牌或产品上没有影响。
- 余下的 40％在很大程度上可以被分销商的销售队伍所引导。
- 当销售人员引导需求的时候，是基于现有库存的。
- ATW 的竞争对手对这些小分销商采用了许多不同的方法来增加销售。一个竞争对手是通过承诺——一旦工具未售出就回购来鼓励一些分销商增加工具的存货。另一个竞争对手采用了销售激励方案，把制造商和分销商提供的资金存到某一账号里，这些资金每年在销售人员之间分配。

总结了与分销商的谈话之后，戴夫对供应商管理库存的绩效感到非常有信心。然而，他有一种感觉，在小分销商那里增加销售存在巨大的机会，同时也存在着这样一种风险，他的竞争对手将会从中小型分销商那里夺走一些 ATW 的生意。

学习完本章，你应当能够回答以下问题：
- ATW 采取什么措施能增加中小型分销商的存货？
- ATW 采取什么措施能提高中小型分销商的销售？
- 为什么 ATW 的竞争对手在和中小型分销商交易时采用案例中所描述的两种方法？
- ATW 应该采用这些方法吗？
- ATW 应该尝试不同的方法吗？它们应该考虑的可行的方法有哪些？

引言

最近几年，我们可以看到外包水平的显著提高，公司外包了从特定组件的生产到整个产品的设计与装配的所有业务。例如，在电子行业，以公司总销售的百分比衡量的采购量明显增加。比如，1998—2000 年，电子行业的采购量由所有元件的 15％增加到 40％ [186]。

有意思的是，许多品牌制造商现在外包其部分产品的全部设计与生产。例如，估计在 2005 年，约 30％的数码相机、65％的 MP3 播放器和约 70％的掌上电脑是原始设计制造商（ODM）的成果，它们通过品牌制造商将产品出售给消费者，见 [62]。

外包的一个重要的驱动因素是寻找能显著减少制造商劳动力成本的低成本国家。同时，远东地区的许多公司具有设计和生产高质量、低成本产品的能力。这种发展意味着机遇和挑战并存。

事实上，外包水平的增加意味着对于原始设备制造商（OEM）来说，采购职能成为其控制公司命运的关键因素。因此，许多原始设备制造商致力于和它们的战略性元件或产品的供应商紧密合作。在大多数情况下，这需要通过有效的供应合同来尝试供应链合作。

对于非战略性元件，原始设备制造商采用不同的方法。非战略性元件可以从许多供应商那里购买，对市场反应的灵活性比起与供应商建立长久的合作关系感觉更加重要。实际上，商品产品，比如电、计算机存储器、钢材、油、谷物或棉花，通常都可以从大量的供应商那里获取并在现货市场上购买。因为它们是高度标准化的产品，所以从一个供应商转换到另一个供应商不会存在很大的问题。

在本章的其余部分，我们将讨论关于战略性和非战略性元件的有效供应合同。

战略性元件

有效的采购策略需要与供应商建立合作关系。这些合作关系可以采用正式的或非正式的多种形式，但是为了确保充足的供应和及时交货，采购方和供应商通常会签订供应合同。这些合同阐述了采购方和供应商之间存在的问题，无论采购方是从供应商那里采购原材料的制造商，还是采购元件的原始设备制造商，或者采购产品的零售商，一个典型的供应合同，采购方和供应商将会在以下方面达成协议：

- 价格和数量折扣。
- 最小和最大采购批量。
- 交货提前期。
- 产品或材料质量。
- 产品回购政策。

正如我们看到的，供应合同是可以用来满足产品的充足供应和需求以及其他更高要求的非常有效的工具。

■ 供应合同

为了说明不同类型的供应合同对于供应链绩效的影响和重要性，考虑一个典型的由采购方和供应商组成的两阶段供应链。这样的供应链中事件发生顺序是：采购方以预测开始，以最大化自己的利润为目标，决定从供应商那里订购多少单位产品，并且下单给供应商；供应商根据买方下达的订单做出反应。因此，在这个供应链中，供应商是按订单生产，而买方则在知道客户需求之前根据预测做出购买决策。

显然，这个事件发生顺序是依次决策的一个过程，因此，这个供应链被称为序贯供应链。在这个序贯供应链中，每一方根据其他方决策的影响独立确定自己的行动。显然这不是一个有效的供应链伙伴战略，因为它没有考虑如何对整个供应链产生最优的结果。

为了描述序贯供应链面临的挑战及不同类型的供应合同对供应链绩效的重要性和影响，根据第 2 章对泳装案例的分析，考虑以下几个例子。

实例 4—1

再次考虑第 2 章中的泳装案例。在这个案例中，我们假定有两家公司涉及这个供应链：一个零售商面向顾客需求和一个制造商生产并向零售商销售泳装。对泳装的需求模式满足前面设定的情景，零售商销售价格和成本信息与前面一样：

- 在夏季，顾客购买每件泳装的零售价为 125 美元。
- 零售商向制造商支付的批发价是每件 80 美元。
- 夏季销售不掉的任何泳装，以每件 20 美元的价格出售给折扣店。

对于制造商，信息如下：

- 固定生产成本为 100 000 美元。
- 可变生产成本为每件 35 美元。

从这些数据可以看到零售商的边际利润和制造商的边际利润相等，都为每件 45 美元。同样，除了固定生产成本，零售商的售价、残值和可变成本与前面例子中的售价、残值和可变成本相同。这意味着零售商在夏季销售一件的边际利润 45 美元小于在季末出售给折扣店的边际损失 60 美元。

零售商应该向制造商订购多少产品？回想我们在泳装案例最后的结论：最优订货量依赖于边际利润和边际损失，而不依赖于固定成本。事实上，图 4—1 中的实

线代表了零售商的平均利润，它意味着零售商的最优策略是订购12 000件，并获得
470 700美元的平均利润。如果零售商发出这个订单，制造商的利润就是：

12 000×（80－35）－100 000＝440 000（美元）

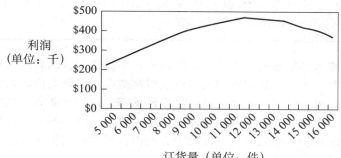

图4—1 零售商的期望利润——关于订货量的函数

在前面的例子中，零售商要承担当库存量超过销售量的所有风险，而制造商则
不需要承担这种风险。实际上，由于制造商不承担风险，制造商宁愿零售商尽可能
多订货，而零售商因为巨大的财务风险会控制订单数量。当然，因为零售商控制订
单数量，所以缺货发生概率将会明显增加。如果制造商愿意并能够同零售商分担风
险，对于零售商来说订购更多产品可能是有利可图的，因此减少了缺货概率并增加
了制造商和零售商双方的利润。

这导致了允许风险分担的各种供应合同，因此增加了供应链实体双方的利润。

回购合同 在回购合同中，卖方同意以高于残值的协议价买回买方卖不出去的
商品。很明显，这给予买方订购更多产品的动机，因为卖不掉产品的风险降低了。另
一方面，卖方的风险明显增加。因此，回购合同的设计要使买方订货量的增加以及由
此产生的缺货概率的降低，足以补偿卖方增加的风险。让我们回到泳装的例子。

实例 4—2

假定制造商同意以 55 美元的价格从零售商处购买销售不掉的泳装。在这种情
况下，零售商的边际利润 45 美元大于它的边际损失 35 美元，因此鼓励零售商订购
多于平均需求的产品。

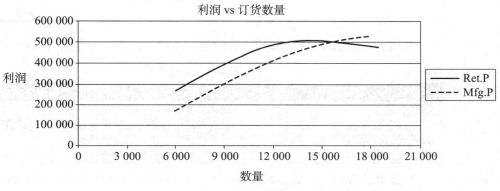

图4—2 回购合同

事实上，在这个合同下，图 4—2 中的实线代表零售商的平均利润，虚线代表制造商的平均利润。该图显示零售商愿意增加订货量到 14 000 件，并获得 513 800 美元的平均利润，而制造商的平均利润增加到 471 900 美元。因此，双方的总平均利润从序贯供应链的 910 700 美元（470 700＋440 000）增加到使用回购合同的 985 700 美元（513 800＋471 900）。

收入共享合同　在序贯供应链中，零售商只订购有限数量产品的一个重要原因是批发价太高。如果零售商可以说服制造商降低批发价，则零售商会订购更多。当然，如果不能销售更多产品，批发价下降会减少制造商的利润。收入共享合同解决了这个问题。在收入共享合同里，买方将自己的一部分收入与卖方分享，以换来批发价的折扣。也就是说，在这个合同中，买方把销售给最终客户的每个产品的部分收入转移了。请看泳装的实例。

实例 4—3

假定泳装制造商和零售商有一个收入共享合同，其中制造商同意将批发价由 80 美元降至 60 美元，同时，零售商将产品销售收入的 15％退还给制造商。在这个合同下，图 4—3 中的实线代表零售商的平均利润，而虚线代表制造商的平均利润。图中显示，本案例中，零售商将会增加订货量到 14 000 件（与回购合同一样）并获得 504 325 美元的利润，尽管批发价低，但增加的订货同时使制造商的利润增至 481 375 美元。因此供应链总利润为 985 700 美元（504 325＋481 375）。也就是说，批发价的降低和收入分享的结合会增加双方的利润。

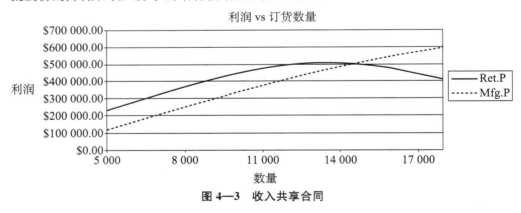

图 4—3　收入共享合同

其他类型的供应合同可能会同样有效 ［34］，表 4—1 是这些合同的一个汇总。

表 4—1　　　　　　　　　　　　　　　　战略性元件的合同

合同	特性
回购合同	返还所有未售出产品的部分售价
收入共享合同	对由价格折扣所获得的回报，由买方与供应商分享
数量灵活合同	返还部分未售出产品的全部售价
销售回扣合同	达到销售目标后给予激励

数量灵活合同　在数量灵活合同中供应商提供退货商品（没有销售掉的部分）的完全资金返还。在合同中规定退货数量的上限，退货数量不得大于此上限。因

此，这个合同对部分退回的产品给予全额返还，而回购合同对所有退回产品给予部分金额的返还 [34]。

销售回扣合同 销售回扣合同中，零售商在销售超过一定数量后，每多销售一件将获得供应商提供的一个回扣，用这样的方法给零售商直接激励以增加销售。

全局优化 前面介绍的各种合同提出了一个重要的问题：供应商和卖方之间所期望的共同的最大利润是多少？为了回答这个问题，我们采用一个完全不同的途径。如果让一个没有偏见的决策制定者确定整个供应链的最优策略，结果会怎样？这个没有偏见的决策制定者会把供应链中制造商和零售商双方看成一个组织中的两个成员。也就意味着将会忽略在两者之间的资金转移，没有偏见的决策制定者所做的决策将会最大化供应链利润。

实例 4—4

─────────────────────────────────────

泳装生产的相关数据是售价 125 美元、残值 20 美元、可变生产成本 35 美元和固定生产成本。在本例中，零售商向制造商的支付已经没有意义了，因为我们只关注外部的成本和收入。很明显，这里供应链的边际利润为 90 美元（125－35），明显高于边际损失 15 美元（35－20），因此供应链产量将高于平均需求。实际上，图 4—4 给出了全局优化策略，最优产量为16 000件，这意味着整个供应链的期望利润为1 014 500美元。

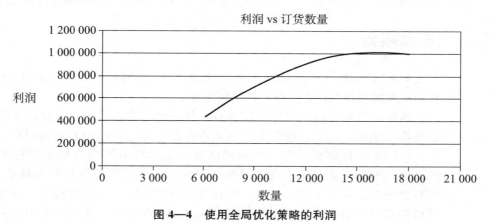

图 4—4 使用全局优化策略的利润

─────────────────────────────────────

当然，这种没有偏见的决策制定者通常并不存在。然而，有效的供应合同激励着供应链合作伙伴取代传统的策略，传统的策略中每一方都以自己的利润最大化为目标，而在供应链全局优化中，整个供应链的利润是最大化的。但全局优化的困难在于，它需要公司将决策制定权交给一个无偏见的决策制定者。

这就是供应合同如此重要的原因。通过允许买方和供应方分享风险和潜在利益，供应合同可以帮助公司实现全局优化，而不需要借助无偏见的决策制定者。实际上，很容易看到，只要更仔细地设计这些合同，可以获得与全局优化同样的利润。

另外，从实施的观点看，全局优化的缺点在于它没有提供在供应链伙伴之间分配利润的机制。它只提供最好或最优的信息，供应链需要进行一系列改进活动以增加利润。供应合同则在供应链成员之间分配了利润。

更重要的是，有效供应合同为每个伙伴分配利润所采用的方式，使任何伙伴都不可能通过偏离最优行动而获得更大利润。也就是说，对于买卖双方中的任何一方，没有任何激励会使他们离开实现全局最优的行动。

以下例子说明了供应合同在实践中的影响。

实例 4—5

直到 1998 年，音像出租店习惯于向电影发行商以 65 美元的价格购买一个新影片的拷贝，且每次以每拷贝 3 美元的价格出租给顾客。由于购买价格过高，出租店不可能买足够多的拷贝来满足顾客在电影发行 10 周内的峰值需求。因此顾客服务水平较低。在 1998 年的一次调查中，大约 20% 的顾客得不到自己最想看的片子。因此，在 1998 年，百视达（Blockbuster）音像与电影发行商制定了一个收入共享合同，合同中规定的每个拷贝批发价从 65 美元降至 8 美元，同时，百视达每出租一次将支付给发行商出租价格的 30%～45%。这个收入共享合同对百视达的收入和市场份额有巨大的影响。今天，收入共享合同被大多数音像出租店所采用［35］。

当然，在上述案例中，百视达的收益非常明显，每个拷贝的购买价格从 65 美元急剧下降到 8 美元。发行商的收益却不明显，参见本章的问题讨论 3。

■ 局限性

如果这些供应合同是如此有效，那为什么看不到越来越多的公司在实际中应用它们？答案当然和许多执行上的问题有关。

例如，回购合同需要供应商拥有有效的逆向物流系统，但这样实际上会增加它的物流成本。此外，零售商销售竞争性的产品，它们中有些有回购合同而有些没有，那些零售商要采取一些激励措施去推动没有回购合同的产品的销售。确实，在这种情况下，对于没有回购合同的产品，零售商承担的风险很大。因此，回购合同在直觉上是吸引人的，但过去只应用于图书和杂志行业，这是因为在图书和杂志行业中，零售商不具备把需求在不同产品中转移的影响力。当杂志或图书销售不掉时，零售商就将这些书销毁，只需要把封面寄回出版社作为产品已销毁的凭证。

收入共享合同同样有极大的局限性。它们需要卖方监测买方的收入，从而增加了管理费用。两个最近的诉讼案例很好地说明了监测收入的重要性。

实例 4—6

3 个独立的音像零售商抱怨它们的诉讼被法官在 2002 年 6 月驳回。起诉的主要内容是它们与供应商在收入利益分配时被排除在外，而诉讼被驳回的原因是：独立的零售商不拥有允许发行商监控收入的信息基础设施。

当然，并非信息技术就可以解决一切。在买方和卖方之间建立起信任不仅重要而且非常困难，正如下面的案例中所阐述的那样。

实例 4—7

2003 年 1 月，迪士尼公司起诉百视达，控告它们在 4 年期的收入共享协议下欺骗了大约12 000万美元的音像制品。(《纽约时报》，2003-01-04)

另一重大局限是在收入共享合同中，买方有推动具有较高边际收益的竞争性产品的动机。也就是说，收入共享合同通常降低了买方的边际利润，因为部分收入将转移给卖方。因此，买方有动力去推动其他产品，尤其是从竞争供应商处推动那些没有与买方签订共享协议的类似产品。

面向库存生产/面向订单生产供应链的合同

目前所讨论的所有合同中，一个关键假设是供应商拥有面向订单生产的供应链。这意味着，在早期分析的序贯供应链中，卖方不承担风险而买方承担了所有风险。前面讲述的合同表明了从买方转移部分风险给卖方的机理。因此，一个重要的问题是，当卖方面对的是面向库存生产的供应链，合适的合同应该是怎样的？

为了更好地理解涉及的有关问题，请考虑以下实例。

实例 4—8

爱立信公司（Ericsson）向美国电话电报公司（AT&T）供应通信网络设备，并从伟创力（Flextronics）等许多供应商处购买元件。由于元件提前期各不相同，爱立信与伟创力所使用的生产策略各不相同。尤其是，伟创力根据元件的不同提前期决定它的 MTS 的库存策略，而爱立信只有在收到 AT&T 的订单后才做出生产决策 [158，159]。

可以看出，爱立信从它的客户 AT&T 收到订单后才装配产品，而伟创力面向库存生产，需要在收到爱立信订单之前生产产品。这意味着，在这个供应链中，卖方承担了全部风险而买方没有风险。下面的例子很好地阐述了这种类型的关系所引起的问题。

实例 4—9

考虑时尚产品如滑雪服的供应链。在这个例子中，销售季节始于 9 月，并于 12 月结束。在这个供应链中事件的先后顺序如下。生产比销售季节提早 12 个月开始，也早于分销商向生产商下达任何订单。当生产开始之后 6 个月，分销商向生产商下达订单。这时候，生产商已经完成生产而分销商也已经收到零售商的确认订单。因此，生产商在收到分销商订单之前生产滑雪服。对滑雪服的需求模式满足前面设定的情景（见实例 4—1），分销商的价格和成本信息如下：

● 分销商以每件滑雪服 125 美元的价格出售给零售商。
● 分销商向制造商支付的批发价是每件 80 美元。

制造商有关成本的信息如下：

- 固定生产成本为 100 000 美元。
- 可变生产成本为每件 55 美元。
- 没有被分销商采购的任何一件滑雪服，制造商以每件 20 美元的价格出售给折扣店。

从这些数据可以看到制造商的边际利润是 25 美元，每一件没有被分销商购买的产品的边际损失是 60 美元。由于边际损失大于边际利润，制造商应生产少于平均需求的产品，即少于 13 000 件。那么制造商应该生产多少产品？图 4—5 显示出制造商的平均利润是关于生产数量的函数，它意味着制造商的最优策略是制造 12 000 件，并获得 160 400 美元的平均利润。分销商在这个例子中的平均利润是 510 300 美元。

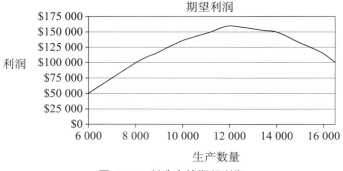

图 4—5　制造商的期望利润

可以看到，不像泳装的案例，这里制造商承担了超出销售需求的多余产能的全部风险，而分销商不承担任何风险。事实上，由于分销商不承担任何风险，它期望制造商生产尽可能多的产品，制造商则由于巨大的财务风险而控制生产数量。

同样，多种供应合同可以使风险分担，从而减少制造商的风险并激励制造商增加产能。这将增加买方和卖方的利润。

补偿合同　在这个合同中，买方同意支付协议价来补偿卖方已生产的但买方未购买的产品。显然，这激励卖方生产更多产品，因为这种补偿合同（pay-back contract）可使闲置能力的风险降低。另一方面，买方的风险明显增加。因此，补偿合同的设计要使增加的生产数量足以弥补买方增加的风险。让我们回到滑雪服的例子。

实例 4—10

假设分销商同意支付 18 美元/件来补偿由制造商生产但没有被分销商购买的产品。

在这种情况下，制造商的边际损失是 55－20－18＝17 美元，而边际利润是 25 美元。因此，激励制造商生产多于平均需求的产品。图 4—6 描述了制造商的平均利润，而图 4—7 代表了分销商的平均利润。图中显示，在这个例子中，制造商被激励增加产量到 14 000 件产品，并获得 180 280 美元的平均利润，同时，分销商的平均利润增加到 525 420 美元。因此，双方的总平均利润从序贯供应链的 670 700 美元（160 400＋510 300）增加到使用补偿合同的 705 700 美元（180 280＋525 420）。

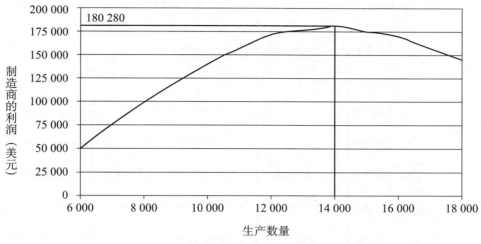

图 4—6　制造商的平均利润（补偿合同）

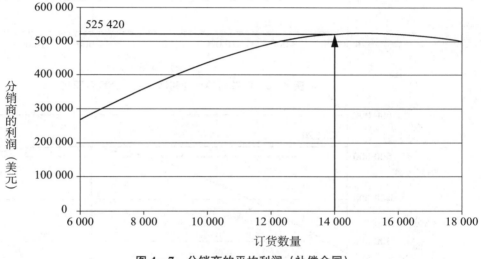

图 4—7　分销商的平均利润（补偿合同）

成本分担合同　在序贯供应链中，制造商不愿意生产足够产品的一个重要原因是高昂的生产成本。如果制造商可以说服分销商分担一些生产成本，那么制造商会生产更多产品。当然，分销商如果不能销售掉更多产品，支付部分生产成本将会减少它的利润。成本分担合同解决了这个问题。在成本分担合同中，买方分担部分生产成本的同时，卖方给分销商提供批发价的折扣。再看一下滑雪服的例子。

实例 4—11

　　假定滑雪服的制造商和分销商有一个成本分担合同，其中制造商同意将批发价由 80 美元降至 62 美元，同时作为回报，分销商支付制造商生产成本的 33％。图4—8 所示的是制造商在这个合同下的平均利润，图 4—9 则代表了在这一合同下的分销商的平均利润。如图所示，本案例中，由于批发价降低，制造商将会增加生产量到 14 000件（与补偿合同一样），并获得182 380美元的利润，同时分销商的利润也增加到 523 320 美元。因此，供应链的总利润是 705 700 美元，与补偿合同中的利润相同。

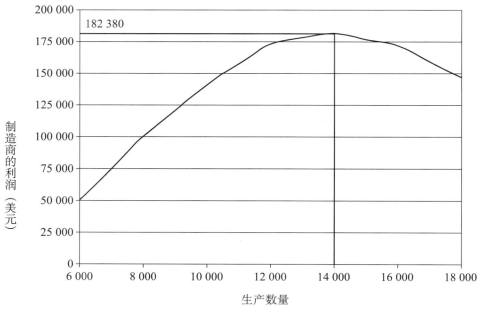

图 4—8　制造商的平均利润（成本分担合同）

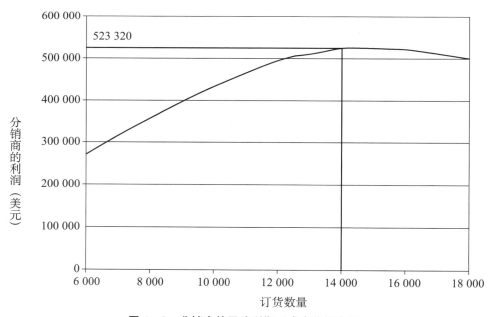

图 4—9　分销商的平均利润（成本分担合同）

　　成本分担合同存在的一个问题是它需要制造商与它的分销商分享生产成本信息，而这是制造商不愿意做的。那这个合同在现实中如何操作？通常这个问题是通过一个协议来解决的，在这个协议中，分销商采购一种或多种制造商需要的元件。这些由分销商订购的元件直接运送到制造商的工厂，由工厂来完成产成品的生产。

实例 4—12

电子行业一个大型原始设备制造商（OEM）与一家制造伙伴（CM）签订协议，这家 CM 负责设计和生产 OEM 使用的零件。OEM 利用它的购买力从 CM 的供应商那里采购 CM 使用的关键零部件。这些零部件再转移给 CM。所采用的转移方式要么通过寄售，即 OEM 还拥有在 CM 那里的零部件的所有权，要么通过买卖协议，即 OEM 将零部件转售给 CM。OEM 的购买力意味着它可以获得一个比 CM 能得到的更好的价格。此外，这种策略确保任何一个从 CM 那里购买零件的 OEM 的竞争者，不能从 OEM 的购买力中受益。

最后，很容易看到，在滑雪服的例子中，补偿合同和成本分担合同都实现了供应链可能利润的最大化。也就是说，这些合同被选中的指标是使每种情况下供应链的利润都和全局优化时的利润相同。

实例 4—13

在滑雪服的例子中，全局优化供应链时，相关的数据有售价 125 美元、残值 20 美元、可变生产成本 55 美元和固定生产成本（100 000 美元[①]）。在本例中，零售商向制造商支付的成本是没有意义的，因为我们只关注外部的成本和收入。很明显，这里供应链的边际利润是 70 美元（125－55），明显高于边际损失 35 美元（55－20），因此供应链产量将高于平均需求。实际上，图 4—10 表明，在全局最优策略中，最优产量为 14 000 件，这意味着整个供应链的期望利润是 705 700 美元，和补偿合同及成本分担合同下的利润相同。

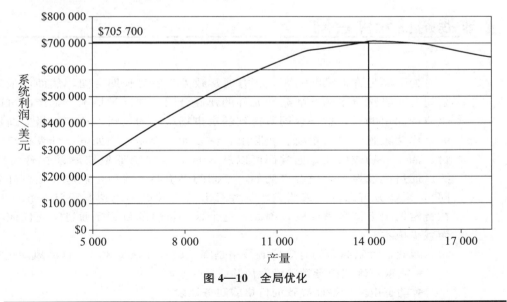

图 4—10 全局优化

① 原文估计漏写。——译者注

信息不对称下的合同

目前讨论中的一个重要假设是买方和卖方共享同一需求预测。很容易看到，当卖方需要根据买方的预测安排产能时，买方倾向于增大预测。事实上，正如在［213］中看到的那样："电信公司经常增大预测。"

为了更好地理解这个问题，分析实例 4—8。伟创力根据从爱立信那里得到的预测来安排产能，爱立信和终端客户 AT&T 有联系。伟创力从爱立信那里得到的预测可能增大了需求，但这是无法证实的。事实上，由于预测总是高于实际的需求存在着一个实证概率，所以卖方无法证明这一差别是由预测增大引起的。

因此，问题是能否设计出确保有效信息共享的合同。

有趣的是，这个问题的答案是肯定的［159］。事实上，以下两个合同能确保有效信息共享。

- **能力预订合同**：买方必须支付卖方一定的费用来预订某一水平的产能。预订价格是由卖方设计的，用来激励买方透露其真实的预测。也就是说，通过选择预订的产能数量，买方暗示了它的真实预测。
- **预购合同**：买方在卖方产能规划之前下单，卖方将收取买方预购价，而当需求实现时，任何多余的订单都要收取不同的价格。同样，买方做出的初始承诺向卖方提供了买方真实预测的信息。

非战略性元件合同

为了满足许多采购需要，买方通常致力于签订长期合同。然而，最近，许多公司开始尝试更多的非战略性元件的弹性合同。在这种情况下，产品可以从许多供应商那里购买，这种合同所得到的对市场反应的灵活性比起与供应商建立长久的合作关系感觉更加重要。实际上，许多大宗商品，比如电、计算机存储器、钢材、油、谷物或棉花，通常都可以从大量的供应商那里获取并在现货市场上购买。通过挑选多个供应源（例如，不同的供应商，或单个供应商签订许多弹性合同），采购方可以减少采购成本，并对市场反应更加迅速与灵活。每一种供应源在特定情况下都是重要的，因此，这个采购策略的目标是通过防止任何不利情况而减少成本。

因此，大宗商品的有效采购策略是降低成本并减少风险。这些风险包括：

- 需求不确定而导致的库存风险。
- 动态市场价格而导致的价格或财务风险。
- 部件的有限可得性而导致的短缺风险。

例如，假设为汽车制造商采购电子元件，或为计算机生产商采购存储器。在这种情况下，由于供应和客户需求的不确定性，将产生这样的问题：现在采购还是在将来市场情况更好的条件下去采购？现在采购意味着库存短缺或产品卖不出去的库存风险。依赖现货市场则导致价格风险以及找不到足够的供应的短缺风险。

虽然大宗商品具有非战略性特点，但鉴别出这些产品的有效采购策略仍然是非常重要的，因为公司可能完全依赖于它们。同时，供应和客户需求的不确定性引出了这样的问题：是现在采购还是等将来市场情况变好时再采购？

长期合同　也称为期货合同或定期合同，长期合同消除了财务风险。这些合同约定在将来的某个时间交付固定数量的货物。卖方和买方就交付给买方的价格和数量达成一致。因此，在这种情况下，买方不承担财务风险，但由于需求不确定和订单数量不能调整而承担了巨大的库存风险。

柔性或期权合同　一种减少库存风险的方法是期权合同。在期权合同中，买方预先支付产品预购价的一小部分，来回报卖方保留一定水平的产能的承诺。开始支付的费用通常被用作预订价格或保险金。如果买方没有行使期权，就会失去开始支付的费用。买方可以购买不超过期权水平的任何数量的产品并为购买的每单位产品支付另外的价格，这个价格在签订合同的时候就已经约定。这种价格被称为执行价格或履约价格。当然，买方为购买的每单位产品所支付的总价格（预订价格加执行价格）通常会高于长期合同中的单位价格。

很明显，期权合同为买方提供了根据现实需求来调整订货量的灵活性，从而减少了库存风险。因此，期权合同把库存风险从买方转移给了卖方，因为卖方现在面临着需求的不确定性。这与长期合同形成对比——长期合同中买方承担所有库存风险。

在实际操作中用来分担买方和卖方风险的一个相关策略是使用柔性合同。在这些合同中，签订合同时确定了固定的供应量，但交付（和支付）的数量可以改变，不过不能超出签订合同时所规定的比例。

现货购买　买方在自由市场上寻找额外的供应。公司可能使用独立的电子市场或企业自己的电子市场来挑选供应商，详见第9章。这种做法的重点在于在市场上找到新的供应商并通过竞争降低产品价格。

组合合同　最近，创新性的公司（例如惠普，详见下述内容）把组合方法应用于供应合同。在这种情况下，买方为了优化他们的期望利润并降低风险同时签订多种合同。这些合同在价格和灵活性上都有所区别，因此可以使买方抵消库存、缺货和实时价格的风险。这个方法当然对大宗商品尤其有意义，因为有很多供应商可供选择，每一个供应商都可采用不同类型的合同。因此，买方为了减少期望采购和库存持有成本，就会有兴趣采用几种不同的互补合同。

为了寻求有效的合同，买方需要在低价格低灵活性（长期）合同、适当的价格较好的灵活性（期权）合同以及不确定的价格和供应数量并且没有承诺（现货市场）之间做出恰当的组合。尤其是，买方必须在不同的合同之间进行优化：在长期合同中承诺多少？我们把这种承诺称为基本承诺水平。多少产能从出售期权合同的公司购买？我们把这个称为期权水平。最后，有多少量不应承诺？如果需求很大，买方将在现货市场上寻求额外供应。

组合方法的一个例子是惠普公司采购电子元件或存储器时的采购策略。惠普采购成本的50％投资在长期合同中，35％投入到期权合同中，剩下的在现货市场中使用。表4—2是这些合同的汇总。

表 4—2 非战略性元件合同

合同	特征
长期	事前确定的固定承诺
柔性或期权	预先支付购买的期权
现货	即时购买
组合	将前三种合同进行战略性组合

组合合同如何抵制风险？如果需求远大于预期，长期合同和期权合同都不能满足，公司就必须使用现货市场寻求额外的供应。通常这是在现货市场上采购的最坏时机，因为价格由于短缺而提高。因此，买方可以通过谨慎地挑选基本承诺水平和期权水平而在价格风险、短缺风险和库存风险之间权衡。例如，同样的期权水平，初始合同采购越多，买方承担的价格风险越小而库存风险越大。另一方面，初始合同采购越少，由于使用现货市场的可能性而使价格和短缺风险增大。同样，相同的基本承诺水平，期权越多，卖方承担的库存风险就越大，因为买方可能只履行小部分期权。图 4—11 总结了它们之间的权衡，其中括号里的一方承担了大部分风险。

图 4—11 组合合同中的风险权衡

* 给定一种情况，或者期权水平或者基本承诺水平可能很高，但二者不可能同时很高。

小结

买卖双方之间的关系存在多种形式，可以是正式的和非正式的，但是为了确保充足的供应和及时交货，买方和卖方通常会签订供应合同。在这一章里，我们主要讨论了这些合同可以作为有效的工具用来完成全局优化、更好地管理大宗商品成本和风险之间的权衡及激励供应链合作伙伴传递真实的客户需求的预测。

问题讨论

1. 回购合同什么时候适用？补偿合同什么时候适用？期权合同呢？它们之间有什么关系？讨论一下回购合同和补偿合同是否是期权合同的特殊形式。

2. 考虑一家制造商和一家供应商的情况。需求实现的 6 个月前，制造商和供应商必须签订供应合同，事件发生顺序如下：采购合同在 2 月签订，需求发生在 8 月后的短短 10 个星期内。

供应商在 8 月初把部件交付给制造商，而制造商根据客户订单生产。因此，我们可以忽略任何库存持有成本。我们假设 10 个星期销售期结束时没有售出的产品价值为零。目标是确定一种采购策略可以使期望利润最大化。

我们专门考虑一家需要寻找电力供应源的制造商。这个制造商以 20 美元的单价生产产品并销售给终端客户，我们假设生产成本的唯一构成元素便是电力成本。为了简化案例，我们假设一单位电力可以产出一单位产成品，在这里制造商拥有电力需求分布的信息。更准确地说，它知道电力的需求与概率如表 4—3 所示。

表 4—3

需求	概率（%）
800	11
1 000	11
1 200	28
1 400	22
1 600	18
1 800	10

两家电力公司可以下方式供应：

● 公司 1 提供固定的承诺合同：以 10 美元的单价提前购买电力。

● 公司 2 提供期权合同，需要预先以每单位 6 美元支付预订价格，交付时每单位再另外支付 6 美元。

这个制造商应该使用什么样的采购策略？

3. 在实例 4—5 中，我们讨论了百视达音像与电影发行商之间的收入共享合同。在这个案例中，百视达的收益非常明显：每个拷贝的购买价格从 65 美元急剧下降到 8 美元。发行商的收益是什么？（提示：考虑发行商的成本结构。）

4. 再次考虑百视达音像与电影发行商之间的收入共享合同。这个合同对双方都非常有利。经济学家对收入共享合同已经研究了很多年，你认为为什么百视达音像与电影发行商直到 1998 年才使用收入共享合同？

5. 在本章，我们讨论了很多在面向库存生产和面向订单生产的系统中的战略性元件的供应合同，它们可以用来整合供应链。请回答下述问题：

a. 为什么面向库存的生产系统和面向订单的生产系统需要不同类型的供应合同？

b. 对于面向库存生产系统的合同，每一种类型的合同有什么优缺点？当你挑选某一种合同时其原因是什么？

c. 对于面向订单生产系统的合同，每一种类型的合同有什么优缺点？当你挑选某一种合同时其原因是什么？

6. 在附录 C 中，我们描述了名为"inventory. xls"的电子表格，请使用这个电子表格和以下数据来回答下列问题：

分销商售价	100 美元
残值	20 美元
固定生产成本	130 000 美元
可变生产成本	35 美元

　　a. 如果采用回购合同，并且制造商以每件 65 美元的价格将产品卖给分销商，为了使供应链的总利润等于全局优化时的总利润，回购量是多少？

　　b. 如果采用收入共享合同，那制造商向分销商收取的价格是多少才合适？为了使供应链的总利润等于全局优化后的利润，收入共享水平是多少？

7. 在本章，我们讨论了战略性元件的两种类型的供应合同。其中一种是制造商在分销商下达订单之后生产产品，但分销商下达的订单是在需求明确之前做出的；另一种是制造商在收到分销商订单之前就生产产品，而分销商是在需求明确之后才下达订单的。讨论其他可能的情形，并描述供应合同在新的情况下如何给供应链带来益处。

8. 第 5 节中描述的组合合同的方法中，当期权水平很高而基本承诺水平很低时，卖方承担了全部风险。为什么卖方同意承担这些风险？

9. 考虑下列需求情景[①]：

数量	概率（%）
2 000	3
2 100	8
2 200	15
2 300	30
2 400	17
2 500	12
2 600	10
2 700	5

　　假设制造商的生产成本是每单位 20 美元。分销商在销售季节以 50 美元的单价出售给最终客户，没有卖出的产品在销售季节后以 10 美元的单价出售。

　　a. 在全局优化中，系统的最优生产数量和期望利润是多少？

　　b. 假设制造商是面向订单生产的，也就是说，事件的时间顺序如下：

● 分销商在收到最终客户需求信息之前下达订单；

● 制造商根据分销商订购的数量生产；

● 客户需求要被满足。

　i. 假设制造商以 40 美元的单价将产品卖给分销商，分销商将订购多少？制造商和分销商的期望利润是多少？

　ii. 寻找一个期权合同，在这个合同下，制造商和分销商都将获得高于上一问题（即 i）中的期望利润。制造商和分销商的期望利润是多少？

　　c. 假设制造商是面向库存生产的，也就是说，事件的时间顺序如下：

● 制造商生产一定数量的产品；

● 分销商收到客户订单；

● 分销商向制造商订购产品。

　i. 采用和题 b（i）中相同的批发价格，计算制造商的生产/库存水平。制造商和分销商的期望利润是多少？将结果同题 b（i）相比较。

　ii. 寻找一个成本分担合同，在这个合同中，制造商和分销商都将获得高于题 c（i）的期望利润，计算它们的期望利润。

---

① 由 Stephen Shum 完成。

10. 使用问题 9 中的数据，假设制造商拥有下列增大的需求预测。①

数量	概率（%）
2 200	5
2 300	6
2 400	10
2 500	17
2 600	30
2 700	17
2 800	12
2 900	3

a. 假设制造商是面向订单生产的（事件的时间顺序见 9b）。使用问题 9b（ii）中的合同，确定订货量、制造商和分销商的期望利润。将答案同 9b（ii）比较。

b. 假设制造商是面向库存生产的（事件的时间顺序见 9c）。使用问题 9c（ii）中的合同，确定生产量、制造商和分销商的期望利润。将答案同 9c（ii）比较。

c. 如果你是分销商，你可以选择向制造商披露真实的需求预测或扩大需求预测的信息，在每种情况下你会怎么做？请解释原因。

---

① 由 Stephen Shum 完成。

第 5 章 CHAPTER 5

信息价值

案例

巴里拉公司（A）

乔治·马贾利（Giorgio Maggiali）越来越觉得困惑。身为世界上最大的通心面食品生产商巴里拉公司（Barilla SpA）（Soeital per Azront 可译为"股东协会"，可理解为"公司"）的物流主管，马贾利敏锐地认识到需求波动给公司的制造和销售系统施加了越来越大的压力。自 1988 年出任物流主管以来，马贾利一直在努力推行前任物流主管布兰多·维塔利（Brando Vitali）提出的一个创新思想。这个被维塔利称之为准时配送（JITD）的创新思想模仿了流行的"准时"制造概念，实质上，维塔利指出，巴里拉的物流组织不应遵从传统的做法——根据分销商向公司发出的订单交付产品，相反他们应该指定合适的交货数量，这样既可以更有效地满足最终顾客的需求，又能更加均匀地分配巴里拉公司的制造系统和物流系统的工作量。

两年来，作为维塔利提议的积极支持者，马贾利一直在努力贯彻这一思想，但是现在已是 1990 年的春季了，这个计划仍然进展甚微。看来巴里拉的客户不愿意放弃随心所欲的订货权，一些客户甚至不愿意提供可供巴里拉公司做交货决策及改善需求预测的详细销售数据。也许实施该想法更大的阻力来自巴里拉公司内部的销售和营销组织，这些组织认为这个想法是不可行的或是危险的，或者是既不可行又很危险。也许由于这个计划行不通，是否该放弃这个想法？要不，马贾利又如何能使这个思想被人接受呢？

公司背景

巴里拉公司成立于 1875 年，当时彼得罗·巴里拉（Pietro Barilla）在意大利的帕尔马开了一家小商店。靠近小店是一个小"实验室"，彼得罗在那里制作商店里出售的通心面和面包。彼得罗的儿子里卡多（Ricardo）领导公司经历了公司成长的重要时期，在 20 世纪 40 年代，里卡多又把公司传给自己的儿子彼得罗（Pietro）和詹尼（Gianni）。随着时间的推移，巴里拉从最初的小店发展成为一个大型的纵向一体化公司，在全国各地拥有面粉加工厂、通心面制造厂和面包工厂。

在具有 2 000 多家意大利通心面制造商的竞争市场中，彼得罗和詹尼·巴里拉公司以其高质量的产品和富有创新的营销活动脱颖而出。公司为其通心面树立了一个强大的品牌形象，并用彩色可辨认图案的密封纸盒包装取代了以前的散装，同时投入了大规模的广告活动，从而对意大利通心面行业的传统营销进行了一次革命。1968 年，为了保持公司在 60 年代创下的两位数销售增长率，彼得罗和詹尼·巴里拉在离帕尔马 5 公里的乡村小镇 Pedrignano 建造了占地 25 万平方米并具有最新工艺水平的通心面工厂。

这一大规模的工厂（世界上最大和技术最先进的通心面工厂）建造成本巨大，使得巴里拉公司负债累累。1971 年，兄弟俩把公司卖给了一家美国的跨国公司——格雷斯（W. R. Grace）公司。格雷斯公司给巴里拉公司带来了额外的资本投资和专业的管理方法，并建造了一个重要的新"白色面粉"（Mulino Bianco）面包生产线。在整个 70 年代，意大利新立法限制通心面的零售价格并要求提高员工生活补贴。在这样困难的经济形势下，格雷斯公司努力经营购并过来的彼得罗的公司并取得盈利。1979 年，彼得罗·巴里拉筹集到必需的资金，从格雷斯手中购回了公司。

格雷斯公司所带来的资本投资和组织变革，再加上改善的市场形势，帮助彼得罗·巴里拉公司取得丰厚的利润回报。在 80 年代，巴里拉的年增长速度超过了 21%（见表5—1）。在意大利及其他欧洲国家，公司扩展现有的业务，同时购并新的相关业务，从而实现了公司的快速成长。

表 5—1　　　　　　　　　　　　　1960—1991 年的巴里拉销售额

年份	销售额（10 亿里拉*）	意大利批发价格指数
1960	15	10.8
1970	47	41.5
1980	344	57.5
1981	456	67.6
1982	609	76.9
1983	728	84.4
1984	1 034	93.2
1985	1 204	100.0
1986	1 381	99.0
1987	1 634	102.0
1988	1 775	106.5
1989	2 068	121.7
1990+	2 390	128.0

* 1990 年，1 198 里拉 = 1.00 美元。

+ 1990 年的数据为估计值。

资料来源：根据公司文件和国际货币基金组织出版的《国际金融统计年鉴》。

到 1990 年，巴里拉公司已经成为世界上最大的通心面制造商，其通心面占意大利市场的 35% 和欧洲市场的 22%。巴里拉在意大利的市场份额包括三种品牌：传统巴里拉牌占市场份额的 32%，其余 3% 的市场份额是沃伊洛（Voiello）牌（一种传统的定位于高价粗面食市场的加不勒斯通心面）和布雷班迪（Braibanti）牌（一种用鸡蛋和粗面粉制作的高质量的帕尔马通心面）。大约一半的巴里拉通心面在意大利的北方市场出售，一半在意大利的南方市场出售。其中，巴里拉在南方市场的占有率要低于北方市场，但南方市场要比北方市场更大。另外，巴里拉占有意大利面包市场 29% 的份额。

1990 年，巴里拉公司有 7 个部门：3 个通心面部门（巴里拉、沃伊洛和布雷班迪），面包产品部门（生产中长期货架面包产品），新鲜面包部门（生产短期货架面包产品），公共饮食业部门（向酒吧和面包店配送蛋糕和冷冻牛角面包）以及国际部门。巴里拉的公司总部设于 Pedrignano 通心面工厂的附近。

行业背景

通心面的起源仍是一个谜。一些人认为它起源于中国，最早是由 13 世纪的马可·波罗带到意大利的。其他人则认为通心面起源于意大利，他们的依据是在位于罗马附近的一个 3 世纪坟墓中找到了类似于制作通心面的压模和刀具。"不管其起源如何"，巴里拉的营销文献上写道，"自古以来，意大利人就推崇通心面"。意大利平均每人每年消费 18 公斤通心面，大大高于其他西欧国家（见表 5—2）。通心面需求具有季节性，例如特殊类型的通心面适用于夏天的通心面沙拉，而鸡蛋通心面和烤宽面条作为复活节食品则很受欢迎。

表 5—2   1990 年通心面和面包产品的人均消费量   单位：公斤

国家	面包	早餐谷类食品	通心面	饼干
比利时	85.5	1.0	1.7	5.2
丹麦	29.9	3.7	1.6	5.5
法国	68.8	0.6	5.9	6.5
联邦德国	61.3	0.7	5.2	3.1
希腊	70.0		6.2	8.0
爱尔兰	58.4	7.7		17.9
意大利	130.9	0.2	17.8	5.9
荷兰	60.5	1.0	1.4	2.8
葡萄牙	70.0		5.7	4.6
西班牙	87.3	0.3	2.8	5.2
英国	43.6	7.0	3.6	13.0
平均	70.3	2.5	5.2	7.1

资料来源：Adapted from *European Marketing Data and Statistics* 1992，Euromonitor Plc 1992，p. 323.

20 世纪 80 年代末，意大利通心面市场总体上相对平稳，每年以低于 1％的速度增长。到 1990 年，估计意大利通心面的市场销售额为 3.5 兆里拉。粗面粉通心面和新鲜通心面是意大利通心面市场上少数增长的市场部分。相比之下，出口市场的增长正在创历史纪录，90 年代初，意大利出口到其他欧洲国家的通心面数量期望以每年 20％～25％的速度递增。巴里拉的管理层估计这种增长的 2/3 来自向东欧国家出口的通心面，这些国家正在寻找低价的基本食物。与此同时，巴里拉的经理们瞄准了东欧市场，那里可能具有整个通心面系列产品的极好的出口机会。

工厂网络

巴里拉拥有并经营遍布意大利各地的工厂网络（见表 5—3 和图 5—1），包括大型面粉加工厂、通心面工厂、新鲜面包厂以及生产特色产品（如圣诞蛋糕和牛角面包）的工厂。巴里拉拥有最新的研究和开发（R&D）机构以及位于 Pedrignano 用于新产品、新生产工艺开发和试验的实验工厂。

表 5—3   1989 年巴里拉工厂地址及生产的产品

编号	工厂地址	产品
1	Braibanti	通心面
2	Cagliari	通心面
3	Foggia	通心面
4	Matera	通心面
5	Pedrignano	通心面、面条、饼干
6	Viale Barilla	意大利饺子、面条、新鲜通心面
7	Caserta	通心面、面包干、面包条
8	Grissin Bon	面包条
9	Rubbiano	面包干、面包条
10	Milano	意大利节日蛋糕、蛋糕、牛角面包
11	Pomezia	牛角面包
12	Mantova	饼干、蛋糕
13	Melfi	快餐
14	Ascoli	快餐、面包片

续前表

编号	工厂地址	产品
15	Rodolfi	果酱
16	Altamura	面粉厂
17	Castelplanio	面粉厂
18	Ferrara	面粉厂
19	Matera	面粉厂
20	Termoli	面粉厂
21	Milano	新鲜面包
22	Milano	新鲜面包
23	Altopascio	新鲜面包
24	Padova	新鲜面包
25	Torino	新鲜面包

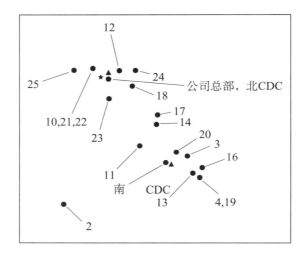

▲ CDC
★ 公司总部
● 参照表5-3编号

图 5—1　部分巴里拉工厂距离示意图

通心面的生产

通心面的制作过程类似于造纸过程。在巴里拉工厂中，面粉和水（对于某些产品还加入鸡蛋和/或菠菜粉）搅和成生面团，然后用一系列相互距离越来越近的滚筒把生面团碾成一张又长又薄的面片。在碾成所需厚度之后，生面薄片送入青铜挤压模，所设计的不同模子用于形成不同形状的通心面。通过挤压模之后，巴里拉工人把通心面切成指定的长度，这些一定长度的通心面被挂到木钉上（或者放到盘子上），然后慢慢地通过横跨在车间地板上的长长的、弯弯曲曲的隧道烘炉。为了保证生产高质量的产品，对于每一种大小和形状的通心面都必须精确地指定烘炉的温度和湿度，并且对温度和湿度进行严格的控制。为了减少生产转换成本，提高产品质量，巴里拉按照经过仔细选择的生产顺序进行生产，从而减少不同形状的通心面之间烘炉的温度和湿度的变化程度。经过 4 个小时的烘干过程，工人对通心面进行称量和包装。

在巴里拉公司，原配料在 120 米长的全自动生产线上变成包装好的通心面。在巴里拉最大的、技术最先进的 Pedrignano 工厂中，11 条生产线每天生产 9 000 公担（900 000 公斤）的通心面。巴里拉的员工们在这个巨大的工厂中走动需要使用自行车。

巴里拉的通心面工厂根据不同的通心面品种——主要是根据通心面的消费情况进行专业化生产，例如通心面的生产是否加入鸡蛋或菠菜，是销售干通心面还是销售新鲜通心面。所有巴里拉的通心面都是用 grano duro（一种高蛋白硬麦）磨成的高质量面粉生产的，例如粗粒小麦粉就是一种细磨的硬质小麦粉。巴里拉使用 grano tenero（软麦）磨成的面粉（如谷粉）来生产更为精细的产品，如鸡蛋通心面和面包产品。巴里拉的面粉加工厂磨制的面粉都是来自 grano duro 和 grano tenero 两种类型的小麦。

即使是同一系列的通心面产品，也要根据其规格和形状分别在不同的工厂生产。"短"通心面产品（如 macaroni 或者 fusilli）和"长"产品（如 spaghetti 或者 capellini）由于需要不同规格的机器设备而在不同的工厂生产。

分销渠道

巴里拉的整个产品线划分为两大类：

"新鲜"产品，包括新鲜通心面产品（具有 21 天的货架寿命）和新鲜面包（只有一天的货架寿命）。

"干货"产品，包括干通心面和长期货架面包产品，如甜饼、饼干、面粉、面包条和烤面包。干货产品约占巴里拉销售额的 75%，其货架寿命为 18~24 个月（如通心面和烤面包）或 10~12 周（如甜饼）。巴里拉总共提供约 800 种不同包装的单品库存来储存干货产品。通心面有 200 种不同的形状和规格，需要 470 多种不同包装的单品库存。最受欢迎的通心面产品有各种不同规格的包装，例如巴里拉的♯5 细面条无论何时都能提供 5 公斤包装、2 公斤包装、具有意大利北方特色的 1 公斤包装、具有意大利南方特色的 2 公斤包装、具有南方特色的 0.5 公斤包装、一个托盘和带有一瓶免费的巴里拉通心面果酱的特别促销包装。

巴里拉的大多数产品从生产工厂运输到两个中央配送中心（CDC）——位于 Pedrignano 的北方配送中心和位于那不勒斯郊区的南方配送中心，如图 5—2 所示。某些产品如新鲜面包不经过中央配送中心。其他一些新鲜产品很快地流经配送系统，新鲜产品库存通常在每个中央配送中心只保存 3 天。相比之下，每个中央配送中心则持有约一个月的干货库存。

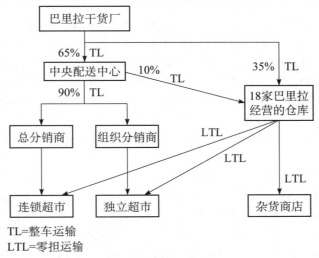

图 5—2 巴里拉的配送模式

注：运输费率取决于产品重量。

因为新鲜产品和干货产品具有不同的保质要求和零售服务要求，巴里拉拥有针对这两种产品的不同配送系统。独立的代理商（特许经销人）从两个中央配送中心购买新鲜产品，然后把产品运往意大利各地的 70 个地方仓库。将近 2/3 的干货产品是运往超市的。这些干货产品先运往巴里拉的中央配送中心，分销商从那里采购，然后分销商把产品运到超市。布兰多·维塔利的准时制销售方案只针对通过分销商销售的干货产品。其余的干货产品通过巴里拉的 18 家小仓库进行销售，大多数是销售给小商店的。

巴里拉的产品通过三种类型的零售店进行销售：小型独立杂货店、连锁超市和独立超市。巴里拉估计，仅在意大利就有约100 000家零售店销售其产品。

1. 小型独立商店。小商店在意大利比在其他西欧国家更加普遍。20 世纪 80 年代后期，意大利政府通过限制颁发经营大超市的许可证数目来鼓励小杂货店（通常称为 "Signora Maria" 商店）的发展，然而在 90 年代初期，随着政府对限制的放松，超市的数量开始增加。

大约 35％（北方 30％和南方 40％）的巴里拉干货产品是从巴里拉内部的地区仓库配送到小型独立商店的，这些小型独立商店通常持有能维持两周多的库存。小商店店主通过代理商采购产品，由代理商与巴里拉的采购和销售人员打交道。

2. 超市。其余干货产品是通过外部的分销商配送到超市的，其中的 70％进入连锁超市，30％进入独立超市。超市一般在商店内保存 10～12 天的干货库存，平均持有4 800个单品库存。尽管巴里拉提供多种包装类型的许多通心面产品，但大多数零售商只愿意出售每种产品的一种（最多两种）包装类型的产品。

销售到连锁超市的干货产品是通过连锁店自己的配送组织进行配送的，这种配送组织叫做 "总分销商" 或 GD。那些销售到独立超市的干货产品是通过不同的分销商来配送的，这种分销商叫做 "组织分销商" 或 DO。一个组织分销商是许多独立超市的中心采购组织，它们一般进行地区性的经营业务，通常零售商只向一个组织分销商采购商品。

由于存在地区性偏好和零售要求的差别，平均每个分销商约销售巴里拉公司 800 种不同干货单品库存中的 150 种。大多数分销商有 200 多个不同的供应商，在这些供应商中，按采购的实物量来说，巴里拉通常是最大的供应商。通常，分销商持有7 000～10 000种单品库存。然而，它们的策略是不同的。例如，巴里拉公司最大的组织分销商之一的 Cortese 只持有 100 种干货产品，总共只有5 000种单品库存。

总分销商和组织分销商都从巴里拉的中央配送中心采购产品，在自己的仓库中存货，然后从自己的仓库存货中满足超市的订单。一个分销商的仓库一般持有能供应两周的干货产品库存。

许多超市每天向分销商订货，商店经理在商店中来回走动，查看需要补充的每种产品及其所需箱数（更为精明的零售商检查货架时使用手提计算机记录订购数量），然后向其分销商发送商品订单，配送中心在接到订单之后的 24～48 小时内把商品送到商店。

销售和市场营销

巴里拉在意大利享有很强的品牌形象，其营销和销售战略是广告和促销相结合。

广告

巴里拉品牌的广告力度很大。通过广告把其品牌定位在最高品质、最高级的档次，从而使巴里拉的通心面产品与普通的 "面条" 商品区别开来。有一次的广告活动是这样宣传的："巴里拉：物超所值的意大利通心面的珍品。""珍品" 这一形象的体现是通过把各种未煮熟的不同形状的通心面置于黑色的背景前，好像它们是珠宝，使人有一种奢华和高级的感觉。与其他通心面的制造商不同，巴里拉避免了意大利传统民间传说的形象，而更喜欢用意大利大城市现代、高级的背景。

许多有名的运动员和著名人士也来支持巴里拉的广告宣传。例如，巴里拉聘请网球明星斯黛菲·格拉芙（Steffi Graf）在德国促销巴里拉的产品，聘请斯蒂芬·埃德伯格（Stefan Edberg）在斯堪的纳维亚国家进行促销。著名演员保罗·纽曼（Paul Newman）也来参加巴里拉产品的促销。此外，巴里拉的广告通过使用"哪里有巴里拉，哪里就有家"之类的宣传来建立和加强与意大利家庭之间的忠诚关系。

商业促销

巴里拉利用商业促销来推动其产品进入杂货业销售网络。一位巴里拉的销售经理对其促销策略是这样解释的：

> 我们利用一个非常古老的销售系统进行销售。采购者期望频繁的商业促销，然后他们把促销传递给自己的顾客。所以一个商店立即就能知道其他商店是否以折扣价购买巴里拉的通心面。你必须理解通心面在意大利是多么重要。每一个人都了解通心面的价格。如果一个商店以折扣价销售通心面一周，顾客立即会注意到价格的下降。

巴里拉把一年划分成 10～12 个"兜售"期，每个兜售期通常为 4～5 周，并对应一个促销计划。在任何一个兜售期，巴里拉的分销商可以购买尽可能多的产品来满足现在和未来的需求。巴里拉根据销售代表在每一兜售期销售目标的完成情况对他们进行奖励。不同的兜售期内提供不同的产品种类，折扣取决于产品种类的利润结构。一般的促销折扣是：粗粒小麦粉通心面为 1.4%，鸡蛋通心面为 4%，饼干为 4%，果酱为 8%，面包条为 10%。

巴里拉还提供数量折扣。例如巴里拉支付运输费，这样为整车订单提供了 2%～3% 的折扣。此外，如果购买者采购至少三整车巴里拉的鸡蛋通心面，销售代表可向购买者提供每箱 1 000 里拉的折扣（相当于 4% 的折扣）。

销售代表

服务于组织分销商的销售代表们把 90% 的工作时间花在商店。在商店里，销售代表帮助推销巴里拉的产品并组织店内的促销活动；采集竞争信息，包括竞争对手的价格、缺货和新产品介绍；与商店管理层讨论巴里拉的产品和订购策略。此外，每一个销售代表每周花半天的时间与分销商的采购者举行一次例会，帮助分销商发出订单，解释促销活动和折扣，处理与上次发货有关的退货或取消等问题。每个销售代表随身带着手提电脑，以便输入分销商的订单。销售代表每周还要在中央配送中心花上几个小时，讨论新产品及价格，讨论与前一周发货有关的问题，并解决关于不同折扣和交易结构的争端。

相比之下，为总分销商提供服务的只有一支很小规模的销售队伍。他们几乎不去仓库，通常通过电传把订单发送到巴里拉。

分销

分销商的订货程序

大多数分销商（包括总分销商和组织分销商）每周一次检查库存水平并向巴里拉订货。巴里拉将在收到订单后的 8～14 天把产品发送给分销商，平均提前期为 10 天。例如，每周二订货的分销商可能要求在下周三至再下周二期间交货（见下文）。分销商的销量是不同的，小的分销商可能每周只订一整车产品，而最大的分销商一般要保证每周送五整车的产品。

大多数分销商使用简单的定期库存检查系统。例如，分销商可能每周二检查库存水平，然后对于那些低于订货点的产品进行订货。几乎所有分销商都有计算机支持的订货系统，但几乎没有哪个分销商具有用于确定订货量的预测系统或复杂的分析工具。

JITD 计划的动力

进入 80 年代后，巴里拉越来越感觉到需求波动所带来的影响。巴里拉干货产品的订单经常每周都有巨大的波动（见图 5—3）。这种极端的需求差异束缚了巴里拉的制造和物流运作。例如，无法预计的高需求往往要求快速地生产某种短缺商品，但隧道烘炉中严格的温度和湿度要求通心面有特定的生产顺序，而这种严格的生产顺序很难实现短缺商品的快速生产。另一方面，每周需求波动幅度很大并且不可预测，在这种情况下，以持有足够多的产成品库存来满足分销商的订单需求所需的成本极其高昂。

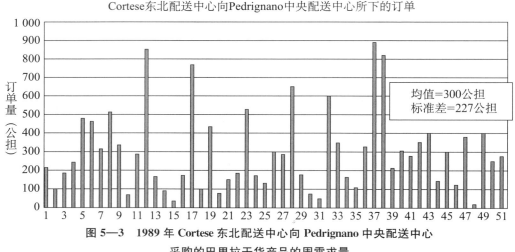

Cortese东北配送中心向Pedrignano中央配送中心所下的订单

均值=300公担
标准差=227公担

图 5—3　**1989 年 Cortese 东北配送中心向 Pedrignano 中央配送中心**
采购的巴里拉干货产品的周需求量

　　一些制造和物流人员注意到以他们目前的库存水平，许多分销商对零售商的服务水平是让人难以接受的（见图 5—4），因此他们要求分销商或零售商持有额外的库存来阻止分销商订单的波动。其他人则认为分销商和零售商已经持有了太多的库存。在 80 年代后期，巴里拉的一位物流经理详述了零售库存的压力：

　　　　我们的顾客一直在变化。你知道他们为什么在变化吗？在我看来，他们正认识到他们的商店和仓库没有足够的空间来保存制造商所希望的巨大库存。想一想零售商店的货架空间吧，你并不能轻易地扩大空间。然而制造商正在不断地引入新产品，它们希望零售商在货架前陈列它们的每一种产品！哪怕超市是用橡胶制成的，那也是不可能的！①

　　分销商也感觉到，在增加已有存货项目的库存以及目前还没有存货项目的库存上都存在与零售商一样大的压力。1987 年，当时巴里拉的物流主管布兰多·维塔利对于要寻找另外的方法来满足订单表达了强烈的看法。他指出："制造商和零售商都由于越来越少的利润而遭受损失；我们必须找到一种方法，在不降低服务水平的条件下，减少销售渠道中的成本。"但是，维塔利被认为是空想家，他的想法超出了物流组织日常的具体事务。他设想了一种彻底改变物流组织管理产品交货的方法。1988 年初，维塔利这样解释他的计划：

　　　　我设想一种简单的方法：我们并不根据分销商内部的计划过程向其发运产品，我们应该查看分销商所有的发货资料，只运送商店所需的商品，不多也不少。而我们目前的运作方法几乎不可能预测需求的变动，结果我们不得不持有大量的库存，手忙脚乱地处理我们的制造和配送作业来满足分销商的需求。甚至即使是这样，分销商看起来也并没有很好地满足其零售商的服务要求。看一看组织分销商在去年经历的缺货情况（见图 5—4）吧，尽管它们保有两周的库存，缺货现象还是发生了。

　　①　Claudio Ferrozzi，*The Pedrignano Warehouse*（Milan：GEA，1988）.

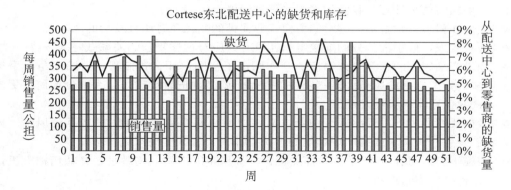

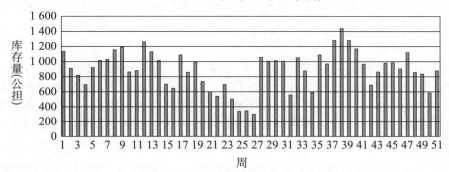

图 5—4　1989 年 Cortese 东北配送中心的缺货和库存水平样本

在我看来，如果由我们来负责安排送货计划，那么我们将能够为自己也为顾客提高运作水平。我们能够只在需要时发运产品，而不是在工厂中堆积大量的存货时发运产品。我们能够尽力降低配送成本、库存水平，最终如果我们不必再应对分销商不稳定的需求，产品的制造成本也就降低了。

我们总是具有这样的心理，认为订单是生产过程中不可变更的输入要素，因此我们需要获取的最重要的能力之一是柔性，通过柔性来对这些输入要素做出反应。但是实际上，最终顾客的需求是输入要素，我想我们应该能够管理好产生订单的输入过滤器。

这将如何实现呢？每天每个分销商向我们提供它们在前一天从仓库向零售商发运的巴里拉产品信息，以及每种产品目前的库存水平等资料。然后我们能够检查所有的数据，并根据预测做出补货决策。这跟使用零售商的销售点数据相似，我们只比零售商晚一步对实时信息做出反应。理想的情况是我们能够使用确切的零售实时数据，但是考虑到我们销售渠道的结构以及目前意大利大多数杂货店还没有安装必要的条形码扫描器和计算机连接的情况，使用确切的零售实时数据还难以实现。

当然，事情并不是那么简单。我们需要改进预测系统，这样可以更好地利用获得的数据。我们还需要建立一套决策规则，在做出新的预测之后，根据这些决策规则决定运送什么产品。

维塔利的计划——JITD 在巴里拉内部，尤其是在销售和市场营销部门遭到了极力反对。许多销售代表认为如果这样一个计划付诸实施，他们的职责将不复存在。从销售组织的底层到上层，大家都表达了一系列担心的问题。以下是来自巴里拉销售和营销人员的一些看法：

- "如果实施这个计划，我们的销售水平将会增长缓慢。"
- "我们在冒险，冒着不能够对销售模式或促销的变化及时调整发货的风险。"
- "在我看来，似乎大部分的配送组织还没有为应对这样复杂的关系做好准备。"
- "如果产品库存的下降给分销商的仓库腾出了空间，那么我们将冒着给竞争对手提供更多的货架空间的风险。既然采购了商品，就必须把它卖出去，否则分销商将更多地推销我们竞争对手的产品。"
- "假如我们的供应过程出现了中断，又将增加使顾客买不到我们的产品的风险。如果我们发生一次罢工或是出现其他的干扰，那又会怎么样呢？"
- "实施 JITD，我们将无法进行商业促销。如果不能提供一些激励，又如何把巴里拉的产品推销给零售商呢？"
- "我们还不清楚成本是否就会降低。如果一个配送组织降低了它的存货，那么，我们在巴里拉可能不得不增加某些产品的库存，因为由于缺乏制造柔性，我们无法改变生产计划来生产某些产品。"

维塔利对于销售组织的这些担忧提出反对的意见：

> 我认为 JITD 应看作一种销售工具，而不是对销售的一种威胁。我们向顾客提供额外的服务，但却不增加额外的成本。另外，这个计划将提高巴里拉对商业的可视度，并使得分销商更加依赖我们。因此，这将改善巴里拉与分销商之间的关系，而不是破坏这种关系。而且，有关分销商仓库的供应信息给我们提供了客观的数据，为我们改善计划程序提供了条件。

1988 年下半年，当维塔利被提升为公司的一个新部门领导时，马贾利——当时的巴里拉新鲜产品组物料管理负责人，被任命为物流主管。马贾利是一位负责的经理，以其行动目标清晰而出名。刚上任不久，马贾利就任命一位刚毕业的大学生文森索·巴蒂斯廷（Vincenzo Battistini）来协助他发展和实施 JITD 计划。

马贾利叙述了他在实施 JITD 计划中的困惑：

> 1988 年，我们对想要使用的方法提出了几个基本的想法，并尽力说服我们的几个分销商签约。但是，他们甚至连谈论这个计划的兴趣都没有，其中一位最大的分销商经理的一番话很好地概括了他们对该计划的反应。当时，他打断我们的谈话说："管理库存是我的工作，我不需要你们来检查我的库存或我的数据。如果你们能够更快地送货的话，我自己能够降低库存并提高服务水平。我给你们提个建议——我订货，你在 36 个小时内给我交货。"他不了解我们在没有注意到变化时是不能对变化极大的订单做出反应的。另一位分销商则表示了对与巴里拉关系过于亲密的看法："我们给巴里拉把产品推到我们的仓库的权力，这样巴里拉就可降低自己的成本了。"还有一位分销商问："你们凭什么认为能更好地管理我的库存呢？"
>
> 我们最终能够说服几个分销商对 JITD 计划进行深入的讨论。我们的第一次讨论是与 Marconi 进行的，它是一家大型的相当传统的分销商。首先我和巴蒂斯廷拜访了 Marconi 的物流部门，并递上了我们的计划。我们清楚地表示，我们的计划将为他们提供优质的服务，这样他们既可以降低库存，又能够提高他们对商店订单的满足率。物流小组认为这听起来很好，并且有兴趣对这个计划进行试运行。但是当 Marconi 的采购人员听说这件事，一切都完了。首先，采购人员诉说他们所关心的问题，然后跟巴里拉的销售代表交谈后，他们也开始重复销售部门的一些反对意见。Marconi 最终同意有偿提供我们所需的数据，但是其他方面则不变，由 Marconi 自己对库存补充的数量和时间做

出决策。这显然不是我们所要寻求的那种类型的关系，于是我们找其他分销商商谈，但是他们并不积极。

现在我们需要重新部署并决定 JITD 计划的去向，这种类型的计划在我们这样的环境中是否可行？如果可行，我们应针对哪种顾客？我们如何说服他们签约？

巴里拉的案例提出了两个重要的问题：

- 分销商订货方式的变化已经导致了巴里拉严重的低效率运作和成本的增加。相对于意大利通心面的销售需求来讲，巴里拉收到的订单的变动性是让人吃惊的。事实上，通心面总需求的变动性相当小，但是分销商下达的订单却存在巨大的变动性。

- 在提议的 JITD 策略中，巴里拉将负责中央配送中心和分销商之间的渠道，并决定向其分销商发运的时间和产品数量。因此，不同于传统的供应链中分销商发出订单，制造商尽可能地满足这些订单，在 JITD 策略中，"巴里拉的物流组织确定合适的发货数量——这些数量将更有效地满足最终顾客的需要，也将更均匀地分配巴里拉制造和物流系统中的工作量"。在过去的几年里，这样的一个策略被称为供应商管理库存（VMI）。

学习完本章，你应该能够回答以下问题：
- 在巴里拉的供应链中变动性增大的原因是什么？
- 公司如何应对需求变动性的增大？
- 在供应链中传递需求信息的作用是什么？
- VMI 策略能够解决巴里拉面临的运作问题吗？
- 供应链如何满足不同伙伴和机构之间的相互冲突的目标？

■ 引言

我们生活在"信息时代"，数据仓库、网络服务、XML、移动网络、互联网和内部网等只是日报商务版所报道的许多技术的一部分而已。在第 14 章和第 15 章中，我们将详细研究这些技术，并讨论实施这些技术所面临的问题。在本章中，我们考虑使用任何种类的信息技术所带来的价值，并具体论述在整个供应链中获取越来越多信息的可能性以及这种信息对有效设计和管理集成化供应链的意义。

获取丰富信息的意义是巨大的。供应链权威人士和咨询师喜欢用这样一句话：在现代供应链中，信息代替了库存。我们并不想对这种思想提出异议，但其含义是模糊的。毕竟从某种意义上来说，顾客需要的是产品，而不仅仅是信息。不管怎么样，信息改变了供应链有效管理的方式，并且这些改变可能导致更低的库存。本章的目的就是要描述信息如何影响供应链的设计和运作。我们要证明通过有效地利用目前能够获得的信息，我们能够比以往任何时候更有效和更高效地设计和管理供应链。

读者可以很清楚地理解，有了关于整个供应链中库存水平、订单、生产和交货情况等准确的信息，供应链经理至少不会比在无法获取这些信息的情况下更无效地管理供应链。毕竟，他们还可以选择忽略这些信息。然而，正如我们所知道的，这些信息为改善供应链设计和管理方式提供了巨大的机会，但有效使用这些信息确实使供应链的设计和管理变得更加复杂，因为我们必须考虑更多的问题。

我们认为这些丰富的信息的作用在于：

- 有助于减少供应链中需求的变动性。
- 有助于供应商做出更好的预测，以解释促销和市场变化。
- 能够协调制造和销售系统及其策略。
- 通过提供为顾客想要的物品准确定位的工具，以使零售商更好地为顾客服务。
- 能够使零售商更快地对供应问题做出反应并进行调整适应。
- 能够缩短提前期。

上文提到的例子表明，在许多行业，供应链伙伴间并不认同信息共享、夸大预测的作用或者滥用分享到的信息。因此，在讨论和说明了信息分享的好处后，我们将讨论如何应用激励机制来促进供应链伙伴间的信息共享。

本章是在文献［120］和［121］的初步成果和文献［44］和［45］中的最近成果的基础上编写而成的。在下一节中有我们的评论文章［43］。

牛鞭效应

在最近几年中，供应商和零售商已经注意到尽管某种具体产品的顾客需求的变动并不大，但它们在供应链中的库存和延期交货水平的波动却很大。例如，在研究"帮宝适"产品的市场需求时，宝洁公司的经理们注意到了一个很有意思的现象。正如所预料的，该产品的零售数量相当稳定，没有哪一天或哪一个月的需求会特别地高于或低于其他时期。然而，这些经理注意到分销商向工厂下达的订单的变动程度比零售数量的波动要大得多。此外，宝洁公司向其供应商下达的订单波动程度更大。这种随着往供应链上游前进需求变动程度增大的现象称为牛鞭效应。

图 5—5 列举了一个简单的四阶段供应链：单个零售商、单个批发商、单个分销商和单个制造商。零售商观察顾客需求，然后向批发商订货，批发商向分销商订货，而分销商则向制造商订货。图 5—6 提供了不同成员的订单与时间之间的函数关系的图形说明。该图清楚地表明了往供应链上游前进需求变动程度增大的现象。

为了理解需求变动性增大对供应链的影响，考虑一下本例中的第二阶段——批发商。批发商接受零售商的订单，并向其供应商——分销商订货。为了确定这些订单的订货量，批发商必须预测零售商的需求。如果批发商不能获知顾客的需求数据，它必须依据零售商向其发出的订单来进行预测。

因为零售商订单的变动性明显大于顾客需求的变动性（见图 5—6），所以为了满足与零售商同样的服务水平，批发商被迫持有比零售商更多的安全库存，或者保持比零售商更高的能力。

这种分析同样适用于分销商和制造商，结果导致这些供应链成员维持更高的库存水平，从而发生更高的成本。

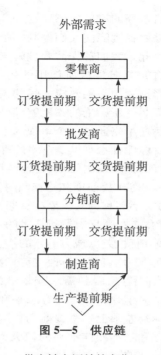

图 5—5　供应链

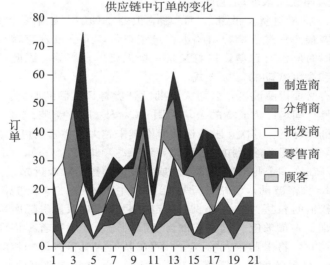

图 5—6　供应链中变动程度的增加

　　例如考虑一个简单的小配件供应链。单个工厂——配件制造公司，向单个零售商——配件商店供货。配件商店平均的年需求量为 5 200 单位，配件制造公司每周向配件商店发货。如果配件商店的订单变动性小，那么每周大约运送 100 单位的产品，配件制造公司的生产能力和周发运能力只需约 100 单位就行了。如果周变动性很大，在某些星期内配件制造公司必须生产并运送 400 个单位，而有些星期则一个单位都不需要，那么我们很容易看到对供应商的生产和运输能力的要求必须高得多，并且在有些星期内这种能力又是闲置的。当然配件制造公司可以在需求低的星期内建立库存，在需求高的星期内供应这些产品，但这就增加了库存持有成本。

因此，重要的是要找到能使我们控制牛鞭效应的技术和工具，即控制供应链需求变动性的增加。为此，我们首先需要理解导致供应链变动性增大的主要因素。

1. 需求预测。供应链各层次所使用的传统库存管理技术（见第 2 章）导致了牛鞭效应。为了解释预测与牛鞭效应之间的关系，我们需要重新讨论一下供应链的库存控制策略。如第 2 章所讨论的，能够较好地应用于供应链各个阶段的策略是定期检查策略，这种库存策略通过一个单独的参数来表达，即基本库存水平，也就是说，仓库要确定的目标库存水平就是基本库存水平。在每一周期，库存的情况要被检查，仓库根据库存的情况发出订单，把库存增加到基本库存水平。

基本库存水平通常等于提前期和检查期内的平均需求加上提前期和检查期内需求的标准差的若干倍数。后者称为安全库存。通常来说，经理人员利用平滑预测技术来预测平均需求和需求的方差。所有预测技术的一个重要特征是观察的数据越多，我们对顾客需求的平均值和标准差（或方差）的修正也越多。因为安全库存和基本库存水平取决于这些估计值，使用者不得不改变订货数量，因此增大了需求的变动性。

2. 提前期。我们很容易看到需求变动性的增加随着提前期的加长而放大。为此，回顾在第 2 章中为了计算安全库存水平和基本库存水平，我们实际上让平均需求和日顾客需求的标准差乘上一个提前期。因此，提前期越长，需求变动性的微小变化意味着安全库存和基本库存水平的很大的变化，从而订货量会发生很大变化。这当然导致需求变动性的增大。

3. 批量订货。批量订货的影响很容易理解。如果零售商采用（Q，R）库存策略或者最小—最大库存策略进行批量订货，那么批发商就会接到一个大订单，接着是一段时间没有订单，接着又是一个大订单，等等。因此，批发商看到的是一个扭曲的和高度变动的订货方式。

有必要提醒读者，公司采用批量订货有几方面的原因。首先，如第 2 章指出的，一个具有固定订货成本的公司采用（Q，R）库存策略或者（s，S）库存策略，这将导致批量订货。其次，随着运输成本越来越大，零售商可能会通过大量采购（如整车采购）来获得运输折扣。这可能导致某些星期有大订单，而某些星期根本没有订单。最后，在许多企业出现的季节性或年度性销售配额或折扣也会导致周期性的大订单。

4. 价格波动。价格波动也能导致牛鞭效应。如果价格波动，零售商往往会在价格较低时备货。许多行业在特定时期或针对大量采购所采取的促销、折扣等措施也加剧了牛鞭效应。这些被称为预购的行为，意味着零售商在分销商和制造商打折或促销时，将采购较大的数量，而在其他情况下将订购相对较少的数量。

5. 订单的增加。零售商在缺货期间增加订货量也放大了牛鞭效应。当零售商和分销商觉察到一种产品可能供应短缺，因此估计供应商供应的货物量只能是订货量的一个百分比时，它们通常会扩大订货量。但当短缺期一过，零售商又回到原来的正常订单。这样导致了需求预测的扭曲和变动。

■ 牛鞭效应的定量计算[①]

到目前为止，我们已经讨论了使供应链需求变动性增大的因素，为了更好地理

---

① 读者可跳过这部分内容，而不会影响阅读的连续性。

解和控制牛鞭效应，我们发现有必要对牛鞭效应进行定量分析，即对供应链上各阶段的变动性的增大进行定量计算。这不仅有助于分析需求变动性增加的数量，而且有助于说明预测方法、提前期与需求变动性增大之间的关系。

为了对一个简单供应链的牛鞭效应进行定量计算，我们考虑一个两阶段供应链，零售商观察顾客的需求，并向制造商订货。假设零售商向制造商订货的提前期 L 是固定的，那么零售商在 t 期末发出的订单在 $t + L$ 期初收到订货。同时假设零售商采用简单的定期检查策略（见第 2 章），每一期零售商检查库存，向其上游订货，订购的数量恰好使库存达到目标水平。注意，本例的检查周期是 1。

因此，如第 2 章第 2 节所讨论的，基本库存水平的计算如下：

$$L \times AVG + z \times STD \times \sqrt{L}$$

式中，AVG 和 STD 分别为顾客的日（或周）需求的平均值和标准差；常数 z 是安全系数，可以从统计表中选取，其作用是保证在提前期内不发生缺货的概率等于指定的服务水平。

为了实施这个库存策略，零售商必须根据观察到的顾客需求数据估计需求的平均值和标准差。因此，实际上，随着平均需求和标准差估计值的变化，最高库存水平也会变化。

具体来说，t 期的最高库存水平 y_t 是根据观察到的需求估计得到的：

$$y_t = \hat{\mu}_t L + z \sqrt{L S_t}$$

式中，$\hat{\mu}_t$ 和 S_t 分别为 t 期顾客日需求的平均值和标准差的估计值。

假设零售商使用一种最简单的预测方法：移动平均法。换言之，在每期内零售商估计的平均需求是前 p 次需求观察值的平均值。零售商以同样的方式估计需求的标准差。即，如果 D_i 代表 i 期的顾客需求，则

$$\hat{\mu}_t = \frac{\sum\limits_{i=t-p}^{t-1} D_i}{p}$$

$$S_t^2 = \frac{\sum\limits_{i=t-p}^{t-1} (D_i - \hat{\mu}_t)^2}{p-1}$$

注意以上表达式表明在每期零售商都要根据最近的 p 个需求观察值计算一个新的平均值和标准差。因为每期的需求平均值和标准差的估计值都有变化，所以每期的目标库存水平也是变化的。

这样的话，我们能够对牛鞭效应进行定量计算，即能够计算制造商面对的需求的变动性，并把这个值与零售商遇到的需求的变动性进行比较。如果零售商观察到的顾客需求的方差为 Var（D），那么这个零售商向制造商发出的订单需求的方差 Var（Q）相对于顾客需求的方差满足：

$$\frac{\text{Var}(Q)}{\text{Var}(D)} \geq 1 + \frac{2L}{p} + \frac{2L^2}{p^2}$$

图 5—7 显示的是针对不同的提前期，观察值 p 与变化放大程度下限值之间的关系。当 p 很大并且 L 很短时，由预测误差所引起的牛鞭效应可忽略不计。牛鞭效应随着提前期的增大和 p 值的减少而放大。

例如，假设零售商根据前 5 个需求观察值估计平均需求，即 $p=5$。再假设零售商在 t 期末发出的订单在 $t+1$ 期初收到货物。这意味着提前期 $L=1$（更精确地，

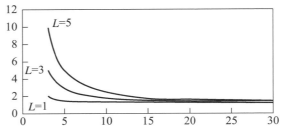

图 5—7　对于给定的 p 值，变化放大程度的下限值

是提前期加上检查期）。这样，零售商对制造商订单需求的方差将至少比零售商观察到的顾客需求的方差大 40%，即

$$\frac{\mathrm{Var}(Q)}{\mathrm{Var}(D)} \geqslant 1.4$$

下面考虑同一个零售商，但现在假设（零售业情况）零售商采用 10 个需求观察值（即 $p=10$）来估计需求的平均值和标准差。计算结果表明，零售商对制造商订单需求的方差至少是零售商观察到的顾客需求的方差的 1.2 倍。换句话说，通过增加移动平均法使用的观察值数量，零售商能够显著地降低向制造商订货的变动性。

■ 集中信息对牛鞭效应的影响

最常用的减小牛鞭效应的建议是在供应链内部集中需求信息，即为供应链每一阶段提供有关顾客实际需求的全部信息。为了理解集中需求信息为什么能够减少牛鞭效应，我们注意到如果需求信息集中起来了，供应链的每一阶段都可使用顾客的实际需求数据来进行更加准确的预测，而不是依赖于前一阶段发出的订单来预测。根据前一阶段发出的订单来预测的需求的变动性要比实际的顾客需求的变动性大得多。

在本小节中，我们考虑供应链内部共享顾客需求信息的价值。为此，再考虑图 5—5 描述的四阶段供应链——由一个零售商、批发商、分销商和制造商组成的供应链。为了确定集中需求信息对牛鞭效应的影响，我们区分两种类型的供应链：一种是集中需求信息的供应链；另一种是分散需求信息的供应链。这两种系统描述如下。

集中需求信息的供应链

在第一种类型的供应链（集中型供应链）中，处于供应链第一阶段的零售商观察顾客需求，采用移动平均法利用 p 个需求观察值对平均需求进行预测，根据预测的平均需求找出目标库存水平，然后向批发商发出订单。供应链第二阶段的批发商收到订单和零售商预测的平均需求数据，并利用这个预测值确定其目标库存水平，然后向分销商发出订单。同样，处于供应链第三阶段的分销商收到订单和零售商预测的平均需求信息，利用这个预测值来确定其目标库存水平，然后向供应链的第四阶段——制造商发出订单。

在这个集中型供应链中，供应链的每一阶段都接到零售商预测的平均需求信息，并根据这个平均需求来确定基本库存策略。因此，在本例中我们已经把需求信息、预测方法和库存策略都集中起来了。

根据以上分析，我们不难表示供应链上第 k 阶段发出订单的方差 $\mathrm{Var}(Q^k)$ 相对于顾客需求的方差 $\mathrm{Var}(D)$ 的关系，即

$$\frac{\text{Var}(Q^k)}{\text{Var}(D)} \geqslant 1 + \frac{2\sum_{i=1}^{k}L_i}{p} + \frac{2\left(\sum_{i=1}^{k}L_i\right)^2}{p^2}$$

式中，L_i 是第 i 阶段与第 $i+1$ 阶段之间的提前期。L_i 意味着供应链成员 i 在 t 期末发出的订单到 $t+L_i$ 期初接到订货。例如，如果零售商在 t 期末的订货在 $t+2$ 期初到货，那么 $L_1=2$。同样，如果批发商向分销商订货的提前期为两期，那么 $L_2=2$；如果分销商向制造商的提前期也是两期，那么 $L_3=2$。在本例中，从零售商到制造商的总提前期为：

$$L_1+L_2+L_3=6 \text{ 期}$$

供应链上第 k 阶段发出的订单的方差表达式与前一节给出的零售商发出订单的方差表达式非常相似，其中 k 阶段的提前期之和 $\sum_{i=1}^{k}L_i$ 代替了单个阶段的提前期 L。因此，我们可以看到供应链任意一个给定阶段发出订单的方差是该阶段与零售商之间的总提前期的一个递增函数。这就意味着当我们移向供应链的上游，订单的方差越来越大。因此供应链第二阶段发出的订单比零售商（第一阶段）发出的订单的变动性更大，第三阶段发出的订单比第二阶段发出的订单的变动性更大，依此类推。

分散需求信息的供应链

我们考虑的第二种类型的供应链是分散型供应链。在这里零售商不让供应链其他部分得到其预测的平均需求信息。相反，批发商必须根据零售商发出的订单估计平均需求。我们假定批发商采用移动平均法利用 p 个观察值，即零售商最近的 p 次订单来预测平均需求，然后确定其目标库存水平并向其供应商——分销商订货。同样，分销商利用批发商发出的 p 个订单的订货量进行移动平均预测，估计需求的平均值和标准差并确定目标库存水平。根据其目标库存水平，分销商向供应链第四阶段下达订单。

结果在该系统中，供应链第 k 阶段发出订单的方差 $\text{Var}(Q^k)$ 相对于顾客需求的方差 $\text{Var}(D)$，满足：

$$\frac{\text{Var}(Q^k)}{\text{Var}(D)} \geqslant \prod_{i=1}^{k}\left(1+\frac{2L_i}{p}+\frac{2L_i^2}{p^2}\right)$$

式中，L_i 是第 i 阶段和第 $i+1$ 阶段之间的提前期。

注意供应链上第 k 阶段发出订单的方差表达式与集中型例子中零售商发出订单的方差表达式非常相似，但是现在供应链每一阶段的方差是以成倍的速度增加的。此外，随着向供应链的上游推进，订单的方差变得更大，结果批发商发出订单的变动性比零售商发出订单的变动性要大得多。

关于集中信息价值的管理见解

我们已经知道不管是哪种类型的供应链，是集中型的或是分散型的，订货量的方差都随着我们向供应链上游推进而逐级放大，所以批发商发出的订单比零售商发出的订单变动性更大，依此类推。这两种不同类型的供应链的区别在于，当我们从供应链的一个阶段移到另一阶段时，这种需求变动性增长的幅度不同。

以上的结论表明在集中型供应链中订单方差的增长表现在总提前期上以简单的叠加方式增长，而在分散型供应链中则成倍地增长。也就是说，在分散型供应链中，只有零售商知道顾客的需求，这就导致了比集中型供应链更大的变动性，尤其是当提前期很长时，这种差别就更加显著，因为，在集中型供应链中，供应链的每个阶段都能获得顾客的需求信息。因此，我们可以得出这样的结论：集中需求信息能够显著地减少牛鞭效应。

图 5—8 很好地说明了牛鞭效应减小的情况，该图表示当每一阶段的提前期 $L_i=1$ 时，分别在集中型和分散型系统中阶段 k（$k=3$ 和 $k=5$）发出订单的变动性与顾客需求的变动性的比率。同时，该图也表示了零售商发出订单的变动性与顾客需求的变动性的比率（$k=1$）。

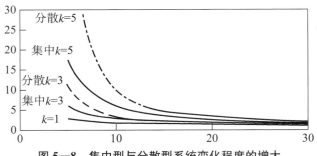

图 5—8　集中型与分散型系统变化程度的增大

因此，可以清楚地看到，通过在供应链的各阶段共享需求信息，我们可以显著地减小牛鞭效应。实际上，当需求信息集中时，供应链的每一阶段都可利用实际的顾客需求信息来预测平均需求。相反，当供应链的需求信息没有得到共享时，每一阶段必须利用前一阶段发出的订单来预测平均需求。正如前面我们已经了解的，这些订单比实际的顾客需求数据具有更大的变动性，因此用这些订单来预测的需求变动性更大，从而导致订单的更大变动。

最后，有必要指出的是，即使供应链的需求信息完全集中，并且供应链的所有阶段都使用同样的预测方法和库存策略，牛鞭效应仍然存在。也就是说，如果供应链的每个阶段都采用简单的基本库存策略，并且使用同样的顾客需求数据和预测技术来预测预期需求，那么我们仍将看到牛鞭效应的存在。然而，分析也表明，如果信息没有集中，即如果供应链的各阶段没有获得顾客需求的信息，那么需求变动性的增加是非常大的。因此，我们得出结论：集中需求信息能够显著地减小牛鞭效应，但不能消除牛鞭效应。

■ 处理牛鞭效应的方法

经过对形成牛鞭效应的原因进行分析和定量计算，这里我们给出若干个减少牛鞭效应或消除其影响的方法。这些方法包括减少不确定性、减少顾客需求的变动程度、缩短提前期以及建立战略伙伴关系。下面对这些方法做简单的讨论。

1. 减少不确定性。减少或消除牛鞭效应最常用的方法是通过集中需求信息，即为供应链的各阶段提供实际的顾客需求的全部信息来减少整个供应链的不确定性。前一小节所给出的结果证明，集中需求信息能够减小牛鞭效应。

然而需要注意的是，即使每个阶段使用同样的需求数据，每一阶段仍可能采用不同的预测方法和不同的采购做法，这两者都可能引起牛鞭效应。此外，前一小节给出的结果表明，即使每一阶段都使用同样的需求数据、同样的预测方法和同样的订货策略，牛鞭效应仍继续存在。

2. 减小变动性。我们可以通过减小顾客需求过程内在的变动性来减少牛鞭效应的影响。例如，如果我们能够减小零售商所观察到的顾客需求的变动性，那么即使出现了牛鞭效应，批发商所观察到的需求的变动性也会相对减小。

我们可以通过采用诸如"天天低价"（EDLP）等策略来减小顾客需求的变动性。当零售商推行天天低价策略时，它提供的是单一稳定的商品价格，而不是带有周期性价格促销的常规价格。通过消除价格促销，零售商可以消除由于这种促销引起的需求的急剧变化。因此，天天低价策略能够形成更加稳定的、变动性更小的顾客需求模式。

3. 缩短提前期。前一小节给出的结果清楚地表明，提前期放大了需求预测的误差。我们已经证明了提前期的延长对供应链上各阶段的需求变动产生显著的影响。因此，缩短提前期能够大大地减小整个供应链的牛鞭效应。

我们注意到提前期通常由两部分组成：订货提前期（即生产和运输物品的时间）和信息提前期（即处理订单的时间）。这种区分是很重要的，因为我们可以通过使用直接转运缩短订货提前期，而通过使用电子数据交换（EDI）缩短信息提前期。

4. 战略伙伴关系。我们可以通过实施若干种战略伙伴关系中的任何一种来消除牛鞭效应。这些战略伙伴关系改变了信息共享和库存管理的方式，可能会消除牛鞭效应的影响。例如，在供应商管理库存中（VMI，见第 8 章），制造商管理其在零售店的库存，从而决定在每一期自己该持有多少库存量以及该向零售商发运多少商品。因此，在 VMI 中，制造商不需要依赖零售商发出的订单，因而可以彻底地避免牛鞭效应的发生。

信息共享和激励机制

前面的分析显示：需求信息的集中化很大程度上减少了需求信息朝供应链上游移动时出现的变动程度。因此，这些上游企业明显能从合作关系中受益，因为这种合作关系能激励零售商把顾客需求数据提供给供应链其他环节。事实上，前面的分析表明，供应链上游企业如果接收原始设备制造商和零售商所提供的真实预测情况会更好。

遗憾的是，在特定行业这种情况并不一定会发生。例如，根据《商业周刊》[213] 的报道："电子和电信公司的预测通常偏高。"这个行业的问题之一是原始设备制造商通常采用订单装配策略，而与它们签订合同的制造商通常针对较长提前期建立相应的能力，提前接受来自原始设备制造商的订单。这样一种不平等待遇意味着供应商将承担所有风险，因此，供应商没有必要建立足够的能力（见第 4 章）。原始设备制造商可能的一种反应方式就是，过分抬高它们的预测来迫使供应商建立更多能力。可是，这样一个蓄意抬高的需求预测可能导致供应商完全不理睬它们的需求预测。

文献中讨论了两种类型的合同，合同中展示了如何制定激励机制使得购买者提供他们准确的需求预测，见 [159]。

- 能力预订合同：在这类合同中，供应商提供给原始设备制造商自己准备建立的一系列不同水平的能力以及相应不同水平能力所收取的单位价格。这将促使原始设备制造商提供它们所掌握的真实信息，从而可使供应商收取的每单位能力价格降低。

● 预购合同：在这类合同中，供应商按订单在建立能力之前先预收一部分费用，而当订单的需求实现后再收取另一部分费用。

当企业与供应链中的合作伙伴分享它们掌握的信息时，如何保证它们提供的信息不会帮助它们的竞争者是一个挑战。为了更好地理解这个问题，请看下述实例。

实例 5—1

下面这篇文章阐述了信息共享的危害。

1997 年，迈克·德里斯（Mike Dreese）在新罕布什尔州参加了一个大型唱片业展览会，在这个会上所认识的人中，印象最深的要数来自 Handleman 唱片公司的一位代表。德里斯至今还记得他当时吹嘘他的公司获得了地区销售 CD 的信息的趾高气扬的样子。如今，作为该国最大的音像制品经销商，Handleman 准确地知道何种系列的音像制品在何时销往何地，这让这位公司代表显得很得意。通过数据，公司准确地知道在诸如沃尔玛和凯马特之类的大型超市里，应该提供何种类型的录像带。通过这些新的数据和公司的图表，Handleman 能够决定在位于马萨诸塞州林恩 1A 路上的沃尔玛商场的货架上应该摆放多少张科恩（Corn）的首张专辑或者最新的 2 Skinnee J 的专辑。这一新的促销信息来源于一家名叫 SoundScan 的私人信息处理公司，该公司专营电子跟踪和记录本国内 85% 的音像专卖店卖出的每一个唱片的信息。然后 SoundScan 处理所获得的各种数据，并把这些数据写成报告卖给各唱片公司、促销策划员和经理等人。

迈克·德里斯不敢相信这件事情。他知道这当中有些信息来自哪里。这些信息正来自他那里，在过去六年中，每个星期天晚上，他都用 IBM AS/400 的迷你计算机，把他的 20 家唱片连锁店 Newbury Comics 的销售情况按照地点、唱片公司和演唱者分类，并发送给 SoundScan 位于纽约哈特斯戴尔的强大的服务器。

开始，德里斯考虑通过第三方电传他的数据，尽管 SoundScan 的创建者迈克·沙莱特（Mike Shalett）和迈克·法恩（Mike Fine）向他保证他的图表仅仅会以综合的形式送到唱片公司，但是现在他已经听到这个 Handleman 的代表说 Newbury Comics 提供给 SoundScan 的信息正在帮助每天与他们竞争的这些大型零售商。"这个代表指出 Handleman 有了一个获得信息的好方法，这些信息可以帮助沃尔玛销售唱片。"德里斯说道，斜靠在他那张 20 世纪 80 年代花 30 美元买的旧金属桌子边。"这件事让我认识到像沃尔玛这样的公司，正在从区域精确数据中获益，而这些数据它们自己从来没能处理过。"

德里斯必须采取行动，但是又不能太轻率。在商场上混了 19 年，他不会贸然放弃他长期积累的方法，即把零售商的信息通过 SoundScan 传递给唱片公司的做法。但是他并不打算立刻冲动地参与其中。他等待并考虑再三。德里斯说道，他从在霍尔德内斯举办的会议回来后三个月，打电话给 SoundScan 公司，"我询问它们是否与经销商签订咨询协议，"他说，"SoundScan 公司证实了这件事。"

德里斯知道自己应该怎么做。"我发给你的信件对你是一则不幸的消息，"他说，"这封信仅仅是想告诉你，'按照我们的约定，1998 年 6 月后，我们将不再是 SoundScan 公司的信息提供者。'"迈克·德里斯说到这里就挂断了电话。

事情本不应该变成这样。传统经验表明，无论你属于什么行业，无论你位于供应链的哪个环节，共享信息会给你的业务带来竞争力。任何有助于信息共享的技术（比如唱片业中的联网销售点系统，或者是牛肉业中的与个人电脑相连接的无线电频率转发器）只会增加你成功的机会。

资料来源：Thea Singer, "Sharer Beware," *Inc.*, March 1, 1999.

那么，哪里出问题了？信息共享对于有效的供应链管理来说的确很关键，然而为什么 SoundScan 公司——唱片业主要的参与者和 Newbury Comics 会分道扬镳呢？这个问题的产生和供应链中不公平的信息共享激励机制有关。正如实例 5—1 显示，Newbury Comics 由于数据交换而从唱片公司提供的价格支持中受益。它们得到的保证是发送给唱片公司的信息仅仅是汇总数据。可是，如果数据处理者向许多零售商提供咨询业务，那么这些数据将成为一个强有力的工具来帮助这些零售商更好地管理它们的库存和分销渠道。

有效预测

信息导致更加有效的预测。对未来需求的预测考虑越多的因素，这样的预测将越准确。关于预测的更详细的讨论请见第 2 章。

例如，考虑零售商的预测。它的预测通常是基于零售商以前销售情况的分析。然而，未来的顾客需求显然会受到诸如定价、促销以及新产品的出现等因素的影响。零售商可以控制其中的一些因素，但是有些因素是由分销商、批发商、制造商或者竞争对手控制着。如果零售商的预测者能够获取这些信息，那么显然预测的结果将更加准确。

同样，分销商和制造商的预测也受到由零售商控制的因素的影响。例如，零售商可能进行促销活动或重新定价，零售商也可以在商店中引进新产品，从而改变需求模式。此外，因为制造商或分销商考虑的产品要比零售商少，所以它们可能拥有关于这些产品的更多信息。例如，销售量可能与某种事件有紧密的联系。如果零售商意识到这一点，它可以利用某种事件增加库存或提高价格。

鉴于所有这些原因，许多供应链正在向合作预测系统努力。在这些供应链中，复杂的信息系统能够进行反复的预测，供应链上所有的参与者在预测过程中共同合作，从而得到协商一致的预测结果。这就意味着供应链的所有组成部分共享信息，并使用同样的预测工具，从而减小牛鞭效应（见第 5 章和第 15 章）。

实例 5—2

1996 年秋季，消费品制造商沃纳-兰伯特（Warner - Lambert）和百货商店沃尔玛开始合作计划、预测和补充（CPFR）系统的试验研究。这种软件系统促进零售商和制造商在预测方面进行合作。CPFR 系统可以非常容易地交换预测草案、未来促销的细节以及过去的销售趋势等数据。该软件使每一方都能方便地检查相关的消息并添加新的消息。其他诸如宝洁等公司，也打算采用 CPFR 系统，一些软件公司也想开发该软件的竞争版本。这些系统统称为合作系统 [208]。

协调系统的信息

在任何类型供应链中都存在许多系统，包括各种制造、储存、运输和零售系统。我们已经知道管理其中任何一种系统都会涉及一系列复杂的权衡问题。例如，为了高效地管理制造作业，准备成本和运营成本必须与库存成本和原材料成本进行权衡。同样，我们在第 2 章已经了解到库存水平是持有成本、订单准备成本和所需的服务水平之间的一个复杂的平衡结果。我们在第 3 章还了解到库存成本和运输成本之间也存在着权衡关系，因为运输通常涉及某种类型的数量折扣。

然而，所有这些系统是相互联系的。具体地说，供应链内部一个系统的输出是下一个系统的输入。例如，制造系统的输出是运输系统或储存系统的输入，或同时是两个系统的共同输入。因此，为任何一个阶段寻找最佳的权衡是不够的，我们需要考虑整个系统并协调各系统的决策。

不管供应链中几个系统是否具有一个共同的所有者，考虑整个系统并进行协调决策都是正确的。如果几个系统存在一个共同的所有者，那么显然该所有者最关心的是保证总成本得到降低，尽管这可能导致其中一个系统增加成本。即使不存在共同的所有者，各种系统仍需要进行某种协调来实现有效运行。当然，问题在于降低系统总成本对谁利益最大，以及成本的节约额如何在系统所有者之间进行分配。

为了解释这个问题，我们注意到当系统没有得到协调，即供应链各机构只考虑自身的最优时，结果正如我们在第 1 章所讨论的，那只是局部的优化。供应链上的每一成员只是对自己的运作进行最优化，而没有考虑其策略对供应链其他成员的影响。

这一方法的另一方案是全局优化，全局优化是指供应链成员明确整个系统的最优是什么。这样，有两个问题需要说明：

1. 谁来进行优化？
2. 通过协调战略获得的成本节约如何在供应链的不同机构之间进行分配？

这些问题能够以各种不同的方法来讨论。例如，我们在第 4 章讨论供应合同的使用，在第 8 章中我们详细讨论了战略性伙伴关系，而这些问题也作为其中的内容进行了讨论。

为协调供应链上这些方方面面的问题，就必须获得信息。具体来说，为了协调系统，尤其是取得成本效益，获取有关生产状况和成本、运输可获得性及数量折扣、库存成本、库存水平、各种能力和顾客需求的信息是非常必要的。

找出所需产品

满足顾客需求的方法不止一种。通常，对于备货型制造系统来说，我们考虑尽可能地用零售库存来满足顾客需求。然而，还有其他满足顾客需求的方式。

例如，假设你到一家零售商店购买一台大型家电，但是买不到。也许你会去零售商的竞争对手那里购买。但是如果零售商搜索数据库，并承诺在 24 小时内把产品送到你家，那又会怎么样呢？即使零售商没有你所需的产品库存，你还是很可能觉得得到了很好的服务。因此，能够找到并运送给顾客所需的商品有时与拥有产品库存一样有效。但是如果商品处在零售商的竞争对手那里，那么就不清楚这个竞争对手是否愿意转让该商品，我们将在第 7 章和第 8 章中详细讨论这些问题。

缩短提前期

我们强调缩短提前期的重要性。通常，提前期的缩短会有利于：

1. 快速满足不能用库存来满足的顾客订单的能力。

2. 减少牛鞭效应。

3. 由于预测期的缩短而进行更加准确的预测。

4. 降低成品的库存水平（见第 2 章），因为我们可以储存原材料和包装材料（或部件）来缩短成品的生产周期。

鉴于这些原因，许多企业正积极地寻找提前期较短的供应商，许多潜在的顾客把提前期作为选择供应商的一个非常重要的指标。

过去 20 年发生的许多制造革命推动了提前期的缩短，见［95］。同样，在第 6 章中我们将讨论能缩短提前期的配送网络的设计，这些设计能够存在，仅仅是因为能够获取关于整个供应链状况的信息。然而，如前面所讨论的，有效的信息系统（如 EDI）通过减少订单处理、日常文书工作、库存分拣和运输延误等有关环节的时间而缩短了提前期。通常这些环节占了提前期中相当大的部分，尤其是供应链中存在许多不同的阶段，并且每次信息只传递一个阶段。显然，如果零售商订单能够快速地通过各层供应商向其上游传递，直到能够满足订单为止，那么提前期可以大大缩短。

同样，把销售点数据从零售商传递给供应商也有利于大大缩短提前期，因为供应商通过研究销售点数据能够预测即将到来的订单。在第 8 章讨论零售商和供应商的战略联盟问题时，我们将对这些问题做深入的讨论。

信息和供应链的权衡

正如在第 1 章中所论述的，供应链管理的一个主要的难题是，用全局优化代替了顺序计划过程。在顺序计划过程中，供应链的各个阶段各自进行优化而不考虑其决策对供应链上其他成员的影响。相反，全局优化的目标是协调供应链的活动从而实现供应链绩效的最大化。

然而，正如下面我们将要详细讨论的，供应链不同阶段的经理人员有着相互冲突的目标。正是存在目标的冲突，所以有必要对供应链不同阶段进行集成和协调。即使在供应链中的某一阶段，在降低库存和运输成本之间，在增加产品品种和降低库存水平之间都要进行权衡。

通过仔细利用获得的信息，我们能够在解决这些相互冲突的目标和做出各种权衡的同时降低系统成本。这在集中型系统中是比较容易实现的，但是即使在分散型系统中，也有必要激励供应链的各成员实现集成。

■ 供应链中的冲突目标①

我们从原材料供应商开始讨论。为了高效地运作和计划，这些供应商希望看到稳定数量的需求，且希望所需物料的组合几乎没有什么变化。此外，它们更喜欢灵活变动的交货时间，这样它们能够高效地向多个顾客送货。最后，大多数供应商希望看到大量需求，这样可以利用规模经济和范围经济降低成本。

生产管理同样有着许多自己的希望。对高的生产成本则需要限制频繁的生产变换的次数以及生产运转开始时可能出现的质量问题。一般来说，生产管理希望通过有效生产达到较高的生产率，从而实现较低的生产成本。如果可以预知未来的需求模式并且需求几乎没有变化，那么这些目标比较容易实现。

物料、仓库和出库物流管理也有自己的条件，包括通过数量折扣使运输成本最小化、库存最小化及快速补充库存。最后，为了满足顾客需求，零售商要求短的订货提前期和高效、准确的交货。顾客反过来要求商品有存货、品种多、价格低。

■ 为冲突目标设计供应链

在过去，为了满足一些目标，不得不牺牲其他的目标。供应链被认为是一组必须做出的权衡。通常，高库存水平和发运成本及较少的产品种类能够使制造商和零售商更容易实现它们的目标。同时，顾客的期望也没有像今天这么高。正如我们所知道的，这些年来，随着顾客要求更高的多样化和更低的成本，以及在控制库存和运输成本方面的压力变得更加普遍，顾客的期望显著地提高了。幸运的是，通过大量可获得的信息来设计供应链，使供应链能够更接近达到所有这些表面上看起来冲突的目标。实际上，前几年被认为是任何供应链内在的权衡问题现在根本就不再是权衡问题了。

下面我们将讨论许多权衡问题，以及通过使用先进的信息技术和创造性的网络设计，它们如何在现代供应链中不再是权衡问题了，或者，至少它们的影响减少了。

批量—库存权衡问题

正如我们已知的，制造商希望有很大的批量。这样可以降低每单位产品的准备成本，提高特定产品的制造技术，以及更容易地控制生产流程。遗憾的是，一般的需求并不是大批量出现的，所以大批量生产导致高库存。实际上，20 世纪 80 年代"制造革命"的焦点大部分涉及向小批量生产系统的转移。

缩短准备时间、看板和持续改善系统，还有其他"现代制造实践"通常适用来减少库存和提高系统的反应能力。尽管传统上它们被看成属于制造业范围的内容，

---

① 这一节参考了 Lee 和 Billington 的近著 [119]。

但是，这些制造方法对整个供应链同样有重大的意义。零售商和分销商则希望通过较短的交货提前期和多样的产品种类来对顾客的需求做出快速反应。这些先进的制造系统通过更快速地对顾客需要做出反应，从而使制造商尽可能满足这些需求。

这是正确的，尤其是如果能够获得信息保证制造商有尽可能多的时间对供应链下游成员的需要做出反应。同样，如果分销商或零售商有能力观察工厂的状况和制造商的库存，那么它们能够更准确地对顾客报出提前期。此外，这些系统能使零售商和分销商了解并信任制造商的能力。这种信心使分销商和零售商降低了为防止出现问题而设置的安全库存水平。

库存—运输成本权衡问题

库存成本和运输成本之间也存在着相似的权衡问题。为了弄清楚这一问题，我们需要回顾一下在第 3 章中详细讨论过的运输成本的本质。首先，我们考虑一个自己拥有车队的公司。每辆卡车发生一些固定运营成本（如折旧、司机的工资）和一些变动成本（如汽油）。如果卡车总是满载发货，那么卡车的运营成本可以在最大可能数量的产品中进行分摊。因此，若总是整车发货（不管是否与顾客需求相等），那么满载运输可使运输成本达到最小。

同样，如果公司利用外部运输公司，那么这些公司往往会提供数量折扣。一般来说，整车运输比零担运输要便宜一些。因此，在这种情况下，整车运输也减少了运输成本。

然而，在许多情况下，需求数量要远远小于整车数量。因此，当商品整车发送时，这些商品在消费之前需要等待较长的时间，从而导致了较高的库存成本。

遗憾的是，这种权衡问题不能够彻底消除。不过，我们可以利用先进的信息技术方案来减少它的影响。例如，可以利用先进的生产控制系统尽可能延迟产品的制造，从而保证整车运输。同样，配送控制系统可以使物料管理经理把从仓库运往商店的不同产品组合起来进行运输。这要求了解订单和需求的预测值以及供应商的送货计划。前面讨论的直接转运也允许零售商把来自许多不同制造商的产品装在同一辆运往某一特定目的地的卡车上，从而有助于控制库存和运输成本的权衡问题。

实际上，决策支持系统的最新发展使得供应链通过考虑链上方方面面的问题，从而在运输成本和库存成本之间找到一个恰当的平衡。不管选择什么运输策略，运输业的竞争将迫使成本下降。由于先进的运输模式和承运商的筛选程序保证了每次特定发运总是最经济合算的，这种成本下降的趋势将更加明显，从而降低了总的运输成本。

提前期—运输成本权衡问题

总提前期由订单处理时间、采购和商品制造时间，以及在供应链不同阶段商品运输的时间构成。如我们在上面所提到的，当商品在供应链各阶段进行大量运输时，运输成本是最低的。然而，如果商品在制造后或从供应商到货后就立即运输，那么通常可以缩短提前期。因此，一方面可以累积商品到足够数量后再运输，从而减少运输成本；另一方面，立即运输商品来缩短提前期，这两者之间存在一个权衡问题。

这个权衡问题也是不能完全消除的，但是同样可以利用信息来减少其影响。如前一节所描述的，运输成本可以得到控制，这样就不一定非要累积产品到足够数量再进行运输。此外，改善的预测技术和信息系统减少了提前期的其他组成部分，所以减少运输部分的提前期可能并不是那么必要了。

产品多样化—库存权衡问题

显然，产品的多样化大大增加了供应链管理的复杂性。进行小批量多品种生产的制造商发现它们的制造成本上升了，制造效率却下降了。为了维持与生产较少品种产品的公司相同的提前期，它们可能需要运输较少数量的商品，这样仓库将需要储存较多种类的产品，因此，增加产品的种类同时增加了运输和仓库的成本。最后，因为通常难以准确地预测每一种产品的需求，再加上所有这些产品都在争夺同样的顾客，所以必须维持较高的库存水平来保证同样的服务水平。

一个多样化产品的公司需要解决的主要问题是如何有效地匹配供应和需求。以一个生产冬季滑雪服的制造商为例。通常，在销售季节 12 个月之前，公司就要设计在冬季将销售的若干种款式。遗憾的是，公司并不清楚每一种款式应该生产多少件，因此，也不清楚如何安排生产。

应用"延迟差异"的概念是支持多样化生产的一种有效的方法，我们将在第 6 章和第 11 章讨论这一概念。在一个利用延迟差异的供应链中，未添加多样化特征的同类产品尽可能地运往供应链下游。这意味着配送中心接到的是单一的同类产品，然后在那里根据顾客的需求对产品进行修改或定制化。

我们注意到，这样的做法再次应用了第 2 章所介绍的风险分担的概念。实际上，通过向仓库运输同类产品，我们已经汇集了顾客需求的所有产品。正如我们已知的，这意味着需求预测更为准确，需求的变动性更小，从而可以降低安全库存。这种通过产品汇集需求的过程类似于通过零售商集成需求信息的过程（见第 2 章）。

延迟差异的概念是为物流而设计的一个例子，我们将在第 11 章作更详细的讨论。

成本—顾客服务权衡问题

所有这些权衡问题都是成本—顾客权衡的例子。降低库存、制造成本和运输成本往往是以牺牲顾客服务为代价的。在前一小节中，我们了解到在通过利用信息和合适的供应链设计降低这些成本的同时，顾客服务水平可以保持不变。我们把顾客服务定义为零售商能够用库存来满足顾客需求的能力。

当然，顾客服务意味着零售商快速满足顾客需求的能力。我们已经讨论过转运货物如何在不增加库存的条件下，使快速地满足顾客需求成为可能。另外，从仓库直接运输到零售商客户的家中是快速满足顾客服务需求的另一种方法。例如，西尔斯（Sears）销售的大型电器设备很大一部分是直接从仓库运输到最终客户的。这不仅控制了分销商店的库存成本，而且还使仓库能够直接利用风险分担的作用。为了运行这种系统，商店必须能够获得仓库的库存信息，并且把订单信息快速传送到仓库。这仅仅是利用信息和合适的供应链设计降低成本和提高服务水平的一个例子。在这个例子中，集中型的库存比大量的商店库存成本更低，同时改善了顾客服务，因为顾客有更多的库存可以选择，而且设备可以立即运送到家中。

最后，有必要指出，到目前为止，我们强调如何用供应链技术和管理来提高传统意义上定义的顾客服务水平及降低成本。然而，先进的供应链管理技术和信息系统可以为顾客提供一种他们以前从未认识到的服务，为此，供应商还可从中收取报酬。大规模定制的概念就是这样的一个例子，它是以合理的价格和较高的数量向顾客运送高度个性化的产品和服务。尽管过去这在经济上是不可行的，但现在改善的物流和信息系统使其成为可能。我们将在本书的第 11 章对大规模定制概念做更为详细的解释。

信息的边际价值递减

我们将以告诫的形式结束这章。在本章中，我们讨论了信息的好处。当然，信息的获取和共享并不是免费的。无线射频识别技术、数据库、交流系统、分析工具和经理人时间都与成本有重要关系。很多公司通过忠诚计划和无线射频识别技术阅读器等收集了数据，它们正在为如何准确使用这些数据而努力。

即使企业了解全局优化的价值，它们也需要比较信息交换的成本和信息交换所能带来的利益。企业通常不需要交换所有可用信息或者持续地交换信息。在很多案例中，确实存在信息边际价值递减的问题，从这个意义上说，一旦企业交换了信息的主要部分，那么企业交换信息其他附加部分就只有很少的利益。

例如，研究人员已经在研究分销商和制造商之间需要进行多少次信息交换。例如，他们发现，在特定的供应链中，如果分销商一个星期下一次订单，那么它们能从每星期 2～4 次的需求信息共享中获得大部分的收益。每星期超过 4 次的信息共享所能获得的额外收益是极少的。换句话说，信息共享的边际收益随着信息共享次数的增加而减少。

研究人员还发现多阶段分散型制造供应链中，如果供应链参与者仅交换一小部分的信息，那么他们将获得许多共享具体信息的收益。例如，在特定的供应链中，很多情况下，通过阶段性的交换关于何时能完全完成工作的估计这一极其有限的信息，供应链参与者能完全共享制造和订单状态的信息，并因此得到共享信息而获利的 3/4。交换更多详细信息能得到的额外收益比较有限。换句话说，信息共享的边际收益随着信息交换具体程度的提高而减少。

通常情况下，交换更多详细的信息或者更频繁地交换信息的成本更大。因此，供应链参与者需要知道信息特定部分的成本和收益，关注这个信息被收集的次数，存储和共享这个信息所需的成本，以及应该以何种方式共享，因为这些因素使得成本和收益相关联。

小结

牛鞭效应意味着随着我们向供应链上游前进，需求的变动程度增加。需求变动程度的增加导致了显著的无效率作业（如供应链中的各机构被迫大量增加库存）。实际上，在文献 [120] 中，作者估计在某些行业中，如医药行业，这种扭曲的信息能够导致供应链中的总库存超过 100 天的供应量，因此，找出有效的应对牛鞭效应的策略是很重要的。在本章中，我们已经找到了减小牛鞭效应的具体方法，其中之一便是信息共享，即集中需求信息。

最后，我们分析了供应链中各阶段之间的相互作用。通常来说，供应链的管理被看作各阶段内部和不同阶段之间的一系列权衡问题。我们得出结论，认为信息是集成供应链不同阶段的关键因素，并讨论了信息如何能够用来减少许多权衡问题的必要性。在第 6 章，我们将提供更多的相关信息。

问题讨论

1. 回答以下有关巴里拉案例的问题：

a. 分析建立 JITD 计划要解决的问题的根本原因。该计划的好处是什么？

b. 建立 JITD 计划在巴里拉内部存在什么冲突和障碍？冲突的原因是什么？如果你是乔治·马贾利，你将如何处理？

c. 如果你是巴里拉的一个客户，你对 JITD 计划作何反应？为什么？

d. 在 1990 年巴里拉的经营环境下，你认为 JITD 计划可行吗？有效吗？如果是，那么下一个目标客户是谁？如何使他们相信该计划是值得尝试的？如果不是，克服巴里拉运营系统面临的困难，你有什么替代的方案建议？

e. 比较巴里拉提出的 JITD 策略和丰田等公司提出的著名的 JIT 策略。

2. 讨论以下各因素如何有助于减轻牛鞭效应的影响：电子商务和互联网、快递送货、合作预测、天天低价、供应商管理库存、供应合同。

3. 零售商共享库存有哪些优点？假设你在一家汽车经销商处看中一款蓝色车型，但经销商没有存货。在这种情况下，它会从当地的另一家经销店拿到你要的车型。零售商共享库存又有哪些缺点？

4. 讨论在供应链中能够缩短提前期的 5 种方法。

5. 考虑一个早餐谷物食品的供应链。讨论以下各对象的竞争目标：提供原材料的农民，生产谷物食品公司的制造部门、物流部门、营销部门，销售谷物食品连锁商店的配送队伍以及销售谷物食品商店的经理。

6. 再次浏览实例 5—1，并讨论能够帮助 Newbury Comics 和 SoundScan 公司解决信息不对称问题的策略。

案例

锐步销售国家橄榄球联盟的球衣

——一个延迟交货的案例

今年的这个时候，我们是有点太兴奋了。我的仓库装满了橄榄球衣，而零售商仍然

资料来源：Copyright 2005，John C. W. Parsons. This case was prepared by John C. W. Parsons under the direction of Professor Stephen C. Graves as the basis for class discussion rather than to illustrate either effective or ineffective handling of an administrative situation. The case is based on the author's MLog thesis, "Using a Newsvendor Model for Demand Planning of NFL Replica Jerseys" supervised by Professor Stephen C. Graves，June 2004.

抱怨缺货。每年，我们似乎都为新赛季准备了正确的库存品种搭配。随后，那些没人看好的球队以一个 4：0 的开局表现得很好，而那些人们看好的有望夺得超级杯的球队却输掉了首轮比赛。突然间我就有 1 000 件球衣卖不出去，同时还有 1 000 份订单不能满足。

托尼负责锐步在中央分销中心持有的国家橄榄球联盟球衣的库存。10 月初，国家橄榄球联盟新赛季顺利进行。"怪不得我们称此为追踪，我感觉自己像已经跑了几个月似的，已经筋疲力尽了。我希望存在某种方法来制定库存计划，使我能够根据热门球员和球队的变化迅速调整库存。但是随着球员受欢迎情况的变化，需求逐年发生很大的变化，我真的不能增加库存，事实上我更希望在年终使库存最小化。"

背景介绍

锐步国际有限公司的总部在马萨诸塞州的坎顿。公司有将近 7 400 名员工，公司有着广为人知的运动服装和鞋类的品牌。1979 年，锐步还是个小型的英国鞋业公司，当时保罗·法尔曼（Paul Fireman）获得北美专门销售锐步牌鞋[①]的营业执照。1985 年，锐步美国有限公司收购了原锐步英国有限公司，并成立了锐步国际有限公司。2003 年，锐步公司从投入 1.57 亿美元资金的运作中获得了 34.85 亿美元的收入。保罗·法尔曼继续担任公司总裁。

2000 年 12 月，锐步和国家橄榄球联盟签订了一份 10 年期合约，合约中规定，锐步公司有权制造、营销和销售国家橄榄球联盟准许经营的商品（包括场上队服、训练服、球鞋和国家橄榄球联盟品牌的系列球衣）。国家橄榄球联盟是美国橄榄球第一个专业联盟，联盟总共有 32 支队伍。这些队伍被组织成两个协会——美国橄榄球协会（AFC）和国家橄榄球协会（NFC），在每个协会中都有 4 个部门。

美国橄榄球运动的历史可以追溯到 1869 年。[②] 亚利桑那的红雀队是最早连续从事专业足球运作的，这可以追溯到 1899 年。2003 年，塔帕湾海盗队和奥克兰突袭者队之间进行的超级杯比赛迎来了 1.39 亿观众，使它成为历史上观看人数最多的电视节目。国家橄榄球联盟从很不起眼开始，最终发展成为一个成功的橄榄球联盟。

特许的服装业务

特许的服装业务是一个高利润的非常赚钱的生意。在赋予锐步专门许可证的同时，国家橄榄球联盟期望锐步为顾客提供非常高的服务水平，而这些顾客就是把产品最终卖给公众的运动用品零售商。尽管如此，需求仍然受到很多不可控因素的影响，并且这些因素很难预测。预测哪种商品畅销就等同于预测谁是超级杯下一赛季的最受欢迎球员。

锐步公司拥有提供优质产品的历史。一个零售商谈道："锐步公司的生产线是很棒的。我们既兴奋又期待。过去，我们害怕的是在大型购物中心，人们能够在 5 个不同的商店发现由 5 个不同制造商制造的同一球队的球服。现在的问题是，顾客是否会仅仅因为它是锐步公司制造的而为每件球服多支付 20 美元。"[③]

另一些零售商也会担心这些产品只有单源供应。"作为球衣的顶级零售商，我们仅代理锐步这个品牌。"一个零售商说道："我认为锐步公司制造很棒的产品。因为我们没有其他的

---

① www. reebok. com/useng/history/1890. htm.

② www. nfl. com/history.

③ Cara Griffin，"NFL's New World Order,"*Sporting Goods Business* 35，no. 1（Jan. 2002）p. 56.

品牌可以选择，所以只是希望锐步公司能够提供所需的产品。"①

提供市场热门商品的能力对锐步公司来说特别重要，这是零售商在所有特许业务中所关注的。"我认为在锐步公司中拥有一个主要合作伙伴，我们就能在市场热门商品中处于较好的地位……锐步公司将能够在运动衫和羊毛衫领域填补空白，并且相信它能够满足零售商的需求。"②

在国家橄榄球联盟球衣业务背景下，市场热门商品往往是一种在新赛季开始前没有估计到能够热卖的产品，或者是没有过好的销售业绩的不知名产品。对锐步公司早期工作的回顾证明它的业绩是令人满意的。"公平地说，在热门市场上产品交货是一个问题，无论你拥有 1 个或者 12 个伙伴，它也将是一个问题。我不得不说，今年锐步公司在产品交货上相当准时。"③

锐步公司在经许可的服装领域通过收购和扩张发展它的专业技术。2001 年锐步公司购买了位于印第安纳波利斯具有 Athletic 标识的一个相对较小的特许服装业务。Athletic 标识的品牌在运动服装领域拥有广泛的经验和专业技术，过去和国家橄榄球联盟同样有着密切的关系。因此，锐步公司决定将它的特许服装的管理放在印第安纳波利斯的前 Athletic 的设施上。

国家橄榄球联盟球衣需求

国家橄榄球联盟球衣由 5 盎司带菱形网眼设计的前后身、一双亮色的尼龙短袖以及一个 8.6 盎司的聚酯纤维的扁平编织螺纹衣领组成，不同的球队球衣采用不同的条纹编织。每一支球队的球衣是风格、款式、颜色和队徽的不同组合（见图 5—9）。

图 5—9　国家橄榄球联盟球衣示意图

尽管一年内都有顾客需求，但是国家橄榄球联盟赛季内产生的需求占主要部分。整个赛季 8、9 月份的期望销售额最高。在新赛季初，某些球队和球员由于他们的表现使得销售猛增。例如，2003 年，堪萨斯酋长队在赛季初取得连胜，因此，他们的球衣变得炙手可热，形成缺货局面。以前不知名的球员球衣出乎意料地好卖：丹蒂·霍尔（Dante Hall）在前面

① Cara Griffin，"NFL's New World Order，"*Sporting Goods Business* 35，no. 1（Jan. 2002）p. 56.

② 同上。

③ 同上。

四场比赛中有一些突出的表现，这使得他的球衣非常热门。

赛季后期，顾客需求通过节日礼物和对季后赛的预期来拉动。整个季后赛期间，需求和球队每周的表现有着密切的关系。输掉比赛的球队的球衣销量锐减，而赢得比赛进入下一轮的球队的球衣销量强劲。最后角逐超级杯的两支球队的球衣销量比正常情况下高得多。赢得超级杯的球队，其球衣在他们得到冠军后的一两周内继续被强劲出售，然后销量快速下降直到下一个新的赛季。

大多数球员交易和自由球员签约发生在赛季结束后的 2—4 月。顾客会根据这些球员变化来购买他们所喜欢的球队里新球星的球衣。例如，2004 年 3 月，当沃伦·萨普（Warren Sapp）同奥克兰突袭者队签约时，零售商希望锐步立即开始运送他的球衣。

销售周期

每年的销售周期始于 1—2 月。锐步公司为那些提前下订单零售商提供一个价格折扣，这使得零售商每年 5 月份下的订单占全年订单的近 20%。在即将到来的赛季，锐步公司根据提前订单的信息向供应商制定采购计划。

2—4 月，除了一些订单调整外，零售商的订单有限。例如，零售商会下达一些供货提前期短的订单来满足由于球员变化而产生的意外需求，2004 年费城队签约特雷尔·欧文斯（Terrell Owens）就是个典型的例子。

5—8 月，零售商的订单主要用于零售分销中心的库存，以满足各个零售直销店赛季内补充库存的需求。这个时候零售商所期望的提前期是 3～4 周。8 月末，锐步公司已经为零售商运送期望销售量的 50%。

9 月到来年 1 月的赛季库存补充被称为"追踪"。根据赛季前预测正在销售的球衣，零售商用分销中心的库存来补充门店的存货。但是，对于热销球衣，零售商需要向锐步公司下达补货订单来补充分销中心库存。在这一时期内，顾客对球员和球队的表现做出反应，从而形成热门市场。零售商需要及时调整它们的库存结构，"追踪"热销商品，并且希望锐步公司能够提供热门市场所需产品。不知名的球员变成了超级球星，先前的超级球星不再是球队核心。如果零售商储存的球衣能满足顾客需求，那么这会为零售商提供一个把巨额数量产品销售一空的机会。

在一家大型运动产品零售公司工作的一个高级采购经理解释道："我们确实需要预测哪支球队和哪些球员在这一赛季会受欢迎，并且确认拥有他们球衣的库存。我们每周会按照需求从分销中心给门店补充库存。"

供应链

锐步公司从位于印第安纳波利斯的分销中心为它的主要零售商的分销中心直接供货。零售商希望对补充正常需求的订货提前期介于 3～12 周之间。但是，当面对热销产品需求时，它们希望获得 1～2 周更短的订货提前期。

图 5—10 和图 5—11 提供了对锐步公司供应链的高水准描述。锐步公司从离岸合同制造商（CM）那里采购所有球衣，制造提前期为 30 天。锐步公司从每个合同制造商所持有库存中获得布料和其他原材料。通过签订内部合同确保了原材料库存量的充足，从而使锐步公司有能力生产任何球队的球衣。海运需要 2 个月，空运则需要 1 个星期。

合同制造商剪裁、缝制和组装一件带有颜色和球队标志的队服，但是不含有球员名字和球衣号码。这么一件服装被称为"队服"或者"空白"球衣。然后，这种球衣有两种可能的方式转变为成品。对于某些订单，合同制造商在球衣上印上球员名字和号码，从而生产出球员球衣，然后作为成品运送到锐步公司的分销中心。对于空白球衣，托尼解释道："空白球衣被直接运送到锐步公司的分销中心。在我们了解客户需求之前，我们一直持有这类球衣的

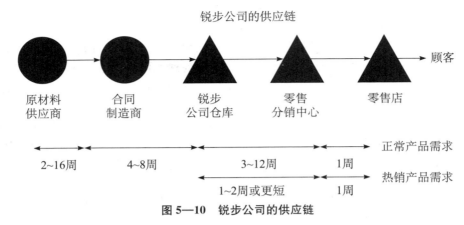

图 5—10　锐步公司的供应链

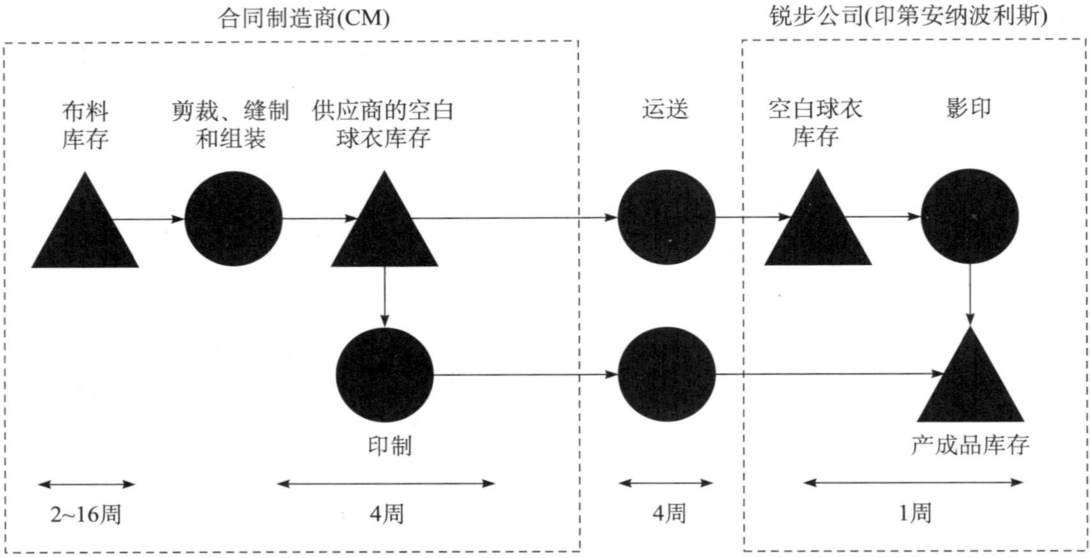

合同制造商(CM)　　　　　　　　　　　　　锐步公司(印第安纳波利斯)

布料库存　剪裁、缝制和组装　供应商的空白球衣库存　运送　空白球衣库存　影印

2~16周　　　　　4周　　　　　4周　　　　1周

印制

产成品库存

图 5—11　锐步公司的供应链（详细情况）

库存，等到热销球衣的客户需求出现，我们才及时为这类球衣印上球员名字和号码。"

　　锐步公司在其分销中心里拥有自己的丝网印刷设备，这些设备被用来完成空白球衣的印制。在赛季需求高峰期，这些设备每天大约有能力印制10 000件球衣。位于印第安纳波利斯的成品生产设备包括很多的缝纫机和丝网印刷机，有能力绣出和印制出符合最高商业标准的球衣。（这个能力和其他运动产品（如 NBA 球衣、T 恤和运动袜）能力共享。如果当前的需求超过现有能力，锐步公司会通过外包服务来获取足够的能力，但是这就需要增加额外成本。外包的成本比自身成本高大约 10 个百分点。）

　　位于印第安纳波利斯的分销中心的空白球衣的库存设置有两个主要目的：满足那些对某些球员球衣的小规模需求和对受欢迎球员球衣高出期望的需求的快速反应。合同制造商和锐步公司对于任何球员的球衣有一个最小订购数量为 1 728 件的协议。对某个球员球衣的需求如果小于这个数量，那么将由位于印第安纳波利斯的分销中心通过印制空白球衣来满足这一部分的需求。传统的国家橄榄球联盟的球队只有少数球员会有足够的需求让合同制造商对其球衣进行生产。

在赛季结束后，锐步公司同样利用空白球衣来满足那些对意外转会球员球衣的需求。作为生产经理的蒙蒂（Monty）引用了一个最近发生的案例：2004年3月，当沃伦·萨普和奥克兰突袭者队签约时，零售商希望我们立即开始运送沃伦·萨普的球衣。幸运的是，我们还持有额外的突袭者队服的库存。

采购计划

锐步公司的采购周期比销售周期启动得更早，即上一年的7月——国家橄榄球联盟目标赛季开始前的14个月。例如，2004年9月那个赛季的采购周期从2003年7月就开始了。从7月到10月，锐步公司每个月向它的合同制造商下达两次采购订单，为来年4月的交货计划做准备。这期间所订购的球衣通常为空白球衣，这是因为在即将到来的赛季里，球队的球员名单还不确定。锐步公司希望合同制造商立即制造球衣，并且持有空白球衣的库存。如果锐步公司在本年度需要球衣，那么它会向合同制造商发出请求，促使它们立即发货。

1—2月期间，锐步公司针对已知需求（即来自零售商提前的订单需求）下达订单。锐步公司在3—4月期间结合已知需求和预测需求信息来制定采购计划。在5—6月，根据对零售商在即将到来的赛季里订单需求的预期，锐步公司持续下订单来决定它位于印第安纳波利斯的分销中心的库存水平。3—6月这段时间是锐步公司制定采购计划的人员一年中面临的最艰难时期：提前的订单需求已经被满足，但是制定采购计划的人员必须根据对即将到来的赛季的需求预测来决定库存水平。

计划问题

如上所述，3—6月这段时间是整个采购周期最关键的时期。锐步公司已经下达订单来满足来自零售商赛季前提交的订单需求，现在必须根据对即将到来的赛季的需求预测来决定如何下订单。在这一部分，我们列举了一个说明性案例，即2003赛季新英格兰爱国者队的计划问题。[①]

锐步公司以每件球衣24美元的批发价把球衣卖给零售商。零售价格大概是50美元。锐步公司的成本取决于合同制造商：送往印第安纳波利斯的一件空白球衣和一件球员球衣的平均成本分别是9.5美元和10.9美元。在印第安纳波利斯加工一件空白球衣的成本大概是2.4美元。

锐步公司对于没能卖给零售商的球衣有多种选择，这些球衣到了赛季末将成为积压库存。锐步公司可以打折卖掉这些球衣，但是必须很小心地处理来保护它的零售渠道。锐步公司也可以把这些球衣放在它的分销中心，并希望下个赛季期间能够卖掉它们。由于自由球员的签约、交易和退休，这个选择存在潜在危险，特别是那些加工过的球衣。而且，球队经常改变他们队服的类型和颜色。在这两种情况下，锐步公司都可能承受过时球衣带来的损失。

锐步公司一般的做法是以打折的方式来卖掉剩下的加工过的球衣，却把空白球衣留到下个赛季，寄希望于这些球队在下个赛季不会对球衣做任何改变。一件锐步公司加工过的球衣打折后的平均价格是7美元。锐步公司估计每件空白球衣的年平均库存持有成本为11个百分点，这个平均库存持有成本包括库存的资金占有成本、保管费和处理成本。因此，持有一件没卖掉的空白的爱国者队队服并保存到下个赛季的成本是1.045美元。新英格兰爱国者队几年前重新设计了他们的队服，并且没有迹象表明他们会在不久的将来对球衣做变动。

预测需求是一个挑战。锐步公司根据如下综合因素研究需求预测：以往的销量、球队和

---

① 不是实际的成本、收入或者数量。所有数值都是假设的。

球员的表现、市场情报、提前的订单需求、合理预测。此外，需求预测根据销售周期中的未销售数量和本赛季锐步公司所获得的更多信息被不断调整。

2003 年 2 月，根据最初零售商的订单需求，可以获得足够的信息对球队和球员进行需求预测。表 5—4 提供了关于新英格兰爱国者队球衣需求的预测。

表 5—4   需求预测

描述	均值	标准差
新英格兰爱国者队需求总额	87 680	19 211
Brady, Tom, 12 号	30 763	13 843
Law, TY, 24 号	10 569	4 756
Brown, Troy, 80 号	8 159	3 671
Vinatieri, Adam, 4 号	7 270	4 362
Bruschi, Tedy, 54 号	5 526	3 316
Smith, Antowain, 32 号	2 118	1 271
其他球员	23 275	10 474

当时，表中所列的 6 个球员的球衣很受欢迎，此外，这 6 个球员中每人都拥有足以满足覆盖合同制造商最小订单数量的需求预测。然而锐步公司更希望预测出其他球员的需求（例如，Ted Johnson，52 号），这个需求更难预测，并且不可能超过合同制造商最小订单数量。因此，锐步公司开发了累计预测方法，得到其他队员的球衣需求总和超过23 000件。

案例问题讨论

1. 鉴于球衣需求的不确定性，锐步公司应该如何做出关于国家橄榄球联盟球衣的库存计划？

2. 锐步公司的目标应该是什么？锐步公司是否应该使赛季末库存最小化，或者最大化利润？锐步公司能否同时达到这两个目标？锐步公司应该给客户提供什么水平的服务？

3. 第 2 章第 2 节的模型在这里适用吗？一件赛季内正常售出的加工过的球衣的成本是多少？一件赛季内未售出的加工过的球衣的成本是多少？锐步公司应该如何决定加工过的球衣和空白球衣的数量？

4. 使用关于新英格兰爱国者队球衣的需求预测，每个球员球衣的最优订购数量应该是多少？每个球员的空白球衣的最优订购数量应该是多少？锐步公司能获得多少期望利润？赛季末剩下来的是什么类型球衣的库存？这类库存有多少？锐步公司能提供怎样的服务水平？

供应链整合

案例

戴尔有限公司

——提高个人台式计算机的供应链柔性

对戴尔公司来说，2005 年 6 月似乎是美好的。自 2001 年网络泡沫破灭以来，戴尔公司股票价格增长了将近一倍，公司销售收入和净利润创新高。虽然戴尔公司目前非常自信和乐观，但是公司的个人台式计算机制造部门发现制造成本持续增高。作为该部门的主管经理之一，汤姆·威尔逊（Tom Wilson）说："最近，戴尔 5 级制造产品的增加给我们敲响了警钟。从戴尔的角度来看，这增加了制造总成本，使我们不但没有从外包制造商的低成本结构中获得本该得到的好处，而且不得不更加依赖第三方集成商（3PIs）。因为目前我们并不要求第三方集成商进行集成产品的测试，所以我们仅能够得到较低质量的产品。另外，目前难以预测为满足戴尔的需求，第三方集成商应该具有多少制造能力。"

个人电脑行业的历史

20 世纪 60 年代，第一台个人计算机（并不是大型运算计算机）面世，例如 LINC 和 PDP-8。它们很昂贵，每台价格将近 50 000 美元，而且体积很庞大，大小和冰箱差不多。不过对于个人实验室和研究项目来说，这种计算机还是比较小的，而且价钱相对便宜，所以人们称它们为个人计算机。这些计算机拥有自身的操作系统，因此使用者能够直接进行操作。

70 年代中期，市场上出现了第一台微型计算机。通常电脑爱好者用它们来学习编程，运行简单的办公软件或者玩游戏。单芯片微处理器的出现大大降低了电脑的价格，并且首次使计算机大众化。第一款成功销售的台式计算机是 1977 年苹果公司生产的"苹果二代"台式机。

80 年代，电脑更加便宜，并且在家庭和商务中的应用更为广泛，这部分归功于 IBM 个人电脑及其相关软件的出现。人们能够在一台相对便宜的机器上运行电子表格、文字处理软件、演示图表以及运行简单的数据库程序。1982 年，《时代》杂志评选个人计算机为年度人物。80 年代出现了笔记本大小的手提式电脑。1981 年，第一款商用可携带式计算机问世，即奥斯本一代（Osborne 1），这款电脑采用 CP/M 操作系统。尽管以今天的标准来看，这款电脑又大又笨重，并且只配备很小的 CRT 屏幕，但是它给商界带来了革命性的影响，因为电脑操作人员第一次能够随身携带电脑和数据。不过，奥斯本一代没有配备电池，所以只能在有外接电源的情况下使用。

90 年代，个人电脑功能变得更加强大，能够处理更为复杂的任务。这一时期，个人电脑更像多用户计算机或者大型机。90 年代，厂家经常对台式计算机能够支持图像和多媒体的功能进行宣传，使得电影工作室、大学和政府机关对台式计算机的使用数量大大

资料来源：This case study was written based on MIT Leaders for Manufacturing (LFM) Class of 2006 Fellow Johnson Wu's master thesis and codeveloped with his thesis advisors Prof. Charles Fine and Prof. David Simchi-Levi and LFM Program Director Dr. Donald Rosenfield. © 2006 Massachusetts Institute of Technology. All rights reserved.

增加。

80 年代末，笔记本大小的便携式电脑在商务人员中开始流行。至 2005 年，高端个人计算机更加强调可靠性和多任务处理能力。

戴尔公司的背景及其直销模式

1984 年，迈克尔·戴尔（Michael Dell）在得克萨斯大学的寝室里创建了戴尔公司。公司基于一个简单的商业模式，即从营销渠道中去除零售商，把产品直接卖给顾客。通过这种商业模式，戴尔公司以低于市场均价的产品价格为顾客提供定制化的计算机系统。戴尔公司很快就获得商业上的成功，在 1993 年跻身世界电脑制造商前 5 位，并在 2001 年位列第一。如今戴尔公司在美国拥有 3 家主要的制造工厂（分别位于得克萨斯州的奥斯汀、田纳西州的纳什维尔和北卡罗来纳州的温斯顿-塞勒姆），并且在巴西、中国、马拉西亚和爱尔兰拥有工厂。戴尔公司在过去 4 个季度里总收入为 560 亿美元。戴尔公司在世界范围内拥有 65 200 位员工。[①]

除了个人电脑，戴尔公司目前提供的产品还包括一系列电子类消费产品：工作站、服务器、计算机存储器、显示器、打印机、液晶电视、投影仪等。这些产品的一部分由戴尔工厂制造，另一部分是由其他公司贴牌制造。

在公司的发展过程中，戴尔基本商业模式从来没有改变过——把产品直接卖给顾客这一模式已经成为戴尔的核心竞争力。直销模式中没有零售环节，整个过程既起始于顾客又终结于顾客：顾客通过网络或者电话订购自己需要的电脑，戴尔则负责制造并直接为顾客送货。戴尔不但通过直接送货节省一些费用，而且订单拉动模式所需要的原材料库存很低，所以戴尔能够使自己的制造成本低于竞争对手。直销模式还能减少从顾客订货到顾客收货所需的时间。另外，直销模式实现了单点责任制（single point of accountability），戴尔公司能够更容易地设计客户服务模式，从而为满足客户需求提供必要的资源。

合同制造模式

2005 年，大部分个人计算机制造商通过合同制造商来生产高科技电子产品。合同制造始于 20 世纪 80 年代。为了利用劳动力成本的差异性，很多原始设备制造商和合同制造商签订商业协议。当合同制造模式第一次得到应用时，合同制造商负责在较低的劳动力成本地区制造原材料或者待组装部件，并把它们运送到美国或者欧洲的原始设备制造商工厂进行组装。90 年代后期，越来越多的合同制造商开始替它们的客户从事一定的制造或组装工作，这加速了合同制造商的发展。根据一家位于加利福尼亚的 Alameda 技术预测公司的调查结果，1998 年合同制造行业市值达 900 亿美元。到 2001 年，这一数据增长了将近一倍，达到 1 780 亿美元。[②] 原始设备制造商希望合同制造商拥有和管理部分制造过程基于如下原因[③]：

1. 能力：原始设备制造商不能生产这项物品或者难以获得生产能力，因此它们必须寻找供应商。

2. 竞争力：供应商拥有更低的制造成本、更快的可获得性等。

3. 技术：供应商能够制造更好的物品。

到 2005 年，几乎所有在美国出售的个人台式电脑都是由中国的制造商制造的。在一

---

① Dell Company Web site, Company Facts.

② Drew Wilson, "Contract Manufacturing Revs Up for 2000," *The Electronics Industry Yearbook/2000*, p. 88.

③ Charles H. Fine and Dan Whitney, "Is the Make-Buy Decision Process a Core Competence?" MIT CTPID Working Paper, 1996.

个典型的合同制造交易中，原始设备制造商为合同制造商提供产品的设计方案。双方商定价格、材料性质、合同制造商的供应商，甚至有些时候包括制造过程。然后合同制造商就扮演原始设备制造商生产工厂的角色。大部分台式机和便携式电脑的合同制造商在中国或者亚洲的其他地区拥有工厂。根据合同制造商的制造能力和相关成本的大小，合同制造商可以完成从制造到运送组装产品过程中的部分甚至全部工作。因此，到 2005年，大部分美国的个人计算机制造商不再在美国设厂，而戴尔公司是少数几个仍然把制造工厂设在美国的公司之一。

对于戴尔公司来说，因为顾客在下订单的时候能够定制他们个人计算机中的一些部件，所以，从时间上来说，不容许在中国的合同制造商制造一件成品，并通过海运送到美国顾客的手中，而且对于笨重而庞大的台式机来说，空运送货又是成本上所不允许的。因此对于台式机，中国的合同制造商生产半组装产品并将其海运到位于美国的戴尔公司工厂。一旦半组装产品到达并且已知顾客选择的零部件，那么戴尔工厂开始进一步的产品组装：组装定制化的零部件（包括中央处理器、内存、硬盘、扬声器等），安装必要的软件程序，执行最终的设备测试，然后按时把最终产品送到顾客手中。

台式计算机的关键零部件

台式计算机的两大主要零部件是主板和机箱（见图 6—1）。主板是一台电脑的"神经系统"，由中央处理器、键盘、屏幕的电路系统所构成，并且通常带有附加电路的插槽。机箱是用来防止内部关键零部件遭受灰尘或者潮湿气体的侵袭。主板通常由手工固定在机箱底部，通过位于机箱上的输入/输出端口与显示器连接。机箱上有供电设备。

主板包括三个关键零部件：芯片集、印刷电路板和局域网卡。印刷电路板是主板的基本部件，它由附着在一个绝缘体上的多个蚀刻导体构成。电路板上焊接了多种零部件。芯片集是一个包含北桥（northbridge）和南桥（southbridge）的集成电路组。北桥连接中央处理器和存储器，南桥则连接慢速设备（如周边元件总线、实时时钟、电源管理器等）。局域网卡的功能是使得计算机能够通过以太网或者无线网连接到互联网。

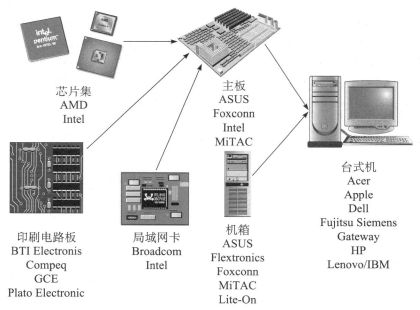

图 6—1　台式机关键配件以及相关制造商

5 级制造和 6 级制造的对比

根据组装程度的不同，个人台式机的制造过程可以分为 10 个等级。等级越高，集成程度也越高。图 6—2 和图 6—3 对个人台式机组装的 10 个等级进行了描述。这一分级标准同样适用于服务器和计算机存储器。

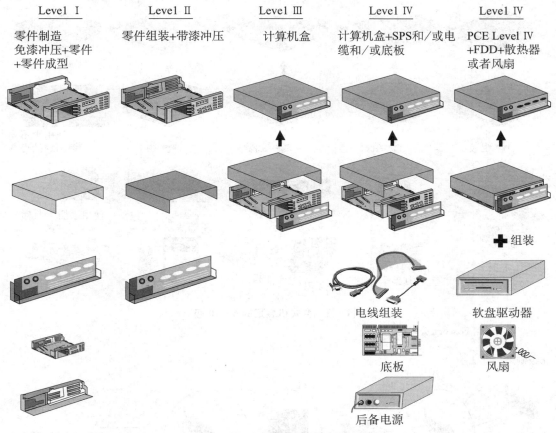

Level I	Level II	Level III	Level IV	Level IV
零件制造 免漆冲压+零件 +零件成型	零件组装+带漆冲压	计算机盒	计算机盒+SPS和/或电缆和/或底板	PCE Level IV +FDD+散热器 或者风扇

电线组装 　　软盘驱动器

组装

底板 　　风扇

后备电源

图 6—2　台式机装配的 1~5 级

5 级制造包括个人台式机机箱、光驱和风扇的组装。鉴于机箱的构造，在某些情况下 5 级制造可能还包括电源的组装。6 级制造除了上述零部件的组装，还包括主板组装。换句话说，6 级制造比 5 级制造多了主板组装这一步骤。

中国的合同制造商生产的 6 级制造机箱并不具备所有必需的功能，仍然需要增加部分定制化的零部件（例如处理器、存储器、硬盘、扬声器等）。中国的合同制造商把属于 6 级制造的机箱运往戴尔公司位于美国和爱尔兰的工厂，然后这些工厂将定制的零部件组装到机箱里，从而生产出"10 级制造"的机箱。10 级制造的产品是一个充分组装的功能性产品，它能够直接出售给顾客。图 6—4 说明了 5 级制造和 6 级制造价值链的相同点与不同点。

戴尔公司的一些产品是由合同制造商以 10 级制造的方式生产的，例如手提电脑和打印机。这意味着戴尔公司没有专门用于生产这些产品的资源和能力。相反，合同制造商生产出这些产品，并将产品说明书放在包装内，一起运送到戴尔公司的"整合中心"。然后这些产品与戴尔工厂生产的个人台式计算机"整合"到一起打包运送。因此客户收到的货物中包括了订单中的所有物品。戴尔公司通过这一送货策略获得了很好的顾客满意度。

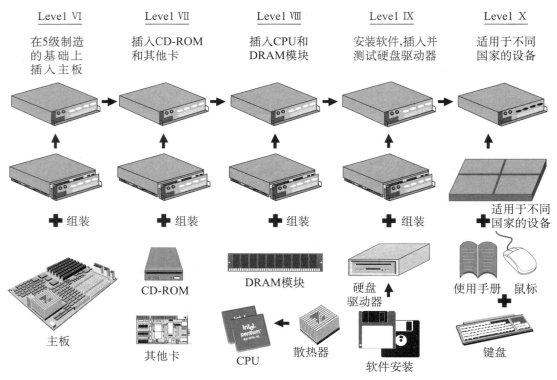

图6—3　台式机装配的6～10级

资料来源：Foxconn公司提供。

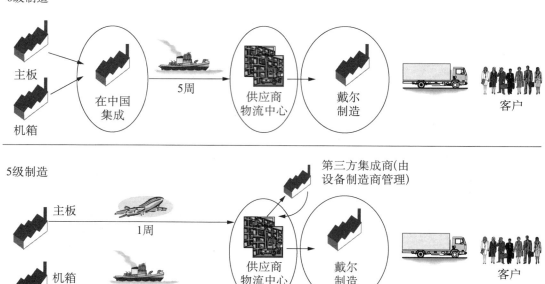

图6—4　6级制造和5级制造的对比

5 级制造增加的根本原因

对于 5 级制造来说，总的制造成本和物流成本要高于 6 级制造。从图 6—5 可以看出，戴尔公司制造成本的增多源于 5 级制造的增加。此外，从图 6—6 可以看出，相对于 6 级制造，5 级制造的水平从 2005 年 3 月开始有了显著的增加，6 月的 5 级制造产品所占比例（27%）是 3 月（4%）的 6 倍以上。

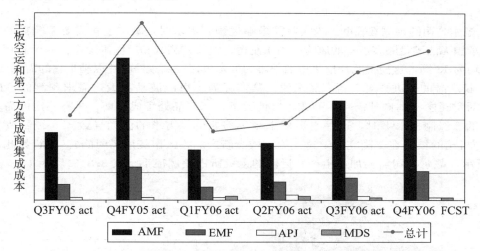

图 6—5　主板空运成本和第三方集成商集成成本（Q3FY05-Q4FY06）

说明：数据来自戴尔全球采购部。AMF（美国制造工厂）包括第三方集成商集成成本。EMF（欧洲制造工厂）和 APJ（亚太区日本）没有在戴尔工厂集成。在戴尔的财务年度，Q1FY05 是指 2004 年 2—4 月；Q4FY06 是指 2005 年 11 月至 2006 年 1 月。

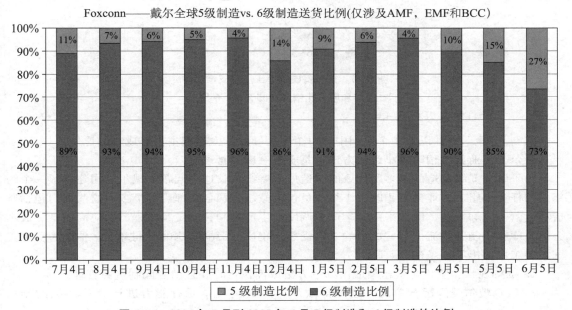

图 6—6　2004 年 7 月到 2005 年 6 月 5 级制造和 6 级制造的比例

5 级制造比例的上升在很大程度上与戴尔公司无法及时为合同制造商提供主板有关。这些原因可以总结如下：

1. 芯片集供应商违约或者供应问题。如果一个芯片集供应商不能按约定提供芯片集，就会导致台式计算机供应链的波动。根据2005年上半年收集到的数据，由于主板不适用于6级制造而导致的5级制造所占比例已经超过60%。

2. 质量/工程问题。由于质量或者工程的问题，可能出现需要返修或者报废的主板，这会进一步导致对主板的额外需求，而对于这部分需求，戴尔的芯片集供应商在需求预测中并未考虑。

3. 戴尔公司的预测准确度。当实际需求超过预测需求时，戴尔公司需要采购额外的芯片集或者承担无法满足顾客需求的风险。由于制造、组装、测试和运输等工作，一个芯片集的提前期平均为13周，这使得芯片集供应商很难为戴尔公司提供额外芯片以满足它的需求计划。

4. 新产品的引进。对于新产品来说，其实际需求可能波动很大，需求预测的不确定性导致了对空运主板的额外需求。而在正常情况下，当产品处于成熟期，具有稳定的需求水平和稳定的6级制造水平时，这种空运需求是不需要的。需求的波动导致了5级制造的增加（主板与机箱的组装在美国完成，这是为了减少新产品投入市场所需时间）。尽管如此，如图6—7所示，戴尔公司需要加速生产和运输的主板所占比例很小（仅3.8%）。

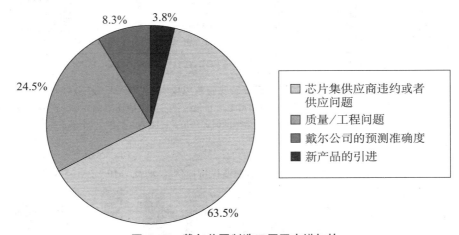

图6—7　戴尔美国制造工厂开支增加的
原因和所占比例（2005年1—6月）

资料来源：戴尔全球采购部。

图6—7显示了在以上4个原因中，每个原因导致的空运成本占总成本的比例。

戴尔公司业务流程改进小组的方法：基于复杂度的管理

为了解决5级制造的增多所导致的制造成本持续增长这个问题，戴尔公司建立了一个跨部门的任务小组。该业务流程改进小组成员包括戴尔公司各个部门的员工，这些部门包括制造和运营、全球采购、区域采购、生产总调度、生产控制、质量、流程、供应商质量、成本会计、库存控制和物流。这些成员均来自受芯片集供应短缺影响的不同部门，他们为管理美国组装工厂提出了6条建议。

1. 维持现状。主板与机箱集成由第三方集成商执行，并且由合同制造商管理。

2. 整合戴尔美国运营单元。这使得戴尔工厂的生产单元有能力进行5～10级的制造工作。

3. 在供应商物流中心进行离线组装。保持当前6～10级的制造流程不变，在供应商物流中心进行主板与机箱的组装。

4. 在戴尔公司租用的厂房内进行离线组装。保持当前 6～10 级的制造流程不变，在戴尔公司租用的厂房内进行主板与机箱的组装。

5. 戴尔公司直接管理第三方集成商。

6. 来自设备制造商墨西哥工厂的 6 级制造。很多合同供应商具有为其他客户制造产品的生产能力。戴尔可以和合同制造商协商，让它们提供一定的制造能力，从而支持戴尔的业务。

业务流程整合小组决定对戴尔公司中有关的各个部门进行问卷调查，从而量化这 6 种建议各自的复杂度和相关成本。根据制造方法的改变可能影响到的业务流程，该小组确立了问卷调查范围。这些调查问卷被送往受到影响的部门的相应专家手中。这些专家参与每天的业务流程和计划，他们是收集相关信息的最好来源。表 6—1 说明了问卷调查结果。

表 6—1 　　　　　　　　　　6 种建议的复杂度和成本分析

	建议 1	建议 2 （原始）	建议 2 （修订）	建议 3A	建议 3B	建议 4	建议 5
全球采购	10	1	1	1	1	5	10
区域采购	8	5	5	5	5	5	10
进程管理	5	5	5	5	5	5	5
生产控制	5	10	10	7	7	7	5
运营	1	10	10	5	1	1	1
DAO 质量	5	10	10	5	5	1	1
流程	1	10	10	5	1	1	1
供应商质量（区域）	10	1	1	1	1	5	7
供应商质量（全球）	1	1	1	1	1	1	10
成本会计	5	1	1	10	10	10	1
库存控制	1	5	5	5	7	10	1
物流	5	1	1	5	5	5	10
合计	57	60	60	55	57	56	62
每箱成本（美元）	10.07	7.00	7.90	7.54	7.70	7.61	7.00

说明：考虑到信息的保密性，修改了"每箱成本"的数据。

建议 1：合同制造商管理第三方集成商（基准线）。

建议 2：DAO 工作单元集成。

建议 3A：在供应商物流中心进行离线组装。

建议 3B：在戴尔公司租用的厂房内进行离线组装。

建议 4：戴尔公司直接管理第三方集成商。

建议 5：来自设备制造商墨西哥工厂的 6 级制造。

按照复杂度评估，由合同制造商管理第三方集成商的复杂度为中等。建议 3 的复杂度最低，因为戴尔认为，在供应商物流中心内装配主板和 5 级制造的机箱，所需要的仅仅是在供应商物流中心安装新的设备，因此，所花费的成本很低，并且不会影响戴尔工厂现有的制造流程。值得注意的是，建议 3 的复杂程度仅仅比建议 4（戴尔公司直接管理第三方集成商）低 1 分。建议 5 的复杂程度最高，这是因为它需要戴尔的两个区域采购组织（这两个区域分别是得克萨斯州的奥斯汀和中国的上海）相互合作，并且完全改造墨西哥工厂机箱 6 级制造的业务流程。（在进行此案例的学习时，所有 6 级制造机箱均由位于中国的合同制造商工厂生产。）墨西哥缺乏弹性的运输模式和相关的基础设施也导致了复杂程度的提高。

如果按照制造成本进行评价，在合同制造商管理的第三方集成商那里进行主板和机箱组装的制造成本最高。这一过高的制造成本是由制造过程中的复杂程度造成的：在整个过程中存在太多的环节。戴尔公司的一个质量工程师说道："在目前的制造过程中，从中国空运来的主板首先被储存在供应商物流中心，然后被送到第三方集成商那里与机箱进行组装。集成后的机箱在被送往戴尔工厂之前，又被送回到供应商物流中心。在整个过程中，合同制造商、供应商物流中心、第三方集成商、管理第三方集成商的合同制造商、戴尔公司工厂、流程工程师都参与其中。这就像厨房里有很多厨师试图完成同一件事情。我们需要一个更加简洁直观的制造过程。这不仅仅有助于我们更加容易地管理整个制造过程，还有助于改善我们与合同制造商和第三方集成商的关系。目前的制造过程令人感到困惑，同时也产生了由于主板质量问题而导致的紧急情况。"

在了解这些信息之后，汤姆·威尔逊和其他业务流程整合小组的成员必须做出决策——从成本和运营复杂程度这两个角度，选择并实施能够为戴尔带来竞争优势的方案。他们考虑了下列问题：

1. 为什么相比6级制造，5级制造产生更高的制造和物流成本？为什么一些成本出现在5级制造过程中，而不出现在6级制造过程中？是否存在仅发生在6级制造的过程中，而在5级制造过程中不发生的成本？

2. 根据表6—1中的问卷调查结果，戴尔公司应实施这6种方案的哪一种？为什么？所选方案的优点和缺点分别是什么？

3. 如果芯片集供应短缺的情况进一步恶化，上一个问题的方案的可持续性如何？

4. 业务流程改进小组所采用的选择戴尔公司最优制造方案的评估方法是否完美无缺？存在更有效的方法吗？

5. 戴尔公司如何才能够有效地说明导致5级制造增加的根本原因？

学习完本章，你应当能够回答以下问题：

- 什么是推动战略？什么是拉动战略？什么是推—拉式战略？如何描述戴尔公司供应链战略的特征？
- 公司应该分别在什么时候采用推动战略、拉动战略、推—拉式战略？什么是选择合适战略的关键因素？
- 实施推—拉式战略时需要采取什么方法？该方法的影响是什么？该方法的成本是多少？
- 互联网对传统零售商和网上商店所采用的供应链战略有什么影响？对分销和配送战略有什么影响？

引言

在第1章里，我们已经知道供应链管理应当能有效地将供应商、制造商、仓库和商店整合起来。进行供应链整合的最大挑战就是将贯穿供应链的所有活动联系起来，从而使企业获得绩效的提升，如降低成本、提高服务水平、减少牛鞭效应、提高资源利用率，以及有效地对市场变化做出反应。就像许多公司已经意识到的那样，应对这些挑战不仅需包括对产品、运输和库存决策的统一管理，还要涉及更广泛的范围，需要把供应链的前端——客户需求和供应链的后端——供应链的生产和制造部分联系起来。本章的目的是说明与供应链整合相关的机遇和挑战。我们将会探讨：

- 不同的供应链战略，包括推动、拉动和一种相对较新的推—拉式战略。
- 一个将产品和行业与供应战略相匹配的框架模型。
- 需求驱动的供应链战略。
- 互联网对供应链整合的影响。

很明显，在供应链整合过程中，信息起到了相当重要的作用。在某些情况下，在供应链设计时，必须考虑能够方便地获取信息。在另一种情况下，供应链战略必须要能充分利用已有信息。在许多情况下，必须设计一个高成本网络来弥补信息的不足。

推动、拉动和推—拉式系统

传统的供应链战略常被划分为推动式和拉动式两种。这种划分可能来自 20 世纪 80 年代的制造业革命，从那时起制造系统就被划分为这两种类型。有意思的是，在最近的几年里，相当一部分公司开始实行这两种形式的混合形式——推—拉式供应链战略。在本节，我们将分别解释这三种战略。

推动式供应链

在一个推动式供应链中，生产和分销的决策都是根据长期预测的结果做出的。一般来说，制造商利用从零售商处获得的订单进行需求预测。因此，推动式供应链对市场变化做出反应需要较长的时间，这可能会导致：

- 不能满足变化了的需求模式。
- 当某些产品的需求消失时，会使供应链产生大量的过时库存。

另外，我们在第 5 章中已经了解，从零售商和仓库那里获取的订单的变动性要比顾客需求的变动性大得多，即牛鞭效应。这种变动性的增大会导致：

- 由于需要大量的安全库存而引起库存过量（见第 2 章）。
- 更大和更容易变动的生产批量。
- 让人无法接受的服务水平。
- 产品过时。

具体地说，牛鞭效应将会导致资源无效利用，因为在这种情况下的计划和管理工作变得很困难。例如，制造商不清楚应当如何确定它的生产能力，如果根据最大需求确定，就意味着大多数时间里制造商必须承担高昂的资源闲置成本。如果根据平均需求确定生产能力，就需要在需求高峰时期寻找昂贵的补充资源。同样，对运输能力的确定也面临这样的问题：以最高需求还是平均需求为准。这样，在一个推动式供应链中，我们常常会发现由于生产的紧急转换引起的运输成本增加、库存水平变高和（或）生产成本升高等情况。

■ 拉动式供应链

在拉动式供应链中，生产和分销是由需求驱动的，这样生产和分销就能与真正的客户需求而不是预测需求进行协调 [17]。在一个真正的拉动式供应链中，企业不需要持有太多库存，只要对订单做出反应就可以了。为此，供应链必须要有快速的信息传递机制，可以将顾客的需求信息（如销售点数据）及时传递给不同的供应链参与企业。拉动式供应链看起来很有吸引力，这是因为：

- 通过更好地预测零售商订单的到达情况，可以缩短提前期。
- 由于提前期缩短，零售商的库存可以相应减少（见第 2 章）。
- 由于提前期缩短，系统的变动性减小，尤其是制造商面临的变动性变小了（见第 5 章）。
- 由于变动性减小，制造商的库存水平将降低。

实例 6—1

一家主要的时装生产商最近将它的供应链战略调整为拉动式。零售商每月进行一次订货，但要将销售点数据及时传递给厂家，如每天或每周。这些数据可以帮助厂商根据客户的需求不断调整产品的数量。

这样，在一个拉动式供应链中，我们常常发现系统的库存水平有了很大幅度的下降，从而提高了资源利用率。当与一个同规模的推动式供应链相比时，拉动式的成本要低得多。

另一方面，当提前期不太可能随着需求信息而缩短时，拉动式供应链是很难实现的。而且，在拉动式供应链中，也比较难以利用生产和运输的规模优势，因为系统不可能提前较长时间做计划。这些推动式和拉动式供应链的优缺点促使企业开始寻找一种新的供应链战略以便能同时兼具二者的优点。下面，我们将介绍推—拉式战略。

■ 推—拉式供应链

在推—拉式战略中，供应链的某些层次，如最初几个层次以推动的形式经营，同时其余的层次采用拉动战略。推动层与拉动层的接口处被称为推—拉边界。

为了更好地理解这一战略，让我们看一下供应链时间线，也就是从采购原材料开始到将商品送至顾客手中的一段时间。推—拉边界必定在这条时间线的某个地方，在这个点上，企业就应当从最初使用的一种战略如推动战略转换为另一种战略，一般是拉动战略，如图 6—8 所示。

我们来考察一家个人计算机生产商，它按库存生产并根据预测进行生产和分销决策。这是一个典型的推动式系统。相反，一个按订单生产的制造商就是推—拉式战略的例子，这时候部件库存是按预测进行管理，但最后装配是根据最终的客户订单进行的。这样，这家生产商的推动部分是在装配之前，而供应链的拉动部分则从装配之后开始，并按实际的客户需求进行，所以推—拉边界就是装配的起始点。

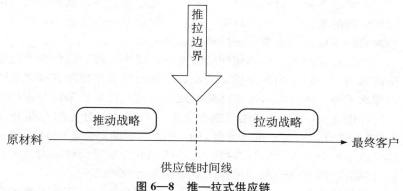

图6—8　推—拉式供应链

在这个例子中，制造商充分利用了总体预测更为准确的特点（见第2章）。事实上，对所有产品都会用到的部件的需求就是一个总体需求，因为总体预测更为准确，所以部件需求的不确定性就比每种产成品需求的不确定性要小，因此，安全库存也会下降。戴尔计算机非常成功地运用了这个战略并成为推—拉式供应链战略的一个应用典范。

产品设计的延迟或推迟差异步骤（见第11章），也是推—拉式战略的典型例子。在延迟战略中，企业在设计产品和制造过程时，将区分产品的步骤尽可能地向后推迟。制造流程以生产通用或族产品开始，当需求确定后再将它们差异化成不同的最终产品。在产品差异化以前的供应链部分应当采用推动式战略。换句话说，通用的产品的生产和运输根据长期预测进行。因为对通用产品的需求是一个对所有终端产品的组合需求，对它的预测准确性更高，这样库存水平就能降低。与此对应的是，客户对不同的最终产品的需求具有相当高的不确定性，所以差异化应当在实际需求发生后再进行，这样从差异化发生的那一刻以后的供应链部分应当采用拉动式战略。

■ 确定合适的供应链战略

对一个特定的产品而言，应当采用什么样的供应链战略呢？企业是应该采用推动战略还是拉动战略，或者推—拉式？图6—9给出了一个确定与产品和行业相匹配的供应链战略的框架模型。纵轴表示顾客需求不确定性的信息，横轴表示生产和分销的规模经济的重要性。

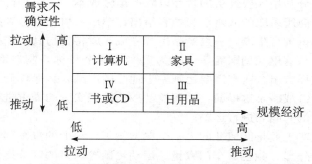

图6—9　与产品匹配的供应链战略：需求不确定性和规模经济的影响

在其他条件相同的条件下，需求不确定性越高，就越应当采用根据实际需求管理供应链的模式——拉动战略；相反，需求不确定性越小，就越应该采用根据长期预测管理供应链的模式——推动战略。

同样，在其他条件都相同的情况下，规模经济对降低成本更重要，组合需求的价值越高，就越应当采用推动战略，根据长期需求预测管理供应链。如果规模经济不那么重要，组合需求也不能降低成本，那么就应当采用拉动战略。

在图 6—9 中，我们用两维变量把一个区域划分为四个部分，Ⅰ 区表示该行业（或者具体点，产品）的特点是具有较高的不确定性，同时生产、安装或分销的规模经济不十分重要，如计算机行业。我们的框架模型建议对这种行业或产品采用拉动式供应链战略，最典型的例子就是戴尔计算机公司。

区域 Ⅲ 中表示的是需求不确定性较低而且规模经济较重要的产品，日用品行业的产品如啤酒、意大利面、汤料等都属于这一类。对这类产品的需求相当稳定，所以通过满载运输来降低运输成本，对整个供应链成本控制而言十分重要。在这种情况下，采用拉动战略就不太合适，传统的推动零售战略反而更有利。因为根据长期预测来管理库存不但不会提高库存持有成本，反而能用大规模运输来降低运输成本。

区域 Ⅰ 和 Ⅲ 表示的情况比较容易选择有效的供应链战略。在其他两个区域中，用不确定性和规模经济重要性这两维提出的供应链战略就不太匹配了。事实上，在这两个区域内，不确定性将供应链"拉"向一个战略，而规模经济重要性则将供应链"推"向另一个战略。

例如，区域 Ⅳ 表示的产品具有较低的需求不确定性，表明是一个推动式供应链，但同时它的规模经济重要性也低，表明应当是一个拉动式供应链。许多大量/快速移动的图书或 CD 就属于这一类。在这种情况下，就应当进行更为慎重的分析，看起来传统的零售业推动战略和更有创意的推—拉式战略似乎都可以，这主要取决于成本与需求是否确定。我们将在第 4 节中对这种情况进行更详细的讨论。

最后，区域 Ⅱ 表示的是那些需求不确定性高而且在生产和运输过程中规模经济十分明显的产品和行业。家具行业是这种情况的最典型的例子。事实上，一般的家具零售商提供的是同样的产品，只是由于外形、颜色、构造等特性的差异而有所不同，因此它的需求不确定性相当高。遗憾的是，由于这种产品的体积大，所以运输成本也非常高。

这样，在这种情况下，就有必要对生产分销策略进行区分。生产策略要采用拉动战略，因为它不可能根据长期的需求预测进行生产计划。另一方面，分销策略又必须充分利用规模经济的特性以降低运输成本。这正是许多不会持有多少库存的家具零售商所采取的战略。当顾客给出订单后，再把它送到决定产品结构和种类的制造商那里进行生产，一旦产品生产完成，就将它与其他产品一起送到零售商的商店里，并从这里送到顾客手中。为了实现这个目标，制造商一般有固定的运输时间表，这样就组合所有需要运到一个地区的产品，从而降低运输成本。因此，家具业的供应链战略是这样的：采用拉动战略按照实际的需求进行生产，采用推动战略根据固定的时间表进行运输。

汽车工业是区域 Ⅱ 的另一个典型例子。一般的汽车制造商能够通过对功能、发动机、外形、颜色、车门数量、运动轮胎等因素的区分提供大量的同类产品，因此对某一个特定型号的汽车的需求不确定性非常高，运输成本同样也很高。传统上，这类行业会采用推动式供应链战略，并为分销系统储备一定的库存。因此，汽车工业通常不符合图 6—9 提出的模型。

最近，通用汽车提出了重构原先的设计、制造和销售这类产品模式的大胆假设 [221]。它们的目标是由客户在网上对汽车进行定制，并在 10 天之内将产品送到客户家里。通用汽车的行为确实是比我们模型所提出的面向订单生产的战略前进了一大步。

然而，汽车工业的生产提前期往往很长，平均为 50～60 天。为了实现它们的目标，通用汽车必须要重新设计整个供应链，包括与供应商的合作方式、制造产品的方式和分销产品的方式。要把提前期降到 10 天甚至更低也许需要大幅下调提供给客户的选择方案的数量才行。

■ 实施推—拉式战略

上节中讨论的框架模型更倾向于为不同的产品确定更合适的推动或拉动水平。例如，高水平的拉动战略更适合图 6—9 区域 I 中的产品。当然，要进行拉动系统的设计还要考虑许多因素，包括产品的复杂程度、生产提前期以及与供应商的关系等。同样，要实施一个推—拉式战略也要首先确定推—拉边界的位置。例如，戴尔就将推—拉边界放在了装配点上，而家具制造商则把边界放在了生产点上。

实例 6—2

汽车制造业一直以它较长的运输提前期而闻名。在最近实行的按订单生产战略之前，通用汽车公司曾经考虑要实行推—拉式战略。1994 年，通用汽车宣布要在奥兰多、佛罗里达建立区域配送中心，以持有约 1 500 辆凯迪拉克的库存。经销商可以从配送中心购买它们缺货的车型，而这些汽车也可以在 24 小时之内送到。这样，通用汽车就采用了一种推—拉式战略，在它们区域配送中心的库存是按长期需求预测进行管理的，但送货给经销商却是在需求发生后才开始的。所以，推—拉边界就在制造商的配送中心。

我们在第 12 章将讨论两个会导致这种战略失败的主要问题。首先，区域仓库将经销商的库存转移给了通用汽车，因为它允许经销商降低库存水平。第二，区域配送中心没有对大小不同的经销商区别对待。如果所有的经销商都有权力直接向区域仓库订货，而在大小不同的经销商间没有区别，那么就很难让大型的经销商对这样一种模式产生兴趣。

上一节还提到，推动战略比较适合于供应链中需求不确定性相对较小，能用长期预测进行管理的产品。另一方面，拉动战略比较适合于供应链中不确定性高，需要按实际需求进行管理的产品。这种把供应链划分成不同部分的方式对整个供应链战略和有效管理这种系统的组织能力都会产生重要的影响。

因为供应链推动部分的不确定性相对较小，服务水平不是最主要的问题，所以重点应当放到成本最小化上。另外，供应链的这个部分除了具备不确定性小、生产或/和运输过程中实现规模经济的特点，还有较长的提前期和复杂的供应链结构，如产品装配层次较多等。这样，通过对诸如生产和分销能力的有效管理，实现库存、运输和生产成本的最小化，就能达到总成本最小化的目标。

另一方面，供应链的拉动部分具有较高的不确定性、简单的供应链结构和较短的循环周期。因此，这部分的重点是提高服务水平。一般要达到高的服务水平，必须使供应链更加灵活和敏捷，也就是说，供应链要能对顾客需求的变化做出快速适应。

这说明，在供应链的不同部分需要用到不同的流程。因为服务水平是供应链拉动部分的核心目标，所以就要用到订单满足流程。同样，因为成本和资源利用率是推动部分的核心，所以就要用供应链计划流程来为后面几个星期或几个月制定高效率的策略。在第 3 章，我们就供应链计划进行了详细的讨论。表 6—2 总结了供应链的推、拉部分的一些特点。

表 6—2 供应链推/拉部分的特点

内容	推动	拉动
目标	最小化成本	最大化服务水平
复杂程度	高	低
重点	资源配置	快速反应
提前期	长	短
流程	供应链计划	订单满足

实例 6—3

我们来考察一个像斯波特·奥波米耶（Sport Obermeyer）这样的时尚滑雪服制造商［73］。每年公司都会采用几个新的设计或产品，它们的预测需求不确定性非常高。斯波特·奥波米耶运用较为成功的一个策略就是将高风险和低风险的设计区分开来。低风险的产品，就是那些不确定性和价格都比较低的产品，以成本最小化为目标按照长期的预测提前进行生产，即采用推动战略。但高风险产品生产量的决策推迟到对每个款式都有了明确的需求信息之后才进行，即采用拉动战略。因为布料订购的提前期较长，所以制造商会根据长期预测的情况提前订购高风险产品的布料。

在这个例子里，制造商充分利用了戴尔公司也采用的一个原则：总体预测更为准确。因为对某种布料的需求就是对所有用到那种布料的产品的组合需求，所以不确定性较低，可以按推动战略的要求对布料库存进行管理。这样斯波特·奥波米耶就对它的高风险产品实行了推—拉式战略，而对低风险产品实行了推动战略。

我们注意到供应链的推动部分和拉动部分只有在推拉边界才会相交。这就是在整个供应链时间线上需要协调这两种战略的节点，一般会通过设置缓冲库存的方法来解决这个问题。然而，这种库存在不同的部分里也扮演着不同的角色。在推动部分，边界的缓冲库存是实施计划产出的一部分，而在拉动部分，这是生产流程的一项输入。

所以，供应链推动和拉动部分的接口就是需求预测点。这个预测是根据拉动部分的历史数据做出的，通常被用来驱动供应链计划流程和确定缓冲库存。

提前期的影响

　　通过前面的讨论，我们有必要进一步考察提前期对供应链战略的影响。直观上，提前期越长，实施推动战略就显得越重要。当然，如果提前期太长，从而很难对需求信息做出反应，那么实施拉动战略的确很困难。

　　在图 6—10 中，我们考虑了提前期和需求不确定性对供应链战略的影响。

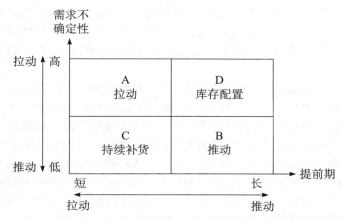

图 6—10　将供应链战略与产品类型相匹配：提前期和需求不确定性的影响

　　A 区域代表具有短提前期和高需求不确定性的产品，建议对该区域尽可能采用拉动战略。个人计算机是这类产品的典型例子。B 区域代表具有较长的供应提前期和需求不确定性低的产品，日用品行业的许多产品是这类产品的典型例子。在该情况下，采用推动式供应链战略比较合适。

　　对于 C 和 D 区域的产品来说，对它们进行分析是具有挑战性的。例如，C 区域表示的产品具有较短的供应提前期和较高的需求可预测性。典型的例子包括食品行业中生命周期较短的产品，例如，面包或者奶制品。考察零售行业如何利用这些产品短的提前期和低的需求不确定性是件很有趣的事情。事实上，零售店和超市采用"持续补货"的战略。在这一战略中，供应商从销售点获取数据，并利用这些数据决定为维持特定库存水平而需采购的产品数量，进一步讨论请见第 8 章。在这条供应链中，客户需求驱动生产和分销决策，所以在生产和分销阶段采取的是拉动战略，在零售阶段则是推动战略。

　　最后，最难以管理的是那些位于 D 区域的供应链，这一区域的产品提前期长，需求难以预测。在这类情况下，库存显得很关键，并且需要在供应链中合理地配置库存（见第 3 章）。不同阶段供应链的管理方式不同，除了取决于其他因素，还取决于规模经济；一些阶段采用推动式库存管理，而另一些阶段采用拉动式库存管理。同我们将在下个例子中看到的一样，有些时候整条供应链基于推动式管理。

实例 6—4

有一个大型的金属元件制造商在中国拥有一家制造工厂、一个中央配送中心，以及很多为不同市场提供服务的区域仓库。该制造商的顾客是汽车制造公司（如通用汽车、福特、丰田和其他汽车制造公司）。制造商向原始设备制造商承诺，所有的订单都由离顾客最近的仓库在8天内提供。该供应链的重要特征如下：

- 多个装配线都采用相同的零部件。
- 原材料和产成品的提前期很长（从中国的配送中心送到区域仓库）。

最近，该公司意识到由于库存多以及服务水平低，其供应链缺乏效率。公司对当前供应链战略进行了仔细研究，结果表明：因为公司向终端客户承诺的反应时间很短，所以公司将大部分的库存存放于区域配送中心，从而使得库存接近顾客。这就导致了库存的优化是局部性的：每个区域配送中心都堆满了库存，但由于未考虑对整个供应链绩效的影响，最终导致了整个供应链仅有大约3.5的较低水平的库存周转率。

为了解决这些问题，制造商决定改变供应链中库存的配置方式。它们采用了同第3节中类似的方法。图6—11描述了这一过程的结果，从图中可以看到改变前和改变后的供应链。每个饼图代表了不同区域的库存，饼图中浅灰色和深灰色分别代表周期库存和安全库存。如图所示，在优化后的供应链中，大多数安全库存作为工厂的原材料被安置在区域配送中心，这样做的原因是风险分担（见第2章）。事实上，因为不同的产成品往往使用同一种原材料，从而便于实现风险分担。区域配送中心通过将很多下一级配送中心的需求进行整合，实现了风险分担。由于正确地配置了库存，供应链库存周转率上升为4.6。

原库存周转率为3.0

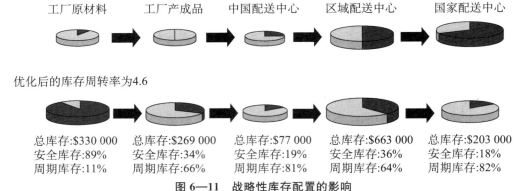

工厂原材料	工厂产成品	中国配送中心	区域配送中心	国家配送中心
总库存:$330 000	总库存:$269 000	总库存:$77 000	总库存:$663 000	总库存:$203 000
安全库存:89%	安全库存:34%	安全库存:19%	安全库存:36%	安全库存:18%
周期库存:11%	周期库存:66%	周期库存:81%	周期库存:64%	周期库存:82%

优化后的库存周转率为4.6

图6—11 战略性库存配置的影响

需求驱动战略

我们在本章中提出的框架模型需要将需求信息整合到供应链计划流程中去。这个信息是经过两个流程的处理得到的：

- 需求预测：这个过程是指用历史数据对未来需求进行估计或预测（见第 2 章）。
- 需求调整：这个过程是企业根据需求预测确定不同的营销策略对需求的影响，如提价、降价、新产品推介和产品召回等。

当然，在任何情况下，预测都不会完全准确，因此需求预测和调整流程的重要结果是对预测准确度的估计，即所谓的预测偏差，一般用标准差来衡量。这个信息能够让我们知道真实需求与预测的相近程度。

较高的需求预测偏差会对供应链绩效产生不好的影响，如错过销售机会、产生过量库存和资源的无效使用等。企业能否通过采用供应链战略来提高预测准确性并降低预测偏差？我们给出了以下几种方法：

- 选择合适的推—拉边界，使需求能在下面的一个或几个层次中进行组合：
  —按产品组合需求
  —按地理位置组合需求
  —按时间组合需求
  目标很明确，由于组合需求预测会更准确，所以这样做的结果必定会提高预测的准确性。
- 运用市场分析、人口统计学和经济走势分析方法来提高预测准确性（见第 2 章）。
- 要让商店确定产品的最佳分类方式，以降低竞争市场上所需预测的单品库存单位数量。我们熟悉的一家大型零售商在每家门店内摆放了超过 30 种不同类型的垃圾桶，如果以垃圾桶为单品库存单位来预测组合需求相对简单，但如果要对每一种产品都进行预测却是件很困难的事。
- 与你的客户一起合并合作计划和预测过程，从而更好地理解整个市场需求情况，以及促销、定价和广告产生的影响。

在需求计划过程的最后，企业应该能得到按地方和单品库存单位进行的需求预测结果。下一步是分析供应链并看它是否能够支持这个预测结果。这个流程叫做供需管理，要确定一个能实现供需平衡的战略，使总的生产、运输和库存成本最小化或者利润最大化。与此同时，企业还要确定在供应链范围内控制不确定性和风险的最佳方式。我们已在第 3 章中详细介绍了这种战术性的计划过程。

当然，需求计划和战术性计划互相影响，这样就需要一个交互式的流程来确定：

- 分配营销预算和相关供应及分销资源的最佳方式。
- 背离预测需求的后果。
- 供应链提前期改变的后果。
- 竞争对手促销对需求和供应链的影响。

我们通过下面的例子来说明交互式过程的重要性。

实例 6—5

在营销计划中不进行供应链分析的典型失败案例就是金宝汤（Campbell's Soup）公司的冬季促销活动。在一个季节里，市场部决定在冬天对一种鸡肉面汤料做促销。当然，冬天是汤料的销售旺季。仅从这一点来说，这个季节性的销售高峰需要在春天就开始储备大量的鸡肉和配料，另外，根据促销活动的要求，还需要加班加点提前生产产品才能满足需求。但遗憾的是，这些过量生产和库存所需要的成本远远超过了促销带来的收入 ［47］。

互联网对供应链战略的影响

互联网和电子商务对整个经济环境和具体的商务活动都产生了巨大的影响，变化非常之快。例如，像戴尔电脑和亚马逊网上商店（Amazon.com）这样的行业巨人采用的直销模式使顾客可以通过互联网来订购产品，从而使公司可以不通过第三方分销商直接出售它们的产品。同样，很多公司指出 B2B 的电子商务能够实现更便捷和成本下降的目标。

互联网和正在出现的电子商务模式让人们产生了一种期望，就是许多供应链问题可以通过采用这些新技术和商务模式被轻松解决。电子商务战略可以降低成本，提高服务水平并提高灵活性，当然还能提高利润，但这可能还是将来的事。在现实中，这些期望还没有实现，因为许多新的电子商务并没有取得成功。在许多情况下，互联网商务的失败都应归咎于它们的物流策略。下面有几个例子。

实例 6—6

1999 年 3 月，当生活在线网站（living.com）的主管决定从北卡罗来纳第 10 大家具商店——"杂木家具廊"进行采购时，他认为家具行业已具备了进行现代化和电子交易的条件。这次采购的目的是给该网站一个能接近一线家具制造商的机会。在投资了 7 000 万美元并成为亚马逊网上商店的家具链接站点后，生活在线网站于 2000 年 8 月 29 日宣布破产。这次失败的主要原因是投入了大量资金建成的信息系统不能正常运行，而且在没有任何家具运输经验的情况下涉足了运输业，从而导致了高达 30％ 的退货率。

实例 6—7

家具在线网站（Furniture.com）成立于 1999 年 1 月，提供多个家具生产商的数千种产品，但只经营少数几个品牌。在 2000 年的前 9 个月里，公司实现了 2 200 万美元的销售额和每月 100 万次的浏览纪录。它的失败（2000 年 11 月 6 日）应当归咎于物流细节，确切地说，是无效的运输过程。最初，该公司直接将产品从中心仓库送到消费者手中，因为运输成本太高，公司决定与其他 6 家地区性分销商组成战略联盟，然而不仅没有解决以前的问题，反而使维修和退货问题增多。

实例 6—8

成立于 1989 年，总部设在伊利诺伊州的 Peapod 公司被看作美国领导性的在线日用品供应商之一。作为一个有经验的在线零售商，该公司每年要为超过 13 万客户提供服务。1999 年，该公司的销售额是 7 300 万美元，却产生了 2 900 万美元的亏损。由于亏损，2000 年 4 月该公司被 Royal Ahold——一家国际食品公司收购了。Peapod 公司就这样逃过了像 Shoplink.com，Streamline.com 和 Priceline's

Webhouse Club 的命运，这些公司现在大多已经离开了在线零售业务。这些公司的失败都是由于过高的运输成本造成的。

当然，有一些公司开发的新的商务模式使它们获得了较高的利润并占有了较大的市场份额，从而取得了成功。这些公司将互联网作为进行业务转型的驱动器。

实例 6—9

1995 年，本着成为地球上最大的书店的理想成立的亚马逊网上商店，很快变成了地球上最大的商店。在公司的主页上可以找到数以百万计的图书、CD、DVD、玩具、工具和电子产品。除此之外，亚马逊还能指导进行从艺术品到不动产的竞拍，并提供日程安排表、地址簿和在线贺卡。亚马逊公司还进入了宠物用品、处方类药品、汽车、日用品以及更多的市场。亚马逊把大力扩展市场份额作为比利润和资本运作更为重要的目标，从而成为互联网公司的一个典范。1996 年公司销售额为 1 600 万美元，亏损 600 万美元；1999 年销售额和亏损分别上升到 16 亿美元和 7.2 亿美元；到 2000 年，销售额上升到 27 亿美元而亏损为 14 亿美元；到 2005 年，收入达到了 84.9 亿美元，利润为 3.59 亿美元，从而完成了非凡的转型。

尽管 2001 年有一段低迷时期并且处理掉了价值 22.5 亿美元的过量库存，但思科公司（Cisco）仍然是一个创新性利用互联网的典范。

实例 6—10

根据思科公司的首席信息官彼得·索尔维克（Peter Solvik）的说法，"思科的网络销售模式帮助它在 1994—1998 年间规模扩大了 5 倍（从 13 亿美元上升到 80 亿美元），随着生产能力的增长，它每个季度差不多都要再雇用 1 000 名新员工，并且实现了每年 5.6 亿美元的业务费用节约。"思科公司 80% 的业务都是通过互联网进行的，而这也只是冰山的一角。事实上，为了从仅仅是销售通用产品的竞争市场中跳出来，思科公司找到了一些具有领先技术的公司，并将它们迅速与自己的系统整合在一起。它除了向客户销售部件，还销售网络解决方案。这需要对软件、硬件和销售业务中用到的服务部件做出协调。这种提供服务和整合的能力来自思科的企业系统。这个系统是公司所有的活动运行的中枢，不但能将客户和雇员们联系在一起，还能将芯片制造商、部件分销商、合同生产厂家、物流公司和系统集成联系在一起。这样所有参与的成员就能像在一个公司内运作一样，因为他们都使用相同的网络数据资源。所有思科的供应商都能看到相同的需求而不需要根据自己从供应链的多个节点上收集到的信息做出预测。思科还建立了一个动态补货系统来帮助供应商降低库存。思科在 1999 年的平均周转率是 10 次，而它的几个竞争对手的平均周转率只有 4 次。一般产品的库存周转率还要高，大约能达到每年 25～35 次。

前面的几个例子提出了这样一个重要的问题：为什么在某些情况下这种商业模式就会失败，而在其他条件下就能取得令人难以置信的成功呢？如果戴尔和思科公司能够利用互联网开发出这样有效的商务模式，那么是什么阻碍了运用同样技术的企业获得成功呢？

为了回答这个问题，我们需要深入地理解基于互联网的供应链战略。

■ 什么是电子商务

为了更好地理解互联网对供应链的影响，我们首先介绍一下关于电子业务和电子商务的定义。

电子业务（e-business）是指一系列由互联网技术驱动的业务模式和过程，重点在于提高扩展型企业的绩效。

电子商务（e-commerce）是指通过电子化手段进行商业贸易的能力。

这两个定义引出了几个观点。首先，电子商务是电子业务的一部分。其次，互联网技术是业务模式转变的动力。最后，电子业务的重点是针对扩展型企业，即该企业组织内部的企业对消费者（B2C）交易和企业对企业（B2B）交易。B2C 指"直接到顾客"的业务形式，尤其是通过网络进行的各种零售活动，包括产品、保险、银行业务等。B2B 指在网上发生的商业单位间的业务，包括现有的各种直接交易和为达到同一目标与供应商进行的联合。

许多公司已经意识到互联网将会对供应链绩效产生巨大的影响。事实上，这些公司已经发现互联网可以帮助它们从传统的推动战略中解放出来。最初，战略向拉动式转移，但最后，许多公司把推—拉式作为最终选择。

■ 日用杂货行业

让我们考察一下日用杂货行业。一个根据预测管理仓库和门店库存的典型的超市会使用推动战略。Peapod 公司从 17 年前成立之时就确定要使用没有库存和设施的纯粹的拉动战略。当一个消费者要购买某种货物时，Peapod 公司会从最近的一个超市中获取产品。由于缺货率非常高（大约是 8%～10%），这种策略存在非常大的服务问题。在最近的几年里，Peapod 公司已经把它的商业模式转变为设置一定仓库的推—拉式战略，缺货率也下降到了 2% 以下。从这个例子中我们可以看出，Peapod 公司供应链中推动的部分是在满足客户需求之前，拉动部分在客户订单之后。同时要注意，因为 Peapod 公司的仓库覆盖了很大的地理面积，甚至比一个单独的超市的覆盖面积都要大，所以该地区的众多客户的组合需求使得预测准确性更高，从而降低了库存。

当然，一个在线杂货零售行业也会碰到其他问题，包括如何降低运输成本和在很短的时间内对客户需求做出反应，也就是说，如何在有严格的运输条件限制的情况下在 12 小时内满足客户需求。然而，目前还没有一家在线杂货经销商的客户密集度能达到可以控制运输成本的程度，因此很难与传统超市进行竞争。这就是许多在线杂货商会失败的原因。事实上，在前一节中提到的框架模型也说明这种以较低的需求不确定性和较高的运输成本规模经济为特点的行业，应当使用推—拉式战略。

■ 图书行业

图书行业是另一个供应链由推动式向拉动式，最终转向推—拉式战略的最好的实例。直到最近，巴诺书店（Barnes & Noble），美国最大的网上连锁书店之一，采用的仍然是推动式供应链战略。当亚马逊网上商店六年前成立的时候，它的供应链采用的是没有仓库和库存的典型的拉动式系统。那时候，英格拉姆图书集团（Ingram Book Group）为亚马逊的大多数客户供货。

英格拉姆图书集团可以组合来自众多客户和供应商的需求，从而利用规模经济。这样当亚马逊网上商店开始建立自己的品牌时，采用拉动式显然是最明智的选择。由于数量和需求的增长，出现了两个问题：首先，亚马逊网上商店的客户水平受到英格拉姆图书分销能力的限制，因为其他零售书商也使用这个系统。事实上，在需求高峰期，亚马逊网上商店根本达不到它的服务水平目标。另外，在使用英格拉姆的最初几年里，虽然亚马逊网上商店避免了库存成本，但也降低了它的边际利润。当需求增长时，英格拉姆已不能为很多的图书品种提供任何好处，因为亚马逊网上商店已经具备了这样的能力，即组合大范围内的需求以降低不确定性，从而降低自己的库存成本，所以它不再需要分销商了。

当亚马逊网上商店发现这个问题后，公司开始改变策略，现在亚马逊网上商店已经在全国范围内建成了数个仓库并储备了大部分品种。这样，仓库的库存就要根据推动战略进行管理，而对单个需求才采用拉动战略（为什么？）。

■ 零售行业

零售行业对来自虚拟商店的威胁做出反应并发现互联网上机遇的时候相当晚，直到最近，这种情况才发生变化。许多所谓的"钢筋＋水泥"（brick-and-mortar）的公司在它们的业务中加入了网上购物一项。成为"点击＋水泥"（click-and-mortar）公司的有诸如沃尔玛、凯马特、塔吉特以及巴诺等大公司。这些零售商意识到它们具有单纯的网上公司所不具备的优势，它们已经建立了实际的配送系统和仓库，这样就可以用这些已经存在的仓库和配送机构对虚拟的零售商店提供服务。

作为一个向在线销售发展的结果，这些"点击＋水泥"的公司改变了它们储备库存的方式。量大、流动较快的货物的需求与长期预测比较吻合，就将它们存放在商店里，而那些量少、流动较慢的商品则要集中存放以应对网上采购的需求。那些需求少且不确定性高的产品，就需要较高的安全库存。将这些库存集中存放，可以通过组合区域内的需求降低不确定性，从而降低库存水平。这些分析说明，这些零售商对那些量大且流动快的产品采用推动战略，而对量少、流动慢的产品则采用推一拉式战略。

当然，从"钢筋＋水泥"到"点击＋水泥"的转变并不容易，这需要一些"钢筋＋水泥"的公司所不具备的能力。

实例 6—11

配送一直是沃尔玛最引以为豪的，所以当公司宣布它要聘请一家外部公司来为它成立于 1999 年秋的网上商店——Wal-Mart.com——处理订单和库存管理业务时，引来一片哗然。Fingerhut 商务服务公司（Fingerhut Business Services）承担了沃尔玛网上商店的订单处理工作。由于具有处理单个订单的背景，Fingerhut 成为一家能为有兴趣从事送货上门服务的零售商和电子零售商提供第三方配送服务的企业。它提供网上订单处理、库存管理、送货、付款处理、客户服务等服务，此外，它还为沃尔玛网上商店处理退货。

■ 对运输和订单满足的影响

从这些众多行业中发生的供应链战略的变化中，我们可以得出以下结论：互联网和相关的新的供应链形式改变了订单满足的策略——从成批运输向单业务、小规模运输转变；从送货给少量的门店向为地理分布更广的单个消费者服务转变。这种转变也提高了逆向物流的复杂性。

表 6—3 中总结了互联网对订单满足战略的几个影响。这种供应链战略的新形式对包裹和零担运输业而言是个绝好的消息。拉动和推—拉式系统都更加依赖单件（如包裹）运输而不是整车送货。当一个新名词——电子订单满足出现时，这一范围又扩大到了 B2C 领域。电子订单满足对运输行业的另一个影响是逆向物流的迅速增加。事实上，在 B2C 领域，电子订单满足意味着供应商必须处理更多的退货，而每一笔退货必须进行一次小型的运输活动。由于在线零售商必须通过大方的退货来建立一定的顾客忠诚度，因此这项活动是十分必要的。零担运输就可以处理这部分退货，这种 B2C 市场中的问题有时也会发生在 B2B 市场上。这是对零担运输业的一个挑战，以前它们从未尝试过这种门到门的服务形式。

表 6—3   订单满足的传统和电子形式

	传统订单满足	电子订单满足
供应链战略	推动式	推—拉式
运输	整车	包裹
逆向物流	业务的一小部分	更重要且复杂
送货终端	少数门店	大量且分散的客户
提前期	相对较长	相对短

电子订单满足物流需要较短的提前期、能为全球分散的客户服务的能力和轻松实现从 B2C 到 C2B 逆向物流的能力。只有包裹运输才能做到这一点。实际上，包裹运输行业的一个重要优势在于拥有实现实时跟踪的信息系统设备。因此，对包裹运输行业尤其是那些能调整自己的系统与客户的供应链实现一体化的运输企业来说，前景一片光明。

小结

近几年来，许多公司都通过供应链整合实现了更高的绩效，如降低了成本、提高了服务水平、减小了牛鞭效应、对市场变化的应对更快等。有许多都受益于推—拉式战略和需求驱动战略的实施。特别值得一提的是，互联网创造了变革供应链战略的机遇。事实上，一些大公司的成功如戴尔和思科公司，还有刚刚成立就占据了可观的市场份额的亚马逊网上商店等都是因为应用了复杂而有效的网络供应链战略。

同时，许多网络公司的失败也给了我们一个警告：互联网带来的不仅仅是机会，还有更大的挑战。这种挑战的关键是如何为特定的公司和产品选择合适的供应链战略。事实上，那些在"网络公司不需要物理设施和库存"的假设基础上成立的网络公司恰恰就失败在这种假设基础上。新型的供应链推—拉式战略也是需要库存的，只是它将库存向供应链上游转移了而已。

问题讨论

1. 分别讨论推动式供应链和拉动式供应链的优点。
2. 分别举一个使用推动式和拉动式供应链的典型产品的例子。
3. 较早确定供应链中推拉边界的优点是什么？较晚确定呢？
4. 亚马逊网上商店、Peapod 公司、戴尔和一些家具制造商都使用了推—拉式供应链战略，尝试描述一下每一家公司都是如何运用风险分担概念的。
5. 解释亚马逊对于移动缓慢的小批量产品和移动快速的大批量产品的策略。
6. 举出图 6—9 所示的四种类型产品的其他例子。
7. 在产品生命周期的不同阶段，最佳的供应链战略（推动、拉动和推—拉式）是否会改变？如果不会，为什么？如果会，请举出几个这样的供应链战略改变的例子。
8. 电子订单满足是个新概念吗？在线销售和目录销售的区别是什么？分析一下同时具有这两种渠道的公司，如 Land's End。
9. 解释一下类似于电视的产品的需求是怎样形成的。它与类似于罐装汤的产品的需求形成有什么不同？
10. 除了第 5 节中举的例子，还有什么网络供应链战略失败和成功的案例？
11. 回答有关本章开头案例中的问题。

案例

大的库存修正

　　虽然现在的问题是缺货而不是积压，但约翰·钱伯斯（John Chambers）还是把它比作一场百年不遇的洪灾。思科的 CEO 认为，从 2000 年后期开始的技术需求的迅速消失是十分异常的。芯片生产商和 PC 机销售公司发现它们突然有了很大的库存和过剩的生产能力。网络和电信设备制造商受到的打击更为沉重。思科公司在这次事件中不得不处理掉了价值 22.5 亿美元的过期库存。2001 年整个上半年，一系列高科技公司，包括处于行业前几位的北电网络（Nortel Networks）、朗讯科技（Lucent Technologies）、康宁（Corning）和 JDS Uniphase 都宣布积压了大量的无用库存。

　　今天，高科技公司还积压了快速贬值品的库存。在食物链的最末端，循环半导体行业出现了自 1998 年亚洲金融危机以来最大的库存。在中间，电子产品合同制造商和它们的供应商、客户及分销商也在努力解决由谁来持有这些过剩部件的问题。在链的另一端，PC 制造商发动了一场价格战，而网络设备的灰色市场在迅速增长。不管是不是一场世纪性的洪灾，

资料来源：Edward Teach, *CFO Magazine*, September 1, 2001.

科技公司都不会再让自己犯同样的错误。有一些公司修订了它们的库存模型，一些公司应用了供应链软件并建立了网络供应商联合网站。每个公司都想与供应商的关系更紧密，和顾客的时间距离最小。一句话，科技公司在尽量使它们的供应链更短、更透明和更灵活。

新的逻辑

检查一下最近半导体制造商提交的收入报告，你会发现产生了如此之多的过剩库存：杰尔系统（Agere System）2.7 亿美元；美光科技（Micron Technology）2.6 亿美元；维特斯半导体（Vitesse Semiconductor）5 060 万美元；联合半导体（Alliance Semiconductor）5 000 万美元；赛林思公司（Xilinx）3 200 万美元。根据半导体协会的统计数据，6 月份全球的芯片销售比去年同期下降了 30.7%。分析家们预言，2001 年的收入下降最大会超过 20 个百分点。

"我已经在芯片行业工作了 20 年，"内森·萨肯森（Nathan Sarkisian）说，"但我却从没见过发生这种事情。"萨肯森是艾尔特拉公司（Altera Corp.）的副总裁兼首席财务官，他所在的公司是加利福尼亚州的芯片制造商，曾在 2000 年实现了 14 亿美元的收入。"我们在去年的大部分时间里以 4 个月的库存实现 65% 的增长，"他回忆说，"如果你了解半导体行业的话，你会知道这是一件多么可喜的事情。"

但在噩梦般的最后一个季度，运到分销商那里的货物下降了 25%。由于该公司最大的通信设备客户的需求不断下降，这种下滑一直持续到 2001 年。到 2001 年第 2 季度，收入继续下降 25%，比 2000 年第 2 季度下降了 37%。艾尔特拉公司不得不处理掉价值 1.15 亿美元的库存。

在以后的日子里，艾尔特拉公司想要确保在市场需求减少的情况下不会破坏公司的利润，为达到这个目的，它修改了库存模型。

艾尔特拉公司设计了一个可编程逻辑器件（programmable logic device，PLD）。它是一个"无厂房"的芯片制造商，将生产外包给台湾的半导体制造商。以前，公司将系统 PLD 制成最终产品，存放在亚洲的仓库中，等待销售。"产品一离开厂房就是我们的库存。"萨肯森说。而且，还可以在此基础上生产新的产品，并以超过客户对原型的需求量来进行生产。这种模式的优点在艾尔特拉公司的年度报告中得到了很高的评价："我们以及我们的分销商和合同制造商，为客户持有库存，从而使客户能充分利用 PLD 的成本优势。"

现在，艾尔特拉公司继续为它的主流产品建立库存，但只作为样品（在包装和检测前的芯片库存）存放。"通过建立样品库存，我们缩短了生产提前期的绝大部分，而且这个库存是以较灵活的方式存在的。"萨肯森说。只有在收到订单之后，艾尔特拉公司的子合同制造商才进行包装、检测和运输的过程。

这种产品的提前期以周来衡量。对艾尔特拉公司的成熟产品，"我们严格地按订单生产"，而且提前期以月为单位衡量。最后新产品是根据客户订单而不是规格进行生产的。

可见的进步

芯片制造商也要受物理规律的支配。"无论怎样，将原材料硅变成用数百片晶片组成的芯片总需要 3~7 周的时间，这主要取决于芯片的复杂程度和顾客愿意支付的价格。"美国联合微电子公司（United Microelectronics Corp.，UMC）的董事长吉姆·库佩克（Jim Kupec）这样说。除此之外，还有对芯片进行分类、包装和检测的时间。实际情况是"在厂房里只会把事情搞得更糟"，亚利桑那州立大学商学院供应链管理专业的助教阿诺德·马尔茨（Arnold Maltz）说："经常会有人提出错误的要求，而且生产能力也不总能满足要求。所以就会发生供需不平衡的问题。"1999 年，在对一个主要的美国芯片制造商进行研究的基础上，马尔茨和他的研究团队发现半导体从厂房出来到消费者手中的平均周转时间约需要 117

天——在需求变动的情况下这是个很长的时间。

为了减少失误的可能性，一个芯片厂向后延迟样品库存的增值过程。这样就可以获得更准确的需求信息了。"我们要求客户让我们了解他们的库存以及生产计划情况。"萨肯森说。这看起来好像是一个有用的解决方案，但事实上却做不到这一点。马尔茨说，这是因为"从客户的角度来看这会泄露战略信息"。但是，艾尔特拉公司采用了两种措施来获得客户信息更高的可视度。最近它宣布要与北电网络和摩托罗拉公司在产品开发上分担风险。

芯片制造商还可以通过运用供应链管理软件的方法来降低晶片生产的周期。艾尔特拉公司使用的 i2 Technologies 的系统就能够实现与其制造车间、供应商和分销商的联系，从而将周计划周期从 10 天降到 1 天，这使得长期预测的周期也大幅下降，从 4 周降到了 1 周。大约 85％ 的生产是由这个系统自动排定的。"是 i2 的系统在操纵我们的工厂，"运营副总裁汤姆·默基（Tom Murchie）说，"它根据我们选定的战略库存目标、技术过程和制造过程来进行晶片的加工。"

UMC 的客户可以通过它的 MyUMC 网站的入口预测合作加工信息，这个网站用一个可用—可订购订单系统扩展了 i2 的功能，从而实现这一目标。"［MyUMC］能做的工作就是自动获得客户订单，这样就能找到最佳的制造点。"库佩克解释说。

反常表现

其他的科技公司使用了一些供应链计划工具，这类工具的供应商有 i2、迈极集团（Manugistics Group），以及 SAP。思科公司就是用迈极系统来运行它的供应商联合网站的。联合使用 i2 和 Rapt 公司的软件，能够"用最低的成本实现更短且可预测的提前期"，供应管理部副经理海伦·杨（Helen Yang）这样给我们介绍。

但如果供应链管理软件真的有这么强大的功能，为什么不用它来防止库存过剩呢？其中一个原因是，并不是人人都会应用这种软件：根据 AMR 的调查，只有 20％ 的年收入超过 5 000 万美元的公司才会安装供应链管理工具。

另一个更重要的原因是，这种软件并不能消除无效的投入和产出。供应链计划工具都是在对历史数据、生产数量和"可能的前景"进行分析整理的基础上发挥作用的，AMR 的供应链战略实施服务指导师凯文·奥玛拉（Kevin O'Marah）这样说道，"但我们知道的'可能'有多大呢？你只能根据趋势做个推测罢了。"

在成熟产业中可以行得通，但对高科技产业的变化无常的市场需求而言这就是天方夜谭了。在半导体行业，较长的循环周期说明公司总在和将来的不确定性打赌。在思科，"增长变化率可能从 40％ 到－10％，这简直太反常了！"奥玛拉抱怨说，"你能想象在这种环境下做预测的情景吗？"

"我们知道预测会不准确，"杨说，"我们的任务是怎样对变化做出快速反应。"

奥玛拉指责库存第一的做法，但在过去的十年里电子制造企业一直在遭受部件缺货的折磨。他指出，"市场领导者的习惯是锁定所有部件的分配，这看起来好像是合理的。"

"当新技术进入市场时——更快的芯片，或新的公共汽车，一定会有供应限制，"高德纳公司（Gartner）的研究主管卡伦·彼得森（Karen Peterson）说，"很多［原始设备制造商］或合同制造商都会在它们想要什么上撒谎。如果我是个原始设备制造商，我比我实际想要的量多说 200％，这样就能让我在供应商那里获得更高的优先权。"

从制造商和分销商那里订购双倍的芯片、电容、电阻也会导致库存过剩，帕梅拉·戈登（Pamela Gordon）补充说，她是加利福尼亚州一家专门针对电子制造服务行业做咨询的公司董事长。她说在 2000 年那些部件特别短缺。当提到其他类型的高科技设备，如网络和电信装置时，戈登把制造商的失败归咎于它没有对客户、网站和其他因素进行全力的研究。

忘记历史

"电信业的人想'我们再也不会做错了'，"伟创力国际集团的全球采购及战略供应链管理副总裁丹·普莱什科（Dan Pleshko）说，"他们忘了回头看看历史的商业周期。PC 业的人已经渡过了很多个这样的周期，他们已经接受过教训了。"

伟创力是世界最大的 EMS 公司之一，年收入为 120 亿美元，总能准确找到库存过剩点。这个新加坡公司生产的产品范围从集成电路到蜂窝电话，都提供给它的高科技客户，如思科、朗讯、爱立信等。2000 年，公司的库存量从年初的 4.7 亿美元上升到年末的 17 亿美元。

当订单到达后，伟创力和其他的 EMS 公司一样都能看到它们要生产多大的量。它们不能警告它们的客户吗？"一般来说，我不相信这些 EMS 公司以前会这样做"，普莱什科说，"我想以后可能会吧。"

普莱什科说伟创力想要获得对客户需求和产品生命周期的更多的了解。而且"我们在向供应商管理库存的方向努力"。公司想成立一个材料集结站，这样供应商的厂房就可以离伟创力的工厂比较近。"康柏、戴尔和 IBM 都已经这样做了，"普莱什科说，"EMS 的人也应当开始追求速度了。"

同时，也有一些关于 EMS 库存所有权问题的争论。一些分销商抱怨说，它们有时得买一些多余的部件。但 2000 年情况不同，"当每个人都要翻开每块石头找部件时，"普莱什科说，"那可就是个好时候了，分销商可是大赚了一笔，它们忘了。"

预言未来

现在时机还不好，科技公司还在努力降低库存，它们等待着商业周期的回升机会，一个可以推动计算机销售的新事物——如微软公司的 Windows XP 操作系统，或者一种无法预言的杀手软件——还有由于计算机 3 年换代期产生的会在 2002 年开始的销售高峰的到来（上一次是由于 2000 年问题而产生的）。

另外，有两家计算机公司用先进的供应链管理手段经受住了这个下降期的考验。一家是戴尔，由于它根据订单生产的商业模式的成功，戴尔成为成本最低的 PC 制造商。它手里从不会有超过几天的库存。

另一家计算机公司是 IBM。当然，蓝色巨人 1/3 的收入来自诸如服务和软件这样的有年金收入的业务。虽然经历了多样性的风险，但 IBM 仍然没有进入下降期。第二季度销售额相对较平稳（216 亿美元），同时 IBM 还警告说当年下半年其芯片销售量会下降。但 IBM 的库存仍保持较平衡的势头。根据 IBM 全球工业部总经理史蒂夫·沃德（Steve Ward）的说法，它们达到了 1988 年以来的最低水平。这可能归功于传统的垂直一体化。AMR 的奥玛拉和其他人都把 IBM 的供应链看作最优秀的一类。

沃德说降低库存是"最关键的"，"在我们的某些业务中，部件每个月都要贬值 1.5 个百分点"。IBM 的某些产品按订单生产，它们中的大部分都可以在拉动和 JIT 的要求下快速完工。"我们的供应商能看到我们还有多少库存。"沃德说。

SAP 系统可以提供库存管理的自动化，但其他一些做法同样可以减少库存。例如，IBM 通过强调平台和产品通用性减少了不同部件的数量。例如，在 Thinkpad 笔记本电脑中用的纯平屏幕和 PC 电脑用到的纯平显示器是一样的。

此外，还要减少供应商的数量。采购按商品划分，每个市场专家专门负责一类商品。IBM 通过互联网和 EDI 完成了所有生产部件的电子化采购。"这意味着我们能进行较快的交易，与供应商建立更快的合作。"沃德说。

IBM 的前景将是什么样呢？沃德说公司保持了对后 90 天进行"非常详细"的预测的惯

例，每周进行更新并与所有供应商共享，还保持了一个"相当详细"的 90 天到全年预测和一个更长时间的"战略性"预测的惯例。"我现在不能告诉你在以后的两年里我们会在 Thinkpad 产品上用什么硬盘，"沃德说，"但我知道我们会需要多少。"

给出这些预测信息的主要来源是 IBM 的销售员。沃德自夸说，他的销售员可能不太清楚他们的白衬衫黑领带的来历，但对他们客户的业务却如数家珍。经理们经常会在一起讨论和预测需求（"这只是个概念性的需求，还是客户已经真的开始决定了呢？"）。

可以预见到，高科技公司在今后的日子里还要面对更加复杂的销售压力。

案例问题讨论

1. 艾尔特拉公司是如何改变战略的？为什么？

2. 你认为艾尔特拉公司的新战略会成功吗？这个新战略的优缺点各是什么？

3. 你认为艾尔特拉公司的客户会对它的这个新战略产生什么样的反应呢？对客户而言，它们有什么样的优势和不足？

4. 伟创力公司拥有哪些其客户不具备的信息？为什么？伟创力应当怎样使用这些信息？

5. IBM 是怎样管理它的供应商从而使拉动战略更有效的？

配送战略

案例

亚马逊网上商店的欧洲配送战略

2003 年 1 月的一天，亚马逊网上商店欧洲供应链运营部门的主管汤姆・泰勒（Tom Taylor），坐在位于英国伯克郡斯劳的办公室里，思考亚马逊需要做些什么改变来保持其在欧洲的增长。

1998 年秋季，亚马逊欧洲通过并购英国的 Bookpages. co. uk 和德国的 Telebuch. de 两家在线书店，已经在英国、德国和法国发展成基于国家的三个独立经营的强大组织。现在亚马逊国际（包括亚马逊欧洲和亚马逊日本）的收入占亚马逊总收入的 35%，并且成为公司成长最快的部门（见表 7—1）。为了保持增长，亚马逊欧洲面临多种扩张选择：它可以复制亚马逊在美国提供的一系列生产线，推出新的市场①活动，或者扩展到其他欧洲国家。此外，亚马逊欧洲必须决定它应该在欧洲范围内协调或者巩固哪些活动。

2002 年 6 月，汤姆・泰勒从亚马逊美国调到亚马逊欧洲来解决这些问题。用他的老板，高级运营副总监杰夫・威尔克（Jeff Wilke）的话说，他此行是帮助亚马逊欧洲"在 5 年内赶上亚马逊美国"。泰勒认为从 6 个月前他开始上任到现在已经完成了很多工作。他的团队已经达到标准化管理，并且改进了亚马逊欧洲的供应链流程，包括供应商管理、销售和运营计划、客户积压和库存管理。泰勒相信亚马逊欧洲的增长将超过威尔克的预期，他预测到 2004 年亚马逊欧洲的收入将超过亚马逊美国。然而，目前许多决策还在考虑中。泰勒必须对一个特别紧迫的问题加以分析，那就是，如何才能构建最有助于亚马逊欧洲获得增长的配送网络。

表 7—1   **亚马逊的主要特征演变**

A. 亚马逊 1995—2002 年收入的演变（以百万美元为单位）								
	1995 年	1996 年	1997 年	1998 年	1999 年	2000 年	2001 年	2002 年
美国图书、音乐、DVD 和录像[a]	N/A	N/A	N/A	N/A	N/A	1 698.3	1 688.8	1 873.3
电子产品、工具和厨房用具[b]	N/A	N/A	N/A	N/A	N/A	484.2	547.2	645.0
服务[c]	N/A	N/A	N/A	N/A	N/A	198.5	225.1	245.7
国际[d]	N/A	N/A	N/A	N/A	N/A	381.1	661.4	1 168.9
总收入	0.5	15.7	147.8	609.8	1 636.8	2 762.0	3 122.4	3 932.9
B. 部分特征，1996—2002 年的年度比例报告								
	1996 年	1997 年	1998 年	1999 年	2000 年	2001 年	2002 年	
毛利润[e]（%）	22.0	19.5	21.9	17.7	23.7	25.6	25.2	
营业毛利率[f]（%）		−19.8	−17.9	−36.9	−31.3	−13.2	1.6	
净收入（百万美元）		−31	−127	−720	−1 411	−567	−149	
库存周转次数	70	56	24.8	10.8	10.7	14.6	17	

资料来源：Professor Janice Hammond and Research Associate Claire Chiron prepared this case. HBS cases are developed solely as the basis for class discussion. Cases are not intended to serve as endorsements, sources of primary data, or illustrations of effective or ineffective management. Copyright © 2005 President and Fellows of Harvard College.

① 市场是一个巨大的保护伞，在这里亚马逊经营竞拍业务、Z 店、二手货交易业务，并和主要合作伙伴联盟（塔吉特、玩具反斗城）。

C. 1996—2002 年有效[g] 客户数量的演变							
	1996 年	1997 年	1998 年	1999 年	2000 年	2001 年	2002 年
世界范围内有效客户数量	180	1 500	6 200	12 000	19 800	24 700	31 180

a．包括美国和加拿大网站的图书、音乐和DVD/录像产品的零售额。该部分还包括通过亚马逊市场活动获得的新、旧和可收集产品销售额的佣金。

b．包括美国的电子产品、家居饰品、家居和园艺产品，以及我们主要订单目录产品的销售额。该部分还包括通过亚马逊市场活动获得的新、旧和可收集产品销售额的佣金。

c．包括佣金、费用和其他来自服务业务的收入，比如 Toysrus. com 商店或者在 www. amazon. com 上的塔吉特商店部分。还包括竞拍、zShops、亚马逊支付款项，以及杂项营销和促销协议。

d．该部分包括国际业务的主要网站（亚马逊英国、亚马逊德国、亚马逊法国和亚马逊日本）的全部零售额。

e．毛利润＝净销售额－销售成本；销售成本＝商品成本，包括国内外运输成本、产品包装成本。

f．营业利润＝毛利润－营业费用；营业费用＝订单执行、营销、技术、管理费用和其他无形资产摊销。

g．有效客户是每年至少购买一件产品的独特客户。

资料来源：Amazon. com 年报。

亚马逊美国供应链和配送体系的演化

1995—1998 年：建立亚马逊网上书店

1995 年 7 月，杰夫·贝佐斯（Jeff Bezos）以"利用互联网使得图书购买成为最快、最容易，也最有乐趣的购物体验"[1]为使命，建立了亚马逊公司。亚马逊很快从最初拥有 100 万种图书发展成拥有 250 万种图书的网上图书零售商，从而成为了"地球上最大的书店"，这是亚马逊用来区别于其他竞争者的称谓。[2]

起初，亚马逊依靠差异化采购战略：持有适度库存并且依靠批发商（主要是英格拉姆图书公司和 Baker & Taylor）来建立它的网上图书目录和拓宽它的选择面。例如，在公司成立初期，亚马逊提供 250 万种图书，但是仅在其位于西雅图的一个小仓库（5 万平方英尺）储存了 2 000 种图书（约占它订单的 5％）。[3]其剩余的图书种类是收到顾客订单后基于订购量来采购的。亚马逊收到顾客对某种图书的订单后，如果没有这类图书的库存，就会向批发商提交采购订单。批发商通常会迅速地满足亚马逊的订单，货物会在 2～3 天内运送到亚马逊的配送中心。随着订购量的增加，亚马逊会直接向出版商订购，以获取更低的采购折扣（当直接从出版商那里购买时，亚马逊通常能够获得书本封面价格 48％的折扣，而从批发商那里则获得 41％的折扣[4]）。然而，出版商没有批发商的运作效率高，通常需要花几个星期来满足亚马逊的订单需求。[5]一旦亚马逊的仓库收到来自批发商或者出版商的所需类别图书，亚马逊的员工就会对这些图书进行分拣包装，并送达至顾客。这一过程使得亚马逊在4～7个工作日内能够满足绝大多数客户订单，并且在 1996 年保持高达 70 的年库存周转率。

1996 年和 1997 年亚马逊快速地增长。[6]在继续保持良好服务水平的同时，为了支持不断增长的贸易和销售，公司建立了自己的基础设施和系统。[7]

- 配送中心的规模从 50 000 平方英尺增加到 285 000 平方英尺，包括西雅图配送中心 70％的能力扩张，以及 1997 年 11 月位于特拉华州的第二个配送中心的投入使用。新的配送中心使得亚马逊更加接近其美国东海岸的顾客和出版商，这也使得公司能够减少订单执行的提前期，并减轻其对主要供应商英格拉姆的依赖。[8]贝佐斯当时指出："现在，我们在两个海岸都拥有了配送中心，对于分布在各地的亚马逊的客户来说，我们能够大大减少从订单到达顾客手中的时间。"[9]

- 1997 年底，亚马逊配送中心各类图书的数量增加到 200 000 多种，这些图书的承诺交货时间也缩短了。[10]

- 同时，亚马逊在支持后台办公业务的软件开发方面做了很多努力。杰夫·贝佐斯说："1995 年公司成立以来，公司 80％软件开发的投资用于后台办公物流软件的开发，而不是用于其著名的用户友好界面的开发。"[11]

1998 年，亚马逊扩展了其产品线。1998 年 7 月其唱片店投入运营，紧接着在 11 月其录像和 DVD 店开张。对于这些新类别产品，亚马逊依靠相同的采购模式，那就是与唱片、录像和 DVD 批发商建立合作伙伴关系。然而，随着产品线的增加，库存年周转率从 1997 年的 56 下降到 1998 年的 24.8（见表 7—1）。

1999 年：增建订单执行的基础设施

1998 年底，亚马逊公司开始面临来自同行业竞争对手更加激烈的竞争，这些竞争对手有 Buy.com（该公司过分地压低价格）、巴诺网上书店和 CDNow，所有这些竞争对手都具有与亚马逊相似的特征。为了保持在电子零售业的领导地位，亚马逊决定实行"迅速做大"（Get Big Fast）的战略来增加其从每个顾客身上获得的收入。亚马逊开始加快速度增加新的产品线和功能（见表 7—2）。为了支持其转型并达到预计的 3 倍数目增长，亚马逊改造了其供应链和配送网络。

表 7—2 <center>**亚马逊公司的发展进度**</center>

日期	Amazon.com	Amazon.co.uk	Amazon.de	Amazon.fr
1995 年 7 月	推出图书类产品			
1998 年 6 月	推出音乐类产品			
1998 年 10 月		推出图书类产品	推出图书类产品	
1998 年 11 月	推出录像类产品			
1999 年 2 月	入股 Drugstore.com 46% 的股份，该网站提供 15 000 种保健产品			
1999 年 3 月	推出竞拍模式，入股 Pets.com 50% 的股份			
1999 年 7 月	入股 Gear.com 49% 的股份，推出电子和玩具产品			
1999 年 10 月	推出 Z 店模式（第三方销售商在亚马逊网站上销售产品）	推出音乐类产品	推出音乐类产品	
1999 年 11 月	推出软件和视频游戏类产品 推出家居饰品、工具和五金产品 收购工具和设备类公司 Tool Crib of the North	推出竞拍模式 推出 Z 店模式	推出竞拍模式 推出 Z 店模式	
2000 年 1 月	在亚马逊网页上创建 Drugstore.com 的"tab"导航			
2000 年 3 月		推出录像类产品目录	推出录像类产品目录	
2000 年 4 月	推出园艺产品目录 推出保健美容产品目录			
2000 年 5 月	推出厨房类产品			

续前表

日期	Amazon. com	Amazon. co. uk	Amazon. de	Amazon. fr
2000 年 7 月		推出软件和视频游戏类产品	推出软件和视频游戏类产品	
2000 年 8 月	亚马逊与美国玩具反斗城合作。基于协议，玩具反斗城确认、采购和管理存货，而亚马逊负责网站建设、订单执行和客户服务			推出图书、音乐和录像类产品
2000 年 9 月	推出电脑类产品			
2000 年 11 月	推出手机和服务类产品 推出二手产品 推出电子图书商店（电子图书客户可以下载） 在日本投入运营 Amazon. jp 网站			
2001 年 4 月	推出联合品牌网站 Borders. com			
2001 年 5 月		推出电子类产品	推出电子类产品	推出软件和视频游戏类产品
2001 年 8 月	与电子零售商电路城（Circuit City）签约 亚马逊顾客可在店内选购	与英国专业图书商 Waterstone 形成战略联盟。Waterstone 基于亚马逊的电子商务平台重新进行在线图书销售 推出玩具和儿童类产品		
2001 年 9 月	与塔吉特公司合作在亚马逊网站开设塔吉特商店 推出旅游商店	推出旅游商店		
2001 年 10 月	推出杂志订阅商店			
2002 年 3 月		推出集市（二手产品）	推出集市（二手产品）	
2002 年 4 月	与 Borders 有限公司达成协议，Borders 商店向亚马逊的顾客提供图书、CD 和 DVD 的店内选购			
2002 年 6 月	在加拿大投入运营 Amazon. ca			
2002 年 9 月	通过与 Office Depot 公司联盟推出办公产品			
2002 年 11 月	推出服装类产品		推出杂志订阅商店	
2002 年 12 月	亚马逊宣布在亚马逊电子商务平台上重新推出 Cdnow 网站			
2003 年 4 月		推出厨房和家居商店	推出厨房和家居商店	

首先，亚马逊必须决定它需要拥有多少个配送中心，以及在什么地方设置这些配送中心。亚马逊的高层求助于外部专家，并使用了 i2 Technologies 公司的供应链战略软件包。[12]这个软件能够进行区域识别，并基于多种因素考虑其配送设施的位置，这些因素包括：供应商和客户的位置、境内外空运费率、仓储费用、劳动力及其他成本因素。在选择主要区域后，亚马逊的管理层基于一些附加因素（例如税率、雇佣水平和配送设施租赁的可获得性）来缩小其搜索范围。[13]

亚马逊第一个配送中心设在内华达州的里诺附近，目的是以 2～3 天的提前期来服务南加州市场。它在内华达州的芬利租用了一间322 560平方英尺的机械化程度很高的工厂，这家工厂先前是由 Stanley Tools 在使用（见图 7—1）。[14]

北达科他州，大福克斯 • 2000年开设 • 770 000平方英尺	特拉华州 • 1997年开设 • 220 000平方英尺
华盛顿州，西雅图 • 1996年开设 • 2001年关闭 • 85 000平方英尺	肯塔基州，列克星敦 • 1999年开设 • 600 000平方英尺
内华达州，芬利 • 1999年开设 • 322 560平方英尺	佐治亚州，麦克多诺 • 1999年开设 • 2001年关闭 • 800 000平方英尺
堪萨斯州，科菲维尔 • 1999年开设 • 750 000平方英尺	肯塔基州，坎贝斯维尔 • 1999年开设 • 770 000平方英尺

图 7—1　2001 年底亚马逊在美国的配送中心的分布情况

资料来源：案例作者编写。

接着，亚马逊在堪萨斯州的科菲维尔租用了一个配送中心来为其在芝加哥、圣路易斯、达拉斯和明尼阿波利斯区域的顾客提供服务。公司将先前由 Golden Books 使用的460 000平方英尺的厂房扩大到750 000平方英尺。[15]

1999 年公司新增了其他三家配送中心，用于减少中西部和东南部主要市场的送货时间，这三家设施分别是：Fruit of the Loom 公司曾经使用的位于肯塔基州坎贝斯维尔的770 000平方英尺的工厂，W. T. Young Storage 有限公司曾经使用的位于肯塔基州列克星敦的600 000平方英尺的配送中心，以及位于佐治亚州麦克多诺的800 000平方英尺的配送中心。[16]

亚马逊其余 320 万平方英尺的配送能力耗资 3.2 亿美元，但仅使得其包装、送货能力增加至每天约 100 万箱。杰夫·贝佐斯称："在市场和平期，这已经是配送能力最快的扩张速度了。"[17]

接下来，亚马逊需要决定每个新增的配送中心应该储存哪些类型的产品。到 1999 年底，亚马逊已经能够为其顾客提供一系列带有不同特征的商品。例如，一些产品（如烤炉）相当大，而另一些产品（如 CD）又非常小；一些产品具有主要的区域需求，而另一些产品则在全年有着较广泛分布的、全国范围的需求；一些产品有着季节性强的需求模式，而另一些产品则有着统一需求模式。玩具是一个极富挑战性的产品种类，亚马逊必须在新玩具发布前 8 个月从供应商处订购，而许多玩具的需求是高度不确定的，并且带有很强的季节性，大约 65% 的玩具在圣诞节期间售出，相比之下该期间只有 30% 的书售出。尽管如此，管理层认为，在大多数情况下，宁可让每一个配送中心处理所有的产品，也不愿意为不同产品类别创建专门的配送中心。汤姆·泰勒指出："关于配送中心应该配送混合产品的决策，是基于运输费用、给顾客送货的时间，以及处理多产品订单的成本而做出的。"[18]（亚马逊大约 35% 的订单包括多种物品[19]，例如，一张多种类订单可能包括一本书、一张 CD 和一个玩具。）他还提出："由于特拉华州的配送中心不能处理像玩具那么大尺寸的产品，所以除了它之外，所有配送中心配送所有种类的产品。由于位于列克星敦和坎贝斯维尔的配送中心离得较近，我们决定把小尺寸产品放在坎贝斯维尔，把大尺寸产品放在列克星敦。这很有意义，因为大尺寸物品从不与小尺寸物品一起装运。例如，一个烤肉架和一张 CD 通常被分别运送到客户手中。"

　　另一项决策是关于新配送中心的设备。亚马逊的运营团队决定在它的仓库运用一些最新的物料处理技术。在每个配送中心都装备一个"电子标签"（pick-to-light）系统，这一系统使用顺序照亮的灯光来引导工人分拣下一个货物。此外，还在配送中心装备了无线电射频技术，这一技术通过将无线电信号发送到工人手持终端来给工人指明仓库位置。能够使计算机口头传授工人注意事项的语音技术当时还正处于测试阶段。配送中心同时基于产品规格、流动速度、局部分拣率、分拣区域和分拣及储存模式，为快速销售的产品记录"分拣档案"。分拣档案被用来为员工建立分拣清单，该清单详细说明分拣和装运的客户订单的最优组合。[20] 每个分拣清单包含大约 100 件物品，每件物品通过它的名称、亚马逊标准识别号码（ASIN）和储存槽位置加以区别。同一张分拣清单上包含的所有物品被储存在配送中心的同一区域，区域大小分布基于配送中心的容量。

　　该系统制造了两种类型的分拣清单：一种类型的分拣清单只包含单一物品订单；另一种类型的分拣清单包含多物品订单。单一物品订单相对容易处理：对分拣清单上的每件物品按照专门顺序分拣，并且与相关的单据一起放置在一个容器中，然后把整个容器直接送去包装，包装过程中每件物品单独包装。多物品订单则需要一个附加步骤：在订单上物品被分拣并放置于容器中后（分拣前步骤），将同一个客户订单里的物品聚集在一起（分拣步骤）。为了把订单上的物品聚集在一起，分拣装置会暂时把物品放置在分拣槽，并分配给分拣清单上对应的客户订单，然后从每个槽内取出物品，包装在一起。

　　最后，为了保证配送中心维持一个较高的质量和生产力水平，亚马逊设计了一套关键指标来考核员工绩效，这套关键指标包括：每小时分拣的物品数量、免费更换率①、库存精度、从订单确认到发货所需时间，以及单位运输成本。绩效信息与每个员工例行共享。

　　在 1999 年圣诞节之前，新的配送中心网络已经搭建好并投入使用。利用新的配送中心网络和所有来自市场营销、编辑和目录分类等非关键活动的员工的帮助，亚马逊在 1999 年圣诞节送货率超过了 99%。1999 年第四季度，亚马逊运送了 2 000 万件物品，并获得了超过 250 万新顾客。[21]

---

　　① 免费更换率（free replacement rate）指的是亚马逊由于之前货物没有送到或者包含错误物品而重新运送的货物数量除以总的货物数量。

公司"不惜代价准时送货"的口号，使得亚马逊在实现增长的同时面临巨大的成本开支：在第四季度 6.76 亿美元的总收入中，亚马逊亏损了 3.23 亿美元。

2000—2002 年：优化客户价值

实现网络

2000 年初，华尔街开始向亚马逊在内的所有网络公司施加压力，导致亚马逊的股票价格开始剧烈波动。而在 1999 年 12 月，亚马逊的股票价格曾达到 106.69 美元的最高纪录，（见图 7—2）。在这种情况下，杰夫·贝佐斯意识到关注于良好运作能力的必要性，"这意味着以较低的成本满足顾客需求"。[22]

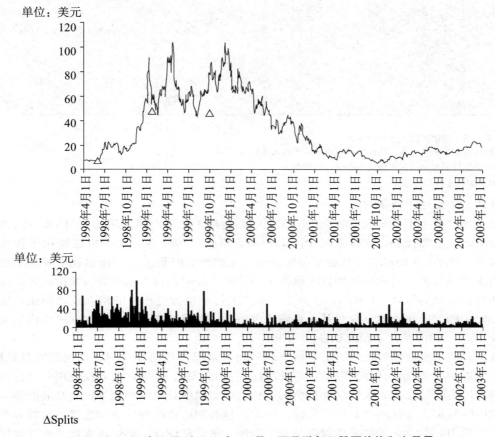

ΔSplits

图 7—2　1998 年 3 月到 2002 年 12 月，亚马逊每日股票价格和交易量

资料来源：案例作者根据 Datastream International 编写。

1999 年 9 月，杰夫·威尔克成为亚马逊的运营副总裁。威尔克毕业于美国麻省理工学院的制造业领袖项目（LFM）。在 1999 年加入亚马逊前，威尔克曾经在安达信咨询公司担任信息技术顾问，并且在凯联制药精品化学公司（Allied Signal's Pharmaceutical Fine Chemicals unit）担任副总裁和总经理。在凯联，他在管理技术上获得很多经验，例如"六西格玛"和"全面质量管理"。刚到亚马逊上任，威尔克就注意到亚马逊拥有"把世界级配送理念和世界级的主要制造理念结合在一起的独特机遇，因为它把这么多具有许多单品库存单位的订单组合在一起，作为这样一个复杂网络结构的一部分"。[23]因此，他迅速开展了一些行动来初步减少储存和货运过程中发生的成本（见表 7—3）。

表 7—3　　　　　　　　订单执行成本和运输成本占收入百分比的变化（%）

季度	利润	订单执行成本	运输成本
Q100	22.30	17.30	
Q200	23.50	15.10	
Q300	26.20	15.10	
Q400	23.10	13.50	
Q101	26.10	14.10	
Q201	26.90	12.80	
Q301	25.40	12.80	
Q401	24.60	9.80	15.20
Q102	26.30	10.60	
Q202	27.10	10.70	
Q302	25.40	10.60	
Q402	23.50	8.90	12.50

注：
① 毛利润＝净销售收入－销售成本
② 销售成本＝产品成本＋国内外运输成本＋产品包装成本
③ 订单执行成本不包括销售成本中的运输成本。

资料来源：案例作者编写。

精简美国配送中心流程

威尔克的第一个成果就是教会美国配送中心的员工使用六西格玛的 DMAIC（定义、测量、分析、改进和控制）工具来减少波动和不合格率。2001 年，这个方法被用于提高库存记录精度。例如，DMAIC 方法能够使得威尔克在监督临时员工的工作过程中发现不足。过去，当雇用临时员工到亚马逊的订单执行中心装配产品时，没有额外的检验措施来确保他们把东西放在正确的位置。DMAIC 审查方法实现了订单执行过程中的错误及时纠正，从而减少了临时工的误操作次数。这只是一系列改进中的一部分，这些改进方案在一年内帮助亚马逊减少了 50% 的库存记录精度误差。[24]

其次，威尔克鼓励配送中心员工对节假日需求情况进行仿真。例如，在非节假日期间，在一个配送中心 20 扇为供应商送货卡车设置的门中会关闭 15 扇，或者仅使用一部分自动设备来对高压力的节假日需求情况进行仿真。从这些实践中获得的经验导致亚马逊能够识别整个流程中的瓶颈，并且使得收货、分拣、归类、包装和送货的流程更加连贯。这导致亚马逊在每个配送中心都设立了"流量管理经理"职位，来重新设计主要配送流程并重新构建配送中心布局，使其更加容易对货物进行摆放、分类和装运。例如，为了减少分拣时间，经常被订购的产品会被放置在一起，并且会为市场上热卖的物品专门划出一块区域。

此外，2001 年，威尔克在节假日期间为系统添加了额外的储存能力。例如，他租用了 6 个总面积约为 110 万平方英尺的场外仓库，来支持亚马逊美国配送中心的储存和订单执行功能。

库存成本

威尔克的团队关注的另一个问题是订单执行网络中的库存优化。在恰当的时间，使恰当数量的产品出现在恰当的地点，将会大大减少亚马逊的库存成本，并且防止公司出现分批装运的问题。当客户订单包含多个物品时，会出现分批装运的现象，由于所订货物往往不在同一个订单执行中心，亚马逊会被迫分两次甚至更多次装运货物。通常，额外装运成本是由亚马逊公司支付的，所以其会尽量避免分批装运。

为了改进库存管理，威尔克的团队：

- 通过提高其预测季节性和区域性需求的能力，完善用以预测客户需求的软件，并以此减少采购太多或者太少商品的风险。"我们重新编写大部分软件，使我们能够精确预测不同地区的需求。"亚马逊美国公司订单执行部门的副总裁凯斯·罗伊（Cayce Roy）提到。[25]

- 建立采购规则，更好地分配向批发商和直接供应商的购买量。当时书类产品线的总经理迈克·西费特（Mike Siefert）提到："现在批发商是我们的安全网，我们用它们来应对脱销项目、周转慢的产品和需求激增的特定产品。"

- 将供应商管理系统与自己的库存、仓储和运输系统进行整合。例如，亚马逊公司通过将英格拉姆的库存和它的客户界面联系在一起，向客户提供可用性承诺功能（available-to-promise）。可用性承诺功能允许亚马逊在其网站上显示客户订单运送的精确时间框架。储存在亚马逊配送中心的物品被作为 24 小时内可提供物品列在清单上。如果一个物品在亚马逊配送中心没有存货，但是在英格拉姆的配送中心有存货，那么网站通常显示该物品 2～3 天内可提供，这就是从英格拉姆运送订单货物到亚马逊，再从亚马逊送货到客户所需的时间。接到客户订单时，如果所订物品在亚马逊自己的配送中心里没有库存，亚马逊公司会将订单以电子形式发送到英格拉姆，英格拉姆通常会在当天或者第二天运送所订物品到亚马逊的配送中心。和英格拉姆一样，可用性承诺功能之后被推广到其他批发商和出版商处，这些批发商和出版商都有能力按物品分类每小时提供其库存信息。

- 实施一套"联合"购买计划来确定哪些供应商提供最优价格，以及哪些供应商为亚马逊所订购物品提供最好的送货选择。亚马逊的系统会检查供应商提供产品的可用性：如果在某供应商处所储存的所需物品价格最优，那么亚马逊将订购该物品；否则，系统会识别提供次优价格的供应商，并检查其产品的可用性。

同时，威尔克的团队也考虑了避免持有库存的其他选择。对于每个产品类别，亚马逊利用其专门定制的软件来评估多种选择的满足情况。包括如下选择：

- 拥有批发商"直接装运"（drop ship）订单，即直接运送订单中的货物到客户手中，而不是通过亚马逊的配送中心运送产品。对于一个直接装运订单，亚马逊要处理订单和客户付款，并将订单分配给一个能够直接投递产品到顾客地址的供应商。2001 年，亚马逊公司首次同英格拉姆在图书产品线针对单品种订单开展直接转运合作。据迈克·西费特称："亚马逊善于对多种产品进行汇集并把它们送到顾客手中，因此对亚马逊来说，选择批发商来管理单品种图书订单从成本角度考虑很有意义。"直接装运能使顾客在 2～3 天内拿到他们订购的货物。其次，这个项目也延伸到其他产品，例如电子产品和电脑，对于亚马逊来说，储存或者处理这类产品的成本很大或者比较困难。最后，亚马逊开始利用直接装运作为"能力阀"来扩大自己的配送中心的能力，并且把直接装运商整合到自身软件中。分配直接装运商和亚马逊配送中心订单量的算法是基于物品价格（如果物品价格低于 10 美元，直接购买和从批发商处购买之间的区别仅仅为 7％的折扣，这个折扣太低以至于不能采用直接装运）、配送中心可变成本和送货成本的。2002 年第四季度，超过 10％的订单采用直接装运。[26]在某些情况下，尽管所需库存在亚马逊的配送中心，亚马逊公司仍然使用直接装运——公司的目标就是为每个订单找到最有效率和最有效益的订单执行方法。

- 与其他公司合作，亚马逊以费用和销售百分比为代价来实现订单的执行，而其合作伙伴承担库存成本。例如，2000 年 8 月，亚马逊与美国玩具反斗城公司合作，创建了在线联合品牌商店来销售玩具和婴儿产品。亚马逊维护在线"商店"，并负责订单处理、订单执行以及客户服务；玩具反斗城负责销售、购买和持有储存在亚马逊配送中心的库存。这个模式使得亚马逊把玩具库存过时的金融风险转嫁给更多的玩具生产伙伴。

送货流程

为了减少装运成本，杰夫·威尔克的团队开发了一种名为"邮政管制"或者"分区跨越"的方法。用这个方法，亚马逊公司安排订单货物的满负荷装运，将其从配送中心运送到主要城市，从而绕过邮政服务的分拣中心。[27]邮政管制取消了美国邮政服务和 UPS 的处理步骤和行驶距离。据估计，亚马逊通过邮政管制将运送成本从 5％减少到 17％。[28]

其他公司开始获得盈利

为了努力减少成本，亚马逊公司在 2001 年 1 月 31 日宣布将减少其雇员数量的 15％——削减 1 300 个工作岗位——并通过关闭两个配送中心（位于佐治亚和西雅图）和位于西雅图的呼叫中心来巩固其订单执行和客户服务运作。

同时，亚马逊公司继续设法提高客户收入。2001 年 7 月，亚马逊开始向所有定价超过 20 美元的图书提供 30％的全面折扣；2002 年 4 月，所有定价超过 15 美元的图书即可享受 30％的折扣。亚马逊还宣布，2001 年 11 月开始超过 99 美元的所有订单可享受免费送货，2002 年 6 月免费送货范围扩展到价值超过 49 美元的所有订单，2002 年 8 月免费送货范围进一步扩展到价值仅超过 25 美元的所有订单。[29]作为享受免费送货的代价，亚马逊的顾客通常同意延迟 3～5 天收到他们的订单货物。

2001 年第四季度，亚马逊公司已经设法减少了 2 200 万美元的费用，相当于与订单执行相关的费用的 17％，并且第一次盈利。2002 年，亚马逊创下了 39 亿美元的销售纪录，比 2001 年增长了 26％。相比于 2001 年 4.12 亿美元的运营损失，2002 年的运营收入提高到 6 400 万美元，相当于销售收入的 2％。2002 年第四季度，第三方卖方交易（以个人名义和公司名义在亚马逊网页上出售新的、二手的或翻新的物品）增长到全世界总交易量的 21％。2002 年，库存周转率提高到 17，高于 2001 年的 14.6。

亚马逊在欧洲

亚马逊公司登陆英国和德国

1998 年，亚马逊进军欧洲市场，并且以英国和德国这两个国家作为主要目标市场。这两个国家既是欧洲最大的网上图书市场，也是欧洲最大的图书市场（见图 7—3）。例如，德国拥有将近 2 000 家出版公司，显示了图书在德国文化中的重要地位。[30]此外，其他具体国家的因素也使得这些国家的市场对亚马逊有着特别的吸引力。例如，德国顾客习惯于通过邮购公司购买图书；在英国，1995 年政府管制固定零售图书价格的结束和由此带来的新分销渠道的发展（如专卖店激起了图书的销售显著增长）也是吸引亚马逊的因素。

为了加快进军欧洲的步伐，1998 年 4 月，亚马逊公司在每个国家收购了一家具有主导地位的网上图书零售商——英国的 Bookpages.co.uk 和德国的 Telebuch.de。这两个网站在 1998 年 10 月以 Amazon.co.uk 和 Amazon.de 的品牌形式重新推出（见图 7—4）。如它们美国的母公司一样，Amazon.co.uk 和 Amazon.de 起初以纯图书零售商的形式出现，最初在亚马逊英国网站提供 140 万种英国图书和 20 万种美国图书，在亚马逊德国网站提供 33.5 万种德国图书和 37.4 万种美国图书。1999 年秋季，复制亚马逊美国"迅速做大"的战略，Amazon.co.uk 和 Amazon.de 开始混合经营更多种类的产品，1999 年 10 月开始经营音像制品，1999 年 11 月开始经营竞卖和 Z 店业务。2000—2002 年间，更多的产品线被纳入这两个网站，如表 7—2 所示。

A. 2001年各国在线实际花费

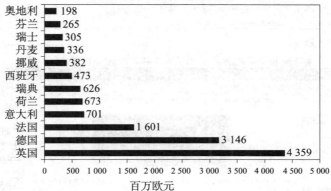

B. 1999年欧洲图书销售额

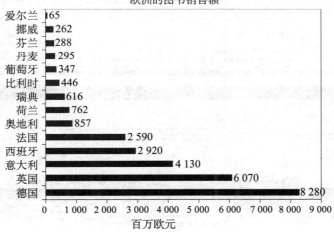

C. 2000—2006年德国在线图书销量预计变化图

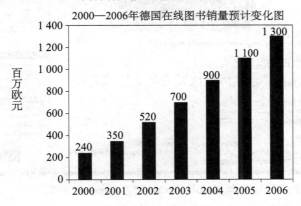

图 7—3 欧洲在线市场和图书市场

资料来源：（A）Mark Mulligan，"European Consumer Commerce Forecasts，2000‐2006，"*Jupiter* 26，October 26，2001；（B and C）Forrester Research，Inc.

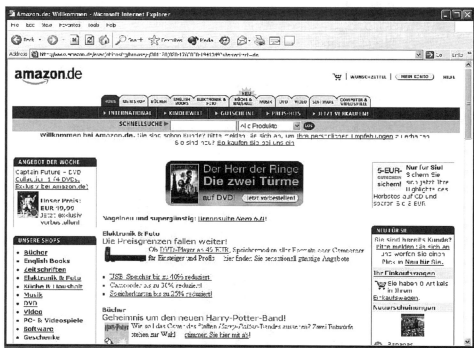

图 7—4　2003 年 Amazon. co. uk 和 Amazon. de 主页

资料来源：Amazon. co. uk 和 Amazon. de。

　　尽管遭遇来自贝塔斯曼的 BOL. co. uk，BOL. de 和巴诺网上书店的竞争，亚马逊在英国和德国仍然迅速成为网上图书销售商的领导者。1999 年，Amazon. co. uk 和 Amazon. de 总销售收入达到 1.677 亿美元（占亚马逊公司总收入的 10%），并且 Amazon.co.uk 和 Amazon.de 都已经拥有超过 100 万有效客户。

亚马逊登陆法国

2000 年 9 月，随着 Amazon.fr 的投入运营，亚马逊的海外扩张继续深入。亚马逊没有通过先收购网上图书销售商登陆法国市场，而是从零开始创建网站。这包括一系列耗费时间的任务：创建能够在网站上展示所有产品的数据库，为几百个出版商和分销商建立用户信息，以及建立法国仓库。此外，不像在英国和德国，亚马逊在法国不得不面对诸如 Fnac.com（法国图书、媒体和其他消费产品的主导网上零售商），Alapage.com（法国电信分公司）和 BOL（贝塔斯曼所属的网上图书销售商）这样市场先入者的激烈竞争，且亚马逊与这些竞争者是在同一时间推出图书、音乐、录像和 DVD 产品的。

2000 年底，亚马逊的国际部门包括亚马逊英国网站、亚马逊德国网站，以及新投入运营的亚马逊法国网站和日本网站（2000 年 11 月开张），销售收入达到 3.81 亿美元，占公司总收入的 13.8%。国外销售收入在 2001 年增长了 74%，达到 6.61 亿美元。占亚马逊总销售收入 21% 的亚马逊国际开始代表亚马逊公司总收入的一个重要部分。

亚马逊公司在欧洲面临的挑战：全球化和区域化

亚马逊进军欧洲的第一年，曾经面临一些挑战，这些挑战使得亚马逊做出了特别的运营和组织选择。

这一系列挑战涉及不同国家间的文化差异。亚马逊欧洲高级副总裁和总经理迭戈·皮亚森蒂尼（Diego Piacentini）解释道：

> 取得国际电子商务成功的关键归结起来是一个简单的事实：所有的顾客都想要更好的选择、更多的便利和更好的服务。在认识到这一事实后，在线零售商会很快意识到，国际扩张主要的挑战是能够给世界范围内的顾客带来这些普遍好处的能力。[31]

因此，亚马逊认识到欧洲市场是一个很多区域市场的叠加，且亚马逊选择完全遵从当地的法律和文化特点。实际上，这意味着为了满足当地需求，要对亚马逊的传统价值链进行重要调整。

首先，亚马逊公司决定维护以三大客户群为基础的专用网站。尽管网站诸如浏览和搜索等功能是完全相同的，但语言、编辑的内容和在线展示的产品对于每个国家都是不同的。此外，亚马逊公司建设了专门的 24 小时客服中心，并配备了精通本国语言的客服代表，且这些代表充分理解欧洲客户的需要。

其次，亚马逊公司需要应对每个国家的销售规则。在德国和法国，图书清单价格是固定的，并且零售商不能打折。在法国，零售商不能以低于自己采购发票上的价格出售产品。为了遵守当地法律同时提供有竞争力的产品，亚马逊公司在 2001 年推行免费送货。此外，利用该国法律的弹性，亚马逊公司进行促销活动，比如在地方政府规定的特定时期内对销售"进展缓慢"的图书库存进行清仓促销。

第三个关键领域就是支付选择。为了吸引超过 38% 使用信用卡进行网上购物的欧洲人，亚马逊提供各地最偏好的购买方式，比如为法国顾客提供支票服务，而为德国顾客提供邮政订购服务（见图 7—5）。这个决定是有成本代价的，因为新的付款方式需要相应的软件和新的流程。

第四，亚马逊很快发现由于供应商市场因素不同，它在德国和法国不能复制其在美国的采购战略。虽然在美国和英国的一些地区，亚马逊能够依赖小部分批发商在几天内完成其大多数订单，但是法国没有媒体市场（包括图书、音乐和录像）的批发商，而德国在图书产业

A. 使用信用卡进行网上购物的欧洲人。（在3个月前进行网上订购的欧洲客户的比例，这部分客户都对这样一个问题——"你最近大部分的网上购物是否使用信用卡？"给出了肯定的回答。）

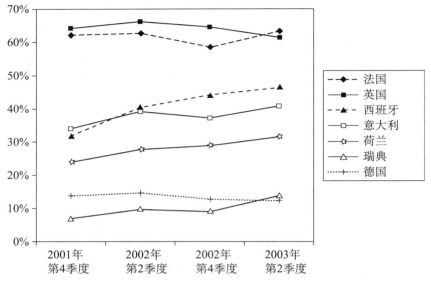

B. 欧洲人网上购物的支付方法

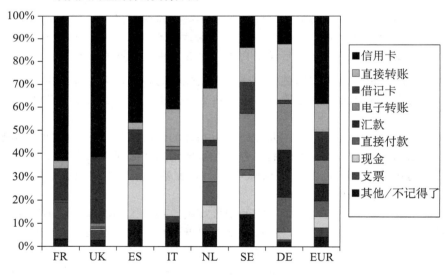

图7—5 欧洲的网上支付方法

资料来源：Forrester Research，"Europe's Online Payment Potpourri，" by Joost van Krujsdijk，October 2003.

和音像市场仅有单一批发商。因此，为了向客户提供服务，亚马逊不得不与几百个出版商和分销商建立关系。通常直接向出版商和分销商订购的货物需要5天的时间才能发送至亚马逊的仓库。此外，亚马逊使用电子数据交换（EDI）与美国供应商进行沟通，从而能够快速确认从亚马逊发送的采购订单的物品情况。如果一个所订购的物品没有存货或者绝版，美国供应商会将电子化的信息反馈给亚马逊（以"拒绝文件"的形式，包括物品条形码和拒绝原因）。接着亚马逊的采购团队会将信息送至客服部门以更新客户的订单状态，同时信息也会被送至目录部以更新网站信息。在欧洲的图书、音乐和录像产品的分销商中，EDI 的普及率很低，大部分厂商仍在使用电子邮件甚至传真。因此，直到订单货物在配送中心被接收，亚马逊才能知道是否所有的订购产品能被执行。

最后，亚马逊公司依靠欧洲的国家邮政服务运营商来投递其国内以及国际订单。国家邮政运营商提供良好的覆盖率和适合亚马逊的快速交货模式，比如在伦敦、柏林和巴黎提供隔天交货服务，在其他国家则提供国内两三天交货服务，而且美国的快递服务与之相比还要昂贵得多。2000 年，杰夫·贝佐斯强调当时其与两个欧洲子公司合作关系的重要性："几乎没有国家重视其邮政系统，但是英国皇家邮政和德国邮政是全世界最好的。"[32] 然而，英国皇家邮政、德国邮政和法国邮政总局（法国邮政服务）不能提供泛欧洲的可靠跨境物流服务。当地邮政运营商之间的移交通常导致投递延迟或者货物损失，从而造成消极的客户体验。最终，国内邮政竞争者和泛欧洲运营商的缺乏使得亚马逊减少其运输成本或者提高其运输标准的努力变得困难。

亚马逊欧洲子公司的组织结构

为了实施这些战略选择，Amazon.co.uk，Amazon.de 和 Amazon.fr 被作为亚马逊网站下属独立子公司，以权力下放的方式管理。每个国家都有自己的组织机构，并由该国的亚马逊公司经理领导。当地雇员在编辑、财务、市场营销、目录清单、供应链和物流方面向该国亚马逊公司经理汇报。当地经验对于亚马逊运营的每个方面都是很关键的。例如，在从零开始建立的法国子公司，亚马逊雇用了具有媒体行业经验的高级采购员来建立与供应商的关系。

每个子公司拥有并运行一个专用仓库。在英国的配送中心位于 Marston Gate 物流公园，该公园坐落于伦敦北部 200 公里。该配送中心投递所有英国网站上的客户订单。这些位置的选择主要是基于低的劳动力成本。Amazon.de 的配送中心位于巴特黑斯菲尔德，靠近法兰克福。位于中心地带的巴特黑斯菲尔德使得亚马逊能在 5 小时之内到达德国的任何地方。这意味着通过德国邮政就能为大多数德国地区提供连夜快递服务。英国和德国的配送中心已拥有超过 400 000 平方英尺的库存规模，并且高度自动化。Amazon.fr 的配送中心建在新奥尔良，巴黎往南 150 公里，其规模有 225 000 平方英尺，不像其他两个配送中心，这里所有工序都是人工的。

2001 年，亚马逊网上商店开始着手进行主要成本缩减和结构调整，以努力实现盈利。这个项目的一个方面是巩固亚马逊欧洲子公司的特定职能。2001 年 2 月，亚马逊把公司的欧洲客服中心运营部从荷兰转移到英国和德国现存的客服中心。亚马逊的发言人解释了这一变化的原因："这些人所从事的职能仍然是需要的。我们发现不需要三个不同的中心来服务于我们的客户群，这没有任何意义。"[33] 2001 年，亚马逊决定在欧洲层面上统一这三家子公司的营销和品牌职能，目的是为亚马逊品牌建立一系列可识别的价值。其他重要的措施包括使用相同的人力资源评估表格。最后，阿伦·莱尔（Allan Lyall）成为欧洲运营总监，这是 2001 年新设立的职位。起初，他的职责包括管理三个欧洲的配送中心，但到了 2002 年，其职责已延伸到运输、供应链运营、EDI、运营优化和能力工程。

向前发展

到 2002 年，国际部门的收入达到 12 亿美元（亚马逊总收入的 35%）。国际部门是亚马逊增长速度最快的部门——其 77% 的增长率是由免费送货的普及、向所有顾客开放三个网站，以及在英国和德国推行市场活动来驱动的。

位于西雅图的亚马逊决策层计划推出一些在美国已经推出的产品种类和功能。这包括开发市场活动，以及与批发商就产品目录选择进行合作来增加亚马逊的选择。亚马逊公司也在评估在其他欧洲国家扩展业务的机会。亚马逊欧洲需要构建基础设施来支撑这个宏伟愿景。

2002 年 6 月，汤姆·泰勒从西雅图调往伦敦来处理这些问题。泰勒简单地对其使命进行描述："欧洲将会在产品目录扩展两年后，随着市场的发展达到美国标准。这将需要一个新的组织机构和一套新技能。"

汤姆·泰勒的背景资料

汤姆·泰勒的职业生涯始于 1985 年，当时他在通用汽车的制动部门担任设计工程师。通过与运营团队的频繁接触，他产生了对制造业的激情。1991 年，他从麻省理工学院的制造业领袖项目（LFM）毕业，并回到通用汽车担任一家子公司 Delphi Systems 的一线主管。1992 年，他晋升为生产制造计划者。1994 年，他决定加入 K2，一家位于西雅图的制造滑雪板的公司。起初他作为流程工程师负责设计适合新一代滑雪板的运作流程，之后他迅速晋升为工厂经理。面临来自其他低劳动力成本国家竞争对手的激烈竞争，K2 决定将其制造业务转移到中国，因此，泰勒成为中国工厂的经理。2000 年 6 月之前，泰勒曾经多次尝试加入亚马逊，但是都以失败告终，当时他的制造业背景显然不能引起亚马逊的兴趣。2000 年 6 月，已经决定返回美国工作的泰勒再次尝试加盟亚马逊公司，这次他成功了。他受雇于杰夫·威尔克，亚马逊运营部的高级副总裁，当时杰夫正在寻找制造业的专门人才。威尔克的想法是在亚马逊运营管理中运用流程改进和标准化的概念。泰勒的第一个任务就是管理两个陈旧的配送中心（分别位于西雅图和特拉华州），这两个配送中心仍旧采用人工作业。2000 年底，杰夫·威尔克将运营部门分成两个子部门，分别覆盖美国的东半区和西半区。泰勒成为东半区运营总监，负责管理 4 个配送中心：特拉华州、佐治亚州的麦克多诺、肯塔基州的坎贝斯维尔和列克星敦。在接下来的一年半里，他专注于改善这些配送中心的生产力，并确保他们能够处理好假期需求高峰。2002 年 6 月，泰勒晋升为欧洲供应链运营总监。

汤姆·泰勒在欧洲最早关注的是 3 个不同国家业务流程的标准化和协同作用。首先要做的是定义和执行不同国家的可比指标（例如供应商交货提前期、订单执行率），从而更好地了解这些国家的业务活动。汤姆的办法是双重的：基于他对美国制度和流程的了解，选取了"轻松取胜"区域，在这些区域把美国的技术移植到欧洲以产生直接影响。此外，他运用其新成立的欧洲供应链运营团队的力量，从位于西雅图的亚马逊总部 IT 部门获取足够的资源。

在一年内，泰勒的团队提高了库存里高周转率物品的比例，建立和实施了供应商计分卡，提高了预测工具的准确性，缩短了供应商的送货提前期，减少了客户订单积压，并开发了一种提供给配送中心在接下来的几个星期内具有接收和装运的清单的流程。例如，为了减少客户订单的积压（送货订单还没有生成），汤姆的团队首先为 3 个国家建立了一个全面日常报告，根据影响亚马逊在承诺时间内满足客户订单的问题类型列举了积压的原因。问题被归结为如下类型：供应链类型（例如，一个采购订单被下达给批发商/出版商，但是亚马逊未收到该订单），配送中心类型（例如，物品已接收但是没有被记录在库存中），或者客户类型（例如，客户使用支票作为支付手段来下达订单，但是亚马逊没有收到支票）。汤姆的团队指派每种积压类型的处理员，对他们所负责的积压类型的根本原因进行分析，并定义和实施标准化流程和工具来解决这些基本问题。

获得 EDN 机会

长期内，泰勒想知道哪些基础设施能最好地支持亚马逊欧洲的增长潜力。亚马逊的分散化订单执行模式似乎提供了合理化和成本节省的机会。最明显的目标就是通常在一个以上的欧洲配送中心设置"共同"产品的冗余库存（比如国际流行摇滚歌手的 CD 和美国图书）。非媒体产品和少数针对具体国家的产品线（比如消费类电子产品、家用和厨房产品）的推出使得这一问题变得更加有趣。在英国、德国和法国的亚马逊公司是否需要 3 个独立的配送中心，或者是否能只建立一个欧洲配送网络（EDN）（在该网络中库存的布局将是战略性的，而不只是由地理位置决定的）？

基于对这个机会的兴趣，泰勒罗列了 EDN 给亚马逊欧洲可能带来的好处。第一，通过来自其他配送中心的订单执行作业，它能在很大程度上扩大现有网站上的产品选择。例如，法国网站能够增加家用和厨房产品（目前在英国网站上可用）的选择范围，并且在英国配送中心完成这部分订单。法国可以依靠英国现有的购买团队和所持存货，而不用专门建立一个地方购买团队以及对库存制定复制。第二，EDN 有助于从最低成本的供应商那里进行全球采购，并在全球网络层面上制定库存计划。第三，EDN 能够减少依靠单一配送中心为大型客户群提供服务的风险。的确，历史记录显示每个欧洲配送中心都经历过至少一次的系统失效。第四，EDN 能够通过使得亚马逊选择适当的配送中心满足客户订单来改善用户购物体验。例如，如果用德国配送中心代替英国配送中心，那么位于瑞士或者西班牙的客户所下达的英国产品订单就能够以较短的时间送达。EDN 能够帮助亚马逊平衡其配送中心之间的负担。正如阿伦·莱尔所说："如果一个仓库巨大的订单积压已经影响到送货承诺时间，那么亚马逊就能够重新分配客户订单到其他配送中心。"第五，如果亚马逊决定扩张到欧洲其他国家，那么 EDN 能够从现有配送中心为它们供应产品，而不需要建立当地的配送业务。

看着欧洲地图，汤姆·泰勒考虑和评估着设计欧洲配送网络的可能选择。其中一个选择是把不同网站链接到单一欧洲配送中心。在这一选择下，亚马逊需要决定配送中心位置，制定运输计划，并制定其他实施策略。第二种选择是保留这 3 个配送中心，并允许它们完成来自其他国家网站上的客户订单（或许利用直接装运的办法）。在这种情况下，亚马逊需要决定哪些产品将被直接装运以及什么时候发货。最后一个选择是保留两个配送中心，一个为欧洲北部的客户提供服务，另一个为欧洲南部的客户提供服务。这个选择同样需要决定配送中心位置，制定运输计划和制定其他实施策略。

这些问题的答案部分取决于 EDN 中配送中心的功能。有 3 种考虑中的方法：第一，亚马逊继续使用现有的战略，即在 3 个配送中心中都持有库存，而 EDN 的主要功能是作为预防其他配送中心遭受大的干扰的备用设施。第二，亚马逊可以有选择地与欧洲各网站共享库存来降低库存持有成本。例如，一个诸如消费类电子产品的产品目录，仅由单一配送中心提供服务（例如，英国配送中心，由此可减少法国和德国配送中心的库存水平）。第三，通过这 3 个网站的库存基于需求模式、库存及运输成本在物理意义上的混合，使得亚马逊欧洲的运营部门能够被完全整合。这些选择需要对需求模式、成本、运输选择、IT 需求和现有配送中心的能力进行分析。此外，在这些不同选择下，亚马逊公司需要确定库存的所有权。

关于 EDN 的配送中心选址产生了其他问题。超过 2/3[34] 的英国订单投递到位于 Marston Gate 配送中心南部的顾客手中，那么亚马逊是否应该保留法国配送中心？如果亚马逊扩张到欧洲其他国家，它是应该利用现有配送中心来执行这些订单还是应该考虑建立一个新的配送中心？

汤姆·泰勒还需要制定一个实施计划。他是从把配送中心与国家网站分离开始做起，还是从对特定地区的特定产品目录进行测试开始做起？

泰勒还需要考虑 EDN 的实施给内部部门带来的影响。例如，为了建立一个可持续的欧洲配送网络，亚马逊公司需要重新设计其运输流程并选择合适的承运商来满足其送货时间和价格标准。根据亚马逊欧洲运输部门主管希尔伯汉·法农（Siobhan Farnon）的描述："对交通的直接影响最可能的是会降低送货服务水平。大部分位于英国、德国和法国的客户已经习惯于隔天送货，即使是选择了标准运输模式。"

为了解决这一问题，交通团队与客服部门进行合作来引导客户将不同的送货价格和不同的送货服务水平选择相联系。现在，Amazon. fr 和 Amazon. de 只提供唯一的标准送货选择，承诺在 2～3 个工作日内送货。尽管如此，由于当地配送中心靠近客户群，且法国邮政和德国邮政的送货时间较短，德国和法国的顾客已经习惯于连夜快递服务。Amazon. co. uk 在国内提供标准送货和免费送货，大约 45% 的英国顾客选择免费送货。

另一个机会将是平衡欧洲配送网络容量来实施"邮政管制"。亚马逊公司认为从德国的配送中心到英国的配送中心需要 12 小时（或者从英国到法国，或者从法国到德国）；因此，它期望能够在 2～3 天内完成这些国家间的大部分的客户订单。展望未来，亚马逊公司能够与满足其送货时间要求的泛欧洲承运商建立更好的合作关系。阿伦·莱尔希望竞争能够驱使德国邮政和其他运营商在 3～5 年内发展出能够为亚马逊提供合适的泛欧洲服务的能力。

亚马逊希望在欧洲配送网络下，其采购部门能够集中进行采购，并从供应商那里获得更高的数量折扣。尽管如此，普通媒体产品的供应商是非常集中的。例如在英国、德国和法国，环球、华纳、索尼、BMG 和 EMI 占了将近 80% 的音像制品销售额（也占了亚马逊大约 80% 的音像制品销售额）。然而，与这些供应商以及许多其他供应商的谈判条件通常被引导到国家层面，这是因为供应商都以国家子公司的形式进行独立管理。例如，亚马逊在德国的供应商管理团队会与索尼德国子公司进行谈判，而亚马逊在法国的供应商管理团队会与索尼法国子公司进行谈判。亚马逊与华纳之间的关系提供了这一划分的另一例子——通过全球业务，亚马逊公司与华纳家庭影院建立了 6 种不同的合作关系。担任亚马逊欧洲采购经理的迈克·西费特提到："在欧洲，大部分供应商的建立方式很陈旧，但好消息是它们想要有前瞻性的思想——可能是因为亚马逊欧洲现在足够大，所以具有谈判能力。"

EDN 还需要各部门间更好的协调和明确的人力资源计划。短期内，在受到 EDN 实施影响的职能部门工作的人们，必须学会如何协作来平衡 EDN 提供的机会和成本节省。长期内，参考 2001 年亚马逊美国发生的事情，网络优化会使得运营团队成员减少。例如，亚马逊会考虑将其采购团队集中到一个地方来负责整个欧洲的采购活动。这就意味着重新分配雇员到其他地方，由于不再是特定国家的采购人员，就需要对他们进行"欧洲人"的训练。集中采购也导致其他问题：英国供应商将物品运送到德国仓库后，又从德国仓库运送物品至英国客户手中，这样看来欧洲配送网络的建立还有意义吗？

制作关于 EDN 的案例

面对这些选择，泰勒意识到他的团队必须设计一个强大的商业案例。

泰勒必须回答在亚马逊零售部门工作的经理们所关心的问题。亚马逊公司是否正在为其客户和公司本身做一件正确的事情？客户体验是否会恶化？如果采购被巩固在欧洲层面上，那么亚马逊还能够找出每个国家流通最快的物品或其他需求趋势吗？

此外，对于欧洲子公司来说，IT 资源一直是一个制约因素。亚马逊美国所管理的 IT 资源，限制了亚马逊每年推出的新项目的数量。建立欧洲配送网络的项目会与其他成本节省项目进行竞争。这个项目的重要性取决于推行这个项目商业案例所带来的投资回报率。不能再浪费时间了。在公司显著增长的情况下，实施 EDN 有意义吗？如果有，泰勒应该做何选择呢？

【注释】

〔1〕〈http：//www. bizinfocentral. com/affiliate/Books/〉. About Amazon. com section （accessed March 30，2004）.

〔2〕Pankaj Ghemawat，"Leadership Online：Barnes & Noble vs. Amazon. com （A），" HBS Case No. 9－798－063 （Boston：Harvard Business School Publishing，2000）.

〔3〕Interview with Mike Siefert，European Supply Chain Manager，Amazon. com.

〔4〕Pankaj Ghemawat，"Leadership Online：Barnes & Noble vs. Amazon. com （A），" HBS Case No. 9－798－063 （Boston：Harvard Business School Publishing，2000）.

〔5〕*Ibid.*

〔6〕*Ibid.*

〔7〕"Earth's biggest bookstore' comes to Delaware，" November 18，1997. 〈http：// www. state. de. us/dedo/news/1997/amazon. htm〉（accessed March 30，2004）.

〔8〕Anthony Bianco，"Virtual Bookstores Start to Get Real：The 'sell all，carry few' strategy won't work forever，" *Business Week* （October 27，1997）.

〔9〕Saul Hansell，"Amazon's Risky Christmas，" *The New York Times*，November 28，1999.

〔10〕Anthony Bianco，"Virtual Bookstores Start to Get Real：The 'sell all carry few' strategy won't work forever，" *Business Week* （October 27，1997）.

〔11〕*Ibid.*

〔12〕James Aaron Cooke，"Clicks and Mortar，" *Logistics Management and Distribution Report* 39，no. 1 （January 1，2000）.

〔13〕*Ibid.*

〔14〕"Amazon. com—New distribution center，" *Newsbytes News Network*，January 8，1999.

〔15〕"Amazon. com to Open Kansas Distribution Center，" *Internetnews. com*，April 15，1999. http：//www. internetnews. com/ec-news/article. php/99121.

〔16〕Beth Cox，"Amazon. com to Open Two Kentucky Distribution Centers，" *Internetnews. com*，May 27，1999. 〈http：//www. internetnews. com/ec-news/ article. php/ 128321〉（accessed December 17，2004）.

〔17〕"Amazon. com：More Than a Merchant，" by Miguel Helft，The Industry Standard，01/18/ 00，〈http：//www. nwfusion. com/news/2000/ 0118amazonprof. html〉（accessed December 20，2004）.

〔18〕Interview with Tom Taylor，Director of European Supply Chain Operations，Amazon. com.

〔19〕Greg Sandoval，"How lean can Amazon get?" *CNet News. com*，April 19，2002. 〈http：//news. com. com/How＋lean＋can＋Amazon＋get％3F/ 2100-1017 ＿ 3-886784. html〉（accessed December 17，2004）.

〔20〕James Aaron Cooke，"Clicks and Mortar，" *Logistics Management and Distribution Report* 39，no. 1 （January 1，2000）.

〔21〕Amazon. com，〈http：//phx. corporate-ir. net/phoenix. zhtml? c＝97664 & p＝ IROL-NewsText&t＝Regular &id＝231842&〉（accessed December 17，2004）.

［22］ "Jeff Bezos: There's No Shift in the Model," *Business Week Online*, August 2000. ⟨http://www.businessweek.com/2000/00 08/b3669094.htm⟩ (accessed July 8, 2004).

［23］ http://www.amazon.com/exec/obidos/tg/feature/-/165151/102-5368591-9733717 (accessed December 20, 2004).

［24］ Chip Bayers, "The last laugh," *Business* 2.0 3, no. 9 (September 2002).

［25］ Sandoyal, Greg. "How Lean Can Amazon Get?" CNET News.com (April 19, 2002), ⟨http://news.com.com/How+lean+can+Amazon+get/2100-1017 _ 3-886784.html⟩ (accessed December 17, 2004).

［26］ "Event Brief of Amazon.com Conference Call-Final," Nov. 7, 2002, Fair Disclosure Wire, (c) CCBN and FDCH e-Media.

［27］ Robert Hof and Heather Green, "How Amazon Cleared That Hurdle: To earn a profit, it cut costs and started growing again," *Business Week* (February 4, 2002): 60.

［28］ Nick Wingfield, "Survival Strategy: Amazon Takes Page from Wal-Mart to Prosper on Web," *Wall Street Journal*, November 22, 2002.

［29］ Beth Cox, "Amazon Expands Free Shipping Again," *Internetnews.com* (August 26, 2002). http://www.internetnews.com/ecnews/article.php/1452161 (accessed July 8, 2004).

［30］ Diego Piacentini, "Helping E-Commerce Sites Achieve International Success," ⟨http:/usinfo.state.gov/journals/ites/0500/ije/amazon2.htm⟩ (accessed July 8, 2004).

［31］ *Ibid*.

［32］ Malcolm Wheatley, "Amazon.com Sees Supply Chain as Crucial to Its Future," *Global Logistics & Supply Chain Strategies* (September 2000). ⟨http://www.supplychainbrain.com/archies.9.00.Amazon.htm?adcode=5⟩ (accessed July 8, 2004).

［33］ "Amazon.com to consolidate European service centers," News Story by Todd R. Weiss, FEBRUARY 09, 2001, Computerworld.com, ⟨http://www.computerworld.com/industrytopics/retail/story/0, 10801, 57582, 00.html⟩ (accessed December 20, 2004).

［34］ Interview with Allan Lyall, European Operations Director, Amazon.com.

学习完本章，你应该能够回答以下问题：
- 配送战略的最佳做法是什么？
- 如何重构配送网络？
- 联合库存和转运战略等概念的影响是什么？

引言

正如其他章节中所讨论的那样，供应链管理围绕着各种实体供应链的高效一体化进行，其目的是提高供应链绩效。一个极富效率的供应链需要将供应链前端、顾客需求、供应链末端，以及生产和制造过程一体化。

　　当然，针对具体情况，公司可能有机会专注于供应链的各个部分，并且在效率上取得大幅提高。在这一章节，我们重点研究配送功能。显然，产品经过制造、包装等步骤后，在到达供应链末端之前，需要被储存和运输（有时被储存在若干地方，并且被运输若干次）。它们或者被直接送到客户手中，或者被送到零售商那里转而卖给客户。这一章的目的是阐述各种可能的配送战略；并且分析这些战略带来的机遇和挑战。

　　从根本上说，存在两种可能的配送战略：一种是物品被直接从供应商或者制造商那里运送到零售门店或者终端客户手中；另一种是物品还经过一个甚至多个的临时库存中转站（intermediate inventory storage points）（通常为仓库或配送中心）。仓库可以有多种用途，这些用途主要取决于制造战略（是按库存生产还是按订单生产）、仓库数量、库存策略、库存年周转率、仓库是公司内部所有还是外部分销商所有、供应链是由一家公司组成还是由多家公司组成。本章大部分内容是探讨一系列转运战略，但是我们先来讨论直接装运战略。

直接装运配送战略

　　直接装运战略是指绕过仓库和配送中心的战略。使用直接装运战略的制造商和供应商将直接把货物送到零售商店里。这种战略的优点是：

- 零售商不需要为配送中心支付运作费用。
- 提前期缩短了。

这种类型的配送战略也存在较大的缺点：

- 由于没有中心仓库，我们在第 2 章中提到的风险分担效果就不会出现。
- 因为要给更多的地方送更小批量的货物，所以会使制造商和分销商的运输成本上升。

　　鉴于这些原因，直接装运只在零售商店需要整车运输，且即使使用配送中心也不会降低运输成本的情况下应用。这种方式常常由强大的零售商提出来，或者是在提前期非常重要的情况下使用。一般情况下，制造商只在没有更好的办法能保有这项业务情况下，才会选择进行直接装运。直接装运在日用杂货行业应用得较普遍，因为对易腐品来说，提前期是相当重要的。

实例 7—1

　　JC 彭尼（JC Penny）公司成功地实施了直接装运战略。JC 彭尼通过近 1 000 家商店和上百万的商品目录销售通用商品。它从 2 万多家供应商那里采购 20 万种商品，要管理这样的商品流是一项令人生畏的任务。每个商店都要承担销售、库存和利润的管理任务，并要进行销售预测和发出订单。将订单传给采购员后，再由采购员与配送人员协调装运来保证快速反应。在整个过程中采用了内部控制和跟踪系统来监控物料的流动。在大多数情况下，产品会直接送到 JC 彭尼的商店里去。

转运战略

正如前面提到的，存在一系列能够用来区别不同转运战略的特征。其中一个最基本的特征是仓库和配送中心储存库存的时间长度。在传统的库存战略中，配送中心和仓库持有库存，并且为下游客户（无论它们是供应链中的额外仓库还是零售商）提供所需存货。在直接转运战略中，仓库和配送中心用做库存的转运点，但是这些转运点不持有库存。在存在大量不同种类产品的时候，集中储存和转运战略可能比较管用，因为具体的终端产品的需求相对较小，并且很难预测。

传统仓储

在第 2 章中，我们讨论了库存管理和风险分担，以及它们如何受仓库利用的影响。为了促进风险分担，我们调查了仓库使用的价值。并且考虑了在具有一个或多个仓库的供应链中，进行库存管理的一些有效方法。当然在传统的仓储系统中，存在一系列其他的问题和决策。

集中还是分散管理

在一个集中系统中，决策由整个供应网络的中心机构做出。通常，决策的目标是，在实现某种程度服务水平的前提下，使系统的总成本最小。显然，单个实体拥有整个网络的情况属于这种类型，在一个包含了许多不同组织的集中系统中也是这样。在这种情况下，必须用某种契约机制在整个网络中分配节约的成本或利润。我们知道，这种集中型控制能够实现全局最优。而在一个分散系统中，每一个组织都想找到一个对自己最有效的战略而不考虑会对其他组织产生的影响。因此，分散系统只能实现局部最优。

这是很容易理解的。从理论上讲，一个集中的配送网络至少和分散系统一样有效，这是因为，集中系统的决策者不仅能做出分散系统决策者所做的全部决策，还能够做出在供应网络范围内考虑到不同区域决策相互作用的选择。

遗憾的是，在一个每个组织都只能获得自己信息的物流系统中（或者仅有很少的权限获取其他组织的信息），集中型战略是行不通的。然而，随着信息技术的发展，集中系统的所有组织都能获取相同的信息资源。事实上，我们将在第 15 章专门讨论有关单点联系的问题。在这种情况下，供应链中的任何部分都能获得信息，并且不管使用什么样的查询方式或由谁查询，所获得的信息是相同的。因此，集中系统允许共享信息，更重要的是，通过利用这些信息可以减少牛鞭效应的影响（见第 5 章）并提高预测的准确性。最后，集中系统允许整个供应链使用协调战略——这是一种能降低系统成本和提高服务水平的战略。

当然，有时一个系统并不能"自然"地进行集中。零售商、制造商和分销商可能都属于不同的所有者并有不同的目标。在这种情况下，最实用的办法就是形成合作伙伴关系来获取集中系统的优势。我们将在第 8 章讨论合作伙伴关系的问题。另外，详细的供应合同也是非常有用的，我们在第 4 章中曾进行过详细的讨论。

中心和地方设施

供应链设计中另一个重要的决策涉及使用集中型还是地方型生产和仓储设施的问题。集中型设施意味着较少的仓库和配送中心，且这些设施的位置远离客户。我们在第 3 章已经讨论了帮助公司决定设施数量、位置和每个设施大小的模型。在这里，我们对其他一些重要因素进行总结。

安全库存。合并仓库使供应商的风险能够集中分担。一般来说，这意味着作业越集中，则安全库存水平越低。

管理费用。规模经济表明，经营少数几个大的中心仓库和经营许多小仓库相比，前者的总管理费用要低很多。

规模经济。在很多制造业务中，如果制造稳定，那么就能够达到规模经济。通常，在总制造能力一定时，经营许多小制造工厂比经营少数大型制造工厂更加昂贵。

提前期。如果大量仓库能分布在接近市场的地方，那么提前期就会缩短。

服务。这取决于服务是如何定义的。正如我们在上面提到的，集中型仓储可以利用风险分担的优势，这意味着用更少的总库存水平就能满足更多的订单。但从另一方面来说，从仓库到零售商的运输时间就会比分散系统的运输时间长。

运输成本。运输成本与所使用仓库的数目直接相关。随着仓库数目的增加，生产设施与仓库之间的运输成本也会增加，这是因为运输的总距离增加了。更重要的是，利用数量折扣的可能性减小了。然而，从仓库到零售商的运输成本可能会降低，因为仓库与市场更接近了。

当然，在一个有效的配送战略中，有可能一些产品储存在中心设施里，而其他产品储存在各地的仓库里。例如，较贵且顾客需求不大的商品和需求不确定性较高的商品，可能储存在中心仓库里；而成本低且需求量大的商品和需求不确定性较低的产品，可以储存在许多地方性仓库中。前者的目的是通过使用集中型仓库来实现风险分担，从而减少库存水平；而后者的目的是在供应链中满负荷运送货物，从而减少运输成本。详细的讨论见第 3 章。

此外，使用集中型或地方型生产和储存设施并不是一个非此即彼的决策。地方经营和集中经营有一个程度的问题，不同程度对应着上面所列举的不同程度的优点和缺陷。最后，先进的信息系统能帮助各种类型的系统同时拥有其他类型系统的优点。例如，当不同设施间的转运能够实现，且信息技术可以识别可获得的库存时，安全库存的水平就能够降低。

■ 直接转运

直接转运战略因沃尔玛而闻名。在这个系统中，仓库充当了库存的协调点而不是储存点。在典型的直接转运系统中，商品从制造商那里到达仓库，然后转移到为零售商店送货的车辆上，并尽快地送到零售商手中。商品在仓库的停留时间很短，通常不会超过 12 个小时。这种系统通过缩短储存时间而限制了库存成本并缩短了

---

* 即支持同样服务水平的安全库存量。——译者注

提前期。

当然，直接转运系统需要巨大的启动投资，并且很难进行管理：

1. 配送中心、零售商和供应商必须用先进的信息系统连接起来，以保证在要求的时间内完成商品的分拣和配送。

2. 为了使直接转运系统能够运作起来，必须有一个快速反应的运输系统。

3. 预测非常关键，这也使信息共享成为必需。

4. 只有在任何时候都有大量车辆在直接转运站配送和装货的大型配送系统中，直接转运战略才是有效的。在这样的系统中，每天都有足够数量的商品来实现从供应商到仓库的满载运输。由于这些系统中包括许多零售商，因而需求量保证了到达直接转运站的商品能够迅速地以整车运输到零售商店中。

实例 7—2

在过去的 15～20 年中，沃尔玛惊人的市场增长率表明了有效协调库存补充和运输战略的重要性 [197]。在这期间，沃尔玛发展成为世界上最大和利润最高的零售商。沃尔玛竞争战略中的许多方面都对其成功具有关键性的作用，但其中最重要的大概就是直接转运战略。沃尔玛利用直接转运技术运送约 85% 的商品，而凯马特的这一比例只有 50%。为了实现直接转运，沃尔玛使用了一个私有卫星通信系统。该系统向沃尔玛的所有供应商发送销售点数据，使供应商能清楚地了解商店的销售情况。此外，沃尔玛还拥有 2 000 辆卡车组成的车队，且商店平均每周进行两次补货。直接转运使沃尔玛通过整车采购获得了规模经济，同时也减少了所需的安全库存，并且与行业平均水平相比使沃尔玛降低了 3% 的销售成本，这是沃尔玛能实现高利润率的重要因素。

■ 联合库存

我们以一个案例开始对联合库存的讨论。

实例 7—3

1994 年，通用汽车开始其在佛罗里达州的试验计划，这个试验计划的目的是减少凯迪拉克购买者等待新车的时间。《华尔街日报》报道：

> 这一项目开始于 9 月中旬，大约 1 500 辆凯迪拉克会被停在位于佛罗里达州奥兰多市的一个区域配送中心，等待运送到全国 24 小时内可达范围的汽车经销商手中……通用汽车希望通过提高客服水平来促进凯迪拉克汽车的销售……研究显示：由于汽车没有及时送达至客户手中，我们损失了 10%～11% 的销售额……通用汽车指出该试验计划能够增加凯迪拉克 10% 的销售额。

为什么通用汽车会实施这样一个名为联合库存的项目？购车者为什么会参与这样一个项目？通用汽车实施该计划的动机是很清楚的：正如我们在本书中看到的，一个集中配送系统比分散配送系统运作得更好。的确，在相同的库存水平下，一个集中系统提供的服务水平更高，因此销售额更高——这正是第 2 章中讨论过的风险分担概念。此外，回顾推—拉式供应链概念。通过在奥兰多中心仓库进行库存的联合，并且在客户订单下达后通过一个特殊工具拉动库存，通用汽车正从一个推动式（经销商先于需求下订单）供应链向推—拉式供应链（经销商由区域配送中心拉动）转变。这意味着有更多的汽车可供选择，终端客户在这类系统中将享受更好的客服水平。

通用汽车能否通过这种类型的系统向经销商出售更多的汽车？答案是不确定的。由于库存是联合的，经销商订购的汽车总数就不一定会增加，甚至客服水平不一定会提高。这会在长期内给通用汽车带来好处吗？我们在实例 7—4 中给出了该问题的答案。

实例 7—4

考虑两个面对单一产品随机需求的零售商。在这一简单例子中，零售商是完全相同的，拥有相同的成本和特征，这意味着诸如零售商规模不同的问题在这一分析中不起作用。我们比较集中系统和分散系统。在集中库存系统中，零售商一起经营一个联合库存中心，并且利用联合库存的一部分来满足需求。在分散系统中，每个零售商单独给制造商下订单来满足需求。因此，在这两个系统中，库存都是零售商所有的。这两个系统如图 7—6 所示。

我们考虑单阶段的随机需求。图 7—7 给出了每个零售商面临的需求预测。最后批发价格为每件 80 美元，零售价为每件 125 美元，产品残值为每件 20 美元，生产成本为每件 35 美元。

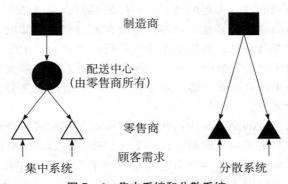

图 7—6　集中系统和分散系统

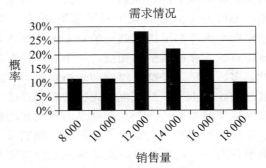

图 7—7　每个零售商面对的需求概率

　　汽车经销商的情况怎样呢？一方面，汽车经销商会获得更多库存，因此可能销售更多汽车。另一方面，这类集中化库存往往划分了经销商之间的竞争领域。拥有有限库存的小经销商由于现在拥有24小时内可为客户供货的大量库存，因而会偏好这个系统。而大经销商通常用它们的可用库存参与市场竞争，因此这类系统将会使它们丧失优势。

　　为了更好地理解联合库存的相关问题，我们考虑下面的例子。

　　我们在第2章中对分散系统中的每个零售商用过相同分析，得出每个零售商将订购12 000件产品，期望利润为470 000美元，期望销售量为11 340单位。由于每个零售商订购12 000单位，在这个系统里制造商的利润为1 080 000美元。在一个集中系统中，基于风险分担概念，两个零售商将一起订购26 000单位，它们的总期望利润是1 009 392美元，而总期望销售量为24 470单位。相比之下，分散系统中，两家零售商的总期望利润是940 000美元，而总期望销售量为22 680单位。值得注意的是，由于风险分担减小了订购过多产品带来的风险，集中系统的订购量会高于分散系统（至少一个零售商可能面临高于平均水平的需求）。最后，由于零售商订购更多产品，对比分散系统中制造商的1 080 000美元利润，集中系统中制造商的利润增加至1 170 000美元。

　　因此，正如期望的那样，案例显示制造商和分销商偏爱集中系统。尽管如此，上个案例做了一个不符合实际的重要假设：如果一个客户订单到达时，经销商没有库存，则会失去该客户以及这部分需求。但情况并不总是如此。事实上，忠诚的客户面对经销商没有库存的情况，可能转换经销商来查看这个经销商是否拥有库存。从制造商的角度看，这一顾客搜寻库存的过程能够帮助其出售更多产品。

　　客户在分散系统和集中系统中进行搜寻，会产生什么影响？经销商能够从这一搜寻过程中获得好处吗？在客户搜寻情况下，制造商和经销商是否仍然偏好集中系统呢？如果仅有一部分客户是忠诚客户，并且愿意搜寻其他有库存的经销商，是否存在较优系统？

　　可以肯定的是，因为这两个零售商都使用相同的联合库存，所以搜寻并不会对集中系统产生影响。然而，直观上客户搜寻将会影响分散系统。事实上，客户搜寻意味着如果一个经销商知道它的竞争对手没有足够库存，就会提高它的库存水平，这些库存不仅用来满足自身的需求，还用来满足其他经销商不能满足的那一部分需求。另一方面，如果这个经销商通过某种方法了解到其竞争对手持有大量库存，那么这个经销商不可能再拥有从竞争对手那里转过来的客户，因而会减少其库存水平。因此，经销商的战略取决于其竞争对手的战略。竞争对手持有的库存越多，该经销商应该持有的库存就越少；相反，竞争对手持有的库存越少，该经销商应该持有的库存就越多。当然，经销商要确切知道竞争对手的战略是个问题，因此，它们无法确定自己的库存水平，从而也就无法清楚知道搜寻给制造商带来什么影响。

　　我们可以运用博弈论的概念，特别是纳什均衡的概念来阐述这个问题。如果两个竞争者正在做决策，当它们都做了决定后，我们可以说它们达到纳什均衡。这种情况就取决于它们所订购的数量，且如果其他经销商没有改变订购数量，则任何一个经销商都不能通过改变订购数量来提高其期望利润。例如，如果两个经销商已经决定订购一定数量的产品，且在一个经销商没有订购更少产品的情况下，另一个经销商不能通过订购更多产品来增加其期望利润，那么这些决策构成一个纳什均衡。

实例 7—5

让我们回到案例。我们令 α 代表搜寻系统的顾客百分比——换句话说，当需求不能被第一个零售商满足时，检查其他零售商能否满足自己需求的顾客百分比。利用这一信息，每个零售商在其他零售商订购特定数量产品时，能够决定其有效需求为多少（即其最初需求和搜寻需求的总和）。基于这个信息，在给定竞争对手任意订购量的情况下，它们能够计算应该订购多少产品。这就是它们最佳的反应。在图7—8 中，实线代表零售商 2 相对零售商 1 的订购量的最优反应，虚线则代表零售商 1 相对零售商 2 的订购量的最优反应，对于一个 $\alpha=90\%$ 的系统，意味着 90% 的客户在需求没有被第一个零售商满足时查看是否其他零售商那里拥有该产品库存。显然（见实线）随着零售商 1 增加其库存，零售商 2 的库存下降并达到一个特定数量，反之亦然。

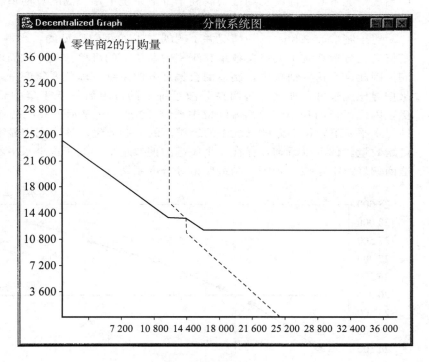

图 7—8　零售商的最佳反应

同样，我们注意到如果零售商 1 订购量为 20 000 单位左右，零售商 2 会做出订购 12 000 单位产品的回应（实线）。如果是这种情况，那么零售商 1 应该修正其战略，并减少其订购数量（虚线）。零售商没有动机修正其战略的唯一情况是，它们各自订购两条曲线相交点上的那个订购量。这是该系统有且仅有的一个纳什均衡点。因此，每个零售商最优订购数量为 13 900，各零售商的期望利润为 489 460 美元（总期望利润为 978 920 美元）。每个零售商期望销售量为 12 604（因此总期望销售量为 25 208），向制造商订购的总量为 27 800，这意味着制造商的利润为 1 251 000 美元。表 7—4 中，我们比较了搜寻水平为 90% 的集中系统和分散系统绩效。

表 7—4　　　　　　　搜寻水平为 90% 的分散系统和集中系统

战略	零售商	制造商	总计
分散	978 920	1 251 000	2 229 920
集中	1 009 392	1 170 000	2 179 392

有趣的是，集中系统相比分散系统没有压倒性优势。事实上，零售商仍然偏爱集中系统，而制造商的利润在分散系统中更高。我们还注意到如果该系统是完全集中的，那么系统利润会稍有提高，达到 2 263 536 美元。

上例中的观察数据代表了这个类型系统的通用结论（存在很多参与竞争的零售商）。在这些系统中仅存在唯一的纳什均衡，每个零售商的订购数量和利润随着系统中进行搜寻的顾客比例的增加而增加，并且无论进行搜寻的顾客比例是多少，集中系统情况下零售商的总期望利润高于分散系统下零售商的总期望利润。因此，如果零售商在规模和价格战略上相似，那么它们总是倾向于合作。

对于制造商来说，这一情况并不明朗。正如我们所见的，当搜寻比例较高时，零售商在分散系统下的订单数量高于集中系统下的订单数量，从而增加制造商的利润。因此，在这些情况中，制造商会偏好分散系统，即使零售商偏好集中系统。如果搜寻比例较低，那么零售商在分散系统下的订单数量低于集中系统下的订单数量，因此零售商和制造商都偏好集中系统。图 7—9 显示了我们的例子中在一系列搜寻水平 α 下，位于分散系统中的经销商的订购数量。该图同样显示了集中系统的订购数量。你可以看到，存在一个关键的搜寻水平，低于这个水平的顾客搜寻，制造商偏好集中系统，否则，制造商偏好分散系统。

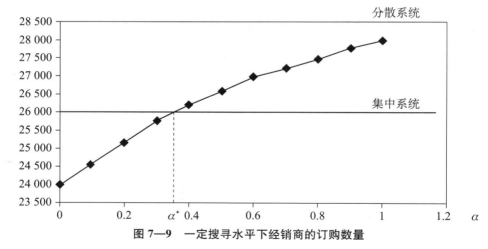

图 7—9　一定搜寻水平下经销商的订购数量

因此，制造商通常偏好一个较高的搜寻水平。这要如何实现呢？两个常用方法是通过营销战略提升品牌忠诚度和通过信息技术来增加零售商之间的交流。

显然，如果品牌忠诚度提升了，那么当首选的零售商没有这些产品的库存时，客户将更有可能在其他零售商那里搜寻这一特定品牌。例如，讴歌（Acura）多年以来为那些重新购买一辆讴歌的客户提供 500 美元的回扣。显然，这一举措激励了那些必须要找到他们所搜索的车的顾客去更多地访问讴歌的经销商。

信息技术增进了经销商之间的交流，以及经销商和客户之间的交流，从而提高了客户在系统中搜寻的容易程度，使客户更有可能在系统中进行搜寻。例如，福特和本田都开发了信息系统，为每个经销商提供位于美国的其他经销商库存水平的相关信息。当其中一个经销商不能够满足客户需求时，它可以查看其附近经销商是否有该款车型的存货。相似地，诸如 Auto-By-Tel，CarPoint 以及 GMBuyPower 公司使得其客户能够具体指定他们想购买的车型，并且得到一张拥有该车型库存的经销商清单。经销商可选择进入这一类型的系统，并且通常缴纳会员费。

调运

有些时候，没有必要在形式上拥有一个集中库存点来使用联合库存。事实上，快速运输和先进信息系统的发展使转运成为供应链战略选择时考虑的一个重要因素，以及联合库存战略实施的另一种方法。调运是指为了满足一些应急需要，在供应链同一层次上的不同组织间进行的商品运输。

调运是在零售层面上最常考虑的一种方法。正如我们在前面所提到的那样，调运能力能够使零售商用其他零售商的库存来满足自己的客户需求。为了实现这一目的，零售商必须要了解其他零售商的库存情况，并能尽快把商品运到自己的商店或顾客家中。这些要求只有通过先进的信息系统才能达到。先进的信息系统能够使零售商知道其他零售商有什么库存，并有利于零售商之间的快速运输。

很明显，如果有合适的信息系统和合理的运输成本，并且所有的零售商都属于同一家公司，那么进行转运是可行的。在这种情况下，即使没有集中库存，系统也能有效地利用风险分担的优点，因为我们可以把不同零售商店的库存看作一个巨大的整体仓库的一部分。

独立经营的零售商可能不太会接受调运，因为这意味着帮助它们的竞争对手。在第 8 章中，我们将分析分销商一体化的有关问题，在这种情况下，独立的分销商以不同的形式进行合作，包括所需商品的转运。

如果这些相互竞争的零售商仍然同意转运，那么它们面临与联合库存模式下相似的问题。那就是，如果经销商同意调运，它们应该持有多少库存是不清楚的，这是因为零售商的战略取决于其竞争对手的战略。结果证明这种情况下所得到的技术和结果与我们在描述联合库存的时候所得到的技术和结果相似。

选择合适战略

大多数供应链很少只采用这些战略中的一种。一般来说，不同的方法适用于不同的产品，因此就有必要分析供应链，并确定针对特定产品或产品类别的合适方法。

为了评估这些方法，我们需要继续思考一个简单的问题：影响配送战略的因素是什么？显然，顾客需求和位置、服务水平、成本（包括运输成本和库存成本）都起着一定的作用。分析库存成本和运输成本的相互作用是很重要的（见第 2 章和第 3 章），运输成本和库存成本都取决于运输规模，但是却以相反方式发挥作用。增加批量会减少运输次数，并使托运人利用运输量的价格折扣降低运输成本。尽管如此，大批量运输增加了每单位商品的库存成本，因为商品在消费之前在仓库停留了很长的时间。

需求的变动性同样对配送战略有影响。实际上，正如我们在第 2 章中讨论的那样，需求的变动会对成本产生巨大的影响，变动性越大就需要越多的安全库存。因为仓库中的库存能够预防需求变动和不确定性，同时由于风险分担效应的存在，分销商拥有的仓库越多，产生的安全库存也就越多。另一方面，如果仓库不被用来储存货物（如直接转运战略），或者根本就没有仓库（如直接装运战略），那么配送系统就需要更多的安全库存。这是因为在这两种情况下商店都必须持有足够的安全库存。然而，通过能够实现更好的需求预测和更少安全库存的配送战略以及下面将要讲到的转运战略和联合库存，这种影响是可以减弱的。对不同战略进行评价时，也必须要考虑提前期、需求总量、顾客需求和行为、最终产品的多样性以及不同选择的资金投入。

表 7—5 中总结和对比了直接装运、仓库储存和直接转运三种战略。仓库储存战略指的是传统的在仓库中持有库存的配送战略。表中的"分配"行指需要将不同产品分配到不同零售商店的时间。显然，在直接装运中，分配决策必定会早于其他两种战略，因此需要更长的预测期。

表 7—5　　　　　　　　　　　　配送战略

战略→ 参数↓	直接装运	直接转运	仓库储存
风险分担			利用
运输成本		低的内向成本	低的内向成本
持有成本	无仓库成本	无持有成本	
分配		延迟	延迟

小结

近几年，许多公司都通过供应链整合实现了更高的绩效，如降低了成本、提高了服务水平、减弱了牛鞭效应、提高了对市场变化的应对能力。尽管如此，不考虑供应链整合的总体水平，实施有效的配送战略仍是重要的。根据实际情况不同，直接装运或者利用库存中转站（例如仓库和配送中心）的配送战略可能比较合适。即使使用库存中转站，也必须做出更多的决策。应该有大量的还是少量的仓库或者配送中心？库存应该放置在这些地方吗，或者仅仅是转运？作为一个零售商，参与一个集中的联合库存系统有意义吗？参与转运系统呢？所有这些决策取决于成本、产品和客户的性质和特征。

问题讨论

1. 考虑一个大型折扣商店。讨论对于哪些产品和供应商，折扣店应该采用直接转运战略？对于哪些产品和供应商适合采用直接装运战略？最后，对于哪些产品和供应商，折扣店应该做一个改变，采用"传统仓储战略"？

2. 考虑下列供应链。对每条供应链，列举使用集中管理和分散管理、中心设施和地方设施的特有优势：

a. 奶制品

b. 报纸

c. MP3 播放器

d. 汽车

e. 牛仔裤

3. 你能想到的采用联合库存战略的公司或者供应链有哪些？

4. 你能想到的采用调运战略的公司或者供应链有哪些？

5. 列举联合库存战略和调运战略的两个相似点和不同点。为什么这两个战略可能适用于特殊的供应链？

6. 讨论公司或者经销商会如何鼓励搜寻。

7. 讨论经销商可能如何阻止搜寻。为什么经销商可能会阻止搜寻？

8. 回答下面关于本章开头案例的两个问题：

a. 亚马逊欧洲应该选择什么样的扩张方式？是扩张到欧洲其他国家，还是进行市场促销活动？

b. 亚马逊欧洲应该采用什么样的配送网络？

第 8 章 CHAPTER 8

战略联盟

案例

金佰利-克拉克公司如何使客户好市多持有库存

一天早上，当好市多（Costco）公司在洛杉矶的一家门店中的1号和2号好奇（Huggies）牌纸尿裤的库存开始降低时，危机似乎临近了。

那么好市多的管理人员采取了什么措施？他们什么也没做，他们也没必要做些什么，因为公司和生产纸尿裤的金佰利-克拉克（Kimberly-Clark）公司之间有专门的安排。

在它们之间的交易中，补充库存的责任是由制造商来承担的，而不是好市多，并且大型零售商可以共享门店的销售信息。因此，在洛杉矶的婴儿受到纸尿裤库存降低的影响以前，金佰利-克拉克公司位于几百英里以外的威斯康星州尼纳市的数据分析师就通过电脑解决了这个问题。

"零售商自行订货时，它们不能很好地控制库存。"金佰利-克拉克公司的数据分析师迈克尔·法弗尼斯（Michale Fafnis）说道。如今，与好市多公司之间特殊的计算机联系，使得法弗尼斯先生可以迅速决策将更多的好奇纸尿裤以及金佰利-克拉克公司的其他产品送到何处。

就在几年前，大型零售商和关键供应商之间的这种数据共享还是无法想象的。但是好市多批发公司和金佰利-克拉克公司之间的关系体现了美国零售业的彻底变革。在全国，强大的零售商，从沃尔玛到塔吉特公司到JC彭尼公司，它们都要求供应商在产品从工厂到门店货架的管理上发挥更加主动的作用。

改变产品或包装尺寸

在某些情况下，这意味着要供应商来承担超过产品本身价值的库存成本。而在另一些情况下，供应商则被迫改变产品或者包装的尺寸。好市多和金佰利-克拉克公司的案例里，它们之间这种协调好的计划，正式的说法是"供应商管理库存"，即由金佰利-克拉克公司负责所有与好市多库存相关的管理问题和经济责任，除了门店中货架上的商品。

无论采取何种形式，或者命名为何种术语，对于大型的零售商来说，它们关注的焦点是一致的：降低供应链中的成本，这包括从原材料到门店货架的每一个环节。这里的前提条件是供应商本身处于最有利的位置，它可以察觉供应链上的非效率性问题并加以解决。

对于顾客来说，这些能够转化为收银机前的低价格。摩根士丹利（Morgan Stanley Dean Witter）的首席美国经济师理查德·伯纳（Richard Berner）的研究显示，美国通用商品价格——从洗衣粉到羊毛衫——1998年降低了1.5％，去年也是如此，今年还在保持着同样的下降比例，而大型公司对供应链的不断关注正是造成这种价格下降的一个原因。伯纳先生是通过政府数据而得出这样的分析结果的，他认为"供应链管理具有深刻影响"。

回到男女通用型纸尿裤

对于消费者来说，也存在一个潜在的不足之处：他们对品牌和包装类型的选择变少了。

资料来源：Emily Nelson and Ann Zimmerman. *The Wall Street Journal*. Eastern Edition, September 7, 2000. Copyright 2000 by Dow Jones & Company, Inc. Reproduced with permission of Dow Jones & Company, Inc. in the format textbook via Copyright Clearance Center.

例如，两年前，金佰利-克拉克公司不再按照性别分别生产男女纸尿裤，而是转而只生产男女通用型纸尿裤。这家总部在达拉斯的公司认为，品种的减少使工厂里和卡车上的库存更容易跟踪。

在很大程度上，技术的进步——例如金佰利-克拉克公司使用的计算机网络，使得零售商和供应商之间更好的合作成为可能。随着零售业的合并和全球化扩张，这同样也是大型零售商力量增强的结果。许多经济学家认为，零售商—供应商之间更紧密的协作是一种未来模式，这将最终决定新千年的优胜者究竟花落谁家。

"购物者每购买一大卷 Bounty 纸巾，就引发伐木工人砍伐佐治亚州的一棵树，"负责管理宝洁公司——辛辛纳提的消费品巨头供应链的负责人史蒂夫·大卫（Steve David）曾这样说，"减少浪费是我们神圣的理想。"

这些天来，宝洁公司派驻 250 人到阿肯色州的费耶特维尔，距离沃尔玛在本顿维尔的总部很近，这样做仅仅是为了对折扣店进行产品促销，并且确保产品能够尽快上架。这两家商业巨头还共享一些库存数据。

供应链上的非效率性成本高昂。露华浓公司今年减缓了其产品配送，因为门店货架上还有些旧的存货。凯马特新的首席执行官查尔斯·科纳韦（Charles Conaway）曾公开抱怨由于以周为单位的库存结构造成的零售商利润缩水。上个月，他说他希望在接下来两年里花费 14 亿美元，用于改进凯马特的技术，包括与供应商之间的协调系统。今年年初，雅诗兰黛公司则挖走了康柏计算机公司的供应链负责人，来支持这家化妆品公司的运营。

基于多方面的原因，好市多和金佰利-克拉克公司之间的紧密合作成为其他商家的典范，这也有助于解释最近这两家公司的强劲的销售增长。在过去的两年里，金佰利-克拉克公司逐步扩大了该项目的范围，现在它为 44 家零售商管理其产品库存。这家消费品公司说，这期间供应链的成本节约金额为 2 亿美元，而它今年计划再从中节约 7 500 万美元。

"这就是信息时代给这个行业所带来的变革，"金佰利-克拉克公司主席和首席执行官韦恩·桑德斯（Wayne Sanders）说，"它给我们带来了竞争优势。"实际上，金佰利-克拉克公司认为它所取得的供应链成本的下降使得在好市多全国大部分的门店里，卖的是它的好奇牌纸尿裤，而不是竞争对手宝洁公司的帮宝适纸尿裤。

好市多首席运营官理查德·迪瑟切尔（Richard Dicerchio）说："如果一家公司找到更好的方法可以降低成本，它就可以赢得那些生意。"而宝洁公司一位发言人则声称他们的供应链效率非常高，好市多还持有许多宝洁的其他产品。

为了替那些由它进行库存管理的零售商监控订单，金佰利-克拉克公司雇用了 24 人，其中包括法弗尼斯先生。金佰利-克拉克公司的一位发言人说，这个项目的收益"并不仅仅补偿了"多出来的人工成本。去年，金佰利-克拉克公司净收入增长 51%，在 130 亿美元销售额中占到 16.7 亿美元，成为 3 年来业绩增长最快的年度。

对于好市多来说，与主要供应商之间如此紧密合作的利益也同样明显：好市多不仅节约了仓储部门的人工成本，也节约了库存成本。在 1997 年下半年金佰利-克拉克公司开始管理好市多的库存之前，零售商必须在仓库中储存平均一个月的供应量。而现在，由于金佰利-克拉克公司证明它可以更有效地进行补货，好市多只需要持有两个星期的供应量。

而且，好市多公司还认为新系统中，货架缺货的可能性更小了。这对供应商和零售商双方都很重要，因为消费者研究表明，如果不能找到需要的特定商品，大部分消费者都会空手走出商店。比如，宝洁公司估计零售商由于缺货而造成的平均损失高达年销售额的 11%。

好市多保持低成本主要是靠同类商品只供应一个品牌的产品以及销售自有品牌——科克兰德（Kirkland）签名产品，因此对它来说，保持货架上的货源非常关键。"如果我们缺货，就意味着我们没有这一类产品，那么销售损失非常厉害。"迪瑟切尔说。

位于加利福尼亚州雷东多比奇的苏珊·沙隆（Susan Shallon）说她经常到附近的好市多小店为她 22 个月大的女儿贝思（Beth）购买 4 号好奇纸尿裤，为她 5 岁的儿子埃米尔（Emil）购买拉拉裤，因为这家小店总是有货。"我走进这家商店，就能买到产品，有这种信心实在感觉太好了。"

"拉动型"产品

现在，除了东北地区，金佰利-克拉克公司管理着好市多所有门店的库存。金佰利-克拉克最近派驻一名分析师到好市多在华盛顿的总部，这名分析师将推动它们之间的关系到达下一个阶段——推广到东北地区，并在市场预测方面进行合作，而不仅仅是已记录的销售情况。

好市多的首席执行官詹姆斯·辛格尔（James Sinegal）说，这条链总是能够将库存管理好，但是"我们希望达到更高的水平"。好市多已经成为美国零售商当中的明星企业了，1996 年以来，它一直保持年销售额两位数的增长水平。截至 1999 年 8 月 29 日的一份财务年报中，公司的销售额增长了 13％，达到 269.8 亿美元。

在好市多，纸尿裤被看作一种"拉动型"产品——意思是说，购物者是特地到商店来购买这种产品的。父母们也尤其关注价格，因此零售商所面临的压力便是持有库存，并尽可能降低价格。

34 岁的法弗尼斯是金佰利-克拉克公司的数据分析师，他负责监控好市多横跨美国西部 155 家门店的库存。他每天早上 7 点半赶到办公室，对着一大沓电子报表，上面精确显示货架上还有多少箱好奇纸尿裤，多少箱舒洁纸巾，多少包 Scott 卫生纸，他可以比好市多许多人员接触到更多的销售和库存数据。

法弗尼斯的使命是：在保证不缺货的情况下，保持每个门店的库存尽可能少。这就要求他极少失误，因为从他将订单录入计算机到卡车运货至好市多门店平均需要一周的时间。

几个月前的一天早上，在浏览电子表格时，以研究棒球统计数据为爱好的法弗尼斯很快发现洛杉矶门店存在的潜在问题。门店中 1 号和 2 号的好奇牌纸尿裤供应量降至 188 包，而上一周卖掉了 74 包。这意味着门店可以降到安全库存之下——通常是两个星期的库存量。计算机给出了一个建议性的订货方案，但是法弗尼斯砍掉了部分订货量。作为好奇纸尿裤一位两岁用户的父亲，他对此市场具有某种本能的知觉。"下一辆卡车到货时，刚好达到安全库存，"法弗尼斯说道，"这就是理想状态。"

法弗尼斯从未到过好市多门店（它在威斯康星州没有门店），他试图按照购物者的需求和门店周围的环境来制定订单。在办公室的公告板上，他贴出了一张列表，上面有一些特殊的需求是用橘黄色的荧光笔做记号。例如，为了遵守城市噪音条例，内华达州里诺市的一家门店只能在每周一的一大早接收订单货物。

法弗尼斯将订单输入电脑后，位于田纳西州诺克斯维尔的金佰利-克拉克公司物流中心的一名运输分析师便打开相同的计算机文件，并根据此订单将运输任务下达给卡车公司。

取消的订单

金佰利-克拉克公司客户服务分析师雷切尔·波普（Rachel Pope）坐在法弗尼斯的不远处，她负责处理客户投诉。一天下午，好市多一名商品经理打电话来说，华盛顿州斯波坎市的门店尚在施工期间，不需要他们的配送。波普女士随即致电诺克斯维尔的物流中心，得知开往斯波坎的卡车已经到达犹他州的奥格登后，她通过会议呼叫找到这趟车的司机，那时司机正准备装货。她便告诉司机，"这趟运输取消了"。

寻求效率的举动产生了很多新的问题。去年，好市多门店经理抱怨有些货物没有全部送达。金佰利-克拉克的经理走访了好市多的 13 个门店，发现有些司机偶尔会为了早点收工而中途卸货。现在，金佰利-克拉克公司用简单的纸板区分器来区别不同门店的订单。

唐娜·伊姆斯（Donna Imes）住在好市多总部附近，她是金佰利-克拉克公司对好市多的销售人员，她的任务是跟踪门店货架以防缺货。每天早上 4 点 30 分，她通常会登录家中的电脑，浏览法弗尼斯的报告。伊姆斯女士每周至少走访好市多 5 家门店的每条走道，在便笺簿上记录下门店中摆放的货物、竞争对手商品的价格，并与门店经理和当地顾客进行交谈。

最近，当伊姆斯发现购物者将纸尿裤放在手推车的底层后，她便致电好奇的品牌经理，提醒他们再不要将纸尿裤设计得更大了。好市多的一名经理注意到有一家门店 Depend 牌成人纸尿裤的库存总是在月初的时候特别少，他便告知伊姆斯这家门店附近一所老年中心的居民经常过来购买这些商品。然后，伊姆斯便会提醒法弗尼斯将其考虑进相关的计算机程序当中。

供应链的重要性并不只由金佰利-克拉克公司来体现，它试图将同样的原则应用到自己的供应商那里。这些天来，它在自有仓库中保持不到一个月的纸尿裤供应量，比过去的两年下降了 50％以上。

如今，原材料运输仍然是薄弱环节，改进的余地很小，只能集中在像公司如何储存纸尿裤的维克罗（Velcro）标签这样的细节问题上。两年前，金佰利-克拉克公司开始通过每周电子邮件来与维克罗美国公司共享其生产计划。这使得维克罗的库存降低了 60％，节约了几百万美元的开支。

金佰利-克拉克公司说，它们正试图进一步降低成本。公司美国客户销售总裁吉姆·斯戴芬（Jim Steffen）经常提醒他的工作人员，零售商就是他们的客户。"最后一次我要强调，"他说，"我们没有任何门店的所有权。"

学习完本章，你应该能够回答以下问题：

- 为什么大型零售商倾向于供应商管理零售商的库存？
- 公司何时应该用内部资源处理物流活动，而在何时应该采用外部资源？
- 哪些业务伙伴关系可以提高供应链的绩效？
- 类似案例中描述的压力可能对公司有利吗？

■ 引言

如今，一种看似矛盾的经营观点认为，复杂的商业运作（如前几章所述）对企业的生存和成长至关重要，与此同时，实现这些运作所必需的财务与管理等资源却变得日益不足。这正是企业在内部履行所有关键经营职能的做法并非总是有效的一个原因。通常，一家企业会发现利用其他拥有特殊资源和技术知识的公司可以更有效地实现自身的职能。

即使企业拥有履行某项特定任务的资源，有时供应链上的另外一家企业可以更好地来完成这项任务，因为其在供应链上的相对位置对履行该项任务更加有利。通常，供应链上的位置、企业资源以及专业技能共同决定了供应链中最适合履行某项特定职能的企业。当然，仅仅知道供应链上谁应该履行某种职能并不够，必须采取措施使得这项职能的确是由最适合的企业来履行。

与其他业务职能一样，企业可通过 4 种基本方法来确保实现物流业务职能［125］：

1. 内部活动。如果企业拥有必要的资源和技能，企业可以在内部完成某项工作。我们在下一节中将会详细讨论，如果该项工作是企业的核心能力之一，内部活动将是完成该项工作的最佳方式。

2. 收购。如果公司内部不具备专业技能或者特定资源，它可以收购另外一家拥有此项资源的公司。这当然使得收购公司取得全部控制权，可以控制特定业务职能履行的方式，但是这种方法也有一定的缺陷。举例来说，收购一家成功的企业可能非常困难和昂贵。被收购方的企业文化有可能与收购方的企业文化相冲突，而被收购企业的效率也有可能在吸收的过程中丧失。被收购公司以前可能与收购公司的竞争对手有业务往来，而它在收购之后可能会失去这笔业务。这有可能损害到整体的有效性。由于这些或者其他一些原因，收购可能并不合适。

3. 正常交易。大多数的商业交易都是这种类型。企业需要某种特定的产品或者服务，例如送货、车辆维修，或者物流管理软件的设计和安装，以及购买或者租赁设备或服务。许多情况下，正常交易是最有效、最合适的安排。当然，供应商和购买商的目标和战略不一定相互匹配。通常，这种短期安排满足了某种特定的商业需求，但并不能形成长期战略优势。

4. 战略联盟。战略联盟是两个公司之间一种典型的、多方位的、目标导向型的长期伙伴关系，它们共享收益、共担风险。在许多情况下，它可以避免全面收购的问题，同时共同的目标可以带来比正常交易更多的资源承诺。战略联盟会为合作双方带来长期的战略利益。

本章重点探讨与供应链管理相关的战略联盟。下一节，我们将介绍一个用于分析战略联盟优点和不足的框架。在以下内容中，我们会详细讨论与供应链相关的 3 种最重要的战略联盟：第三方物流、零售商—供应商伙伴关系，以及分销商一体化。

战略联盟的框架

在选择合适的战略联盟时，会面临许多战略性难题。乔丹·刘易斯（Jordan Lewis）［125］在其经典著作《为了盈利的伙伴关系》一书中，引入了一个非常有效的战略联盟分析通用框架。我们在本节中简要介绍这一框架，它非常有助于分析本章其余部分所讨论的几种供应链战略联盟。

要确定某种特定的战略联盟是否适合你的企业，你必须得考虑这种联盟如何有助于解决下列问题。

增加产品的价值。 与合适的企业之间的伙伴关系可以增加现有产品的价值。例如，合作关系能够缩短产品上市时间，减少配送次数或补货次数，这些将有助于提高市场对某个企业的认知价值。同样，拥有互补生产线的企业之间的伙伴关系可以增加双方公司的产品价值。

改善市场进入。 有的伙伴关系非常有益，它可以带来更好效果的广告或者更多进入新市场渠道的机会。例如，消费品的制造商可以相互合作，共同关注大型零售商的需求，增加双方的销量。

强化运作管理。企业之间合适的联盟可以通过降低系统成本和周转次数来改善双方的运作。设备和资源也可以得到更有效率和更加有效的利用。例如，拥有季节性互补产品的公司可以在全年更有效地利用仓库和运输车辆。

增强技术力量。技术共享的伙伴关系可以提高合作双方的技术基础。同时，新旧技术之间转换的困难可以由一方的专业技术加以解决。例如，供应商可能需要某一特定升级的信息系统来为某些特定的顾客服务。如果与已经具备该系统专业技术的企业结成联盟，会使该供应商更容易解决这些技术难题。

促进战略成长。许多新机遇具有较高的进入壁垒。伙伴关系可以使企业共享资源和专业技术来克服这些壁垒，并发现新的机遇。

提高组织技能。联盟为组织学习提供了大量机会。除了相互学习，合作各方还必须更深入地了解自身，更加灵活以确保联盟的运作。

建立财务优势。除了解决上述竞争性问题，联盟还有助于建立财务优势。销售收入会提高，而管理成本则由合作各方共同分担，更有可能因为合作一方或双方的专业技能而降低。当然，联盟也会因共担风险而限制投资方向。

战略联盟也存在着不足之处。在确定其不足之处时，上述内容也很有用。每一家公司有自己的核心力量或核心竞争力——将其与竞争对手区分开来，并在消费者眼中具有优势的特定才能。这些核心力量不能由于联盟而受到削弱，如果为了合作成功而将资源从核心能力上转移出去，或者在技术、战略力量上妥协，就会造成反面结果。同样，与竞争对手之间的关键性差异不应该被丢弃，但在关键技术共享或由于竞争导致进入壁垒降低时这种情况就有可能发生。

很明显，确定这些核心能力非常重要，然而，这也非常困难，它取决于业务和企业的性质。核心能力不一定对应着大量的资源投资，它可以是无形的东西，例如管理技能或品牌形象。确定公司的核心能力，要考虑该公司的内部能力是如何在上述 7 个关键方面使企业区别于其他竞争者的。那么，战略联盟在上述领域中是如何获益或者受损的呢？我们在第 9 章讨论外包决策时会详细说明这个问题。

下面的例子将阐述战略联盟的优缺点。我们可以考虑一下 IBM、英特尔和微软公司是如何从伙伴关系中获益或受损的。

实例 8—1

尽管与物流没有特别的联系，IBM 个人计算机的例子还是突出了外包关键业务职能的优缺点。当 IBM 在 1981 年底决定进入个人计算机（PC）市场时，公司并不具备设计和制造 PC 的基本设施。IBM 并没有花费时间来培养这些能力，而是将几乎所有主要的 PC 部件外包出去。例如，微处理器由英特尔设计和制造，操作系统由西雅图当时一家名为微软的小公司提供。由于运用其他公司的专业技能和资源，IBM 得以在开始设计的 15 个月之内就将自己的计算机投放市场。不仅如此，IBM 在 3 年内取代苹果电脑成为个人计算机的最大供应商。到 1985 年，IBM 的市场份额超过了 40%。然而，IBM 的战略失误很快暴露出来，因为竞争对手康柏公司也由于采用和 IBM 同样的供应商进入市场。而且，当 IBM 公司引进以新的所有权设计和名为 OS/2 的操作系统为特色的 PS/2 计算机生产线并试图因此而重新控制市场时，其他公司没有跟随它的步伐，原有的个人计算机框架在市场上仍然占有主导地位。1995 年底，IBM 的市场份额降为不到 8%，落后于市场领头羊康柏公司近 10 个百分点 [46]。最终，2005 年，IBM 将它的个人计算机部门卖给了联想集团。

战略联盟在各个行业都变得越来越普及，供应链管理中有三种非常重要的类型。下面三节中，我们将详细讨论第三方物流、零售商—供应商伙伴关系及分销商一体化。阅读这些问题时，请试着将它们结合到上面介绍的分析框架中。

第三方物流

用第三方物流（3PL）供应商管理一家公司部分或全部物流职能的做法越来越普及。事实上，第三方物流行业始于 20 世纪 80 年代，到 2004 年底，第三方物流行业的产值在过去的十多年间持续增长，从 310 亿美元增长到 850 亿美元。在美国，大约 8% 的财富花费在物流过程中 [229]。

什么是第三方物流

第三方物流就是利用一家外部公司完成企业全部或部分物料管理和产品配送职能。第三方物流显然比传统的物流供应商关系更为复杂——它们是真正的战略联盟。

多年以来，许多公司都利用外部企业提供特定服务，比如卡车运输和仓储，它们之间的关系有两个典型特征：它们都是以交易为基础，另外，受雇佣的公司往往只具备特定的单一职能。现代的第三方物流协定则包含着长期合作承诺，并且通常是多功能或过程管理的形式。例如，赖德专业物流公司（Ryder Dedicated Logistics）拥有一个长年的协议，负责设计、管理和运作惠而浦所有的内部物流 [117，230]。

第三方物流供应商规模形式不一，从小到几百万美元收入的小公司到收入数十亿美元的巨头都有。它们当中的大部分都可以管理供应链的许多环节。有些第三方物流公司拥有自己的资产，比如卡车或者仓库；有些物流公司提供协调服务，但是没有自己的资产。没有自己资产的第三方物流公司有时被称为第四方物流公司（4PL）。

奇怪的是，大公司利用第三方物流的现象非常普遍。诸如 3M、伊斯曼·柯达、陶氏化学、时代华纳以及西尔斯这些大公司如今将大部分的物流业务外包给外部供应商。第三方物流供应商发现它们很难说服小公司采用它们的服务，随着第三方物流的日益普及以及第三方物流供应商努力发展与小公司的关系，这种情况可以得到改变 [27]。

第三方物流的优缺点

上一节中谈到的战略联盟的大部分优缺点在这里都适用。

集中于核心能力。谈到使用第三方物流供应商的好处，最多的便是它使得公司能够集中于它的核心竞争力。随着内部资源日益受限，公司通常很难在各个业务领域都成为专家。物流外包使公司可以集中在特定的专长领域，而将物流职能交给物流公司（当然，如果物流是公司的专长领域之一，外包就没有什么意义了）。

实例 8—2

赖德专业物流公司和通用汽车的土星分部之间的合作有力地证明了上面所述的优势。土星集中于汽车制造活动，而赖德管理土星大部分的其他物流活动：它与供应商交易；将部件配送至位于田纳西州斯普林希尔的土星工厂；以及将成品汽车配送至经销商那里。土星运用电子数据交换（EDI）订购部件，并将同样的信息发给赖德。赖德从分布在美国、加拿大和墨西哥的 300 个不同的供应商那里提货，并且运用特殊的决策支持软件来有效地制定运输路线，使得运输成本最小化 [55]。

实例 8—3

英国石油公司（British Petroleum，BP）和雪佛龙公司（Chevron）也希望能保持自己的核心竞争力。为此，它们成立了阿特拉斯供应站（Atlas Supply），这是一个由大约 80 个供应商组成的伙伴关系网，它们负责向 6 500 个加油站配送火花塞、电线、洗窗液、安全带和防冻剂等物品。阿特拉斯并没有使用英国石油或雪佛龙公司的配送网络，也没有自行开发新的网络，而是将所有的物流工作外包给GATX，由它负责管理 5 个配送中心，并维持每一个加油站 6 500 种单品的库存管理。每一个加油站通过自己的石油公司来订货，而石油公司则会向阿特拉斯发出订单，并随后传给 GATX。每一个加油站有一个预先分配的订货日，以避免系统瓶颈。GATX 系统决定恰当的路线和物品结构，并将订单送至配送中心。第二天，配送中心进行订单分拣和送货打包，根据配送时间表将正确的物品装上卡车。完成配送工作后，又可以运回阿特拉斯供应商那里的发货。GATX 通过电子通信方式向阿特拉斯、雪佛龙公司和英国石油告知所有配送工作的状态。公司在运输成本上的节约就足以证明这种伙伴关系是有效的，而且，这两家石油公司将 13 个配送中心成功地减少到 5 个，并且明显地改善了服务水平 [5]。

提供技术灵活性。对技术灵活性需求的增长是使用第三方物流供应商的另一个重要优势。随着需求的变化和技术进步，一些新技术开始流行（比如 RFID），优秀的第三方物流供应商不断更新它们的信息技术和设备。非专业物流公司通常没有时间、资源和专业技能来不断更新它们的技术。不同的零售商可能有不同的、不断变化的配送需求和信息技术需求，满足这些需求是第三方物流公司生存的必要条件。第三方物流供应商能够以更快、更低的成本有效地满足这些需求 [89]。另外，第三方物流供应商可能已经具备满足公司潜在客户需求的能力，使得该公司能够赢得这些零售商，而如果没有第三方物流供应商，这或者不能实现，或者缺乏成本有效性。

提供其他灵活性。第三方物流也可以为公司提供更大的灵活性，其中之一便是地理选址上的灵活性。供应商越来越注重快速补货，这就需要地区仓库。利用第三方物流供应商来获得仓储服务，公司可以在无须调拨资金或限制灵活性建造新设施或签订长期租赁合同的情况下，满足客户需求。同时，第三方物流供应商的运用，使零售商可获得比雇佣公司提供的更多服务选择，这就获得了提供服务的灵活性。在某些情况下，客户的服务需求量对公司来说可能微不足道，但是对第三方物流供应商来说就可以接受，因为它可以为跨行业的不同公司同时提供服务 [203]。不仅如此，外包也形成了资源和劳动力的灵活性。管理者可以将固定成本变成可变成本，以便更快响应不断变化的经营环境。

实例 8—4

通过与床垫制造商席梦思（Simmons）的合作，赖德专业物流公司提供了一种新技术，使席梦思彻底改变了自己的经营方式。在与赖德合作之前，席梦思在每个制造厂储存了 20 000～50 000 个床垫来满足客户的需求。而现在，赖德在席梦思的制造厂安排了一个现场物流经理。订单到达时，物流经理使用专门的软件来设计把床垫配送给客户的最优顺序和最优路线。这一物流计划被送达到工厂，在那里按照确切的数量、式样和要求的顺序制造床垫，并全部及时发运。实际上，物流伙伴关系完全消除了席梦思持有库存的需要 [55]。

实例 8—5

SonicAir 是 UPS 的一个部门，它提供一种更为成熟的第三方物流服务。公司服务于一些专门客户，它们所供应的设备每小时的停工成本都非常高，因此 Sonic-Air 需要迅速将客户的部件配送至需要的地点。SonicAir 拥有 67 个仓库，它使用特殊的软件来确定每个仓库中每种部件合适的库存水平。当某个订单到达时，系统确定配送部件的最优方式，由公司的地面快递人员将部件送到下一个航班上，然后再将货物发出去。这项服务要求每个服务场所必须存放的部件数量更少，但提供的服务水平却是相同的。由于有些部件价值数十万美元，这对客户来说显然是节约了成本。同时，对 SonicAir 来说，这项业务的利润很高，因为客户愿意为这种服务水平付个好价钱 [55]。

第三方物流的主要缺点。使用第三方物流供应商的最明显的缺点是，外包某项特定职能的同时会失去控制。当第三方物流公司的雇员本身可能与公司的客户打交道时，物流外包的这一缺点尤为突出。许多第三方物流公司正在努力地解决这些问题，包括在卡车两边喷涂公司标志，给第三方物流公司的员工穿上雇佣公司的制服，以及详细报告与每个客户接触的情况。

同样，如果物流是企业的核心竞争力之一，那么外包这些职能是没有意义的，因为供应商可能还达不到企业的专业水平。例如，沃尔玛建造和管理自己的配送中心，而卡特彼勒（Caterpillar）公司也自行运作零部件的供应。这些都是公司本身的竞争优势和核心竞争力，外包完全没有必要。在特殊情况下，如果特定的物流活动属于公司的核心竞争力，而其他物流活动不是，那么明智的做法是仅仅利用第三方物流供应商擅长的领域。例如，如果供应商的核心竞争力是管理库存的补货战略和物料管理，而不是运输，那么可以联系一个第三方物流企业，由它负责从仓库、月台到客户所在地的运输。同样，制药公司会为那些管制药物建立并且拥有配送中心，而对那些相对便宜和易于控制的药物经常使用靠近客户的公共仓库 [10]。

■ 第三方物流的有关事宜与需求

签订第三方物流合同总是一个重要而且复杂的经营决策。除了上面列出的正反面意见，在决定是否与一个特定的第三方物流供应商达成协议时，还有许多关键的需要深思的事项。

1. 弄清自己的成本。在选择第三方物流供应商时，需要考虑的最基本的问题是弄清自己的成本，以便与外包成本进行比较。通常有必要采用基于活动的成本核算技术，它将管理费用和直接成本归结到特定的产品或者服务上［89］。

2. 以客户为导向的第三方物流。当然，仅仅依托成本来选择第三方物流供应商是不够的。前述的许多优点中包括无形的东西，比如灵活性。因此，公司必须认真审视其物流战略规划以及第三方物流供应商是否适合该规划。一项关于第三方物流供应商的调查［117］指出，以下特征对第三方物流协议的成功极为关键：最重要的特征是供应商必须以客户为导向，也就是说，第三方物流关系的价值与供应商能否理解企业需求并使其服务适应企业特殊需求的能力息息相关；其次重要的特征是可靠性；供应商的灵活性，或者其对企业及企业客户不断变化的需求的响应能力，是第三重要的特征；接下来才是成本节约。

3. 第三方物流的专业化。在选择未来的第三方物流供应商时，有些专家建议，公司需要考虑供应商最成熟的特定物流领域与公司眼下的物流需求是否最为相关。例如，Roadway Logistics，Menlo Logistics 和 Yellow Logistics 发起于较大的零担运输公司；Exel Logistics，GATX 和 USCO 开始时是仓库管理公司；UPS和联邦快递在小型包裹的及时速递方面拥有专业技能。某些公司甚至有更为专业的需求，选择第三方物流伙伴时必须认真考虑这些需求［6］。有时候，企业可以将自己信得过的核心承运商作为第三方物流供应商。例如，Schneider National 曾与Baxter Healthcare 有着紧密合作，最近同意采用后者的专用运输路线［129］。

4. 自有资产与非自有资产的第三方物流供应商。使用一家自有资产还是非自有资产的第三方物流公司也各有优缺点。自有资产公司规模巨大，人力资源充足，客户基础雄厚，具有规模经济和范围经济，以及现成的信息系统，但它们一般是根据工作结果来区别对待不同分部，比较官僚化，而且决策周期较长。非自有资产的公司可能更为灵活，可以提供定制服务，具有组合和调配供应商的自由。它们的管理费用也比较低，具备某个特定行业的专业技能，但是它们的资源有限，谈判的实力较弱［10］。

■ 第三方物流实施的有关事宜

选定了合作伙伴，整个流程才刚刚开始。双方必须签订合约，做出合适的努力，以便有效地开展伙伴关系。专家们对一些失败的第三方物流合约进行总结后，特别指出了这样一条教训：必须投入相当多的时间用在关系启动方面，也就是说，对于任何第三方物流联盟的双方来说，在前 6 个月到 1 年的时间内，这种关系的有效开展都是比较困难但也是最关键的步骤。公司购买物流服务时，必须准确知道为了使伙伴关系能够成功，它还需要些什么。公司还要明确第三方物流公司特定的绩效衡量指标和要求。

反过来，物流供应商必须诚实、全面地考虑和讨论这些需求，包括它们的现实性和相关性［27］。双方需要承诺为了实现伙伴关系的成功而投入必要的时间和精力。关键的一点是，双方应该牢记，这是互惠互利的第三方联盟，风险共担，回报共享。双方是合作伙伴——任何一方都不应该抱有"交易定价"的心理［9］。

总的来说，有效沟通对于任何外包项目的成功都不可或缺。首先，在买方公司内部，对于为何采用外包、公司对于外包流程的期望值这些问题，管理者之间以及管理者和雇员之间必须进行沟通，这样所有有关的部门都在"同一条船上"，并可以适度地参与到这个项目中来。很明显，公司和第三方物流供应商之间的交流也非常关键。一般性的对话通常比较容易，但是如果要双方都能从外包中获利，还必须进行特定的沟通［27］。

在技术层面上，第三方物流供应商和买方公司的系统必须能够衔接。在这方面，企业应该避免采用那些运用自己专有的信息系统的第三方物流供应商，因为这些系统很难被整合到其他系统中。

以下重要内容需要与未来的第三方物流供应商进行商讨：
● 第三方及其服务供应商必须尊重雇主公司所提供数据的保密性。
● 对于特定的绩效评估方式必须达成共识。
● 考虑分包方面的特定标准。
● 在达成协议前，必须考虑争议仲裁问题。
● 合同中应包括协商好的免责条款。
● 讨论能够确保达到绩效目标的方法［9］。

零售商—供应商伙伴关系

在许多行业中，零售商与其供应商之间形成战略联盟随处可见。我们在第 5 章中讨论过，传统的零售商—供应商关系中，零售商对供应商的需求变动性远大于零售商所面对的需求变动性，而且，供应商比零售商更了解自身的提前期和生产能力。因此，当利润日益紧缩，而且客户满意度变得愈发重要时，供应商和零售商之间为了平衡双方的认知而做出的合作努力是很有意义的。此时供应商和零售商之间的关系被称为零售商—供应商伙伴关系（RSP），我们将在下面举出实例。

零售商—供应商伙伴关系的类型

零售商—供应商伙伴关系的类型可以看作一个连续体。它的一端是信息共享，这有助于供应计划更为有效；另一端则是寄售方式，即在零售商售出产品之前，供应商全面管理和拥有库存。

在基本的快速响应战略中，供应商从零售商处获得销售点数据，并用此信息使得其生产、库存活动与零售商的实际销售同步。在此战略中，零售商依旧备有单个订单，而供应商利用销售点数据来改善预测和计划的准确性，并缩短提前期。

在连续补货策略（有时也称快速补充策略）中，供应商接收销售点数据，并使用该数据按照事先约定的间隔期来准备运输，以维持既定的库存水平。在连续补充的一种高级形式中，供应商在满足服务水平的前提下，逐渐降低零售商店或配送中心的库存水平。因此，库存水平以一种结构化的方式持续改进。此外，库存水平需求并不是简单的数量问题，而是建立在复杂模型基础之上，模型中适当的库存水平以季节性需求、促销和不断变化的客户需求等为基础发生变化[151]。

"供应商管理库存"系统（有时也称"供应商管理补货系统"）中，供应商决定每种产品恰当的库存水平（在事先约定的范围内），以及维持这些库存水平的适当策略。在初始阶段，供应商的建议必须得到零售商的同意，但到后来，许多"供应商管理库存"方案的目标是取消零售商对特定订单的过度监控。沃尔玛与宝洁之间的伙伴关系堪称这种伙伴关系类型中最著名的例证。始于 1985 年的伙伴关系，显著地改善了宝洁对沃尔玛的按时发货率，并同时提高库存周转[31]。其他折扣商店纷纷效仿，包括凯马特，到 1992 年为止，凯马特公司已发展了超过 200 个"供应商管理库存"伙伴[185]。这些"供应商管理库存"计划大多是成功的——Dillard 百货公司、JC 彭尼和沃尔玛的项目都表明，销售额上升了 20％～25％，库存周转率改善了 30％[31]。

表 8—1 归纳了零售商—供应商伙伴关系的主要特征。

表 8—1   零售商—供应商伙伴关系的主要特征

指标类型	决策制定者	库存所有权	供应商采用的新技术
快速响应	零售商	供应商	预测技术
连续补货	合约规定的水平	任何一方	预测技术和库存控制技术
高级连续补货	合约规定并且持续改进的水平	任何一方	预测技术和库存控制技术
供应商管理库存	供应商	任何一方	零售管理

实例 8—6

第一品牌公司（First Brands Inc.），Glad 三明治包装盒的制造商，与凯马特合作非常成功。1991 年，该公司成为凯马特物流计划中的伙伴，在此计划中，供应商必须根据凯马特的要求，负责确保任何时候凯马特持有恰当的库存水平。开始时，凯马特向第一品牌公司提供了 3 年来销售的历史数据，随后每天提供销售点数据，第一品牌公司使用特殊的软件把这些数据分别转换为凯马特 13 个配送中心的生产和配送计划[54]。

■ 零售商—供应商伙伴关系的要求

一个有效的零售商—供应商伙伴关系，特别是在伙伴关系图上靠近供应商管理库存那一端的伙伴关系，最重要的要求就是供应链上供应商和零售商都具备先进的信息系统。通过电子数据交换或者基于互联网的秘密交换，可以将信息传输给供应商和零售商，这对于减少数据传输时间和登录错误非常关键。条形码的编码和扫描对维护数据的精确性也很重要。库存、生产控制和计划系统必须保持实时、精确，并进行整合，以便可以充分利用附加的可用信息。

在所有能够对公司运营产生激进变革的举措中，高层管理人员的参与对于方案的成功必不可少。这里更是这样，因为原有的高层保密信息现在必须与供应商和客户进行共享，而成本分配也需要在较高的水平上进行磋商（下面将详细讨论这一点），而且这种伙伴关系可以导致组织内部的权力从一个群体转移至另一个群体。例如，实施供应商管理库存的伙伴关系时，与零售商的日常接触职能从销售和市场人员转移到物流人员身上。这意味着，由于零售商的库存水平不是由价格和折扣策略所决定，而是由供应链的需要所决定的，销售人员的激励和薪酬计划也会因此被修订。这种权力上的改变要求高层管理人员的亲自参与。

最后，零售商—供应商伙伴关系要求双方建立一定水平的相互信任，如果缺乏信任，联盟必将走向失败。例如，在供应商管理库存中，供应商要证明它们可以管理整条供应链，也就是说，可以管理的不仅仅是它们自己的库存，还包括零售商的库存。同样，在快速响应中，零售商提供给供应商的保密信息也可以为其他竞争对手服务。除此之外，众多案例中战略性合作伙伴会导致零售商门店库存的大幅下降，供应商需要确定多出来的空间不会使零售商的竞争对手受益。而且，供应商的高层管理人员必须明白，零售商库存减少的直接后果便是销售收入的暂时减少。

■ 零售商—供应商伙伴关系中的库存所有权问题

在达成零售商—供应商伙伴关系之前必须考虑几个重要问题。其中一个问题是，确定由谁来做出补货的决策，这一点使双方的伙伴关系成为前面所述的伙伴关系连续体中的战略性伙伴关系。这种关系可以通过几步来完成，首先获取信息，然后做出决策，并在合作伙伴之间共享。库存所有权问题对于这种战略联盟的成功来说非常重要，特别是在涉及供应商管理库存的情况下。以前，货品所有权转移给零售商是在零售商接收货品时完成的，而现在，有些供应商管理库存伙伴之间采取寄售的关系，供应商在货品销售之前拥有其所有权。这种关系对于零售商的利益显而易见——降低库存成本。而且，既然供应商拥有库存，它就会更关心如何尽可能地有效管理库存。

对于最初的供应商管理库存方案，有些人持批判的观点，他们认为供应商倾向于在合同允许的范围内尽可能将库存转移至零售商处。如果这是一种快速消费品，双方规定好两个星期的库存量，这也许是零售商所期望的库存。然而，如果是更为复杂的库存管理问题，供应商则需要有一种激励，来维持达到既定服务水平所需的尽可能少的库存。例如，沃尔玛不再拥有许多种类货品的库存所有权，包括大部分食品杂货。仅仅在通过结账扫描的瞬间，货品所有权才属于沃尔玛 [33]。

然而，既然供应商持有库存的时间更长了，我们不太清楚为什么寄售计划也会给供应商带来收益。许多情况下，正如在沃尔玛的案例中那样，由于市场的导向，供应商没有选择权。即使不是这样，这种安排也使得供应商可以协调配送和生产，以便减少成本，供应商因此而获益。为了更好地理解这个问题，我们可以回忆一下第5章中关于全局优化和局部优化差异的探讨。在传统的供应链中，每个环节都按照对自己最有利的方式来运作，也就是说，零售商管理自己的库存，而不考虑对供应商的影响。反过来，供应商在满足零售商需求的情况下制定自己的策略。在供应商管理库存中，一方需要努力协调生产和配送，使整个系统达到最优化。不仅如此，供应商协调几个零售商的生产和配送可以进一步降低成本。这正是全局优化能够大幅降低整个系统成本的原因所在。有时候，根据供应商和零售商的相对力量，供应合同必须协商签订，从而使供应商和零售商可以分享系统的成本节余。在比较相互竞争的不同供应成本时，零售商也必须考虑到这一点，因为不同的物流方案会产生不同的成本。

实例 8—7

Ace Hardware，一家五金器具零售商，成功地实施了木材与建筑材料的供应商管理库存寄售方式。在该方案中，Ace 公司保留零售商处的货物所有权，但零售商负有看管责任，并对物品的损坏或毁坏负责 [6]。这一计划看来十分成功，因为实施供应商管理库存计划的产品，其服务水平从 92％提高到 96％。最终，Ace 公司会将这种做法扩展到其他产品线 [8]。

除了库存与所有权问题，先进的战略联盟能够扩展到许多不同的领域。联合市场预测、相互衔接的计划周期，甚至联合产品开发，这些有时都可以考虑 [170]。

■ 零售商—供应商伙伴关系实施中的问题

任何合约要取得成功，绩效评估标准必须要达成一致。这些标准应该既包括非财务指标，也包括传统的财务指标。例如，非财务指标可能是：销售点数据的准确性、库存的准确性、发货与交货的准确性、提前期，以及客户订单完成率。一旦零售商与供应商共享信息，保密性就成为一个重要问题。确切一点说，对于相同的产品类别，与几个供应商都有交易往来的零售商可能发现产品类别信息对于供应商制定准确的预测和储存决策非常重要。同样，不同供应商的库存决策可能存在某种关联。零售商拥有每个合作伙伴的保密信息时，如何管理这些潜在的冲突？

达成任何一种战略联盟时，要认识到开始必然会出现的问题，这些问题只有通过沟通和合作才能解决，这对于双方来说都非常重要。例如，当第一品牌公司开始与凯马特进行合作时，凯马特经常声称，供应商未能按照合约规定，始终持有两个星期的库存。最后发现问题出在两家公司分别采用不同的预测方法。通过来自凯马特和第一品牌公司的预测专家之间的直接对话，问题最终得到了解决——这种对话形式在供应商管理库存的伙伴关系开始前是由销售人员进行的 [54]。

在许多情况下，合作伙伴关系中的供应商承诺快速响应零售商出现的紧急情况和形势变化。如果供应商不具备制造技术或者生产能力，它们就得增加这种技术或能力。例如，Wrangler 牛仔裤的制造商 VF Mills，是成衣行业最早采用快速响应方法的先锋，在实施快速响应方案时，它不得不进行生产流程的全面再造，包括再培训和追加资本投资 [31]。

■ 零售商—供应商伙伴关系的实施步骤

上述要点可以总结为下面的供应商管理库存实施步骤 [97]：

1. 首先，合约中的契约性条款必须进行商榷，包括确定所有权归属和转移时间、信用条件、订货责任。在适当的情况下，还应包括一些绩效指标，如服务水平或库存水平。

2. 其次，必须完成以下三项工作：

● 如果没有一体化信息系统，供应商与零售商双方必须进行开发，而且此系统应为双方提供容易登录的接口。

● 必须开发供应商与零售商共同使用的有效的预测技术。
● 必须建立一种战术决策支持工具来辅助协调库存管理和运输策略，此系统应该建立在伙伴关系的特定性质的基础之上。

■ 零售商—供应商伙伴关系的优缺点

供应商管理库存的其中一个优点在下面的案例中得到了很好的说明。

实例 8—8

Whitehall Robbins（WR）和 Advil 一样是个非处方药生产厂商，与凯马特建立了零售商—供应商伙伴关系。与第一品牌公司相似，WR 和凯马特在预测上一开始并不能达成一致。在这个案例中，我们最终发现 WR 的预测更为准确，因为对自己的产品，它比凯马特有更深入的了解。例如，凯马特在对龟裂膏的需求预测时没有考虑到该产品的季节性需求。此外，在制定配送计划时，WR 的计划人员可以将产品相关事宜，比如计划的停工时间考虑进去。

WR 在另一方面也能获益。过去，凯马特在销售季节到来之前，通常订购大量的季节性产品，并且会采取促销活动。这样，退货就时有发生，因为凯马特很难正确预测它的销售量。现在，WR 按照"每天低成本"来供应一周的需求，凯马特就能取消大量订货和季前促销，这反过来大大降低了退货量。季节性商品的库存周转次数从 3 次上升至 10 次以上，而非季节性商品的库存周转次数从 12～15 次上升为 17～20 次 [54]。

因此，一般来说，零售商—供应商伙伴关系的巨大优势在于，供应商掌握订货量情况，这意味着对牛鞭效应的控制能力（见第 5 章）。

当然，对订货量的掌握情况也会因为伙伴关系类型的不同而各异。例如，在快速响应战略中，通过客户需求信息的传递，供应商可以获取订货量情况，并可因此而缩短提前期；而在供应商管理库存战略中，零售商提供需求信息，供应商做出订购决策，这样就完全控制了订货量的变化。当然，供应商对订货量的掌握可以减少整个系统的成本，并提高系统服务水平。服务水平提高，管理成本降低，库存成本降低，这些好处对供应商来说显而易见。供应商可以降低预测不确定性，并因而能够更好地协调生产和分销。更具体一点说，正如我们在第 5 章中讨论牛鞭效应时所指出的那样，预测不确定性的减少可以减少安全库存，减少储存和配送成本，提高服务水平 [97]。

除了上面所述的主要好处，实施战略性合作伙伴关系还带来众多附加效应。它为重构零售商—供应商伙伴关系提供了绝好机会。例如，多余的重复订单被删除，手工操作自动化，为了提高整个组织效率，诸如商品标记和设计外观等工作得到重新分配，流程中不必要的控制步骤也被剔除了 [31]。这些好处当中，有许多是源自实施伙伴关系迫切需要的变革和技术。

以上讨论了供应商—零售商伙伴关系的许多问题，这里做一下总结。

● 必须采用先进技术，然而这通常比较昂贵。
● 必须在曾经可能比较对立的供应商—零售商关系基础上建立相互信任关系。
● 在战略性伙伴关系中，供应商较以往相比，通常要承担更多的责任。这迫使供应商增加人员来满足责任的要求。

● 最后一点，也许也是最关键的一点，随着管理责任的增多，供应商的开销通常会增加。同时，库存可能一开始退给供应商。如果采用寄售方案，供应商的库存成本通常都会提高。因此，必须建立契约型关系，在此关系中，零售商与供应商分享系统成本节余。

资金流动是任何电子数据交换的实施都会碰到的另一个问题，在开始实行供应商伙伴关系时，需要对此进行仔细考虑。零售商原来已经习惯了到货后 30～90 天后才付款，而现在不得不货到付款。即使只在货物售出后才需付款，这也要比它们通常的资金流动周期快得多 [78]。

■ 成功与失败

我们在上节中引用了几个零售商—供应商伙伴关系的例子，接下来还有其他一些成功案例和一个失败案例。

实例 8—9

西部出版公司（Western Publishing）在几个零售商那里采用供应商管理库存计划，应用于公司的黄金产品线——儿童图书，其中包括超过 2 000 个沃尔玛门店。在该计划中，当库存低于订货点时，销售点数据自动引发订货，库存被发送至配送中心，或者在许多情况下直接发送至商店。按照上述条件，一旦发货，图书的所有权就转移至零售商。在玩具反斗城公司中，西部出版公司甚至为零售商管理整个图书业务，包括来自该公司以外的供应商的库存。在以上两种方式中，该公司的销售收入都有明显增长，尽管该计划也明显增加了成本——包括与增加库存管理责任有关的成本，以及直接向商店运输产生的超额运输成本。但无论如何，该公司管理层认为，供应商管理库存为公司带来了净收益 [6]。

实例 8—10

在沃尔玛将供应商米德-约翰逊（Mead-Johnson）纳入其供应商管理库存体系之后，效果非常显著。米德-约翰逊获得完整的销售点信息，并对其做出反应，而不是像以前那样对订单做出反应。自该计划实施以来，沃尔玛的库存周转率从低于 10 次提高到超过 100 次，而米德-约翰逊的库存周转率则从 12 次提高到 52 次。同样，斯科特纸业（Scott Paper）一直管理着其 25 家客户配送中心的库存。通过这种努力，客户的库存周转率从 19 次上升到 35～55 次，库存水平降低，服务水平得到提高。从先灵葆雅（Schering-Plough Healthcare Products，SPHP）与凯马特在货物物流计划的合作经验中可以得到这样一个启示：在实施的第一年，先灵葆雅的确看到凯马特缺货的情况减少，但销售收入和利润没有实质性的提高，但随着坚持继续推行该计划，先灵葆雅最终在这些方面都获得了大量收益 [205]。

实例 8—11

VF 公司的市场响应系统又提供了一个供应商管理库存的成功案例。这家公司拥有许多知名品牌（如 Wrangler，Lee，the North Face，Nautica），这项计划开始于 1989 年。如今，公司大约 40％的产品是通过某种类型的自动补货方案进行处理的。这非常了不起，因为该计划包括 350 个不同零售商、40 000 个商店位置，以及超过 1 500 万的库存补充水平。每个部门都使用软件来管理巨大的数据流，而且 VF 开发了特殊的技术，对这些数据进行分类，以便更容易管理。VF 的计划被视为服装行业中最成功的案例之一 [181]。

实例 8—12

Spartan Stores 是一家杂货连锁店，其供应商管理库存项目开始一年后便终止了。在分析项目的失败原因时，供应商管理库存项目的成功因素得以凸显。其中一个问题是，零售商在订货方面花的时间并没有比实施计划前少，因为它们没有充分地信任供应商，并且对于由供应商进行库存管理的那些货物，它们也没有因此而停止严密监控其储存和配送。问题的苗头一出现，零售商就进行干预，而供应商也没有积极努力来减轻零售商的担忧。这些问题不是出在供应商的预测上，而是由于供应商没有能力处理产品促销问题，但这却正是杂货店的关键业务。由于供应商不能恰当解决促销问题，需求高峰时期的配送数量经常少得令人无法接受。另外，Spartan 的管理人员认为，与运作良好的传统供应商方案相比，供应商管理库存项目所实现的存货水平并不低。应该注意到，Spartan 认为，与部分供应商之间的供应商管理库存项目是成功的，这些供应商都拥有较好的预测技术。Spartan 准备保持连续补货计划，这样，库存水平会自动产生对某些供应商的固定订货批量 [135]。

分销商一体化

许多年来，商业专家们一直建议制造商，尤其是工业制造商，对待分销商应该像对待伙伴一样 [149]。通常，这意味着重视分销商的价值以及它们与最终客户之间的关系，并给予它们必要的支持以便取得成功。分销商对于客户需要和期望有深入的了解，成功的制造商在开发新产品或者产品线时可以运用这些信息。同样，分销商通常依赖制造商来提供必要的部件和专业技能。

实例 8—13

卡特彼勒公司的前董事会主席和首席执行官唐纳德·法茨（Donald Fites），将其公司最近许多方面的成功归功于经销商。法茨指出，经销商更接近的是客户，而不是公司，它们能对客户的需求做出更快的响应。它们为购买产品提供融资，并认真地监控、修理以及为产品提供服务。法茨说："经销商在客户心中树立了公司的形象，而这种形象并不只是它们所销售的那种产品的形象，而是代表了公司在世界上任何地方的产品形象。"卡特彼勒相信，与其竞争者相比，特别是与日本的大型建筑与采矿设备制造商，如小松（Komatsu）和日立等相比，经销商网络给公司带来了巨大的竞争优势 [74]。

由于客户服务要求出现新的挑战，以及由信息技术去应对这些挑战，人们针对分销商的看法正在改变。即使是一个强大而有效的分销商网络也并非总能满足客户需求。库存可能无法满足一个突如其来的订单，或者顾客可能需要特定的技术服

务，而分销商并不具备该种技术技能。

过去，这些问题可以通过增加每个分销商或制造商的库存和人手来解决。现代信息技术带来了第三种选择方案，即整合分销商，使单个分销商的专业技能和库存能够为其他分销商所用。

■ 分销商一体化的类型

分销商一体化（DI）可以用来解决与库存或者服务相关的问题。就库存而言，分销商一体化可以在整个分销网络中，产生一个巨大的联合库存，这样可在提高服务水平的同时降低总的库存成本。同样，分销商一体化可以将顾客需求转给最适合解决此问题的分销商，满足顾客特定的技术服务需求。在第7章，我们介绍过分销商联合库存的问题，这里我们介绍分销商一体化的其他问题。

正如我们前几章中所指出的那样，为了满足非正常的突然订单，以及更快地为修理提供配件，传统上是采取增加库存的办法。在较为成熟的公司中，由于存在风险分担的观念，供应链的前期环节中必须持有库存，它们仅在需要的时候才进行配送。而在分销商一体化中，每个分销商可以查看其他分销商的库存情况，来确定从哪里获得需要的产品或部件。分销商必须按照契约的规定在一定条件下按照既定的报酬标准交换部件。这种安排改善了每个分销商的服务水平，降低了整个系统的所需库存。当然，只有当先进的信息系统使得分销商可以查看其他人的库存状况，一体化的物流系统能够以低成本有效地配送部件时，分销商一体化的这种安排才是有可能的。

实例 8—14

机床制造商美国Okuma公司实施了一个分销商一体化系统。Okuma制造许多昂贵的机床和修理部件，而鉴于高额的成本，Okuma在北美和南美的46个分销商不可能持有其所有的产品系列。因此，Okuma要求每一个分销商持有最低数量的机床和部件。Okuma管理整个系统，使每个机床和配件在系统中都有库存，或者在公司的两个仓库中，或者在某一个分销商那里。一个名为Okumalink的系统使得每个分销商在寻找所需部件时，都能查询仓库中的库存，并与其他分销商进行沟通。一找到该部件，公司确保能够迅速地将部件配送至需要的分销商那里。公司正计划着系统升级，以便每个分销商对其他分销商持有的库存有全面的了解。系统实施后，整个系统的库存成本下降，因库存缺货而使经销商销售损失的情况减少，客户满意度则提高了 [150]。

同样，分销商一体化也可以提高每个分销商在外界眼中的技术能力和快速响应非常规客户需求的能力。在这种联盟中，不同的分销商在不同的领域具备专业技能。顾客的特定需求会被传达至在这方面最为专业的分销商那里。例如，Otra，一家拥有大约70个电器批发分支机构的大型荷兰控股公司，将一部分分支机构任命为某个领域的卓越中心，如仓库布局和销售点物料。其他的分支以及客户，可以直接到这些卓越中心来满足特定的需求 [150]。

■ 分销商一体化中的问题

实施分销商一体化联盟面临两个主要问题。首先，分销商对参与这种体系的回报可能持怀疑态度。它们会觉得它们在向不如它们熟练的伙伴提供库存控制的专业技能，特别是一些较大的拥有更多库存的分销商更会这么认为。此外，参与的分销商不得不依赖于其他分销商，甚至是一些不认识的分销商，来帮助它们提供优良的客户服务。

这种新型的关系也很可能会取消特定分销商的特定责任或者专有技能，而将其集中于几个分销商那里。分销商担心会失去自身的技能和能力，这一点也不奇怪。这就解释了为什么建立分销商一体化关系要求制造商一方投入大量的资源和精力。分销商必须确定这是一个长期的联盟。组织者必须努力在参与方之间建立信任。最后，制造商可能需要提供抵押与担保，来确保分销商的承诺。

实例 8—15

荷兰公司 Dunlop-Enerka，为全世界的采矿和制造公司供应输送带。以前，公司在遍布欧洲的经销商处设有大量库存，以此来满足维护和修理的需要。为了减少库存，公司安装了名为 Dunlocomm 的计算机信息系统，来监控每个经销商仓库中的库存量。当需要某个部件时，经销商可以通过系统来订购该部件，并安排配送。为了确保经销商的参与，该公司向每个经销商保证 24 小时配送任何一种部件——如果库存中没有该部件，该公司将专门定制，并在可行的时间范围内进行配送。这种保证打消了经销商的顾虑，它们采用了该系统，一段时间以后，整个系统的总库存下降了 20% [150]。

小结

本章分析了可以更有效管理供应链的各种伙伴关系类型。我们一开始讨论了企业为了确保解决供应链相关的特定问题可以采纳的不同方法，包括内部履行和完全外包。很明显，选择最合适的战略时，要考虑到许多不同的战略和战术问题。我们探讨了一个框架，可以帮助我们选择解决特定物流问题的方法。

越来越多的第三方物流供应商接管了公司的某些物流职责。外包物流职能有利也有弊，在做出决定并且实施第三方物流合约时，有许多重要方面需要仔细考虑。零售商—供应商关系中，供应商管理零售商的部分业务——通常是零售库存——也越来越普遍。零售商—供应商之间有一系列的可能关系，从只涉及信息共享的协议，到供应商完全控制零售商库存政策。

我们考虑了与实施这些关系类型相关的许多问题。最后，我们探讨了另外一种联盟，称为分销商一体化，制造商协调其分销商（潜在竞争）的工作，以便在各分销商之间创造风险分担的机会，并使不同的分销商在不同领域内发展专业技能。

问题讨论

1. 假设管理者要制定一项物流战略。请指出下列最优方法用于何种特定情况：

    a. 利用内部的物流技能。

    b. 收购一家具有该技能的公司。

    c. 制定战略，雇用特定的供应商来完成战略中规定的部分。

    d. 制定一项采用第三方物流供应商的战略。

  2. 为什么第三方物流行业发展如此迅猛？

  3. 在本章中，我们讨论了零售商—供应商伙伴关系的三种类型：快速响应、连续补货，以及供应商管理库存。对于每种类型来说，在什么情况下比另外两种更好？

  4. 考虑一下快速响应的伙伴关系。假设零售商在月初下订单，但是每周将销售点数据传给供应商。制造商的一周生产能力对信息共享的收益有何影响？也就是说，在什么情况下，信息共享的收益最大：高的周生产能力还是低的周生产能力？供应商应该如何运用从零售商那里得来的一周需求数据？

  5. 讨论供应商管理库存中库存所有权归属的各种可能情况。每一种政策的优缺点分别是什么？

  6. 回忆实例 8—12 中 Spartan Stores 的供应商管理库存计划失败的例子。讨论一下，如果要使得计划成功，公司应该在哪些方面做出改变？

案例

音像复制服务公司

    音像复制服务公司（ADS）是一家从事高密度光盘和盒带复制及配送工作的公司。它主要的客户——大型唱片公司，要求 ADS 为其复制和配送光盘和盒式磁带。ADS 储存母带，当有客户需要时，它便制作一定量的拷贝，并配送至客户的客户，诸如唱片店、沃尔玛及凯马特类似的商场，以及像电路城和百思买（Best Buy）这样的电子商店。ADS 是音像复制市场的 6 大公司之一，在 50 亿美元的市场中，ADS 占 20%，而另外两个最大的竞争对手占有另外 40% 的市场份额。ADS 的管理层最近尝试理解和供应链相关的一些难题，并努力做出响应。

- 国内的一些大型零售商给 ADS 的客户——唱片公司施加了压力，它们要求按照供应商管理库存，即 VMI 协议来管理库存。唱片公司负责确定何时需要向每个门店配送多少唱片、CD 和磁带。为了进行这样的决策，唱片公司将从每个门店中获取连续的最新的销售点数据。而且，唱片公司拥有库存的所有权，直到库存售出，零售商才付款给唱片公司。自 ADS 给唱片公司提供复制和配送服务后，唱片公司要求 ADS 辅助其供应商管理库存的物流协议。

- 过去，ADS 向诸多国内大型零售商的配送中心发货，然后零售商给单个门店进行配送。现在，零售商鼓励直接给单个门店进行配送。当然，这意味着 ADS 的费用将会增加。

- 一般而言，ADS 的运输成本正在上升。现在，ADS 设置一个运输经理，由他在连续装运的基础上安排不同承运商来送货。也许，可以有更好的方法来管理配送，或者购

    资料来源：ADS 是一个虚构的公司。案例中的材料参考了我们从几家公司中获得的经验。

买运输车队自行进行运输，或者将整个运输职能外包给第三方公司。或许这两种极端方法的折中效果最好。

当然，ADS 正面临着更大的问题，例如由于网上音乐制品销售技术的日益流行，音像复制行业将遭遇很大挑战。在任何情况下，每个唱片公司都会定期检查其音像复制服务的合约，因此要获得成功，ADS 公司的管理必须有效解决上述问题。

案例问题讨论

1. 为什么 ADS 客户的客户倾向于供应商管理库存？
2. 这对 ADS 的业务有何影响？ADS 的管理者如何能够利用这种情况？
3. ADS 应该如何管理物流？
4. 为什么美国的大型零售商倾向于采用直接运输模式？

案例

史密斯集团

史密斯集团（The Smith Group）是美国的一家生产高质量电动或手动工具的制造商，产品包括电钻、锤子等。史密斯集团是 ATW 公司的主要竞争对手，有关 ATW 公司的情况我们在第 4 章介绍过。类似于 ATW 公司，史密斯集团和分销商以及交易商建立了良好的关系，并且和它主要的分销商签订了供应商管理库存协议。

但是史密斯集团内小的分销商却不具有获得相关电子数据的能力，从而无法执行供应商管理库存。为了克服这一缺点，史密斯集团实施了看板系统，通过这一系统，史密斯集团模仿丰田公司对工厂物流的监管方式。在丰田公司，通过看板系统，生产被需求拉动。史密斯集团同样采用了这种方法，当运送货物的卡车抵达分销商的工厂时，工人们获得了从已经卖出去的商品上拆卸下来的看板，这为史密斯集团提供了有关客户需求的信息，从而可以利用这些信息对生产和配送过程进行计划。

史密斯集团设计的看板方法并不需要电子数据传送系统，这是一种聪明的实现供应商管理库存的策略。

- 这种系统为史密斯集团提供了近似实时的顾客需求信息，同时没有使用电子数据交换系统。
- 通过对史密斯集团的看板系统进行详细的分析，发现该系统有效地管理了分销商的库存。众所周知，在定期检查库存的情况下，最优库存策略是基本库存策略。有趣的是，看板系统暗示了库存正是按照基本库存策略进行管理的，从而有效地减少了分销商的库存成本。
- 这个系统使得史密斯集团的生产模式转变为按订单生产模式，从而在制造中减少了库存成本。实际上，丰田公司设计的看板系统就是应用于拉动模式的生产过程。按订单生产模式使得史密斯集团的供应链成为一个拉动的系统，同时也成为一个更为灵活、反应更为迅速的供应链系统。

案例问题讨论

1. 史密斯集团执行的看板系统对该集团有什么好处？

2. 解释为什么看板系统暗示了库存是按照基本库存策略管理的？

3. 看板系统如何使得史密斯集团的生产模式转变为按订单生产模式？

4. 史密斯集团使用看板系统可能存在什么风险？

5. 如果看板系统使得史密斯集团减少了库存，那么这会对分销商产生什么影响？

采购及外包战略

案例

Zara 公司

2002 年 1 月 15 日，西班牙服饰公司 Inditex 的首席执行官若泽·玛丽亚·卡斯特利亚诺·里奥斯（José María Castellano Ríos），登上了位于纽约的雅各布·贾维茨（Jacob Javits）会议中心的领奖台，接受全美零售商联合会颁发的国际零售商年度奖。在过去的一年中，国际环境动荡不安，对于零售商来说，这并不是一个好的年份，零售商合并和破产的数量加速上升。但是 Inditex 和它的主要子公司 Zara 却取得了骄人的业绩。确实，2001 年对于 Inditex 公司和它的创始人阿曼西奥·奥尔特加·高纳（Amancio Ortega Gaona）以及卡斯特利亚诺来说，在很多方面都是具有里程碑意义的。

Zara 的历史

奥尔特加是西班牙加利西亚人，他在 1963 年成立自己的服装厂之前，曾是一个女式时装零售店的雇员。他在 1975 年成立了第一家 Zara 品牌商店。到 1989 年，在西班牙共有 82 家 Zara 商店，随后 Zara 开始了在葡萄牙、巴黎和纽约的扩张。作为 Zara 的母公司，除了 Zara 这个品牌，Inditex 公司还有另外 4 个品牌：Pull & Bear，Massimo Dutti，Bershka 和 Stradivarius。[①] 2001 年，公司又创立了 Oysho 品牌——贴身内衣和泳装品牌。表 9—1 给出了公司相关的财务信息。2000 年，Inditex 公司一半以上的销售收入来自海外市场。

表 9—1		Inditex 部分财务信息			单位：百万欧元
	1996 财年	**1997 财年**	**1998 财年**	**1999 财年**	**2000 财年**
利润表数据					
净销售额	1 008.5	1 217.4	1 614.7	2 035.1	2 614.7
增长率（%）	16.8	20.7	32.6	26.0	28.5
毛利润	487.5	599.1	814.8	1 046.7	1 337.7
毛利率（%）	48.3	49.2	50.5	51.4	51.2
营业收入	152.4	192.8	242.1	299.6	390.3
营业毛利率（%）	15.1	15.8	15.0	14.7	14.9

资料来源：Professors Nelson Fraiman and Medini Singh of Columbia Business School，together with Linda Arrington and Carolyn Paris，prepared this case as the basis for class discussion rather than to illustrate either effective or ineffective handling of a business situation. This case was prepared under the auspices of the W. Edwards Deming Center. It was sponsored by the Chazen Institute and the Center for International Business Education.

The authors wish to thank José María Castellano Ríos of Inditex and Luis Bastida and Francisco González of BBVA for making this project possible.

① Pull & Bear 品牌（在 2000 年占总销售量的 6.6%）创立于 1991 年，最初生产男式正装和休闲服装，1998 年开始生产女装。在 1991 年购买了 Massimo Dutti 品牌（在 2000 年占总销售量的 7.8%）的部分所有权，当时该品牌主要提供男式衬衫。Inditex 公司在 1995 年获得了该品牌所有的产权，并将该品牌转为生产更高档的男女时装。1998 年，Bershka 品牌（在 2000 年占总销售量的 5.2%）创立，该品牌主要为少女提供服饰。1999 年，Inditex 公司获得了 Stradivarius 品牌（在 2000 年占总销售量的 2.8%）90% 的所有权，该品牌为少女提供日常服装。有关 Inditex 公司不同产品的情况请参考图 9—1。

续前表

	1996 财年	1997 财年	1998 财年	1999 财年	2000 财年
净利润	72.7	117.4	153.1	204.7	259.2
资产负债表数据					
资产					
货币或货币等价物	79.6	134.8	151.7	164.5	203.9
应收账款	NA	NA	75	121.6	145.1
存货	NA	NA	157.6	188.5	245.1
其他流动资产	110.7	139.2	7.1	7.3	6.2
长期资产	597.7	669.2	915.1	1 168.8	1 395.7
商誉	0	1.7	1.2	98.1	89.1
递延资产	32.3	32.3	18.6	24.1	22.5
总资产	820.3	977.2	1 326.3	1 772.9	2 107.6
负债					
短期负债	55.9	43	88.3	116.3	96.9
其他流动负债	178.2	229.9	356.3	435.4	573.4
长期负债	168	164.1	186.3	290.9	231.8
其他长期负债	3.3	10.3	22	37.1	34.6
总负债	405.4	447.3	652.9	879.7	936.7
所有者权益	414.9	529.9	673.4	893.2	1 170.9
负债和所有者权益之和	820.3	977.2	1 326.3	1 772.9	2 107.6
财务统计数据					
库存周转天数			35.6	33.8	34.2
净运营资本	−123.4	−133.7	−204.9	−234.3	−273.9
运营统计数据					
总零售额	1 525.50	1 998.80	2 606.50		
每家门店平均销售额	2.04	2.17	2.41		
门店总量	748	922	1 080		
每平方米平均销售额	4 752.34	4 534.69	4 853.82		
门店总面积（平方米）	321 000	441 000	537 000		
同一店面销售率（%）	11.00	5.00	9.00		

净销售额（百万欧元）		
	1998 年	1999 年	2000 年
Zara	1 304.2	1 603.4	2 044.7
Pull & Bear	131.9	143.8	172.6
Massimo Dutti	120.5	144.2	184.0
Bershka	22.3	82.1	134.9
Stradivarius	NA	26.3	72.5

息税前利润（百万欧元）		
1998 年	**1999 年**	**2000 年**
Zara	213.0	248.4	327.9
Pull & Bear	15.0	17.1	24.1
Massimo Dutti	14.2	17.4	20.3
Bershka	—3.7	7.1	8.4
Stradivarius	NA	1.7	—3.2

资料来源：Inditex 公司 2001 年 5 月备忘录。

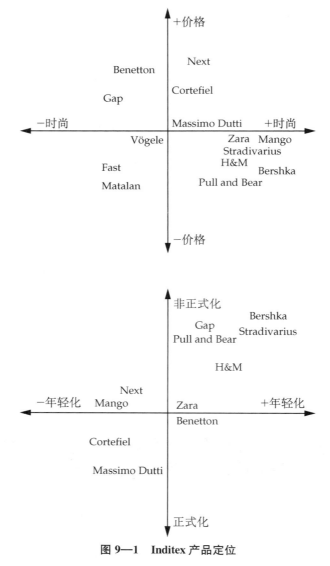

图 9—1　Inditex 产品定位

2000—2001 年间，许多新闻媒体和分析师对 Inditex 表现出了极大的兴趣，他们将 Inditex 的成功归因于 Zara 特殊的商业模式。① LV 资本公司的 CEO 丹尼尔·R·皮特（Daniel R. Piette），将 Zara 看作"可能是世界上最具创造性和发展前景的零售商"。Inditex 公司在 2001 年 5 月首次发行股票，从那时起，就成为世界上第三大服装零售公司。奥尔特加在 Inditex 公司中的股票达几十亿美元，但他保持低调的生活习惯，仍生活在拉科鲁尼亚附近，并参与 Inditex 公司的管理。

Zara 主要销售女装，大约占到总收入的 58%，男装销售收入大约占总收入的 22%，童装销售收入大约占 20%。Inditex 公司这样描述 Zara：

> Zara 提供时尚概念的品牌，它为女士、男士和儿童提供时装、鞋子和饰品，年龄段覆盖从婴儿到 45 周岁的成年人。Zara 的店面一般选择主要的商业中心的中心街区，Zara 提供高品质的时装。我们的设计师可以保证每两个礼拜就推出一款新的式样。

2001 年底，Inditex 已经在 35 个国家开设了 1 200 家门店，分析师预计在 5 年内，Inditex 的门店数可以达到 2 000 家。Zara 的垂直一体化模式在很大程度上依赖于西班牙国内的服装生产商。但是卡斯特利亚诺已经考虑到，Zara 应该将越来越多的生产放在海外，比如亚洲，以利用那里的低成本优势。对于 Inditex 来说，将多少服装生产放在海外才能支撑 Zara 将来的扩张和应对价格压力，同时不至于破坏 Zara 的成功，这是一个关键问题。

纺织和服装产业

1999 年，纺织和服装行业产值占全球总产值的 5.7%，纺织和服装行业雇用了全球超过 14% 的劳动力。主要国家服装市场容量大约是 5 800 亿美元，其中美国占到 1 800 亿美元，西欧是 2 250 亿美元，东欧 140 亿美元，拉丁美洲 450 亿美元，部分亚洲国家市场增长迅速。

相对而言，纺织品的制造过程属于资本密集型，人工成本大约占到销售成本的 40%，而对于服装行业来说，则占到 60% 左右。纺织行业也是高度专业化的，这取决于原材料的特点（天然的、合成的或是其他）、衣料的特点（比如编织、针织或是其他种类）等等。人们对纺织行业不断进行研究，以制造出更加完善的纺织品，包括应用在特殊行业的纺织品。

服装生产主要涉及布料采购、设计、裁剪、缝制等工序。由于服装的生产和布料的特点联系非常紧密，所以设计师往往针对某种布料的特点进行服装样式的设计，或者根据特定的设计风格选择布料。

根据生产质量，服装行业大致可以将生产分成三类：
- 高质量服装的生产。主要是时尚类服装，比如女式外套。这类服装比较强调材料的质量和工人的技术水平。
- 中等质量服装的生产。这类服装对时间和时尚的敏感性不高，制造商生产的各类服装区别也不太大，比如开襟羊毛衫。对于材料的质量和工人的技术水平的要求没有高质量服装那样严格。
- 低质量服装的生产。这类服装和普通商品具有类似的特性，主要通过价格进行竞争，比如男式内衣。

---

① "The Most Devastating Retailer in the World," *The New Yorker*, September 18, 2000; "Just-in-Time Fashion: Spanish Retailer Zara Makes Low-Cost Lines in Weeks by Running Its Own Show," *The Wall Street Journal*, May 18, 2001; "Galician Beauty: Spanish clothier Zara beats the competition at efficiency—and just about everything else," *Forbes*, May 28, 2001; "Fast Fashion: How a secretive Spanish tycoon has defied the postwar tide of globalization, bringing factory jobs from Latin America and Asia back to Continental Europe," *Newsweek*, September 27, 2001.

低工资国家生产的服装主要集中在中低质量产品上，但是目前它们在高质量服装的生产上所占的份额越来越大。欧洲国家出口大约50％的高质量服装，但是进口的这类服装却只占到20％。

服装行业和其他行业重要的区别是，在很多细分服装行业中，并不存在明显的规模效应。对于服装行业来说，尽量满足消费者对高质量服装的要求对公司利润更为重要。对于生产过程中机械化的部分——比如布料的生产，包括机器织布、裁剪——准备时间并不十分重要。对于高质量服装的生产来说，管理小批量生产的能力显得更为重要。所以，这类服装的生产对生产过程的柔性和反应速度要求比较高。缝纫等后续的工作主要依靠手工，是劳动密集型、高度专业化的工作，许多小型和中型企业参与其中。

由于服装生产是劳动密集型行业，所以工资水平对服装采购的决策非常重要。当然，除了工资水平，还有其他重要的因素，比如原材料质量和可获得性、技术水平、劳动生产率、运输时间和成本、政治和汇率风险以及社会责任等。关税和配额同样非常重要，并且可能导致供应链在某种程度上的扭曲，比如为逃避关税配额，有些企业从香港而不是从中国内地调拨货物。中国加入WTO之后，贸易壁垒减小，使得中国可以利用的生产能力增加。同样，地区贸易壁垒的减小使得东欧、土耳其和北非的制造商制造数量增加，从而可以支持欧洲市场；墨西哥、加勒比和中美地区的制造商可以支持美国市场。

欧盟和西班牙的纺织和服装产业

欧盟纺织和服装产业在1999年大约雇用了200万名员工，占制造行业总雇用人数的7.6％，而产值为1 780亿欧元。意大利具有欧洲地区最大的纺织和服装产业，占到31％；接下来的是英国，占15％，德国14％，法国13％，西班牙9％，葡萄牙6％。欧盟是世界上第二大纺织和服装出口地区，其中纺织品的出口量更为突出。欧盟国家有很多领先的企业，它们在制造高科技织物和发展相关科技方面具有很强的实力。

纺织行业分工很细，有很多区域性集群的小型企业参与制造过程，比如在意大利北部的很多企业。当然，也存在大型的企业，比如Inditex，这类企业主要从整体上管理分包网络。[①] 欧洲的纺织和服装产业管理费用较小，但是技术水平较高。在这个网络中企业是否独立核算不是很重要，重要的是它们是否可以很好地合作。

在服装行业，欧洲的特别优势在于设计驱动制造，设计总是和顾客的要求紧密联系，并且同生产过程紧紧联系在一起。尤其重要的是，纺织公司和服装公司建立了紧密的联系，所以它们可以在布料设计上进行合作。在制造链的另一端，存在大量劳动密集型业务的外包——外包给东欧和地中海沿岸国家，它们的地理位置较近，可以快速周转，并且便于控制和监督质量。

西班牙纺织和服装产业主要是由很多小型公司组成，传统上在研发领域并不十分突出，但是随着20世纪90年代西班牙经历的社会繁荣，人们的工资增长幅度较大，人们开始重视时尚和质量因素，对高端品牌表现出热情。[②]

奥尔特加的家乡在加利西亚，这是西班牙西北角一个多雨的省份。这里地处大西洋沿岸，是凯尔特文化的发源地，山多，风景如画，天气常常阴霾多雾。加利西亚的经济植根于农业、渔业和矿业。这里相对于西班牙其他地区较贫穷，失业率较高。20世纪前期，许多

---

①　See *The Competitiveness of the European Textile Industry*, by Maurizio Giuli（South Bank University—London 1997），citing the "industrial district" model of production.

②　根据美国对外商业服务部和美国国务院1999年的报告，在西班牙妇女中，60％的人将质量列为服装购买最重要的决定因素，30％的人认为时尚是最重要的，只有10％的人更关注价格。

人从加利西亚移民到阿根廷、乌拉圭和古巴。降低失业率和提高技术水平成为加利西亚地区政府和工会的首要任务。首府城市拉科鲁尼亚具有现代化的机场，有多班航线通往马德里和巴塞罗那，但是拉科鲁尼亚并不是主要的国际港口城市。

加利西亚以前并不以纺织和服装产业闻名，但是在 20 世纪 80 年代，该地区掀起了服装生产的热潮，并创出了"加利西亚时尚"的概念。到 1998 年为止，大约 29 000 名工人（其中大都是妇女）在大约 760 个服装公司工作，这些公司（超过 450 个）大多是小的生产作坊，每个生产作坊大约有 15 名工人，这些公司 75％的产能生产外衣，大约 16％的产能生产内衣。这里同样拥有大型公司的总部，比如 Adolfo Domingues，Caramelo，Mafecco 和 Zara。1997 年，这个地区纺织和服装产业的份额占到全国的 14％，而在 1991 年，仅仅占到 7％，1997 年雇用的人数占到全国该行业的 10.5％，从 1991 年到 1998 年出口额增长了 10 倍。

Zara 模式

Zara 的计划和设计周期

同其他服装制造商一样，对于 Zara 来说，大约在服装销售季节前的一年左右就开始相关的设计工作，包括定义服装主题和颜色等。共有两个销售旺季——春夏季节和秋冬季节。对于前者来说，服装大约在 1、2 月份送达零售商；对于后者来说，大约在 8、9 月份送达零售商（南半球则相反）。

Zara 大约有 200 名设计师，每位设计师对时尚元素非常敏感。Zara 每年通常设计并生产出 11 000 种服装，大约是其他公司的 5 倍。在开始正式生产时，通常都是小批量生产，这使得设计师们可以去体验市场的氛围。

设计师在 Zara 的总部工作，女装、男装和童装各有一个设计中心。设计师通常首先手工绘出草图，然后使用计算机 CAD 程序绘制正式的有关服装规格的图纸。设计中心是明亮的、现代化的，同时播放流行歌曲作为背景音乐。

市场专家在同一个房间里工作，他们要清楚每一个店铺的销售情况，使用电话同店铺经理联系以获取信息。每一个市场专家负责一个地区，定期视察各门店。每个门店经理都有销售的经历，他们对市场趋势很敏感。将市场信息反馈到设计和制造部门是门店经理的职责。交流和工作流程在设计中心是非常流畅的。

式样和样品

在一些情况下，设计的结果会送到第三方供应商处，请它们制造样品（大约花费 2～3 个月的时间），当然设计的式样也可以考虑在内部制作，内部制造样品的工人同样在设计中心工作。一旦样品制造完成，将会在 Zara 内部进行展示。

制造外包和时间安排

一旦设计被认可，那么相关的布料采购和生产计划将展开。如果服装是由第三方供应商生产的（一般是这种情况），那么在销售季节前半年左右将签订加工合同；如果是内部生产，那么也应计划好时间，以便能够及时完工并运往各门店。在外包生产中，大约 60％来自欧洲，30％来自亚洲。

有关外包还是内部生产的决策需要考虑很多因素，比如专业水平、相对成本，特别重要的是时间能否满足要求。Inditex 拥有 21 个 Zara 的工厂，每一个都是独立管理的，管理者需要评估自己工厂的报价和外包工厂的报价。总体来说，对时尚元素要求较高的服装通常选择在内部生产，而基本款式和针织产品通常外包。

在销售季节到来前的 6 个月，Zara 一般执行 15％～25％的生产计划，而其他公司往往执行 40％～60％的生产计划；在销售季节到来时，Zara 执行 50％～60％的生产计划，而其他公司则执行 80％左右。在销售季节开始时，1/4 的生产已经完成，此时的门店库存通常是基本款式的服装，也包括一些时尚款式，这主要取决于在保证提前期的条件下最大限度地利用第三方供应商的能力。内部生产能力主要用于当季服装的生产——大约85%的能力用于当季服装的生产，15%用于下季服装的生产。

内部生产

内部生产通常包括两个基本步骤——布料的采购和服装的缝制。Inditex 公司在巴塞罗那拥有布料采购商 Comditel 以及几家纺织品生产企业，同时还拥有布料制造商 Fibracolor。Comditel 公司管理大约40%的布料采购，特别是非染色布料的采购。对于染色工序来说，准备时间大约是4~5天，整个过程需要一个星期。对于更时尚的布料，Zara 主要依靠外部采购。

根据服装样式和尺寸，Zara 的工厂裁剪布料。员工在计算机的配合下，以最低的布料浪费率获得有用的布料。Zara 工厂的管理者需要确信，这些熟练的员工可以在15~20分钟之内高效率地裁剪布料。裁剪好的布料做上记号，打包后准备缝制。

缝制的工作通常外包给加利西亚地区和葡萄牙北部的400家小公司。那些地区的工资比较低，同时失业率较高。Zara 工厂的外包可以使妇女获得工作，包括兼职的工作。Zara 和外包商需要预定所需的加工时间。

Zara 工厂和外包厂家之间每周有多次的货物运输，外包厂家交付完工的产品后，领取新分配的需要加工的布料。缝制工序总的工作周期是1~2周。一旦货物运回到 Zara，最后的熨烫、贴标签以及检查等工作会马上开展。如果布料有库存，在 Zara 工厂的设计、裁剪能力和外包缝制企业的生产能力有盈余的情况下，一款产品的生产从开始到结束能够在10天内完成。

销售季节内的生产

Zara 在销售季节到来之前仅执行50%~60%的生产计划，剩余的部分将在销售季节内生产，而这往往是通过公司内部生产的，因为这样可以使得对市场需求变化的反应能力更强。如果某款产品卖不出去，不会进一步生产；如果某款产品卖得比较好，在大约一周的时间内，只要布料充足，就可以生产出更多的产品。生产副总裁米格尔（Miguel）说：

> 生产规模的多少不是问题。由于顾客愿意为在合适的时间获得合适的衣服支付更高的价格，所以我们通过为顾客提供这类衣服来弥补我们的成本。是产品驱动着顾客。如果我们预计将来的需求很大，从经济学的角度来看，我们采取的策略可能是不合理的，但是我们明白这种情况。如果某个产品卖得很好，假如意识到市场正在趋于饱和，那么我们会停止生产，创造出没有被满足的需求。从严格的经济学角度来看，这是荒唐的。但是，我们却给顾客培养出这样的理念：您最好今天就购买它，因为很可能明天您就买不到了。

根据 Zara 管理层的观点，这种在销售季节的反应能力是 Zara 和其他服装公司的重大区别。对于这种观点，分析师们也赞同。当店铺中原来的存货难以销售时，Zara 能够提供其他式样的服装，而其他服装公司可能只有通过减价或者花费巨额广告费用来促销。对于Zara 来说，在销售季节内生产服装并不需要太多的额外生产能力，也不需要增加太多的成本。反而这种生产模式可以使得 Zara 持续地调度生产资源，并能够减少突发事件的影响。Inditex 市场部的雨果（Hugo）说："我们可以在'9·11'事件发生之后的两周内，将店铺服装从骑士风格变换到伤感风格。"

分销

服装的分销中心位于 Arteixo，这是个占地500 000平方米的分销中心。它位于14个制造厂的地理中心。经过211公里的运输，服装送达该中心。在分销中心内，根据条形码的信息，服装按照式样进行自动分类，然后由操作人员手工分拣。包装完毕的服装由传送带输送到相应滑道，并根据条形码信息运送到对应门店的箱子进行打包。

分销中心每周可以处理 250 万件服装，尽管到 2001 年底，Arteixo 的分销中心只使用了 50％的能力，但随着公司每年 20％～25％的增长计划，将会有更多的能力投入使用。公司正在西班牙东北地区的萨拉戈萨建立第二个分销中心。

从分销中心运送服装的频次为每周两次，欧洲范围内的店铺是通过卡车运输的，欧洲外则是通过飞机运输，从而保证欧洲店铺可以在 24～36 小时之内获得产品，欧洲以外店铺可以在 1～2 天内获得产品。除了销售区域内的服装，店铺内基本没有其他多余的库存。

零售

店铺经理可以要求公司运送店铺需要的服装，但是最终货物分配的结果是全局通盘考虑的，这需要考虑到目前店铺的销售情况和库存信息，有时候可能还会运送店铺经理没有要求的新款服装。店铺一周可以获得几次补货。"新鲜感对于时尚商品来说是非常重要的，我们在顾客中间制造了令人激动的产品预期。顾客知道，运送服装的卡车什么时候可以到达商店，这样他们可以在第一时间看到新的商品，"店铺经理约瑟菲娜（Josefina）说道，"我们的客户每年光顾我们的商店平均达 17 次，而竞争对手的客户光顾它们的门店平均只有 3～4 次。"

没有销售完的服装可以退回，并可以重新分配到其他的店铺。在欧洲，销售周期是十分规律的。总体来说，Zara 尽量使得销售季节结束时，余下的服装尽可能少。由于在 Zara 的系统中，没有必要保留太多的库存，所以这不是太难的问题。Zara 可能会对 15％～20％的产品进行折价处理，而它的竞争对手通常需要处理 30％～40％的过期库存。Zara 不做广告，而只是通过口碑相传。一般来说，广告的花费通常占到收入的 3％～4％，而 Inditex 只有 0.3％，大部分仅是在报纸上做出的对销售周期的提醒。

店铺

Zara 店铺的风格统一，包括照明、家具、窗台展示和服装的摆设，标准店铺的占地面积是 1 200 平方米（见图 9—2）。在 Zara 总部有一个模板店铺，该店铺摆设的服装都是最新款式。店铺选择的地点一般都在城市中心，比如巴黎的香榭丽舍大街、伦敦的摄政街、纽约的列克星敦大街。店铺的设计、摆设都散发着时尚的气息，宽敞明亮的购物环境让人感觉购物是一种高端享受。

图 9—2　Zara 店铺的摆设和布局

定价策略

Zara 的定价策略和它的竞争对手不同，Zara 采用的是成本加上一定利润的定价方法。"Zara 的价格参考了当地市场同类产品的价格，同时考虑成本和一定的利润水平。"销售副总监帕布罗（Pablo）说。比如，一件大衣在马德里的店铺可能标价 100 欧元，而在纽约的标价可能是 185 美元（见图 9—3）。

图 9—3　Zara 的价格标签样式

2001 年，Zara 在世界各地经历了扩张的过程，所以 Zara 的价格标签上根据不同国家的货币制定了不同的价格。这样简化了标记价格的过程，如果一件衣服从一个国家运送到另一个国家进行销售，就没有必要再次进行标价。2002 年初，Zara 开始使用可以通过阅读条形码来获取各国价格的系统。

增长策略

Zara 已经走出了它的根据地——西班牙，它选择新开店铺的国家和地区需要同 Zara 的模式相匹配。大部分的店铺都是 Zara 公司所有，但在中东部分地区是通过特许经营的模式开店，而在日本，Zara 是通过加盟连锁的方式开店。当进入一个新的市场时，Zara 并不建立当地的分销中心和仓库，也不进行开店促销。

　　Zara 在 33 个国家中拥有 450 个店铺（见表 9—2），2002 年平均每月新开 10 个店铺。虽然 Zara 在纽约、迈阿密、波多黎各已有店铺，但是 Inditex 的管理层并没有近期在美国进行明显扩张的意图。"根据我们的看法，美国服装零售业过于饱和，大城市以外的美国消费者并不是非常追捧时尚产品。另外在美国，你不得不去做广告。我们在家门口有足够的事情需要做。"卡斯特利亚诺说。

外包的困难抉择

　　当卡斯特利亚诺登上颁奖台时，脑海里浮现出自 1984 年他从 IBM 辞职后加入该公司以来，Zara 的发展历程。他对 Zara 在其商业模式下持续、健康地成长和它基于加利西亚的独特的定位感到满意，但是他和他的管理团队也与奥尔特加一起在不断地修正 Zara 的战略。

　　他目前面临的一个选择是产品生产的外包。考虑到欧元区的价格压力，Zara 生产外包的力度将加大，可能会达到 60％的产品外包，以取得低成本优势，尤其是在中国（见表 9—3 和图 9—4）。这看起来是合理的，但是也许偏离了 Zara 模式——地区的垂直一体化生产（见表 9—4）。如何在不影响 Zara 时尚品牌和竞争优势的条件下，进行本地化生产呢？

表 9—2　　　　　　　　　　　　　　　**2000 年 Zara 店铺地点**

	公司所有	特许经营	合资公司	总数
西班牙	220			220
葡萄牙	32			32
比利时	12			12
法国	63			63
英国	7			7
德国			6	6
波兰		2		2
希腊	15			15
塞浦路斯		2		2
以色列		9		9
黎巴嫩		2		2
土耳其	4			4
日本			6	6
美国	6			6
加拿大	3			3
墨西哥	23			23
阿根廷	8			8
委内瑞拉	4			4
巴西	5			5
智利	2			2
乌拉圭	2			2
科威特		2		2
迪拜		2		2
沙特阿拉伯		5		5
巴林		1		1
卡塔尔		1		1
安道尔		1		1
奥地利	3			3
丹麦	1			1
总计	410	27	12	449

　　资料来源：Inditex 公司 2001 年 5 月备忘录。

表 9—3　　　　　　　　　　　　　　　　　　　相对工资水平

国家	每小时人工成本（美元）	
	纺织行业	服装行业
印度	0.60	0.39
中国	0.62	0.43
突尼斯	1.76	NA
摩洛哥	1.89	1.36
匈牙利	2.98	2.12
葡萄牙	4.51	3.70
西班牙	8.49	6.79
美国	12.97	10.12
意大利	15.81	13.60

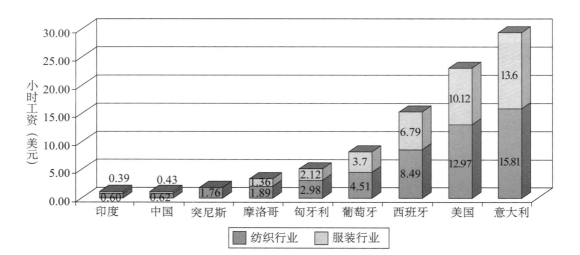

图 9—4　产品相关信息

表 9—4　　　　　　　　　　　　　　　　　　产品相关信息（%）

	生产分配		
	1998 年	1999 年	2000 年
内部生产	53	50	44
外部生产	47	50	56
	100	100	100
	产品原产地		
	1998 年	1999 年	2000 年
西班牙	29	25	20
葡萄牙	27	24	22
欧盟	10	9	5
欧洲其他地区	8	11	15
亚洲	19	23	29
世界其他地区	7	8	9
	100	100	100

学习完本章，你应当能够回答以下问题：

- 在供应链中外包和采购分别扮演了什么样的角色？对于一个企业来说，外包业务相关的风险和收益分别是什么？
- 决定哪些由公司自己生产，哪些从供应商那里采购的关键是什么？
- 当你要进行外包时，你怎样确保部件供应及时？
- 互联网对采购流程有什么影响？
- 对具体产品而言，公司应当使用什么样的采购战略？是否有一种能帮助企业确定每一种产品应当采用什么样的采购战略的理论框架？当做这种决策时，应当考虑哪些问题？

■ 引言

20 世纪 90 年代，外包是许多制造企业讨论的焦点，它们认为包括采购、生产和加工在内的任何事情都可以外包。管理者将重点放在了股票价值上，企业面临着巨大的提高利润的压力，当然一个"简单"的获取利润增加的办法就是通过外包降低成本。实际上，90 年代中期，采购额在企业总体销售额中占的比例升高了不少。1998—2000 年间，电子行业所有部件的外包率从 15% 上升到 40%[186]。

以运动鞋制造业为例，这是一个需要在技术上不断投资的时尚行业[171]。耐克是一家几乎把所有的生产活动都外包出去的公司，该行业没有一家公司像耐克那样外包，且做得那么成功。根据奎因（Quinn）和希尔默（Hilmer）的观察结果，耐克，这家全球最大的运动鞋生产商将主要的精力一方面放在了产品的研发上，另一方面放在了营销、销售和分销上，事实上，这个战略使耐克在 20 世纪 90 年代的年增长率达到了 20%[171]。

思科公司的成功也很令人惊奇。根据思科公司的首席信息官彼得·索尔维克的说法，思科的网络销售模式帮助它在 1994—1998 年间规模扩大了 5 倍（从 13 亿美元上升到 80 亿美元）。随着生产能力的增长，它每个季度差不多都要雇用 1 000 名新员工，并且实现了每年 5.6 亿美元的业务费用节约。擅长使用企业网络解决方案的思科公司使用的是一个被 CEO 约翰·钱伯斯称为"全球虚拟制造"的战略。他解释说，"首先，我们在世界各地都建了工厂，同时和当地的主要供应商发展了良好的关系，所以当我们与供应商合作并且我们的工作完成得足够好时，顾客根本看不出我们在台湾或其他地方的供应商制造的产品和我们自己工厂生产的有什么不同"[115]。能实现这个目标的重要工具是思科的企业系统，它是公司所有活动运行的中枢，不但能将客户和雇员们联系在一起，还能将芯片制造商、部件分销商、合同生产厂家、物流公司和系统集成联系在一起。这样所有参与的成员就能像在一个公司运作一样，因为它们都使用相同的网络数据资源。所有它的供应商都能看到相同的需求，而不像以前那样需要自己根据从供应链的多个节点上收集到的信息做出预测。思科还建立了一个动态补货系统来帮助供应商降低库存。思科在 1999 年的平均周转率是 10 次，而它的几个竞争对手的平均水平只有 4 次。一般产品的库存周转率还要高，大约能达到每年 25～35 次。

苹果计算机也将它的大部分生产活动外包了出去。事实上，该公司差不多外包了它 70％的部件，包括打印机在内的主要产品。就像奎因和希尔默指出的："苹果公司把它的主要资源都放在了开发自己的桌面操作系统和使苹果公司的软件用起来不一样的支持性宏软件上"［171］。

最近几年，美国和欧洲的公司不仅外包它们的制造活动，还逐渐将产品设计外包［62］。

- 中国台湾的公司目前设计并制造世界范围内销售的大部分笔记本电脑。
- 很多著名的公司，比如惠普公司和 PalmOne 公司，和亚洲的供应商在设计个人数字助理方面进行合作。

为什么这么多高科技公司将生产甚至是创新外包给亚洲的公司呢？这里面存在什么风险？是不是外包的战略取决于产品特性？如果是，那是怎么取决于产品特性的？

为了回答这些问题，我们首先讨论一下采购/制造决策过程。我们将分别列出外包的相关优势和风险，并为最优化采购/制造决策提供一个框架。

在给出这个框架之后，我们会讨论有效的采购战略。在同一个公司内，不同产品的采购战略也会不同，这取决于产品和市场的特性。我们给出了一个选择正确采购战略的框架，就像我们要看到的，这个框架说明企业的采购战略与外包战略是紧密联系的。

最后，我们讨论采购过程本身，它对许多企业而言是个费用很高的过程。从 1995 年第一个在线市场成立起，采购就因为独立（常指公开的）、内部和基于联盟的电子市场的出现而发生了巨大的变化。这些发展为采购者同时带来了机遇和挑战。

外包的收益和风险

整个 20 世纪 90 年代，进行战略外包，即把关键部件的生产进行外包是一个快速降低成本的有效工具。在拉肯纳（Lakenan）、博伊德（Boyd）和弗雷（Frey）［115］最近的研究中，我们了解到有 8 家主要的合同设备生产商（CEM）——旭电（Solectron）、伟创力、SCI 系统（SCI System）、捷普科技（Jabil Circuit）、天弘（Celestica）、ACT 制造（ACT Manufacturing）、品士（Plexus）和新美亚（Sanmina）——是诸如戴尔、马可尼（Marconi）、NEC 计算机、北电网络（Nortel）和硅图公司（Silicon Graphics）的主要供应商。这 8 家合同设备生产商的总收入在 1996—2000 年里翻了 4 倍，而它们的资本支出翻了 11 倍［115］。

外包的主要动力如下［115，171］：

规模经济。进行外包的一个重要目标是，通过将许多不同的购买者的订单集合起来以获得规模效益，从而降低生产成本。确实，这种集合使供应商在采购和生产过程中充分利用了规模经济的优势。

风险分担。外包可能将需求的不确定性转嫁给合同生产商。而合同生产商的优势是它们能将来自不同采购者的需求进行集成，从而通过风险分担的机制来降低需求的不确定性。这样合同生产商就能够在保证甚至提高服务水平的同时降低部件库存。

降低资本投入。进行外包的另一个重要原因是，还能将除需求不确定性以外的资本投入也转嫁给合同生产商。当然，合同生产商会进行这个投资的原因是，它能在几家客户之间分摊这部分费用。

专注于核心竞争力。通过认真地选择外包内容，采购者能够专注于它的核心能力的提高，即它区别于竞争对手并能被用户识别的特殊才干、技能和知识结构。例如，耐克公司就将重点放在创新、营销、分销和销售，而不是生产上［171］。

提高灵活性。在这里我们说明三个方面：（1）能更好地应对消费者需求变化的能力；（2）利用供应商的技术特长缩短产品开发周期的能力；（3）获得新技术和创新能力。这三个方面对技术更新非常频繁的行业而言是成功的关键，例如高科技行业，或者生命周期短的产品，如时尚产品。

与这些收益同时出现的是新的和相当高的风险。

实例 9—1

2000 年，思科公司被迫宣布对其过期库存计提 22 亿美元的减值准备，8 500 名员工被解雇，原因是思科公司无法对电信基础设施市场需求的显著下降采取有效的应对措施。但有趣的是，其他小公司却发现了将要到来的需求的下滑，并在几个月前就调低了销售预期，同时减少了库存。思科的问题来自它的全球制造网络，这个网络导致了重要的零部件很长的供货提前期。于是思科决定保存这些零部件库存，而这些库存是在很久之前订货的，这导致了思科公司巨额的存货贬值。

最近思科公司的例子，让我们认识到外包战略中存在着两种本质的风险，它们是［70，115，171］：

失去竞争知识。将关键部件外包出去可能会给竞争对手以可乘之机（如IBM）。同样，外包也就意味着公司将失去根据自己而不是供应商的时间表引入新技术的能力［171］。最后，将不同部件的生产外包给不同的供应商也许会阻碍新的想法、创新和需要跨职能团队实现的解决方案的开发［171］。

冲突的目标。供应商和采购者之间往往具有不同并且冲突的目标。例如，当采购者将不同部件的生产外包出去的时候希望达到提高灵活性的目标，这要求具备能根据需要调整产品结构以更好地达到供需平衡的能力。遗憾的是，这个目标恰恰与供应商所希望达到的"长期、稳定和购买者能平稳订货的目标"相矛盾。确实，这是供应商和采购者间存在的很重要的不同，供应商的边际利润相对较低，因此，它们会致力于降低成本而不是增加灵活性。在情况较好的时候，当需求高时，这种冲突可以通过采购者与供应商达成长期协议按合同采购最小批量的做法来解决。但当需求下降时，这种长期的协议无疑会使采购者承担巨大的风险［115］。同样，产品设计也会受到供应商与采购者目标冲突的影响。另外，坚持提高灵活性的采购者会希望尽快解决设计问题，而供应商则总把目光放在降低成本上，使得响应设计变化的速度非常之慢。

采购/制造决策框架

企业应当如何确定哪些部件由自己生产，哪些部件可以外包呢？咨询师和供应链专家往往建议要专注于核心竞争力，但企业怎样确定哪些是核心的，应当由自己来完成；哪些是非核心的，可以从外包供应商那里采购呢？

下面我们将介绍一个由法恩（Fine）和惠特尼（Whitney）［70］开发的一套评价框架。为了引出这个框架，他们将进行外包的原因划分为两大类：

基于生产能力。在这种情况下，企业具备生产该部件的知识和技能，但由于各种原因决定外包。

基于知识。在这种情况下，公司不具备生产部件的人力、技能和知识，外包是为了能够获取这些能力。当然，公司必须具备能够评价客户需求的能力和知识，并能将它转换成部件所需的关键要求和特征。

为说明这两个概念，法恩和惠特尼以丰田公司的外包决策为例。作为一家成功的日本汽车制造企业，该公司设计和制造了30％的汽车零部件，具体细节如下：

● 丰田公司具备生产发动机的能力和知识，100％的发动机都是公司自己生产的。

● 对传动装置而言，公司具有设计和生产全部零部件的知识，但却依靠供应商的生产能力，因为70％的部件生产已经外包出去。

● 汽车电子系统完全由丰田的供应商设计并生产。这样，公司就在能力和知识两方面都依赖外部力量。

法恩和惠特尼观察到，"丰田公司根据部件和子系统的战略角色来决定它的外包战略"。部件的战略地位越高，知识和能力依赖性就越小。这就使我们认识到在考虑需要外包什么时，要对产品结构有更深入的理解。

为了这个目的，根据乌尔里克（Ulrich）［206］和斯瓦米纳坦（Swaminathan）［201］所说的，我们要能区分整体化和模块化产品。模块化产品由不同的部件组装而成。个人计算机就是模块化产品的最好的例子，顾客可以自由确定内存和硬盘的大小、显示器、软件等。另外，被经常引用的例子是家用双声道音响设备和高级自行车。模块化产品的定义包括［68］：

● 部件是各自独立的。

● 部件是可更换的。

● 使用标准化的接口。

● 部件能在不考虑其他部件的情况下进行设计和改进。

● 客户偏好决定产品配置。

另一方面，整体化产品是由一系列功能紧密联系的部件组装而成的。所以：

● 整体化产品不是根据独立部件生产出来的。

● 整体化产品是用统一的从上到下的设计方法按系统进行设计的。

● 对整体化产品的评价应当建立在整个系统的基础上，而不能单独对某一部件进行评价。

● 整体化产品的部件功能具有多样性。

当然，在现实生活中只有很少的产品是单纯的模块化或整体化产品。事实上，产品模块化或整体化的程度是不同的。模块化特征最典型的例子是个人计算机，被称为高模块化产品，而与此相反的是飞机，被称为高整体化产品。例如，汽车既有模块化部件，如音响或其他电子设备，同时又包含许多整体化部件，如发动机等。

表9—5给出的就是由法恩［68］和法恩及惠特尼［70］开发的一个用于采购/制造决策的简单框架。

表 9—5 <center>采购/制造决策框架</center>

产品	依赖知识和能力	不依赖知识但依赖能力	不依赖知识和能力
模块化	外包有风险	外包是一个机会	外包有降低成本的机会
整体化	外包风险非常大	可以选择外包	自己生产

这个框架同时考虑了模块化和整体化产品及企业对知识和能力的依赖程度。对模块化产品来说，不论自己有没有能力，获取有关产品的知识都是更为重要的。例如，对一家 PC 生产商来说，应当了解不同部件的设计特性。这样如果企业具备了这种知识，将生产过程外包出去就能降低成本。另一方面，如果企业既没有相关知识也不具备能力，那么外包就是一个比较危险的战略，因为由供应商开发的这种知识可能会转移到竞争对手的产品中去。对整体化产品来说，只要有可能就应当同时掌握产品的知识和能力，企业在自己的厂房里生产这种产品是最好的选择。但是，如果企业这两者都不具备，那可能是因为进入了一个错误的领域。

上文给出了是采购还是自己制造的总体决策框架，但是这个框架无法回答零部件采购战略层面的问题，也就是说，一个公司如何决定某个特定的零部件是自己制造，还是从外面采购。法恩等人［69］考虑了这个问题，他们提出了分层模型，这个模型包括 5 个标准：

1. 该零部件对顾客的重要性。这个零部件对于顾客来说是不是重要？对顾客的感受有什么影响？这个零部件是不是影响着顾客对产品的选择？简言之，这个零部件对顾客的价值有多大？

2. 零部件的更新速度。这个零部件相对于系统中其他零部件来说，技术的变革有多快？

3. 竞争优势。公司有没有制造这个零部件的竞争优势？

4. 可利用的供应商。有多少具有相关能力的供应商？

5. 结构化。这个零部件对于整体系统结构来说，是不是模块化的？

根据这些标准，决策可能是：采购、自己生产、获取生产能力、与供应商建立战略合作伙伴、帮助供应商建立能力。例如：

- 在零部件对客户非常重要（第 1 条标准）、产品更新速度快（第 2 条标准）、公司具有竞争优势（第 3 条标准）的情况下，自己生产是合适的，而该决策与供应商的数量（第 4 条标准）以及产品结构化（第 5 条标准）无关。

- 在零部件对客户不重要、产品更新速度慢、公司不具有竞争优势的情况下，外包是合适的，这与供应商的数量以及产品结构化无关。

- 在零部件对客户重要、产品更新速度快、公司不具有竞争优势的情况下，公司可能采取的战略包括：自己生产、获取供应商的生产能力、与供应商建立战略合作伙伴，这项策略取决于市场上供应商的数量。

- 最后，在零部件对客户重要、产品更新速度慢、公司不具有竞争优势的情况下，公司的决策取决于产品的结构。当产品的结构是模块化时，外包是合适的；另一方面，当系统是一个难以分割的整体时，和供应商一起进行研发，甚至是自己研发，这些都是合理的选择。

采购战略

以前，采购被认为是一个无关紧要的功能，为企业带来的价值很低。但是，目前采购已经作为一个重要的竞争武器，其重要性足以将成功的企业从行业中其他企业区别出来。根据一项调查，在电子产品行业，最优秀的公司相比效益最差的公司，利润率高出 19 个百分点，其中 13 个百分点归功于较低的销售成本。在这个行业中，60%～70% 的销售成本是产品和服务的采购成本。

为了更好地理解采购对企业绩效的重要性，我们可以看一下三个不同行业中的企业的利润率。2005 年，辉瑞公司（Pfizer）的利润率是 24%，戴尔的利润率是 5%，波音的利润率是 2.8%。每一单位（1%）采购成本的降低都可以直接对净利润产生一单位（1%）的贡献。如果通过提高销售收入以达到提高 1% 净利润的结果，辉瑞需要提高销售收入 4.17%（0.01/0.24），戴尔需提高销售收入 20%，而波音则需提高 35.7%。结果是非常清楚的：利润率越低，减少采购成本的重要性越大。

实例 9—2

2001 年，通用汽车的销售收入是 1 773 亿美元，每年花费在零部件上的成本是 1 438 亿美元，利润率是 0.3%。每年花费的成本只要减少 0.5%，就可以增加利润 7.2 亿美元。如果通用汽车通过增加销售收入达到同样的利润增加的结果，那么必须增加销售收入 2 400 亿美元，这是一个无法完成的任务 [133]。

上例说明了有效的采购战略对利润的影响。恰当的采购战略取决于企业采购产品的类型和风险以及不确定性的水平。在汽车行业，电子系统的采购战略明显应该和传动系统以及模具设备的采购战略有所不同。这些项目具有不同的特性，比如风险的大小、技术、可以利用的能力、需要的初始投资、物流要求等。

那么，企业应该怎样获得自己有效的采购战略呢？为实现成功的采购功能，我们需要什么能力呢？什么是成功的采购战略的驱动力？企业如何在不增加风险的情况下保证连续的原材料供应？

克拉利奇（Kraljic）在他的论文《采购必须变成供应管理》[113] 中首次认真地回答了这些问题。他说，企业供应战略应该取决于两个维度：（1）利润的影响；（2）供应风险。根据该框架，供应风险"可以通过供应商可依赖程度、供应商的数量、相关需求、制造—采购机会、储存风险和替代机会进行评估"。另一方面，利润的影响"可以通过采购数量、采购成本、对产品质量的影响以及业务增长来决定"。

根据这两个维度，克拉利奇得到了供应矩阵，如图9—5所示，横轴表示对利润的影响，纵轴代表供应风险，这两个轴定义了四个象限。

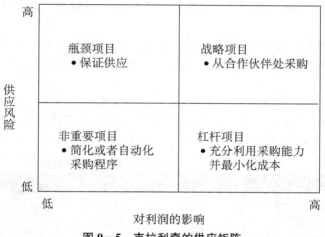

图9—5 克拉利奇的供应矩阵

右上角的象限表示战略项目，该项目的供应风险和对利润的影响都很高，比如汽车引擎和传动系统。这些项目既对顾客的使用感受有很大的影响，又组成了系统成本的很大一部分。同时这些项目的供应商往往是唯一的［39］。明显的最适合的方法是和供应商建立长期的合作伙伴关系。

右下角的象限表示的项目对利润有较大的影响，但是具有较小的供应风险，对于这种项目，克拉利奇称它们为杠杆项目。这种项目有很多的供应商，并且每百分比成本节约都能够给利润率带来很大的影响［39，155］。因此合理的采购方法可以是通过在供应商之间进行竞争以降低成本。

左上角的象限表示的项目具有较大的供应风险，但是对成本的影响比较小，我们可以将它们称为瓶颈项目。这些项目不会对制造成本产生较大的影响，但是它们的供应风险却较大。所以和杠杆项目不同，保证瓶颈项目持续供应是重要的，这可以通过和供应商制定长期采购合同或者拥有库存的方法得以实现。

最后，对于非重要项目，我们的目标是尽可能简化，甚至是自动化其采购过程。对于这类项目，可以通过授予相关员工一定的权限，使得他们可以直接订购，而不需要通过正规的订货和审批程序。

以上供应矩阵的含义是很清楚的。每个象限对应着不同的采购战略。比如，长期合同可能更适合瓶颈项目，以保证其持续供应。另一方面，实时购买或者允许员工在批准的权限内自行采购，可能更适合于非重要项目。战略项目的采购权限应该集中于最高层管理者，采购决定可能需要分析技术（第3章）、供应合同（第4章）、战略联盟（第8章）和降低风险（第10章）的结合。

■ 供应商的发展趋势

很多行业在过去几十年中改变了它们的供应战略。20世纪80年代，美国的汽车制造商选择的供应商集中于美国和德国，这种情况在90年代发生了改变，越来越多的供应商集中于墨西哥、西班牙、葡萄牙。最终，在最近几年，原始设备制造商的出现再次改变了供应商的发展趋势，很多供应商转移到了中国。类似的趋势同样出现在高科技行业。80年代，美国的高科技公司一般在美国本土采购，到90年代，转移到了新加坡、马来西亚，而最近，则转移到了中国大陆和台湾地区。

因此，有必要研究决定供应商位置的分析框架。直觉上，这种战略应该取决于购买产品的类型、预测能力、产品对利润的影响、技术、产品更新换代的速度等。

我们首先讨论一下功能性产品和创新性产品的概念，相关概念由马歇尔·L·费希尔（Marshall L. Fisher）在《什么样的供应链适合你的产品？》[72]中提出，表9—6描述了这两类产品的主要特性。

表9—6 功能性产品和创新性产品特点

	功能性产品	创新性产品
产品更新换代速度	慢	快
需求特性	可以预测	难以预测
利润率	低	高
产品种类	少	多
平均预测误差	低	高
平均缺货率	低	高

功能性产品技术更新速度较慢、需求可预测、利润率较低。典型的例子包括纸尿裤、汤料、牛奶、轮胎。另一方面，创新性产品，比如时尚商品、化妆品、高科技产品则具有产品更新速度较快、需求难以预测和利润率较高等特点。

费希尔指出：对于这两类产品，供应链战略是截然不同的。从我们在第6章的讨论可以清楚地看出，对于功能性产品来说，恰当的供应链战略是推动战略，这种战略注重于效率、成本最低和供应链可计划性。另一方面，对于创新性产品来说，由于其具有更新速度较快、需求难以预测和利润率较高等特点，更适合的供应链战略则是拉动战略，这种战略注重于反应速度、最大化服务水平以及订单的满足水平（见第6章和表6—2）。

不同采购战略的含义是很清楚的。当一个公司，比如一家零售商，采购功能性产品时，目标应该集中于减少总成本，也就是说，减少采购成本以及将货物送到最终目的地的物流成本。这些成本包括：

- 单位货物成本。
- 运输成本。
- 库存持有成本。
- 搬运成本。
- 税费。
- 财务成本。

另一方面，在采购创新性产品时，减少总成本的采购战略可能是一个错误的战略。由于该类产品具有技术更新速度较快、需求难以预测和利润率较高等特点，采购重点应该放在缩短提前期和提高供应柔性方面。

因此，当零售商或者分销商采购功能性产品的时候，往往从低成本国家或地区采购，比如中国大陆和台湾。另一方面，当采购创新性产品时，重点考虑的供应商应该集中于销售地附近。当然，可以通过空运达到缩短提前期的目的，不过在这种情况下，应该在单位采购成本和运输成本两者中进行权衡。

到目前为止，我们的分析主要集中于产成品的采购，这对于零售商、分销商以及原始设备制造商来说都是适用的，因为它们可以将所有的制造活动外包给制造商。但是如果采购的是零部件，那么采购战略又如何确定呢？

为了回答这个问题，我们结合了克拉利奇的供应矩阵和费希尔的框架。费希尔的框架侧重于需求方面，而克拉利奇的重点则放在供应方面。我们的分析框架包括四个标准：

- 零部件预测的准确性。
- 零部件的供应风险。
- 零部件对财务的影响。
- 零部件的更新换代速度。

我们需要讨论的是零部件的预测准确性。注意零部件预测的准确性不一定和产成品预测的准确性一致。比如，如果在很多产成品中都用到某种零部件，那么根据风险分担的概念，在零部件的层次上可以达到更高的预测准确性。

根据这些标准，采购战略的重点可以包括降低总成本、缩短提前期、增加柔性。比如，当零部件预测准确性较大、供应风险较低、对财务的影响较大、更新换代的速度较低时，基于成本的采购战略可能是合适的。也就是说，在这种情况下，减少总成本应该是采购战略的重点。这说明了应该从低成本国家采购，比如亚太国家。

相反，当零部件预测精度较低、财务风险较大、产品更新较快时，采购战略则应注重缩短提前期。另外，如果供应风险大，那么双重采购、柔性化、缩短提前期是采购战略的重点。当然我们并不清楚达到所有这些目的的具体方案。可以考虑使用第 4 章的组合方法，这种方法结合了长期合同（通过拥有库存缩短提前期）、期权合同（柔性）、实时市场（多个供应源）。具体的例子如下：

实例 9—3

2000 年，惠普公司面临重要的挑战。市场上对闪存的需求呈指数化增长，闪存的价格和供应充满了不确定性。再加上惠普对闪存需求也具有不确定性，产生了巨大的财务和供应风险。特别需要注意的是，如果惠普决定购买大量的库存，那么它将暴露在巨大的财务风险之中，这种财务风险是由于过时成本造成的。另一方面，如果没有足够的供应，那么惠普将暴露在供应风险和财务风险之中，因为在闪存缺货的时期，从实时市场采购往往需要支付高昂的费用。惠普采用的是组合战略，它同时使用了固定合同、期权合同和实时采购的方法。

图 9—6 总结了上面讨论的框架，它提供了一个评估零部件采购战略的定性方法。为说明这个框架，考虑汽车行业采购座椅的例子：汽车座椅预测准确性较大，有很多的座椅供应商，所以供应风险较小，但是对利润的影响较大，技术更新速度较慢。供应风险和对财务的影响水平说明了座椅属于杠杆项目种类。由于座椅具有较高的预测准确性和较低的产品更新速度，可以使用基于成本最低的采购战略。

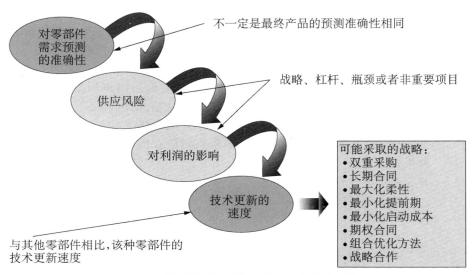

图 9—6　评估零部件采购战略的一个定性方法

电子采购

　　20 世纪 90 年代中末期，B2B 被看作会深入影响供应链绩效的一种采购趋势。1998—2000 年间，从化工冶金到日用百货甚至人力资源的几十个行业中建立了数以百计的电子市场。这种市场承诺，它们能同时帮助采购者和供应商降低采购成本并实现无纸化交易。确实，诸如 Ariba 和 CommerceOne 等公司用可以自动化订货过程的电子采购软件实现了每单采购成本的降低，大约从以前的 150 美元/单降到 5 美元/单左右 [194]。

　　为了能更好地理解为什么制造商和供应商都对能提高供应链绩效的电子采购模式寄予极高的期望，我们有必要了解一下 90 年代中期的市场环境。在那个时期，很多制造商都拼命想把采购功能外包出去，因为这个过程相当复杂，需要相当的经验而且成本极高。当时，B2B 交易占了经济的很大一部分（远超过 B2C 交易），而且 B2B 市场相当分散，在同一个市场上有大量的供应商在提供同样的产品，并激烈竞争。

　　当然，分散的市场既能提供机会也会有挑战。事实上，购买者意识到如果能让提供相同产品的供应商竞争的话，能够大幅降低采购成本。然而，为了实现这样的低成本，采购者必须有熟悉采购过程的专家，但它们却往往没有这样的人才。

　　就是在这种环境下出现了一些独立的电子市场，它们有的能够提供纵向的产品系列，有的希望在横向的业务或功能上能有所作为。如 FreeMarkets 公司和 VerticalNet 公司不仅能为客户提供采购专家，而且还能在大批的供应商之间激发竞争。一般这些电子市场能为客户提供的价值有：

- 作为采购者和供应商联系的媒介。
- 寻找节约的机会。
- 增加参与投标项目的供应商数量。

● 寻找、认证并为供应商提供支持。

● 指导投标活动。

这样，1996—1999 年间，这些公司关注的焦点是降低采购成本。事实上，根据行业的不同，这些电子市场为客户创造了几个到 40 个百分点的采购成本节约，平均节约水平为 15％。很明显，如果购买者重点放在实时市场采购，或者采购的商品是杠杆项目商品（参考克拉利奇的供应矩阵），并且与供应商的长期关系并不重要的话，这种商业模式是有效的。但是，如果与供应商的长期关系相当重要，那么通过网上投标来选择供应商是有风险的。

问题是，电子市场能为供应商提供的价值还不太清楚。显然，电子市场能让相对较小的供应商扩展业务范围，并与以前无法接触的采购者搭上关系。它让供应商，尤其是分散行业中的供应商可以进入某种特定产品的市场，采购者到这个市场中来并不是为了建立长期的合作关系，而仅仅是寻找质量还过得去但价格较低的产品。同样，这些市场也允许供应商降低营销和销售成本，从而提高产品价格的竞争力。最终，电子市场能帮助供应商更好利用它们的现有生产能力和库存。这时候就有一个问题产生了，所有的这些好处是否能够弥补平均 15％甚至高达 40％的收入损失呢？同时，我们不知道供应商对仅仅在价格上竞争是否觉得舒服。这样，供应商，尤其是有一定品牌知名度的供应商可能会拒绝在网上销售它们的产品。

电子市场本身情况又如何呢？它们如何创造收入？最初，一些市场向采购者、供应商或双方征收交易费用，这个费用按采购者支付的产品价格的某个百分比计算，从 1％到 5％不等［107］。但文献［107］指出，这种费用为市场创造者带来了一些麻烦，因为：

1. 供应商拒绝给那些主要目标是降低采购价格的公司付费。

2. 收入模型应当足够灵活，这样就可以向更有动力进行这笔交易的人收费。例如，当需求大于供给时，采购者就比供应商更有积极性进行这笔交易，这时交易费用就应当由采购者支付。

3. 采购者常常会拒绝在采购价格之外再付其他费用。

最后，较低的进入门槛也使得分散行业的电子市场供应商泛滥成灾。例如，仅仅在一个化工品行业里就有大约 30 个电子市场，有 CheMatch，e-Chemicals，ChemB2B. com，ChemCross，One Chem，ChemicalDesk，ChemRound，Chemdex 等［51］。低利润率和无法实现规模扩张的事实使得这个行业必须要进行变革。

这些问题的出现促使电子市场商务模式要进行不断的更新。首先，要改变对一些交易的收费模式。目前，一些电子市场提出了两种新的收费模式，即注册费和订阅费。前者是指市场开拓者首先要将它的软件进行特许经营，获得特许的交易公司就能自动进入市场进行交易。后者是指电子市场根据会员公司的规模、使用系统的人数和采购订单数征收会员费［107］。

同时，许多电子市场已完成了对自身价值模式的改变。最开始，价值创造的核心是将采购者和供应商联系起来并实现更低的采购价格。而在最近几年里，则出现了 4 种新的营销模式。

增值的独立（公共）电子市场。 独立的电子市场将价值创造点扩展到为客户提供增值服务上，如进行库存管理、供应链计划、金融服务等［100］。例如，Instill. com 就致力于食品服务行业，为餐厅、分销商和制造商等从业者提供进行交流的场所。这个电子市场不但为它的客户提供采购服务，还向它们提供预测、合作和补货工具。

作为另外一个例子，Pefa.com，服务于欧洲鲜鱼市场，它为顾客提供进入"大量独立的鲜鱼拍卖市场"的接口，它为顾客提供的好处包括：

- 提供了欧洲许多港口可视化的价格信息。
- 提供产品质量信息。

专用电子市场。 专用电子市场是指由戴尔电脑、太阳微系统、沃尔玛和 IBM 等公司建立的专用的电子市场。这些公司创办电子市场的目的不是让供应商在价格上进行竞争，而是通过向供应商提供需求信息和产品数据的方式增进供应链合作。其他一些公司利用它们的专用电子市场在整个企业内组合采购力量。例如，赛百味（Subway）餐厅就赋予了它在 70 多个国家的 1.6 万名员工使用公司专用电子市场的权利，它允许不同的餐厅从 100 多家供应商那里进行采购。另以摩托罗拉为例，该公司使用了供应商谈判软件来完成投标、谈判和采购战略选择的操作。自 2002 年应用了 Emptoris 软件公司的技术后，已有超过 1 000 家摩托罗拉的供应商代表使用了新的采购系统。

行业电子市场。 这种电子市场与公共电子市场很相似，只是它是由同一行业的许多家公司共同建立的。这样的例子有汽车工业的 Covisint、航空工业的 Exostar、石油工业的 Trade-Ranger 以及电子工业的 Converge 和 E2Open 等。成立这些行业电子市场的目的不仅是集合采购活动并利用行业协会成员的采购能力，而且更重要的是，它可以为供应商提供一个支持全行业采购者的标准化系统，从而使供应商降低成本并且更加高效。有趣的是，在最近 3 年内，很多行业电子市场退出了拍卖业务，比如，Converge 和 E2Open，而更加集中于可以协调交易伙伴的技术，为供应商和采购商提供安全的交易环境。

目录产品市场。 这种电子市场又可以分为两类：第一类是专门经营保养、维修和操作（MRO）产品的电子市场；第二类是专门经营行业特殊产品的电子市场。就像它的名字提示的那样，这一类电子市场的重点是产品目录，它是由不同行业供应商的产品目录组合而成的。为了实现规模效益并提高效率，这种电子市场将众多供应商的产品目录进行综合，并提供进行查找和比较供应商产品的有效工具。例如，Aspect Development（现在是 i2 公司的一部分）就专门提供与 CAD 系统有关的各种电子部件的产品目录。

为了明确专用和行业电子市场的区别，我们看一下汽车工业的例子。

实例 9—4

Covisint 由底特律的 3 家大型汽车生产商在 2000 年初成立。后来，雷诺、三菱和标致公司也加入了这家电子市场。有趣的是，并非所有汽车制造商都加入进来，例如，为了发展自己的供应商和生产流程，大众就成立了自己的专用电子市场 VWgroupsupply.com。大众的电子市场不仅具备和 Covisint 相同的功能，还能够不定期为供应商提供有关产品计划的实时信息，以便供应商能够更好地利用自己的生产能力和其他资源。在这两种情况下，电子市场成立的目的都不是降低采购成本，而是改善供应链流程并提高供应链的效率。例如，这两个电子市场都集成了产品设计功能，这样如果汽车制造商的工程师要改变某一个部件的设计，相关的供应商就会参与到这个过程中来，从而对这种改变做出快速反应，缩短周期并有效地降低成本。当然，Covisint 所面临的最大挑战是竞争性的汽车制造商是否愿意将最敏感的采购标准和过程与大家分享 [88]。类似地，我们不清楚第一层供应商是否接受这个系统，因为它们支付给自己供应商的价格信息可能被泄露。到 2003 年底，Covisint

将自己的拍卖业务卖给了 FreeMarket。今天，Covisint 专攻两个领域：汽车和保健。在这两个领域，Covisint 重点都放在加强厂商之间的协调和提高决策效率上。

这些问题不仅存在于汽车工业中，下面这个电子行业的例子也说明了这一点。

实例 9—5

天弘和旭电公司是具有相同产品和目标顾客群的竞争对手，但它们却有不同的采购战略。1999 年，天弘为它的 1 万家供应商建立了一个专用的电子市场。公司用这个电子市场给它的供应商提供产品信息，从客户那里得到的需求信息会很快通过这个市场传到供应商那里，这样，天弘供应链的前端——供应商的生产活动就能很快地和供应链的后端——客户需求紧密地联系起来。与天弘不同，旭电使用的是公共电子市场。根据首席信息官巴德·马塔伊塞尔（Bud Mathaisel）的说法，如果要为它的8 000 家供应商建立一个专用电子市场的话，要超过 8 000 万美元。从公共电子市场上，旭电可以充分利用标准信息和标准业务流程的优点并获得成本的降低 [207]。

小结

本章中，我们分别讨论了外包和采购战略。由于外包同时具有风险和收益，我们分析了一个进行采购/制造决策的框架模型。这种决策是根据部件是模块化还是整体化以及企业自身是否具有专门技术和生产能力来生产特定的部件和产品进行的。当然，对于某个零部件的决策取决于一系列标准，包括该零部件对顾客的重要性、产品更新速度、竞争地位、供应商的数量和产品结构。

类似地，采购战略对不同的零部件有所不同。我们确定了 4 类零部件：战略类、杠杆类、瓶颈类和非重要类，并且说明了相关的采购战略。另外，我们说明了在选择供应商时 4个重要的考虑因素：零部件需求预测的准确性、产品更新速度、供应风险和对财务的影响。

问题讨论

1. 根据本章开头的案例回答下面的问题：

a. 说明 Zara 目前的采购战略，对于该公司来说，这种采购战略带来了什么竞争优势？

b. Zara 快速的存货周转率带来的具体挑战是什么？补货策略的哪些方面可以应对这些挑战？

c. 当 Zara 不断扩张时，目前的采购战略是否能够保持有效性？这种采购战略应该如何改变？对于新的战略来说，有什么样的风险？

2. 根据第 3 节中的内容讨论产品生命周期对采购/制造框架模型的影响。

3. 应用第 3 中的分层模型讨论在 20 世纪 80 年代早期 IBM 将个人计算机微处理器的生产外包给英特尔的案例。

4. 考虑消费品制造商（比如宝洁公司）的外包战略。分析企业是否应该将产品（比如洗发水）的制造外包。你的意见是否和制造商（宝洁公司）的做法一致？如果不是，请解释原因。

5. 讨论具有较低的顾客重要性、较快的产品更新速度、没有竞争优势的零部件的采购战略。

6. 应用克拉利奇的供应矩阵讨论思科的虚拟制造战略。

7. 举出克拉利奇的供应矩阵中的杠杆类、瓶颈类、非重要类的例子。

8. 分析零部件的采购战略和产品生命周期的关系，尤其是产品处在成长期、成熟期、生命结束期的采购战略。

9. 比尔·波克（Bill Paulk），IBM 的电子市场部副总裁说，"1993 年以来 IBM 通过为 2.5 万个供应商和客户提供专用的交易平台交换敏感的价格和库存信息，已经实现了 17 亿美元的节约。"作为这个交易平台的主人，公司需要为联接供应商支付费用。回报是：给客户的一次性送货从 50% 激增到了近 90%。"这帮助我们调整了成本。"鲍克说。1999 年，IBM 又投资建成了 E2Open，这是一个电子行业的行业化电子交易平台。你认为为什么 IBM 同时需要专用交易平台和行业电子市场。

案例

旭电公司：从制造商到全球供应链整合者

多数人认为我们是制造公司，我们确实擅长制造，但我们实际上是服务公司。

——旭电公司 CEO，Koichi Nishimura[1]

2001 年中期，旭电公司面临着自成立 24 年以来最大的问题。这个公司是世界上杰出的供应链整合者，上年的收入是 187 亿美元。[2] 自该公司的股票于 1989 年上市以来，股票市值在 2000 年 10 月达到了顶峰，升值幅度达到了 280 倍。

2001 年的经济下滑在很大程度上影响了公司业绩。2001 年 1 月的收入比去年同期增长了一倍，但是 2001 年各季度的收入却是递减的，第三季度比第二季度的收入下降了 27%。公司的库存大量增加，应收账款大幅攀升（见表 9—7）。

到 9 月，股票已经从顶峰下跌了 77%（见图 9—7），市场资本总值只占总收入的 40%。[3] 公司已经解雇了 80 000 名工人中的 20 000 人，并关闭了部分工厂。[4] 现在应该怎么办？

资料来源：Research Associate David Hoyt prepared this case under the supervision of Professor Hau Lee as the basis for class discussion rather than to illustrate either effective or ineffective handling of an administrative situation. The case was prepared in cooperation with Solectron Corporation. The data presented is for teaching purposes only，and certain facts may have been changed to enhance the teaching objective. Before using any facts presented in this case for other purposes，the reader should verify them with Solectron. The case was edited by Mary Petrusewicz.

① Bill Roberts，"CEO of the Year Koichi Nishimura，Contract Manufacturing Visionary，" *Electronic Business*，December 1999.

② 该数据为 2000 年 9 月—2001 年 8 月的财年数据。

③ 该数据为 9 月 10 日的数据，"9·11"恐怖袭击使股价再次下跌。

④ Aaron Elstein and Scott Thurm，"Telecoms' Rout May Hit Firms They Hire，" *The Wall Street Journal*，August 10，2001，C1.

表 9—7		财务数据节选		单位：百万美元	
	2001 年	**2000 年**	**1999 年**	**1998 年**	**1997 年**
收入①	18 692	14 138	9 669	6 102	3 694
销售成本	17 206	12 862	8 733	5 436	3 266
毛利润	1 486	1 275	936	667	428
营业费用	−1 585②	−571	−420	−298	−192
营业收入	−98	704	516	369	236
利息、税收和其他	26	−217	−166	−118	−78
净利润	−124	497	350	251	158
总资产	12 930	10 376	5 421	2 411	1 876
库存	3 209	3 787	1 197	789	495
应收账款（净值）	2 444	2 146	1 283	670	419
年底员工数量	60 800	57 000	33 000	22 000	17 000
年末工厂面积（百万平方英尺）	11	10	7	5.5	3
	2001 年第四季度	**2001 年第三季度**	**2001 年第二季度**	**2001 年第一季度**	**2000 年第四季度**
收入	3 595	3 983	5 419	5 696	4 736
销售成本	3 387	3 678	4 930	5 211	4 323
毛利润	208	308	488	485	413
营业费用	−314	−277	−295	−209	−170
重组费用	−207	−285	—	—	—
营业收入	−313	−254	193	276	243
利息、税收和其他	63	68	−71	−85	−72
净利润	−250	−186	122	191	171
年底未交货订单（10 亿美元）	2.2	2.5	4.4	5.8	4.9
新订单（10 亿美元）	3.3	2.1	4.0	6.5	6.5
总资产	12 930	13 293	14 605	14 027	10 376
库存	3 209	4 201	4 882	4 584	3 787
库存周转率	3.7	3.2	4.2	5	5.5
应收账款（净值）	2 444	2 391	3 188	2 688	2 146
应收账款周转天数	61	63	49	42	38
季末员工人数	60 800	65 800	79 800	71 900	65 000

资料来源：旭电公司。

财务季度：2001 年第四季度结束于 2001 年 8 月 31 日；

2001 年第三季度结束于 2001 年 6 月 1 日；

2001 年第二季度结束于 2001 年 3 月 2 日；

2001 年第一季度结束于 2000 年 12 月 1 日；

2000 年第四季度结束于 2000 年 8 月 25 日。

①1998—2000 年的数据考虑了 2000 年收购产生的影响，而 1997 年的数据则没有考虑该影响。1998 年，该收购产生的影响为 8.13 亿美元的收入和 5 200 万美元的净利润。

②包括收购、重组成本 5.47 亿美元，其中第四季度为 2.07 亿美元，第三季度为 2.85 亿美元，第二季度为 5 500 万美元。

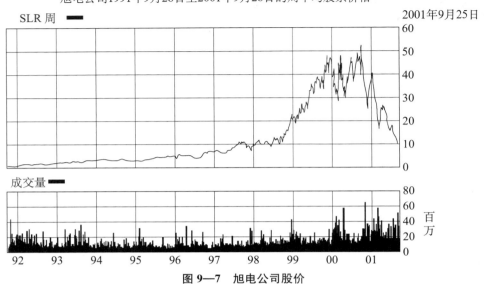

图 9—7　旭电公司股价

资料来源：www. bigcharts. com；with permission.

电子制造服务行业

电子制造服务行业是从很多小的工厂发展来的。它们的客户——原始设备制造商（OEM），通常利用这些小公司来补充自身的生产能力，或者将自己没有竞争优势的生产活动外包给这类公司，比如电缆和电路板的生产。20 世纪 70 年代和 80 年代初，生产的数量还是很少。

随着个人计算机的发展，很多生产商迅速扩张，个人计算机的使用同样促使了相关行业的发展，比如打印机和存储器行业。90 年代，互联网的发展导致了对网络设备的大量需求产生，比如服务器等。同时，移动电话和其他无线设备需求的爆炸性增加，使得人们对制造能力的需求在这个时期急剧增大。八九十年代，旭电公司发展迅速，并在 90 年代中期成为这个行业的主导公司。

2000 年，电子制造服务行业的产值达 1 030 亿美元，占 OEM 公司销售总成本的 13%，有人预计在 2005 年，该行业将增长 22%，达到 2 310 亿美元。[①] 这个行业有些大的上市公司，最大的是旭电公司，还包括新美亚/ SCI 系统（Sanmina/SCI Systems）、伟创力、品士、捷普科技、天弘等，还有几百家较小的公司，它们大多是非上市公司。

旭电公司简介

旭电公司在 1977 年成立[②]，最初制造太阳能设备。公司成立之初，财务上有很多困难，它最初为其他电子公司组装产品，比如电路板。由于旭电公司的地理位置离硅谷很近，所以可以比较容易地接触到大的潜在客户。从 80 年代初开始，该公司致力于接单生产，提供高质量的电子制造服务。

---

① Ellen Chae and Todd Bailey，"Annual EMS Industry Update," *Prudential Financial*，August 2001，7. 预测数据来自 IDC，Technology Forecasters 以及 Prudential。预测考虑了 2001 年电子产品需求的下滑，不过该预测是在"9·11"事件之前作出的。

② 旭电（Solectron）公司的名字来自"solar"和"electronics"。

公司战略的重要环节是重视质量，并把这个理念贯彻到公司所有的业务之中。旭电公司在 1991 年和 1997 年两次获得了著名的鲍德里奇国家质量奖。到 2001 年，公司获得了超过 250 个质量和服务奖。这归功于从 1989 年开始，公司就强调质量和顾客的满意度。

90 年代初，公司开始了战略兼并过程，从它的客户手里兼并工厂，并且从客户手中得到了长期的订单。利用这些工厂，旭电公司还可以为其他客户提供服务，从而增加了工厂生产能力的利用率。兼并加速了旭电公司的增长，到 1994 年，年收入超过了 10 亿美元。1998 年，它成为电子制造服务行业第一家进入标准普尔 500（S&P 500）的企业。

旭电公司生产的产品覆盖了很广的范围：

- 网络设备（占 2000 年收入的 27%）——调制解调器、网络集线器、远程接口、开关等。
- 电信设备（29%）——接口设备、基站、IP 电话设备、移动电话、寻呼机、开关设备、转换设备、可视会议设备。
- 计算机（25%，其中，个人计算机 16%，工作站和服务器 9%）——互联网接口、笔记本电脑、个人计算机、服务器、超级计算机等。
- 计算机外围设备（7%）——磁盘、激光/喷墨打印机、投影仪等。
- 其他（12%）——航空电子、消费电子、医疗电子设备、GPS、半导体设备等。[1]

旭电公司非常依赖于大型客户，2000 年 72% 的收入来自前 10 大客户，其中爱立信占 13%，思科占 12%，其他的客户包括康柏、惠普、IBM。[2]

随着旭电公司的成长，它扩展了自己的服务领域。1996 年，它兼并了 Fine Pitch 科技公司。90 年代末，它已经有了三大战略部门：技术解决方案部门——主要提供技术组成部分的服务，缩短了客户从市场上寻找新产品的时间；全球制造部门——提供设计、新产品的推出和制造，以及分销服务；全球服务部门——主要提供维修、升级、物流、仓储和售后支持。全球的物料服务部门为这三大部门提供采购和其他物流管理资源。

文化和质量

旭电公司文化的一个重要方面是重视质量，这也是它成功的重要因素。这个公司的核心价值观和理念已经根植于日常管理和战略计划过程中（见附录 9—1）。

早期文化发展

1978 年，IBM 的执行官陈（Chen）博士加入了旭电公司，并任该公司总裁，旭电公司开始进行文化的构建。当时，电子公司将电路板印刷工作外包给制造商，电子公司主要根据价格和时间来选择供应商，没有期望得到高质量的服务。陈博士对这种做法不赞同，他坚持说，只有达到了高的质量标准才能获得低的成本。

根据他在 IBM 的经验，陈博士使用了两个基本理念来管理公司：卓越的客户服务和对个体的尊重。为充分实现这些原则，他建立了可以快速反馈信息的系统，并给予了员工可以实现这些目标的自由。比如，他建立了衡量顾客满意度的过程，每周请顾客提供评估结果，

---

① Solectron Web，site，http：//www.solectron.com/about/index.html. 百分比数据来自旭电公司 2000 年年报。

② 数据来自旭电公司 2000 年度财务报告。1999 财务年度，前十大公司占据了 74% 的市场，包括康柏（12%）、思科（11%）；1998 财务年度，前十大公司占据了 68% 的市场，包括惠普（11%）、思科（10%）。

顾客主要根据质量、反应速度、交流、服务和技术支持来进行评估。管理层每周回顾评估的结果，并将结果张贴在生产线上。陈博士说："我们不告诉人们，你做得不错，你做得不好。而是说，顾客是这么说的。这是一个强有力的管理工具。"[①]

公司也为每条生产线建立了每周利润和亏损的财务报表，并将这些材料分发给生产线经理。陈博士说："如果你真的尊重个体，你应该让他们知道他们做得怎么样——并且让他们尽早知道，从而可以做点什么。最终，最重要的是顾客的满意度，以及利润和亏损。"[②]1984 年，当陈博士成为 CEO 时，他的目标是"让美国的制造业恢复竞争力，成为世界上最好的制造型企业"。

旭电公司雇用了背景各异的员工，很多是新移民。接单制造行业，包括旭电公司，通常支付较低的工资。除非人们具有同一目标，并为这个目标所激励，否则难以实现公司的文化和宗旨。旭电公司的文化实现了这一目标。

1988 年，陈博士说服了他的 IBM 同事——西村博士，加入旭电公司，并担任首席运营官。当时，旭电公司的收入已经达到 9 300 万美元，并且具有稳定的利润。西村博士的方法是永不满足，持续地对目前的做法进行改进。这种理念应用于公司管理的各个方面。

鲍德里奇国家质量奖和致力于质量

来到旭电公司不久，西村博士听说了鲍德里奇奖——这是国会在 1987 年发起的用于表彰制造行业和服务行业最优秀公司的奖项。他发现该奖的评选流程和旭电公司的原则非常吻合，并且通过评选鲍德里奇奖，可以达到持续改进的目的。于是旭电公司在 1989 年申请了鲍德里奇奖，可是没有获得实地考察的资格——这是获得最终评选资格的一个必要的程序。可是，旭电公司得到了专家的指导，在很多方面提高了公司的运营水平。

西村博士非常高兴获得了"免费的咨询"，并且按照所提出的意见改进了公司的运营。下一年，旭电公司仍然没有获得实地考察的资格，但是西村博士说："我们并不是仅仅为了获得这个奖项而工作，我们是为了建立一个高质量的一流公司。这个奖项只是一个模板。"[③]

1991 年，旭电公司获得了实地考察的资格，并获得了大量宝贵的建议——最终获得了鲍德里奇奖。这是鲍德里奇奖第一次颁发给接单生产行业的企业。

根据规则，鲍德里奇奖获得者在以后 5 年中没有参选的资格，但是，旭电公司觉得评选过程是十分重要的，所以每 18 个月就会按照鲍德里奇奖的标准进行内部评估。西村博士说："这使得我们不断进步，这也是唯一能使我们做得最好的道路。"[④]1997 年，在具有参选资格的第一年，旭电公司再次获得了鲍德里奇奖，这也是历史上第一个蝉联该奖的公司。

日常实践

旭电公司的文化有几个组成部分，每一个都和其他部分紧密相关，并且大多数都和公司使命有直接关系。

不断改进的重点是制度化管理，比如，每周二、三、四早晨 7:30 召开例会。这从公司刚成立时就成为制度。大约 30～50 名员工会参加例会，包括工程师、项目经理、现场经理等。每次会议首先对前两天的质量情况进行回顾。周二针对顾客满意度进行回顾，或者进行管理培训——由公司高级经理或者从外面请来的专家提供培训。

周三的会议议题集中于质量，是一个流程改进和知识分享的平台。重点是通过自身管理

---

① Alex Markels，"The Wisdom of Chairman Ko，"*Fast Company*，November 1999.
②③④ 同上。

和公司质量提高程序来预防缺陷而不是改正[①]，自我管理团队成员在 7：30 作相关报告。会议也用来表彰优秀团队和员工，当一个团队从顾客那里得到了好评时，公司总裁会签发支票，团队成员平分奖金，并且获得大家的认可。

周四的晨会重点是顾客的满意度和过程管理。旭电公司让顾客每周对它在质量、配送、交流和服务各个方面的表现进行评估。在周四的会议上，人们会回顾这些数据，讨论相关的问题，并提出改进措施。一般会采纳多数人的意见，这是为了加强团队精神，而团队精神是旭电公司高层一再强调的价值观。

旭电公司也通过一些象征性的标志来使得员工统一化。比如，所有的员工，从 CEO 到新进员工都会穿着相同的工作服，工作服上印有公司的标识[②]，这是为了使得员工意识到他们是公司的一员。公司的宗旨和"5S"在旭电公司工厂的显著位置上标识出来。

文化和兼并

20 世纪 90 年代，旭电公司增长的策略包括从客户手中兼并制造部门。到 2000 年底，员工数量超过了 80 000 人，大多数员工来自被兼并的企业。使员工成为一个整体是兼并成功的重要部分。灌输公司的文化是该整合过程的一个重要任务。

公司成立了整合小组来完成兼并中的整合问题。该小组由 4～8 名员工组成，这些员工来自主要职能部门（比如财务、人力资源、运营、物流和 IT）。该小组很早参与兼并过程，甚至在兼并决定作出之前，就开始了早期的工作。整合过程使用一个详细的模板（见表 9—8），当整合决定做出之后，详细的整合工作计划会被制定，这个工作计划需要兼并部门的参与。整合小组将和被兼并公司一起工作直到兼并过程结束后的 3～6 个月，目的是训练新的员工，使他们成为公司的资源。[③]

从接单生产到全球供应链整合者

随着旭电公司规模和提供的服务范围的扩大，它逐渐由接单生产企业向全球供应链整合者的方向发展。与此同时，OEM 也在改变着利用外包生产的观点。到 2001 年，它们的外包活动是前几年无法想象的。

旭电公司的一位高级经理通过类比钢制桥和木制桥来描述这种改变：

> 起初，人们复制了木制桥的设计，只是替换了部分材料。当人们学习了更多的技术时，他们开始利用钢铁的特性来重新设计桥梁。桥梁看上去和传统的桥梁一样，但是却无法使用木材建筑。最终，设计师创造了全新的方法来设计桥梁，这在以前是无法想象的。制造和信息技术的发展允许我们在为客户提供服务方面进行根本性的变革。[④]

当旭电公司最初提供接单制造时，它仅仅提供的是客户原来就有的能力。客户考虑外包时的两个主要因素是：现金流和资源的分配。如果外包可以降低成本，或者需要额外的生产能力来满足大量增加的需求，会考虑外包。客户一般会留有一定的内部生产能力，只有当需求超过了这个能力时，才外包生产。

[①] 质量提高团队是跨部门的，工作是处理具体问题或者发现可以提高质量的机会。他们根据公司目标（客户满意度、质量、柔性）来建立计划。

[②] 参观者会发放蓝色的工作服，所以他们可以被辨认出来。

[③] "Solectron's Acquisitions Get Careful Attention," *Electronic Buyers' News*, July 24, 2000. Available online at http://www.ebnonline.com/story/OEG20000721S0011.

[④] Arthur Chait, corporate vice president of worldwide marketing, teleconference, July 30, 2001.

表 9—8 业务整合模板

命令							解决方案					图例说明：R＝Red（和预期相差悬殊；可能需要全力解决）Y＝Yellow（和目标相比稍差；需要更多关注）G＝Green（和计划相当）X＝完成 /＝N/A
	AM COM FAC FIN HR IT MAT NPI OPS PM QA	账户管理 公司交流 设备/EH&S 财务 人力资源 ITSS 物料 NPI/技术 运营 项目管理 质量	H＝1天内解决 M＝10天内解决 L＝可以等到1 000天后解决				辨别	确认	记录	签字	执行	
	LOG NO	过程	优先级 L/M/H	SLR LEAD	(×××) LEAD	最后 期限					评价	实际完成时间

		账户管理任务
AM	1	账户清单检查和比较
AM	2	部门和客户的交流
AM	3	给所有的客户邮寄 SLR
AM	4	设计账户结构
AM	5	检查报价
AM	6	检查合同
AM	7	检查预测方法
AM	8	准备培训材料
AM	9	CSI 培训
AM	10	账户管理培训
		工厂任务
FAC	1	建立设备维修服务制度（清洁和维修）
FAC	2	根据需要建立服务合同（安全、邮寄、咖啡等服务）
FAC	3	建筑物租赁以外的租赁合同
FAC	4	旭电公司地址
FAC	5	道路和建筑物标识
FAC	6	使用本地语言和图像来表现旭电理念
FAC	7	转让或设立公用事业合同（电、煤气等）
FAC	8	确保根据需要投保
FAC	9	徽章及设施入口
FAC	10	转让或实行建筑物租赁
		财务任务
FIN	1	应付账款
FIN	2	应收账款
FIN	3	租赁的分配

资料来源：旭电公司。

由于客户一般会留有一定的内部生产能力，并且只是外包一部分的生产，所以一般情况下，客户是强势的。不过，旭电公司通过自己的高质量的产品和服务区别于其他的接单生产公司。

随着旭电公司订单数量的增多，它的生产总量会增加，这样，它就可以和它的供应商进行谈判，并取得主动地位，从而为客户提供其无法实现的优势：由于大量集中采购和生产带来的低成本，对于旭电公司的客户来说，外包给旭电公司带来了一种战术上的优势。客户说明什么是它们所需要的，然后旭电公司购买材料，制造产品，并将产品运送给客户。

技术的发展

表面贴装技术的发展给旭电公司提供了非常重要的机遇。20 世纪七八十年代，电路板的组装只是将零部件插到板上的空隙中，这不是一项昂贵的技术，但是在一块板上只能放置有限数量的零部件。1983 年，旭电公司开始生产新型电路板，将零部件直接贴在电路板上，这项技术可以使用更小的零部件，并且可以在板的两侧安装部件，这大大提高了电路板的零部件密度。

表面贴装技术的优势并不是免费的午餐，它通常伴随着成本的增加。这项技术所需要的设备投资大，并且在当时，很少的电子公司需要高密度电路板。80 年代，移动电话还没有开始生产，个人计算机也没有开始大规模的制造。大多数的 OEM 公司对这么高的价格并不买账，虽然它们可以从表面贴装技术中受益。

然而，旭电公司凭借巨大的客户群，可以分摊这项技术的费用。到 1992 年，大多数新的电路板的设计都是使用表面贴装技术，很多公司非常依赖于旭电公司和其他几个公司。

新的业务模式

1992 年，旭电公司开始了新的业务模式，在那一年，它并购了 IBM 的生产工厂，同时得到了长期的订单。这使得 OEM 公司可以集中能力来发展它们的核心竞争力，比如产品定义、工程、销售，而将生产外包给旭电公司，而这恰好是旭电公司的核心能力。

IBM 的法国工厂就是一个很好的成功案例。1992 年，这个工厂被旭电公司收购。这个占地 27 000 平方米的工厂当时难以为继，员工减少到 1 000 人，而只有 500 人从事生产。到 2001 年，在旭电公司接手该工厂几年后，这个工厂雇用了 4 200 人，为爱立信制造移动电话交换齿轮，为思科制造网络设备、条形码阅读器、医疗设备等。IBM 的产品仅仅是这个工厂生产产品中的一小部分。IBM 的工厂经理评价说："这就像是一个完全不同的工厂，难以想象，它太繁荣了。"[1]

这种模式得到了多次复制，旭电公司得以快速扩张。它从客户手中取得了工厂，然后使用这些工厂来满足长期的订单，并为其他的客户提供产品。这就产生了风险共担的效用，因为波动的需求汇集在一起，波动就可以减少，安全库存的水平也可以降低。

在接下来的几年，旭电公司从不同的公司获得了超过 20 家这样的工厂，包括惠普、得州仪器、NCR、索尼、爱立信、思科、飞利浦和三菱。

当旭电公司为行业的几家大的公司提供产品时，规模经济效应非常明显，因为这些公司往往使用相同或者类似的产品零部件。同时，旭电公司可以将这些公司预测的需求汇集起来，这就使得旭电公司预测需求的结果更为精确。当然，单个 OEM 公司的预测结果往往是有偏差的，难以正确反映最终客户的需求。

合并和再选址。 除了从 OEM 公司获得它们的工厂，电子制造行业从 20 世纪 90 年代开始掀起了合并的潮流。这个潮流是被 OEM 和供应商之间的越来越紧密的关系所驱动的。OEM 公司希望和与它们关系最为紧密的几个大的供应商建立战略伙伴关系，以便满足

---

[1]　Michael J. Ybarra, "Vineyards and Surface Mount Technology," *Upside*, April 2001，116 - 119.

OEM 公司全球的需要。2001 年 7 月，新美亚，当时排名第五的电子制造供应商和排名第四的 SCI 合并。旭电公司合并了两个前十名的公司，分别在 2000 年 11 月合并了 NatSteel 电子，在 2001 年 8 月合并了 C-Mac。[①]

当时很多制造公司将生产转移到低成本的地区，比如亚洲（日本除外）、墨西哥和欧洲中部地区。到 2001 年中期，旭电公司大约有 30% 的生产放在了这类地区，公司的目标是 70%。[②] 这样做有两个好处：第一是可以减少成本；第二是将生产能力放在将来可能增长迅速的地区。

通过战略上的合并，旭电公司已经在全球范围内布置了自己的网络，使得自己的工厂接近于客户，或者潜力市场。这可以使旭电公司推广新的产品，并迅速地组织大规模的生产。生产能力在整个网络中也取得了平衡。针对同一个产品，可以在不同的地点生产，从而最大程度地提高盈利能力。

信息系统。互联网和其他交流工具的产生使得旭电公司可以利用这些技术来管理自己的运营，同时使得客户优化供应链。旭电公司在信息系统上投入了大量的资金，以管理自己的全球系统和供应商，公司的信息系统包括 ERP 系统和其他辅助系统，比如产品数据管理、车间控制、仓库管理、物料数据库、快速的 "what if" 工具、财务分析和报告以及人力资源等。公司还建立了内部网，使得供应商和客户可以分享数据，从而整合了整条供应链。信息的可视化减少了 "牛鞭效应"（见图 9—8）。[③]

供应链管理。旭电公司负责点对点的供应链管理，而它的客户则致力于研发新的产品，同时旭电公司在产品设计上也起到了重要作用。旭电公司负责采购原材料、生产安装、调试，并将产品运往客户指定的地点，也负责技术支持和服务，以及废旧产品的回收再循环。简言之，它参与了产品整个生命周期的过程。客户主要负责产品的定义、研发、市场和销售。

从 OEM 的角度看，主要的动力不是制造或者购买一条生产线，而是从哪里以尽可能少的成本获得产品，而问题的关键是得到产品并可以随时运给顾客的总成本。随着全球物流越来越重要，采购和制造仅仅是问题的一部分。如果从地球一端采购产品，而将产品运给地球另一端的客户，那么运输费用、税费、关税等成本可能远远高于产品的制造费用。

以前行业的进入壁垒来自类似于表面贴装技术设备这样的高投入，而目前很多公司拥有这样的设备。旭电公司现在的竞争力来自可以迅速有效地跨国境运输产品，这依赖于它的全球化网络。现在这种能力比制造能力更为重要。目前，往往更多的时间和金钱花费在物流上而不是制造上。

公司在罗马尼亚的运营说明了这种情况。旭电公司在罗马尼亚的运营开始于 2000 年，公司的客户主要集中在欧洲中部地区，这个地区被认为其需求增长非常迅速。这里的人力资本很便宜，每小时 0.5 美元，并且罗马尼亚的工人具有良好的职业道德。但是，将原材料从西欧运到公司需要整整一天的时间，还需要两天的时间将产品运输出境。所以，这就需要在物流成本和人工成本中找到平衡点。

[①] Petri Lehtivaara，"The Electronics Manufacturing Services Industry," Case GM 863, International Institute for Management Development，October 1，2001.

[②] Chae and Bailey，16.

[③] Brian Fukumoto，corporate director of business transformation，e-mail communication，October 28，2001.

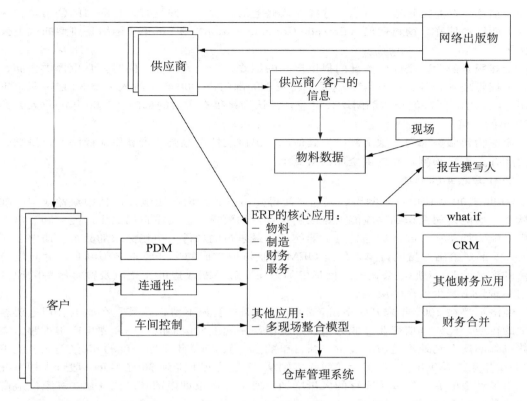

CRM：客户关系管理
ERP：企业资源计划
PDM：生产数据管理

图9—8　全球企业资源系统

全球供应链整合的组织结构

为便于全球供应链的管理，旭电公司的组织结构可以分成三个主要部分：技术解决方案部门、全球制造部门、全球服务部门。全球物料服务部门。

技术解决方案部门。这个部门提供模块化和嵌入系统的设计，提供各类存储器和输入/输出接口产品，这个部门是在旭电公司最大的全资子公司 Force Computer 和 SMART Modular Computer 的基础上成立的。2000 年，这个部门的收入达 15 亿美元，占公司总收入的 11%。

全球制造部门。全球制造部门为旭电公司的客户提供制造服务。这是公司最大的部门，2000 年收入达 124 亿美元，占总收入的 88%。除了提供传统的接单制造服务，还提供新产品介绍和前期制造服务，比如制造设计、同步工程和原型生产等。[①]

旭电公司也和一些创业公司进行合作。1996 年，旭电公司收购了 Fine Pitch Technologies，就是为了和小型创业公司进行合作，这些小型公司需要样品快速生产能力、高水平的技术工程支持。Fine Pitch 为这些小公司提供了其他大型电子制造服务企业难以提供的服务。但是，必须谨慎地挑选可以合作的小企业，因为有太多的这类企业要和旭电公司合作。这种合作关系就类似于战略投资，只有这些小企业日后发展很好，利润才会产生。旭电公司

---

① 同步工程是产品开始生产后的持续开发工程。

仔细评估这类企业是否适合自己，选择在战略上最合适的，并且有成长潜力的公司，就像风险投资所做的那样。博科通信（Brocade Communication）和 Juniper 网络是典型的这类公司的例子。

全球服务部门。 全球服务部门提供产品的维修、升级等服务。同时，它也提供仓储、物流、工程管理等服务。2001 年，这是个比较小的部门，2000 年的收入为 2.33 亿美元，不到公司总收入的 2%，但是该部门增长迅速，被认为是很有潜力的部门。2000 年的收入大约是 1999 年的 3 倍。

全球物料服务部门。 这个部门为其他部门提供支持，主要负责和供应商协调、采购、最优化库存、市场预测，并提供全球物料支持。

2001 年秋季的形势

20 世纪 90 年代电信和网络的兴起，使得公司业务大增，旭电公司从中获益颇丰。2000 年秋季，旭电公司意识到供应能力难以满足客户的要求，但是将自己的生产能力和竞争对手的生产能力加总在一起，远远超过了即使是在最乐观的条件下市场需求的数量。旭电公司希望 OEM 不要给出过量的订单，但是 OEM 却坚持说它们的生产要求必须满足，并且同意将多余的产品回购。[1] 旭电公司的"做最好的公司"和不断改进的文化以及顾客第一的原则使得它很难做出减少生产的决定。

经济形势在 2000 年末开始下滑，2001 年初需求明显下滑，尤其是在旭电公司重要客户集中的行业，比如电信行业。业务量萎缩就像是一晚上发生似的——原先生产很难跟上需求的数量，而现在到处都是供应过量。新订单数量，从 2000 年第四季度的 65 亿美元急剧下降到 2001 年第二季度的 21 亿美元。而收入则从 57 亿美元下降到 36 亿美元。股价大幅下挫。

市场环境的变化导致了库存的大量增加，旭电公司很难撤销其已向 4 000 多家供应商发出的订单。至 2001 年 3 月 2 日，在 6 个月内，库存增加了 10 亿美元。

旭电公司宣布裁员，并关闭了部分工厂。公司成立了跨部门的高层小组来实现改组的目标，并监督改组的过程。该小组评估了新的成本结构，对组织结构进行了有效的重新设计，并想办法改进和客户的关系。到 2001 年 10 月，员工数量从最多时的 80 000 人下降到不足 60 000 人。生产线也从 1 100 个减少到 700 个，车间面积也由原来的 1 400 万平方米下降到不足 1 100 万平方米。[2] 2001 年第三季度的重组费用为 2.85 亿美元，第四季度为 2.07 亿美元，部分工厂关闭，生产被转移到其他工厂进行。[3]

虽然目前的状况很糟糕，但是旭电公司对长期的发展还是很乐观的。OEM 公司仍然将外包作为它们重要的战略。旭电公司相信将来的经济趋势适合于大型 OEM 供应商的发展。与此同时，亚洲经济的快速发展（据推测，那里对电子设备的需求可能会占到世界总需求的 $1/3 \sim 1/2$），以及东欧和中欧人们可支配收入的增加使得旭电公司对将来抱有很大的信心。

但是，旭电公司必须面对现实：如何才能躲过这场暴风雨，并且保证将来的商业定位正确可行？

案例问题讨论

1. 对客户来说，旭电公司给客户提供的价值是如何演变的？

---

[1] Pele Engardino, "Why the Supply Chain Broke Down," *Business Week*, March 19, 2001, 41.

[2] Brian Fukumoto, e-mail communication, October 28, 2001.

[3] Chae and Bailey, 15-16. Restructuring charges from company financial releases.

2. 旭电公司全球的扩张是如何使得该公司由一个接单生产企业转变成供应链整合企业？

3. 旭电公司如何成功使得被兼并的部门成为它整体的一部分？

4. 企业文化对一个企业的成功能够起到什么作用？这种文化对 2001 年业务下滑以及公司对业务下滑的应对能力又有什么作用？

5. 旭电公司将来应该为顾客提供什么种类的其他产品和服务？

6. 短期和长期内，旭电公司分别应该怎么办？

‖ 附录 9—1 旭电公司的愿景、使命、信念和 "5S"

愿景
成为最优秀的不断改进的公司。

使命①
我们的使命是为客户提供全球的响应，为客户提供最高质量、最低成本、定制化、集成化设计、供应链和制造解决方案。我们以诚实、道德为基础建立长期伙伴关系。

信念
客户第一：通过创新和追求卓越为顾客提供最高价值的产品和服务，以强化同客户的伙伴关系。

尊重个性：强调个人尊严、平等和成长。

追求质量：卓越的执行力，推动六西格玛在所有关键过程中的应用，超越客户的期望。

供应商关系：强调沟通、培训、检测和认可。

商业道德：开展业务必须坚持正直诚实。

股东价值：通过不断改进来优化经营收益。

社会责任：成为对社会有价值的公司。

"5S"
当公司技术副总裁赛义德·佐霍里（Saeed Zohouri）博士②在 1988 年到日本标杆企业考察时，发现在雅马哈工厂内实行 "5S"。该做法被西村博士所认可，他认为这对实现把日本技术和美国创新相结合很有帮助。

Seiri（组织）
● 区别有用和没有用的东西。
● 仅在工作区域保留有用的物料。
● 立即丢掉不需要的项目。

Seiton（秩序）
● 将物品按照正确的顺序摆放在正确的位置上。
● 在任何时候将所有的物料和记录摆放整齐。
　整洁
　随时能够使用
　按照使用频率摆放

---

① 在 1997 年修订。

② 佐霍里博士后来任旭电公司首席运营官。

- 物有其位、位有其物。

Seiso（整洁）

- 当所有的物品整理整齐时，问题很容易暴露出来。
- 整理物品时可以发现细小的问题。

Seiketsu（标准化清理）

- 工具、设备和工位在使用后需要立即清理。
- 干净的工具使用起来效果更好。

Shitsuke（纪律）

- 按照标准程序操作。
- 遵守公司章程。
- 在任何时候遵守安全规则。

║附录 9—2 　　　　　　　　　　　　　　　　　　**外包战略**

外包决策对于 OEM 公司来说是一个重大的战略决策，需要认真审议该战略的优点和缺点，以确定外包能否改善 OEM 公司的绩效并最大化其价值。虽然外包可能产生战略性的优势，但是该战略是有成本的——对于传统上自己生产产品的 OEM 公司来说，该变化是有风险的，可能导致业务受损并且难以恢复。外包战略影响着成千上万的工人，并可能将公司的关键业务暴露给供应链上的伙伴，可能遭到干扰。[①]

因此，公司在制定外包战略时，必须了解内部生产的成本和从外部获得物料的成本，并进行比较。这可能包括三个方面的分析：

- 战略。拥有或者对生产设备具有优先使用权是否具有战略意义？该公司的生产战略如何满足其整体业务的战略？比如，拥有设计和生产设备的所有权使得英特尔公司可以快速地生产产品并保护公司的知识产权。
- 运营。公司的业绩目标以及制造部门和供应链的需求分别是什么（例如提前期和单位成本）？比如，戴尔配置其供应链以满足其总体经营战略——订单下达后不久就可以提供定制化的计算机产品。
- 组织。业务是如何取得成效的？对于已经成立的公司来说，改变其供应链模式是很困难的。

旭电公司认为可以从外包中得到三个好处[②]，最核心的是允许 OEM 厂商将资源分配到自己的核心竞争力上，比如研究、开发和销售。这三个好处分别是：快速使产品上市、经济性和技术。

快速使产品上市

20 世纪 90 年代，公司可以将产品推向市场的速度成为一个越来越重要的问题。早期的市场进入者可以得到主导的市场份额，并取得相应的收益。通过与可以帮助将产品快速上市的电子制造服务商（EMS）公司合作，OEM 公司可以节省产品上市所需时间。

经济性

相比 OEM 公司，EMS 公司能够获得更大的资产利用率，因为它们可以用同样的资产

[①]　This section based on Brian Fukumoto，e-mail communication，October 28，2001.

[②]　Advantages from：http：//www. solectron. com/gscf/benefits. html，September 12，2001.

为很多公司加工产品，这样就可以为 OEM 公司节约大量成本。另外，产品变化的风险、缩短的产品生命周期以及其他资源的低效率也由于 EMS 公司可以在不同客户间进行平衡而减少。

技术

制造过程在 20 世纪 90 年代变得越来越复杂并且越来越昂贵。表面贴装的影响前面已经提到，随着产品和制造技术的不断发展，这个问题持续出现。对于 OEM 公司来说，鉴于成本和技术复杂程度，不太可能使自己的生产技术达到最新。但是 EMS 公司可能提供最新的技术，以满足许多客户的需求，并培养必要的技能，以有效地利用最新的工艺过程。所以外包可以为 OEM 公司提供利用最新设备和技术的可能性，同时又避免了高昂的投资（包括设备和培训）和生产成本。

全球物流与风险管理

⮕ 引言
⮕ 风险管理
⮕ 全球供应链管理中的问题
⮕ 物流的地区差异

案例

沃尔玛为迎合当地的消费习惯而改变策略

巴西的圣贝尔纳多地区，沃尔玛公司正在检讨为什么在皮奥里亚地区奏效的销售策略在圣保罗地区却没能取得预期的成功。

活鲑鱼被寿司代替成了重点商品，美式足球的地位也被英式足球所取代，做腓吉达（feijoada）——一种由牛肉和猪肉与黑豆炖在一起的食物的调料，也出现在了熟食柜台上，美式的牛仔裤也由原先的 19.99 美元降到了 9.99 美元的惊人低价。所有这些都是为了适应当地的消费习惯而做的销售策略上的改变。

不过，与其他策略相比，适应当地的消费口味还算是比较容易的。在用"天天低价"策略进军巴西与阿根廷市场 3 年后，沃尔玛公司发现该策略的推行并不像想象中那么顺利。

由于竞争非常残酷，大规模低价策略不适合当地市场，再加上自身犯的一些错误，导致沃尔玛出现了财政赤字。另外，公司坚持推行"沃尔玛方式"的种种措施也明显引起了当地供应商与雇员的不满。

资产状况

虽然如此，沃尔玛公司却并没有失败。去年，公司销售额达 1 050 亿美元，利润达 31 亿美元，阿肯色州的本顿维尔获利丰厚。公司修订了巴西与阿根廷的营销策略，在其他方面也做了一些改变。沃尔玛将 4 家新开的商店建在了竞争相对缓和的中等城市，规模也比最初建在圣保罗与布宜诺斯艾利斯的商店小一些。

沃尔玛的全球运营部主管鲍勃·L·马丁（Bob L. Martin）非常有信心，公司最终会成为南美最主要的零售商，"诱人的果实已经触手可及"，"市场已经成熟，正敞开大门欢迎我们"。他还谈到公司计划明年在巴西与阿根廷新开 8 家商店，这一数目是现有数量的两倍。

沃尔玛的全球扩张目标越来越大，除南美各国还包括中国和印度尼西亚这两个机会与风险并存的国家。由于国内发展空间萎缩，公司每年的新开店数从 90 年代早期的 150 家降到了 100 家以下。这样的发展速度已不能满足公司盈利的需要，因此，沃尔玛寄希望于海外。

"如果我们的全球化战略获得成功，沃尔玛的规模将扩展为现在的两倍，"执行总裁戴维·D·格拉斯（David D. Glass）在 6 月份的一次访谈中说，"我们对未来非常看好。"

目前的小规模

迄今为止，公司 6 年的全球运营规模还相对较小，海外销售额仅占公司 1996 年年销售总额的 4.8%，其中大部分来自加拿大和墨西哥。公司 1994 年收购了加拿大伍尔沃斯公司（Woolworth）的 120 家商店，并在同一年年初，买下了南美合作伙伴 Cifra 的控股权，目前公司在墨西哥已拥有 390 家商店。去年，国际部营业利润达 2 400 万美元，与 1995 年 1 600 万美元的亏损相比，战绩斐然。马丁先生预计今年的情况会更好，格拉斯先生预计在未来的 3～5 年，公司的海外增长额将占沃尔玛年销售与利润总增长额的 1/3。

资料来源：Jonathan Friedland and Louise Lee. *The Wall Street Journal*, Online Edition, October 8, 1997. Copyright 1997 by Dow Jones & Company, Inc. Reproduced with permission of Dow Jones & Company, Inc. in the format textbook via Copyright Clearance Center.

沃尔玛公司在南美的 16 家商店的业绩很好地验证了这一点。在加拿大与墨西哥，许多消费者通过越境购物游对公司逐渐熟悉，同时沃尔玛通过收购当地零售商，迅速扩大了规模以降低成本。而在南美与亚洲市场，沃尔玛公司已经从竞争激烈的市场上分得一杯羹，该市场曾经被一家当地公司与一家外国公司占领，即巴西的 Grupo Pao de Acucar SA 与法国的家乐福。

亏损预测

目前，沃尔玛并没有公开其南美业务的财务数据，但依据沃尔玛巴西合作伙伴 Lojas Americanas SA 的数据，零售业分析师认为，今年沃尔玛在巴西将亏损 2 000 万～3 000 万美元，而自 1995 年在巴西开业以来预计最高亏损额为 4 800 万美元。在阿根廷，公司的管理层承认，公司目前在亏损，但其业绩还是达到了预期。沃尔玛预测，公司在巴西与阿根廷要盈利的话，最早也要到 1999 年。

"我们发现顾客越来越喜爱我们的产品了。"马丁先生说。沃尔玛在巴西奥萨斯库的一家超市，去年在所有公司中销售总额排名第一。在巴西的一个中等城市里贝朗普雷图刚刚开业的另一家超市，顾客已经习惯到商店抢购各种各样的打折商品，如微波炉与电视机。

但其他情况不容乐观。在阿韦亚内达的超市，即使在星期天的购物高峰时间，顾客也很少。针对这种情况，雨果（Hugo）与玛里安娜·法约（Mariana Faojo）这对年轻夫妇给出了解释：他们在浏览鞋子摆放区时发现沃尔玛与附近的家乐福的商品没有什么区别；而对日用品而言，他们更喜欢一家智利开的连锁店——Supermercados Jumbo SA，因为那里的商品质量似乎更好，特别是肉食，非常新鲜。沃尔玛公司的强项——服装与家庭用品，无论质量还是价格，与附近的家乐福的商品都区别不大。

家乐福是最早进入阿根廷和巴西市场的零售公司，目前在阿根廷与巴西共有 60 家商店。不仅如此，家乐福还在价格与促销手段上与沃尔玛展开激烈竞争，以击败沃尔玛。沃尔玛新开的一家商店的经理托马斯·加莱戈斯（Thomas Gallegos）印了一些价格广告的宣传册，仅几小时，附近的家乐福就印出了同样的价格宣传单，同样产品的价格不仅低几美分，而且散发地点就在沃尔玛停车场的必经之路。"竞争太激烈了！"加莱戈斯说，他本人在做新店经理之前一直担任得克萨斯州哈灵根地区的沃尔玛公司负责人，因而感触更深。

与沃尔玛在美国的情形一样，家乐福在阿根廷和巴西也由于具有规模优势，在供应商那里可以拿到比沃尔玛更优惠的价格，因而其整个销售价格比较低。而且家乐福的商品种类较少，因而管理费用也较低。以阿根廷的拉普拉塔地区为例，家乐福的存货只有 22 000 种，而隔壁的沃尔玛却有 58 000 种之多。

马丁先生认为，家乐福由于存货较少而具有的优势只是暂时的，顾客将更看重沃尔玛有较多种类可供选择的优势，"家乐福要想与我们竞争可不那么容易"。但目前为止，家乐福仍未对这一说法加以回应。

配送问题

目前，沃尔玛的多种类存货的竞争策略遇到了麻烦。其中，降低整个供应链的成本对沃尔玛"天天低价"的整体营销思路是至关重要的。在美国，实行该策略没有什么问题，沃尔玛公司就像一台运转良好的机器，控制着一个十分复杂的仓储管理系统和自己的配送网络。

但是，在巴西的圣保罗地区，拥堵的交通状况使得及时供货遇到问题。由于沃尔玛在这里没有自己的配送系统，它不能像在美国那样控制运输情况。在该地区，沃尔玛主要依靠供应商与合同运输公司直接运货到店，这里的沃尔玛商店有时一天要处理 300 批运货，而在美国，一天只有 7 批左右。不仅如此，从口岸到商店的运输途中产品还经常莫名其妙地就失踪了。

"沃尔玛面临的最大问题就是及时运输和货物上架。"吉姆·拉塞尔（Jim Russel）（本顿维尔地区高露洁-棕榄公司的财务总监）说。沃尔玛最近在阿根廷和巴西分别建造了一座仓库，以期能解决目前存在的配送问题。

但物流并不是唯一的问题。当地的一些供应商达不到沃尔玛"方便搬运的包装"与质量控制的要求，逼得沃尔玛只得依靠进口货物，巴西的经济稳定政策一旦有变化，这一做法将会面临严重问题。另外，11 家南美供应商对沃尔玛苛刻的低价要求极为不满，有一段时间，它们甚至拒绝给沃尔玛供货。

沃尔玛也曾经试着回过头来与它在美国的主要供应商进行谈判，并以此获得低价的产品供应，但基本上没有成功。一些大型的美国供应商对此的评价是，"即使你是我们的大客户，也不能总与别人不同"。

各种各样的错误

沃尔玛在南美地区遇到的麻烦有一部分也是自己的错误造成的。分析师认为主要原因之一就是公司在没有进行充分市场调研的情况下就贸然进入了南美市场。沃尔玛最初不仅弄了一大堆不受消费者欢迎的活鲑鱼和美式足球，还进口了许多不合适的商品，比如南美人很少会用的无线工具、在以丛林为主的圣保罗地区基本上没用的叶片式吹风机等。

商品方面的失策还不是唯一的失误。在巴西，沃尔玛公司购买的存货摆放设备，与当地的托盘规格不匹配；它还安装了一套根本没有考虑巴西极其复杂的税收政策的电子记账系统。但主管巴西业务的文森特·特留斯（Vincente Trius）认为，税收的计算失误不是公司亏损的主要原因。

另外，对巴西迅速变化的信用政策，沃尔玛公司的反应也十分滞后。直到去年 2 月份，公司才开始接受"事后支票"，而这种信用制度从巴西 1995 年采取稳定货币政策以来就已经成为一种主要的信用形式。与此形成鲜明对照的是，沃尔玛的主要竞争者——Pão de Acucar 的超级市场对巴西的信用政策适应就十分迅速，它从一开始就接受"事后支票"，并安装了复杂的信用查验系统。目前，沃尔玛正在这方面加快脚步以适应市场的要求。

除此以外，沃尔玛的另一种营销方式——6 家南美的山姆会员店（Sam's Club）也存在一些问题。这是一种只对会员服务的仓储式商店，并且只接受一次性大批量的购买方式。这种销售形式在巴西发展缓慢的原因，一方面是顾客不习惯在这里购物要事先付会员费的消费方式；另一方面是很少人家里有能够存放如此大批量产品的空间。在阿根廷这种商店还面临其他的问题：一些做小生意的客户不愿意从沃尔玛的这种商店进货，因为他们担心这样一来当局就能从他们的购买记录上获得税收信息。

沃尔玛不会公开南美的山姆会员店的会员信息，但是沃尔玛也做了小小的变通：对某些产品，商店对顾客提供一天的开放销售，不需要会员卡。马丁先生讲，尽管沃尔玛对该俱乐部在阿根廷的表现不太满意，但在巴西它已经开始慢慢被接受。公司计划在南美开更多的山姆会员店，但没有透露具体细节。

暂时的问题

沃尔玛的执行总裁格拉斯先生认为以上问题都是暂时的，是进入新市场时难免会遇到的问题。"打进南美市场是一个漫长的过程，需要招聘好的经理人，吸引他们到沃尔玛来工作，并将你想要教会他们的东西灌输给他们"，"这种过程早期进展缓慢，而且耗资巨大，但却是我们不得不交的学费"。

沃尔玛认为公司目前已经在南美形成了一个强有力的年轻管理团队，而且这些人的辞职率也不高。但是阿根廷地区连锁超市的负责人弗朗西斯科·德纳维兹（Francisco de Narvaez）却报告说，一些经理已经离开了沃尔玛，原因是"沃尔玛不听本地高层管理人员的建议"。在过去的 6 个月里，沃尔玛让两位曾经在墨西哥分店工作的经理接管了两家圣保罗的沃尔玛商店。

特留斯先生出生于西班牙，早期曾负责 Dairy Farm 有限责任公司的西班牙连锁超市。他认为，对南美的沃尔玛商店的批评有些言过其实。他说："如果乔·布洛（Joe Blow）在巴西开同样的商店，并花两年时间使一切步入正轨，人们会说，'瞧，多么了不起的成就！'人们期望我们一夜之间就把巴西的沃尔玛变成美国的沃尔玛，所以，我认为这些批评多半来自期望的落空而不是对现实的失望。"

> **学习完本章，你应该能够回答以下问题：**
> - 除了扩张，还有其他什么原因促使沃尔玛开辟全球市场？
> - 对于沃尔玛而言，为什么全球性的供应商更为有利？
> - 为什么沃尔玛需要对其门店进行集中式的管理？为什么沃尔玛需要加强门店的本地化管理？
> - 除了《华尔街日报》中所提到的各种问题，在今后几年内，沃尔玛还会面临哪些机遇与挑战？
> - 全球供应链所面临的风险来源于何处，公司怎样才能减少各种风险？

■ 引言

众所周知，全球化的运作与供应链变得越来越重要。多尼尔等人（Dornier et al.）[59] 统计了以下数据，以此来说明这种趋势的重要性：
- 美国公司 1/5 的产品在海外生产。
- 美国公司 1/4 的进口贸易发生在海外子公司与美国母公司之间。
- 从 20 世纪 80 年代后期开始，超过 1/2 的美国公司增加了海外投资的国家数量。

在许多方面，全球性的供应链管理与国内的供应链管理基本是一致的，只是覆盖的区域更广。然而，正如我们将在以下各部分中提到的一样，如果全球化的供应链网络得到有效管理，将会比本土供应链产生更多的机会。当然，与这些机会共生的是一些需要警惕的问题。

全球供应链的形式有很多种，小到一个拥有国际供应商但主要业务在国内的供应链，大到真正意义上全球一体化的供应链。以下列出的就是这些不同的模式以及这些模式各自的优缺点。

全球分销系统。这种系统中，生产仍然在本土进行，但分销及一部分营销发生在海外。

全球供应商。这种系统中，原材料和零部件由海外供应商提供，但产品的最终装配仍在国内进行。在某些情况下，产品装配完成后会运到海外市场销售。

离岸加工。这种系统中，产品生产的整个过程基本上都在海外的某一地区进行，而成品将最终运回到国内仓库进行销售与配送。

完全整合的全球供应链。这种系统中，产品的进货、生产、销售的整个过程都发生在全球的不同工厂。在一个真正意义的全球供应链中，产品在整个供应链上的运转就像不存在国界的限制一样，当然，事实不是这样！我们接下来就会知道，全球供应链的核心价值正是通过充分利用这种国与国之间的边界实现的。

当然，现实中的供应链可能会同时具有以上几种模式的特点。在以下的讨论中，请思考随着公司全球供应链模式的不同，以下问题对不同公司的不同影响。

大多数公司都会面临相关的全球供应链问题。多尼尔［59］将导致公司全球化趋势的驱动力归纳为以下几种：

- 全球市场驱动力。
- 技术驱动力。
- 全球成本驱动力。
- 政治与经济驱动力。

■ 全球市场驱动力

全球市场驱动力包括国外竞争者造成的压力和国外消费者带来的机遇。即使是一家没有海外业务的公司，也会受到外国公司出现在本土市场上时所带来的影响。为了成功地捍卫本土市场，进军海外市场也许是公司的必然选择。有时候一个竞争者就具有足够的威胁，例如主要由美国的凯洛格公司（Kellogg）和欧洲的雀巢公司所占据的早餐谷类食品市场。过去这两家公司都曾有过进入对方国内市场的尝试，但都以失败告终并遭到了对方的报复，结果很显然这两家公司都只能维持现状。

另外，许多潜在的需求都来源于海外和新兴市场。近来，许多公司为了进入中国市场做出了巨大的牺牲（特别是在技术所有权方面）并承担了大量的风险。实际上，由于美国在全球消费市场中所占的份额在逐渐下降，所以拓展海外市场也是美国公司不得不做的事情。

造成全球范围内商品需求增长的原因之一是信息的全球化发展。电视将产品介绍到了欧洲；日本人出国度假；各个企业在各大洲之间隔夜发出信件；而近几年来，互联网又为人们提供了进行快速信息交流的手段，当我们需要从一个国家向另一国采购产品时，甚至都不用离开家门或办公室。

实例 10—1

在巴西，成千上万的人从尚未实现工业化的农村迁移到迅速发展的城市。在那里，他们要做的第一件事就是装上电视机，尽管他们仍然保留着"在烛光下用水果和刚杀的鸡祭拜他们的祖先"的传统［124］。

麦肯锡日本公司总经理大前研一（Kenichi Ohmae）指出，人们已经"变成地球村的一员，公司也变成了全球性的公司"［154］。产品在全球范围有需求，很多公司也希望在全球范围销售产品。显然，这是一种产业自我扩张的趋势，因为当一些公司开始国际化以后，它们的竞争者也不得不向国际化转变以适应竞争的要求。因此，许多公司都变成了全球性的公司，提供全球化的产品，并雇用来自世界各地的高素质员工。

同时，特定的市场也成为带动技术进步的驱动力。为了在竞争较为激烈的市场中占有一席之地，一些公司不得不开发和推广更为先进的技术与产品，而这些产品可以帮助公司在竞争不太激烈的地区开辟和占据更多的市场份额。例如，要想成为软件市场的佼佼者，必须进入美国市场参与竞争；同样，德国的机床市场与日本的电子消费品市场，竞争都十分激烈。

■ 技术驱动力

技术力量是与产品本身息息相关的。世界各国与地区都能提供零部件和必要的技术，成功的公司所要做到的就是如何快速、高效地利用这些资源。为了实现这一目标，公司在对研究、设计和制造等机构设施进行选址时，就有必要选择靠近这些资源的地区。如果供应商参与这个规划过程，将会取得事半功倍的效果，我们将在第 11 章讨论这一问题。同样，这一逻辑也适用于各种合作和内部研发项目，为了获得市场和技术，不同地区的公司经常会联合起来，并把合办工厂建在靠近某一个合作方的地区。

与此相适应的是，在世界各国或地区建立研发机构变得越来越普遍。主要有两个原因：首先，由于产品的生命周期缩短，时间变得非常重要，因此公司把研发机构设在制造工厂附近就十分方便，这样做不仅有利于技术从研发机构向制造厂的转移，也有利于及时解决技术转移过程中出现的问题；其次，某些技术领域的专家往往分布在某些特定的区域，例如，几年前，微软公司就在英国剑桥设立了一个研究实验室，以便能充分利用欧洲的专家资源。

■ 全球成本驱动力

成本问题往往决定着公司海外设厂的选址决策。过去，非技术劳动力的廉价成本常常是选址的决定性因素，而最近对许多案例的研究表明，这种廉价成本带来的竞争优势常会被其增加的运营成本所抵消。当然，在某些情况下，廉价劳动力仍然是在当地设厂的主要理由，但近年来其他的全球成本驱动力变得越来越重要。便宜的技术劳动力正在逐渐成为海外设厂选址的主要考虑因素。例如，为处理千年虫问题（即从 1999 年过渡到 2000 年时，计算机程序也许会出错的现象），美国咨询公司的许多分析软件与程序设计软件都在印度生产，因为那里的程序设计成本更为低廉。

我们已经讨论过，如何把供应商与消费者的供应链紧密连接起来以提高效率。在此过程中，降低成本的有效办法往往是使供应链的参与方在地理位置上比较靠近。这使得在不同市场建立一体化的供应链十分必要。最后，建立新厂时资本成本方面的考虑往往更多，甚至超过劳动力成本的考虑。许多政府愿意提供减税或成本分摊的方法来降低设立新厂的成本。另外，供应商降低价格，建立合资公司实行成本分担，都会对厂址决策产生很大的影响。

■ 政治与经济驱动力

政治与经济驱动力将会极大地影响全球化趋势。在下文中，我们将讨论汇率波动以及处理这些问题的运作方法。另外，其他政治与经济因素也会对全球化趋势有所影响。例如，地区贸易协议也许会促使某些公司选择进入该地区的某一个国家。在欧洲、环太平洋地区与北美自由贸易区内，无论是进口原材料还是直接在区域内生产，都会比在其他国家或地区方便。例如，公司将产成品运到某一贸易区，以逃避对"产成品"的征税。

同样，不同的贸易保护措施会对全球性的供应链决策产生影响。关税与配额会影响产品的进口，甚至导致公司考虑在出口国或地区投资设厂。许多微妙的贸易保护政策，包括当地成分要求，都会影响供应链。例如，TI 与英特尔这两家美国公司，把微芯片的加工地设在欧洲；而日本的汽车制造商把生产地设在欧洲，等等。另外，一些非官方的出口限制也会对供应链产生影响：在日本答应对出口到美国的日本汽车实行非官方出口限制后，日本的汽车制造商开始生产更昂贵的汽车，回想一下英菲尼迪（Infiniti）与雷克萨斯（Lexus）车出现的原因吧，这就是答案。在不同市场上，政府采购政策也会对跨国公司的成功与否产生影响。例如，在美国国防部的产品采购中，足有 50% 是向美国的本土公司购买的。

■ 风险管理

讨论过了促使公司发展全球性供应链的各种驱动力以后，全球化采购、生产与销售的优势是显而易见的。

很明显，全球呈现出产品标准化的大趋势。这意味着越来越多广阔的市场将会敞开大门欢迎我们的产品，这是以前的制造商难以想象的。为了充分利用这一趋势，公司可以实现各方面的规模优势——生产、管理、配送、营销等［124］。

如前文所述，当原材料、劳动力、零部件的外购程度较高，生产地点的全球化趋势比较明显时，成本就会降低。同时，市场范围的扩大会带来销售额的上升和利润的增加。这些都有赖于供应链规模与范围的扩大，而与全球供应链的固有特征无关。

然而，所有与全球供应链有关的优势和机遇，都伴随着目前全球化公司所面临的风险水平的提升。实际上，外包和海外生产意味着供应链在地理位置上越来越多元化，因此更容易暴露在各类风险中。同样，成本减少、精益生产和 JIT 的发展趋势表明，在比较先进的供应链中，库存水平是很低的。但是，一旦发生不可预见的灾难，这种策略就会由于缺少原材料或零部件库存而导致生产线的中断。

所以，本节我们将研究全球供应链中隐含的各种风险，以及减少这些风险的工具方法。

■ 风险源

　　全球供应链所面临的风险和国内供应链面临的风险相似。图 10—1 列出了全球化公司面临的几种主要风险。① 自然灾害、地域政治危机、流行性传染病和恐怖袭击会导致零部件库存的缺乏，从而使生产线中断。事实上，2001 年"9·11"恐怖袭击就对许多汽车制造商造成了巨大冲击。

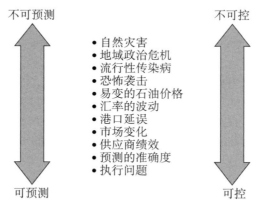

图 10—1　风险源及其特征

　　对于 2005 年卡特里娜飓风和 1992 年安德鲁飓风这样的巨大灾害是很难预防的，因为没有任何经验可以借鉴［52］。同样，2003 年的"非典"导致从远东到其他地区的零部件和产品的流动中断，而且因为缺乏相应的数据也很难预防。如前国防部部长唐纳德·拉姆斯菲尔德（Donald Rumsfeld）所说，我们把这种风险称为不可预测的风险，因为我们无法知道这类风险源发生的概率。

　　在图 10—1 中，还列出了其他风险源，如供应商绩效、预测的准确度和执行问题。这些风险是可以量化的，所以我们把这种风险称为可预测风险。例如，公司可以根据历史数据，预测差错产生的概率、机器故障的平均间隔时间和供应商的提前期。

　　很明显，不可预测的风险是非常难控制的，而可预测的风险则比较容易控制。在这两种极端之间的风险可控制的程度依具体情况而定。例如，石油价格易变造成的风险可以通过长期合同来解决，汇率的波动可以通过一系列的防备措施来解决，我们下面会谈到。

　　事实上，目前汇率波动对全球运营造成的风险非常大。汇率的波动会影响产品在一特定国家销售时的相对价值和利润。在某一特定地区、特定价格下的生产、仓储、配送与销售等相对成本的改变，会对利润产生很大的影响，甚至可以将利润从丰厚变成彻底亏本。当然国内有时也会出现这种情况。在大多数情况下，同一个国家总有一个特定地区的储存和制造成本比其他地方低，然而，国内不同地区间的成本差异没有国家之间的差异那么大，而且也相对比较稳定。

　　需要强调的是，尽管管理者认为，以所在国货币计算的资产与负债的美元价值会由于汇率的变动而发生波动，但对年营业利润而言，前面所谈到的运作方向的影

---

　　① 图形源自［32］。

响要大得多。它表明短时期内国家之间汇率的变化并不一定反映出国家之间的相对通货膨胀率。这样，经过较短的时期，地区运作以美元计算就会或多或少变得较贵。因而，运作方向不仅仅是一个公司的全球供应链的结果，更是整个竞争的全球供应链的结果，也就是说，竞争者的相对成本下降越多，该公司的市场价值就会越低 [123]。

多尼尔 [59] 阐明了影响公司运作方向的几个因素。顾客反应因素会促使公司针对不同市场的营业费用的变化进行价格调整。前面也提到，竞争者反应因素同样会促使公司针对相对成本的变化作出反应。如果竞争对手的成本上升，竞争者将会提高自己的价格，以增加利润或增加市场份额。下面将要谈到，供应商反应因素，即供应商针对变化的需求所做出的反应，将会极大地影响公司抵御运作方向风险的效果。最后，政府反应因素，是公司国际化的一个主要影响因素。政府可以干预市场以稳定货币，或者直接对濒临倒闭的公司提供补贴或税收优惠。另外，其他政治上的不稳定因素也会影响国际化公司。不同地区，税收政策有时变化极快，对于某些公司要实行不同的税收待遇，特别是外国公司，其原因主要是政治方面的。

同样，外国公司也会进入本土市场。这些公司有时甚至会用国内赚取的利润来补贴其海外市场的低价产品，这对那些不打算参与海外竞争的公司会产生一定的影响。

全球化公司如何降低在本节中我们所讨论的各种风险呢？在以下两小节中，我们将具体讨论应对各种风险的策略。

■ 处理不可预测的风险

有没有策略可以使公司管理好不可预测的风险呢？这些风险可能产生巨大的灾害，不仅可能耗尽公司多年来积累的利润，并且可能迫使公司退出某个地区或市场。

本节我们要讨论以下几种全球供应链风险管理的方法，尤其是这些方法在处理不可预测风险时的作用。

- 投资缓冲能力。
- 提高感应和应对速度。
- 建立适应性强的供应链联盟。

有效利用这些方法能使供应链从灾难中快速恢复，从而形成所谓的弹性供应链。每种方法对供应链的侧重点要求不同。缓冲能力要求在供应链的设计阶段建立起来；感应与应对要求供应链形成一个在短时间内获取准确信息的机制；最后，一个适应性强的供应链要求供应链内的所有成员拥有相似的文化，为同一目标工作，然后分享利润。

缓冲能力。风险管理的一个主要挑战就是设计供应链，使供应链在有效处理不可预测事件的同时，增加的成本较小。实现这个目标需要仔细权衡供应链的各种成本，从而在供应链中建立适当的缓冲能力。

实例 10—2

2001 年，美国一家消费品（CPG）公司，它的全球供应链包含了 40 家遍布世界的工厂，它的家用产品销往许多国家。公司有组织地发展并向外扩张，管理层认为是时候优化其供应链网络，关掉一些生产效率较低的工厂。最初的分析表明，公司通过关闭17家现有工厂每年可以减少成本4 000万美元。

但是精简后的供应链会存在两个重大缺陷。首先，新的供应链在北美或欧洲没有设立工厂，这使得供应的提前期加长而且不稳定，这种提前期又导致了库存增加。更重要的是，亚洲和拉丁美洲的工厂是满负荷生产，因此，这些国家的流行性传染病或是政治问题所引起的任何干扰，都会使供应链难以满足各个消费市场的需求。所以，怎样设计供应链，才能考虑到像流行性传染病或是政治问题这种难以量化的因素呢？

这家公司采取的措施是权衡各种成本，如图10—2所示，横轴代表保留的工厂数，纵轴代表各种成本要素，如生产可变成本、固定成本、运输成本、关税和库存成本等。最上面一条线代表总成本，即各成本要素的总和。从图中可以看出，关闭17家工厂，保留23家能使供应链总成本达到最低。但是，总成本函数曲线在最优策略附近比较平缓，保留的工厂数从23增加到30，所引起的总成本增幅不大，少于250万美元，然而却能使缓冲能力大幅增加。所以，我们即使不能量化流行性传染病或是政治问题造成的风险，也可以通过投资缓冲能力来做好准备，同时使增加的成本较小。

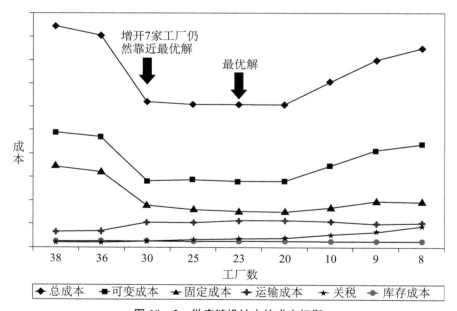

图10—2　供应链设计中的成本权衡

感应与应对。下面的案例说明，如果感应与应对的速度够快，能帮助公司克服不可预测的风险。同时也说明如果不能及时感应与应对供应链的变化，那么公司会被迫退出某个市场。

实例 10—3

2001年，飞利浦设在新墨西哥城阿尔布开克地区的半导体工厂，主要为手机生产商爱立信和诺基亚生产手机用的射频芯片。2000年3月17日星期五晚上8点，闪电袭击了飞利浦的半导体工厂，引起的火灾毁坏了几乎所有的硅石库存，导致工厂停工数月。

3 天后，诺基亚发现了阿尔布开克工厂的订单延误。刚开始，飞利浦预测生产线会在一周内恢复。但是，诺基亚决定派工程师去新墨西哥城查明情况。当工厂拒绝诺基亚的工程师进入时，诺基亚提高了警惕，对该工厂订单的监督频率从每周一次增加到每天一次。3 月 31 日，即火灾发生两周后，飞利浦向诺基亚承认，未来几个月的订单都会受到影响。

对此消息，诺基亚反应极为果断，它们重新设计了芯片，使其他供应商也能生产，这些供应商承诺从接到订单到生产的准备时间为 5 天。但是这样还不能完全解决问题，因为飞利浦提供的 5 个零部件的其中一个无法从其他供应商处获取。因此，诺基亚向飞利浦施压，要求飞利浦从中国和荷兰的两家工厂为其供货。

爱立信与诺基亚的反应大相径庭。尽管火灾发生 3 天后飞利浦通知了爱立信，但是爱立信的管理高层在 4 周以后才收到此消息。更糟糕的是，爱立信认识到问题严重时，其他供应商已经被诺基亚所占据。这次事件对爱立信的影响相当大，销售额亏损了 4 亿美元，保险仅补偿了一小部分。再加上零部件短缺、产品组合出错和营销方面的问题，2000 年爱立信手机部门总共亏损 16.8 亿美元，迫使爱立信退出了手机市场［40］。

资料来源：Adapted with permission from F. Cela Diaz, "An Integrative Framework for Architecting Supply Chains." MS thesis, Massachusetts Institute of Technology, 2005.

适应性。毫无疑问，这是风险管理中最难实施的方法，它要求供应链内的所有成员拥有相似的文化，为同一目标工作，然后分享利润，从而构建出一个供应链联盟。这个联盟中的成员通过变形和重组，使得整个联盟能更好地应对突发事件。下面的例子有力地证明了这种适应性强的供应链所起的作用。

实例 10—4

1997 年，爱信精机（Aisin Seiki）作为日本丰田刹车配件的独家供应商，为丰田供应其 98％的刹车配件。刹车配件是一种价格不高但在车辆组装中十分重要的配件，如果它的供应中断，丰田的生产线就会停工。1997 年 2 月 1 日星期六，刘谷工业区的一家爱信工厂发生火灾，而这个工业区内还有丰田的其他几家供应商。刚开始对这次灾害评估时预计，两个星期以后重新生产，六个月以后完全恢复，见［175］。

当时的情势相当严峻，丰田的季度需求非常大，工厂全都满负荷生产，日产量接近 1.55 万辆。根据丰田生产系统准时生产的要求，丰田仅持有 2～3 天的库存，几天以后如果库存得不到补充，工厂就会完全停产。

事故发生后，丰田立即重组了整个刹车配件的供应链。首先，它们把刹车配件的生产设计图分发给所有供应商，然后将爱信和丰田的工程师重新安排到各供应商的工厂以及原爱信工厂周边的一些公司，例如兄弟公司（Brother）——一家打印机和缝纫机制造商。同时，根据爱信和丰田的产品说明书，改造现有设备，并从现货市场购买新设备。"几天之内，一些原本没有刹车配件生产经验的厂家开始向爱信供应零部件，经爱信组装和检验后运往丰田。"综上所述，大约 200 家丰田供应商共同协作，减小了爱信火灾的影响，尽快地恢复了丰田的生产线［151］。

图 10—3 描述了此次事故中生产和库存的变化。工厂仅停工了 3 天，所有生产不到一星期就完全恢复。事故起初造成爱信亏损 78 亿日元（合 6 500 万美元），丰

田亏损 1 600 亿日元（合 13 亿美元），见 [151]。但是，公司通过轮班和加班，大约把损失减少到了 300 亿日元（合 2.5 亿美元）[175]。除此之外，丰田还向供应商分发了价值 1 亿美元的礼券，以奖赏它们的合作。

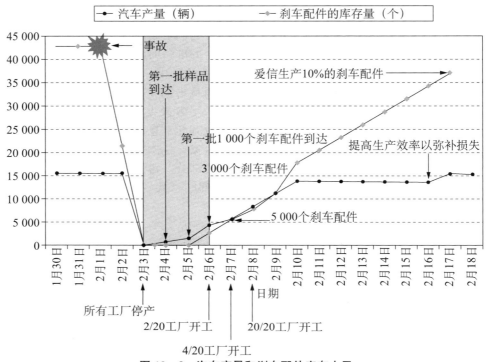

图 10—3　汽车产量和刹车配件库存水平

资料来源：Adapted with permission from F. Cela Diaz, "An Integrative Framework for Architecting Supply Chains." MS thesis, Massachusetts Institute of Technology, 2005. 大多数分析数据源自 [175]，[151] 和 [13]。

　　本案例描述了丰田的供应商是如何通过自身的重组，来解决关键零部件供应中的突发事件的。但是这带来了三个问题：对关键配件采取单一的采购方案是否合理？即使合理，丰田是不是应该对这种低成本的关键配件持有大量库存？最后，丰田的供应链中存在什么样的机制，来帮助公司从供应的突发事件中迅速恢复？

　　丰田生产控制总经理 Kiyoshi Kinoshita 认为，单一的采购方案以及持有零库存所带来的风险是预计过的 [175]。但是相比其带来的风险，丰田的单一采购方案能使爱信不仅在生产刹车配件时达到规模经济，而且以非常低的成本向丰田提供高质量的产品 [151]。

　　[151] 具体讨论了第三个问题，文中发现理解供应链对新环境适应性的关键在于丰田及其供应商严格遵守的准时制。准时制的本质是将在制品库存控制在一个相当低的水平。这种低水平的在制品库存能提高生产线的质量，快速暴露生产线存在的问题。按照准时制，每个工人都有权为了纠正问题停止生产线。因此，准时制也提高了生产系统解决问题的能力。

　　以上各个特性对丰田供应链取得较强的适应性来说非常重要。当丰田发现了爱信火灾以后，它中断的不仅是生产线，还有整个供应链，这就迫使供应链上的所有合作方共同解决所发生的问题。

■ 处理全球化风险

本节我们将讨论全球供应链面临的其他风险，包括在某种程度上可以量化和控制的风险（即图10—1中的中级风险）。布鲁斯·科格特（Bruce Kogut）[111] 指出了利用全球供应链来应对全球化风险的三种途径：投机策略、规避策略以及柔性策略。

投机策略

所谓投机策略是指公司策略的成功与否仅以某一假设条件的发生为基础，如果该假设在现实中难以实现，公司这一策略必然失败。例如，20世纪70年代后期和80年代早期，日本汽车制造商认为，把生产地设在日本更为有利。它们认为，尽管日本本国的劳动力成本比较高，但汇率、生产力、投资方面的有利条件足以弥补劳动力的较高成本。这种策略在一定时期十分有效。然而，当市场出现了新的不利变化时，如劳动力成本居高不下，汇率持续坚挺等，厂商受到损失，在这种情况下，不得不变成在海外设厂。当然，如果没有出现这些不利变化，汇率、生产力与投资方面的有利条件一直保持着，日本厂家的投机策略将会成功，毕竟，在海外设厂不仅费时而且成本很高。

规避策略

要使用规避策略，必须在设计供应链时要保证：链上任意一部分的损失都能够被链上其他部分的盈余所弥补。例如，大众汽车在美国、巴西、墨西哥、德国等地都有制造厂，这些地区也是大众产品的主要销售地。由于不同的宏观经济条件，在不同的时期一些地区的制造厂盈利较高，一些则较低。规避策略就是这样，通过设计，总有一些地区的生产厂获利，而另一些亏损。

柔性策略

如果柔性策略运用得当，将使公司能够适应各种不同的环境要求。一般而言，柔性供应链要求有多个供应商并且在不同的国家都有富余的生产能力。另外，工厂的设计本身也具有灵活性，如果由于经济环境的原因而不得不转移的话，这种设计的转移成本将是最小的。

在考虑是否应当应用柔性策略前，管理者首先要回答几个问题：

1. 该系统是否频繁变化，必须采取柔性策略？很显然，国际形势变化越大，采取柔性策略的公司越能够受益。

2. 柔性策略的一个特点是产品生产分布在不同地区的不同工厂中，这样的成本增加是不是值得？其中，增加的成本包括生产与供应方面规模经济的损失。

3. 公司是否有足够合理的协调与管理方面的机制，以保证柔性策略的顺利实施，从而充分利用其优势？

如果供应链设计得当，柔性策略将具有以下几种优势：

产品转移。柔性工厂、富余能力和供应商可以被用来实现生产从一个地区到另一个地区的转移，以利用各个地区具有的不同优势，如汇率、劳动力成本的变化等，使生产可以重新选址。

信息共享。柔性供应链涉及多个地区与市场，信息共享可以使多个市场与地区的信息掌握得比较充分，因而能够及时预测市场变化，发现新的机会。

全球协调。柔性策略中，工厂分布在世界各地，从而为公司提供了一种市场杠杆。如果外国竞争者攻击其中的一个市场，公司可以"反击其后"。当然，不同的国际准则与政治压力对这种反击有一些限制。

政治杠杆。在跨国运作中，能够迅速地实现生产转移是公司实现政治均衡的一种手段。例如，如果当地政府在履约与实行国际准则方面拖拖拉拉，或者，税收外的其他杂费较高，公司可以迅速地转移工厂。在很多情况下，这种潜在压力足以阻止当地政府采取对公司不利的措施。

实例 10—5

当米其林公司雄心勃勃地进军北美市场时，固特异公司降低了在欧洲市场上的轮胎价格。这一举措迫使米其林公司不得不放慢在海外的投资计划。

■ 实施全球化战略的要求

任何一个公司，甚至大型的跨国公司，采用一体化的全球供应链管理的过程都要循序渐进而不可能一蹴而就。迈克尔·麦格拉思（Michael McGrath）与理查德·胡尔（Richard Hoole）[137] 讨论了建设全球供应链所必经的几个重要发展阶段。下面，我们就从公司的 5 种基本职能：产品开发、采购、生产、需求管理与订单满足入手，简要说明这一问题。

1. 产品开发。产品的设计应便于修改，以适应不同的市场，并能在不同设备上进行生产。下一节将会详细讨论，这种设计有时难以实现，但却十分有用。尽管设计在各个市场都通用的产品比较危险，但还是可以设计出一种基础产品，并在此基础上进行修改，以适应不同市场的需要。国际产品设计团队在这一领域会有用武之地。

2. 采购。从全球范围内的供应商那里采购重点物料对公司而言比较有利。这样不但能保证原材料的质量和灵活的交货，而且采购团队也可以更容易地比较不同供应商之间的价格。同时，全球范围内的供应商也能够对前文讨论的全球供应链的柔性提供保证。

3. 生产。如前所述，如果公司想在条件允许的情况下充分利用全球供应链带来的产品转移优势的话，拥有分布在不同地区的富余生产能力和工厂是至关重要的。为了实现这种转移优势，必须建立起有效的信息系统以实现供应链的有效管理。其中，集中式管理对这种系统是很重要的，这种管理必须提供集中化的信息。集中式管理在做决策时，有关工厂、供应商与存货现状的信息都是必需的。另外，由于在一个复杂的供应链上，各个工厂互为供应者，工厂与工厂间的有效沟通与集中管理，使得链上的生产厂家可以对当前的系统状况有一个较清晰的了解。

4. 需求管理。一般情况下，需求管理是根据地区的需求预测与适宜的产品来制定整体的促销策略与销售计划的。为了实现供应链的一体化管理，公司的需求管理应该在一定程度上具有集中化的特征。同时，以地区为基础的分析可以提供需求管理需要的以市场为基础的敏感信息。因而，与生产一样，链上各个环节间的沟通对于全球供应链管理的成功是十分重要的。

5. 订单满足。为了成功地利用全球供应链系统的灵活性，集中式的订单满足系统十分必要。在这个系统中，世界各地的消费者可以从全球供应链上方便地获取产品，就像从当地或地区供应链上订货一样。如果这一过程十分不方便，顾客就会转向别处，全球供应链提供的灵活性就变得毫无意义。在第 14 章，我们将会介绍集中式的订单满足系统所要求的先进的信息系统。

只有当公司已经为柔性供应链战略做好准备的时候，才能充分利用全球供应链去运作。

全球供应链管理中的问题

在这一部分，我们将讨论在前面没有提到的全球供应链管理中的其他重要问题。

国际化产品还是地区性产品

前面的讨论告诉我们，理想的公司应该在各个市场上都销售"通用产品"，即可以适合不同市场需求的产品。然而，在很多情况下要做到这一点是有难度的。大前研一 [154] 指出产品有很多种分类方式，而每一种都有不同的"国际化需求"。

地区性产品。有一些产品是专门为某一地区的消费者所设计和制造的。例如，汽车的设计就是地区性的。1998 年本田雅阁有两种基本的车型：一种是针对欧洲与日本市场设计的小车型；另一种是适合美国市场的大车型。当然，有时地区性产品的设计也十分不同，有效的供应链管理应该利用不同设计中的相同的部件或组件。第 11 章将会详细讨论这个问题。

实例 10—6

日产公司宣称其生产的每种类型的汽车都处于"国内领先者"的状态。例如，其美国设计工作室针对美国消费者的爱好设计的 Maxima 与 Pathfinder 两种车型。公司在日本与欧洲也设计了相似的车型。当地区产品经理确保生产的汽车满足"国内领先者"的要求时，另一些地区制造商则认为小的变化也许更能促进当地的消费需求。但问题的关键在于要设计出专门针对当地需求的汽车产品，否则，日产公司担心，这种做法会陷入"当地消费者不满意，而作为一种通用的产品的设计，也没有什么市场"的境地。想要把大小、颜色、美观等汽车其他方面的差别在不同地区通用化，几乎很难做到，最终也只能设计出专门针对该地区的一种产品。当然，一些车型也许可以稍稍改变一下，就可以在其他地区增加销售量，但这不是我们关心的主要问题 [154]。

真正的国际化产品。这些产品真正是全球性的，也就是说，在全球任何一个地区销售时该产品不需要做任何改进。例如，可口可乐在全世界都一样，就像 Levi's 牛仔裤与麦当劳的汉堡包一样。比较昂贵的品牌，如 Coach 与 Gucci 也是这样。值得注意的是，像可口可乐与麦当劳的产品，都采取本土化的生产、灌装与配送网络，而其他一些国际化产品与此不同，其生产与配送网络在全世界都是一样的[124]。

地区性产品与国际化产品之间的差别，并不意味着谁一定比谁好或比谁差。然而，在确定的情况下，两类产品中一定有一类更为合适，选择时要十分当心。如果对国际化产品采用地区性产品供应链战略，或者，对地区性产品采用全球供应链战略，后果都将是灾难性的。

■ 地区自治还是集中控制

我们已经讨论过，集中式管理在利用某些供应链战略时十分重要，但在某些情况下应该采取地区自治式供应链管理。有时，地区性工厂独立运作十分成功，但公司总部不能忍受这种与系统不协调的举动，结果业绩受损。

另外，在确定地区性的业绩目标时，应考虑到地区的特殊性。例如，一般情况下，衡量一下公司开办初期的业绩，往往会出现日本收益较低，德国收益中等，美国收益最高的情况。的确，很多在日本十分成功的公司在开办初期的收益都比较低[154]。

另一方面，有些管理者更愿意延续当地的老习惯，而不根据全球供应链运作，这样也许会丧失利用在全球供应链运作中获得经验的机会。

实例 10—7

一种叫作 Contac 600 的解充血药最初进入日本市场时，有人建议史克公司（SmithKline Corporation）采取通用的传统办法，即把产品的分销交给 1 000 多家史克公司并不了解的分销商去做。公司没有接受这一建议，而是采用了 35 家与公司联系紧密的批发商。史克公司的这一做法在其他地区也十分成功。尽管有一些反对的意见，但这种导入新产品的做法却十分成功[124]。

■ 各种各样的风险

很显然，在扩展全球供应链时，公司将面临许多潜在的风险。前文中我们把汇率波动看作一个机会，但如果运作不当，它也会变成风险。管理海外工厂尤其是不发达地区的工厂十分困难。同样，便宜的劳动力也许会掩盖生产率下降的危险[132]，同时，还需要付出高昂的培训费用，而且即使这样，生产率也可能难以达到本土的水平。

很多情况下，全球供应链中常有与当地合作的情况发生。最终，当地的合作者可能会成为竞争对手。

实例 10—8

- 日立，过去曾是摩托罗拉的特许生产商，现在，它已经成为独立的微芯片加工厂。
- 东芝，过去曾经为 3M 公司生产复印机，而现在，它已成为东芝品牌所属的主要复印机供应商。

● Sunrise Plywood and Furniture 公司，过去有很长一段时间都是加利福尼亚的 Mission Furniture 公司的合作伙伴。现在，该公司已经成为 Mission 公司的一个主要的竞争对手［132］。

风险也会存在于外国政府中。为了进入巨大的中国市场，很多公司将关键的制造与工程技术转让给中国政府或中国的合作伙伴。就这些中国公司或政府选择的制造公司而言，在更为优惠的条件下与技术来源国的最初合作伙伴展开竞争只是迟早的事。唯一的问题是，原来的技术出让国是否有能力与接受技术的中国公司成功地开展竞争，或者在中国公司开拓海外市场时，这些技术出让国是否会失去这些机会。

实例 10—9

荷兰皇家壳牌和它的日本合作伙伴三井及三菱在过去十年多的时间里一起投资俄罗斯远东油田的开发。这个项目进行过程中遇到了环境污染问题，成本远远超过了预期。令人意外的是，就在项目开发基本结束，石油价格持续攀高，即将获得大量收入之时，它们把项目的大部分股份出售给了一家俄罗斯国有天然气公司 Gazprom。西方国家猜测是俄罗斯采取强硬手段，以环境污染问题为要挟，迫使这三家合作公司转让所有权的。

刚才讨论的风险只是外国政府对全球供应链的构建可能造成的风险。尽管世界市场越来越开放，但离真正意义上的世界范围的自由贸易还有很长的一段路要走，贸易保护主义随时可能抬头。如果在设计全球供应链时没有考虑到这一威胁，当贸易保护出现时，公司将难以应付。有时，贸易保护的威胁来自外国政府，也会来自本国政府，因为他们要保护本国的小型地方厂商。

实例 10—10

1986 年，中国台湾地区与美国有 157 亿美元的贸易顺差。顺差对美国政府造成的压力迫使它对中国台湾产品施加贸易限制。采取这些限制时，他们并没有考虑到台湾的大部分产品都是供给如通用电气、IBM、惠普和美泰等把制造地设在海外的美国公司的这一事实。因此，为了应对此种限制，台湾方面提高了台币对美元的汇率，而这一举措最终增加了美国公司在台湾的生产成本，从而降低了在台湾设厂的成本优势［132］。

物流的地区差异

前面，我们已经讨论过各种全球供应链战略的优缺点以及如何应用这些战略的方法。当然，在对全球供应链上的某一海外单元做决策时，地区之间在文化、基础设施和经济上的差异就显得十分重要。伍德等人（Wood et al.）［209］将这些在设计全球供应链过程中必须考虑的差异进行了分类，很多差异都是由于三种世界国家的划分产生的，即第一世界国家，如日本、美国与西欧各国；发展中国家，如泰国、中国、巴西、阿根廷与东欧各国，以及第三世界各国。这些差异总结在表10—1 中，并对其进行了对比分析。

表 10—1 不同地区间的主要差异

	第一世界国家	发展中国家	第三世界国家
基础设施	很发达	欠发达	不足以支持先进的供应链
供应商的运作标准	很高	变化	一般没有考虑
信息系统的适用性	总体适用	支持系统不适用	不适用
人力资源	充足	需要挖掘	一般很难找到

■ 文化差异

文化差异会极大地影响链上海外子公司对公司整体管理目标与要求的理解。伍德等人［209］列出了信仰、价值观、习俗和语言等几项，所有这些因素在全球供应链中都起着重要作用，会对协商与沟通产生很大的影响。

语言上的地区差异不仅体现在词语上，更重要的是它的表达方式、手势和当时的情境。在很多情况下，词语本身可以被正确地翻译，但表达出的意思却大相径庭。我们中的大部分人肯定听过那个美国商人在亚洲用错手势从而导致了灾难性后果的故事。利用一切的有效资源以保证沟通的有效性是十分重要的。

信仰，或对某些事情的特殊价值观，在不同的文化之间的差异很大。例如，认为有效的沟通十分重要这一观点在不同文化之间就有不同的理解。同样，对价值，或更为普遍的概念的理解也会不同。例如，美国制造商对"高效率"十分看重，而其他文化对此却不怎么重视［209］。另外，一些文化把时间看得很重要，所以推迟交货对这种文化背景的人而言是一个很严重的问题，而对另一文化背景的人来说可能没这么严重。

习俗在不同文化间的差异也很大。在一般情况下，为了避免冒犯别人，大家必须要遵守当地的习俗。例如，送礼这种习俗在国与国之间的差别就很大。

■ 基础设施

在第一世界国家里，制造与物流的基础设施非常发达。高速公路系统、港口、信息系统以及先进的制造技术都是先进供应链发展的基础。虽然地区间的差异确实存在，但主要体现在地理、政治与历史等方面。例如，不同的地区会在路的宽度、桥的高度、交通规则等方面有所不同，但克服这些差异的技术已经在研究与应用之中了。

除了基础设施，地理问题也影响着供应链决策，这种影响甚至包括第一世界国家。例如，由于美国的大城市之间离得都较远，因此各个仓库的存货一般较多；而在比利时等一些城市间距较近的国家，仓库里的存货就会相对较少。

同样，许多相关的经济条件也影响着第一世界国家的物流与供应链中的因素。如法国等土地与劳动力相对便宜的国家就建了许多大型的、"技术含量不高"的仓库；而北欧日耳曼语系地区等劳动力成本较高的地区所建仓库的自动化水平就比较高［66］。

在发展中国家，供应链的基础设施往往不完善。许多公司将物流看作必需的费用，而不是战略性的机遇，所以它们在物流设施上的投资十分有限。同时，在很多情况下，一些发展中国家的国内生产总值还不足以支撑先进的物流基础设施。另外，发展中国家对基础设施的投资也主要集中在出口通道上，而没有一套同时具有进口与出口通道功能的基础设施系统，中国就是这样［209］。然而，这些国家在发展，因为它们已经开始认识到这些问题。例如，许多国家已经有了交通法规，并对这些法规进行不断完善。

在第三世界国家，基础设施一般都很不发达，难以支持先进的物流运作系统。道路状况较差，仓储设备较少，而配送系统甚至都没有。总之，这些国家里，任何一个供应链的决策都需小心从事，因为在第一世界国家与发展中国家理所当然会有的一些基础设施，在第三世界国家也许根本就不存在。

■ 业绩期望与评估

尽管在第一世界国家间存在着地区差异，但其运作标准一般较高而且比较统一。例如，如果是当天运送，就一定会在当夜完成运送任务；合同一旦签订就一定具有法律效应；环保等方面的规定和限制一定能被各公司有效地遵守和执行等。然而，在地区间关系的形成和发展问题上，第一世界的各个国家之间所做的并不尽如人意。例如，欧洲与美国公司之间一般愿意签订比较正式的合约来约束双方，而日本的公司则不然，它们更愿意采取一种长期自然形成的，没有正式协议的合作伙伴关系［33］。

在发展中国家，运作标准往往差别很大。一些公司的运作标准较高，同时，这些公司对合同的意识也较强；然而，另一些公司则不是这样，它们对一切都比较马虎。研究与协调是在发展中国家企业成功开展业务的基础。另外，政府在经济中一般扮演着重要角色，所以外国公司的合作者和企业要时刻做好应对政府政策变动的准备。

在第三世界国家，传统的业绩考核基本没有用处。短缺处处存在，在西方已经习以为常的对客户服务的评价标准，包括存货的可得性、服务速度、服务稳定性等，在这里不可能实现。在这样的情况下，公司对存货的时间和可得性基本无法掌控［209］。

■ 信息系统的可得性

在第一世界国家里，不同国家的计算机技术以差不多的速度发展。例如，很多情况下，销售点数据、自动化工具、个人电脑以及一些信息系统等工具在西班牙与加利福尼亚一样适用。

当然，不同系统之间也会存在接口问题。例如，欧洲的电子数据交换标准在国与国之间、行业与行业之间都有所不同。另外，与数据保护和文件真实性相关的一些法律保护标准各国也有所不同。但是，大家已经开始努力想办法来克服这些障碍，解决系统接口的技术已经被开发出来了［143］。

发展中国家的信息支持系统还不足以支持先进的信息系统的有效运作。通信网络不够完善而且可靠性不高，技术支持专家的能力也不足以很好地使用和维护设备。但是，这些国家的政府已经计划去解决这些问题。

对第三世界国家来说，先进的信息技术根本就不存在，在这种环境下无法支持像电子数据交换和条形码这样的技术的使用，甚至个人电脑的应用也由于不完善的通信系统而受到限制。另外，经济与人口方面的数据一般也难以获得。

■ 人力资源

大部分的第一世界国家里，技术人才与管理人才较多，正如伍德等人［209］所指出的："除了文化差异，一位日本的物流管理者在美国工作时会觉得得心应手，感觉和在日本时没有什么两样。"但非技术工在这些国家则相对较贵。

发展中国家的技术与管理人才较为缺乏，但情况也并非总是如此，有时经过寻找，还是可以找到具有所要求技能的专业人才的。特别是东欧各国人的受教育水平一般较高［87］。另外，发展中国家的专业人才的用工成本较低，在国际市场上具有竞争力。另外，中国的情况有些特殊，处在管理或技术岗位上的人员并不是因为技术或管理方面的专长被选拔上来的，而是根据政治标准挑选的，因此，他们的经历不能够作为衡量能力的标准［87］。

在第三世界国家，尽管可以发现一些具有适当技术水平的工作人员，但很难找到受过物流专业培训的专业人才和熟悉现代管理技术的管理人员。所以在这种环境下，培训就成为非常重要的一项工作。

小结

这一章，我们讨论了全球供应链管理中存在的一些问题。首先，我们讨论了不同类型的全球供应链，讨论范围从具有一些国际产品分销的国内供应链一直到全球供应链等几种类型。其次，我们讨论了公司发展全球供应链的几种驱动力。全球供应链具有自身的优势与风险，除了明显的成本优势，我们讨论了柔性全球供应链的优势，即可以降低在海外开公司时面临的风险。然而，即使对于柔性全球供应链，处理风险的策略与方法也只有在该国的基础设施比较完备时才会奏效。

接下来，我们探讨了全球供应链管理中存在的一些主要问题，包括国际化产品与地区性产品的概念，在全球化背景下的集中式管理与地区自治问题。我们最后讨论了地区间供应链的差异，这一差异将会影响供应链的设计。

问题讨论

1. 分别讨论公司采用以下几种供应链的适用条件：
a. 国际分销系统
b. 国际供应商
c. 离岸加工

d. 全球整合供应链

2. 讨论一个最近发生的关于不可预测风险对供应链造成损害的案例，并详细解释以下几种策略如何减少此风险：

a. 投资缓冲能力

b. 提高感应和应对速度

c. 建立适应性强的供应链联盟

3. 如果你是一位小型电子产品制造企业的 CEO，正面临制定全球化战略的问题，请问：你愿意采取投机策略、规避策略还是柔性策略呢？如果你是一位大型电子产品制造企业的 CEO，你又会如何决策呢？

4. 请给出几个真正的国际化产品和地区性产品的实例。为什么这种市场定位能够让它们更好地适应市场环境的要求？

5. 如果你是一家地区性面包房的经理，假定你的公司设在下述几个国家中，试比较你可能会面临的问题：

a. 比利时

b. 俄罗斯

c. 新加坡

d. 加拿大

e. 阿根廷

f. 尼日利亚

6. 回答本章开始时提出的与案例有关的问题：

a. 除了扩张，还有其他什么原因促使沃尔玛开辟全球市场？

b. 对于沃尔玛而言，为什么全球性的供应商更为有利？

c. 为什么沃尔玛需要对其门店进行集中式的管理？为什么沃尔玛需要加强门店的本地化管理？

d. 除了《华尔街日报》中所提到的各种问题，在今后几年内，沃尔玛还会面临哪些机遇与挑战？

协调的产品和供应链设计

案例

惠普台式喷墨打印机的供应链

布伦特·卡蒂埃（Brent Cartier）是惠普公司温哥华分部物料部门的特殊项目经理。这一星期是很长的一周，而且看起来周末也会很漫长，因为布伦特要做一些准备，以便在星期一和小组管理人员开会时能就喷墨打印机产品系列的全球库存水平进行讨论。即使很忙，布伦特也要花上一段时间，骑上25英里的自行车去上班，这样可以帮助他减轻过大的压力。

喷墨系列打印机于1988年上市，此后成为了惠普最成功的产品之一，销售量稳步上升，1990年的销售量达到了60万台，约4亿美元。然而，随着销售额的上升，库存也不断上升，惠普的配送中心的货架托盘上堆满了喷墨系列打印机。更糟糕的是，欧洲分公司声称，为了保证各种产品的供货能力能让用户满意，要进一步增加库存。

每个季度，来自欧洲、亚太地区和北美三地的生产部、物料部和配送部的代表们都要聚在一起，从各自的角度讨论这个话题，但他们相互冲突的目标阻止了他们在同一话题上达成共识。每个公司有不同解决问题的方法。生产部门不想卷入，声称这仅是"物料问题"，但又不时指责产品的类型持续增长。配送部门的不满则来自预测的不准确性，他们认为不能仅仅因为温哥华分部不能制造适当数量的正确产品，就让配送公司去跟踪和储存库存。欧洲配送公司扯得更远，甚至建议对额外的储存空间收费，直接把空间返租给温哥华分部，而不是把成本摊销在运送的全部产品中。最后，布伦特的上司戴维·阿卡迪亚（David Arkadia）——温哥华分部的物料经理，对小组管理者在上一次会议中的观点进行了总结，他说："这是个全局性的问题，不能再让这些非生产性的资产来影响公司的运作，我们必须用更少的库存去满足顾客的需求。"

布伦特看出目前主要存在两个问题：第一个问题是如何能找到一种好方法，既能随时满足顾客对各种产品的需求，又可尽量减少库存；第二个问题更棘手，是要在各个部门之间就正确的库存水平达成一致意见，这需要开发一个设置和实施库存目标的持续方法，并让所有部门同意以便采纳。这并不是一件很简单的事情。欧洲的情况特别急迫，布伦特的脑海中都是他前天收到的传真图片，上面显示了欧洲配送中心某些版本的产品可获得性水平正在下降，但布伦特非常确信，一箱又一箱的喷墨系列打印机在过去的几个月里都运送到了欧洲。在布伦特的语音邮件中已塞满了来自销售部门的怒气冲冲的信息，可欧洲配送中心告诉温哥华，它已经没有空间去储存温哥华的产品了。

布伦特停下了自行车，走进公司大厦，然后沐浴。清晨沐浴是布伦特的另一个习惯，他可以趁机重新回顾一下当天的各种计划，考虑不同的情况。说不定一项解决方案就会从脑海中跳出来。

背景

惠普公司由威廉·休伊特（William Hewelett）和戴维·帕卡德（David Packard）于

1939 年成立，总部设于加州帕洛阿尔托。经过 50 年的稳步发展，惠普公司的产品从原先的电子测试测量设备发展到计算机及其外围产品，后者已经成为公司目前的主打产品。1990年，惠普在全世界拥有 50 个运营机构，收入 132 亿美元，净收益 7.39 亿美元。

惠普的组织结构一部分由产品组确定，另一部分由职能确定。计算机外围产品在惠普六大产品组中位居第二，1990 年的年收入为 41 亿美元。产品组下属的一系列产品都各自有一个分部，组成一个战略事业单元，这些产品包括打印机、绘图仪、磁盘、终端、网络产品等。

计算机外围产品组已经为其大多数产品确定了技术标准，并进行了革新，例如在喷墨打印机和移纸绘图仪中采用了可回收的打印头。这些创新推动了该产品组的成功，同时该产品组也有能力寻找市场机会并高利润地加以开发，其最成功的产品——激光打印机就是很好的一个例子。

打印机零售市场

1990 年，全球共销售了 1 700 万台小型的工作组或个人用打印机，销售额约为 100 亿美元。打印机零售市场与个人电脑的销售情况息息相关，该市场在美国和西欧已经基本成熟，但在东欧和亚太地区，市场仍在成长中。小型网络及个人打印机几乎全部通过中间商销售，中间销售渠道变化很快，特别是在美国。过去打印机都是通过计算机分销商销售的，但随着个人电脑向消费品转型，越来越多的打印机通过超市、大卖场销售，如凯马特和 Price Club。

零售打印机市场由三类技术细分市场组成：针式打印机（40%）、喷墨打印机（20%）和激光打印机（40%）。针式打印是最老的技术，被认为是三种打印机中噪声最大、打印质量最低的。未来十年，随着喷墨打印机和激光打印机在各种应用程序中的不断广泛应用（除多层套打和宽带打印），针式打印机的市场份额将下降到 10%。在 1989 年前，大多数顾客还不知道喷墨打印技术。但是现在，顾客发现喷墨打印效果几乎与激光打印效果一样好，而且在价格上更易于接受，因此其销售额将急剧上升。在黑白打印机市场上，最终何种技术将占主导地位，目前还有待观察，这主要取决于两种打印技术的发展速度及其相对成本价格。

惠普和佳能两家公司在 80 年代末期就分别在各自的公司实验室内研发喷墨技术。关键技术瓶颈是墨的形式和可回收再用的打印头。惠普率先于 80 年代晚期推出可回收的打印头模式——ThinkJet 打印机，而佳能则在 1990 年才引入。

惠普和佳能公司分别成为美国和日本喷墨打印市场上的领头羊。在欧洲市场上，惠普公司的主要竞争对手有爱普生、Mannesmann-Tally、西门子、Olivetti，其中只有 Olivetti 于 1991 年推出可回收再用的打印头技术。一些生产针式打印机的公司也开始生产喷墨打印机。

喷墨打印机很快成为通用产品。在两种速度相同、打印质量相同的喷墨打印机间进行选择时，用户越来越多地借助一些通用商业标准进行判断，如成本、可靠性、质量和可获得性，产品的忠诚度在不断上升。

温哥华分部及其对"零库存"的追求

在 1990 年温哥华分部的任务计划书中曾有这样一段话："我们的使命是成为向办公室、家庭的商务个人计算机用户提供打印通讯设备的供应商中公认的、世界级、低成本、高质量的打印机领先者。"

温哥华分部位于华盛顿的温哥华市，成立于 1979 年。惠普发现了向相对较新、发展快速的个人电脑市场提供个人打印机的契机。惠普把四个分部（科罗拉多州的柯林斯堡，爱达荷州的博伊西，加州的森尼韦尔和俄勒冈州的科瓦利斯）的个人打印机业务合并到了温哥华。新的温哥华分部成为惠普电脑外围产品组的成员，负责喷墨打印机的设计和制造。

鲍勃·冯库尔特（Bob Foncoult）是温哥华分部最老的员工之一，也是现任的生产经理，他回忆道："全惠普公司的拉动管理最后都落实到温哥华。那时候我们还没有固执的员工，也没有约定俗成的工作惯例——这也许就是我们会对新观念如此开放的原因吧。"

制造部门很早就意识到，要在打印机市场获得成功，需要快速的制造流程和大批量生产。如果仍然按照当时（1979年制定）的8~12周的制造周期和3.5个月的库存进行生产，温哥华分部是注定要失败的。他们想从惠普内部寻找有关大批量生产流程的经验知识，却一无所获。作为一个生产外围设备的企业，惠普仅仅在用批处理流程进行小批量、高定制化的产品的生产上有一定的经验积累。

1981年年中的一天，两个温哥华分部的经理碰巧在飞机上与内布拉斯加大学的理查德·舍嫩伯格（Richard Schoenberger）教授和印第安纳大学的罗伯特·霍尔（Robert Hall）教授邻座。舍嫩伯格教授刚写了一篇名叫"驱动生产率的机器"的论文初稿，介绍日本采用的看板制造工艺。温哥华的管理者意识到了这种新制造概念的前景，罗伯特·霍尔教授则意识到了一个在美国试验其想法的机会，他们决定一道合作。

在一年内，温哥华把其工厂的生产模式转换成了准时生产制。库存从3.5个月下降到了0.9个月，生产周期也急剧下降，温哥华成为看板工艺的典范工厂。1982—1985年，惠普分公司及其他公司的2000多位高级管理者参观了此工艺流程，参观者们在到达时，温哥华分部请他们在一个印刷电路板原材料上做个标记，一个半小时后，再把利用标准工艺和印刷电路板制造成的打印机交给参观者，这给参观者留下了深刻印象。

但是，有一个关键因素被忽视了。正如鲍勃·冯库尔特所说："我们都打扮好了，但却没有人领我们去跳舞。"温哥华还没有引进一种可以充分利用这种先进产品线的大批量生产的产品，温哥华分部想利用惠普最新的喷墨打印技术引进产品，但在任何新技术投入大批量生产前，他们需要获得排除缺陷的经验。最早的机型不但打印效果一般，还要求使用专用的打印纸，这使得该机型在市场上成功的机会不大。从1988年起情况发生了转变。温哥华分部推出了台式打印机，这种新的打印模式采用标准纸张，几乎能保证每个字母的打印质量。这种产品的推出获得全面成功。由于制造工艺已经引进并全面获得实施，所要做的仅是"启动开关"。惠普在喷墨打印技术方面的知识和实施，以及它的流水线制造工艺，帮助它获得成为喷墨打印机市场领先者的优势。

台式喷墨打印机供应链

由供应商、制造商、配送中心、中间商和用户构成的网络组成了台式喷墨打印机的供应链（见图11—1），生产制造由温哥华分部完成。在制造过程中有两个关键阶段：（1）印刷电路板的安装和测试（PCAT）；（2）总装和测试（FAT）。前者包括电子部件，如应用程序专用的集成电路、只读内存、制造逻辑板的印刷电路板、打印机使用的打印头驱动板等的安装和测试。后者包括其他部件的总装，如电机、电缆、塑料底盘、键盘、"外壳"、齿轮和印刷电路装配，以制造出一台可工作的打印机，并对打印机进行最终测试，这两个阶段需要的部件从惠普的其他分部以及全世界范围的外部供应商处采购。

在生产销往欧洲的台式喷墨打印机时，需要进行定制化生产以满足当地语言和电力供应的要求，这个过程称为"本地化"。具体地说，对在不同国家销售的台式喷墨打印机实行本地化的工作内容有：安装配备正确电压（110伏或220伏）和电源终端（插座）的电源供应模块；将该模块和已经生产完成的打印机、一个使用当地语言编写的说明书进行打包。由于

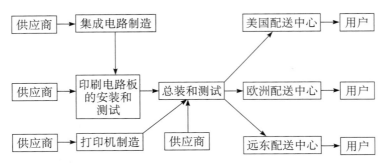

图 11—1 温哥华供应链

电源模块的安装和测试是生产的最后一道工序，所以打印机的本地化工作可以全部在工厂内进行，因此，工厂的产成品包括销往不同国家的已经完成了本地化的打印机。这些产品会被分为三类，分别送往在北美、欧洲和亚太地区的三个配送中心。图 11—2 描述的是物料清单和各种可行的选择。

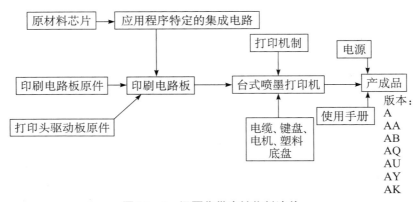

图 11—2 温哥华供应链物料清单

产品通过海运方式运送到三个配送中心。在温哥华，部件和原材料的库存维持在可以满足生产需求的水平，但是，在两个关键阶段间就没有大量的缓冲库存，管理层仍然坚持认为在工厂里最好没有产成品库存，上面已讲到这个传统从 1985 年起就已存在。

从印刷电路板安装到总装的整个生产周期大约是一周，从温哥华运送到坐落在加州圣何塞的美国配送中心的时间大约是一天，而送到亚洲和欧洲大约要 4～5 周。到亚洲和欧洲的运输时间很长，这主要是由于海运需要清关，在入关处还要交关税。

打印机行业竞争很激烈，所以对惠普计算机产品的用户（中间商）而言，如何在保证最终用户一定的可获得性水平的前提下将库存水平尽量降低也是很重要的。因此，惠普面临越来越大的压力。作为制造商，它必须要在配送中心为中间商提供高水平的可获得性，所以，管理层决定以一种按库存制造的模式来运营配送中心，从而向中间商提供高水平的可获得性。三个配送中心都设置了目标库存水平，其值等于预测销售额加上一些安全库存水平。

正如我们前面所提到的那样，温哥华分部对其工厂的近乎零库存的状态感到很骄傲。因此，与配送相反，台式喷墨打印机的制造是拉动式的生产，生产计划按周设置，适时给配送中心补货，维持目标库存水平。为了确保可获得性，对进入工厂的物料设置了安全库存。

主要有三个不确定因素会对供应链的稳定性产生影响：（1）原材料的交货情况（运输延误、零件出错等）；（2）内部流程（流程产量和机器停工时间）；（3）需求。前两种不确定因素导致制造提前期变化以致延误配送中心的补货工作，需求不确定性则导致库存增加或者订单积压。由于完工的打印机是从温哥华用船运送的，亚洲和欧洲配送中心的运输提前期很长，结果导致配送中心对不同产品类型的需求变动反应十分有限。为了确保高的用户可获得性，欧洲和亚洲配送中心不得不维持很高水平的安全库存。对于北美配送中心而言，情况简单多了，由于大多数需求是美国版的台式喷墨打印机，有关本地化的变动很小。

配送流程

在惠普，一个典型的配送中心运送成百上千种不同的计算机及其外围产品，但一小部分产品却占据很大的单位总量份额。台式喷墨打印机就是这样一种大批量产品。

每个地区的配送中心的运营经理向一个负责全世界范围的配送经理汇报，再由他向惠普的市场营销副总裁汇报，然后再将情况通报给各外围产品组经理（外围产品占据了配送中心的大部分运送量）。每个运营经理手下有6个职能经理，分别是财务、MIS、质量、市场营销、物流和配送服务。前3个职能与制造部的相应职能类似；市场营销负责与顾客打交道；物流负责具体处理，包括从接收到运送的全过程；配送服务负责计划和采购。

对一个配送中心的主要绩效评估指标包括产品线物品填充率和订单完成率。产品线物品填充率等于及时提供的用户订单产品线物品总数除以顾客订单产品线物品需求的总量（每次惠普想要拉动一个产品线的物料时，称为一次需求）。订单完成率的计算类似，不同之处是基于订单的完成情况，一个订单包括多个产品线物品。二级绩效评估指标包括库存水平、每次运输总量中的配送成本。两个主要的成本是外部货运成本和工资。货运成本根据实际运输产品量加总到各个产品线上。此外，配送中心预计运送某种产品线需要的努力程度，把非运输成本部分的额外成本计入产品线。这种制度有点非正式，配送中心要和主要产品线在确定预算的过程中进行多次沟通，确定每个产品线合适的分配百分比。

配送中心传统上把其流程看成一个简单、直线型、标准化的流程，包括4个步骤：

1. 接收各个供应商（完工）产品并储存。
2. 挑选各种产品以满足顾客订单。
3. 对完成订单的物品打包、贴标签。
4. 通过恰当的承运商运送订单货物。

台式喷墨打印机的配送非常符合这项标准流程，但其他产品，如个人电脑和显示器，要求特殊的称之为"集成"的加工，包括添加针对目标国市场的正确的键盘和手册。尽管这种额外加工所需要的额外工时不多，但很难与标准流程融合，因而打断了物流过程。而且，配送中心的物料管理系统支持配送（最终物品以单个模块和选择方案的形式在通过时进行加工处理），不支持制造生产（部件装配成产成品），这里没有物料资源计划（MRP）和物料清单（BOM），配送中心也没有足够接受过部件采购培训的人员。

如果要使配送机构能完成装配流程，就会在其内部产生相当大的波动。一般而言，高级管理者总是强调配送中心是一个仓库，要继续"做他们最拿手的事——配送"。美国配送中心的物料经理汤姆·比尔（Tom Beal），表达了大家对这件事的关注。他说："我们必须确定我们的核心能力是什么，并且明确能增值的是什么。必须要确定我们所要做的工作是仓储，还是总装，然后采取相应的策略支持我们的业务。如果想在这里从事制造工作，就需要安排相应的流程来支持它们。"

库存和服务危机

对于温哥华的管理者而言，要在整个台式喷墨打印机供应链中限制库存量的同时，提供所需要的高服务水平，是个很大的挑战。温哥华的生产团队已经努力工作，在供应商管理方面，降低由于原料交货变动引起的不稳定性，并提高加工产量，降低工厂停工时间。已取得的进步是令人振奋的，但改善预测的准确度仍是一大难题。

预测误差在欧洲特别明显。某些国家需要的产品类型缺货，而其他类型的产品库存却不断增加，这种情况经常出现。在过去，配送中心的目标库存水平是根据安全库存水平来确定的，而安全库存水平又是由通用的法则来确定的。因此，当获得正确的预测水平越来越难时，这似乎意味着确定安全库存的法则也要重新考虑。

戴维·阿卡迪亚向惠普公司的一位年轻的库存专家比利·科林顿（Billy Corrington）博士寻求帮助，希望能建立一个科学的安全库存系统，对预测错误和补充提前期快速反应。比利组织一个由劳拉·罗克（Laura Rock，工业工程师）、吉姆·贝利（Jim Bailey，计划主管）、乔斯·费尔南德斯（José Fernandez，温哥华的采购主管）组成的小组，来建立安全库存管理系统。他们要为三个配送中心的各种产品推荐一种计算安全库存水平的方法。首先，收集正确的数据就花费了小组大量的时间。现在他们认为自己有了一个很好的需求数据样本（见表 11—1），开始开发安全库存的计算方法。布伦特希望这种新方法可以解决库存和服务问题。如果他能告诉管理人员所有的库存和服务问题都是由于缺乏一个健全的安全库存计算方法，那该多好。这样比利的专业知识将成为他们的救星。

表 11—1   **台式打印机的需求数据样本：欧洲**

版本	11 月	12 月	1 月	2 月	3 月	4 月
A	80	0	60	90	21	48
AA	400	255	408	645	210	87
AB	20 572	20 895	19 252	11 052	19 864	20 316
AQ	4 008	2 196	4 761	1 953	1 008	2 358
AU	4 564	3 207	7 485	4 908	5 295	90
AY	248	450	378	306	219	204
总计	29 872	27 003	32 344	18 954	26 617	23 103

版本	5 月	6 月	7 月	8 月	9 月	10 月
A	0	9	20	54	84	42
AA	432	816	430	630	456	273
AB	13 336	10 578	6 096	14 496	23 712	9 792
AQ	1 676	540	2 310	2 046	1 797	2 961
AU	0	5 004	4 385	5 103	4 302	6 153
AY	248	484	164	384	384	234
总计	15 692	17 431	13 405	22 713	30 735	19 455

一个不断出现的问题是：在安全库存分析中要采用何种库存费用。公司内部的估测在 12%（惠普的债务成本加上一些仓储成本）～60%（根据新产品开发项目期望的投资回报率）间变动。另外一个问题是要采用的目标产品线物品填充率，公司的目标是 98%，这个数字是由市场营销部提出来的。

随着关于欧洲配送中心情况变糟的电话和传真越来越多，布伦特也开始从同事那里获得其他更有进取性的建议。已经有人提出，让温哥华在欧洲再建一个工厂。欧洲的销售额足够建一个厂吗？这个厂应建在何处？布伦特知道欧洲的市场销售人员很喜欢这个想法，他个人也很喜欢在欧洲建厂，以解决欧洲的库存和服务问题。也许这样可以使他最近常常失眠的情况得以缓解。

当然也有一部分人提倡库存越多越好，对他们而言，这仅仅是逻辑问题。"当转化为真正的现金时，库存成本并未计入利润表，而销售机会的丧失却会影响收益，不要向我们提什么库存—服务平衡，到此为止吧。"

凯·约翰逊（Kay Johnson）是运输部负责人，很久前就建议向欧洲采用空运以取代船运。"缩短提前期意味着对产品组合的不确定变化可做出快速反应，同时意味着降低库存、提高产品可获得性。空运成本是比较高，但我认为是值得的。"

布伦特回忆起，他在午餐时与一位来自斯坦福大学的暑期实习生的谈话。这位热情的学生向布伦特说教，要他坚持尽量找出问题的根源。这位实习生称，找出问题的根源是教授在学校讲的，也是很多质量权威所提倡的。"问题的根源在于预测系统很糟糕。这没有简单的解决方法，你需要投资，对整个系统进行改革。我认识一位斯坦福教授，他可以帮助你，你听说过 Box-Jenkins 方法吗？"布伦特还记得当他聆听那位学生对他急切地进行建议时，他完全没有了胃口。

下一步该怎么办？

布伦特回顾一下当天的日程安排，在 11：00 他打算与比利、劳拉、吉姆和乔斯见面，审核他们采用安全库存模型计算出的推荐库存水平。布伦特颇为关心模型推荐的改变程度，如果改变很小，管理层可能不会觉得此模型有用，如果建议大改动，也许管理层又会不接受。

午饭后他将与物料和生产经理简短会面，审核一下结果，并草拟一下他们的推荐方案。在下午 2：00，将与美国配送中心的物料经理进行电话会谈。晚上要到新加坡。星期六早上，要到德国。他希望每个人都能做出一些让步。布伦特也在疑惑，是否还有一些其他应该考虑的方案。他知道无论他提出的数字是多少，都将是很大的。

> **学习完本章，你应该能够回答以下问题：**
> ● 当公司在考虑产品工艺流程及其对供应链绩效的影响时，可以使用哪些框架、工具和概念？其对供应链绩效又有什么影响？
> ● 怎样用物流设计概念来控制物流成本，从而使供应链更有效？
> ● 什么是延迟差异？惠普可以怎样采用延迟差异来解决上述案例中的问题？延迟差异的优势如何量化？
> ● 在新产品开发流程中应该何时让供应商参与进来？
> ● 什么是大规模定制？在开发一个有效的大规模定制战略时，供应链管理是否有一定的作用？

多年来，生产制造工程是产品工艺流程的最后一步，研究人员和设计工程师一道为开发新的可行性产品而工作，而且也许可以尽量采用便宜的物料。然后，生产工程师开始决定如何有效地使此产品设计生产出来。20 世纪 80 年代，这种惯例开始发生变化。管理者开始意识到产品和流程设计是重要的产品成本因素，尽早地在设计流程中考虑进生产制造流程是使其更为高效的唯一方法。因而诞生了为生产制造而设计（DFM）的概念。

最近，在供应链管理方面也发生了类似的转变。我们已经讨论了适合供应链设计和运营的战略，并假定在设计供应链时已经做出了产品设计决策。我们已假定，供应链设计包括用现有的生产工艺确定供应现有产品的最好方式。但是在过去几年里，管理者开始意识到，在产品和流程设计阶段中考虑物流和供应链管理，也许能够更有效地运营供应链，显然，这与为生产制造而设计的做法中，在产品设计阶段考虑生产制造是类似的。

在本章中，我们将讨论多种可以使供应链管理更加有效的产品设计的方法。在开始讨论具体的设计问题之前，我们将从一个整合了第 1 章中介绍的开发开发链的总体框架开始。

一个总体框架

回想第 1 章，我们介绍了开发链的概念——一套与新产品引进相关的行动和过程。尽管在本章中，主要关注的是供应链，但实际上，在许多组织中我们都发现了这两条相互影响的链条：

- 供应链：关注实际物品从供应商到生产商，再到分销商，最后到达销售终端和顾客之间的所有流动。
- 开发链：关注新产品引进，涉及产品结构、生产/采购决策、早期供应商参与、战略联盟、供应商覆盖区域以及供应合同。

很明显，随着产品从引进走向生产，这两条链将会交叉，同样明显的是，在开发链中所做的决策将会影响到供应链的效率。然而，在大多数组织中，这两条链所包含的不同活动是由不同人负责的。典型的例子是：分管工程的副总裁负责开发链，分管生产的副总裁负责两条链中的产品制造部分，分管供应链或者物流的副总裁负责满足顾客需求。而且，这些管理者的绩效激励往往促使他们仅仅关注自己在各自职权范围内的表现，而无视其决策对开发链和供应链其余部分的影响。除非谨慎实施，否则这些组织的、激励的体系会使产品设计和供应链战略不匹配。

要注意的是，每条链都具有自己的特征。比如，供应链的关键特征包括：

- 需求的不确定性及多变性，尤其是第 5 章谈到的牛鞭效应。
- 生产和运输中的规模经济（见第 2 章和第 3 章）。
- 提前期，尤其是因为全球化而产生（见第 9 章和第 10 章）。

当然，这些特征中的每一个都会对合适的供应链战略产生巨大的影响，因此，我们在第 6 章中引入了一个框架，以便使这些特征与供应链战略相匹配。

开发链则有一套不同的特征，例如：

- 技术更新速度，这是指在某个产业中技术更新的速度，很明显，这对产品设计及开发链有影响。
- 生产/采购决策，即有关什么该内部生产，什么该从外部供应商购买的决策（见第 9 章）。
- 产品结构，指一个产品必须拥有的模块性及完整性。在这一章中，我们将讨论有关产品模块化概念的更多细节。但这里我们要先说明的是，一个高模块化的产品是由一系列模块组装而成的，而每一个模块也有数个选择。通过这种方式，产品的主体制造就可以在选择模块和最终产品装配之前完成。

显然，这些特征中的每一个都会对公司采用的供应链战略产生巨大影响。实际上，在一个技术更新速度很快的行业（如个人电脑和激光打印机）中所采取的供应链战略，与在一个技术更新速度很慢的行业（如飞机）中采用的是截然不同的。类似地，业务外包的程度、供应商覆盖区域和产品结构都会对供应链战略产生很大的影响。

开发链以及技术更新速度等概念与马歇尔·费希尔的著作直接相关。在他的早期文章《什么样的供应链适合你的产品？》［72］中，费希尔教授对两种迥异的产品——创新性产品和功能性产品加以了区分。功能性产品技术更新速度较慢，产品多样性低，利润率往往较低，典型产品如杂货（如肥皂、啤酒、轮胎以及办公设备等）。创新性产品恰恰相反，具有较快的技术更新速度和较短的生命周期，利润率较高。

那么，针对每一类产品，合适的供应链战略和产品设计策略是什么呢？显然，具有较快技术更新速度的产品（如创新性产品）与具有较慢技术更新速度的产品（如功能性产品）需要的方法是不同的。同时，供应链战略和产品设计策略都要考虑到需求的不确定程度。

图11—3给出了一个将产品设计、供应链战略和开发链特征（技术更新速度）、供应链特征（需求不确定性）相匹配的架构。横轴表示需求不确定性，纵轴表示新产品推出频率，或者是产品的技术更新速度。

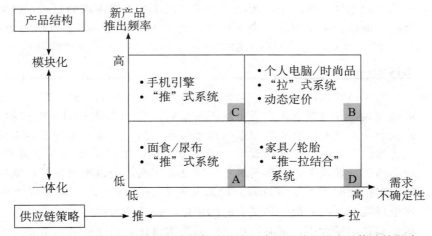

图11—3　需求不确定性和新产品推出频率对产品设计及供应链战略的影响

就像我们在第6章中看到的，在其他条件一样的前提下，针对高的需求不确定性，供应链应采用拉动战略；相应地，如果是较低的需求不确定性，采用推动战略较好。在推动战略中，关注的焦点是可预测的需求、规模经济以及压低成本。相反，在拉动战略中，关注的焦点是对不可预测需求的反应，处理小的规模经济以及达到快速响应，方式之一是大幅度地缩短提前期。

类似地，在其他条件一样的前提下，如果新产品推出频率较高（较快的技术更新速度），则需要采用模块化生产的结构，因为这样可以使产品的子部件独立开发，从而使最终特征选择和产品差异化尽可能延后，有时可以推迟到需求实现的时候。（我们将在本章的后面对这些理念展开仔细讨论）。相反，当新产品推出频率很低时（较慢的技术更新速度），加速新产品开发、延迟产品差异化及产品的模块化就不那么重要了。

在图11—3中，我们根据需求不确定性及新产品推出频率这两个指标来将图分成四部分。A部分代表那些具有可预测的需求以及较低的产品推出速度的产品。典型产品包括纸尿裤、肥皂和面食。在这种情况下，应该采用推动战略，注重供应链效率和高库存周转。

B 部分代表技术更新速度快和需求很难预测的产品。许多高科技产品属于此类，如个人电脑、打印机、手机以及时装。这种情况下，应采取拉动战略，注重响应以及生产工艺模块化。因此，此类产品需要供应链侧重于响应而不是成本——第 9 章中的 Zara 案例已经展示了如何通过出色的生产能力和缩短提前期来达成这一目标。在许多案例中，动态定价策略常常被采用，以便更好地使供应和需求相匹配，我们将在第 13 章中讨论这一内容。

D 部分代表产品更新速度慢和具有较高的需求不确定性的产品。这些产品和行业有必要将推动和拉动两种战略结合起来。与 B 部分类似，提前期的缩短同样重要。此类产品的例子包括高端家具、化工类产品（比如农用化学品、日用化工产品和专用化工产品），以及那些需求量相对较小、需求具有高不确定性的产品，例如在矿业中使用的大直径轮胎。

最后的 C 部分代表了技术更新速度快以及需求不确定性较低的产品。很少有产品具有这些特征，但是手机引擎是一个。实际上，许多手机生产商在它们所有的电话中使用同一种引擎，所以对引擎的需求是手机需求的总和，因此，需求不确定性是较低的。手机引擎本身并没有模块化生产工艺，但它是模块化产品的一部分。与 A 部分类似，应该采取推动战略，强调供应链的效率和降低成本。

实例 11—1

为了检验我们的框架，考虑一下电视机这类产品。总体来说，尽管厂家频繁地更换模具，并且最近正在发生从阴极线管这样的老技术到平板显示屏的巨大跨越，但这个行业里并没有非常频繁的技术转换。因此，新产品推出频率虽高，但也许并没有达到个人电脑的那种程度。排除掉促销因素以及最近一个月产品降价 10% 从而影响了需求水平，顾客需求不确定性并不高，所以需求是可预测的。因此，电视机应定位在图 11—3 中 B 部分和 D 部分的分界线上，也许靠近中央的垂直线。在这个行业中，产品设计和供应链的策略应该是什么样呢？有趣的是，应该分别根据制造商和市场大小，采取模块化产品结构设计和缩短提前期策略。实际上，虽然生产的大部分是在中国进行的，但企业的策略却要取决于最终的目标市场。精明的制造商将零件运送到贫穷的国家，并根据顾客需求在销售地组装成品。这种推—拉式战略需要模块化设计，可以使生产商降低成本，并且使生产商有时为了满足法律要求，请本地公司进行装配。从另一方面讲，在美国市场上，最近关注的焦点是把从制造商到商店的准备期从以前的 90 天降到 30 天。这样短的准备期可以大大降低库存，供应链也因此在面对产品每个月降价 10% 时不那么脆弱。

在下节中，我们将讨论由李效良（Hau Lee）教授 [118] 提出的一系列概念，这些概念综合起来可称为"物流设计"。它们有助于找到一些帮助控制物流成本和增加用户服务水平的产品及流程设计方法。

之后，我们将讨论在产品设计过程中让供应商参与的优势，整个讨论是建立在密歇根州立大学全球采购和供应链标杆小组的一个全面报告基础上的，此报告名为《管理层总结：在新产品开发中集成供应商，一个获得竞争优势的战略》。

最后，我们将讨论由约瑟夫·派因二世（Joseph Pine II）和其他几个作者提出的大规模定制概念，我们特别谈到了先进的物流和供应链方法如何有助于这种新的激动人心的商务模式运营起来。

物流设计

概论

我们已经知道运输和库存费用是构成供应链成本的重要因素，特别是当需要保持较高的库存水平来确保服务水平时。物流设计探讨的就是这些问题，它同时要考虑以下三个方面 [118]：

- 包装和运输的经济性。
- 并行和平行工艺。
- 标准化。

这三方面的因素以互补的方式涉及了库存或运输成本与服务水平间的关系，在以下章节中，我们将进行详细描述。

包装和运输的经济性

在各种物流设计概念中，可能最重要的就是对产品的设计，以使其可以有效包装和储存。产品包装得越紧凑，运费越便宜，特别是在运输设施的运输载重能力允许但装不下时。换句话，如果是空间原因而不是重量原因限制了运输设施的运输能力，那么产品装得越紧凑，运费越便宜。

实例 11—2

瑞典家具零售商宜家是世界上最大的家具零售商，销售额达 180 亿美元。宜家由英格瓦·坎普拉德（Ingvar Kamprad）于瑞典创建，目前在 33 个国家有 220 家商店 [102，222]。通过"重组家具业务"[130]，宜家得到了快速成长。传统的家具业务主要在百货店和小的私人商店销售。通常顾客发出订单，商店在收到订单两个月后，将家具运送至顾客家中。

宜家改变了这种模式，它在郊区的仓储式门店中陈列其全部的 10 000 种产品，并把所有的产品放在仓库里。为了做到这一点，宜家将家具设计成块状，可以紧凑包装，由顾客从商店里把货取走后自己在家里组装。这些家具模块运输方便、便宜，同时，这样的产品还可以高效地在少数工厂里制造，然后相对便宜地运到世界各个商店。由于宜家有很多商店，并且每家的规模都很大，因此公司能很容易地获得规模经济优势，这样公司就能以比竞争对手低的价格销售同样质量的家具 [130]。

宜家继续向改善设计和包装努力，以期能保持其快速增长——"最近公司发现如果把书桌的后板作为一个单独的部件，书桌包装盒的宽度就可以减少 1/3"[164]。

还有其他原因促使我们要把产品设计得可以紧凑包装。例如，许多大零售商更愿意接受那些包装容易且占地小的产品。有效的储存能降低部分库存成本，因为搬运成本降低了，每单位产品所占空间及每单位产品所收的租金降低，每平方英尺的收益就提高了。比如，许多在折扣店销售的大塑料产品，如垃圾桶，就被设计得可以堆叠，这样占用的店铺面积就可以更少。因此，在产品设计完成后不能有效地设计包装时，为了把上述这些问题考虑进来对产品本身重新设计，也许会很有价值。

实例 11—3

最近，乐柏美（Rubbermaid）获得了《商业周刊》杂志的几项设计奖。当谈到为什么条理化传统食品储存容器能赢得大奖时，作者提到"沃尔玛喜欢产品的设计与 14×14 英寸的货架相匹配"，这也是这些产品如此成功的原因之一。此外，当谈到乐柏美获奖的另一作品——儿童雪橇时，作者说，"当然，并不是所有在沃尔玛销售的产品都符合 14×14 英寸的货架，但是如果设计者把产品设计得可以堆放，节省空间，那么这些产品也有销给沃尔玛的机会……在研究了沃尔玛的需求后，乐柏美把雪橇设计得更薄而且容易堆放。"[152]

同理，通常可以大批量地运送货物，直到仓库甚至零售商处才进行最终包装。这样可以节约运输费用，因为大批量地运送物品效率更高。

实例 11—4

第二次世界大战后，夏威夷糖业由于成本上升，开始采用大批量运输。他们估计运输一整吨集装箱白糖的成本是 0.77 美元，而用袋子运输相同量的白糖所花的成本是 20 美元 [56]。

在一些案例中，最终包装甚至可以延迟到产品实际销售时。比如，许多杂货店大宗销售面粉、谷物、蜂蜜、固体肥皂、大米、豆类、麦片和其他物品，允许顾客按他们的需求包装。

回忆一下第 7 章中提到的直接转运：把一辆卡车（如供应商的）上的物品直接移到另一辆卡车上（如要送到单个零售店的卡车）。有时候盒子或货盘从一辆刚进来的卡车上卸下，就能马上直接装到要运出的卡车上，但有时需要对某些产品进行重新包装。大多数情况下，各种物品的大宗货盘从供应商处运来后，需要将不同物品混装在一个托盘上送到单个零售商处。在这种情况下，物品就需要在直接转运处重新包装，所以如果包装被打开，则可能需要更多的识别或标识作业 [187]。通常而言，为了适应这种直接转运而设计的包装和产品，可以较容易地重新包装，也可以帮助降低物流成本。

■ 并行和平行工艺

在前一节，我们集中谈了一些帮助控制物流成本、重新设计产品和包装的简单方法。在这一节，我们将讨论修改生产工艺。这可能要对产品设计进行修改。

我们知道，供应链运营过程中面临的许多难题主要是由于生产提前期过长造成的。许多生产工艺由一些按顺序进行的生产步骤组成。要求安装时间短，产品生产周期更短，常常意味着一些生产步骤要在不同的地点进行，以充分利用现有的设备或专有技术。并行和平行工艺包括对生产工艺进行修改，以确保以前顺序运行的步骤可以同时完成。显然这将有益于缩短生产提前期，通过改善预测降低库存成本，减少安全库存水平等。

使生产工艺平行的关键是分解概念。如果产品的许多部件在生产过程中可以分解，或实体上可分开，那么平行制造这些部件就是可行的。在新分解的设计中，如果各个单独部件的生产制造仍然要花同样长的时间，生产制造步骤又是同步进行的，那么生产提前期将缩短。即使某些模块的部件制造所需的时间要稍微长些，但由于各种部件是并行制造的，总的提前期仍然缩短了。这种分解制造策略的一个附带好处是，对于各种分解了的部件可以设计不同的库存策略。如果某个部件的原材料供应或生产产量不确定，那么对于这种部件（而不是整个产成品）可以保持更高的库存水平。

实例 11—5

一个欧洲制造商和一个远东制造商建立了战略联盟，面向欧洲市场生产网络打印机。主打印机 PC 板在欧洲设计和装配，然后运往亚洲，在那里和主打印机机架通过工艺合成一体。此工艺包括围绕 PC 板把打印机装配起来，包括电机、打印头、机架等。产成品然后运往欧洲。制造商非常关注长的生产和运输提前期，因为这要求在欧洲保持很多的安全库存。然而，生产提前期长的主要原因是生产流程是顺序生产。对打印机生产工艺和产品重新设计，使 PC 板可以在生产工艺结束时与打印机的其他部分合成一体，这样欧洲和远东地区就可以平行生产，从而缩短提前期。此外，把总装工艺移到欧洲可以进一步提高反应速度，缩短提前期，两种生产工艺见图 11—4 [118]。

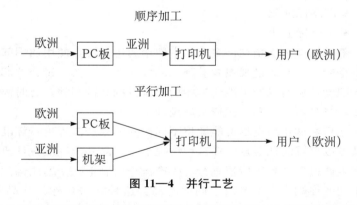

图 11—4　并行工艺

■ 标准化

前面我们已谈到，在有些情况下可以通过缩短提前期（如利用平行工艺）来降低库存水平，增加预测的准确性。但有时候，如果超过了某个极值点，再缩短提前期是不可能的。在这种情况下，可以利用标准化的优势以达到缩短提前期的目的。

回忆一下第 2 章中讲到的预测的第三条原则：总体需求信息总是比单个数据更精确。因此，对一个洲的需求预测总比对一个国家的需求预测更精确，对一个产品系列（如滑雪服）的需求预测比对单个产品或款式的需求预测更好。然而，在传统的生产环境中，总体预测并没有多大用处，生产经理在开始启动生产工艺前应知道具体需要生产什么。但是，通过有效的标准化，有效地利用总体预测的信息是有可能的。具体地讲，产品或流程标准化的方法可以帮助决策者确定，哪种特定产品的生产可以延迟到具体的制造或采购决策之后。这样，这些决策就可以在总体需求的层次上进行，以达到更高的准确度。

贾亚尚卡尔·斯瓦米纳坦（Jayashankar Swaminathan）教授提出了一套使用准确的运作策略从而建立有效标准化规则的框架体系［201］。斯瓦米纳坦指出，设计产品和流程模块是实现降低库存成本、提高预测精确度的标准化策略的主要驱动因素。根据他的说法，我们定义了以下几个概念：

模块化产品：模块化产品是指由一系列具有一定功能的产品模块组装成的产品。模块化产品最典型的例子是个人计算机，它将显卡、硬盘、内存条等部件组装成一件个性化的产品。回想一下，事实上，标准化模块的概念对我们前面所提到的并行和平行工艺也是十分重要的。

模块化流程：模块化流程是指由一系列离散的具体操作所组成的生产流程，这样库存就可以以在制品的形式在两个操作之间储存。产品的差异化通过在生产过程中完成不同的操作来实现。模块化产品不一定要由模块化流程来生产，因为流程不可能以在制品、未成品的形式储存。

斯瓦米纳坦还定义了四种进行标准化的方法：

- 部件标准化。
- 流程标准化。
- 产品标准化。
- 生产标准化。

部件标准化是指在许多产品中使用通用部件。使用通用部件能通过风险分担降低安全库存，并通过规模效益降低部件成本。当然，过分的部件标准化会降低产品差异程度，从而降低个性化功能所能获得的高额利润。有时候，为了实现标准化还需要对产品线或产品族进行重新设计。

流程标准化是指尽可能地将不同产品的生产流程进行标准化，这样产品的差异化就可以尽可能地后延。在这种情况下，产品和流程的设计原则是，产品差异化可以在生产过程开始以后再进行。生产流程由制造一个通用部件或族部件开始，并且在不同的终端可以生产出不同的产品，这种方法被称为产品延迟差异或推迟差异［118］。通过延迟差异，可以在总体预测的基础上开始生产，这样，在预测精确性不能再提高的情况下，就能够有效地应对最终需求的波动。

通常而言，实现延迟策略都要对产品进行重新设计。例如，为了充分利用流程标准化的优势，对生产工艺进行重新安排。"重新安排"是指更改产品的生产步骤，将会导致产品差异化的操作尽可能后延。一个著名的利用重新安排工艺的方法提高供应链运作水平的例子是贝纳通公司。

实例 11—6

贝纳通是一个大型针织品供应商、欧洲最大的服装制造商，也是在服装方面世界最大的羊毛消费商，它向成百上千家商店提供产品。服装行业的特点是顾客偏好变化快。但是，由于生产提前期长，商店店主常常不得不提前 7 个月订购羊毛衫。羊毛衫的生产工艺通常包括采购毛纱、染印毛纱、毛纱线完工、加工外衣的各部分、把各个部分连成一件完整的毛衣。遗憾的是，这给对顾客快速变化的偏好进行反应留下了很少的灵活性。为了解决这个问题，贝纳通重整了制造工艺，把外衣印染延迟到毛衣完全制好以后。因此，挑选印染的颜色被延迟到收到更多的预测和销售信息后。这样，由于推迟了印染工艺，毛纱线的采购和生产计划可根据产品系列的总体预测而制定，而不是根据具体颜色/毛衣的组合预测来制定。改革后的工艺使毛衣生产成本增加了 10%，要求采购新设备，重新培训员工。不过由于预测得到改善，额外库存降低，大多数情况下销售额增长，贝纳通获得了更多的收益［192］。

另一个有名的例子是一家美国磁盘驱动制造商。请注意此例中，为了达到特定的服务水平，需要降低库存，但单位库存成本却趋于上升。

实例 11—7

一家大的生产大型存储设备的美国制造商，向其各个用户分别提供针对其具体情况生产的硬件驱动产品。顾客发出订单，要求产品在某个时间交货。考虑到提前期长，制造商为了在允诺的时间交货，不得不保持许多在制品。由于需求变动大，每样产品都是特制的，制造商为了保证满足需求的可靠性，保持了极高的在制品库存水平。生产工艺包括一个很小的通用部分（所有顾客需要的产品都要经过这部分流程），然后就是一段很长的定制化流程。显然，理想的状态是在定制化开始前设置库存。但是，大部分生产（特别是由于要进行长时间的测试）发生在差异化开始之后。要进行测试，需要在装配中加入特定的电路板，而不同用户用的电路板是不同的，因而测试需要在差异化后进行。为了延迟差异，可以在装配中加入通用电路板，完成大部分测试后，把这块通用板移走，然后再把基于顾客的电路板安上，这样磁盘驱动的差异化就可以推迟到获得更多的订单信息后。显然，这可以降低为了满足需求可靠性而设置的在制品库存水平，但也会增添一些额外的生产步骤，特别是通用电路板的装卸。因此，有必要对电路板装卸引起的生产效率下降和库存水平下降而导致的成本节约进行比较。生产流程见图 11—5［118］。

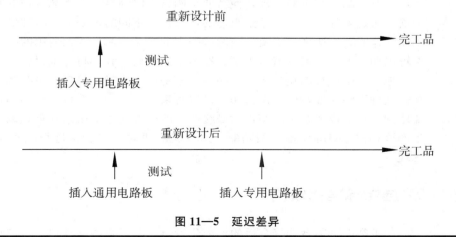

图 11—5　延迟差异

部件标准化和流程标准化往往是联系在一起的，有时部件标准化是实现流程标准化的重要因素之一。

实例 11—8

一个主要的打印机制造商准备将一种新的彩色打印机推入市场。新机型和现有机型的市场需求相差较大且成负相关关系。这两种打印机的生产过程相同，只是要在组装时插入不同的线路板和打印头。使用不同的打印头和线路板会使得两种打印机的生产流程产生巨大差异。为了实现流程标准化，即延迟差异，必须保证在最终组装前制造过程是相同的。为了达到这个目的，这两种打印机必须使用相同的线路板和打印头。这就使得差异化能够尽量后延。在这个例子中，部件标准化使流程标准化成为可能 [118]。

在有些情况下，重新排序和通用化允许一些最后的生产步骤在配送中心或仓库中完成，而不是在工厂完成。这种方法的优势之一是配送中心比工厂更靠近需求，产品可以一种更靠近需求的方式来进行差异化，从而增加了企业对市场变化做出快速反应的能力。我们将在后面的内容中详细讨论这个方法。

有时候，流程中需要进行差异化的步骤甚至可以不用在工厂或配送中心进行，而是延迟到零售商将商品售出之后。这种类型的产品通常必须在设计阶段就要将各种功能模块设计得可以很容易地添加到产品上。例如，对一些激光打印机/复印机而言，打包出售的仅仅是最普通的版本，同时各个零售店分别储存了一些包装好的模块。这些模块可以把其他特性（比如更高级的纸张处理、装订等）添加到打印机或者复印机上。显然，由于添加特征只需要以模块的形式而不是整机加以储存，所需库存大大降低。

产品标准化时，可以向客户提供大量产品，但只维持较低的库存量，当被订购的产品缺货时，可以用现有的多于客户所需要的功能的产品来满足需求，这种方法被称为"向下替代"，在许多行业中都有应用。例如，在半导体行业，当低端芯片缺货时，用高端芯片来替代销售的情况很常见。同样，在汽车租赁公司和酒店中，如果客户预订的低端车辆或房间缺货，可以用较高级的车辆或房间来代替。有时，也可以对产品进行重新设计，使其便于调整，以满足不同终端客户的需求。比如我们前面所提到的，许多产品是类似的，只是在不同的市场上对电源供应的要求有所不同，这时，制造商不需要生产两种版本的产品，而只要在通用的标准化产品上加上可以切换的电源系统就可以了。在本章的最后，我们将详细讨论这一问题。

最后，生产标准化是指当产品本身不是标准化时，将生产设备和方法进行标准化。这种策略一般在生产设备相当昂贵时采用。例如，在生产专用集成电路时，需要用到昂贵的设备，虽然用户对最终产品的个性化要求很高并且难以预测，但用于生产该集成电路的设备是相同的，这样就需要对生产设备进行独立于最终需求的管理。

■ 选择标准化策略

为了帮助决策者选择合适的标准化策略，斯瓦米纳坦 [149] 在观察的基础上，指出企业进行的标准化策略选择与企业对其产品和流程实现模块化的能力密切相关，图 11—6 所说明的就是在不同条件下可以进行的策略选择：

- 如果流程和产品都是模块化的，流程标准化可以使预测的有效性最大化，并最小化库存成本。
- 如果产品是模块化的而流程不是，就不能实现延迟制造。然而，部件标准化仍是一个可供选择的方案。
- 如果流程是模块化的而产品不是，生产标准化策略能够降低设备损耗。
- 如果产品和流程都没有模块化，企业仍然可以在产品标准化上做文章。

		流程	
		非模块化	模块化
产品	模块化	部件标准化	流程标准化
	非模块化	产品标准化	生产标准化

图 11—6　标准化的实施策略

■ 几点思考

以上提到的几种策略都适用于预测不够精确且产品种类较多的情况，但在某种特定的产品或供应链上实施这些策略是不可能的，或者是不经济的。在某些情况下，采取某种策略从理论上讲是可行的，但对产品和包装进行重新设计的费用会超过在新系统下运行的收益。另外，这些改造大多是需要资本投入的。有时，就像我们上面讨论的那样，需要在配送中心增加生产能力，特别是在费用需要分摊在产品的整个生命周期上时，这种改变在产品生产初期的代价是相当高的。也有可能一些在产品生命周期初期看起来可行的物流设计创意，在实施的后期发现不能承担自身费用［118］。

用新设计的流程来生产产品的费用可能更高。在上面提到的许多例子中，产品和制造流程的成本更高。因此，有必要估计效率更高的产品或流程设计所带来的节约收益，并与生产增加的成本相比较。实施此系统的许多好处是很难量化的，而灵活性的增加、顾客服务效率的提高和市场反应时间的缩短也很难进行价值确定，这些都加大了分析难度。除了这些难题，工程师在进行这些决策时，常常要求他们从比其接受培训时的视野更宽广的角度去看问题。

除了这些复杂问题，在大多数情况下，重新安排工艺顺序虽然会引起库存水平下降，但单位物品的库存价值会增加。例如，在毛衣一例中，由于毛衣不需要在最终缝制前印染，羊毛库存可以减少，但许多羊毛将以毛衣的形式进行储存，这比染了色的羊毛的价值高多了。当然，如果生产或定制化步骤延迟了，那么通用产品的价值比定制化产品低，这样在供应链中，价值是在后期而不是前期增加的。

最后，在一些情况下，半成品或未配置的产品，其关税及其他税费比产成品低［118］，那么实施在当地配送中心完成生产工艺的策略可以帮助降低关税及其他税费成本。

在实施物流设计决策时，所有的上述问题都要考虑。即使如此，在大多数情况下，物流设计都可以帮助改善客户服务，大幅度地降低供应链运营成本。

■ 拉动与推动的界线

我们回忆一下第 6 章谈到的拉动系统和推动系统的分界线。在推动系统中，生产根据长期预测做决策；而在拉动供应链中，生产是由需求驱动的。我们列举了拉动系统的许多优点，而且认为，与推动系统相比，通常拉动系统可以缩短供应链提前期，降低库存水平和系统成本，同时能更容易地管理系统资源。

遗憾的是，并不是总能在整个供应链中实施拉动。提前期可能过长，或者在生产或运输中可能要考虑规模经济的要求。本节中谈到的延迟差异策略可以看作在供应链中把拉动系统和推动系统结合起来，形成我们在第 6 章称为"推—拉结合"系统的方法。供应链中，在产品差异化之前的部分是典型的推动系统，即无差异化的产品按照长期预测进行生产和运送。相反，差异化则根据市场需求做出反应。因此，供应链从差异化开始的部分就是拉动型供应链。

例如在贝纳通公司一例中（实例 11—6），无色毛衣按预测生产，而染色则根据顾客需求进行，差异的区分处就是拉动—推动界线，因为在此处系统从推动转换为拉动。

对"拉动—推动界线"概念的思考可以用到第 2 章中提到的库存管理法则的第三条，由于总体需求的预测比单个数据的预测精确，供应链的推动部分是指在生产差异化开始前的行为和决策，这些行为和决策是在总体需求数据基础上做出的。

那么，显然延迟的一个额外优点就是，它不仅允许公司实现拉动系统的许多优点，还可以同时利用推动系统的规模经济优势。在实施延迟策略时，如果有不止一个差异区分点，那么为了在拉动系统和推动系统的优势间达到一种均衡，从确定"拉动—推动界线"的角度去考虑问题也许会有作用。

■ 案例分析

考虑一下本章开头的惠普案例。尽管在案例中涉及了几个问题，但我们将集中分析欧洲配送中心的库存，特别是惠普如何解决把产品从华盛顿的温哥华市运往欧洲的 4～5 周的提前期问题。温哥华工厂是个快速、大批量生产的工厂，其生产周期大约为一周。

惠普尤其关注在欧洲的高库存水平和库存不平衡问题。台式喷墨打印机生产线的特点之一是，根据当地市场进行定制化（此流程称为"本地化"），包括添加用适当的语言写的标签和文件、将电源装置定制化成正确的电压和插座。如果产品在到达欧洲的数周前就在温哥华进行了定制化，那么，打印机在到达欧洲后，库存不平衡将可能以以下的形式出现：欧洲配送中心常常发现某些市场定制化的打印机库存过多，而按其他市场要求定制的太少。

这些问题的原因是什么呢？根据案例和前面章节中谈到的材料，下面的问题开始浮出水面：

- 设定正确的库存水平有很大的不确定性。
- 不同的本地化选择方案过多，使库存难以管理。
- 提前期长，导致预测难度大，安全库存多。
- 许多当地市场的不确定性使预测困难。

● 维持惠普各个分部之间的合作有很大的挑战性。

在短期内，第一个问题可以通过采用第 2 章中谈到的一些方法来合理分配安全库存，从而得以解决。如果从长期角度解决这些问题，则有以下一些方案：

● 改为从温哥华空运打印机。
● 在欧洲建厂。
● 在欧洲配送中心保持更多的库存。
● 改善预测。

遗憾的是，各个方案都存在严重问题。在这个竞争激烈、边际收益低的打印机行业，空运成本过于昂贵。欧洲的销量还没有大到足够可以建立一个新厂。库存本身就是一个问题，更多的库存仅仅意味着问题的扩大化。最后，怎样实现预测改善还不太清楚。

因而，惠普的管理层开始考虑另一种方案：流程标准化或延迟。具体而言，此方案是指把"未本地化"的打印机运送到欧洲配送中心，在明确了当地需求后再进行本地化。问题是这种策略如何能实现降低库存的目的？对于此问题，我们可利用第 2 章中具体讲到的库存管理法则来加以说明。

回忆一下，我们可以通过公式——安全库存$=z\times STD\times\sqrt{L}$（$z$ 根据服务水平要求选择，见表 2—2），来计算各个定制化产品需要的安全库存。在下面的讨论中，假定提前期为 5 周，要求的服务水平为 98%，用此数除以平均需求，就可确定要求的安全库存周数。表 11—2 的前 6 行是针对表 11—1 中各个定制化方案的产品进行计算的结果，倒数第二行对所有要求的安全库存进行了加总。我们发现如果惠普要实现要求的 98% 的服务水平，利用现行的配送系统和有效的库存管理策略，需要 3.5 周以上的安全库存。表 11—2 也显示了把本地化延迟到观察出需求后的效果。在此案例中，配送中心仅储存通用打印机的安全库存，然后等有了需求再对打印机定制化，这样配送中心可以集中考虑总体需求水平。因此，如同第 2 章中谈到的风险分担那样，总体需求的标准差比单个需求的小。表 11—2 的最后一行计算了总体需求的标准差，这个新的标准差被用来计算通用版本的产品的安全库存。我们观察到本地化延迟的新系统比目前的现有系统所需的安全库存少。

表 11—2 　　　　　　　　　　　　　　　**库存分析**

参数	平均月需求	月需求标准差	平均周需求	周需求标准差	安全库存	安全库存周数
A	42.3	32.4	9.8	15.6	71.5	7.4
AA	420.2	203.9	97.7	98.3	450.6	4.6
AB	15 830.1	5 624.6	3 681.4	2 712.4	12 433.5	3.4
AQ	2 301.2	1 168.5	535.1	563.5	2 583.0	4.8
AU	4 208.0	2 204.6	978.6	1 063.2	4 873.6	5.0
AY	306.8	103.1	71.3	49.7	227.8	3.2
总计	23 108.6		5 373.9		20 640.0	3.8
总体	23 108.6	6 244	5 373.9	3 011.1	13 802.6	2.6

计算库存保管成本所节约的资金显然要考虑使用的库存持有费率。例如，如果库存持有成本是 30%，而产品价值假定为 400 美元，则每年节约 80 万美元。此外，实施延迟策略还有其他好处，包括：

- 降低在运输途中的库存价值以及保险成本。
- 也许可以降低货物搬运成本。
- 一些本地化的物料可以当地采购，从而降低成本，并达到"本土供给"的要求。

另一方面，实施此策略也要花费成本。首先，为了延迟本地化，要重新设计产品和包装，这会产生费用，并且要求研发部对一个已经非常不错的产品进行重新设计。其次，要对欧洲配送中心进行改造，使之可以在配送中心进行本地化。不仅如此，在增加资金投资外，固有的分销运营方式——"配送，而不是生产，是我们的核心能力"也要进行改变。

惠普的确成功地实施了这个策略。库存下降，服务水平上升，实现了成本节约和利润增加。为了取得这些成果，对打印机的本地化重新进行了设计，配送中心承担了更多的工作和责任。

供应商参与新产品开发

供应链中另一个关键性的问题是为新产品的零部件选择合适的供应商。传统上，这项工作是在产品设计已经完成并且制造工程师已经确定了最后设计的情况下进行的。最近，密歇根州立大学全球采购和供应链标杆小组所做的研究表明[145]，让供应商参与产品设计将会获得很大收益，包括采购物料成本减少，采购物料质量上升，开发的时间和成本减少，生产成本下降，以及最终产品的技术水平上升。

除了竞争压力驱动管理者寻找各种提高供应链效率的方法，还有几项竞争压力尤其鼓励管理者寻找在产品设计流程中与供应商合作的机会，包括继续要求公司集中精力考虑自身核心能力而把其他业务能力外包的战略，以及继续缩短产品生命周期。这些压力鼓励公司去开发可以更加有效设计工艺的流程。利用供应商的能力当然是方法之一。

供应商的集成层次

供应商集成研究 [145] 指出，没有一个普遍"适合的"供应商集成水平，相反，他们提出了"供应商集成层次"的概念。下面具体描述了他们对供应商的职责从最小到最大的一系列确认步骤。

无。供应商未参与设计，物料和分装根据用户说明书和设计提供。

白箱。集成程度为非正式，采购商在设计产品和说明书时向供应商咨询，但没有正式的合作。

灰箱。正式的供应商集成，由采购商和供应商的工程师组成合作小组，共同开发。

黑箱。采购商提供给供应商一套有关装置对零部件的要求，供应商独立设计和开发要求的部件。

当然，虽然黑箱方法是整个系列的最终层次，但这并不意味着在任何情况下它都是最好的。但是，公司必须开发一个战略，为各种情况确定恰当的供应商集成水平。全球采购和供应链标杆小组已开发了一个战略计划流程，帮助公司进行上述决策［145］。流程的前几步包括：

- 确定内部核心能力。
- 确定当前的和未来的新产品开发。
- 识别外部开发和生产需求。

这三步可以帮助管理层确定从供应商处采购的物品，以及供应商需要具备的专业技术水平。如果以后产品的某些部件要求的专门技术公司不具备，而这些部件的开发可以和产品开发的其他阶段分开，那么可以采取黑箱方式。如果开发阶段不可分离，那么采取灰箱方式更恰当。如果企业本身具备一定的专业技术能力，只是想确定供应商能够制造出这些部件，那么可采取白箱方式。

■ 有效供应商集成的关键

仅仅选择一个恰当的供应商集成水平是不够的，更多的努力应当放在成功地维持这种关系上。战略计划流程［145］的后几步可以帮助确保这种关系的成功：

- 挑选合适的供应商并与它们建立关系。
- 把目标与选定的供应商分享。

选择供应商一般要考虑多种因素，如生产能力和反应时间。由于供应商集成合作伙伴，除了配合设计，最主要的任务仍是供应部件，因而所有因素都要考虑进来。此外，供应商集成的特殊性还对供应商提出了额外要求。

同样的研究还有很多，包括：

- 参与设计流程的能力。
- 愿意参加设计流程的程度，包括在知识产权和保密问题方面达成协议的能力。
- 愿意在流程中投入足够的人力、时间的能力，这可能包括共同安排恰当的人选。
- 投入供应商集成流程的充足资源。

当然，这些要求的相对重要性因项目的不同和集成程度而异。一旦确定了供应商，着手建立与供应商的关系就变得非常重要。例如，许多企业都认识到了让供应商及早参与设计的作用，那些在流程设计之初就让供应商参与其中的公司，比那些在设计概念完成后才让供应商参与的公司的报告收益要高得多。与供应商分享愿景计划和技术既可以帮助建立这种关系，又可以实现共同持续改善的目标。把致力于管理这种关系的组织团体分离出来，也是有用的。在所有的这些例子中，采购公司的目标是与可信任的供应商建立长期、有效的关系，这将自然而然地把采购商和供应商的目标联合起来，最终使合作更有效率。

■ 技术和供应商"书架"

密歇根州立大学的研究小组在供应商集成概念中提出了一个叫技术和供应商"书架"的概念，它包括要时刻了解相对较新技术的开发，并跟踪拥有这些新技术和技能的供应商。然后，当时机成熟时，企业通过把供应商的设计队伍与自己的结合起来，就可以实现快速地在新产品中引进这些新技术的目标。这使公司可以在前沿新技术发展的优势和劣势之间进行平衡。一方面，由于供应商在与其他客户的合作过程中会获得有关新技术的使用经验，公司就不用为获得这些经验而马上采用新技术。另一方面，利用这种方法也可以减少由于引入前沿技术不及时而造成的损失。"书架"观念是有关供应商集成作用的典型例子。

大规模定制

什么是大规模定制

约瑟夫·派因二世在其《大规模定制》[165] 一书中提出了一个对越来越多的企业十分重要的概念——大规模定制。本节中，我们首先要对大规模定制的概念进行介绍，然后讨论在实施相关概念时，物流和供应链网络将如何扮演重要角色。

大规模定制是从 20 世纪盛行的两个生产模式——单件定制和大规模生产中演化而来的。大规模生产是指对少量产品有效地进行大批量生产。在工业革命的推动下，出现了一种所谓的"机械化公司"，其管理层强调自动化和任务评估，以更有效率地生产。通常这种管理组织十分官僚，工作小组职能定义得十分僵化，员工受到严格控制。这种组织控制严格，可预测性强，从而效率水平高、产品品种少、质量高，而且价格可以相对较低。这对于消费品尤其重要，生产消费品的公司通常在价格上竞争，最近又在质量上竞争。

另一方面，单件定制生产模式的工人技能高、灵活性强。通常，制造工厂里的工匠艺人受行业/个人标准约束，受到创造独特、有趣的产品或服务的欲望所激励。在这种公司中的工人，通常通过学徒身份和经验接受培训，组织十分有柔性并可以持续改进。这种组织能够生产高度差异化、独特的产品，但很难进行控制和管理。结果，这些产品的质量和生产率很难评估和复制，通常生产起来成本也更高 [166]。

在过去，管理者通常要根据其固有业务，在这两种生产模式间进行权衡和决策。对于一些产品来说，低成本、少品种的战略是合适的，而对另一些产品而言，高成本、多品种、适应性强的战略更加有效。而大规模定制的出现说明，并不是总要在这两者之间做出取舍。

大规模定制是指以较低的成本，快速、高效地向顾客提供各种定制化的产品和服务。这样，它同时具备了大规模生产和单件生产的优点。尽管大规模定制并不是对所有产品都适合的（如消费品就可能不会从差异化中受益），但它仍给予公司重要的竞争优势并驱动新的商业模式的出现。

大规模定制的实施

派因指出 [166] 实施大规模定制的关键是自治、技能高的工人，流程及模块化单元，这样管理者可以通过对模块重新配置、协调，满足顾客具体的需求。

对各个模块，应持续改进以提高其能力。模块的成功与否依赖于模块如何高效、快速、有效地完成任务，以及模块扩展能力的好坏。管理者的任务是确定如何将这些能力有效地结合起来。这样，管理层是否成功，就取决于以不同的方式开发、维持和创造性地把模块间的联系组合起来从而满足不同顾客需求的能力，以及是否可以创建鼓励开发各种不同模块的工作环境。

由于各个单元都有高度专业化的技能，因而在大规模生产方式中，工人可以开发专门技能，提高效率。同时由于可以各种方式组合模块单元，因而也可以实现手工生产的差异化。派因把这种组织类型称为"动态网络"。

一个公司，更具体地说，一个公司内把各个模块联系起来的系统，如果要成功地实施大规模定制，必须具备几个关键属性 [166]。它们是：

即时性。模块和工艺流程必须快速连接起来，从而可以对各种顾客需求快速反应。

低成本性。即使模块和流程的连接要增加成本，增加的成本也不能高，这样大规模定制才能实现低成本化。

无缝隙性。顾客不会觉察到各个单个模块和模块的连接，以保证顾客服务水平不受影响。

无摩擦性。形成网络模块或联合模块所带来的间接费用低，沟通必须瞬时进行，这样在各种类型的环境中可以快速地建立小组。

一旦具备这些属性，就可以建立一个能够快速、高效地对各种顾客需求做出反应的动态、柔性的公司。

实例 11—9

松下自行车（National Bicycle）是日本松下的一个分公司，以 Panasonic 和 National 的商标销售自行车。几年前管理层发现销售额不理想，主要原因是公司不能预测和满足各种顾客需求。在实行大规模定制的前一年，上年的自行车有 20% 还积压在仓库中。在这种情况下，松下不是努力提高预测水平和对特定市场"空缺"进行营销，而是采用了大规模定制的生产方式。

公司发现，对自行车进行油漆、部件安装、调试都是能在不同生产设备上进行生产的独立功能"模块"，于是就开发出一个非常柔性化的自行车架生产设备。其次，公司在零售商处安装了一个复杂的"松下订单系统"。此系统包含一个特制机器，可以测量顾客的体重和身材、车架的合适尺寸、座位位置和横杆的长度。顾客也可以选择车型、颜色和各种部件。零售商处的信息可实时传给工厂，3 分钟内计算机辅助设计系统就可生成具体技术细节。信息自动传到合适的模块后，在那里完成生产过程。两周后，自行车就可交付给顾客。

由于松下自行车公司注意到，生产流程可以无缝隙地、基本上无成本地分解为独立的生产模块，在安装了复杂的信息系统后，既增加了销售额和顾客满意度，又没有增加过多的生产成本 [71]。

■ 大规模定制和供应链管理

显然，如果要成功地实施大规模定制，本章和前面章节中谈到的许多供应链管理的先进方法和技术都是很重要的，尤其是当供应链中部件的生产需要跨越几个公司时。

　　信息技术对于有效地实施供应链管理十分重要，同时对于把动态网络中的不同模块协调起来，确保满足顾客需求也是非常重要的。上面讲到的所要求的系统属性也要求有一个有效的信息系统。类似地，在许多情况下，动态网络的模块跨越不同的公司。这使像战略伙伴关系和供应商集成之类的概念对于大规模定制的成功十分重要。最后，在许多与打印机相关的案例中也可以发现，延迟概念在实施大规模定制中起到关键作用。例如，把地区差异化延迟到产品已到达地区配送中心，有利于区域定制化。下面的例子表明把差异化延迟到收到订单后，可以实现针对单个顾客的定制化。

实例 11—10

　　戴尔电脑通过采用一个基于大规模定制的独特战略，变成全球最大的电脑销售商［224］，成为个人电脑行业中一个举足轻重的公司。戴尔历来都是收到顾客订单后，才为顾客组装个人电脑。这使顾客可以提出自身要求，戴尔再按这些要求生产电脑。越来越多的订单通过互联网传送，订单系统与戴尔自身的供应链控制系统相联接，可以确保库存恰好满足快速生产电脑的要求。而且，戴尔储存的库存很少。与之相对应，戴尔的供应商在戴尔工厂附近建立了仓库，戴尔可以即时制的方式订购零件。由于实施了这些战略，戴尔能够完全按照顾客的要求快速提供产品。此外，库存成本很低，戴尔最大限度地降低了在快速变化的电脑行业中零件过时的危险。戴尔以这种方式成为台式个人电脑、笔记本电脑以及服务器市场的一个举足轻重的厂商。

　　戴尔已经采用了许多我们讲到的重要概念来实现公司目标。公司由先进的信息系统驱动，此系统负责从接收订单（通过互联网）到管理供应链中的库存的所有事务。戴尔还与许多供应商建立了战略伙伴关系，甚至和许多关键供应商建立了供应商集成伙伴关系（如 3Com，一家网络设备供应商），确保新的电脑和网络设备是兼容的。最后，戴尔还利用延迟概念，把电脑的总装延迟到收到订单后，从而实现了大规模定制［139］。

小结

　　本章中，我们主要讨论了产品设计与供应链管理交互作用的各种方式。首先，我们考虑了各种物流设计的概念，产品设计要考虑降低物流成本。产品要设计成可以有效率地进行包装和储存，并可以降低运输和储存费用。在产品设计时，使某些生产步骤并行完成，可以缩短生产提前期，降低安全库存水平，提高对市场变化的反应力。最后，延迟产品差异化能够使产品间的风险互相抵消，降低库存，使公司能够更加有效地利用总体预测所提供的信息。

　　另一个设计/供应链交互作用的关键是把供应商集成进产品设计和开发流程。我们讨论了各种供应商参与新产品开发流程的方式，考虑了有效管理集成的关键因素。

　　最后，先进的供应链管理可帮助推进大规模定制生产方式的实施。大规模定制是指低成本、快速、高效地提供各种定制化产品或服务。显然，这种方法使公司具有非常重要的竞争优势，而且有效的供应商管理对成功地实施大规模定制也是十分重要的。

问题讨论

1. 各举两个产品更新速度较低、产品更新速度中等以及产品更新速度较高的例子。
2. 低的产品更新速度对产品设计策略有什么影响？高的产品更新速度又如何？
3. 给图 11—3 中的每个部分举个合适的例子。
4. 讨论几个运用设计降低运输和储存成本的产品的例子。
5. 产品、模块和功能的扩展是如何使供应链管理变得困难的？
6. 向下替代的优点是什么？缺点呢？
7. 哪些产品或行业因为过度的部件标准化而受害？
8. 讨论几个模块化和非模块化的产品和流程的例子。
9. 标准化策略是如何帮助管理者解决需求不稳定和预测精度不高的问题的？
10. 使供应商参与产品开发的优缺点各是什么？
11. 如果你是一家中等规模的服装厂的 CEO，正在考虑对几个产品采取大规模定制的策略，你该如何确定对哪种产品实施该策略更为合适？

案例

惠普公司：针对大学的网络打印机设计

简介

惠普公司网络激光打印机事业部的生产工程部经理萨拉·多诺霍（Sarah Donohoe）正在新产品开发项目碰头会上认真地倾听下属们的汇报，参加这次会议的还有市场部经理简·舒施斯基（Jane Schushinski）、产品设计主管利奥·林贝克（Leo Linbeck）和事业部主计长戴维·胡珀（David Hooper）。

这次会议的主题是，是否需要给网络打印机——彩虹系列的下一代产品使用通用的电源装置。目前，这种打印机在北美和欧洲市场上的机型里，已经使用了独立的电源装置，并且在主电机里采用了相应的保险装置。在北美销售的打印机安装的是 110 伏的电源，在欧洲销售的用的是 220 伏的电源。打印机的电机由惠普公司在日本的合作工厂生产。由于电机生产的提前期较长，惠普必须至少提前 14 周确定两种打印机的需求量，而从日本合作厂将电机装车、发运，到顾客拿到打印机需要 4 周的时间。因此，如果使用通用电源装置的话，惠普就可以将分装电机的作业比现有的计划流程推迟至少两个月的时间，从而使惠普的生产活动更具灵活性。所以，惠普的工作团队坚信，使用通用电源装置可以有效地提高应对不同市场变化的能力，并降低库存成本。

资料来源：Copyright © 1994 by the Board of Trustees of the Leland Stanford Junior University. All rights reserved. Used with permission from the Stanford University Graduate School of Business. This case was written by Laura Kopczak and Professor Hau Lee of the Department of Industrial Engineering and Engineering Management at Stanford University.

林贝克首先介绍了他刚从日本合作厂那里收到的一份传真，"我们早就要求合作者提供通用的电机和保护器了，现在，他们告诉我们在完成新机型的设计之前，他们可以在限定的期限内为我们生产通用电机和保护器。所以，我们必须在两周以内做好决定，这样他们才能及时上线生产我们所需要的电机。"胡珀接着又介绍了财务状况，"我不知道这种改变会带来其他什么收益或成本，但我确定的是，如果我们这么做了，会使日本合作厂对每单位的产品增加 30 美元的报价！"

随着讨论的不断深入，胡珀的话对团队成员的影响越来越大。可供分析成本和收益的确切数字，到目前为止只有日本合作厂提出的 30 美元。如果团队坚持要实施这个项目的话，必须使管理层坚信所获得的收益一定能超过这项支出。但遗憾的是，随着会议的进行，量化这项方案的优缺点变得越来越困难。

惠普公司

惠普公司是硅谷的一个传奇。它由两个斯坦福大学的毕业生威廉·休伊特和戴维·帕卡德在 1939 年创立，公司最初是由为工程师设计和提供超级工程工具起家的。随着公司的不断发展和壮大，技术原创性是公司必须坚持的核心能力的观念不断强化。

创新是惠普公司发展战略的关键。1957 年，帕卡德表达了他对这项能力的坚定信心：

> 进步是由一些总在追求用更好的方式和更好团队的方式来完成工作的人们，用更好的方法、更好的技术、更好的机器设备实现的。我相信在任何时候都会有进步的空间。

随着时间的流逝，不断创新的精神使惠普公司为人们提供了诸如便携式计算器和喷墨打印机等优秀的产品。1992 年，公司继续在技术和研发上投入了 16 亿美元的资金，大约是当年收入的 10%。大量的投入也使惠普公司获得了丰厚的回报：连续三年，惠普接到的订单中有超过一半是订购近两年内新推出的产品的。

变化的市场

20 世纪 90 年代初期，当技术创新仍然推动着公司向前发展时，许多企业发现它们还需要在其他方面与其他公司竞争。在消费品市场，更低的价格、更广泛的可得性和更容易使用的特点成为客户的重要要求。惠普当时的董事长兼 CEO，卢·普拉特（Lew Platt）意识到了提高客户服务的重要性：

> 我们现在的订单履行工作还做得不够好，事实上这恰恰是客户对我们最不满意的地方。我们必须变得更容易与客户接触，更强的订单履行能力将会提高惠普的竞争力、提高客户满意度并且降低费用，这里有一个很大的进步空间。和提高收益率一样，这也是我们的重要目标。

另外，产品的生命周期开始不断缩短，将产品推向市场的时间必须在最大化市场机会和错过销售机会期间进行。没有别的产品比激光打印机更能体现这一特点了，惠普曾占有全球激光打印机市场 57% 的份额，但一些强大的竞争对手，包括苹果公司、富士-施乐、京瓷（Kyocera）、日冲（Oki）、康柏等也很快进入了这一市场，而且该产品的生命周期只有 3 年，如果惠普公司的产品太贵或难以使用，顾客会很快转用其他公司的产品。

为应对这些挑战，惠普公司花了很大气力来缩短产品的开发周期。跨功能团队将各个领域的专家聚集到一起开发新产品成为一种惯例，这样做的好处就是团队成员可以在产品的设计周期内，帮助消除产品可能存在的一些不足，从而最大程度地降低由于改进产品而造成的财务和时间上的浪费。同时，由于观察问题的角度不同，成员们也经常会为了一项设计决策而争论得热火朝天。

网络打印机部的供应链

激光打印系列迅速成为惠普公司的支柱产品。1992 年，激光打印产品的收入是 30 亿美元，计划到 1998 年达到 80 亿美元。网络打印机是一种高端的打印产品，能实现网络打印和其他一些特殊的功能。彩虹系列——这一正在研发中的新型网络打印机，将具有更强的可配置功能，如内存、分类能力、新固件、系统软件、传真解调器、纸张处理、联接到打印服务器、扫描以及打印待机等，它的定价在 5 000 美元～6 000 美元之间。

惠普的网络打印机部目前将该打印机主电机的生产和装配外包给了日本的一家合作工厂，合作工厂将打印机的电机和保护器与惠普公司 Boise 工厂生产的印刷电路板集成到一起。由于对某个关键部件的垄断控制，合作厂大约需要 14 周的提前期。

彩虹的设计团队发现，数以千计的配置功能成为预测和生产计划的噩梦。后来，为了解决这一问题并保证打印机的个性化，他们把产品的一些功能模块分开设计，如进纸器、纸盒、出纸器、传真解调器、内存、打印服务器联接器、分类器等可以在配送中心进行安装，另外驱动盘、操作手册、电源线、面板（用不同语言标识）等体现本地化的部件的组装也放在了配送中心。

这样，该产品的供应链流程就是，基本打印机从合作厂向惠普的北美和欧洲配送中心的运输，这大约需要一个月的时间，而在亚洲和拉丁美洲的网络打印机需求与在北美和欧洲的相比还很小。同样，所有的附件和本地化材料都要从不同的供应商那里运到配送中心去。打印机和其他材料都储存在配送中心，当客户需求从批发商那里发送到配送中心时，就可以对打印机进行个性化和本地化的装配，并用不同的标签和包装箱进行标识。最后的运输时间，一般通过卡车运到美国和欧洲各地的批发商那里，大约需要几天或一个星期。

通用电源决策

营销角度

简·舒施斯基，市场部经理：

我认为如果这种改变不会增加成本的话，就是个绝妙的主意。顾客无须为他们不需要的功能付钱，通用电源装置对他们来说无所谓，谁会把网络打印机像吹风机一样带着满世界跑呢？

我们营销的最大问题不是顾客是否需要这种产品，而是这些需求在哪里和有多少。惠普一直是打印机行业中的老大，我们一直在新技术、可靠性和服务上领先，而彩虹是网络打印机系列的第一个产品，我们希望每个月可以在全世界售出 25 000 台，当然北美会占这个数字的 60%。

我们的难题是按地理区域来对不同品种的需求进行预测，我们本来以为欧洲的市场需求是 10 000 台，北美的需求是 2 000 台，而事实上这两个地方的销售数字分别是 15 台和15 000 台。主要的问题在于，技术上的改变将会在几个星期内完全改变市场的需求状况。另外，还有许多厂家想在价格上和我们一争高低，这些都是改变需求的原因，想要预测这种改变真是太困难了。

最后，从日本工厂到配送中心有那么长的提前期，我们必须要在 4 个半月以前就确定市场需求，而据我们估计，该产品的生命周期也只有 18 个月。18 个月的市场对 4 个半月的提前期，太具有讽刺性了！下面要发生的可能就是 VIPER 系统崩溃事件，它曾经让我的头发都愁白了，周围堆满了卖不出去的产品，我们已经开始叫咱们的工厂"蛇窝"。

很明显，我们非常欢迎使用通用电源，如果这样的话，只需要提前 4 个月估计一下全球的产品需求就可以了，而不用对每个市场进行预测。我们可以将对每个市场的需求预测延后，这种延后能使我们的预测更为准确，也能避免一些不必要的本地化造成的损失。

VIPER 是惠普公司曾经生产的一种激光打印机，虽然这种产品的性能不错，但这个产品失败的教训说明，需求的不确定性将会造成多么大的困难。VIPER 的开发方式与上面提到的打印机基本类似，同时，VIPER 打印机的主要部件也是由日本厂家生产的，它的提前期是 3 个半月，这种产品使用的电源和保护器分别是 110 伏和 220 伏，而且它们之间不能互换，这就要求销售者必须在 3 个半月以前就要确定销往北美和欧洲的产品数量。

惠普没能准确地预测北美及欧洲市场对 VIPER 的需求，这种打印机在欧洲出现脱销而在北美却根本不受欢迎，北美的仓库里堆满了卖不出去的打印机，如果不付出昂贵的代价把它们的电源装置和保护器拆下来换成欧洲版的，就不能满足欧洲日益膨胀的需求。最后，为了避免过高的库存成本，只能将北美版的打印机打折甚至是"挥泪大甩卖"。所以现在的北美购买者开始期望惠普能够再降价，不可避免的，惠普公司降低了它在北美市场的期望价格。

产品开发角度

产品的生命周期可以划分为三个阶段：成长期、成熟期和衰退期。成长期是指从产品刚进入市场到生产能力全部开动前的一段时间。在这个阶段，该打印机基本上是市场上能够实现其特殊功能的唯一产品。产品在成熟期会面临不断激烈的竞争，相同类型的打印机开始进入市场，价格成为竞争的重要方面。在最后一个阶段——衰退期，在各方面都会有十分激烈的竞争出现，零售利润降到了最低点，边际收益也基本消失，这时惠普公司就开始准备推出下一代的产品了。

当在北美和欧洲市场的需求出现不平衡时，即一个地方出现过量库存而另一个地方已经开始缺货时，可以将多余的库存运到缺货的地区（即转运），改装后进行销售。

在产品的生命周期后期除了用转运来平衡不同地区的需求，各分部还可以用打折的方式来刺激需求，或者将产品拆零把部件卖给惠普在罗斯维尔的服务维修站，或者直接将产品销毁。

利奥·林贝克的办公室里堆满了与打印机技术有关的各种行业杂志。他站在惠普工作站后面，开始陈述他对通用电源的一些观点：

> 当简获得了"快速反应"的时候，我却要面对每单位 30 美元的成本上升。在降低材料成本的压力面前，设计团队似乎很难接受这种看起来没什么用的物料成本增加。虽然每台打印机电机的成本大约是 1 000 美元，30 美元看起来没什么了不起，但每一美元的成本增加实际上都是从我们的利润里拿出来的。这就是为什么我们设计团队会千方百计地降低物料成本。我所担心的是没办法确切地预测使用通用电源装置将会给我们带来哪些所谓的收益。

> 现在，我首先要说的是，我不是一个营销专家，但我认为如果能将需求预测得更好，那么使用通用电源装置这一想法就毫无价值可言了。也许把每单位 30 美元的钱投入到改善预测方法上比把它们装到盒子里更有效。至少，我们还有希望再赚回来。

> 我同意简提出关于产品生命周期末期的好处的观点。通常，对现有产品进行改装是件很麻烦的事，我们必须根据正确的电压数购买新的电源装置，让打印机从卖不出去的地方穿过大西洋运出去，再换掉它原有的电源装置，改变保护器电路板和保险丝，最后再将产品配送到零售商那里，这样原来的电源装置就没用了。更糟的情况是，改装从机

器表面是看得出来的。更换一个电源装置就几乎等于将打印机返工了一遍。采用通用电源装置可以消除所有的返工，但是它带来的收益能否超过它增加的材料成本还不清楚。

不管最后采用哪种方式，有一件事是确定的：我们不能再为做这个决定而耽误开发进度了，必须赶紧确定一个战略，然后就开始干吧！

从 1991 年起，为了提高成本控制水平和提高新产品进入市场的速度，Boise 打印机分部制定了两个新的产品开发指标：首先，在开发一种新产品以前，必须要先制定一个成本下降目标，这些成本项目包括人力、材料、制造费用。另一个被称为盈亏平衡时间，是由上层管理者制定的，它用于衡量项目启动到盈亏平衡的时间，所谓盈亏平衡是指项目资金流入量与流出量相等的点。

财务角度

戴维·胡珀的桌子上整齐地放着最新的收入报表和新项目的资产负债表，他缓缓地指出了使用通用电源装置将会对收入造成的影响：

如果我们使用了通用电源装置并卖出 45 万台彩虹，将会使我们的材料成本增加 1 350 万美元，如果我们不能把这部分成本转嫁给消费者或零售商，那它显然超出了我们的承受能力。

我非常同意，如果采用通用电源装置的话会有一些好处，但我们也许该先看看脱销和库存成本。

在产品生命周期内的需求波动会使我们在抓住和错过销售良机间徘徊，如果我们错过一个销售机会，将会使边际收益大幅下降，因为如果消费者想买的产品脱销，他会转而购买其他公司的产品，这可能意味着下一次他再买打印机时还会用那个牌子而不是惠普，这种影响可能会影响三到四代产品的销售，而且还可能会影响其他系列的产品，比如硒鼓的销售，从而降低我们的利润。

在产品刚刚进入市场时缺货成本还会更高，因为潜在的口碑和公众的影响对销售的前景和该产品的最终成功更重要。另一方面，对已经处于生命周期末期的产品，缺货的影响可能会小一些，因为它的销售前景已没什么期望，而且零售商有时也会建议消费者等新品种出来再购买。

虽然在产品上升期时缺货的代价最大，但也正是在这一阶段我们才知道消费者对产品的反应如何，这时预测的准确性往往是比较差的。我知道莎拉的物料计划员回去做了一些准备工作，并且发现现有月预测的标准差（该团队开始采用的一种新的预测精确性衡量指标）已经接近两个市场在成熟期和衰退期平均月需求的 40%。他们认为这个数字在产品上升期时会达到 80%～90%。

另一个必须留心的重要成本是库存成本。据我的财务分析师估计，我们的年库存持有成本率在 30%左右，这包括了仓储、保险、资金成本以及产品贬值。

生产角度

生产工程部经理萨拉·多诺霍评论说：

我认为使用通用电源装置是个绝妙的主意，它会在两方面提高我们满足订单的灵活性。第一个明显的好处是能将本地化决策推迟两个半月，我相信关于这方面的好处，市场部的人已经说得很清楚了。第二个收获则更加微妙，你看，若想让转运在理论上成为可能，那我们所做的恰恰可以避免它，让我来详细地解释一下。

在产品的上升期，我们通常要在仓库里储存大量的打印机以防发生缺货，由于这时缺货成本非常高，所以这看起来是合理的。这时候并不需要进行转运。在产品成熟期，如果我们一直按惠普的传统去做，并且为达到98%的顾客满意度而持有足够的安全库存，需要进行转运的可能性也非常小。唯一不确定的是，在产品的衰退期，我们是否还需要达到98%的服务目标，而这时候恰恰是最可能发生转运的。

转运的背后其实隐藏着这样一个理念，就是要调整库存以及时对需求做出反应，为了有效地达到这个目标，必须对产品进行快速的转移。遗憾的是，如果要将一台打印机空运过大西洋，将会花费75美元之多。如果用海运的方式，这部分成本大约会降到15美元，但是一个月的航程对我们想达到的目标——快速反应来说，实在没什么用处。除了运输成本，我们知道要改装电源装置和保护器是多么乏味和复杂。保守估计，每次改装的活动成本最少要250美元/台。

你可以想象，如果质量管理员知道我们在这么做的话，一定会变得发狂。如果一个工作一年只做一次，你怎么能保证它总在控制之中呢？更糟的是，由于这种再加工涉及电子部件，安全标准要求这样的情况下必须要由Underwriter Laboratory对改装流程进行认证。如果你曾经和这个机构接触过，你就会意识到要通过这样的流程认证有多么麻烦。

使用通用电源装置就能避免这些问题，使在各分部间进行转运成为可能，改装成本基本为零。虽然我不太确定由谁来实施这项工作或者决定什么时候进行转运……我猜大概是我们在配送中心的朋友吧，但这至少是可能的。

关于开发通用电源装置，我最关心的是它会对两个地区的产品本地化的时间产生什么样的潜在影响。另外，我还想能够了解和控制我所能接受的打印机数量。

配送角度

罗布·西格尔（Rob Seigel）负责北美配送中心的运作，在这以前他曾在很多部门工作过。

如果使用通用产品，转运将不会给配送中心带来多大的问题，对我们来说这不过是另一种形式的运输，我们可以轻松地通过添加操作手册和插座适配器在配送中心实现"本地化"。然而，从个人来讲，我更倾向于认为这是一种会蚕食公司利润的措施，我可能会眼睁睁地看着我们在2月份将1 000台打印机送到德国，而在5月份又把另外的1 000台送回来。这两种行为看起来都是经过深思熟虑作出的决策，但对公司而言，这意味着成百上千万美元的损失。

以后由谁决定将一个配送中心的库存转移到另一个配送中心？我怕会看到这样的冲突发生，就是一个配送中心开始缺货希望能进行补充，而另一配送中心却不愿意送出多余的那部分，因为我们都面临着客户服务的压力，即使现在有多余的库存，但这并不意味着下个月我还不需要它们。将产品送到欧洲会提升他们的业绩，但我怎么办？我希望我不用做这样的抉择！我可没有时间每天给德国打半天的电话来谈判换货的问题。

但是我想，如果我们能够做什么以避免在VIPER上发生的事，那我们就应该这么做。那时候，偌大的仓库里打印机堆积如山，连过道也被塞得满满的。我宁可付钱也不愿意那种情况再次出现。如果那种危机再次出现的话，那什么工作都不要做了。

决策

团队具有决策的权力，但他们却不得不确保这个决定能被上层领导接受。从过去的经验看，他们知道如果他们决定采用通用电源装置，管理层必须确信他们曾经对这项决策的成本和效益做了充分的分析，并对可能遇到的风险进行了估计。另外，关于这项决策会对将来的产品产生什么样的影响，也是需要考虑的重要方面。

案例问题讨论

1. 为什么说使用通用电源装置是一个延迟策略？

2. 通用电源装置的成本和效益分别是什么（可假设回答）？

3. 这种收益和成本在产品生命周期的不同阶段有什么不同？

4. 除了采用通用电源装置，你还能对惠普公司 Boise 分部提出什么样的运作改善方面的建议？

5. 你对采用通用电源装置的看法是什么？

顾客价值

案例

量身定制

8月的某个星期六的下午，卡罗琳·瑟蒙德（Carolyn Thurmond）来到彭尼公司位于亚特兰大的北湖商场，为她丈夫购买了一件防皱衬衫，衬衫的领口大小为17，套筒大小为34/35。

在此之后的星期一早上，位于中国香港的电脑技术员下载到一份销售记录。到了星期三的下午，位于中国台湾的工人包装好和已卖过的尺寸相同的衬衫，并且将货物发运到亚特兰大分店。

高效的供应链和生产系统带来的快速反应过程，让彭尼公司站在了美国零售业改革的前沿。作为以商品快速流通为目标的零售业，彭尼公司已经做到了自有品牌衬衣的零库存管理。而在仅仅不到十年之前，彭尼公司还存有大量的库存，这些库存占用了资金，并逐步过时。

新的运作流程正是彭尼公司所需要的。整个流程都是由一家香港的衬衫制造商——TAL Apparel Ltd. 设计并实施的。TAL公司直接从彭尼的北美分店收集衬衣的销售信息，然后用一套特定的计算机程序来处理数据，接着确定需要生产衬衣的数量、款式、颜色和尺寸。制造商绕过零售商的仓库和彭尼公司的决策层，直接将衬衣送到彭尼公司的各个分店。

TAL是一家并不出名的大公司，美国1/8的衬衣都是由它生产的。随着全球制造中权力的转移，TAL和美国零售商的关系越来越密切。零售商在努力减少成本并且满足顾客需求的同时，变得越来越依靠供应商，以便能更快地响应市场的变化。这给精明的厂商带来了机会，TAL没有错过，它还开始涉足预测管理和库存管理等关键领域。

周末，瑟蒙德夫人购买了"Crazy Horse"品牌的衬衣。这使得商店里这一尺寸和颜色的衬衣都卖光了。基于过去的销售数据，TAL公司分析出那家商店的这一尺寸和颜色的衬衣的理想库存为2件。于是，无须请示彭尼公司，TAL工厂就直接生产了两件新衬衣，一件船运，另一件空运，以便尽快送到那家商店。TAL公司支付了运费，然后把衬衣的账单寄给彭尼公司。

TAL的总经理哈里·李（Harry Lee）说："我们并不需要咨询彭尼公司想要买哪类衬衣，我们只需告诉彭尼公司，它们刚刚买过多少。"

TAL公司创办于1947年，哈里·李的叔叔（C. C. Lee）将店面设在中国香港。由于亚洲制造成本较低，TAL公司最终生存下来，它生产的品牌包括J. Crew，Calvin Klein，Banana Republic，Tommy Hilfiger，Liz Claiborne，Ralph Lauren和Brooks Brothers。现年60岁的哈里·李在30年前在美国拿到了电子工程师的博士学位，并在贝尔实验室工作之后开始了他的家族企业生涯。

现在，TAL公司正设法让Brooks Brothers品牌的衬衣做到和彭尼公司一样的库存管理。对于 Lands' End 公司，TAL 公司直接在马来西亚生产量身定制的裤子，然后空运到美国的客户那里，运输费用的发票上开的都是 Lands' End 公司的名字。

这些零售商都乐意让 TAL 公司帮忙管理自己公司的某些以前认为非常重要的职能，因为 TAL 公司可以比它们管理得更好且更经济。彭尼公司自有品牌采购部门副总裁小罗德尼·伯金斯（Rodney Birkins Jr.）认为这种和 TAL 公司合作的方式能提升彭尼公司的效率。10 年前，彭尼公司未同 TAL 合作时，总仓库的库存一般为 6 个月的销售量，而各个分店的库存一般为 3 个月的销售量。而现在，由 TAL 公司管理的 Stafford 和 Crazy Horse 两个品牌的衬衣，都已经达到了零库存。

由于可以在工厂直接做出决策，TAL 公司能够很快地响应顾客需求的变化：当顾客需求上升时，加快生产，否则减慢生产。伯金斯副总裁认为，这种直接连接工厂和顾客的方式将是未来的先进生产模式。

跨国经营的零售商都在寻求降低库存的方法，以便降低成本。这就意味着它们必须和供应商建立更紧密的联系。沃尔玛超市率先运用了一套对全世界供应商开放的系统，使这些供应商能够随时跟踪它们的商品在沃尔玛各个超市的销售量。这样，这些供应商就能够更好地预测需求、了解顾客。但是沃尔玛不让供应商下单，而是自己掌控仓储和配送管理。

而彭尼公司给予 TAL 公司的权力是比较大的。来自香港麦肯锡公司的 Wai-Chan Chan 认为："公司外包库存管理，就等于放弃许多原本重要的职能。所以，大部分零售商都不愿外包自己的库存管理。"

彭尼公司刚开始也不愿外包自己的库存管理，但在和 TAL 公司合作多年，建立了相互信赖的关系后才逐渐外包这块业务。现在，彭尼公司已经和 TAL 公司建立了更密切的联系，包括让 TAL 公司设计新的衬衣款式和做市场调研。

TAL 公司在纽约和达拉斯的设计团队负责设计新的款式，并在一个月内由其工厂生产 10 万件新衬衣，由彭尼公司的 50 家分店负责销售。这些衬衣不仅用作销售，最主要的目的是用来测试消费者对颜色、款式、大小的喜好。TAL 将在一个月内分析完这些销售数据，然后决定生产新衬衣的数量和相应的颜色。

由于从设计到生产的全过程全部由 TAL 公司负责，新款式的衬衣从测试到全面销售只需 4 个月的时间，这比彭尼公司单独完成这一过程要快很多。

这套系统能够有效地让消费者选择自己喜爱的款式，而不是销售经理。彭尼公司的伯金斯说："只有当我们卖的是消费者真正喜爱的衬衣时，我们才能盈利。"

如同零售商一样，面对经济上的压力，TAL 公司改变了它的策略。在过去的 5 年里，由于中国广东省低成本纺织品的大量生产和出口，TAL 公司的衬衣价格下降了 20%。2005 年，这一压力可能会进一步加大，因为像美国这样的纺织品进口大国必须逐渐停止对世贸组织成员的进口配额限制。绝大多数 TAL 公司的生产地，比如泰国、马来西亚，工资成本都比广东省要高。"顾客需要一个理由来购买我们的商品。"哈里·李说。

TAL 公司在最初实施供应链管理时也是步履蹒跚。1988 年，一家名叫 Damon Holdings Inc. 的美国服装批发企业倒闭了，这家企业本来是 TAL 公司的客户，哈里·李担心失去批发市场，认为自己懂得批发业务，于是收购了这家企业，但结果却让 TAL 公司为之震惊。一名 TAL 公司的经理负责了这项收购，但他很快就发现 Damon 公司的仓库里放满了足够销售两年的过时的衬衣。最终，TAL 公司不得不以 3 美元的价格卖掉这些成本为 10 美元的衬衣。到 1991 年，TAL 公司关闭了 Damon 公司，而此时，TAL 公司已经因为这个决策失误亏损了 5 000 万美元。

哈里·李从这次失败中汲取了宝贵的经验，他想到了用亚洲工厂和美国商店直接联系的方法，让生产和销售衬衣的经营更具效率。他认为，收购 Damon 公司的失败是 TAL 公司实施供应链管理成功的开始。

与此同时，TAL 公司开始成为彭尼公司自有品牌衬衣的供应商。哈里·李发现彭尼公司持有 9 个月的库存量，是其他竞争者的两倍之多。他说："我们每个人都认识到，彭尼公司能够想办法降低其库存量。"在参观了彭尼公司位于得克萨斯州普莱诺市的总部之后，哈里·李提出了一个比较激进的解决方案：为什么不取消根据订单向彭尼公司供货的方式，而让 TAL 公司直接管理彭尼公司的库存？

彭尼公司的伯金斯虽然对此持怀疑态度，但他发现如果彭尼公司采取哈里·李的建议，成本将会大大下降。如果将库存交由 TAL 公司管理，原本占销售额 29% 的库存成本将下降到 14%。

此外，这样的系统将使彭尼公司能够更快响应消费者的需求。对市场需求做出快速反应一直是零售商面临的问题，因为热销款式的进货需要提前几个月。结果，商店会错失销售良机，不得不以折扣价处理不太流行的衬衣。

伯金斯向公司领导递交了关于让 TAL 公司直接管理彭尼公司库存的提议，却遭到了强烈的反对，各个部门纷纷指出这个提议的不足之处。负责仓储的经理们认为，如果 TAL 公司不能及时供货或者没有向正确的商店供货，将会给彭尼公司带来严重的损失。技术管理人员担心 TAL 公司的这套系统和彭尼公司的系统不能兼容。这项提议因此被搁置了几年，直到一位彭尼公司的高管下决心减少全国各地的库存，从而提高公司的运作效率。伯金斯为此说道："我们采纳了那个提议，并且取得了成功。"

TAL 公司花了一年的时间来开发亚洲地区的信息系统，然后哈里·李选择了彭尼公司堪萨斯州一家分店进行试点，将为这家分店单独供货。哈里·李选择 1997 年 6 月 20 日作为该系统正式运行的第一天。工厂的工人们聚集在一起，开启香槟预祝他们的系统取得成功。系统运行得十分顺利，几个月之后，TAL 公司便开始直接为彭尼公司在北美的所有分店直接供货，彭尼公司的库存量成功地降了下来。

但是这样的运作方式有一个明显的缺点：如果一家分店售完某个款式的衬衣，它不能很快地从区域仓库得到补充。所以 TAL 公司同意在特殊情况下采用空运的方式，这样虽然加大了成本，却能够保证客户满意度。

很快，哈里·李发现了另一个机会。彭尼公司的销售预测经常不够准确，它们常常高估消费者对衬衣的需求，有时能高出实际需求的一倍。销售预测一向是零售商面临的一个难题，在低库存的前提下，正确的销售预测越来越重要。彭尼公司将它们预测不准的原因归结于落后的预测软件。

在确信自己能够做得更好之后，哈里·李向彭尼公司提出一个更为大胆的建议：为什么不让 TAL 公司在香港的员工为彭尼公司预测每周的市场需求呢？这一次，彭尼公司很快就接受了这个建议。

哈里·李的经营理念有一个前提条件，就是如果能直接从商店那里得到销售数据，他就能把握并更快地响应消费者的需求，这样消费者就能及时得到自己想要的商品。他认为这样就能解决所有的难题。

哈里·李雇用了几十个程序员来设计计算机模型，以估算彭尼公司在北美所有 1 040 家分店的最优库存，涉及每种尺寸、款式和颜色的衬衣。彭尼公司只需告诉哈里·李它们为库存周转率所定的目标，其他都交给哈里·李去办。彭尼公司的伯金斯说道："我们就像是拥有了一个自动驾驶仪，而 TAL 公司就是我们的自动驾驶仪。"

在取得初步成功之后，TAL 公司的这套系统开始涉足彭尼公司的其他商品的管理，某些品牌的衬衣的库存量已经减少到以前的一半。

但是 TAL 的这套系统并不是完美无缺的。TAL 公司台湾工厂的一名叫做陈明的经理说，TAL 公司就曾经有几次大大低估了彭尼公司的衬衣需求，这样工厂不得不以牺牲其他客户的需求为代价来首先满足彭尼公司的需求，然后将衬衣准时空运到彭尼公司的分店。空运的成本是海运的 10 倍，这是一个痛苦的选择，但是陈明认为 TAL 公司的选择是正确的，因为彭尼公司是它们最重要的客户。

此时，哈里·李正坐在 TAL 香港总部的办公室内，思考着下一步的计划。他正在考虑和彭尼公司一起组建一个合资公司，为其他给零售商供货的厂商服务。哈里·李认为 TAL 公司已经从无到有将供应链服务系统做了出来，就应该再接再厉，将这个业务做大做强。

伯金斯说彭尼公司正在认真地考虑这项提议。

> **学习完本章，你应该能够回答以下问题：**
> - 什么是顾客价值？
> - 如何衡量顾客价值？
> - 如何才能将供应链同产品特性和销售策略匹配起来？
> - 在供应链中如何用信息技术来提高顾客价值？
> - 供应链管理是如何提升顾客价值的？
> - 企业在竞争中如何才能提升供货的价值？

引言

在当今顾客驱动的市场中，不再是产品或服务起主导作用，而是整个与公司交往过程中的顾客感知价值在起作用。公司衡量其产品和服务质量的标准已从内部质量保证演化到外部顾客满意，再发展为顾客价值。在供应驱动生产的时代，内部衡量质量的指标，如废品个数，主导了公司目标。顾客满意主要是指公司现有的顾客对公司产品的使用及对公司服务的印象。这提供了关于现有顾客的有价值的信息，可用于发现公司的薄弱环节，产生提高公司绩效的有效方法和思路。当前，对顾客价值的强调更进了一步，要尽量确定顾客选择这家公司产品，而不是那家公司产品的原因，并要考虑构成公司产品和形象的整个范围：产品、服务和无形资产。

根据顾客价值，可以从更广阔的视野来看待公司提供的产品和所服务的顾客。它要求了解顾客购买、继续购买，或不购买某个公司产品的原因。他们的偏好和需求是什么？他们怎样得到满足？对于公司来说，什么样的顾客是有利可图的或有收入增长的潜力？什么样的顾客可能会引起亏本？需要仔细检查关于顾客价值的假设，以确保做出的权衡是正确的。权衡的例子包括：

- 与高级的顾客支持服务相比，一般顾客是否更看重低的价格？
- 顾客的偏好是及时交货，还是更低的价格？
- 顾客是偏好在专卖店中购买产品，还是愿意从一个可以"一站式"购物的超级大商场中购买？

对于任何企业来说，这些都是至关重要的问题，应该成为企业战略和绩效衡量的驱动力。

　　的确，因为观点的改变，以前认为是"后台"支持功能的物流，已经演变为高度可视化的供应链管理的一部分。供应链管理本质上是满足顾客需求和提供价值的重要组成部分。同等重要的是，供应链管理决定了产品的可获得性、产品到达市场的速度及成本。我们对供应链管理的定义（见第 1 章）暗示了，对顾客需求做出反应的能力是最基本的功能。此功能不仅包括产品配送的实体属性，而且包括相关的状态信息以及获得这些信息的途径。

　　供应链管理可以大幅度降低成本，从而影响价格——这一顾客价值中的重要因素。戴尔通过把产品总装延迟到顾客购买发生后（例如，按订单生产）而降低供应链成本的战略，使其在个人电脑的行业中提供低于竞争对手的价格。沃尔玛通过引进直接转运战略，并与供应商建立战略伙伴关系，从而降低了成本。最后，沃尔玛和其他一些零售商提出的天天低价策略，在很大程度上也是由提高供应链效率所推动的。

实例 12—1

　　最近，凯马特的衰败在很大程度上归咎于它与沃尔玛进行价格竞争的战略。从20 世纪 80 年代起，沃尔玛的目标就是让顾客在需要商品的任何时间和地点能够得到商品，并配合这一目标建立能够提供竞争性价格的成本结构。取得这一目标的关键是使供应链效率成为战略的核心。另一方面，凯马特保持收入增长的目标不鼓励在提高供应链效率方面进行投资，尤其是在信息技术方面。到 90 年代末期，凯马特的供应链已经明显不如沃尔玛的供应链那样有效［195］。

　　这个例子说明了将定价策略和供应链效率联系起来的重要性。我们将在 13 章讨论这一内容。

　　顾客价值驱动着供应链的改变和改善，其中一些是顾客需求和竞争者行为所迫使的，另一些行为是为了取得竞争优势。而且，大型的制造商、分销商或零售商对供应商提出一定要求，迫使它们采取能够满足这些要求的供应链。比如，沃尔玛要求许多供应商采取供应商管理库存的方法。大型的制造商，如惠普和朗讯要求零件制造商对于它们要用零件的库存可获得率能够达到 100％。反过来说，它们也会对能够提供所需产品和服务的供应商提供承诺，或者至少保证从某一主要供应商那里保持最小的采购量。

　　顾客价值对于确定服务顾客所需要的供应链类型和决定为了留住顾客所需要的服务内容也是十分重要的。一个公司的供应链战略由公司提供的产品、服务及其向顾客提供的各种价值所决定。例如，如果顾客偏好"一站式"购物，那么即使库存保管成本很高，也要为他们提供多种产品和选择；如果顾客崇尚创新性的产品，那么为了满足顾客需求，生产这些产品的公司需要保证供应链能够有效地提供这些产品；如果公司提供针对个人定制化的产品，那么它的供应链要足够有柔性，能提供相应的基础设施。因此，在任何产品和销售策略中，都需要考虑供应链，而且它本身要能带来增加顾客价值的竞争优势。

　　最后，"量身定制"案例说明了为顾客提供创新服务的重要性，就如上述案例中所提的为顾客提供整个产品供应链的服务。这个案例还告诉我们将供应链管理发展为企业的核心竞争力是非常重要的，企业可以利用这个核心竞争力在激烈的市场竞争中取得胜利。

顾客价值的维度

我们已把顾客价值定义为顾客对于公司所提供的所有产出物，包括产品、服务和其他无形资产的感知。顾客感知可以分解为几个方面：

- 与需求的一致性。
- 产品选择。
- 价格和品牌。
- 增值服务。
- 关系和经历。

上述所列的各个方面起始于最基本的方面，即前三项属性，然后再发展为更加复杂的属性，这些属性可能并不总是最重要的。但是，这些不是特别重要的属性也可以挖掘出来，通过它们获得一些灵感，来创造一些独特的方式，给公司提供的产品和服务增加价值和差异化。本节中，我们将讲述供应链管理是如何影响各个方面的，以及供应链管理需要如何考虑各个方面内部特有的顾客价值。

与需求一致

向顾客提供所需产品的能力，是对供应链管理实现可获得性和选择性的基本要求。马歇尔·费希尔将其称为供应链的"市场调节"功能 [72]。这一功能与供应链把原材料转换为产品，然后通过供应链渠道将产品送达顾客的实体功能是不一样的。当供需不平衡时，与"市场调节"功能相关的成本将出现。如果供给大于需求，在供应链中将出现库存成本；如果需求大于供给，有可能会损失销售机会和市场份额。

如果产品的需求是可以预测的，例如纸尿裤、肥皂或牛奶等功能性产品，那么"市场调节"功能不是一个大问题。但如果是流行性产品或其他变化速度很快的产品，那么需求本身的特性将导致一些销售机会损失或库存过多带来大的机会成本。显然，功能性产品的供应链效率高，可以通过集中精力降低库存、运输和其他成本，从而降低总成本。金宝汤和宝洁在其供应链中就采取了这种战略。

另一方面，快速变化的产品要求供应链反应速度快，主要是强调提前期短、柔性高和速度/成本效率。当供应链战略与产品特性不相匹配时，供应链与市场需求保持一致的能力往往受到很大影响，如下例所示。

实例 12—2

Zara 是 Inditex 旗下的一家子公司。Inditex 集团是世界上最大的分销商，在 64 个国家拥有 8 种不同销售形式的 2 951 家商场。Zara 的第一家分店于 1975 年开设在西班牙的拉科鲁尼亚，拉科鲁尼亚不仅是 Inditex 集团的发源地，也是集团总部所在地。Zara 的分店现在已经遍布于欧洲、美洲、亚洲和非洲的 400 个重要商业城市。

Zara 的创始人阿曼西奥·奥尔特加曾说过："我们在关注工厂的同时也要时刻关注我们的客户，两者同样重要。"Zara 把这句话当做它的经营理念。Zara 公司特有的供应链能够在 15 天之内完成一件服装的设计、生产，并运送到它的 650 多家分店进行展示。Zara 能够快速提供最新款式服装的能力，让它能够做到 85％的服装按标价销售，而行业平均是 60％～70％，所以，Zara 的净利润率自然比它的竞争者高出很多。

Zara 的经营模式往往与众不同。

- 有一半的商品都是自己生产，而不是行业中常用的外包形式。
- 特意为其仓库设置较多的缓冲能力。
- 生产采取小批量的方式，而不是比较经济的规模生产。
- 自行管理产品的设计、仓库、配送和物流，不聘用第三方。
- 对自己的零售分店制定硬性的下订单和接收库存的时间表。
- 在运输之前给商品贴上价格标签，而不是在商品到了商店时再贴。
- 商店内留下大量空地，允许甚至鼓励缺货。

根据 [65]，Zara 的成功是因为它遵守了以下三条准则：

- 形成信息的闭环网络。供应链不仅能够实时跟踪原材料和产品，而且形成了复杂数据的信息回路。
- 保持供应链的节奏性。Zara 总是不惜成本地保证其供应链的快速反应能力。
- 利用资本资产以保证供应链的柔性。对生产和配送设备进行投资，保证供应链能够对新的和变化的市场需求保持快速反应。例如，自行生产工序较为复杂的产品，同时外包工序较为简单的产品的生产。

与需求一致也和顾客通道有关。顾客通道是指容易找到和购买某种产品的能力。例如，像麦当劳、星巴克和 Walgreens，它们的通道主要是指实际的场所。另外，提供邮寄、电话和网络通道而不只是物理的店铺，能够提高顾客方便购买商品的能力。最后，通道包括通过商店或网站提供给顾客一种感知，使他们能够容易地找到和购买他们正在寻找的商品 [55]。固安捷公司（Grainger）成功地将它原有的商业渠道整合为网站就是一个很好的例子，它提供了顾客需要公司服务的通道。

实例 12—3

固安捷公司建立于 1927 年，是一个在互联网方面成功的范例。固安捷考虑为快速一致地满足电动摩托车的需求提供一个有效的途径。原来被称为"摩托车手册"（MotorBook），成为今天"固安捷®目录"（Grainger Catalog）的基础。产品线扩大到超过 22 万种 MRO 供应品和零部件。固安捷是工业产品市场上最大的公司，1999 年的收入是 45 亿美元。1995 年，固安捷为了达到以下目标，开始建立网站：

- 提供给顾客有效的通道，使他们可以获得固安捷的所有产品——超过 22 万种，而不只是纸质目录上提供的 86 500 种。
- 为顾客提供更好的工具，方便他们查询、定位和选择最适合他们需要的产品。
- 从距离顾客下订单最近的分公司当天运送产品；或从固安捷五个地区分销中心之一运送产品，保证产品隔天送达。

固安捷面临各种挑战：

- 固安捷提供 6 500 万种不同的价格，因此"没有一个价格适合所有的顾客"，互联网需要赋予每个商业客户独特的价格结构。
- 服务商业客户需要检查信用，建立支付向导。
- 库存的实时可获得性——许多顾客寻找零部件，他们不能等待，需要立即服务。
- 为销售人员支付报酬——固安捷决定为互联网订单支付佣金，这样顾客可以从他们的销售代表处购买，因为这些销售代表与顾客保持联系，能够鼓励顾客使用网络，这一渠道比其他渠道能够更有效节约成本。

这一改革对固安捷公司产生了巨大的影响。1999 年，固安捷为 grainger. com 的开发、市场营销和顾客服务花费了 2 000 万美元，而同年它即获得了 1 亿美元的订单。2000 年上半年，固安捷的收入为 1.2 亿美元，网络上每笔订单的金额平均为 250 美元，而分店或电话订单的每笔平均金额只有 140 美元 [189]。

■ 产品选择

许多产品有各种型号、式样、颜色和形状。例如，某种汽车有 5 种式样、10 种不同的外部颜色、10 种内部颜色、自动/手动转换方式，那么总计有 1 000 种不同的配置。困难在于分销商和零售商需要储存大多数的各种配置和产品组合。第 2 章已讲到，产品选择的多样化，使得很难预测顾客对于某种具体产品式样的需求量，从而迫使零售商和分销商必须保持大量的多样化库存。

产品多样化对顾客价值的贡献是很难分析和理解的。现存在三种成功的业务趋势，包括：

- 专门提供单一类型产品，如星巴克或赛百味公司。
- 可以"一站式"购买各种产品的超级商场，如沃尔玛及塔吉特公司。
- 专门提供某一类产品的超级商场，如家得宝、Office Max 和史泰博（Staples）。

这种趋势也出现在互联网上。有些网站成功地提供了各种不同的产品，而有些则专门提供某种产品。例如，ballsonline. com 专门提供各类体育球类用品，theworldofgolf. com 提供各种高尔夫用品，而 amazon. com 是一个大型虚拟购物商场，除了图书还卖其他用品。

互联网上出现了一个有趣的名为"长尾效应"的现象：在一个开放的网络里，市场的需求和供给都几乎为无穷大。克里斯·安德森（Chris Anderson）[7] 在书中写道，在这个名为"长尾效应"的市场里，由于缺乏物理和地域限制，零售商可以通过卖不太受欢迎的产品品牌而获利。当对这些品牌进行热销程度排名时，这些品牌就会像一个长长的尾巴。实际上，像亚马逊、Netflix 和 Raphsody 等公司有 1/4 到一半的销售收入不是通过诸如沃尔玛等传统零售商获取的，这些传统零售商一般只销售比较流行的产品。图 12—1 为 Raphsody 和沃尔玛在 2004 年和 2005 年的对比。

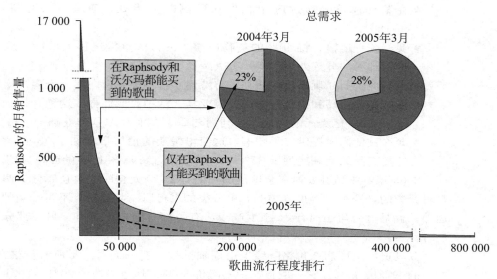

图 12—1 Raphsody 公司 2004 年和 2005 年的数据

资料来源：克里斯·安德森［7］。

个人电脑行业的产品销售方式已经发生了巨大的变化。80 年代中期，个人电脑是通过像 Egghead 这样特殊的专卖店销售的。90 年代初期，个人电脑在如西尔斯等一些百货店里销售，然而最近则开始采用直销模式。戴尔公司，作为直销模式的领头羊，于 2006 年宣布开设零售商店以便与苹果公司竞争。这意味着公司为了争取尽可能多的顾客，有必要通过各种渠道来销售它们的产品。实际上，电路城公司已经能够让顾客在网上选定商品，然后再到它的商店进行实物挑选。

前面已提到，产品多样化和很难预测具体某种产品的需求，迫使零售商和分销商不得不加大库存。

下面我们将讨论几种控制配置/产品多样化库存问题的方法。

1. 戴尔首先创造了按订单生产的模式，只有当订单发生后才确定配置。这可以通过应用第 11 章中讨论和分析的"延迟概念"来有效实施第 6 章中讨论的"推—拉式战略"。下面的例子讨论的是关于如何实施此战略的一个有趣方式。

实例 12—4

亚马逊网上商店是最著名和成功的网络零售商。它创立于 1995 年，起初销售大量的各类图书，后来增加了音乐 CD。最近，亚马逊开始销售玩具、电子产品和其他商品。亚马逊的订单满足战略也随时间而不断改变。开始，公司没有任何库存。在顾客发出订单后，亚马逊将订单直接转给英格拉姆书店。然而在 1999 年，亚马逊公司建立了自己的 7 个大仓库（其中一个仓库后来关闭了），开始直接向用户送货。现在亚马逊公司在美国已经拥有 16 个大仓库。

2001 年，亚马逊为了提高利润，将重点转向分销渠道的运作。公司 2000 年第 4 季度的成本为销售额的 13.5%，而 2001 年第 4 季度为 9.8%，这些成本包括 6 个仓库的成本、客户服务、信用卡费用等。亚马逊是通过以下方法实现成本降低的：

● 改进订单的排序以及利用复杂的包装机器，使得亚马逊的运货量可以在不增加工人数目的情况下比往年增加 35%。

- 在第四季度，通过应用软件来预测购买模式，亚马逊将存货水平降低了 18%。
- 实行统一运输，将 40% 的货物以整车的方式直接运往大城市，从而避免了地方邮局的分拣处理步骤，大大降低了运输费用。
- 与其他公司如玩具反斗城和塔吉特建立合作关系，向亚马逊客户出售这些商家的品牌产品和提供客户服务，亚马逊从中收取佣金。这种合作给亚马逊带来了 2.25 亿美元的收入，毛利则在 25% 的利润率基础上翻了一倍。
- 允许其他商家提供二手图书，这使得假期的销售量增加了 38%。在亚马逊，这类商品的毛利达到了 85%——堪称可与 eBay 相媲美的商业典范。

2006 年，亚马逊公司在全球范围内拥有 24 个大仓库。大仓库分为两类，一类是可分类的，一类是不可分类的。可分类的书可以一起运输，不可分类的书则单独运输。亚马逊公司还拥有 34 条生产线，有一部分归自己所有，另一部分归零售商所有。

亚马逊网上商店在价格阵线上也面临挑战：亚马逊对几乎所有价格在 20 美元左右的书降价 30%。它一度将畅销书降价 50%，其他书降价 20%。2001 年初，随着销售额的下降，亚马逊开始提高书价——对更多的书仅降价 5%～10%——以此弥补成本的上涨。而在图书销售业，极少零售商对畅销书以外的书籍实行降价。亚马逊有理由也有能力降价，因为通常一本书在售出之前要在商店的书架上待上 6 个月到一年，而对于拥有成百上千家商店的连锁经营商来说，这种库存费用是相当惊人的。另一方面，对于同一本书，亚马逊可以在仓库中只存一到两册，但还在全国范围内销售该书——一旦顾客需要购买，再以最快速度购进所需的数量 [94]。

2. 对于生产提前期长的产品，例如汽车，可采取另外一种合适的战略，即在大的配送中心保留较多的库存。这些配送中心使得制造商可以利用"风险分担"的优势（见第 2 章和第 7 章），降低库存水平，快速把汽车送给顾客。通用公司在佛罗里达的凯迪拉克工厂就采用了这种方法。经销商向区域仓库发出订单，采购汽车，然后仓库在一天内把所订的货发出。当然，在考虑此战略时，将不可避免地面临两大问题。

- 区域仓库的汽车库存成本。制造商（如通用公司）会承担区域仓库的库存成本吗？如果是这样的话，那么中间商就会有动力去减少自身的库存和成本，同时增加制造商的库存和成本。
- 在大、小经销商之间进行平衡。如果所有的经销商都可以和区域仓库联系，那么不同的经销商之间就没有区别了。这样就很难看到大的经销商有兴趣参加这种安排，尤其是当经销商要承担区域仓库的库存成本时。

3. 另一种可能的方式是提供几种固定的、能够囊括大部分顾客要求的选择方案。例如，本田公司的汽车选择方案就十分有限。尽管戴尔公司的电脑配置有很多可供选择的方案，但在戴尔公司的机器上安装的调制解调器以及软件的可选择方案却相当有限。事实上，并不是所有的情况都要求产品种类多。例如，许多百货店的商品种类过多，功能失控，譬如牙膏就有 28 种 [72]。目前还不清楚产品多样化是否能增加顾客价值。

■ 价格和品牌

产品价格和服务水平是顾客价值的基本部分。尽管价格并不一定是顾客考虑的唯一因素，但任何产品可被接受的价格范围都很有限。例如，当产品是大众消费品时（甚至一些像个人电脑之类的复杂产品也是大众消费品），它们的价格柔性很小。因此，公司通过对供应链进行创新，可以获得成本优势。我们在戴尔的直销模式中已经看到，允许用户配置自己的系统及建立一个起支持功能的供应链，不仅可以提高顾客价值，还可降低成本。

沃尔玛是供应链方面的创新者，它通过供应链创新，提供低成本商品，实现了在竞争中压价（见实例 12—1）。此外我们也看到，零售商（如沃尔玛）和制造商（如宝洁）实行的"天天低价"策略是减弱"牛鞭效应"的重要工具（见第 5 章）。这个策略十分诱人，顾客不必再担心在错误的时间购买物品，零售商和制造商也可以不必再做计划，以考虑促销行为所引起的需求变动。

价格中的另一个重要因素是产品品牌。在今天的市场中，销售人员越来越不喜欢"超市类商场"，但越来越多的顾客希望在"超市类商场"购物［177］。这适用于多种多样的零售环境，比如自助超市和网上购物。

实例 12—5

下面来看看书和 CD 在互联网上的价格。近来研究发现，"互联网上不同销售商之间在价格上有着系统的、本质的区别。在互联网上，书的售价差异平均可达 33％，CD 则达到 25％"。更重要的是，提供最低售价的互联网销售商并不一定销量最高。例如，研究发现，在 99％的情况下，Books.com 比亚马逊网上商店的售价低，然而亚马逊占领了当时 80％的市场，而前者只占有 2％的市场份额。一种解释是，顾客对不同的互联网销售商的信任程度和相关的品牌价值的认可程度不同［30］。

显然，互联网以及它对顾客行为的影响使品牌变得越来越重要，因为在顾客脑海中，品牌是质量的保证。如奔驰汽车、劳力士手表和 Coach 手提包之类的品牌，有很高的质量和声誉，因而能够开出比其他品牌的产品更高的价格，而且高价格本身就是象征威望和可感知质量的重要因素。这种情况下，由于边际收益更高，销售机会丧失会带来更大的机会成本，因而需要供应链迅速做出反应。增加的供应链成本，将被增加的边际利润所抵消。

实例 12—6

作为最成功的小包裹运输商，联邦快递迅速崛起的关键因素之一在于：它是第一家把目标定位在"隔夜送达"的运输机构，从而占据了"隔夜"市场。即使有其他价格更便宜的运送机构，考虑到联邦快递的品牌和其可靠程度，顾客仍然愿意出高价，让联邦快递运送［177］。

最后，在许多行业，产品通常指"实体产品"和相关"服务"。一般来说，对实体产品定价比对服务定价容易。同时，不同的服务之间很难进行比较，因而增加了服务价格的多样化。这对于开发难以转化成大众消费品的新产品和新服务的公司而言，意味着机遇。下面我们将会看到，如何抓住机遇，提供满足顾客需求的产品来获取利润是一大挑战。

在第 13 章，我们将分析战略定价，这意味着公司可以通过复杂的分析来使顾客服务偏好与供应链费用一致。

■ 增值服务

在供应过剩的经济中，许多公司不仅仅是在产品价格上进行竞争。因此，公司需要寻找其他收入来源。这迫使公司提供一些与竞争对手不同的增值产品，以获得更加有利可图的价格结构。

增值服务，如支持和维护，在采购某些产品中可能是一个主要因素，对技术产品而言尤为明显。的确，现在许多公司正围绕产品增添更多的服务［109］。这在一定程度上是因为：

1. 产品商品化使除价格外所有的其他属性都相同，从而仅仅从产品本身的销售情况来看，降低了获利性和竞争优势。

2. 需要更加贴近顾客。

3. 信息技术能力的提高使提供更多服务成为可能。

下面列举了一个复杂的服务供应情况。

实例 12—7

固特异轮胎橡胶公司向卡车制造商 Navistar 国际运输公司提供一套成熟的自动化供应链服务，包括向汽车制造商的自动化装配线及时地递送轮胎。固特异公司有一个 13 人组成的信息技术小组，为轮胎制造商的物料管理部服务。在与肯塔基州亨德森市的车轮制造商 Accuride 合作的供应链项目中，这个部门担任系统集成的角色。在一个名为 AOT 有限公司的合资厂中，固特异公司和 Accuride 把整个已油漆好的、可以使用的车轮装配品，提供给三菱、福特和 Navistar。根据用户的具体要求［109］，这些装配品可能采用固特异公司的轮胎，也可能采用竞争对手的轮胎。

企业间电子交易市场是近来出现的具有低进入壁垒的市场形式之一。在这里，公司间最初围绕价格展开竞争。但仅仅几年后，这些市场争夺者就意识到它们有必要拓展所提供的服务范围。现在它们所提供的额外服务多种多样，包括金融、物流以及供应链服务（见第 9 章）。

在上一节我们看到，对服务进行定价是很难的。多年来，像 IBM 这样的公司，尽管公司口号是"IBM 就是服务"，但并没有对自己提供的服务收费。而现在，IBM 的大部分收入来自服务。以前不重视顾客支持的公司，如微软，也开始致力于提高这方面的能力。在大多数情况下，顾客得到支持要支付相应的费用，如一次性电话询问费或服务协议。从戴尔的案例中可看出，服务和支持不仅带来额外收益，更重要的是，它使公司更加接近顾客，获得一些如何改进企业产品、服务支持的建议和发现一些增加公司产品/服务价值的方法。

一种重要的增值服务是信息获取。允许顾客获取自己的数据，如即将发生的订单、支付历史记录和一般订单，增加了顾客对公司的了解。例如，众所周知，顾客十分看重获知订单状况的能力，有时候这种能力的重要性甚至超过实际的周转时间。这种能力确保了可靠性，使制定计划成为可能。联邦快递最先提出包裹跟踪系统，此系统已成为包裹处理行业的标准。下面我们将看到，此系统不仅提高了服务水平，而且通过把数据输入及查询功能从公司员工转移到顾客身上，帮助信息提供者节省了一大笔费用。

随着越来越多的顾客期望信息的可视化，顾客能否获取信息的能力开始成为供应链管理的基本要求。互联网使这种能力成为可能，公司需要对支持此能力的信息系统进行投资。在第 14 章，我们将具体考虑这些问题。

■ 关系和体验

顾客价值的最后一个层面是通过开发关系，在顾客和公司间建立更加紧密的联系。由于建立关系需要顾客和产品提供者投入一定的时间，从而使顾客转向其他公司更加困难。例如，戴尔为大的用户配置个人电脑，提供支持。当戴尔帮助大客户管理个人电脑采购的全过程，包括特殊用户属性时，用户就更难以转向其他供应商。

另一种关系是学习型关系：公司建立客户个人文档，利用此信息来提高销售额以及留住顾客 [168]。此类公司有很多典型代表，比如个人公司（Individual Inc.）就是一家根据用户要求提供信息服务的公司，而联合服务汽车协会（USAA）则是一家利用自己的数据库向用户提供其他服务和产品的公司。

实例 12—8

1989 年由安德鲁（Andrew）和托马斯·帕金森（Thomas Parkinson）创立的 Peapod 公司，现已跻身美国大型网上食品供应商的前列。Peapod 公司是国际食品零售大亨 Royal Ahold 控股的子公司，它与 Ahold 美国超市公司合作经营，包括 Stop & Shop 和巨人食品公司。目前，公司在波士顿、南康涅狄格、华盛顿、芝加哥、长岛和纽约等地区开通了服务，向 10.3 万名成员提供服务。它向顾客提供各种产品选择和当地递送服务。购物者可以通过访问公司的网址浏览公司的商品，浏览界面的设置基于商品所处的位置，因而显得个性十足。Peapod 的电脑直接与它要采购商品的超市数据库连接。购物者通过从目录获取信息，创建可重复使用的个人购物清单来建立自己的虚拟超市。在每次购物结束时，Peapod 通过询问顾客"上一次的订单，我们做得如何？"来了解自己的服务，并采用相对高的顾客反应率（35%）来对服务做出所要求的变化 [168]。

Peapod 公司采用的方式是佩珀斯（Peppers）和罗杰斯（Rogers）在 [161] 中指出的"一对一企业"概念的例子。在此概念中，公司通过数据库和交互沟通方式了解各个顾客，在顾客惠顾的整个期间尽可能多地向顾客销售产品和服务。Peapod 的确是利用其数据库向顾客推荐新产品，跟踪顾客偏好和需求，进一步根据顾客情况改进自身的产品。

学习过程要花时间，但这也使得竞争者很难模仿此战略。此外，它通常会使那些想更换供应商的顾客不得不考虑一下为此将投入的时间和资金。

实际上，一些互联网网站，如亚马逊，正采用这种新的学习模式，根据顾客以前的采购行为或者进行类似采购的其他顾客的情况，向顾客提供建议。当然，这种提供顾客评论和建议的互联网服务面临着一个问题，那就是顾客会区别他们购买产品的网址和获取该产品信息的网址。换言之，提供意见反馈工具和顾客评论的网站并不一定能打动顾客，确保他们在该网站进行购买消费。顾客有可能从一个网站获取产品信息，却在另一个网站购买该产品 [30]。

戴尔则引进了另一种截然不同的方式，针对大客户而设计，其目的在于使客户难以转向其他供应商。戴尔为大公司配置个人电脑，安装特定的软件、标签和其他特殊要求品。戴尔也对公司网址进行了修改，使不同类型的用户都可按需获取。在许多方面，这种方式是对我们第 11 章谈到的大规模定制的更广泛应用。

除关系外，一些公司也向顾客设计、促销和销售独特体验，派因（Pine）和吉尔摩（Gilmore）[167] 称之为新经济的趋势。他们把体验定义为，不同于顾客服务的供给：

> 当公司把服务当作舞台，产品当作道具，在整个过程中以某种方式使顾客参与进来并获得深刻的印象时，体验就产生了 [167]。

当前的一些例子包括航空公司飞行常客活动、主题公园，土星车主聚会、雷克萨斯星期天早餐和汽车清洗活动等。

实例 12—9

苹果公司在美国、加拿大、日本和英国开设零售分店，作为它的品牌体验计划的进一步延伸。分店销售各类苹果公司的产品和一些第三方产品，并提供苹果品牌硬件和软件的维修和服务支持。第一家分店于 2001 年 5 月正式营业，设计销售门店的目的有两个：第一，阻止苹果公司在电脑市场销售份额的下降；第二，打破第三方零售店的不良销售纪录。如 [79] 所示，这些分店的设计考虑到了以下 6 点：

1. 增加顾客的体验效果。通过玻璃楼梯等店内设计，让顾客觉得自己进入了一个体验式的博物馆，而不是一家零售店。

2. 注重商品摆放。商店按照顾客使用商品的情况来摆放产品。数码相机、照片打印机和苹果品牌的 iPhoto 软件都被放在同一区域，这样顾客就容易联想到日常生活中怎样使用这些产品。通过这样的商品摆放，苹果公司鼓励顾客任意地联想。

3. 优先摆放重要商品。将产品包等不重要的物品摆在不起眼的地方，在显眼的地方都摆放重要的商品。

4. 塑造形象的一致性。每当顾客看到苹果的品牌，不管是在电视上、传单上，通过户外广告还是接触到苹果的产品，都会感受到苹果品牌所特有的形象。苹果的商店也一样，在设计上与苹果品牌的形象保持一致。

5. 应对变化而设计。前台窗口展示使用简单的平板荧幕。这一系统能够快捷方便地改变展示内容，同时仍然能够通过多样化的展示吸引路人的注意。

6. 不忽视商店员工。商店的员工也是顾客体验不可缺少的一部分。苹果商店的员工不能像普通零售店的员工一样只会卖商品。他们不像普通店员一样佩戴姓名标签，而是拥有自己的名片，并且在皮带上都配有苹果的产品，让顾客觉得他们不仅仅是为苹果公司工作，而是在享受拥有苹果的生活，这种生活正是苹果公司想要带给顾客的。可以说，苹果零售店的售货员是苹果的品牌使者。

互联网提供了其他机会，创造出一些还没有完全开发出来的体验。互联网的威力在交互式社区中充分体现出来，有共同兴趣或者渴望合作的人们在社区里建立关系，相互交往。"电子空间"就是这样一种现代科技，在这里不同团体可以共同观看并处理任何形式的未成型数据，如图画或演讲，而这些对于电子邮件来说则规模过于巨大。数据可以放在一个电子空间，顾客可以通过远程电信会议和网络样品展示，走进电子空间进行讨论。此外，参与者无须通过电话联系就可以在电子空间里交换意见。由于电子空间始终存在，任何人都可以使用它。不少公司使用该技术创造"有趣的社区"，有些社区只面向本公司职员，有些则面向各级员工和公司的合作伙伴［122］。

就像服务初期导入那样，公司目前还没有对体验进行收费。在公司开始对此项业务收费前，顾客必须意识到体验与价格一样值钱。要使体验本身有价值，需要大量投资。迪士尼的主题公园可以看作第一流的、成功体验的例子，许多顾客愿意为这种体验付费。公园也可以看作销售迪士尼产品的一种方式，包括电影、各种附带玩具和附件。

提供复杂的顾客交互（如体验和关系）的能力与生产、分销产品的能力是非常不同的。这也就暗示了专门提供前项产品的公司的出现。帕特里夏·西博尔德（Patricia Seybold）［189］认为，营造大量顾客体验需要经历 8 个步骤：

1. 创造一个引人注目的个性化品牌——使顾客可以立即识别出此别具一格的品牌。

2. 使选择不同路线和切入点的顾客拥有高度一致的体验。换言之，无论顾客的进入方式如何，都确保他们的体验和获取的信息始终一致。

3. 关心顾客和他们的结果。

4. 衡量什么是顾客所关心的，如顾客体验的质量相对于公司内部衡量的质量。

5. 在实际操作中追求卓越。

6. 重视客户的时间。

7. 把顾客对信息的需求放在核心地位。这需要具备前瞻性的能力，例如提醒顾客及时提出维护需求和把握培训机会。

8. 做好应变的准备——根据顾客需求进行改进的能力。

供应链绩效在以上大部分情况中都是非常重要的，它能在塑造品牌上起到重要作用，同时对于顾客的完美体验和营造领先的顾客体验的卓越经营也是非常重要的。本章的第一个案例分析就清楚地列举了以上要点，从为顾客创造一个独特产品，稳固的信息系统，支付昂贵的运费来处理意外情况的意愿，卓越经营，为顾客节约供应链运营的时间和费用，降低库存，到基于需求的应变能力。

■ 维度和实现卓越

我们对顾客价值维度的分析清楚地表明，公司在供应链、市场细分和技术都达到要求后，需要选择它们的顾客价值目标。在《卓越的神话》［53］里，作者分析了大多数公司是怎样对价格、产品、服务、终端和客户关系排序的。他们的结论是，一个公司不可能同时在所有的方面都表现卓越。他们的分析表明，一个公司要想获得成功，就必须在某个方面做得特别突出，让其与众不同，而其他方面也不差。下面是几个公司成功的例子：

1. 沃尔玛把价格放在第一位，公司的格言是"天天低价"，其次是丰富的商品品种。
2. 塔吉特最注重品牌，其次是价格。
3. 耐克的商店最注重体验，其次是产品。
4. 麦当劳最注重终端（它的分店几乎遍布各地），其次是服务。
5. 美国运通最注重服务，其次是终端。

顾客价值评估

由于顾客价值基于顾客感知，它要求从顾客开始评估。通常，评估包括服务水平和顾客满意。西博尔德 [189] 做了进一步的深化，他建议公司在管理时做更多的顾客价值评估，如积极顾客数量的增长、顾客保留、顾客背弃、顾客推介、购置成本和顾客消费等。

本节的目的是介绍各种顾客价值评估的方法和供应链绩效评估。后者十分重要，因为供应链绩效是顾客价值的重要贡献因素。

1. 服务水平。服务水平是典型的定量评估公司市场一致性的工具。实际中，服务水平的定义因公司而异。通常，服务水平与公司按顾客要求的日期交货的能力相关，如所有订单在约定交货日及其之前交货的百分率。许多公司认为这种评估对公司在当今市场获得成功的能力十分重要，因此在决策支持系统上进行了大量投资，以确保通过分析整个供应链的信息，能够正确地报出交货期。

实现一定服务水平的能力与供应链成本和绩效是直接关联的。例如，需求变动和生产及信息提前期确定了供应链中需要维持的库存量。显然，在确定某种产品的服务水平时，理解顾客价值十分重要。例如，与马上配送产品相比，顾客可能更看重低成本、有关交货期的信息和产品定制化的能力。个人电脑购买者就是这种类型。戴尔的直销模式似乎就比商场开架采购方式受欢迎——当然，戴尔要花额外的时间安装和配送个人电脑。

2. 顾客满意度。顾客满意度调研是用来评估销售部门和个人的绩效，为产品和服务的改善提供反馈意见。此外，也可用其他创新的方式获取有关顾客满意度的信息，如 Peapod 公司。但顾客调研并不一定是了解顾客价值的最佳方式。赖克海尔德（Reichheld）[174] 指出，依靠顾客满意度调研常常会产生误导。这些调研很容易操纵，通常在销售点进行评估，而却反映不出任何有关留住顾客的信息。

实际上，与顾客有关满意度的描述相比，更重要的是顾客忠诚度。顾客忠诚度比顾客满意度容易衡量，它可以通过内部数据库分析顾客的再购行为而获得。

实例 12—10

雷克萨斯连续几年成为"汽车满意奖"的得主，但它拒绝把调研作为获取满意度的最佳方式。对于雷克萨斯而言，评估满意度的唯一有意义的方式是再购忠诚度，雷克萨斯把汽车和服务的再购行为作为衡量经销商成功的唯一方法。每个雷克萨斯的经销商都有一个卫星天线，不断地把信息反馈和传递到公司总部。公司总部则不断跟踪这些衡量结果［174］。

另一种方法是了解顾客背弃。然而，确定这类顾客不是件容易的事，因为不满意的顾客很少会完全注销其账号，相反，他们会逐渐转移其花费，进行部分背弃。但如果可以跟踪此类顾客，它将是增加顾客价值的关键。

另一个例子是嘉信理财（Charles Schwab，见［189］）。作为一个在线经纪公司，它跟踪观察顾客的资产积累情况、顾客满意程度、顾客保有率以及员工保有率。这些措施对管理者和员工起到了激励作用。

3. 供应链绩效评估。我们已经看到，供应链绩效会影响提供顾客价值的能力，特别是在产品获得性等最基本的方面。因而有必要开发评估供应链绩效的独立指标。在供应链中需要采用明确的指标来评估供应链绩效，这是因为供应链中存在许多合作伙伴，需要用一种统一的度量方法。这恰恰就是评估方法标准化的推动力，如供应链协会提供的供应链运作参考（SCOR）模型。

供应链协会是由 Pittiglio Rabin Todd，McGrath（PRTM）和 AMR 研究小组共同创建的，最初成员共 69 名。到 2006 年，供应链协会已经发展成为一个在世界范围内有近千名员工，得到国际广泛认可的庞大组织。协会的成员遍布各大行业，如制造业、服务业、配送和零售业，见［225］。

SCOR 模型采用了流程参考模型，包括分析公司流程和目标的现状，对运作绩效进行量化，并将其与标杆数据进行对比。为了这个目的，SCOR 已开发了一套供应链绩效衡量指标。SCOR 的成员们正在组成一个行业小组，收集公司用于评估供应链绩效的最佳实践信息。表 12—1 基于［138］列出了 SCOR 中用于评估供应链绩效的一些衡量指标。

表 12—1　　　　　　　　　　　SCOR 第一层次的衡量

类别	衡量项目	衡量单位
供应链可靠性	按时交货	百分比
	订单完成提前期	天数
	填充率	百分比
	完美的订单履行	百分比
柔性和反应力	供应链的反应时间	天数
	上游生产柔性	天数
费用	供应链管理成本	百分比
	保证成本占收益的百分比	百分比
	每个员工增加的价值	美元
资产/利用率	供应库存总天数	天数
	现金周转时间	天数
	净资产周转次数	次数

一旦某个公司的衡量指标被计算出来，它们将与行业中的最高水平和平均水平进行比较。这可以帮助公司确定其优势以及寻找改善供应链的契机。PRTM［80］开展的"企业整体绩效"调查给出了这样的衡量指标作为例子：

- 供应链管理的总费用：包括订货管理过程、材料获取、存货管理以及供应链财务和信息管理系统的费用。调查发现，处于领先地位的公司，其总费用约占销售额的 4%～5%，业绩中等的企业则要多花费 5%～6%。
- 现金周转时间：从购买原材料到售出产品的天数，可以用存货的供应天数加上库存销售的天数减去材料平均付款期来计算。调查显示，最好企业的周转时间少于 30 天，而业绩中等的企业则可能长达 100 天。
- 生产向上调整弹性：实现计划外可承受的 20% 以上的产量增长所需要的天数。这一过程对最好企业而言不超过两周，对某些行业而言甚至少于一周。这主要受材料供应而非自身生产能力或劳动力的限制。
- 客户要求的交货绩效：在客户制定的日期前完成的订单比例。调查显示，最好企业的绩效至少达到 94%，在某些行业达到了 100%。而业绩中等的企业的绩效则介于 69%～81% 之间。

最近，供应链协会又提出了设计供应链运作参考（DCOR）模型。DCOR 提供一个框架，将业务流程、业务指标、最佳案例、技术特点等结合成一个整体，支持整个供应链的设计，提高供应链的效率。最初的 DCOR 模型是在 SCOR 的基础上，由惠普的业务流程管理组织于 2004 年提出并提交给供应链协会。

SCOR 模型是关于企业的计划、采购、运作、配送和周转等的管理流程，而 DCOR 是关于企业的计划、研究、设计、整合、修正等的管理流程。DCOR 模型覆盖了产品的进一步深化和研究，但并不涉及每一个业务流程。比如 DCOR 在设计库存产品分类、排序时，只是重点关注产品更新、新产品和新技术。

SCOR 模型是供应链绩效指标的很好例子。它可以用来与同一行业或其他的公司的业绩进行比较。它还有其他优点，可能会成为行业标准。DCOR 模型添加了设计步骤，是对 SCOR 模型的进一步深化。

然而，在戴尔的例子中我们也已看到，每个公司需要了解自己特有的环境，在此基础上再确定其指标。例如戴尔在衡量库存时，采用了库存速度，而不是库存管理绩效评估中通常采用的库存周转时间。

信息技术和顾客价值

信息技术已经给顾客和商家带来了许多有价值的好处。下面我们将从三方面进行简单回顾。首先是企业和顾客之间的信息交换；其次是公司利用信息去了解顾客，从而能够更好地改进服务；最后是提高企业到企业（B2B）的能力。

1. 顾客的获利。由于许多原因，顾客服务已发生了改变。最显著的一点是公司、政府、教育机构的数据库对顾客开放。这开始于报亭和语音邮件，并随着互联网统一数据存取工具的产生而出现大幅度增加。这些创新导致顾客价值的增加，并降低了信息提供者的成本。银行首先发现，通过安装自动取款机可以节约劳动成本。语音邮件起初被攻击为"非人性化"，阻止了人与人的接触，但它的确可以允许用户在任何时候、任何地方、无须任何中介而进入自己的账号。互联网扩充了这些功能，允许用户在任何时候、任何地方，进入自己的账号并进行交易。顾客与公司之间的信息界线的开放，成为新的顾客价值的组成部分，信息也成为产品的组成部分。

互联网还有一些不太显著的影响［25］。

- 无形资产重要性的增加。顾客已经习惯通过电话或互联网，向看不见的销售人员订购产品，甚至是贵重物品。这增加了品牌和其他无形资产的重要性，如服务能力或者采购决策中的社会体验。
- 不断增加的连接及断开连接的能力。互联网不仅使确定商业合作伙伴并与之连接变得容易，也使与老的合作伙伴断开连接，寻找新的合作伙伴容易多了。信息（包括绩效评估和数据）获得性的提高，降低了开发长期信任关系的必要性。公司可以根据可获得的、已公布的跟踪记录来对服务质量做决策。由于建立伙伴关系已经不需要很大的投资，因而这种能力尤其重要。如果要进行大笔投资的话，那么经常更换合作伙伴可能会对成本和现有资源产生影响。
- 顾客期望的增加。比较的能力以及通过电话和互联网进行各种交易的容易性，使顾客提高了对各种行业的类似服务的期望值，也提高了对 B2B 交互行业的期望值。
- 定制的体验。具有为每一个顾客提供个性化体验的能力，对于互联网来说是重要的。亚马逊网上商店存储了顾客的信息，并基于顾客以前的购买行为向其推荐图书和其他商品。大规模定制允许用户存储关于个人偏好、衣服和鞋子的尺寸等信息，这些信息可以来自许多不同的销售商，而不需要重复记录。

2. 企业的获利。提高顾客价值的一种方法是利用供应链中获得的信息，向顾客提供新产品。现有的信息还使公司可以对顾客的需求"感知和做出反应"，而不是简单地生产和销售产品及服务。的确，我们已看到，公司了解顾客要花时间，某些顾客也要花时间，最终导致更换供应商的难度增大。了解流程有各种方式，包括利用复杂的数据挖掘法来分析采购类型的相关性，以及通过保存顾客偏好和采购行为的具体数据来了解顾客个体。根据行业和企业模式而应用不同的方法。零售商可能用前者，而如下例所示的服务公司，则更可能是跟踪单个顾客的偏好和需求。

实例 12—11

20 世纪 30 年代，军人很难获得价格合理的保险，因而一群军官成立了联合服务汽车协会（USAA），向军官提供保险。联合服务汽车协会目前仍然仅向现役军官及家属提供服务，并通过电话和信件处理各项业务。联合服务汽车协会利用其广泛的数据库，把向成员提供的服务扩展到金融和购物。当顾客向联合服务汽车协会打电话时，关于他的信息可以马上获取、更新，顾客可以获得各种与自身需求相匹配的服务。例如，一个顾客通过联合服务汽车协会融资购买了一艘船，他可以获得所提供的相应保险［168］。

3. B2B 的获利。本章开头的案例清楚地列举了信息技术如何促使供应商向其客户提供新的服务。其他的例子包括戴尔公司创建了其电子市场（见第 6 章），通过互联网向供应商提供需求信息和生产数据，进一步强化了供应链协作。这使得公司将业务中的重要部分外包成为可能，而且公司仍然可对产品或服务提供保护及密切控制。例如，战略伙伴关系十分依赖信息共享，它可使合作伙伴实现高效率的供应链（见第 5 章和第 8 章）。

实例 12—12　戴尔的直销模式

1984 年，迈克尔·戴尔（Michael Dell）在宿舍里开始经营电脑业务。当时，他的想法很简单，即越过个人电脑销售渠道中的经销商，直接向最终用户销售，按用户订单生产个人电脑。这个想法现在被称为"直销模式"，消除了库存成本和再销售费用。在成立戴尔电脑公司时，这个模式的其他优点还不明显。迈克尔·戴尔解释道："你实际上需要与顾客建立关系，而这可以产生非常有价值的信息，反过来使我们平衡与供应商和顾客的关系。把这些信息和技术结合起来，你就有了对全球主要公司的基本企业模式进行革新的基础设施。"

戴尔电脑公司的模式包括根据市场上可得到的零部件组装电脑。不参与生产计算机零部件，使戴尔消除了拥有资产的负担和研发风险，同时也无须管理大量雇员。在几个供应商间分摊生产和开发风险，而不是由公司内部执行这些职能，有利于戴尔公司更快成长。

戴尔在使供应链中传统的供应商、生产商和最终用户之间界线模糊化的过程中，所采用的技术和信息被称为"虚拟一体化"。在一个传统的电脑公司中，如数字电脑公司，流程是纵向一体化的，即所有的研究、开发、制造、分销都在公司内部进行。这种模式要求很高的沟通水平，能够根据公司与用户的交互情况开发产品，缺点在于开发的风险和成本高，公司的资产所有权很不稳定。为了实现集成公司的优势，戴尔将供应商和服务提供商视为公司内部的成员。它们的系统与戴尔的系统实时联接，它们的员工参与设计小组和产品上市。新技术使共享设计数据库和方法以及加快产品上市速度成为可能，从而增强了合作的经济激励作用。

戴尔测量了库存速度，即每个产品平均花在库存上的时间的倒数。为了达到这个目的，每个部件都印有日期章。在快速发展的个人电脑行业，由于部件很快就会被淘汰，设置库存的风险很高。在某些情况下，比如索尼显示器，戴尔不持有任何库存，而是在有需求时，让 UPS 或空中快递（Airborne Express）从索尼公司的墨西哥工厂装运显示器，在戴尔的得州奥斯汀工厂装配电脑，然后发送给顾客。戴尔的供应商从实时的需求信息中受益，戴尔还向其承诺购买一定水平的产品，结果非常不错。1998年底，当康柏、IBM 和惠普宣布，将部分模仿戴尔的商业模式计划和各种各样的按订单生产的计划时，在转型上均面临巨大的困难。当大部分公司还在向 4 星期的库存水平目标努力时，戴尔仅持有 8 天的库存，它一年库存可以周转 46 次。

在顾客服务方面，戴尔将顾客群进行了细分，以便向不同顾客提供不同的增值服务。戴尔既配置个人电脑，也对大型用户提供支持。它还可以按照顾客要求安装标准软件，在机器上贴上资产条形码。对于一些用户，戴尔有现场小组，协助顾客采购个人电脑并提供服务。"虚拟一体化隐含的整体观念就是，可以让你比其他模式更快、更有效地满足顾客需求。"同时，它使戴尔可以有效地对变化做出反应。戴尔通过花时间与用户交流，跟踪技术趋势，尽量超前于变化，甚至创造和改变变化。

资料来源：基于 [128]。

其他企业间进行信息共享的例子可参见 [150]。作者描述了各种制造商和分销商为了共享库存信息而做的安排，这种安排可以降低成本。这些安排受第 2 章的风险分担概念所启发，可以使制造商和分销商通过共享各处的库存信息，以及供应链中的所有成员共同承担库存，来降低总体库存水平。

小结

创造顾客价值是公司目标的驱动力，供应链管理则是创造顾客价值的一种手段。供应链战略能够影响顾客价值，并能影响顾客价值的各个方面，它是公司战略决策不可或缺的一个重要部分。针对顾客价值，选择合适的供应链对于公司来说至关重要。卓越的供应链管理能在很大程度上改变顾客价值，如顾客价值的有效性和产品能够售出的合理价格。

戴尔公司的供应链战略表现在其商业运作模式上，它用较低的成本创造了顾客价值。TAL 公司的案例表明，管理顾客库存的能力，能够帮助公司在激烈的竞争中立足。Zara 公司创造了一个能够快速响应市场的供应链，从而走在了时代的前沿，并能获得更多顾客的再次青睐。

顾客获取产品、订单和配送等方面的信息的能力，是非常重要的。这些信息能够帮助公司更好地了解顾客的需求和偏好，从而找到更好与顾客交流的方法。应用这些信息，戴尔公司提高了自己的服务水平，TAL 公司更好地了解了顾客需求，Zara 公司则找到了一个简单却有效的反馈回路。

增加服务、关系和体验是企业在市场上使其产品差异化、了解顾客的一种方法。它也使顾客更换服务提供者更加困难。

评估顾客价值是企业目标和宗旨的核心，但确定恰当的评估标准却不是一件容易的事。例如，戴尔是以库存速度，而不是传统的库存周转时间作为评估标准。

提供复杂的、与顾客交互接触的各种行为的专门技能（如关系和体验），与生产、分销产品的能力差别很大。由于各个功能要求特别的技能，公司可以通过专业化获得。在消费品行业，我们能观察到这个趋势，如耐克和萨拉·李（Sara Lee）等公司的产品是由许多制造公司生产的。

如果不与顾客紧密联系，将没有任何真正意义上的顾客价值。今天，通过直接接触及沟通和信息技术，这已成为可能。通过让顾客陈述其偏好，并了解顾客——这是一种真正的双向式交互，公司可以开发出各种方法，实现更大的顾客价值及顾客忠诚度。通过本章的案例，我们可以发现这些公司都是充分利用了同顾客之间的紧密关系，并确立了自己的运作和供应链模式，从而取得了成功。

问题讨论

1. 讨论在传统销售和在线销售中，产品质量和价格的权衡关系。

2. 考虑动态定价策略及其对利润的影响。解释为什么动态定价相对于固定价格策略能获得更多利润，当

a. 现有生产能力降低时

b. 需求不确定性增加时

c. 需求模式的季节性增加时

3. 讨论供应链管理决策如何影响企业在某些方面更加出众的能力，尤其是要考虑

a. 与要求的一致性

b. 产品选择

c. 价格和品牌

d. 关系和体验

4. 以下公司带来的最大的顾客价值是什么？

a. 星巴克

b. 盖普（The Gap）

c. Expedia.com

5. 互联网带来什么样的额外机遇？

6. 在一个类似亚马逊的公司，你将用什么来衡量公司业绩？又使用什么指标来衡量供应链绩效？

智能定价

案例

星巴克的经营哲学：揭秘难以捉摸的小杯装卡布基诺

星巴克有一个不希望人们知道的小秘密：如果你想要，它们将提供小杯装的更好更浓的卡布基诺咖啡，且价格更低。在任何一家星巴克里提出这样的要求，咖啡师都不会感到惊讶，而且会满足你的要求。这背后的原因才是真正的玄妙之处。

上面所说的这种饮品是一杯 8 盎司（约 240 毫升）的卡布基诺咖啡，比标准菜单上最小杯的卡布基诺咖啡（即大杯装）还要少 1/3。而菜单上最大杯的卡布基诺咖啡（即特大杯装）为 20 盎司（约 600 毫升），其热量在加糖之前就高于 200 卡路里。

这种小杯装的卡布基诺和 12 盎司大杯装的卡布基诺含有等量的浓缩咖啡，这就意味着一种更浓也更好的咖啡口味。在国际咖啡师竞赛规则中，定义传统的卡布基诺为一种"5～6盎司的饮料"。这也是世界许多地方的咖啡店一杯卡布基诺的提供量。这是因为，越浓的卡布基诺，其口味越好。

大杯卡布基诺的问题是，不论技术多么高的咖啡师，也不能打出大量的牛奶泡沫（行话称为"微泡沫"）。对全球许多家星巴克的小杯装卡布基诺进行抽样调查后，我敢肯定一杯20 盎司的卡布基诺是比一大杯顶部冒着泡沫的热牛奶更好的饮料，尽管咖啡连锁店在菜单中对这种饮品极力推荐。

这种秘密提供的卡布基诺也更便宜——在我家乡的星巴克，只要 2.35 美元而不是 2.65美元。但是为什么这种更便宜也更好的饮料——以及和它相同系列的小杯装拿铁和小杯装纯咖啡——却没有广告呢？来自星巴克的官方说法是菜单上没有多余的空间。然而这并不能解释为什么小杯装卡布基诺也没有在内容全面的星巴克网站上被提及，以及为什么咖啡师在提供小杯装卡布基诺时是小声低语，而不是像通常所做的那样"唱"出你所点的东西。

经济学家给出了答案：这是星巴克回避该定多高价这个令人伤脑筋的问题的方法。定价太低，利润就会消失；定价太高则会失去顾客。任何能够差别定价的企业，将避免这种尴尬的权衡，这些企业对价格敏感的顾客制定一种价格，而向其他顾客制定更高的价格。

识别在星巴克对价格不敏感的顾客并不难。他们是那些会买足够多的拿铁去洗玫瑰芳香精油浴的人。对于任何大小包装的饮品，花费的主要员工时间成本、排队空间成本和包装成本都是相似的。因此，大杯装卡布基诺实际上包含更高的成本加价，这是 Olin 商学院的副教授布赖恩·麦克马纳斯（Brian McManus）得出的结论，他曾经对咖啡市场进行过研究。

问题是如果你的某些产品便宜，你可能损失掉一部分潜在的收益，这些收益来自那些愿意支付更多钱的顾客。因此，企业会努力通过使它们便宜的产品看起来或听起来缺乏吸引力来防止相对慷慨的顾客购买低档品，或者，索性像该案例中的星巴克一样，不把便宜产品放在菜单上。英国超级市场乐购（Tesco）有一种"超值"系列产品，使用糟糕、简陋的包装，这不是因为没有好的设计师，而是超市想吓走那些愿意支付更高价格的顾客。"终端市场往往被扭曲，"麦克马纳斯说，"企业拥有越多的市场支配力，就越能使低档产品缺乏吸

资料来源：Tim Harford，*Slate Magazine*，January 6，2006，www. slate. com/id/2133754.

引力。"

这个结论是很重要的。一家在完全竞争市场中的企业如果蓄意破坏它最便宜的产品，将遭受损失，因为竞争对手会趁机抢走那些被疏远的顾客。而星巴克凭借它在咖啡市场的教主地位，才能够应付这种价格歧视手段，这也要感谢那些忠实的，或者仅仅是懒惰的顾客。

价格歧视的应用已经有 100 年了。法国经济学家埃米尔·迪皮（Emile Dupuit）介绍早期在铁路系统中价格歧视的应用，那时候三等车厢是没有顶棚的，尽管顶棚很便宜。他写道："铁路公司的目的是设法阻止能够支付二等车厢票价的乘客去购买三等车厢的车票；这样做会伤害坐不起二等车厢的乘客的感情，但并非是公司想要伤害他们，而是想让那些坐得起二等车厢的乘客感到无法忍受。"

在现代，与之相同的例子是机场候机室。机场本来能够创造更好的空间，但是这样就会破坏航空公司收取来自俱乐部级候机室可观附加收入的能力。

星巴克的策略更简单也更大胆：提供便宜的产品，但是确保这种产品只提供给那些面对不确定性和尴尬提出这种特殊要求的顾客。庆幸的是，这个策略是易于战胜的：如果你想要一杯更好更便宜的咖啡，那就直接提出要求吧。

学习完本章，你应该能够回答以下问题：
- 为什么像星巴克这样的公司要对不同的顾客进行差异化区分？
- 其他公司怎样才能做到这样？这样做的危险是什么？
- 企业应如何利用不同的顾客愿意为相同产品支付不同价格的事实？
- 制造商试图从提供回扣中获得什么？如果所有的回扣都被赎回，对于制造商来说提供回扣还值得吗？对于零售商呢？
- 通过控制价格，企业想要获得什么？
- 动态定价如何能够帮助企业有效地利用能力？
- 企业能从航空公司收益管理的成功中得到何种借鉴？

▌引言

在本书的大部分内容中，我们考虑应对最终顾客需求的多种方式以及这些需求的变化性，但是我们往往也隐含着一个假设，即需求是企业无法控制的。在实际中这是不成立的。广告、展示以及促销工具都能够在某种程度上改变需求水平。更重要的是，定价是一种影响需求的重要工具。事实上，较先进的公司都将定价作为一种重要的杠杆来控制需求水平，从而达到供应链的有效管理。

没有比戴尔公司更强调定价策略对有效供应链管理产生影响的公司了。同样的两个产品在戴尔网站上的报价是不同的，这取决于采购者是私人消费者，小型、中型或大型企业，联邦政府，还是教育、医疗保健机构。另外，对于同一市场同一产品的价格也不是固定的［2］——它会随着时间的推移而快速变化，那些在今天还比其他产品便宜的产品可能在明天就比其他产品贵了。戴尔并不是唯一在使用复杂定价策略的公司。例如：

- IBM 正在研究能够根据市场需求调节价格的软件［140］。

- 某一款的尼康 Coolpix 数码相机在网上和门店的售价大约都是 600 美元。然而，制造商会仅仅根据相机购买的不同渠道而提供 100 美元的回扣。同样，某一款夏普数码摄像机在零售店和网上商店的售价大约都为 500 美元。而夏普也会根据顾客在哪里购买而提供大约 100 美元的回扣。

- Boise Cascade 办公用品公司在网上销售许多产品。它声称 12 000 个在网上最频繁被订购的产品价格可能每天都在变化 [104]。

这些观察引发了许多问题。这些公司究竟在做什么？为什么戴尔要向不同的顾客收取不同的价格，甚至在不同的时间收取不同的价格？如果戴尔能够这样做，其他公司是否行得通？邮寄回扣策略有什么作用？实际上尼康和夏普公司只要降低向零售商收取的批发价不就可以了吗，为什么还要让消费者邮寄优惠券？归根结底，传统的固定价格策略有什么问题？

对这些公司的进一步调查显示，它们都有一个共同点，即都力图通过应用智能定价策略或收益管理技巧来增加利润。航空公司、旅馆和汽车租赁等行业，都已经成功地应用了这些技巧。在航空业实施收益管理后，收入有了显著的提高，美国航空公司预计收益管理将为公司带来每年 10 亿美元的收入增长 [49]。事实上，如果不是因为应用了收益管理和航班调度计划系统，美国航空公司在近 10 年内可能只有一年是盈利的 [50]。

价格与需求

任何事都是平等的，当产品的价格降低时，产品的需求就会上升。然而也有例外（例如当顾客把价格看作产品质量的象征时），但是这些例外并不多见。当然，由于产品自身的特点，某些产品或多或少是价格敏感的，但是一般来说，需求的降低是由于价格的上升，这就是"需求曲线向下倾斜"的特性，这一特性几乎总是成立。这就给那些试图为他们的产品制定最优价格的管理者提出了一个有意思的问题：当价格下降时产品需求上升，而收入由产品的需求和价格决定，对这一特定产品如何定价才是最好的？一般来说，这是个难解决的问题。为了找到最合适的定价，管理者需要确定每一个要销售产品的价格与需求的关系特点，然后利用这一特点来决定每个产品的最优价格。可以想象这个过程是很复杂的。例如，需要分析大量的数据，同时还要考虑到竞争对手的行为对价格与需求关系的影响。尽管存在这些困难，许多企业还是会设法大致估计这两者间的关系。在下面的例子中，我们假设这种关系是已知的，然后来确定最优价格。

实例 13—1

考虑一个零售商只卖一种产品的情况。基于经验，管理人员估计需求 D 和价格 p 之间的关系满足线性方程 $D = 1\,000 - 0.5p$。这表明，当价格是 1 600 美元时，对这种产品的需求量为 200；当价格为 1 200 美元时，需求量为 400。由于收入等于价格乘以该价格对应的需求量，所以不同价格水平的收入就可以计算出来，如表 13—1 所示。

表 13—1　　　　　　　　　　实例 13—1 中价格对应的收入

价格（美元）	需求量	收入（美元）
250	875	218 750
500	750	375 000
750	625	468 750
1 000	500	500 000
1 250	375	468 750
1 500	250	375 000

当产品价格为 1 000 美元时，收入的最大值等于 1 000×500＝500 000 美元。图 13—1 描绘了需求—价格曲线，图中的阴影部分代表总收入。

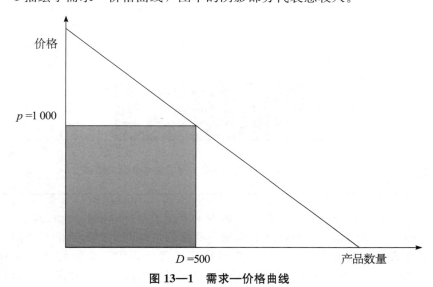

图 13—1　需求—价格曲线

降价

尽管在上面的实例中我们假设需求是价格的确定性函数，但实际中这是很少出现的。在大多数情况下，如我们在第 2 章中所讨论的那样，需求是随机的，我们需要根据对未来需求的估计来确定库存水平。这意味着有时在销售旺季之后，仍然会有库存。因此，企业会经常采用降价、打折等手段来处理这些多余的库存。为了更好地理解降价的概念，就需要稍微改变一下角度来考虑需求。不是从随着价格上升而下降的总需求的角度，而是从构成总需求的单个消费者的角度来考虑。每一个消费者都有一个他愿意为某个特定商品所支付的最高价格——这就是保留价格。

实例 13—2

考虑上一个例子中所描述的产品，其需求 D 和价格 p 之间的关系满足线性方程 $D＝1 000-0.5p$（见图 13—1）。我们已经知道当价格为 1 200 美元时，将有 400

个单位产品被卖出。这意味着 400 个消费者具有不小于 1 200 美元的保留价格——当产品价格低于他们的保留价格时，他们将购买该产品。同样，如果价格是 600 美元，需求量将是 700，如图 13—2 所示。换言之，有 700 个消费者具有不小于 600 美元的保留价格。

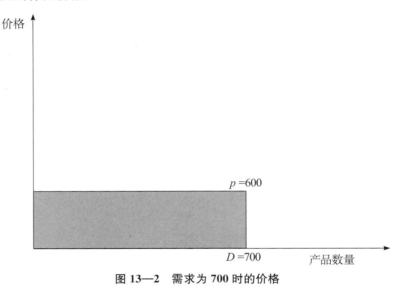

图 13—2　需求为 700 时的价格

显然，价格越低，保留价格等于或高于这个价格的消费者就越多，因此降价或打折的目的就是，要将产品卖给那些保留价格低于初始价格但是高于打折价格的消费者。一般来说，零售商都会设法避免降价销售。如罗伯特·菲利普斯（Robert Philips）[162，p. 242] 所指出的："许多零售商认为降价是不恰当的采购、定价或销售策略所导致的。"实际上，保留价格低的消费者并不被认为是有利可图的，但对于消除多余库存是有益的。

价格差异化

我们知道降价能够帮助企业消除多余的库存。然而先进的零售商都注意到一个非常重要的事实：在许多情况下，折扣价格也是有利可图的，而且愿意以折扣价购买商品的消费者和愿意以初始价购买商品的消费者是不同的。例如，对于时装而言，一些非常关注时尚的消费者会热切地希望在销售旺季开始时就购买，并且愿意为抢先获得最流行的款式而多付钱。其他消费者则更注重价值，他们愿意等到销售旺季结束后再购买，而并不愿意支付和追逐时尚的消费者同样高的价钱。如果对不同的消费者制定不同的价格，也许收入能够增长。对不同类别的消费者收取不同价格称为价格差异化。思考下面的例子。

实例 13—3

回忆前面例子中所讨论的产品，其需求 D 和价格 p 之间的关系满足线性方程$D=$

$1\,000-0.5p$。我们在前面看到，当价格水平为 1 000 美元时，收入等于 $1\,000\times500=500\,000$ 美元，初步看来这似乎是最好的定价策略。图 13—1 描绘了需求—价格曲线，其中的阴影部分代表了总收入的大小。既然 1 000 美元是使收入最大化的价格，那么开始的时候这似乎是最好的定价策略。但值得注意的是，根据需求—价格曲线，零售商对许多愿意支付更高价钱的消费者只收取了 1 000 美元。实际上在 500 个消费者中有 200 个消费者愿意为每个产品支付 1 600 美元，在这 200 人中又有大约 100 人愿意支付 1 800 美元。但实际情况是，对所有的这些消费者都只收取 1 000 美元。

这个简单的分析表明，制定单一价格，管理者会失去获得大量收入的机会。事实上，这些丢失的收入可以用图 13—1 中阴影部分上面的三角形表示（为什么?），且其值等于 $(2\,000-1\,000)\times500/2=250\,000$ 美元。问题是：管理者应如何利用这部分丢失的收入来增加收益？

基于这个目的，需要考虑一个更复杂的定价策略，即企业所使用的差异化或者定制化的定价策略。在差异化定价中，企业分别针对不同的细分市场进行定价——分为愿意支付较高价格的消费者和愿意支付较低价格的消费者。举例来说，在二级定价策略中，企业制定了两个价格——1 600 美元和 1 000 美元。

当价格为 1 600 美元时，需求量为 200；而当价格为 1 000 美元时，需求量为500，在这 500 个消费者中有 200 个消费者支付了更高的价格。在这种情况下，总收入为 $1\,600\times200+1\,000\times(500-200)=620\,000$ 美元。

通过使用这种策略，企业能够重拾 50% 丢失的收入，从而增加 120 000 美元的收入。企业能否增加更多的收入呢？我们发现，三级定价策略可以做得更好。考虑企业的一个三级定价策略：1 800 美元，1 600 美元和 1 000 美元。当价格为 1 800美元时，需求量为 100；当价格为 1 600 美元时，需求量为 200，其中 100 个消费者支付了更高的价格；当价格为 1 000 美元时，需求量为 500，其中 200 个消费者支付了更高的价钱。因此总收入就等于 $1\,800\times100+1\,600\times(200-100)+1\,000\times(500-200)=640\,000$ 美元，比二级定价策略增加了 20 000 美元。在图13—3 中，我们描述了这个三级定价策略。

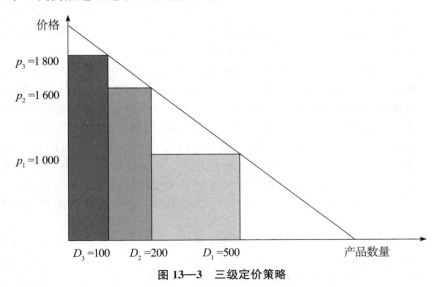

图 13—3 三级定价策略

当然，还有一个重要的问题需要考虑：企业如何才能成功地实现对不同消费者的差异化定价？在第 6 节中，我们将详细讨论这个问题。在接下来的部分，将探讨传统的收益管理在航空业、旅馆业和汽车租赁业的应用。毕竟，这些成功的案例曾激励许多其他行业的管理者开始关注定价，并将其作为一个有价值的工具。

收益管理

近年来，许多公司十分重视收益管理技巧，并希望以此提高利润率。这些技巧结合定价和库存策略，通过影响市场需求来帮助公司控制并提高利润。收益管理被描述为"在适当的时机，以适当的价格向适当类型的顾客销售适当的商品"（参见 [108]）。

正如我们前面所看到的，收益管理技巧早已在航空、旅馆、汽车租赁等行业中得到应用。这些应用具有许多共同的特征，包括（参见 [108]）：

1. 存在易变质的产品，即到了一定时间就会过期或者变得无关紧要的产品。

2. 变动的需求。

3. 系统的能力固定。

4. 市场的细分，例如，基于对价格或服务时间敏感程度而划分的细分市场。

5. 产品的预售。

这些方法最早由美国航空公司在 20 世纪 80 年代使用。在对航空公司放松管制之后，已有的航空公司面临着来自如雨后春笋般成立的新航空公司的竞争，其中最引人注目的是人民捷运公司（People Express）。航空公司间第一次出现了价格竞争。为了克服出现的新威胁，美国航空公司转向了收益管理，采用差别定价来尽可能地获得消费者剩余价值。这一战略获得了巨大的成功，人民捷运很快就被挤出了市场。而收益管理技巧也很快被其他主要的航空公司所采用，之后又被应用在旅馆业和汽车租赁业。（有关详细的收益管理历史，参见 [162]。）

一般来说，收益管理涉及针对具体产品和价格的具体行业细分。如上面所介绍的，航空公司的收益管理关注于制定差异化的价格。在航空业，价格差异化和收益管理的关键是将顾客区分为两个细分市场——休闲型旅客和商务型旅客。休闲型旅客对于价格是高度敏感的，但是一般来说对于旅行时间并不敏感，因此他们可能愿意提前预订不可退款的机票。而对于商务型旅客来说，他们对于价格并不是很敏感，但是对于旅行时间是高度敏感的。而且与休闲型旅客相比，商务型旅客对灵活性的需要也更高，从而能够根据需要来调整旅行计划。这就体现了杜阿戴尔（Duadel）和维亚勒（Vialle）[60] 关于对消费者进行差异化的理论框架，如图 13—4 所示。

可见航空公司力求向不同的消费者提供不同的机票类型（根据不同的价格、时间和灵活性来区分）。换言之，航空公司是筑了一道"壁垒"来阻挡商务型乘客从图 13—4 所示的右下格转移到左上格。这一壁垒是通过提出周末搭乘和提前预订的要求来实现的。当然，要实现更多的机票分类，就需要在不同的市场细分中修建更

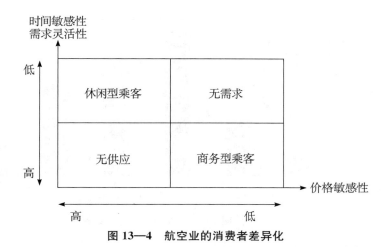

图 13—4 航空业的消费者差异化

多的"壁垒"。

一旦建立起这种差异化，收益管理战略就需要进一步关注每种机票应该提供的数量，以及每种机票的价格。由于历史原因，这个决策被分为两个部分。从 20 世纪 60 年代开始，航空公司就开始使用电子预订系统来预订机票。当收益管理理念被引进后，为了适应这个相对不够灵活的系统，对收益管理进行了设计。

因此，航空公司的收益管理具有两个重要的步骤：

1. 市场细分。在一个特定的时间和航班（从出发地到目的地）内，对不同产品进行了不同的设计和定价，来适应不同的市场细分。这些产品具有不同的限制条件，例如，它们可能是不可退款的，或者只在飞行前 21 天提供。

2. 预订控制。给定产品和价格后，预订控制系统对可提供的座位进行票价分类，通常是通过限制较低等级的座位数量来实现。

设计产品种类和进行预订控制是非常困难的问题，它需要复杂的算法和技术来支持。但最基本的理念很简单，即将座位分为不同的价格等级并使各等级的边际收入都相等。

实例 13—4

考虑一个简单的例子，一家航空公司给一个航班设置了两种类型的座位。经济舱的票价是 100 美元，商务舱的票价是 250 美元，且飞机上有 80 个座位。航空公司假设它们能卖出尽可能多的经济舱机票，但是商务舱机票的需求是随机的，且服从图 13—5 所示的需求分布。

基于这个需求分布，就能得出每一个座位数量对应的期望收入（类似于我们在第 2 章中计算库存价值的方法）和期望边际收入（再增加一个座位所获得的收入），如图 13—6 所示。如我们所预期的，边际收入会随着座位数量的增加而减少。经济舱机票的边际收入如图 13—6 中的黑线所示。既然对于这种机票的需求是没有限制的，那么其边际收入是恒定的。

两种产品的边际收入在座位数为 18 时相等。因此，应该设置 18 个商务舱座位。

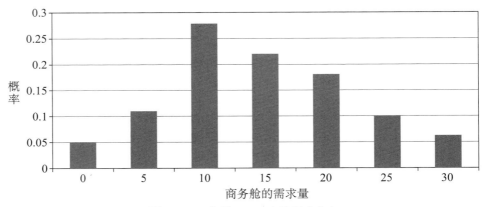

图 13—5　实例 13—4 中的需求分布

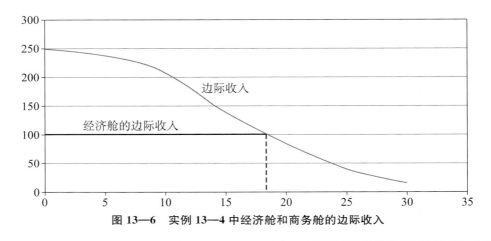

图 13—6　实例 13—4 中经济舱和商务舱的边际收入

当然，实际中航空公司的收益管理问题更加复杂，有多种航班种类、不同票价类别和更复杂的需求信息。然而，均衡不同等级票价边际收入的基本思想仍然是整个系统中最核心的。

许多收益管理系统面对的另一个挑战是网络管理。在一个典型的航空网络中，一条航线的一段特定行程可能是许多其他完整航线的一部分。例如，从洛杉矶到芝加哥的行程是洛杉矶—芝加哥航线的组成部分，但也是洛杉矶—匹兹堡航线或洛杉矶—底特律航线的一部分。收益管理系统除了要考虑我们前面所讨论的限制因素，还要为特定的航线分配座位。这就使问题更加难以解决，需要更加复杂的技术来支持。

航空公司收益管理中另一个关键的问题是：为了向价格敏感性低的消费者收取更多的钱（较高的订票价格）而采用了差别定价，但同时价格的制定随着时间的变化也在不断改变。一趟从洛杉矶到芝加哥的航班在某些天的某些时段票价可能很贵，但是在其他需求量较低的时段又会很便宜。同样，如果一趟航班在一段时间内都有空座，航空公司就会增加低价位机票数量的分配。定价的这种动态特点有利于尽可能充分地利用航班运能。

智能定价

在上一节中讨论的收益管理在航空公司的应用是非常成功的。当然，人民捷运公司的 CEO 会指责美国航空公司的收益管理使他们破产。收益管理的应用吸引了许多企业领导者的关注，他们开始考虑通过调整定价影响需求来增加企业的利润［162，p. 6］。尽管航空公司收益管理中特殊的技巧和工具并不一定适用于其他不同的行业和情况，但是收益管理中许多最根本的原理和概念在某种程度上是适用的。

戴尔、尼康、夏普和 Boise Cascade 办公用品公司采用的定价策略有一个共同点。这些公司以价格为工具来影响消费者需求，从而将收益管理的基本理念应用于相应行业。

和航空公司的收益管理相同，许多企业采用了两种不同的但是彼此相关的基本方法：根据消费者定价，即差别定价；根据时间定价，即动态定价。

差别定价

如我们在本章的前面所讨论的，如果对所有的消费者都收取同一个价格，那么那些愿意为该商品支付更高价格的消费者最终支付的价格将比他们愿意支付的低——差别定价的目标就是依据不同消费者对价格敏感程度的不同来制定不同的价格。戴尔通过区分私人客户、小型或大型企业、政府机构以及医疗保健机构来实现差别定价。当然细分往往是很困难的。在罗伯特·菲利普斯［162］开创性的著作《定价与收入最优化》中，对相同或相似产品制定不同价格提出了几项策略：

群体定价。在许多行业，向特定群体的顾客给予折扣是很常见的。餐厅给老年人的用餐折扣，软件商给大学的折扣，电影院给学生的折扣，以及酒吧给女士的折扣都是群体定价的例子。当然，这种折扣只对群体起作用，因为群体成员才与价格敏感度相关联。

渠道定价。是指向不同销售渠道的相同产品收取不同的价格。例如，许多企业在网络上和在零售商店里分别以不同的价格销售相同的产品。航空公司通过网络和旅行社销售机票的价格可能就是不同的。同样，这种策略也只有在使用不同渠道的消费者具有不同的价格敏感度时才行得通。

区域定价。这种策略利用了不同场所内消费者的不同价格敏感度。例如，与在酒吧相比，啤酒在棒球场等体育场馆里要贵得多，但是仍然卖得很好。同样，许多超级市场在不同的地区制定不同的价格，一些知名的零售商在相对不够便利的地区建大卖场，其商品是非常便宜的。

基于时间的差异化。另外，相似的商品可以根据时间来进行差异化。例如，亚马逊公司根据不同配送时间收取不同的价格。亚马逊这种配送价格的差异化可能并不是出于成本的不同——而是一种细分对价格更敏感或对配送时间更敏感的消费者的技巧。同样，戴尔根据不同的维修合同对产品收取不同的价格，这种维修合同的差别体现在完成修理所用的时间不同（例如隔天或一周内）。

产品版本。如果对于同一种产品不能够进行差别定价，那么为了区别不同价格敏感度的消费者，通常可以对产品进行微小的改变。这可以通过品牌化的形式来实现。例如，一家著名的百货连锁店出售两种品牌的牛奶，一种是相对高端的品牌，而另一种是针对价格敏感消费者的低端品牌。即使这两种品牌的牛奶除了包装以外是完全相同的，仍然都会被购买。同样，全国著名品牌的制造商也可能向消费者销售自有品牌或者非品牌商品。制造商可以通过改善生产线，分别向不同价格敏感度的消费者提供低档和高档产品，即使这些产品在成本上的差异小于价格上的差异。家用电器和电子产品制造商经常创建相关产品的生产线，从而在较高端产品的生产线上给产品增加一些附加的特性。即使花费比低端产品高得多的价格，高端消费者也倾向于购买高档产品，而实际上高端产品并没有给制造商增加太多的成本。

优惠券和回扣。许多企业使用优惠券和回扣来对消费者进行区分，这些消费者被区分为高度重视时间或灵活性的，以及愿意花费时间使用优惠券或寄回折扣券来换得较低价格的。零售商和制造商通过报纸和杂志来提供优惠券，或在销售点为邮寄回扣政策做广告。例如，夏普和尼康使用邮寄回扣策略对具有价格敏感性的消费者进行区分。这种差异化通过给购买程序增设一个较大的障碍来实现：为了获得回扣，你不得不填写优惠券并将其邮寄给厂商。这里假设愿意支付高价格的消费者不一定会邮寄优惠券。当然，这个假设和传统的收益管理技巧不同，邮寄回扣策略不是通过制造壁垒来阻止愿意并能够支付更高价格的消费者邮寄优惠券。因此，邮寄回扣策略需要更详尽的分析。

- 不考虑回扣存在的情况，每个零售商为了使利润最大化，对向制造商订购的产品价格和数量进行决策。零售商的权衡是很明确的：价格越高，需求越少。因此，零售商需要找到一个价格和订货量来使它们的期望利润最大。另一方面，制造商希望零售商能够尽可能多地订购。制造商的利润是与批发价格成比例的，而不是与消费者支付的价格成比例。

- 考虑邮寄回扣存在的情况，制造商会影响消费者的需求，从而给零售商提供一个增加订货量的激励。实际上，使用回扣机制后，消费者支付给零售商的有效价格降低了，因此需求水平上升，零售商的利润增加。当然，需求的增长也就促使零售商向制造商订购更多的产品。通过确定合适的回扣率，产品订货量的增长最终会大于对回扣的补偿，因此制造商的期望利润也就增加了。

- 从制造商的角度考虑，存在的问题是，为什么不直接给批发价打折呢？答案可能会有很多种。首先，回扣策略有一个优点，即不是所有的消费者都会将优惠券邮寄给制造厂商。其次，如果制造商只是降低批发价格，零售商可能会保留这一折扣而不将其传递给消费者。最后，也是最重要的，即使零售商依据打折后的批发价来最优化它的定价和订货策略，或者即使每一个消费者都会将优惠券邮寄回去，对于制造商来说邮寄回扣策略依然是更好的选择。因为与降低批发价相比，这种策略能给制造商带来更多的利润。为了理解这个问题，我们假设零售商在邮寄回扣策略和降低批发价格策略中的订货量相同。考虑两种情况：一种是订货量小于实际需求，另一种是订货量比实际需求大。如果订货量比实际需求小，两种策略给制造商带来的利润相同（为什么？）；相反，如果订货量比实际需求大，制造商使用回扣策略所得的利润比降低批发价的策略多（为什么？）。

■ 动态定价

我们在前文讨论降价情况的时候已经注意到，动态定价策略，或者价格随着时间变动但不因消费者类型不同而进行区分的策略已经使用了很多年，但一般这种策略只用于清理多余库存。例如，时装零售商往往在销售旺季即将结束时通过大减价来减少积压库存。这种降价在一定时间内对所有的消费者是一视同仁的。

然而，这对于不是出于清理多余库存而采取定期打折销售的企业来说也常常是有意义的。例如，Jockey 牌内衣即使许多年不改变款式，每 6 个月也会打折销售一次。为什么制造商要这样做呢？就像前文介绍的降价情况一样，Jockey 通过这种形式对高保留价格和低保留价格的消费者进行区别。当高保留价格的消费者需要新内衣的时候，他们就会到商场里购买，而低保留价格的消费者则会等待打折。当然，如我们在第 5 章所看到的，动态定价可能使供应链更难以管理。因此，关键的挑战是，决定在什么时候进行定期的打折销售来使收入最大化。当消费者认为可供购买的产品价值很高，且只要满足预算约束，他们就会购买时，相对频繁的打折销售就有助于利润的最大化。这种策略往往适用于高端产品商店，因为它们的顾客可能对商品的价值有更高的评价。然而像沃尔玛这样的折扣商店，由于其顾客更倾向于低价格，所以应采用天天低价策略。总之，基于数据和模型假设的研究表明，定期打折销售可能使利润增长率从 2% 变为 10% [3]。

另一种智能定价的趋势是，将动态策略应用在制造环境中，即通过定价这一工具更好地平衡需求和供给。这种策略不关注对不同价格敏感度的消费者的区分，而是关注变动供应链环境中各个时期总需求的调整。例如，当整个系统能力很高，或有大量可用的运能时，增加需求水平是有利可图的；而在库存较少或能力水平较低时，就有必要调整定价来降低需求水平。类似地，对于有季节性需求特点的产品，在需求较低的时期，通过有效的供应链运作降低价格是有意义的。

当然这就要求供应链前端制定价格决策的管理人员对供应链后端完全了解，包括供应商库存的情况，以及他们自己的生产计划。

在考虑动态定价策略时，面临的首要挑战是，认清此策略比（最好的）固定价格策略获得更多利润的条件：

- 现有生产能力：假定其他情况都相同，那么相对于平均需求的产品生产能力越小，动态定价的获利就越大 [42]。
- 需求变动性：以变异系数来衡量的需求不确定性上升时，动态定价的获利也上升 [63]。
- 需求模式的季节性：当季节需求量上升时，动态定价的获利也随之增加 [42，63]。
- 计划期的长度：计划期越长，动态定价的获利就越少 [63]。

综上所述，研究 [42，63] 表明，根据实际数据和模型假设的不同，采用动态定价带来的利润增长可达 2%～6%。这样的利润增长率对于自身利润率低的行业，如零售业和电脑业而言，是相当显著的。

互联网的影响

如我们上面所提到的，20 世纪 80 年代中期，航空业收益管理的成功激励了许多其他行业的管理者探索智能定价的价值，且探索的力度不断加大。其中一个原因就是，互联网和电子商务使得许多智能定价技巧和方法的应用更易于实现。

菜单成本。零售商在互联网上更改报价（见 [30]）的成本要远远小于在现实世界中的报价更改。这使得在线销售的商家，如戴尔和 Boise Cascade 办公用品公司，能够每天更新产品的价格。过去，许多企业发行年度的产品目录，这也就成了它们更改价格的唯一机会。

更低的购买者搜寻成本。购买者在寻找所需商品的过程中付出的成本变低，这就引发了商家之间的竞争 [30，211]，并导致对智能定价策略的关注。同样的道理，撤销航空公司管制和人民捷运公司的兴起，迫使美国各大航空公司关注收益管理，市场竞争的加剧导致智能定价的优势凸显。

供应链末端的可见性，使得定价、库存和生产决策的协调成为可能。也就是说，信息的通畅有助于提高供应链的管理水平，也有助于智能定价的实施。

利用购买者的历史记录进行顾客细分在互联网上是能够实现的，但在传统的门店却很难实现 [18]。当消费者用个人账号在亚马逊的网站上登录后，亚马逊公司的计算机就会调出这个消费者以前购买记录的所有清单，并提供与其偏好相符合的产品来使收入最大化。

测试能力——由于菜单成本很低，互联网可以用来对定价策略进行实时测试 [18]。正如贝克（Baker）、曼（Marn）和扎瓦达（Zawada）[18] 所建议的，在线销售可以对其网站的一部分访问者设置较高的价格进行测试，然后根据测试数据进行定价决策。

注意事项

谨慎是必需的。近来一些公司的实验表明，任何人在考虑使用动态定价策略时，必须避免表现出对顾客的不公平待遇。

● 亚马逊网上商店曾经根据人口统计学，甚至顾客使用的浏览器，对购买同样DVD 的不同顾客实行区别收费。结果显示 [199]：

Gomez Advisors 公司的零售分析家巴雷特·拉德（Barrett Ladd）指出："亚马逊试图查清它们的忠实顾客究竟愿意出多高的价钱，但顾客发现了这一点。"一些 DVDTalk.com 的访问者感到特别懊恼，因为他们发现网站对于常客收取的价格反而更高。一个在 Deep Sleep 公司进行网上经销的用户说："它们肯定以为已经赢取了常客的信任，因而在某些商品上可以对他们多收取 3%～5% 的费用。"

鉴于顾客对此反应消极，亚马逊终止了这种定价测试。事实上，采用定价策略时，公平的观念是主要的问题。当顾客看到其他顾客正以更低的价格交易或者在其他时间能以更低的价格交易时，就会变得沮丧。

- 可口可乐公司的前总裁道格·伊韦斯特（Doug Ivester）考虑过在动态定价策略中使价格随室外温度变化。他声称可口可乐公司正在研发一种能够测量外部温度的自动售饮料机。考虑到一罐可乐在热天比在冷天的效用更高，这种机器会随着温度的增加而提高价格。据说顾客对此定价策略的不满是导致伊韦斯特离开可口可乐的原因［162，p. 302］。

- 在线销售的网站，如 Priceline 公司和总部在旧金山的 Hotwire. com 公司，通过暗箱销售（opaque fares）来卖掉那些到最后还没有售出的机票，或者还没被预订的旅馆房间。这意味着它们可以通过对没有售出的机票或者房间大减价，却不提供航班或房间的相关信息来减少损失。这可以"保护"那些航空公司或旅馆已经提供的明码标价的服务。暗箱销售只可能是辅助的收入来源，而且要找到适当的平衡点颇费工夫。在一个不稳定的经济体系中，如果许多公开销售和暗箱销售的质量相仿，那么类似 Priceline 和 Hotwire 的网站吸引力就要大打折扣了［58］。

小结

最近，积极的供应链管理者们注意到，需求并不是无法控制的。事实上，定价和促销手段可以用来影响需求水平。在销售旺季结束时，时装零售商一向使用降价策略来廉价销售多余的库存。然而，20 世纪 80 年代中期，航空公司的管理者开始使用一系列更加复杂的方法来控制需求。这些方法就是广为人知的收益管理，且这些方法的使用具有两个目的：一个目的是区别需求，这样愿意支付更高价格的消费者能够支付高的价格，使收入最大化；另一个目的是使用定价来调整总需求，使能力和需求相匹配而达到利润最大化。

收益管理在航空业的广泛成功激励了其他行业的管理者探究智能定价的价值。管理者在采用差别定价和动态定价中都使用了许多技巧来有效地平衡供应链的供给和需求。在许多情况下，互联网和电子商务使得智能定价更加有效，且随着网络销售渠道的发展，有效定价机制也在不断地发展。当然，智能定价并不是没有风险的。如果消费者发现他们得到不公平的对待，智能定价技巧可能最终会对企业不利。

问题讨论

1. 考虑一个零售商只销售一种商品的情况。基于过去的经验，管理者估计需求 D 和价格 p 之间的关系满足线性方程 $D = 2\,000 - 0.6p$。请问价格定为多少时收入最大？如果零售商制定两种价格，结果会怎样？在这种情况下，你能找到一组使利润增长的价格吗？

2. 给下面的策略找一个具体的例子，并解释每一个策略给企业带来的好处：

a. 群体定价

    b. 渠道定价

    c. 区域定价

    d. 基于时间的差异化

    e. 产品版本

    f. 优惠券和回扣

3. 在这一章，我们讨论了收益管理在航空业的成功应用。既然如此，为什么那么多的航空公司却陷入财务困境呢？

4. 考虑动态定价策略及其对利润的影响。解释为什么动态定价相对于（最好的）固定价格策略能获得更多的利润，当：

    a. 现有生产能力降低时

    b. 需求不确定性增加时

    c. 需求模式的季节性增加时

5. 找出两家你认为采用正常的销售方法对其更有利的公司。再找出两家更适合采用天天低价策略的公司，并解释原因。

6. 讨论为什么零售商的降价行为并不一定是出于订购决策的失误。

7. 考虑一个自行车零售商。对它来说，什么时候降低价格是合理的？什么时候提高价格是合理的？为什么？

8. 考虑可口可乐公司想根据外部温度变化采取动态定价的策略。讨论这种策略的优势和劣势。如果可口可乐公司决定采用这个策略，它应如何应对消费者的抵制行为？

案例

回扣投诉的含糊回应

假日购物季意味着圣诞老人、驯鹿和折扣券的"地狱"。现在这些烦人的邮寄回扣随处可见。购物者需要收集这些票据、填写表格并把它们寄回，从而能索取 10 美元或者 100 美元的折扣。他们讨厌这样。但是不论这些折扣券对于消费者来说有多么令人生厌，全国的零售商和制造商却非常喜欢它们。

从著名电脑制造商戴尔到全美电脑连锁卖场电路城，从办公用品公司 OfficeMax 到在 Rite Aid 药店销售的李施德林漱口水，回扣政策正在激增。美国著名市场调研公司 NPD Group 说，几乎 1/3 的电脑设备以及大于 20％的数码相机、摄像机和液晶电视是以回扣的形式售出的。

30 岁的哈尔·斯廷奇菲尔德（Hal Stinchfield）是一个回扣交易的老手。据他估算，每年大约提供 4 亿份折扣券，它们的总票面价值达 60 亿美元。办公用品零售商史泰博（Staples）公司说，它以及它的供应商每周就要为偿还回扣而支付 350 万美元。

对缺乏组织性征税

为什么回扣交易如此盛行呢？Vericours 咨询公司的一名主管估算，由于消费者没有申

资料来源：Brian Grow, *Business Week Online*，November 23，2005，www.businessweek.com/maginanial/D5 _ 49/b396～ø74.htm.

请回扣返还或者他们的申请被退回，至少40％的折扣券没有被兑现，这是行业内公开的秘密。这一数值相当于每年给零售商和它们的供应商增加超过20亿美元的额外收入。折扣券的作用就是要让消费者被产品的折扣价格吸引，然后以全价购买。

Aberdeen Group 咨询公司的零售研究主管葆拉·罗森布拉姆（Paula Rosenblum）说："这个游戏的规则很显然，任何没有100％返还的回扣就相当于白来的钱。"

回扣政策对企业利润的影响是非常惊人的。考虑 TiVo 公司的情况。该公司通过将其第一季度的亏损从上年同一时期的910万美元大幅减少到85.7万美元而使华尔街猝不及防。其中一个原因就是：TiVo 公司104 000名新订购者中大约有50 000名没有索要邮寄回扣，这给公司减少了500万美元的预期回扣返还费用。TiVo 说，一般在圣诞节购物季回扣的返还率较低，也许这个时候顾客因太多的事情干扰而不能按时填写折扣券。

零售商和供应商的这一财源部分归因于人类的天性。许多消费者只是太懒、太健忘，或者太忙而没有申请回扣返还：我们称之为对缺乏组织性征收的税。另外一些消费者则认为为了50美分、50美元甚至200美元不值得劳烦去收集折扣券。

"我被镇呆了"

但是许多消费者，甚至州政府和联邦机构都怀疑是企业设计了一些规则来保持低的回扣返还率。他们认为企业依靠复杂的规定，包括只有一周的填表时间、发票复印件的反复索要和支票寄回的长时间延误，都使消费者甚至放弃努力去索要他们应得的钱。而即使当支票寄到时，也时常被扔进垃圾箱里，因为它们长得太像垃圾邮件了。

这些障碍没有阻挡查克·格利森（Chuck Gleason）。他是一个回扣迷，他已经索回了许多他购买高科技和电子产品时送的折扣券。但是他说，有时候索要钱的过程快把他逼疯了。

例如，2007年11月7日，这位来自波特兰一家金属废弃物回收公司57岁的运营主管用300美元买了一个 TiVo 的数码录像机。TiVo 公司保证，只要格利森寄回他的发票和包装盒上的通用产品码，并至少30天内不退货，它们将在6～8个星期内寄回100美元的回扣。

格利森第二天就寄回了各种凭证，但是却没有了回音。尽管他反复地追究并威胁说要向州和联邦政府投诉，但到了2月份依然不见这100美元的踪影。TiVo 的回扣处理商 Parago 更让格利森恼怒，一封来自该公司客户服务代表索菲（Sophie）的电邮称："由于你的情况需要进一步调查，你的电子邮件已经被转发到专门的部门。"

最后，在3月29日，也就是在他购买数码录像机的14周之后，他的支票才寄到。"我被镇呆了。"他最后说。

"破裂"和"滑脱"

以隐私权为由，TiVo 公司的行政人员拒绝讨论上面的事件。但是公司称它们为给消费者带来不便而感到抱歉，并在最近更改了回扣程序，包括在 tivo.com 网站上提供可打印的注册表来减少书写错误带来的不便。TiVo 的回扣处理商 Parago 也拒绝讨论以上的事件，但是它们说每年在"数以千万计"的回扣事务处理过程中，错误是很少见的。

事实上，回扣处理商和提供折扣券的公司都强调它们并没有刻意去拒绝回扣的返还，这种行为按 Orono 咨询公司促销洞察部（Promotional Marketing Insights）首席执行官斯廷奇菲尔德的话说如同"品牌自杀"。更确切些，企业说这些规则正是为了防止欺诈。回扣处理商不会提供它们可能遇到的欺诈事件的估算数据，但是国内最大的回扣处理商 Young America 公司称，它们现在正在监测1万个疑似假折扣券的地址。

对从不收集折扣券的消费者的探寻形成了一些特殊的行业术语。那些从不填写折扣返还单的消费者被称为"破裂"（breakage）者。例如，无线设备公司对一些手机返还 100％的回扣，它们就依赖这些"破裂"者赚钱。而那些寄出但从未兑现的回扣支票则被称为"滑脱"（slippage）。

投诉飙升

许多年前，纽约州的一家回扣处理商——TCA 代理服务公司（TCA Fulfillment Services），为其公司客户出版了一本《回扣返还指南》。里面提到公司雇用 TCA 后，可以实现低的回扣返还率：100 美元产品返还 10 美元回扣的几率仅为 10％，而 200 美元产品返还 50 美元的几率仅为 35％。里面的图表还显示，如果雇用其他公司，将增加 20％的返还率。

去年 12 月得州刘易斯维尔市的 Parago 公司买了 TCA 公司的客户清单，且不认同 TCA 的指南。它认为 TCA 不可能估算出当前的返还率，因为客户不会把销售记录提供给它们。TCA 的创办者弗兰克·乔达诺（Frank Giordano）对于几次访问和一封要求解释的信都没有做出回复。

消费品制造商，如宝洁公司，在 20 世纪 70 年代最早提出了回扣理念，是一种既宣传了小折扣，又没有真的使产品降价的极好方法。在 90 年代，由于电脑制造商和消费者电子用品公司为了在电脑、手机和电视过时前尽可能出售产品而竭力推崇这种方法，使得回扣政策的普及度迅速提高。而回扣的价值也在激增，从几美元涨到 100 美元，甚至更多。

随着越来越多的公司使用回扣形式，消费者掏的钱也就越来越多，消费者的投诉也在飙升。促进良好商业顾问局（Council of Better Business Bureaus）收到的投诉也增长了近 3 倍，从 2001 年的 964 宗到去年的 3 641 宗。但是回扣处理商称，与它们处理的回扣索要数量相比，这个数字仍然是很少的。

监管审查

戴维·布克班德（David S. Bookbinder）已经投诉了多次。每年这个 40 岁的电脑技术员都会索取超过 100 份的邮寄回扣。他说这些回扣机制给他和他的客户节省了 2 500 美元。他在马萨诸塞州提供电脑维修服务。在等待 8 周后，他通常会给客户服务部打电话追索他的支票。如果代理人称由于填写错误需要延期时，他就会不假思索地向促进良好商业顾问局、联邦商业委员会和州司法部长投诉。

监管机制加强了对企业的监督。10 月份，纽约司法部长埃利奥特·斯皮策（Eliot Spitzer）处理了一个关于三星电子美国公司的案子。公司同意给 4 100 位因为住在公寓楼而被拒绝回扣返还的消费者支付 200 000 美元。根据斯皮策办公室提供的情况，在三星公司的回扣计划中，一个地址只允许寄一张折扣券，而且表格中也没有填写公寓门牌号的位置。三星对此没有做出解释。

同时，在康涅狄格州，政府官员们正在调查那些只标注了去除回扣后价格的广告——这在该州是被禁止的营销方式。司法部长理查德·布卢门撒尔（Richard Blumenthal）没有透露这些零售商的名字，他说："如果消费者被迫去接受回扣，或者被以不合理的或任意的理由拒绝返还回扣，都如同给我们的调查火上浇油。"

"没有动机"

一些管理者使用了新战术。11 月 7 日，马萨诸塞州的司法机关对 Young America 公司提起了诉讼，要求对其 4 300 万美元未兑现的回扣支票进行审计，并称 1995—2002 年中期，Young America 公司在明尼苏达州的总部为了减少向其顾客支付回扣费用而没有将这部分钱返还。马萨诸塞州的司法机关认为，保留这些未兑现的支票是拒绝返还合法回扣的动机。"这和过去的诱售法（bait and switch）差不多。"

Young America 公司做出了反驳。在反驳《商业周刊》质疑的文章中，其首席执行官罗杰·D·安德森（Roger D. Andersen）坚决支持雇佣公司的政策，并说零售商和供应商有时更愿意其保留未兑现支票，这样 Young America 公司就不需要把支票寄回雇佣公司后再向客户收取费用。

"不论起诉有效还是无效，Young America 公司收取的费用是相同的，"他说，"我们没有动机去增加这种无效的费用。"

统一的规则

对于邮寄回扣政策的强烈反应，迫使许多企业放弃对它们的使用。百思买计划在两年内逐步停止使用这种政策。史泰博公司销售规划部的主管吉姆·舍洛克（Jim Sherlock）说，在整个一年里，邮寄回扣的消费者投诉量排在第一位。所以在一年以前，其在弗雷明汉市的分公司转变为一家叫轻松回扣（EasyRebates）的在线系统，消费者可以通过这一系统索取回扣并且跟踪回扣返还的过程。

史泰博公司称，等待支付的时间已经从 10 周减少为 4 周，而且投诉率降低了 25%。"破裂族"也降低了 10%，更好的欺诈预防措施也弥补了返还率的增加。

代理服务公司也升级了它们的系统。由于具体数字不可透露，Parago 公司称已经在计算机技术上投入了上千万美元。因此，现在计算机代替客户服务代理，使大多数回扣索偿能得到有效处理。顾客收到更新后的客户服务电邮并且能够跟踪如 RebatesHQ. com 这样的网站，来监测回扣索偿信息。前些时候，Parago 的首席财务官朱莉·斯波蒂斯伍德（Juli C. Spottiswood）说，对回扣系统的更新是个"大黑洞"。

关系到数十亿美元的庞大金额，制定统一规则的呼声得到强烈的回应。去年，加利福尼亚州的参议员利兹·菲圭罗阿（Liz Figueroa）提出了一项法案，要求企业给予消费者 30 天的回扣申请时间，且在接到申请后的 60 天内邮寄支票，并要求将索偿所需的凭证和个人信息标准化。

"条例是必需的"

电信巨头西南贝尔电信（SBC Communications）和 T-Mobile 以及加利福尼亚制造与技术协会很快就做出回应。它们认为菲圭罗阿的法案将使成本上升，且由于要求的回扣索取凭证的减少将使欺诈行为增加。在加利福尼亚的参议院通过该法案后，却被州长阿诺德·施瓦辛格（Arnold Schwarzenneger）否决。

现在，民主党人菲圭罗阿正在重新评估是否应在 1 月份重新提出该法案。她坚持说："在这方面，条例是必需的。"

尽管存在改革的压力和努力，回扣的返还可能永远不会令人愉快。"在一个完美的世界，消费者可能希望邮寄回扣政策消失，"NPD 的行业分析主管史蒂芬·贝克（Stephen Baker）说，"然而，他们又希望获得更好的价格。这两者从根本上说是无法调和的。"

案例问题讨论

1. 这篇文章讲了制造商更愿意提供回扣而不降低批发价格的一个原因。请解释为什么这可以作为定制化定价的一个例子。

2. 为什么即使所有的回扣都返还，制造商仍然愿意提供回扣，而不愿意降低批发价格？

3. 为什么百思买，而不是它的供应商如索尼或松下，会考虑取消回扣政策？你是怎样认为的？

信息技术和业务流程

案例

供应链的快速转变

五年前，惠而浦开始努力改良其全球供应链。目前，公司已初见成效，但还没有最终完成。

2000年，惠而浦的供应链是不完整的。有一名经理曾开玩笑说，美国四大家电制造商当中，惠而浦的交货表现已经排到了第五名。

供应链项目总监 J. B. 霍伊特（J. B. Hoyt）说道，"我们经常出现以下现象：库存过多，库存过少，库存错误，存货放在错误的地点，或者同时出现以上情况。"他还提到，销售部的副总裁曾跟他说过，如果供应系统保持稳定一致，而不是在好的和差的生产和运输计划之间剧烈波动，那么即使供应系统有更糟糕的表现，他也能接受。

因此，2001年在本顿港，总部位于密歇根州的惠而浦开始了全球性多项目的供应链系统整改。该项目至今还有一些工作要处理，一些制度尚未推出，一些重大技术问题有待解决。但惠而浦的管理人员说，该项目迄今已经成功地为剩余系统的工作提供了心理上和资金上的驱动力，包括客户服务的巨大改善和供应链成本的降低。

惠而浦的 CIO 埃萨特·塞泽尔（Esat Sezer）说，到2000年为止，公司通过兼并和地域方面的扩张已经发展到一定的程度，乃至用电子表格和人工程序整合的旧系统已经无法应付其扩张的复杂性。"供应链正成为我们的一个竞争劣势。"他说道。产品可得性（指从时间上产品在正确的时间和正确的地点，可以利用的百分比）无法达到令人接受的水平，只有83%，而整体库存量仍然过高。

公司早在1999年就安装了 SAP ERP 系统。塞泽尔说公司自主开发的供应系统比较原始，没有和公司的 SAP ERP 系统很好地整合，或者也没有与传统生产调度系统很好地整合。它们也没有和主要批发客户或零部件和原材料供应商的主要系统进行整合。"我们所做的计划没有得到现实的反馈。"他说。

塞泽尔还特别强调，供应链系统还不够细化，也不是非常善于安排优先级和制约因素，仅仅通过缓慢和烦琐的手工方式来操作。通常，它们能够优化当地产品供应链，例如某个地方单一的产品线优化，而不是针对整个供应链。

以下就是2000年惠而浦北美供应链使用的系统：

- 惠而浦制造控制系统（Whirlpool manufacturing control system，WMCS），一个公司自己开发的生产调度系统。于20世纪80年代中期开发，并进行了多年的修改。
- SAP 公司的 R/3 ERP 系统于1999年开始使用，用于交易处理，如会计和订单处理。
- i2 Technologies 公司的需求规划系统（现在称为需求管理），于1997年开始使用，用于需求预测。
- ILOG 公司的优化软件，于20世纪80年代为惠而浦开发，用于分销计划。

接着，2001年，惠而浦开始实施先进的规划和排程（advanced planning and scheduling，APS）系统。它包括了 i2 公司的一整套供应链整合和优化工具，包括供应链规划调

资料来源：Gray H. Anthes，"Supply Chain Whirl，" *Computer World*，June 6，2005.

度、调度规划和库存规划。这三个模块是惠而浦整改供应链的核心，从 2001 年到 2002 年先后经历了三个阶段。

2002 年中期，惠而浦安装了 i2 Trade Matrix 销售合作计划、预测和补充（collaborative planning，forecasting and replenishment，CPFR）系统，它基于网络进行协作工具分享，整合了惠而浦及其主要贸易伙伴西尔斯罗巴克、Lowe's 和百思买的销售预测。

基于 SAP 公司的库存协作中心，这次系统部署的一个基于 Web 网络与供应商合作的组成部分正在进行之中。目前，惠而浦继续使用旧的 WMCS 系统用于生产调度，但是公司已经计划使用 SAP 公司的生产计划模块来替代旧系统。

系统已到位

大家一致认为，对价值 130 亿美元的公司来说，供应链的整改是一个巨大的成功。CP-FR 使预测误差减少了一半。APS 使北美产品的可得性从 83％提高到了 93％（今天已是 97％），成品库存降低达 20％以上，并削减了 5％的货运和仓储费用。但惠而浦拒绝透露项目实施的具体费用。

对这些项目的成功，惠而浦的经理们肯定了 IT 部门和业务单位之间的紧密合作。霍伊特说："这是第一次，IT 部门没有直接说，'好，这就是你的工具。'我们表示工具必须做 X，Y，Z 等。大家一起做需求分析。"

惠而浦考虑过将北美所有 ERP 和供应链系统进行 SAP 的完全标准化，但最终采用了 i2 公司的 APS 系统，其重要组成部分需要解决公司的供应和库存问题。霍伊特说道："虽然经历了很多次的反复，但经过对业务需求的长期争议和讨论，我们决定在北美使用 i2 工具。"

尽管 i2 被认为比 SAP 更有能力处理优化、有约束的规划和业务单位所需要的优先排序，但从 IT 的角度看它远非理想选择。IT 部门的预算是 1.9 亿美元，而 APS 系统的耗资会超过 SAP 的整体供应链解决方案。因为 SAP 方案需要做的整合较少，有更多系统的接口和更多的技术支持。此外 IT 部门还担心 i2 日益恶化的财务状况。

惠而浦已经把 IBM 的 AIX 应用服务器和 zSeries 大型机数据库服务器的供应链系统进行了标准化，并把所有全球业务的系统都放在本顿港的一个数据中心。现在到了进行软件标准化的时候了。

因此，2001 年，通过惠而浦的执行委员会下达了 CIO 的要求，即供应链的现代化建设将从此完全以 SAP 为基础。尤其是为 2003 年欧洲和拉丁美洲设计的新系统，将使用 SAP 公司的高级规划和优化系统，而不再采用北美使用的更有能力却更昂贵的以 i2 为基础的 APS 系统。它们将使用 SAP 的 NetWeaver，以开展与供应商和贸易伙伴的网络协作，而不是使用北美的 TradeMatrix CPFR。

惠而浦的供应链分析人维韦克·梅赫塔（Vivek Mehta）说，SAP 公司在优化能力上可能赶上 i2，但与此同时，i2 的财务状况令人担忧。"我们与 i2 的 10 个人合作过，现在他们中一些人已经离开了，"他说，"这种合作缺乏连续性。"

"我们必须迎接这一挑战。IT 部门正在努力推 SAP 方案，但另一方面，业务部门认为谁能带来价值就用谁，"梅赫塔说，"他们现在已习惯了最佳计划、高服务水平、低库存。所以如果我们推的系统使库存的可得性下降几个百分点，他们绝对不会采纳这一系统。"

塞泽尔表示，惠而浦可能将"最终"用 SAP 取代 i2，但并不急于一时。"在做任何平台决策之前，我们想要先从投资中获得回报。"他说。

塞泽尔表示，自惠而浦以 IBM 和 SAP 作为"战略伙伴"进行标准化的 4 年来，收入平均增长 10 亿美元，每年的 IT 开支下降 6％左右。他说，有几个涉及三个公司的联合开发项目正在进行之中。

但就目前而言，惠而浦的 SAP 和 i2 结合行之有效，远远优于几年前的传统工具。塞泽尔说，公司的供应链现在是一项竞争优势。"在全球范围内，能够管理所有操作平台，我不知道今天我们的任何竞争对手是否拥有这种能力。"他说。

学习完本章，你应该能够回答以下问题：

- 业务流程改变对于 IT 实施有什么影响？
- 从供应链管理的角度来讲，IT 的目标是什么？
- 为达到供应链管理的目标，需要什么样的 IT 组件？
- 什么是供应链组件系统？它们应该怎样得以实现？
- 什么是决策支持系统？它们怎样支持供应链管理？
- 选择决策支持系统应该考虑哪些标准？
- 什么驱动了最佳系统的选择？

引言

信息技术（IT）是有效进行供应链管理的重要工具，它涵盖超过了整个企业的范畴，其范围从一端的供应商到另一端的顾客。因此，我们所讨论的供应链信息技术既包括单个企业的内部系统，又包括企业外部的系统，这些系统能够加速信息在企业之间和个人之间的传递。

的确，正如我们在第 3 章中所讨论的，在实施供应链战略降低成本、缩短提前期、提高服务水平时，其中相关信息的实时性和可获得性是最为关键的。此外，越来越多的企业在向它们的客户提供以 IT 为基础的增值服务，并以此作为在市场上实施差异化战略的一种方式，同客户建立长期稳定的关系。当然，一旦这种服务在某一个行业内被一个企业所采用，它很快就会成为对其他企业的基本要求。

我们关于 IT 的讨论的一个通常的话题，以及本章的第一节，就是要说一说把业务流程（BP）变化和 IT 更新结合起来。关于 MIT，PRTM 和 SAP 的最近研究显示，在 IT 策略、有效的业务流程和供应链绩效之间，存在很紧密的联系。

我们的讨论将围绕一种重要的供应链流程，即销售和运营计划展开，并讨论什么样的 IT 解决方案能够促使这一流程实施得更加有效。

在第 15 章，我们将探讨涉及标准、基础设施和电子商务的技术问题。在本章，我们会回顾供应链 IT 的基本目标、与供应链管理相关的具体系统组件。我们会探讨决策支持和商业智能技术，以及它们怎样与供应链计划相关联。最后，我们会讨论怎样决策和把供应链功能整合进现有系统或 IT 系统的几种分析方法。

业务流程的重要性

关于 MIT，PRTM 和 SAP 的最近研究（参见［91］），以及与惠而浦案例类似的大量示例表明，IT 战略、有效的业务流程和供应链绩效之间有着很多联系。然而，在该研究问世之前，证明这种联系的有力证据还很少。有趣的是，在这一研究中，作者使用了 75 个不同的供应链数据来证明，将资金大部分投在业务流程改进方面的公司，与那些只把资金投在 IT 并且缺乏合适的业务流程的公司相比，前者业绩更好。资料表明只投资于 IT 而没有合适的业务流程，投资回报往往是负的。

具体地说，该研究的目的是找出在业务流程的成熟性、IT 基础设施投资量和供应链绩效之间是否存在直接的联系。

要探讨这些问题，我们有以下两个挑战：

● 确定描述供应链有效性的指标。

● 设计指标来描述业务流程和公司使用信息技术的成熟度。

当然，衡量供应链绩效是相对容易的。的确，在过去几年，许多公司都采用关键绩效指标（key performance indicators，KPI）确定供应链的机遇和挑战。事实上，这是近来的标杆管理方法的开发动力，例如，由供应链协会开发的供应链运作参考（supply-chain operations reference，SCOR）模型。

然而，衡量业务流程或信息技术基础设施的成熟度是相当困难的。尽管如此，真正的挑战是公司的不同业务部分成熟程度都不相同。事实上，即使相同的业务也会达不到平衡，因为业务流程和信息技术成熟度不能很好地相互补充。因此，在［91］中，作者提出了两类问题：一是如何描述业务成熟水平；二是如何描述信息技术的成熟程度。

根据 SCOR 模型，可以把公司的业务流程整体成熟水平划分为四个级别：

第一级：流程分离。这个级别公司的特点是有许多独立的业务流程。公司的功能组织缺乏集成，或只有很低的集成度。供应链规划通常是在每个部分独立完成。这一级别的特征包括：

● 职能策略。

● 缺乏明确的、一致的供应链管理流程。

● 没有衡量指标或衡量指标并不符合公司的目标。

第二级：内部整合。在这个级别，公司的功能组织高度一体化。通过整合各个关键职能领域如销售、生产和物流工作而做出决策。共同预测适用于整个组织。这一级别的特征包括：

● 集成职能部门的信息，减少库存和提高效率。

● 流程记录在案，在整个组织内跟进。

● 用于部门的关键衡量指标。

第三级：公司内部一体化和有限的外部一体化。在此级别，公司能实现跨职能的组织形式。在这一阶段，公司做决策时会引入关键的供应商和客户。这个级别的特征包括：

- 内部供应链决策全面优化。
- 涉及所有相关内部组织的成熟流程。
- 关键客户和供应商列入供应链规划。

第四级：多企业整合。在这一级别使用多公司流程，对应共同的业务目标，并广泛了解了供应商和客户的业务环境。与贸易伙伴的协作联系使多家企业像一家虚拟企业一样运营。这一阶段的特征包括：

- 整个供应链的协作。
- 以服务和财务目标为关键的供应链管理内外协作。
- 将供应链结果和公司整体目标直接相结合的指标。

不同层次的业务流程，必须辅之以相应的信息技术基础设施。以下是四种不同类型的 IT 系统：

第一级：业务流程批量化、独立系统以及冗余数据。重点是用于决策的电子数据表格和手工操作数据。

第二级：整个供应链共享数据。利用适用于整个供应链的规划工具进行决策。例如，应用了专家知识、高级算法和统计方法的需求规划。

第三级：内部数据的可视化。关键客户和供应商都获得这些数据。例如，预测数据与主要供应商分享。在这个层次，不止是数据，而且业务流程也在整个供应链上共享。

第四级：内部和外部的数据和业务流程共享。

要描述供应链的绩效、业务流程的成熟度和 IT 基础设施之间的联系，研究小组收集和分析了来自世界各地 60 家公司 75 个不同的供应链的详细（保密）信息数据。研究小组成员还引进了来自 SAP 和 PRTM 的成员，数据收集于 2002—2003 年。

该小组以供应链流程和系统为重点，以发放问卷的形式，收集了来自不同的供应链的数据。小组采用了 SCOR 模型，来评估供应链业务流程目前的状况。在这个模型中，7 个方面的规划得到了评价：

- 战略规划：网络设计、库存定位与制造策略。
- 需求规划：需求预测和促销计划。
- 供应规划：协调整个供应链的生产、库存和运输活动。
- 供需平衡：权衡供应商的能力和客户需求；使用定价和促销活动更好地匹配供应和需求。
- 采购规划：材料和商品的采购策略。
- 生产规划：单厂相对整个企业的策略。
- 交货规划：基于预测向客户的承诺、可利用的能力，或者实时的库存和生产信息。

对于每一个方面的规划，该小组根据前一部分定义的成熟程度，确定了系统和业务流程的级别。具体来说，小组使用从 75 个供应链收集到的数据，从 7 个方面给每一个供应链确定它们流程和系统的成熟度。因此，供应链业务和流程的成熟程度是在计划维度以 7 个方面的平均分来评价的。最后，业务流程的成熟度是一个 1～4 之间的数字。一个供应链系统成熟度就是以这样的方式来决定的。

我们说一个公司具有成熟的业务流程（系统），那么其成熟度至少是 2。最后，我们确定一流的系统（best-in-class systems，BICS）是排名前 20% 的在 IT 方面成熟的供应链，也就是说，有 20% 的供应链具有顶级的系统成熟水平。当然，并非所有这些供应链都具有成熟的业务流程。

使用这些定义和基于实证的研究，结果如下：

- 有成熟业务流程的公司库存水平较低。图 14—1 显示，有成熟业务流程的公司大大减少了供应库存的天数、现金周转的时间、库存持有成本以及总报废成本，用收入百分比作为衡量指标。例如，有顶级系统性能的流程成熟的公司，能够降低库存持有成本 35%，这导致第二个重要发现。

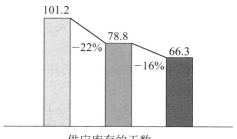
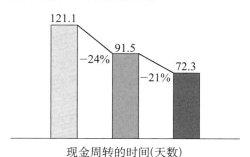

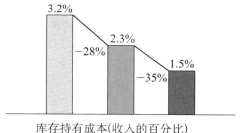
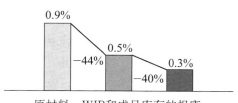

□ 不成熟的　■ 成熟的　■ 有一流成熟度的系统

图 14—1　有成熟流程的公司改善了库存表现；BICS 公司有更好的流程表现

- 某些领域的改进需要 IT 投资。订单满足率水平见图 14—2。注意，只有按库存生产（make-to-stock，MTS）的公司才包括在内，而不适用于按订单生产（make-to-order，MTO）的公司。这意味着，IT 基础设施在投资回报率上提供了一个巨大的竞争优势。以参加研究的一个公司为例来更加深入地了解这一发现：全球性的玩具生产商在第四季度旺季每分钟就有数以千计的订单。每一个订单都要分配给正确的仓库，并且还要考虑替代品。这种环境要求对 IT 基础设施进行投资，以提供合适的订单满足率。

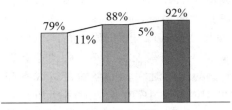

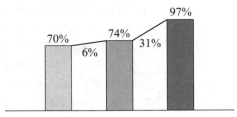

根据需求量准时发货的表现(%) 订单满足率(仅指MTS)

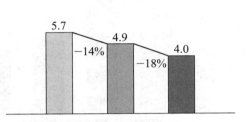

订单履行的提前期(仅指MTS)

图 14—2　准时发货、满足率，以及订单履行的提前期

- 具有成熟流程的 BICS 公司获得卓越的财务表现。一个重要的研究结果强调了对系统和流程同时进行投资的重要性。事实上，图 14—3 显示，有成熟业务流程和一流 IT 系统的公司平均有 14% 的净利润，而市场平均水平是 8%。也就是说，它们的盈利能力提高了 75%。

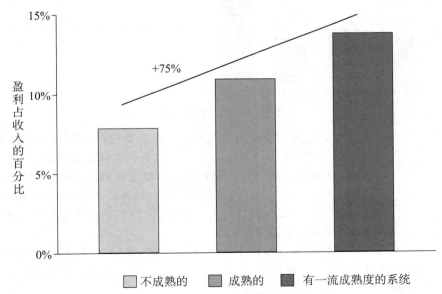

图 14—3　流程和系统的成熟度和财务表现

- 仅仅对 IT 基础设施投资会造成严重的效率低下。其中最令人吃惊的研究结果是，公司如果仅在 IT 基础设施方面投资，而不在业务流程方面投资，会遇到严重的效率低下的问题（见图 14—4）。正如数字显示，BICS 公司，即顶端 20％的 IT 成熟的公司，如果业务流程上不成熟，则比业务流程成熟而 IT 基础设施不成熟的公司有更长的供应时间、更高的存货成本和更低的利润率。例如，业务流程不成熟的 BICS 公司库存供应时间高 26％，库存持有成本高 28％，平均利润低 7％。这说明如果仅仅改善 IT 系统而没有相应的业务流程改进，其实是浪费金钱。

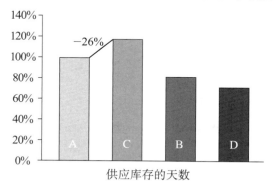

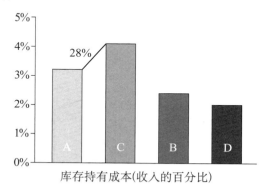

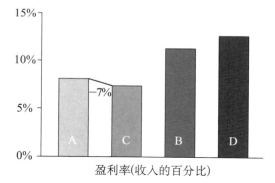

图 14—4　IT 基础设施投资的影响

- IT 投资的优先程度取决于公司的目标。常见的问题是，各种 IT 技术如何影响绩效，如订单履行的提前期、库存水平或现金周转时间。有趣的是，结果表明，使用需求规划软件模块来支持需求规划流程的公司，订单履行的提前期缩短了 47％，现金周转时间减少了 49％。在供应时间方面对库存水平的影响相当小，低于 10％。另一方面，用 IT 系统来支持供应规划流程降低了 40％的库存（供应时间）。

图 14—5 很好地总结了以上的分析。纵轴提供有关业务流程成熟水平的信息，而横轴提供了 IT 系统成熟水平的信息。以下我们将讨论图 14—5 中方块代表的意思。

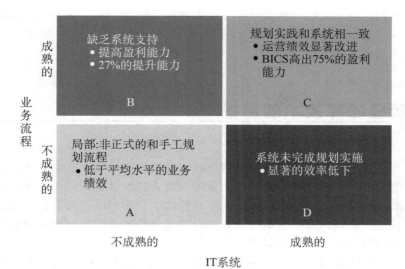

图 14—5　流程和系统与运作和财务表现的联系

A 方块代表业务流程和 IT 系统都不成熟的公司（或更确切地说是供应链）。研究表明，这些供应链的经营绩效低于平均水平。这包括高库存水平、较长的资金周转时间和较低的利润。

B 方块代表业务流程成熟和 IT 系统不成熟的供应链。此类别中的公司，表现明显优于那些既没有对流程进行投资也没有对系统进行投资的公司。但它们在图中还是留下了很多可增长的空间。具体而言，研究表明，这些供应链可以通过投资 IT 使利润（用净收入的百分比衡量）平均增加 27%，就是使其 IT 系统转变为卓越的成熟系统。当然，对 IT 的这种投资可能需要调整业务流程。

C 方块表示有成熟流程和 IT 系统的供应链。这些供应链在经营业绩上有重要改善。更重要的是，供应链的领导者，也就是说，已经有成熟流程的 BICS 公司——处于 IT 成熟度前 20%，能够比其他公司的利润高 75%。的确，这是非常出色的表现。

最后，D 方块代表 IT 系统成熟而业务流程不成熟的供应链。令人惊讶的是，研究表明，这些公司的表现甚至比二者都不成熟的公司还要差。当然这需要更仔细的分析。事实上，在同等条件下，人们会期望 IT 成熟的公司能有更好的供应链表现。然而研究表明情况并非如此。

对这一矛盾有以下的解释。首先，IT 基础设施普遍需要大量的投资和高昂的人员维护成本。此外，IT 只提供信息，如果没有一个流程能够有效地把信息转化为知识和决策，那么供应链将会以一种贪婪的方式对这些庞大的数据进行反应，产生无效的策略。

惠而浦的案例研究指出，这些项目的成功取决于 IT 部门和业务单位的紧密合作。事实上，惠而浦的供应链项目总监霍伊特说过，"这是第一次，IT 部门没有直接说，'好，这就是你的工具。'我们表示工具必须做 X，Y，Z 等。大家一起做需求分析。"

将业务流程与 IT 系统相结合的重要性已经为行业所承认。在第 15 章，我们也将详细讨论面向服务的架构（service-oriented architecture，SOA）的新基础设施和软件技术，以及相关的业务流程管理（business process management，BPM）技术，从而能够更好地整合 IT 设计和业务流程，并提供实现这一目标的路径图和技术解决方案。

供应链信息技术的目标

从另一角度看，供应链信息技术的挑战和机会，就是要考虑信息技术与供应链管理相关和满足供应链特殊要求所需要达到的目标。目前一些企业或者行业距离这些目标还很远，也有一些企业正在朝这些目标迈进。为了利用信息，我们需要收集信息、访问信息、分析信息，并且为了合作的目的能与别人分享这些信息。所以供应链管理系统的目标如下：

- 收集每一个产品从生产到交付（或者购买）的信息，并向所有参与方提供全部的可见信息。
- 通过单点联系（single point of contact）访问系统内的任何数据。
- 基于整个供应链所提供的信息分析、计划和权衡企业的各项活动。
- 与供应链伙伴合作。如我们在前几章所讨论的，合作使企业可以控制不确定性和实现全局优化，例如通过风险分担和信息共享。

IT 在供应链管理中的主要目标是紧密地连接生产点同交付点（或者购买点）。它使信息跟随产品的物理运动的轨迹。这样才能够根据真实的数据进行计划、跟踪以及预测提前期，若有任何一方对于产品的行踪感兴趣，那么它可以随时访问这些信息。如图 14—6 所示，我们能够看出，信息流和产品流从供应商到制造商，在企业内部通过制造商的配送系统，然后到达零售商。

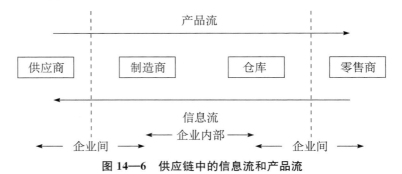

图14—6 供应链中的信息流和产品流

下面我们分别讨论每一个目标。

- 收集信息：很显然，零售商需要知道其订单所处的状态，供应商应该能够预测制造商将要下达的订单。因此它们需要访问其他公司信息系统中的数据以及公司内部不同职能部门和地理位置的数据。更进一步说，参与方需要看到用它们的术语所定义的数据，例如，如果棉花供应商看到"Q-Tips"牌棉签的需求，它们就需要将其转变为所消费棉花的磅数。所以，在整个系统中都需要转换表格（例如物料清单）。

获取有关产品及物料状态的信息是智能供应链决策的基础。而且仅仅跟踪供应链过程中的产品是不够的,我们还需要注意信息背后的含义以便做出调整。如果某次因为送货延迟而影响了生产进度,我们就应该告知某些系统从而让它们做出适当的调整,或者推迟生产进度,或者寻找替代资源。为了达到这一目标,我们需要在企业或者行业间推行产品鉴别的标准化(如条形码)。例如,联邦快递公司已经应用了一个对在途包裹进行实时跟踪的系统,不仅公司内部,就连顾客也可以随时知道被运送包裹当前所处的状态。在第15 章详细讨论的无线射频识别技术(radio frequency identification,RFID),就是在扩展供应链范围下对这一问题进行解决的有益尝试。

- 访问数据:这里我们介绍一个重要的概念,即单点联系。这个目标指的是,所有可获取的信息,不管是向顾客提供的信息还是内部要求的数据,都可以通过单点联系。不论查询的方式怎样(如电话、传真、互联网、信息亭)以及查询者是谁,信息都能在某一点得到并且是唯一的。事实上,这种要求是比较复杂的,因为要满足顾客的查询,我们就必须把分散在企业内部各处的信息收集起来,甚至有时是几个企业的信息。

在许多企业中,按照公司内部职能划分的信息系统与岛屿的分布一样。客户服务使用一个系统,会计结算使用另一个系统,生产和分销系统则是完全独立的(见图 14—7)。偶尔需要跨系统传递一些重要的信息,但是如果传递不是实时进行的,那么各个系统之间就会存在不一致的数据。客户服务代表收到订单时可能无法提供有关运输状态的信息,工厂也可能无法得到当前确切的订单信息。理想上来说,需要使用某些数据的每个人都应该可以通过某些接口访问完全一致的实时数据(见图 14—8)。

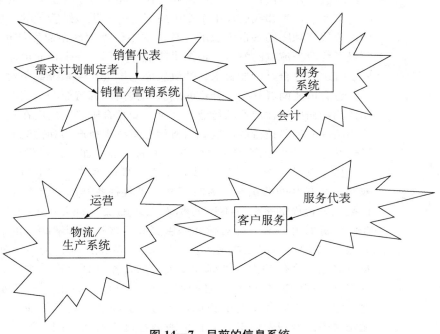

图 14—7 目前的信息系统

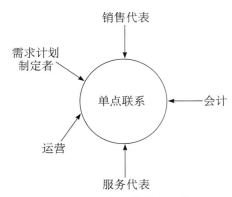

图 14—8　新一代信息系统

- 基于供应链数据进行分析：第三个目标关系到分析数据，尤其是当考虑到全球供应链的愿景时。此外，必须利用信息系统找到最为有效的方式来生产、装配、仓储和分销产品，换句话说，即运营供应链的最好方式。我们已经知道，这需要涉及不同层次的决策，例如从安排顾客订单的运作决策，到在仓库内储存什么商品或者未来三个月的生产计划等策略决策，再到仓库的选址以及将要开发或者生产什么产品的战略决策。要执行这些决策，就必须有一个足够柔性的系统来应对供应链战略的变化。为了获得这种柔性，需要系统有高度的适配性（configurable），并且需要开发新的标准。我们将在下文详细探讨这些问题。

- 与供应链伙伴合作：与供应链伙伴合作的能力对于一个公司的成功是至关重要的。事实上，正如我们在第 1 章中所了解的，供应链管理的重要目标是，以全局优化代替顺序的各自为政的过程。这不仅需要对信息系统进行复杂的调整，而且需要业务流程的整合。根据供应链的作用，一个企业可能需要与客户的采购系统进行整合，可能要求它的供应商连接进它的系统或者建立一个合作的平台，也有可能两者并存。合作的层次和类型依据行业的不同而不同。例如，合作预测最初出现在消费品行业，而供应商整合则经常出现在利用外包生产某些重要组件的高科技行业，这就需要信息系统支持产品和物流的合作。

  最近几年，合作已经成为供应链系统的核心。连接并与供应商有效合作的能力产生了新的系统，称为"供应商关系管理系统"（SRM）。此外，90 年代末期，在互联网的快速发展时期开发了各种各样的交流方式，这些交流方式日益成为合作的平台（不论是私人之间的交流还是公司之间的正式交流）。在供应链的另一端，为对顾客提供更好的接触和理解顾客的需求，客户关系管理（CRM）系统正在逐步发展。第 15 章将详细讨论一个使供应商和经销商更好相互合作的供应链标准，被称为合作计划、预测和补充（CPFR）。

  供应链管理的四个目标不必同时达到，而且它们在一定程度上彼此相对独立。它们可以看作平行的目标，不过根据企业所处的行业、公司规模、内部优先次序以及投资收益，它们的重要程度会有所不同。例如，银行如果缺少了单点联系的能力就无法生存，而运输公司则不可缺少高度发达的跟踪系统，高科技产品的生产商不可缺少生产计划系统。

如今大部分公司都安装了 ERP 系统，并且前两个要求已经得到了较大程度的满足。ERP 系统在公司内提供通用基础设施，按照功能要求访问数据。网络基础设施上的端口通常可以内部使用，也可以为客户、供应商及合作伙伴提供方便。端口通过单一的联系方式和合作平台，使数据处理简单化。端口正在向被 AMR 命名的"无限制的端口"的抽象概念发展，见［191］。与如今仅作为互联网端口不同，无论使用者用什么工具或连接系统，都可以在特定情况下进入这种新端口。

下面的零售案例研究很好地描述了怎样使用信息技术实现这些目标。

案例

7—11 公司利用先进的技术进行备货

某个周五的早晨，站在得州罗克沃尔 7—11 门店的冷柜前面，门店经理谢里·尼尔（Sherry Neal）考虑着一个看起来很平凡，事实上却很重要的决策：第二天该订多少鸡肉沙拉三明治？

为了辅助自己决策，尼尔手持一个轻巧的无线工具，在这个工具的彩色屏幕上布满了数据。她注意到，有两个三明治今天过期，还有 6 个明天过期。使用小工具的内置键盘，她把库存信息以电子形式进行了记录。

在同一个屏幕上，她看到了国家气象局预报的未来 5 天内的晴好天气。自 1979 年以来，尼尔就作为 7—11 公司的雇员观察客户行为，她知道好天气可能意味着这个周末良好的业务。屏幕的另一部分告诉她，在过去 4 个星期的每个周六，鸡肉沙拉三明治在门店的销量。

该显示器还提供相关信息表明，在过去几天里，她的三明治越发受人欢迎。

"我得乐观一点。"她说使用这个小工具，自己多订了 4 个三明治，并预测说 6 个将在周五出售，另外 6 个将在周六卖出。她通过无线网络将订单发送到商店的后台服务器，然后通过服务器订单发送到企业网络和数据中心，并最终传到 7—11 的新鲜食品分销商。在那里，三明治被生产出来并装上卡车，在午夜前后交付商店。

归功于创新的技术，世界上最大的便利连锁店 7—11 能够知道其北美 5 800 个商店里，今天、昨天、上周、上个月，甚至去年，鸡肉沙拉三明治的销量究竟有多少。更重要的是，它可以以很高的准确性预测明天这个食品在每家商店的销量，对于其他 2 500 种商品，都可以做同样的预测。

在过去 10 年中，7—11 数亿美元技术的投资看起来是值得的。自 2003 年初公司股价不超过 6 美元以来，它的股价已经涨到了 30 美元以上，单店销量连续 35 个季度保持上升，去年达到 122 亿美元的收入。

7—11 公司并不总是蓬勃发展。由于对炼油企业 Citgo 公司进行收购的错误决策和 1987 年 10 月股市崩溃时不合时宜的杠杆收购，致使 7—11 在 20 世纪 80 年代末面临生存危机。到了 1991 年，当 7—11 的日本加盟店伊藤洋华堂（Ito-Yokado）成为该公司的大股东，并与整个公司共享零售经验时，公司才得到了帮助。

单品管理

在日本的 7—11 店，伊藤洋华堂使用的零售业创新性需求链管理办法被称为"单品管理"，而不是品类管理。在传统的零售中，强调一类商品（如饮料）的销售情况，而在单品管理中，以饮料为例，不仅强调饮料类别，而且要具体到饮料的不同品牌（如 Dr Pepper）、不同包装（包装的形式与尺寸）等的销售情况，其思路是对顾客购买偏好的细节多加注意，并由他们决定商店内储存哪些产品，并最终开发什么产品。

在日本，该战略使 7—11 商店成为了热点购物场所，特别是在快餐和新鲜食品方面。在北美，顾客有可能一星期内光顾几次 7—11 店，但在日本，顾客一天内多次光顾商店，来买早餐、午餐、晚餐以及点心等。人们经常寻找一些新的食品来品尝。在日本和北美，让顾客回来光顾的关键就是提供新的开胃食物。

在单品管理方法及其在北美的运用中，技术对收集、分析和传播信息起着关键的作用，并且成为一种动力。1994 年，在 7—11 引进单品管理之前，公司没有办法准确地知道商店出售哪些产品，只知道哪些产品从供应商处购买。

"供应商过去常决定在货架上放多少产品。"玛格丽特·沙布里斯（Margaret Chabris）回忆说，她从 1978 年以来就在 7—11 公司工作，是该公司的公共关系总监。"决策都是根据制造商的利益来做的，而不是根据顾客的利益。"

7—11 的首席信息官和副总裁基思·莫罗（Keith Morrow）更清楚地说道："要把货架从供应商和商贩那里拿回来，让我们高度依靠自动化设备和技术。我们需要根据商店的信息来下订单，否则我们就变成了供应商的订单执行者。"

如今，7—11 强调以零售商主动性为基础的所有技术。"我们的哲学是，做决定的基础是商店内实时状态下顾客觉得什么应该上架。"莫罗说道，他在 2001 年初加入该公司。"信息让我们重新给商店定型，而店内商品则根据进入店内的顾客的需求曲线来安排，这基于他们每天每分钟做的事情，而不是基于焦点小组、市场营销、非科学的猜测结果。"

客户想要什么

能否迅速响应客户不断变化的口味是便利店的制胜法宝。"客户会回报那些知道自己需要什么的商店。"全国便利店协会的杰夫·莱纳德（Jeff Lenard）说。他指出，正如其他类型的商店一样——宠物商店、玩具店、药店、录像带出租店，甚至电子商店——便利店的竞争愈演愈烈，甚至开始出售冷饮和小吃。

"在过去几年里，在利用技术去服务顾客方面，7—11 一直是领导者和创新者，"他说，"客户不一定能够看到，但他们能感受到，因为商店更清楚地知道他们想要的是什么。"

"当涉及收集客户偏好资料和利用信息进行订货和销售时，7—11 公司远远超过其同行，"研究 7—11 的高盛公司分析师约翰·海因伯克尔（John Heinbockel）说道，"在过去的几年里，其他便利连锁店刚刚开始使用 POS 扫描技术。在过去 10 年里，这些便利店没有7—11 的一个个物品、一个个商店以及每一天所具备的数据。"

辅助尼尔来订购鸡肉沙拉三明治的工具是 NEC 公司的移动业务终端，即 MOT。它是7—11 公司为了削减用于清点库存和订购产品的时间和劳动力而安装的两种无线工具之一。另一种是 Symbol 技术公司的 MC 3000 手持彩色扫描仪，用于收集每一个产品从货车上卸下时的数据。两个设备都使用标准的微软 Windows CE 操作系统，都以微软的 .Net 为平台。

7—11 商店经理以往使用的库存和订单方式与 MOT 相去甚远。由于自动化的缺乏，过去的方法使用手工粘贴的标签、人工彩色编码信息，用纸张记录和追踪冷冻三明治的信息和过期日期。

该公司的无线工具并不是最近唯一的技术升级。上一年，7—11 在技术上花费了 9 300万美元。在美国 5 300 家门店里，该公司安装了惠普新的 ProLiant 服务器、无线局域网络和用于计算机培训的软件。该公司还引进了用于新鲜食品的订货软件，这是 7—11 快速增长和日益重要的一类产品。

安装在 7—11 商店的新技术在 Windows 的专用系统下工作，被称为零售信息系统或

RIS，这项技术自 20 世纪 90 年代以来就开始开发。它通过提供及时销售数据，使每个商店有针对性地进行产品分配，来支持零售商的战略。RIS 也帮助商店营业员分析哪些产品热销、哪些产品滞销，使他们能够给更受欢迎的产品和项目腾出货架空间。因为可以获取一个产品在引进的 24 小时内的销售数据以便分析，所以 RIS 也给引进新产品降低了风险。

共享数据

7—11 公司和它的几个主要供应商，如安海斯-布希啤酒（Anheuser-Busch）、卡夫食品和百事可乐，分享其分析的数据，这就是所谓的 7-交换合作伙伴项目。这个品类管理的 7-交换系统，能够提供针对新产品或新包装的建议，供应商能够从安全网站进入该系统。

"当我们与安海斯-布希合作时，我们在饮料包装尺寸方面发现了消费者行为的重大调整，"莫罗回忆道，"通过分析我们知道，在购买啤酒和饮料时，购买偏好已经从多种包装转变为大尺寸的单一包装。"

个案研究引导了饮料行业巨头减少包装类型，而增加单罐尺寸。

从 7-交换系统得到的信息可以提醒公司可能会错过的机会。最近，卡夫食品公司发现一些 7—11 商店没有像其他商店一样大规模销售纳贝斯克（Nabisco）流行的新的 3 盎司大袋奥利奥和其他饼干等。

"我们联系了公司的业务部门，并派他们去跟商店经理谈，这些大包装产品在其他地方卖得有多好，"卡夫公司全国客户经理兰迪·沃特金斯（Randy Watkins）说，"是否采购产品是商店经理的决定，但是我们根据我们对市场的判断给他们提供相关的信息。"

7—11 公司已经用技术对小型供应商打开方便之门。尽管多数大的供应商使用传统的电子数据交换来进行信息交换，但较小的供应商使用一个门户网站（即所谓的网络终端供应商）在公司内部进行沟通。莫罗解释道，以互联网为基础的系统的优点是，成千上万不具备电子数据交换系统的小供应商可以销售非常具体的地方产品，例如，今年夏天开业的曼哈顿商店销售帕尼尼烧烤三明治和自助浓咖啡。

莱纳德说，技术让 7—11 公司实现了市场营销的细化。"在达拉斯顾客中可行的，在纽约和加利福尼亚州的顾客中有可能就不行。所以使用技术来了解每家商店、每群客户的需求是至关重要的。"

不断摸索

并非所有的 7—11 的高科技举措都取得了成功。如沃尔玛和家得宝越来越多提供的自助结账服务，许多人预计这种服务会在便利店里吸引更多的顾客。但是，在试验中，该公司发现"我们不到 4% 的客户群倾向于和机器而不是与商店售货员交流"。莫罗说道。

与此相反的是，在 1 000 多个 7—11 美国商店里，类似 ATM 的虚拟终端或 v-com、小型售货亭越发流行。"随着兑现支票等服务的实现，人们的偏见也消失了，"莫罗说，"人们喜欢与机器做金融交易，因为它更安全、更具私密性。使用 v-com，人们不必告诉别人汇票的订单或汇钱给谁。"

7—11 尚未使用的另一种技术是无线识别技术，这是一种用来标记项目以便追踪库存的技术。其他大型零售商，如沃尔玛，使用 RFID 追踪库存，但莫罗认为它尚不适合便利店。

他说："在未来很长一段时间内，RFID 系统的成本是阻碍其在便利店应用的主要因素。给成本 2 美元的三明治贴上价值 50 美分的 RFID 标签显然不合情理。"

然而，RFID 技术正被 7—11 商店用于付款。该技术预计将在 2006 年初安装在美国所有的商店。这项新举措使 7—11 的客户能够在购买时通过信用卡嵌入式 RFID 芯片，在专门的扫描器上支付，而不用把信用卡交给营业员。

7—11 飞速的技术创新是广泛的、测试可行性和客户反应的试验项目结果。例如，7—11 于 1998 年开始尝试虚拟商务。今年公司正在部署的无线工具也不例外。在得州罗克沃尔商店试点项目中，经理尼尔在 5 个月内使用了多个版本的扫描仪和 MOT。近来她似乎对自己选择的最终产品感到高兴，也对自己新发现的权力感到高兴。

"使用最新的系统，我可以订购我想要的产品。"这正是 7—11 想要实现的目标。

这个案例很好地展现了上述的四个目标：

● 过去 10 年来，当其他零售商最多只收集销售点数据的时候，7—11 已收集到了单品、单店、单天的数据。

● 移动终端，一种小型彩屏无线仪器，可以查看店内商品信息，记录库存变化，也使得同样的信息能够在整个系统内被访问。

● 安装在商店内提供实时销售系统的零售信息系统，使每家商店确定给客户提供的产品种类。该系统帮助商店营业员了解哪些商品销售情况良好，哪些不好，使他们能够给更受欢迎的产品和新项目腾出空间。因为针对产品引进，有 24 小时的销售数据可供参考，就降低了引进新产品的风险。

● 最后，通过 7-交换系统分享 7—11 公司的数据分析，公司可以与供应商合作。通过安全网站访问的用于品类管理的 7-交换系统，可以为供应商提供新产品或新包装方面的真知灼见。

供应链管理系统的组件

ERP 系统试图要解决的基础构件部分将企业所有的功能集成在一起，从而使企业更加高效地运营，然而它们无法回答应该做什么、在哪里、什么时间、为谁等最基本的问题。这也正是计划人员利用各种分析工具［例如决策支持系统（DSS）］所要解决的问题。

决策支持系统各不相同，包括由使用者自行分析的电子表格到试图综合各领域的专业知识并给出可能答案的专家系统。特定情形下 DSS 是否合适取决于问题的性质、计划的范围以及需要做出决定的类型。在选择 DSS 时，通常会面临在通用工具（不针对具体问题，可以对各种数据进行分析）和专用的昂贵系统之间的权衡。

在构成供应链管理的各学科中，DSS 用于解决各种问题，从战略问题（如第 3 章讨论的网络规划），到战术问题（如产品在仓库和生产设施之间的分配），一直到日常业务的问题（如生产调度、交付方式的选择以及车辆路线的确定）。由于系统固有的规模和复杂性，使 DSS 成为做出有效的决策非常重要的工具。

各种企业和行业使用的 DSS 取决于各自的特征，如制造业的特点、需求的波动程度、运输成本和库存成本。举例来说，如果一家公司的主要成本是运输，决策支持系统最重要的应用将是一个车队的路线系统或网络的设计。相反，如果需求高度可变、制造流程复杂，那么需求规划和生产调度系统可能是最迫切的。

不同的系统通常支持战略、战术和业务水平的解决方案。一些供应链的组件主要是支持某个方面，而其他组件可以支持不止一个，这取决于它们是如何界定和利用的。

决策支持系统

要成功地利用决策支持系统，必须选择合适的绩效衡量标准。例如，目标之一可能是减少总成本，但在某些情况下，提高客户服务水平可能会更合适。决策支持系统的接口通常允许用户选择不同目标的相对重要性。

一旦数据收集到，必须进行分析和处理。根据决策支持系统和特定的决策，有许多不同的方法来分析数据。重要的是，决策者应了解决策支持系统怎样分析数据，以便评估决策支持系统所做的建议的有效性和准确性。至于系统所做的分析哪些最合适，则由最高决策者确定。

数据分析有两种方法。首先是利用商业分析工具，这类工具往往用于通用的目标，数据从 ERP 和其他系统里提取。这些系统通常使用以下技术：

查询。通常大量的数据使人工分析很困难。通过决策者问一些关于数据的具体问题，决策可以得到简化，如"我们在加州有多少客户？"和"每个国家有多少客户购买了价值超过 3 000 美元的产品？"然后来进行决策。

统计分析。有时光提问是不够的。在这种情况下，统计技术可以用来确定数据的趋势。例如，平均库存统计数据、路线停留和长度平均数据，以及客户需求变动性，都可以被决策者使用。

数据挖掘。最近，随着企业数据库规模变大、涉及的内容增多，新的工具已经被开发出来寻找数据中"隐藏"的模式、趋势和关系。数据挖掘展现了市场营销的精妙之处，例如，数据挖掘发现男性在星期五下午购买啤酒和纸尿裤，意味着零售商应该在商店内将这些产品相邻布局。

在线分析处理工具。该工具提供了一种直观的方式以查看企业的数据，这些数据通常存储在数据库里，在线分析处理工具根据普通业务维度汇总数据，并让用户通过各种方式来查看数据。该工具还提供先进的统计工具来分析数据。它们是通用的大型数据分析工具，比电子表格更先进，比数据库工具更容易使用。

第二种数据分析的方法，是利用决策支持系统，提供专门的接口，针对需要解决的具体问题来显示和报告相关的数据。例如，图 14—9 展示了一个使用地理信息系统（GIS）和情景管理的接口（部分）。该决策支持系统采用了分析工具，具备了一些解决问题的嵌入式知识。由于这些问题通常是复杂的，决策支持系统运用其问题知识库来找到有效的解决办法。

这些系统通常使用以下分析类型：

计算器。简单的决策支持工具可以简化专业计算，如会计成本。在许多情况下，尤其是如果变化是可预见的、易于评估的，简单计算就能得到保证。这种方式主要运用在对一些产品的预测或库存管理中，而其他的则可能需要更先进的工具。

仿真。所有的业务流程都存在随机的成分，如销售价格可能会变化，一台机器可能会也可能不会失效。通常，这些问题任意的或随机的因素使得数据分析变得很困难。在这种情况下，仿真往往是一个辅助决策的有效工具。在仿真中，由计算机建立一个流程的模型。模型中的每一个随机元素都有着特定的概率分布。当模型"运行"时，计算机就模拟过程。每一个随机事件，电脑会使用指定的概率分布来随机"决定"会发生什么事情。

例如，考虑一个生产线的仿真模型。当计算机运行模型时，它做出了一系列的决策。一道工序在机器 1 上停留了多久？在机器 2 上呢？当工序 4 在加工时机器 3 是否会中途损坏？当模型运行时，系统就收集和分析统计数据（例如利用率、完成时间）。既然这是一个随机模型，那么模型每运行一次，就有一种与以前不同的结果。统计工具用来确定模型的平均结果和变化程度。同样，通过改变输入的变量，能比较不同的模型和结论。例如，可以通过同样的客户需求仿真来比较不同的分销系统。对于那些理解起来十分复杂的难以分析的系统，仿真是一个非常有用的工具。

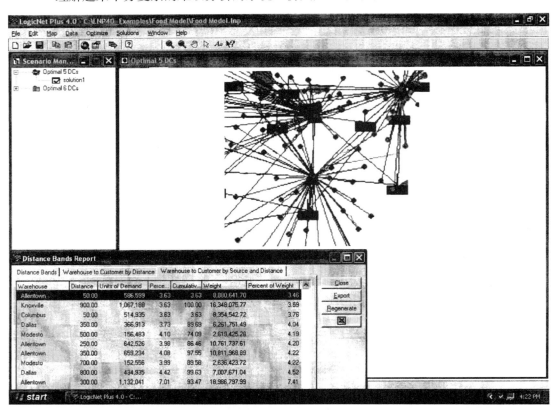

图 14—9　一个典型的供应链管理 GIS 接口

人工智能（AI）。与我们在第 12 章中讨论过的一样，人工智能工具能用来分析 DSS 系统的输入数据。例如，智能代理就使用人工智能辅助决策，特别是进行以下这些实时决策：决策如何在最短的可能时间内为客户提供服务，或者当客户在电话的另一头等待时如何马上决策以给他们承诺一个运输提前期。按照福克斯（Fox）、基翁格罗（Chionglo）、伯尔布恰努（Barbuceanu）[77] 的定义，我们对代理做如下定义：它是一个软件程序，该程序的目的是和其他代理之间进行交流和相互影响，这样就能在全局的层面上来进行整个供应链的决策。例如，智能代理在帮助客户服务代表作有关最佳的提前期辅助决策时，就能与安排生产的智能代理联系起来帮助确保满足提前期的要求 [212]。

一些供应链管理的 DSS 确实能被认为在供应链中使用智能代理来计划和执行不同的活动。以下相互关联的问题是这些系统特有的 [77]：

● 分配给每一个智能代理（例如软件处理器）的活动。
● 不同代理之间相互作用的层面和性质。

● 在每一个代理中包含的知识层次。

例如，一个实时供应链计划工具包括以下部分：位于每一个设施的、收集信息并能为设施计划安排的智能代理。在这里，设施包括制造工厂和分销中心。每一个代理都与其他代理相联系，这样它们就能平衡各个工厂之间剩余的生产能力，寻找所需的部件，以及协调生产和分销。中心计划代理与分布在每一设施中其他的代理交互，以收集状态信息和与中心计划相关的决策。这种由代理作出决策的类型和层面——相对于人类操作员，以及代理之间交流的频率和层面都要由具体的实施过程来决定。

专家系统同样也是一种人工智能。这些系统从一个数据库中获得专家的学识，并能用它来解决问题。专家系统依赖一个庞大的知识数据库，这些数据库通常用一系列的规则表示。解决一个问题时涉及应用知识库中的规则，以及得出一个结论，该结论能解释它是如何得到的。在一个决策支持系统的组成部分中，这种专家系统能给出人类决策者没有时间或许是没有专业知识意识到的一些可供选择的解决方法。虽然在物流领域这些系统并没有得到广泛的应用，但是它们仍然很重要，因为它们具有获得和解释专家分析的能力。

数学模型和运算法则。数学工具通常根据运筹学中的原理而设计，可以应用数据来确定问题潜在的解决方案。例如，这些工具能为新仓库选择最佳的位置组合，为一辆卡车选择一条高效的运输路线，为一个零售商店选择一个有效的库存策略。这些运算法则主要有两类：

● 准确算法。给定某一特定问题，这种算法将会找到数学上"最可能的解"。一般来说，这种运算方法需要长时间的运算，尤其是当问题十分复杂的时候。很多情况下，并不能找到最优，或者说最佳的解。在另外一些情况下，虽然可能会找到最优解，但是却不值得我们这样做，因为这些为运算法则输入的数据本身通常是近似数据或者是统计数据。所以近似问题的精确解与近似问题的近似解基本是一致的。

● 启发式算法。这种运算法则为我们提供的是较优的但不是最优的解。启发式算法往往要比准确算法运行得快。大多数使用数学运算法则的 DSS 系统使用的都是启发式算法。一个好的启发式算法可以快速地提供十分接近最优解的解。启发式算法在设计过程中需要权衡方案的质量和求解速度。在求解之外，启发式算法还可以提供启发式算法解和最优解之间的误差估计。

在实际应用中，分析工具往往是以上几种工具的综合使用。几乎所有的决策支持系统都提供一整套工具，有一些还利用类似电子表格这样的一般工具来进行更深层的分析。此外，以上所列的某些工具可能会被嵌入一般工具（比如电子表格）中使用。

对于一个特定的决策支持系统，选择合适的分析工具需要考虑以下因素：

● 所考虑问题的类型。

● 解决方案的精度要求——很多情况下我们是不必找出最优解的。

● 问题的复杂程度——有些工具不适合解决非常复杂的问题，而其他工具又不能大材小用地去解决过于简单的问题。

● 定量输出指标的数量和种类。

● 对 DSS 系统运转速度的要求——对于像报价提前期和车辆路线之类的运作系统，速度可能比较重要。

● 目标或者决策者的目的——例如，一个卡车运输路线的 DSS 系统可能需要找出一条用车最少、总路程最短的方案。

表 14—1 列出了一些问题和适合于它们的分析工具。

表 14—1	应用和分析工具
问题	**使用工具**
营销	查询、统计、数据挖掘
路线安排	启发式算法、准确算法
生产计划	仿真、启发式算法、调度法则
物流网络配置	仿真、启发式算法、准确算法
模型选择	启发式算法、准确算法

■ 获得卓越供应链的信息技术

在本节中，我们主要讨论供应链优化所需要的 IT 功能及这些不同功能之间的关系，如图 14—10 所示。你可以看到，IT 功能可以区分为 4 个层次。

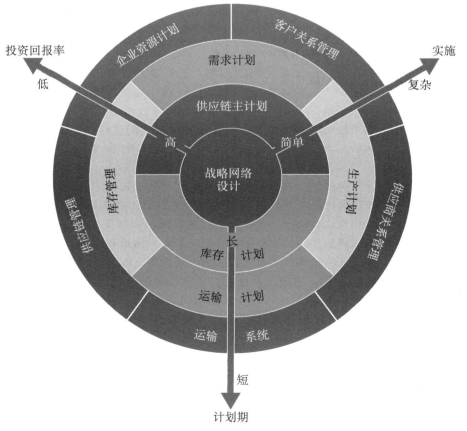

图 14—10 取得供应链卓越所需的能力

1. 战略网络设计允许计划者选择最佳的数量、地点、仓库和/或工厂大小；决定最佳采购方案，即哪个工厂/销售商应该生产哪种产品；决定最佳分销渠道，即哪个仓库应该为哪个客户服务。它的目标是通过使服务机构数量和服务水平之间达到最佳平衡，最小化包括采购、生产、运输、储存在内的总成本。这些系统的计划期通常长达几个月到几年的时间，以便归总数据，进行长期预测。

2. 策略计划决定较短的计划期内（如几周或几个月）的资源配置。这些系统包括：

- 供应链主计划协调生产、分销策略和储存需要，通过有效分配供应链的资源获得最大利润，或使系统成本最小。这可使公司提前为季节性销售、促销和紧张的生产能力做准备。
- 库存计划决定最优安全库存量和怎样在供应链中确定最优的库存位置。

战略网络设计和策略计划的内容正是第 3 章所讨论的网络规划。在这些情况下，通常使用优化技术以形成有效战略。

3. 运营计划系统使短期的生产、分销、存货和运输计划更加有效率。运营计划的计划期通常是几天到几星期，它的目标集中在单个功能上，也就是说，每个系统只针对一个功能（例如生产）。因此，这些系统着眼于生成可行的策略，而不是最优化的解决办法，因为没有和其他功能结合在一起、没有具体的分析以及只有短期计划，是不能进行最优化的。运营计划系统包括 4 个部分：

- 需求计划基于各种历史和相关信息生成需求预测。它也可以让用户对促销、新产品引进和其他商业计划的影响进行分析。使用的方法大多是统计分析方法。
- 生产计划基于供应链主计划或需求预测生成生产日期安排。采用的方法是基于约束条件的可行性分析方法，此方法可满足所有生产限制条件。
- 库存管理基于平均需求、需求可变性、原材料提前期生成对于各类设施的存货计划。采用的方法是统计和计算方法。
- 运输计划基于运输线路的具体情况、成本和交货日期生成运输路线和日期计划。因为有各种运输变量，所以这些系统可以是车辆安排、运输方式选择，也可以是路线和分销计划。

鉴于运营计划的性质，采用的方法大多是启发式方法。

4. 运营实施系统提供数据、交易处理、用户访问和运营公司的基础设施。这些系统一般是实时的（数据是当前的，不断被用户和所发生的事件更新）。运营实施系统包括 5 个因素：

- 企业资源计划传统上包括生产、人力资源、财务，现在也包括信息技术基础设施（现在是大多数公司的支柱）。这些系统正在扩展，将融入新功能，而这些功能原本出现在我们讨论过的其他组件中。它们也提供基于网络的访问和服务，可集成其他组件从而变得越来越开放。
- 客户关系管理包括更新、跟踪与客户间的互动信息。这些系统和订单跟踪系统以及其他后端系统连接，为客户和客服代表提供更好的信息。
- 供应商关系管理为供应商提供交易界面，也提供合作活动界面。
- 供应链管理系统提供工厂和仓库的分销跟踪，也提供事件管理来跟踪基于操作的异常事件。另外，它们还提供基于当前供应链状态（ATP 或 CTP）的报价提前期。
- 运输系统提供内部和外部访问，跟踪运输的产品。系统此时能够做出某些路线计划，不过范围和程度比运输计划系统要小。

图 14—10 所示的是不同能力层之间的区别。

战略网络设计的计划期要比运营系统的长。的确，公司通常会在几年内对设备做长期投资。另一方面，供应链主计划的策略会持续几个月或一年。最后，运营系统时间很短，只有几天或几个星期。

由于所做出的决策对大规模投资和主要分销决策具有很大影响，战略系统的投资回报率会很高。一般来说，采用战略网络设计的公司，成本可以下降 5% ~ 15%。现在考虑对降低成本同样非常重要的运营计划以及实施。遗憾的是，它们所需的投资大、回报小。

战略网络设计的实施复杂性不是很高，因为其中用到的工具和方法还需要融入其他工具和方法。同样，战略网络设计不需要实时更新，也不需要公司里什么人与其交互。相反，大家都知道运营系统很难操作和集成，并且需要实时数据和大量的人员培训。

销售和运营计划

上文所述的一些概念可以通过一个重要的供应链管理流程——销售和运营计划（S&OP）来加以描述。S&OP 是一个业务流程，能够不断平衡供应和需求。S&OP 能跨职能地将销售、营销、新产品的推出、制造和配送整合到单一计划中，通常涉及产品系列的汇总分析。S&OP 实践始于 20 世纪 80 年代中期，主要侧重于需求的规划和分析。这一过程通常涉及在每月会议上对需求预测和供应能力约束进行比较，确定比较可行的执行计划。大多数公司通过从不同的 ERP、CRM 和制造系统收集数据，使用需求规划软件和电子表格来进行分析。

案例

Adtran 的 S&OP 演变过程

Adtran 是一家价值 5 亿美元的电信元器件设计和制造公司，总部设在美国亚拉巴马州的亨茨维尔。Adtran 的案例是比较典型的，因为它往往需要在危急时刻或"苏醒"时刻进行最根本的变化。在 Adtran 的案例中，存货的增多和客户满意度的下降促成了变革，这在很大程度上由公司面临的复杂环境所引起：产品生命周期短，产品需求难以预测，设计变更频繁，交付周期短，供应商的交货时间长，很难或根本没有能力影响需求。预测准确率不到 50%，"我们经历了一场'大风暴'，给我们的利润带来严重影响。"达德曼（Dadmun）说。

尤其令人烦恼的是，各种"沉默之墙"限制了信息的流通。例如，对于预测失误很少有或者基本没有信息。"我们问，'为什么错过了预测？'"达德曼说，"原因是没有客户订购。但是，他们为什么没有订购？我们不知道原因。"

资料来源：SC Digest，"Thomas Dadmun VP Supply Chain Operations Adtran，"News and Views，www. scdigest. com/assets/newsviews/05＝10＝28＝2. cfm，October 28，2005.

在供应方与市场、供应和销售、工程方面也有沟通的障碍。"只有工程部才真正知道他们发布新产品的具体日期，"达德曼指出，"通常，我们建立的供应能力和收入计划不能反映真实的计划。"

面对这种情况，达德曼帮助采取了一些举措以改善结果。这包括成立跨供应、销售、市场营销和工程等多个部门功能的团队来解决问题，投资新的供应链技术，并最终开始推行有效的 S&OP 流程。

一些关键的行动如下。第一，获得支持。Adtran 与供应商 i2 合作，反向检验公司的需求规划工具对过去 2～3 年内前 20 种商品所做出的预测结果。令人惊讶的是，根据历史数据所做的简单预测结果表明，20 种产品中的 18 种预测准确率要高于预测团队的预测准确率。这一观察结果迅速引起了高层和其他人的兴趣和支持。

Adtran 也引进了一些外部顾问帮助它们与这一领域的标杆做比较，结果表明 Adtran 与行业领先水平还有很大差距。"这一行动给我们敲响了警钟。"达德曼指出。

达德曼还帮助说服企业，尽管通过新的需求规划工具所得到的改进的预测结果对公司很有利，但这还不够。"这仍然是一个向后看的观点，"他评论说，"我们需要销售、市场和工程部的更多投入，来看清楚以后的发展和出路。"

S&OP 在 Adtran 的演变分成三个阶段。

第一阶段（已完成）：
● 实施供应方的技术，以便更好地了解供应能力和约束。
● 实施需求规划技术。
● 启动一个集成的 S&OP 流程，目标是开发真正的统一预测和集成财务计划。
● 给每一个部门的销售/市场营销分配"流程负责人"。
● 在真正的 S&OP 会议之前，召开预备会议来审查数据、提出问题，确定其他必要的资料等，使主会议可以集中精力制定计划。
● 关注"例外管理"。

第二阶段（执行中）：
● 使用在线的 S&OP"仪表板"，提供详细的预测和实际结果，使其快速挖掘支持信息。
● 侧重于查明何时和在怎样的情况下计划会出错。
● 通过流程和技术进一步减少沟通障碍。

第三阶段（计划）：
● 促进更多的真正的根源分析，尤其是从具体的客户层面了解预测不准确的原因。
● 实现 S&OP 流程成功的关键之一是"在真正开始前，牢记你要获得的结果"。达德曼指出，"真正开始与结束有鉴于此，一定要确定你在最后想要实现什么。这是至关重要的，并不像你想得那么容易。"

其他的经验教训包括：
● 有变化就会有痛苦。要有准备把较差的流程和结果暴露给上级和同事。
● 收集有说服力的证据，可以进行试点模式，以获取支持。
● 标杆能够表示"我已经见证过这个过程"。
● 使用一些外部专家/顾问，如果对于你的公司来说这是新的领域，那么与那些有经验的企业建立合作伙伴关系。
● 努力发展除了自己以外的其他内部冠军。
● 庆祝成功——当一个计划者以 72% 的准确性实现预测时，整个团队出去聚餐。

"我们要实现的是，使需求方面的要求与供应方面的细节和要求相平衡。"达德曼说。

　　Adtran 案例研究是典型的当前 S&OP 的做法，重点放在需求规划上，使销售和市场营销达成一项预测，并实现生产能力与需求的平衡。

　　显然，要实现 Adtran 案例中所描述的 S&OP 流程水平相当具有挑战性。这一进程并不包括最优化、库存考虑和假设能力。因为主要通过电子表格分析，所以它不和 ERP/APS 解决方案相关联。然而，在大多数情况下，数据过于复杂，电子表格中有太多的选择要分析，有必要建立一个可重复、可见的流程与 ERP 系统整合。因此，有机会利用 IT 来支持这一流程。

　　最近，S&OP 的一个新的阶段出现了。在这一阶段，S&OP 由新的技术平台支持，使数据整合、优化更容易，而不仅仅着重于预测。图 14—11 描述了一家价值 50 亿美元的制造商使用 S&OP 流程和执行 SAP 来实现这一系统。问题的关键是把不同的活动纳入 S&OP 流程。第一个因素是对产品配置和预测的传统需求规划。第二个是内部和外部能力的供应规划。第三个因素是库存规划，以确定总库存的目标，并执行安全库存优化和服务一级优化。S&OP 的重点是调整供应和需求以及确定方向。

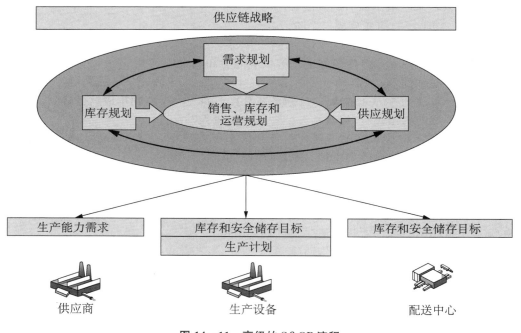

图 14—11　高级的 S&OP 流程

　　整合这些流程是许多公司面临的一项挑战。在第 15 章，我们会讨论业务流程管理的新技术和综合应用，它们将影响公司的能力。

集成供应链信息技术

　　信息技术的各个组成部分是怎样集成在一起的？供应链管理是一项十分复杂的工作，因此要解决上述问题并不是件十分容易的事情。甚至有许多企业认为进行

IT 革新可能会得不偿失，因为它们并不敢肯定这会给它们带来显著的收益。例如，许多运输公司并没有实施复杂的跟踪系统，主要是因为很少有客户想要收到如此详细的信息。仓库经理们之所以没有购买 RF 技术，是因为它的成本太高了。

对人们来说，其中最为重要的一点是分析每一系统组件对企业的贡献，然后再根据企业和行业的特殊要求来做投资计划。然而，值得注意的是，全方位解决方案的效果通常会比各部分解决方案的简单算术加总的效果要好。例如，安装一个仓库控制系统和运输管理系统，将会对提高顾客服务质量起到意想不到的效果。

当从一个较大的软件开发商（例如 SAP、甲骨文）购买一套 ERP 系统时？企业通常需要决定是采用公司内部流程还是接受某些行业的惯例。随着越来越多的企业在订单录入、申请、物料清单等方面开始信息共享并且制定合作计划，它们中的任何一方都可以通过某些标准化的手段来共享信息，从而降低各方的交易成本。然而，事实上因为每一个 ERP 供应商都在编制它们自己的标准，直到如今在供应链管理中还没有出现一统天下的标准。

在下面的几节中，我们将讨论 ERP 与 DSS 的实施。企业应优先实施什么？应首先投资什么？最后，我们将比较一下择优录用解决方案与单一供应商解决方案的优缺点，接着举例说明解决方案的选择问题。

ERP 和 DSS 的实施

实施一个支持供应链集成的系统要涉及基础设施与决策支持系统。ERP 系统作为基础设施的一部分在许多方面有别于供应链 DSS，表 14—2 在各种实施问题上对 ERP 和 DSS 进行了比较。

现在的问题是，当企业决定在什么时间实施怎样的系统时应该采取什么样的策略。在第 3 节中，IT 的目标曾经告诉我们，企业必须首先安装 ERP 系统，只有这样才能够保证数据的可得性与完整性，也只有这样才能够运用各种 DSS 工具来分析整个供应链过程。这可能是一种理想化的建议，但是在实际中要实现供应链效率的数据是早就存在的，这些数据可能不是存在一个容易访问的数据库中，但是拿它们组装成一个数据库的时间同实施一个 ERP 系统的时间比较起来，利用这些现已存在的数据还是划算的。

在表 14—2 中我们可以看到，实施一个 ERP 系统的时间要比实施 DSS 的时间长得多。ERP 系统对于企业的价值涉及两个目标——可视性与单点联系，这两个目标均有助于提高企业的运营效率。然而，DSS 不仅如此，它还能够加强企业的战略与策略计划能力，与此同时，这也就意味着 DSS 有着较高的投资回报率。最后，实施 DSS 要更容易、更便宜，同需要进行大量而广泛培训的 ERP 系统相比，实施 DSS 仅影响少数需要高级培训的用户。

表 14—2　　　　　　　　　　　供应链管理的 ERP 和 DSS

实施问题	ERP	DSS
时间	18～48 个月	6～12 个月
价值	运营	战略、策略、运营
投资回收期	2～5 年	1 年
用户	全部终端用户	小组
培训	简单	复杂

事实上，正如我们在本章开始所讨论的惠而浦的案例一样，企业不需要等到 ERP 系统实施后再安装 DSS 系统，而在许多情况下，实施 DSS 项目可以获得立竿见影的收益。当然，当企业决定所要处理的项目订单和数量时，它们需要对照一下目前的财务及人力资源状况。

安装什么类型的 DSS 要看企业所处的行业以及 DSS 对业务的潜在影响。表 14—3 给出了不同行业的案例：在软饮料行业中，配送是一个主要的成本因素，而在有着复杂制造程序及多样产品的计算机制造行业，配送成本仅仅是生产成本的一部分，因此后者可以利用较为便宜的运输解决方案。

表 14—3 安装 DSS 时的优先级

行业	DSS
软饮料配送商	网络与运输
计算机制造商	需求与制造
消费产品	需求与配送
服饰	需求、能力、配送

■ 择优录用与单一供应商 ERP 解决方案

为获得竞争优势，供应链信息技术解决方案可以由许多部分组成，这些部分包括 IT 基础设施（ERP）及各种决策支持系统（DSS）。整体解决方案最终获得的途径可以有两种极端的方法：第一种方法是从一个供应商那里购买一套 ERP 系统和决策支持系统；第二种方法是从不同的供应商那里选择每一功能最适合的解决方案，并由此产生出比较适合企业每一功能的系统。由于择优录用方案比较复杂并且实施需要花费很长的时间，因此这种投资可能会提供较好的解决方案并保持长期的灵活性。当然，较长的实施时间也会导致解决方案的最终无效，并且很难维持 IT 员工的稳定性及人们对该项目的热情。许多企业选择了一个过渡性的方法，即选择一个主要的供应商，当此供应商不能提供某些功能或者某些功能不适合企业时，它们就采用择优录用解决方案或者自己开发该系统。

最后，有些企业（例如沃尔玛）宁愿自己开发专有软件 [36]。当然这些企业一般都是特大型企业，它们一般拥有专门的 IT 部门，并且拥有一套已经使用得相当好的软件。最近，随着第 15 章讨论的新技术的出现，可以向企业提供更简单的以业务为导向的发展和整合服务，可能会出现一股弃用 ERP、运用内部软件或专业软件的回潮。

表 14—4 对这些方案的优缺点作了总结。

表 14—4 择优录用与单一供应商和专用软件的比较

安装问题	择优录用	单一供应商	专用软件
时间	2～4 年	12～24 个月	未知
成本	较高	较低	依赖专业技术
柔性	较高	较低	最高
复杂性	较高	较低	最高
解决方案的质量	较高	较低	不确定
适用性	较高	较低	最高
员工培训	较长	较短	最短

小结

供应链管理信息技术的成功依赖于以最有效的方式来整合业务流程和新技术。我们提供的证据就是，那些同时关注业务流程和技术的公司超过了它们的同行。

我们将信息技术的目标分为 4 个主要方面：

1. 从生产点到送货点，每一产品信息的可得性。

2. 单点联系。

3. 基于全面供应链信息的决策。

4. 与供应链合作伙伴的合作。

怎样才能达到这 4 个主要目标？对物流经理来说更为重要的是，实现这些目标的影响是什么？

首先，程序、通信、数据及接口的标准化将使基础设施更加物美价廉并且容易安装。IT 基础设施将对任何规模的企业都开放，而且它们能够以一种无缝隙的方式在企业间工作，这就使得人们能够在供应链的各个层级上实现系统的信息化与集成化，所以在每一层级上也就有许多信息及产品跟踪。像联邦快递的一个包裹一样，新技术例如 RFID 使得产品被贴上标签并在整个供应链过程中被跟踪，因此很容易对它们进行定位。

其次，各种显示和访问数据的形式将集成在系统内，因此用户并不需要任何专业的知识。这使得系统界面更加直观并且与手头的任务相关。本章中所描述的"入口"（portal）技术就是典型的例子。

再次，各种不同系统相互作用在一起，以至于模糊了它们之间的界限。SOA 使系统集成变得更加容易，因此组织中不同层级的人通过择优录用来购买各自的系统，并且利用普通的接口将这些系统集成在一起，将来会有更多的应用程序能够融入企业系统中来提供某专项功能。通过发展可以获取竞争优势的决策支持系统和人工智能（其中人工智能更为复杂，它依赖真实数据，能够实现共同操作），我们可以实现第三个目标。

最后，电子商务将改变我们工作、交流与交易的方式。电子商务为政府和企业提供了一个接口，通过它可以获得有意义的产品数据以及对产品进行比较，并且它还具有发现错误及纠正错误能力的交易功能。它允许对存在于政府、教育及专有数据库的数据进行访问，并且可以修改或更正这些数据。目前专有（和公共）电子市场使得买方可以将它们的供应商整合进信息系统。

将来，企业可以将它们的企业间交易模式扩展到更为复杂的应用系统，这一系统既执行某些基本的活动，又可以向其他的应用系统传递信息。在供应链管理这样一个复杂的过程中，我们不仅需要执行自己的功能，而且要对系统中的其他功能做出提醒，因为它对于我们完成上述的 4 个目标非常重要。

在第 15 章，我们将详细讨论这些内容。

我们以 IBM 前 CEO 郭士纳（Lou Gerstner）的话来结束本章（见［127］）："信息技术将会使得交易和流程更加有效且高效，因此那不是创造一个新的经济，也不是关于创造新的行为模式或是新的工业模式。它是一种工具，有效的工具，比如说：'我是如何使供应链更加有效且高效的呢？如何使采购流程更加高效？如何使公司内部员工之间的交流更加有效且高效？作为一个政府，如何提供更加有效且高效的服务？'"

问题讨论

1. 信息技术能帮助供应链解决的主要挑战是什么？
2. 业务流程对供应链管理 IT 的影响是什么？
3. ERP 提供商是如何利用互联网技术的？
4. 根据以下因素来比较取得供应链卓越（见图 14—10）所需的能力：

a. 决策聚焦

b. 数据集成水平

c. 实施时间

d. 分析中涉及的用户数量

技术标准

案例

IBM 公司的 SOA 解决方案使 Pacorini 集团在全球物流市场中处于领先位置

当今，世界各地的制造及分销组织能够在客户需要的时候提供它们所希望的各种产品，并且能够保证处理和交付的质量要求，这部分归功于高效率的物流公司，如 Pacorini 集团。Pacorini 总部设在意大利的里雅斯特，提供咖啡、金属、食品和一般货物的配送服务。公司通过严格的质量控制和时间安排，使这些货物能在客户的供应链管理流程中所需要的时间到达。作为一家广受好评的国际公司，Pacorini 在全球有 22 个办公地点和 550 名全职雇员，在三大洲 11 个国家设有不同的公司。

从历史上看，Pacorini 的集成式、端到端的供应链管理解决方案在意大利创造了物流业的繁荣，同时也激励了全世界的许多竞争者。作为一个配送绿色咖啡的市场领导者，Pacorini 通过提供及时的客户服务至今保持着其竞争地位。然而，尽管它使用先进的技术和领先的供应链管理软件，公司的内部业务流程还没有全部集成。在一个 7×24 的时代，管理分散的信息并提供一致的客户服务是一项严峻的挑战。因此，Pacorini 越来越关注于如何保持领先的竞争力。

"从订单管理到仓库管理、采购订单、工作单、关税和会计核算，Pacorini 的原有系统并没有与客户和雇员的界面进行很好的集成，" Pacorini 的 CIO 克里斯蒂安·帕拉瓦诺（Cristian Paravano）说，"当客户想了解他们的订单状态时，就会打电话给客户服务代表，然后客服代表再在多个不同的系统中查看订单状态，然后通过传真或电话告知客户。我们需要建设一个综合的系统，使员工能够从一个简单的入口很快地查询并传送信息。这将精简我们的内部流程，降低成本，并缩短反应时间。"

检查业务流程

从大的方面来讲，Pacorini 没有改变。通过分析其目前的业务流程以确定优先任务，并使用精简的工作流程将它们连接在一起，Pacorini 建立了一个集成的在线流程框架。公司建立了面向服务的架构（service oriented architecture，SOA），通过信息服务集成了信息检索和其他工作流程，以一致的方式满足每项任务的要求。

分步骤实施解决方案

基于 IBM 的解决方案，公司已实施了门户解决方案，使内部和外部的客户都能够查看订单。公司还为其在意大利的最大的咖啡客户部署了系统对系统的订单管理解决方案。现在 Pacorini 正在应用其和最大客户共同制定的通信标准，以便与排名前 10 名客户中的另外 9 家也尽快开始类似合作。将来，公司会将这一解决方案延伸到金属产品客户、货运代理和分销等领域。

网上下单将使公司今年能够实现大约 30 000 个自动交易，估计相当于节省 4 个专职雇员。最终，Pacorini 将为内部和外部客户提供全方位的商务服务，包括文档管理、电子账单、在线库存信息等。

资料来源：IBM Case Study，June 20，2006. Used by permission of IBM.

当这个目标实现时，客户和雇员将能够监控其整个过程的各个阶段的订单。"使用该系统，我们能够处理一些客户、警报、权利申诉等潜在问题，以前是通过电话、电子邮件和传真等方式来处理这些事情，"帕拉瓦诺说，"借助 WebSphere 业务集成软件，可以很好地部署、管理和监控流程，这些都是为客户提供一流服务的重要因素。"

帕拉瓦诺同时还提到："这个项目将延续下去，我们会发现更多的行之有效并能够让客户满意的方法。"

通过 BPM 和 SOA 节省费用

由于整个订单管理过程高度集成和自动化，员工可以更高效地管理更多的订单，同时提供一致和准确的订单信息。

通过使用标准工作流程和可重复使用的信息服务，能够提高效率，同时也意味着更低的 IT 支持成本和更好的业务流程管理。"SOA 和业务流程管理携手并进，"帕拉瓦诺说，"在每个国家、每个地区，针对不同的客户，我们会使用许多不同的信息服务内容来构建一致的业务流程。这为我们提供了能够满足客户和市场需求的灵活性，同时降低了运营成本。"

成本的降低反过来又意味着更强的竞争地位。Pacorini 的一些市场是比较成熟的，如绿色咖啡和金属产品市场，利润率低，进入门槛也较低，因此高效和低成本是竞争的关键。"自动化和业务整合帮助我们巩固了市场地位，"帕拉瓦诺说，"我们确信，通过使用功能丰富的 IBM 产品和解决方案，我们获得了竞争优势，能够通过 SOA 建立最终的全面集成。"

> **学习完本章，你应该能够回答以下问题：**
> - 技术标准如何影响供应链管理的改进？
> - 有哪些比较重要的技术标准和趋势？
> - 业务流程管理与网络服务技术是如何联系在一起的？
> - 什么是 RFID？它会对供应链绩效产生何种影响？

▓ 引言

本章的目标是回顾与信息技术有关的标准、新的技术平台和不断发展的对有效供应链管理十分重要的其他技术标准。事实上，这些技术标准在供应链管理中都是非常重要的，因为正像我们在上述的 Pacorini 案例中看到的，动态的跨公司的信息传递技术是很必要的。

在过去的几年里，在 IT 世界有一些重要的变化，相关技术极大地影响了供应链管理。最重要的技术发展是无线射频识别技术（radio frequency identification，RFID），它非常精密，并且将取代条形码。这项技术仍然处于应用的早期阶段，一些先进的功能尚未实施，但它已得到了广泛的支持，其重要的支持者包括惠普、美国国防部和沃尔玛等。

与此同时，随着市场越来越向少数几个大的厂商集中，信息技术的整体情况也发生了很大变化。这些厂商正在试图制定基础设施平台标准，并与尽可能多的开发商合作，以期成为真正有主导能力的厂商。这些都使得集成化应用变得简单易行。

最后，互联网已促成了新的系统设计方法。这些方法中最突出的是面向服务的架构（SOA），这是一个多种独立服务的集成，这些服务以确定的标准进行通信。SOA 通常会结合业务流程管理（business process management，BPM），也就是企业所进行的一系列优化和调整业务流程的活动。

正如我们在第 14 章中所描述的，基础设施和标准是决定 IT 战略的重要组成部分。在这一章中，我们将回顾一些标准和基础设施的细节，然后聚焦某些供应链专门的标准，特别是下一代平台，如 SOA 和 RFID 技术，这也是目前许多跟踪和补货活动的基础。

信息技术标准

信息技术（IT）标准的推动是一个强有力的、日益增长的趋势。虽然有些问题是物流及供应链管理特有的，但大部分应用发生在各行各业的应用领域。IT 领域正经历高度标准化的发展，理由如下：

- 市场力量：企业用户需要标准，以降低系统开发和维护成本。
- 互联：连接不同的系统和跨网络工作的需要推动了标准的发展。
- 新的软件模式：互联网产生了具有新的开发和部署特点的软件需求。
- 规模经济：标准化可以降低系统组件、开发、一体化和维护的价格。

在过去的 30 年，IT 的标准化经历了 4 个主要阶段，如图 15—1 所示。

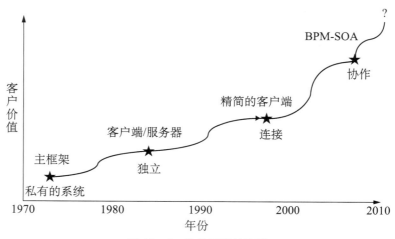

图 15—1 软件标准的变动

- 私有的系统：直到 20 世纪 80 年代初，计算机的开发都主要采用私有系统，这种电脑主机主要通过键盘以及后来的没有处理能力的终端（即所谓的哑终端）来进行访问。这种系统之间几乎没有通信。
- 独立的系统：20 世纪 80 年代初引入的 IBM 的个人计算机软件和硬件，成为第一个标准平台，也就是所谓的 Wintel 联盟，即微软 Windows 和英特尔的标准。这最终创建了一个庞大的用户群，并且扩大了市场的应用。通信标准的制定还主要用于一些局域网，如 Ethernet 和 IBM 是主要的竞争者。一些标准是针对商业网络开发的，但是大多数私有网络只用来传递文件。当时引入的电子数据交换（EDI）是一个普通的交易形式，它允许企业以电子方式交换原来用纸质文件传递的数据。我们将在后面的内容中进一步讨论 EDI。

随着个人电脑的普及，客户端/服务器模式有了很大发展。它集成了个人电脑的功能、标准与业务系统。通过采用电脑计算能力，创造了一个更加复杂的客户端控制界面。

- 连接的系统：互联网提供了通信的互联，其标准超过了局域网。20 世纪 90 年代初期开发的浏览器创造了标准的访问界面，它是由美国政府开发的，最初主要用于研究机构，后来逐步应用于个人及行业。互联网的另一个贡献主要是把通信的方式由公司内部通信发展为跨公司之间的交流，使得网络的应用和电话一样普遍。最明显的例子是电子邮件，但这绝不是唯一的形式。互联网极大地简化了个人之间以及公司之间的文件和信息传输。互联网又将电子商务的范围由购物、电子支付和交易扩大到运输追踪和企业间合作。同时，很大程度上由于害怕"千年虫"的出现，许多公司决定不再使用原有系统，而应用基于客户端/服务器的 ERP，它将企业的制造、财务、人力资源和分销等功能集成在一起，并构成了一个企业信息技术的中枢。虽然 ERP 提供商已经增加了兼容能力，但供应链管理系统还是多种多样、缺少标准。

- 协作的系统：这将是下一阶段的标准，这些标准目前正在制定之中，协作系统是公司之间更为复杂的沟通形式。支持这个阶段发展的技术围绕 SOA 和 BPM 技术，所有主要的软件公司都支持这一概念，并相互竞争研发能够实现这些技术的平台。

这个新的协作阶段也提高了 ERP 系统的重要性及其支持 SOA 和 BPM 技术的能力。我们将在后面详细讨论这个问题。

当然，很难确定下一个 IT 拐点是什么。事实上，值得指出的是，上一阶段所成功开发的技术是意料之外的，因此，很难预测哪些新标准将会出现并取得成功。

信息技术基础设施

信息技术基础设施是任何系统实施成功或失败的一个关键因素。基础设施是数据收集、交易系统接入和通信的基础。IT 基础设施通常由下列部分组成：

- 接口/显示装置。
- 通信。
- 数据库。
- 系统架构。

■ 接口设备

个人电脑、语音邮件、终端设备、互联网设备、条形码扫描仪以及个人数字助手（PDA）等是我们最为常用的接口设备。信息技术发展的一个主要趋势是，在任何时间与地点的一致访问能力，接口设备正是在这一领域中发挥着主要的作用。互联网浏览器正在迅速成为信息访问的界面，虽然它现在在形状、图像显示方面还没有发展到像 Windows 应用程序那样复杂。另外，PDA 和电话等设备也都在参与竞争，力图成为用户系统访问的接口设备。供应链管理要求提供能跟踪产品的标准方法，这样用户才可以获得他们所需要的信息以实现高的工作效率。例如，记录POS 系统的信息是很重要的，特别是当供应商能访问这些数据时（如在供应商管理的存货系统中）。

统一编码委员会发明了条形码系统。通用产品代码（UPC）发明于 1973 年，已广泛用于产品扫描和记录。数据自动获取界面，例如条形码读取器和射频标签，已经标准化并且变得很普通了。产品或包装上的射频标签用于找东西，特别是在大仓库里找东西。类似的技术与无线通信装置以及全球定位能力结合起来，能够跟踪运输的产品。一项最近的创新将最终取代 UPC，这就是 RFID 标签，我们将在第 5节进一步介绍。

■ 系统架构

系统架构是指各种组件——数据库、接口设备、通信设备等——配置的方式。我们之所以在这一节中加入此主题，是因为通信网络的设计和系统的选择依赖于系统的实施。

传统系统是从部门化的解决方案演变而来的，此解决方案使用了通过哑终端访问的主机或小型机（见图 15—2）。最初，个人计算机脱离公司的主系统而被专门应用于文字处理或电子数据表格等。后来，办公室里的个人计算机通过局域网（LANs）连接在一起，因此用户就可以共享文件、互发电子邮件以及实现其他一些应用了。这些网络扩展成为广域网（WANs）以连接分散在公司内的各个办公室。最后，新开发出来的系统利用了个人计算机的计算能力和友好的图形界面。在这些系统中，个人计算机通常被称为"客户"，而主处理器则被称为"服务器"，客户端/服务器计算是分布式处理的一种形式，许多用户在这里集中运行某些程序，而其他的程序则可以在个人计算机上运行。

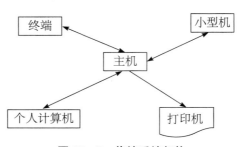

图 15—2　传统系统架构

尽管客户端的复杂程度及其价格、服务器数量和类型以及其他的各种设计参数在每一个系统中都不同，但是当前的大多数系统设计都包括客户端/服务器结构（见图15—3）。典型的例子有允许用户进行 SQL 要求的数据库服务器、交易处理监视器、索引/安全服务器，以及通信服务器。有关客户端/服务器这一概念的详细讨论可以参阅［85］中的介绍。

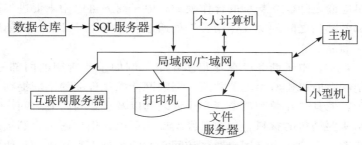

图15—3　客户端/服务器架构

互联网本身就是一种客户端/服务器结构，在互联网中，本地 PC 浏览器处理来自服务器（甚至是来自遍布全世界的服务器）的 HTML（超文本标记语言）页面以及 Java 的应用小程序。客户端/服务器模型现在正朝着以万维网为中心的模型发展，在这种模型中，客户都是与万维网服务器相连接的一个万维网浏览器。

客户端/服务器概念的威力在于，通过各个专用服务器上分配职能，能够有效地执行任务，并且能更容易地添加新的模块和职能。其缺点是增加了复杂性，需要管理服务器以确保数据处理的正确和整个网络的更新。客户端/服务器系统也推动了标准化，因为每个服务器需要能够在整个网络上彼此沟通任务和进程。这个功能是所谓的互操作性，这意味着两个系统能够有交互作用的一个复杂的方式，这是设计时就需要有的内置功能。因为系统使用不同的文件格式和通信计划，所以许多系统之间的接口通过建立文件传送或其他临时计划实现。当系统内的标准广为接受时，进行界面操作并提供全面的数据和过程处理的机制将会变得通用。

存在于服务器与客户之间的应用程序统称为中间件（middleware），从字面上解释也就是"客户端/服务器"中间的斜线（/）。它们通常是促进不同的系统结构、通信协议、硬件结构等进行交流的工具。在服务器与客户上的中间件应用程序部分将依赖于特定的实施环境。目前许多客户端/服务器的设计者都推崇这种三层结构模型。

中间件对于供应链系统的实施是非常重要的。在很多情况下，计划工具所需要的信息以多种形式存在于企业的不同位置。恰当的中间件可以用来收集数据，将这些数据整理成各种计划工具可以利用的形式，就是当前许多供应链应用程序的实施过程。例如，某电信企业应该对其提供的各种服务（如长途、无线通信等）有一个账单系统，并且将这些信息存储在不同的系统中。如果顾客购买两种或两种以上的服务，客户服务代表就必须在多个位置寻找顾客账单，这时中间件就可以执行查询数据库和链接这些信息的功能。当这些流程通过互联网在公司之间应用时，称为企业应用整合（enterprise application integration，EAI）。

更先进的新一代系统架构试图为公司之间提供互联互通的合作平台，用于实现这一目标的技术就是所谓的 SOA，我们将在第 4 节详细讨论。

■ 电子商务[①]

电子商务（e-commerce）是指企业用电子过程代替物理活动并且在企业、顾客和供应商之间建立新型的合作模式。电子商务可以用来促进不同企业之间以及企业内部各部门之间的交互作用。例如通过互联网、外部网、订单跟踪以及电子邮件来购买商品。

其实，电子商务已存在很多年了，例如企业所用的内部专用网（如 WANs），大学和政府机构所用的公共网。互联网标准化程度的不断提高，加速了电子商务的应用，尤其是在单个消费者和企业之间以及企业与企业之间。互联网的最初用途是展示所要销售的材料，现在已经发展到可以让用户通过它购买产品并即时跟踪订单的状态。企业还允许用户通过访问它们的数据库来解决产品纠纷问题，这样可以避免直接拜访用户从而为企业节省一大笔开支。

企业在内部使用互联网标准叫做内部网（intranet），而在外部使用的互联网标准则称为外部网（extranet）。一般来说，互联网、内部网与外部网之间的主要区别在于谁可以访问这个系统。内部网应用企业内部专用程序，它没有开发客户接口，不注重硬件的兼容性以及安装专门的拨号程序；互联网则可以自由地进行访问；外部网则严格限制企业外部的生意伙伴和顾客对某些程序和数据进行有限的访问。互联网标准最近几年开始用于交易——私人或公开的——使得合作伙伴之间可以进行交易或交换信息。

围绕公司内部互联网的使用所开发的另一个概念是"入口"，即基于岗位的访问公司系统的权限。入口整合了员工需要的所有的应用程序和信息资源，以便员工可以在单独的桌面环境下工作，通常是通过网络浏览器。这个功能不仅使员工可以独自有效率地工作，而且员工与其他人（不管是公司内部的还是公司外部的）进行联系也非常方便。入口需要整合结构化和非结构化数据资源的技术，包括数据库、Java 种类、网络服务器和 XML。由于更多的组织使用企业入口框架，人们正在寻找方法以减少与建立入口相关的时间和成本。对于终端用户来说，整合内容及为信息资源提供更快的途径，对于建立和维护入口是至关重要的。

实例 15—1

在赫曼·米勒（Herman Miller）公司（一家办公家具制造公司），大约 300 名员工的大部分时间都是用在和供应商打交道上，他们用的入口可定制，可迅速获知新闻和信息。这使他们能更有效地和商业伙伴打交道，因为他们不必到处找信息，或者拼凑各种琐碎的信息。一开始，顶级（Top Tier）软件（2001 年 3 月被 SAP 收购）的技术吸引了该公司，因为此技术可实现供应商和该公司资源计划系统的交互。一旦公司看到入口界面可使员工效率更高，公司也开始在内部使用该技术。现在针对不同类型的员工，公司有几种不同的入口，不过公司也在考虑将其网站建成

[①] 电子业务（e-business）和电子商务（e-commerce）是有区别的（见第 6 章），但在实际使用中二者可以互换。

某种"超入口"。通过"超入口",消费者、供应商和员工可根据各自的需要进入不同的子入口。合作的好处是巨大的。例如,员工可以决定他们想把哪种提示放到显示屏上("供应商××交货迟了3天"),然后根据数据找到问题的原因以及可能的后果。然而,这种系统也不是万灵妙药。虽然这种技术能有效过滤结构数据(例如数据库中的数据),但对无结构数据,如通讯录、计算机辅助设计图等就不怎么有效了。最近,SAP将其入口部分和另一家公司的单元合并,可用于网上市场。在网上市场里,无结构的数据占大部分,所以,总有一天,所有功能会集成到单个产品中[122]。

电子商务可以有几个层级的复杂程度,从单向的通信如Web浏览,到直接进入数据库检索个人数据或进行交易,如网上购物或管理银行账户等。更先进的应用通常采用EDI,以及最近基于XML的过程数据交换。XML是一种通用标准,并不只是解决某个特定行业的问题。这可以通过一个案例来说明。一家名为Rosetta-Net的高科技公司行业联合会(见[231]),将自己比作电子商务领域的罗塞塔石碑(Rosetta stone),使用了三种不同的语言进行信息传递。RosettaNet倡议旨在创造一种管理厂商及其供应商在线合作业务的灵活标准。RosettaNet定义了同合作伙伴的接口流程,能够处理多个交易伙伴之间的数据。它已经被一些高科技公司所采用,但实施起来费用很高。如果这种技术被广泛采用,并且有更多的供应商提供支持性系统,或许费用会降低。

最后,以电子方式共享流程特别适用于供应链管理。关于共享流程的另外一个例子是一个基于web的标准——合作计划、预测和补充(CPFR),它能够使供应商加强对存货的管理以及不断地调整对企业整体的预测。通过CPFR,各方利用电子的方式来交换一系列的书面协议和支持性数据,包括过去的销售趋势、促销计划以及预测。这使参与方通过关注预测数据的不同来协调整体的预测。各方尽力寻找差异的原因,并提出整体改进的预测数据。正如我们在第5章中所强调的那样,多方预测的不同结果对于供应链整体来说代价是比较高的。实际上,与配送方以及其他各方共享预测的结果能够大大地降低库存的水平,因为它可以减少牛鞭效应。要做到这一点,系统应该能够进行数据鉴别以及确保协调的标准实施。

由零售商、生产商和解决方案提供者组成的"行业间商业标准自发协会"(VICS)发展了合作计划、预测和补充技术。这个小组已经开发了一套有关供应链的商业流程,用于在许多买卖功能上进行合作,以提高供应链绩效。根据这个委员会,它的使命是通过联合管理流程、分享信息,在买方和卖方之间创造合作关系。通过整合需求方和供应方的流程,CPFR可以在满足顾客需求的情况下,提高效率,增加销售,减少固定资产和运营资本,降低整个供应链的库存。

VICS委员会开发了CPFR指南来解释业务流程、支持技术,改变与实施CPFR有关的管理观点。1998年6月,CPFR指南得到了VICS董事会的认可。1999年11月,委员会公布了CPFR的实施方法(CPFR Roadmap),解释了生产商和零售商应该如何实施CPFR合作关系。这个实施方法可以参见[233],包括以下九个步骤:

1. 制定合作方针。

2. 开发联合商业计划。

3. 做销售预测。

4. 识别销售预测的例外情况。

5. 关于例外事件进行合作。

6. 做订单预测。

7. 识别订单预测的例外情况。

8. 解决/合作例外事件。

9. 产生订单。

实例 15—2

汉高集团（Henkel）是一家大型的德国公司，其遍布全世界的员工超过 57 000 人，销售额超过 110 亿欧元。汉高的产品超过 10 000 种，包括清洁剂、化妆品、粘胶等。Eroski 是西班牙最大的食品零售商，每年的销售额超过 40 亿欧元，是汉高在西班牙最大的顾客。1998 年 12 月，这两家公司决定联手开发 CPFR，以解决顾客服务和汉高的产品在 Eroski 商店里的存货问题。最初的目标主要集中在清洁剂上，即设法提高顾客服务、减少销售损失、加速周转率。利用商业上可用的软件，两家公司在商业上合作，共同策划促销计划、预测销售。合作是从 1999 年 12 月开始的，两家公司的预测质量都急剧提高。在此之前，一半的销售预测的误差率平均超过 50%。合作几个月后，75% 的预测的误差率小于 20%。脱销水平也出现类似的下降。两家公司实施 CPFR 面临的一个问题是，在预测时需要牵涉到过去不需要涉及的机构。例如，汉高顾客服务人员不得不与 Eroski 的销售预测人员建立密切联系。不过，一旦克服了起初的不适感，很快就能看到好处。Eroski 掌握的单个零售店情况和促销对这些零售店的影响等动态信息，与汉高掌握的单个产品情况和外界因素对产品的影响等信息，可结合起来用于预测 [92]。

面向服务的架构

面向服务的架构（SOA）的定义是，"一种基于标准的管理服务的方法，通过具有灵活的再用性和重新配置能力的不同业务流程软件包来实现" [191]。

SOA 的重要性在于，它是所有主要业务软件提供商的基础开发工具和平台，同时也被系统集成商在开发定制应用时广泛采用。此外，SOA 有三个主要的贡献 [156]：

1. 基于 SOA 的集成。传统而言，集成一般是点对点或利用企业应用整合（enterprise application integration，EAI）。这些类型的集成往往很难维护，并且一般使用具有独立的基础设施的专有技术。基于 SOA 的集成利用标准的业务流程执行语言，使维护更简单，更容易学习。

2. 综合应用的开发。利用 BPM 制定一个自上而下的方法，以用于应用软件开发和组成现成的可重复使用的内置一体化（服务）组件，使它们易于使用和维护。

3. 对传统应用程序的更新。许多 IT 部门花费 70%～80%的预算维护大型机或其他传统的应用产品。通过 SOA，企业可以定义业务流程，并开始将业务逻辑和应用程序相分离。

从第 14 章的内容可以看到，SOA 是与 BPM 紧密相连的，能否改善业务流程是 IT 投资成功与否的关键。BPM（见 bpm. com）提供了规范和工具，为商业用户定义端到端的过程，并确定业绩目标和实施管理。BPM 根植于工作流，但它有几个显著的区别：流程的端到端特性、更高的可见性和对变化的支持。BPM 并不需要 SOA，但如果能更容易接入企业服务，它会表现得更好。BPM 系统通常提供图形界面，以确定业务流程和服务之间的联系。另一项应用于 BPM 的技术是业务规则管理系统（business rules management systems，BRMS），能够使企业用户维护规则，并将它们与业务流程联系在一起。

在业务流程工具使用业务服务或复合应用来设计其他应用的过程中，SOA 和 BPM 可以提供分层的方法。在较低层提供基本架构、服务实施和实际应用，更详细的信息参见图 15—4。

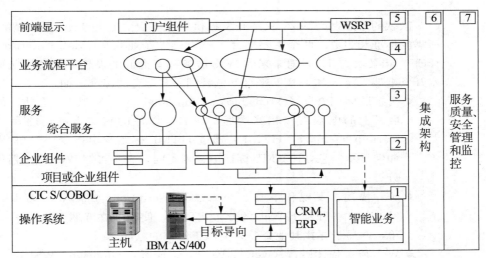

图 15—4　SOA 层级

资料来源：参见 [226]。

由于接口是独立于平台的，从理论上说，客户可以从使用任何平台或操作系统、任何编码语言的任何设备上访问或使用这些服务。这一整套的服务将存放在一个网络上使之可以彼此沟通。相关例子包括某些商务功能，如处理支付订单、计算或更新货币汇率、验证用户、在地图上显示地址等。

四大主要软件供应商都已采用了 SOA，并制定了在其业务流程平台上实施的相关战略。表 15—1 总结了四个主要软件供应商所采用的技术方法和手段，主要是总结了其战略、综合平台、知识库以及外部系统。

表 15—1 主要软件供应商的 SOA 战略

供应商	SOA 战略	综合平台	知识库	外部系统
IBM	关注应用程序平台；定制化和独立软件	IBM SOA 框架	WebSphere Registry	PartnerWorld 行业网络
微软	关注平台和现有某些应用程序的界面服务	.NET Framework＋WinFX＋Biztalk server	无	NET 合作伙伴系统
甲骨文	Fusion 平台	Oracle Fusion 中间件	Fusion 架构的一部分	Generic 合作伙伴系统
SAP	NetWeaver 平台的企业服务应用程序	NetWeaver 综合应用程序	NetWeaver 架构的一部分	NetWeaver 合作伙伴系统

■ 技术基础：IBM 和微软

微软的重点是为 SOA 软件开发提供开发平台。它与 Java 一同提供实施 SOA 所需的标准和服务。两个主要平台——Java 2 企业版（Java 2 Enterprise Edition，J2EE）和微软 .NET，对未来的 Web 服务都有类似的设想，并已建立了类似的技术开发框架。Java 和 .NET 平台都依赖同一套已有的标准，如：

- 可扩展标记语言（extensible markup language，XML），这是一种能够使互联网上的电脑直接相互沟通的语言。以往的超文本标记语言（hypertext markup language，HTML）通过 HTML 标签发出指令，告知 Web 浏览器如何显示信息，而 XML 标记语言则不同，它是告知 Web 浏览器信息所在的分类。
- 统一描述、发现和集成（universal description，discovery and integration，UDDI），一种基于 Web 的分布式目录，使企业在互联网上能够有自己的名单，并易于寻找其他企业，类似于传统的电话簿。
- Web 服务描述语言（web services description language，WSDL），一种 UDDI 使用的 XML 格式的语言，由微软和 IBM 共同开发，用来描述以通信终端设备交换信息的 Web 服务能力。
- 简单对象访问协议（simple object access protocol，SOAP），一种基于 XML 的信息协议，在通过网络发送信息以前用来编码信息网络服务请求和响应信息。SOAP 信息完全独立于任何操作系统或协议，可以使用各种互联网协议进行传输。
- 业务流程执行语言（business process execution language，BPEL），一个界定网络服务如何通过组合来协调业务流程的规范。该规范已由 IBM 和微软领导的一个小组提交标准化委员会审议。作为一个基于 XML 的语言，BPEL 允许开发人员以正式的形式描述业务流程，如处理贷款申请或进行采购申请的流程。BPEL 可能会成为应用集成和业务到业务的流程处理中一个关键的标准，而且可能是微软和 IBM 的应用集成产品的重要基础。

IBM 还主要集中在技术平台上，而不是应用程序。通过其强大的中间件技术如 WebSphere，它的定位是用于创建定制化应用程序的组件和服务供应商。它还与独立软件开发商（independent software vendors，ISVs）合作，而 ISV 使用 IBM 技术提供现成的应用。本章开头的 Pacorini 案例研究就是这样的一个例子。

■ ERP 厂商平台：SAP 和甲骨文

ERP 公司如 SAP 和甲骨文，正用自己的 SOA 平台相互竞争，并试图建立一个围绕自己的开发群体。SAP 公司的战略（参见 [210]）是将开发商捆绑在自己的开发平台上，并基于该平台不断创新以推动其应用。甲骨文则更专注于将此前多年收购的许多软件供应商的软件包整合在一个平台上，它同时还提供类似 IBM 和微软的开发工具。

SAP 公司的企业级 SOA 将设计、组成和网络服务部署提升到企业所需水平，以满足业务需求。企业服务通常是一系列的网络服务，同时与可访问和重复使用的支持特定业务流程的简单业务逻辑相结合。将 Web 服务集成到企业级的服务之后，可以提供更多自动处理业务的内建模块。

企业服务使企业能够有效地开发复合应用程序，而这些应用程序可以从现有的信息系统中获得支持新的业务流程或情景的知识。所有使用 Web 服务标准的企业服务，都能够在中央知识库中进行描述，并用 SAP 的 NetWeaver 进行创建和管理。

SAP NetWeaver 是一个支撑 SAP 应用的基础架构和技术集成，它将 mySAP ERP、供应商关系管理（SRM）、客户关系管理（CRM）等集成，并允许它们灵活互通，同时支持其他软件供应商的应用。从本质上说，NetWeaver 包含应用服务器、集成服务器、门户网站、商务智能软件、主数据管理系统，以及复合应用程序的开发环境。SAP 公司的计划是最终将以 NetWeaver 取代三层客户端/服务器架构所使用的现有 ERP 套件。

甲骨文公司是一个传统的应用软件开发厂商，自 2005 年以来通过收购一些应用软件厂商快速成长，包括 Peoplesoft（已收购 JD Edwards）、客户关系管理厂商 Siebel，以及供应链应用软件开发商如用于需求规划的 Demantra 和运输软件 G-log。公司创造了一个名为 Oracle Fusion 的平台，将融合这些应用软件并最终使其标准化。甲骨文公司还具有很强的中间件应用程序，包括 JDeveloper，BPEL Process Manager，Enterprise Service Bus，Oracle Web Services Manager，Business Rules 以及 Oracle Business Activity Monitoring 等。甲骨文还设立了一个组成平台，可支持 BPEL 流程，以协调服务和活动的执行。

甲骨文的产品使 IT 专业人士能够通过专门的编译环境从程序代码创造业务流程所需程序。但是，甲骨文公司在已有基础之外的领域影响力有限，同微软一样，其强项是以传统技术为基础的软件开发 [81]。

■ 结论

以上讨论的技术性质不应掩盖 SOA 对软件设计方法和设计可能性的改变。正如本节开头所定义的，SOA 的主要因素有 [191]：

1．这是一个用标准方式整合服务应用的架构。

2．服务使用标准描述语言定义，并具有可回应接口。简单的例子是"为客户检查信用评级"，"找出这个地址的地图"和"将本采购订单传给客户"。

3．该服务可以是业务流程的一部分，并有应用程序可以帮助用户描述这些服务。

4．流程、交易、特殊功能组件都必须以服务的形式出现，并允许各种复合和多样化的应用。

5．每个互动过程都应该独立于其他的互动过程和通信设备的互连协议。这就使不同平台可以整合。只要服务能够用于应用程序，那么该程序的平台和语言就不会有任何问题。

SOA 将允许用户把各种应用程序的信息进行整合，用于分析或合作。这一点特别重要，因为在供应链管理中所需的信息通常会跨越多个应用程序，甚至跨越多个公司。

无线射频识别[①]

简介

无线射频识别（RFID）是一种较新的技术应用，包括发射射频信号的标签和读取信号的设备。标签可以是主动的或被动的，也就是说，它们要么主动发射信号，要么对信号读取装置进行回应。它们可以是只读或读/写的，也可以是一次性或可重复使用的。它们可以用来读取电子产品代码（electronic product code，EPC），这是一种独特的编号，确定了具体项目在供应链中的位置，也可以记录信息以便指挥工作流程和装配线，也可以监测和记录环境变化。RFID 被普遍接受的一个必不可少的条件是 EPCglobal 网络，这种网络允许从供应链的任何位置通过密码访问互联网的 RFID 数据。

RFID 的传播和全面实施还需要很多年，EPCglobal 网络尚未被接受为标准。此外，一些挑战仍然存在，如开发通用的国际标准的标签、标签扫描精度的技术问题、减少 RFID 标签的成本等。一个例子是标签的可靠性，根据业内专家分析[28]，其运行只有 80% 的成功率。有时天线与标签相分离，当标签完好时标签读写器也并不总是可靠的。在读取金属或液体中的标签或被尼龙输送带干扰时，读取也会有问题。其他还没有得到解决的 RFID 问题涉及政策问题，如侵犯隐私。

然而，由一些大的渠道商如沃尔玛主导的应用将会加快 RFID 的即时应用，即使这种应用还停留在所谓的"即拍即发"（slap-and-ship）水平上。这种技术是在货物运出仓库时将包装箱或托盘用 RFID 进行标记。标签在供应商的发运码头进行扫描，并

---

① Based on David Simchi-Levi，"The Impact of RFID on Supply Chain Efficiency," chap. 8 in Claus Heinrich，*RFID and Beyond：Growing Your Business Through Real World Awareness*（New York：Wiley，2005）．Reprinted with permission of John Wiley & Sons，Inc.

将发运通知用电子邮件发送给沃尔玛，再由沃尔玛和它的进货清单进行比较。虽然这种应用还很有限，但是优势也很明显，即加快了付款和扣款速度［183］。

所有这些令人振奋的发展已经创造了一个繁荣和快速增长的 RFID 技术和服务市场。许多公司正在与客户公司开展各种 RFID 应用试验，并积极准备适应行业巨头如沃尔玛和全球最大的采购机构——美国国防部（Department of Defense，DoD）的一些应用标准。这些应用包括用 RFID 改进生产工艺、在配送中心管理库存、追踪产品或集装箱等。根据无线数据研究集团（Wireless Data Research Group，WDRG）的报告，RFID 硬件、软件和服务市场总额已经从 2003 年的 10 亿多美元增长到 2007 年的 31 亿美元［114］。

目前大多数的应用还仅仅局限于 RFID 收益明显和实施相对容易的情况。当然问题是如何超越单一设施内的效率提高？也就是 RFID 技术如何才能被用来改善整个供应链效率？供应链管理专家和技术专家会说，RFID 将大大提升供应链效率，增加可追踪性和供应链的业务流程速度。当然，对这些想法我们没有争议，但这些想法的意义却是含糊不清的，可追踪性提高和业务流程加速会使供应链做出更好的反应，但要由什么样的业务流程来做到这一点？显然，这些过程不仅必须考虑到供应链的复杂性，也要考虑到规模经济以及变动性和不确定性。事实上，从第 14 章中我们可以知道，只有通过组合技术和业务流程，供应链效率才可以实现显著改善。

因此，本节的目标是提出一个使用 RFID 技术来改善供应链绩效的框架和流程。在我们的分析中，将把重点放在 RFID 技术提供的优势，如销售点数据，以及供应链协作的相关问题，如技术成本以及由谁来支付这个成本。

■ RFID 应用

公司开始尝试 RFID 应用有两个重要的驱动因素。其中之一是由一些主要的渠道商和采购机构主导；第二个因素则是实施该技术可以直接得到的好处。

供应商和制造商在考虑采用 RFID 时，需要考虑的一个重要决定是实施的层级水平——是应用于托盘/包装箱还是单个的产品。单个产品级别的标签将可以带来很多的好处，如防止假冒和盗窃。然而，由于标签的成本较高，单个产品级别的标签一般应用在高价值的物品如汽车及墨盒上。

现有的信息管理系统对产品数据的管理是在一个总量的水平上，如产品或者包装箱的数目。因此，跟踪应用了 RFID 的单个产品或包装箱需要新的信息技术支持。当然，要实现 RFID 的最大好处，还是需要具体到产品层级水平上。例如，有了 RFID 的帮助，你可以在数据库中存储信息，以追踪一包牛肉是何时包装的，来自哪个农场的哪头牛，以及是在何处屠宰的。这些数据可以在整个供应链中实时获取，比如一个托盘运送到仓库或某个产品下架。对这些数据建模本身就是一个巨大的技术挑战，而理解和使用这些信息是公司将不得不处理的一个重大问题［28］。

一些未来几年内可能的标准应用请见下面的例子。

实例 15—3 沃尔玛公司

2005 年 1 月，沃尔玛开始应用 RFID 技术，并授权其供应商使用。开始沃尔玛有超过 100 家供应商使用 RFID 标签，而现在的数目超过起始数字的 3 倍，这些使用 RFID 标签的供应商的商品通过 5 个配送中心运送到 500 多家沃尔玛超市。公司预计到 2007 年 1 月，能够处理 RFID 标签的商店数目将翻一番，达到 1 000 家，届时也将有 600 家供应商可以运用该技术。该公司已经看到了投资回报，如对缺货产品的补充，RFID 标签产品的补货速度是以往普通产品速度的 3 倍，因此缺货产品减少了 10%。

实例 15—4　美国国防部

2005 年 1 月之后，对特定产品和存货，供应商必须在运往美国国防部的包装箱或托盘上使用 RFID 标签 [234]。

实例 15—5　美国食品与药品管理局

美国食品与药品管理局建议，到 2007 年，所有的药品生产商、批发商和零售商应开始制定计划，将 RFID 标签用于托盘、包装箱、产品 [183]。

已经有一些现有的 RFID 应用，主要是在一个设施或一个业务流程中使用。以下是一些例子。我们从包装追踪开始。

包装追踪

实例 15—6　英国的啤酒公司

2004 年 5 月下旬，一个总部位于丹佛的物流公司 Trenstar 与英国库尔斯公司（Coors UK）签署协议。而现在 Trenstar 与英国最大的三家啤酒公司在管理啤酒出货上建立了合作伙伴关系。此前，啤酒厂拥有自己的小桶并自己管理出货，这是一个昂贵和劳动力密集的过程。Trenstar 从这些公司买了小桶，并为每一个桶配备 RFID 标签。现在的啤酒厂与 Trenstar 签订合同，由 Trenstar 提供详细的跟踪信息，以确定酒桶是何处的以及应该运回何处。啤酒公司从 RFID 上获得的最大收益就是减少了资产损失，因为它们以往每年要平均丢失 5%～6% 的啤酒桶。而现在这个数字已经减少了一半以上。

英国的啤酒公司实施 RFID 后也获得了一些意想不到的积极结果。由于该技术提供了追踪技术，使每个桶的啤酒对剩余部分能够进行税收抵免。通常情况下，啤酒是对发货量进行征税。由于跟踪酒桶技术的到位，现在公司能够对返回的啤酒桶进行称重，并获得税收抵免的剩余部分，如果桶是有缺损的，可以抵免整桶的税收。公司可以每桶节省约 1 美元～12 美元，这取决于在酒桶内有多少啤酒剩余 [38]。

产品追踪

实例 15—7　米其林北美公司

米其林北美公司将 RFID 标签植入一些轮胎，跟踪它们在一个时期内的表现。米其林的工程师开发了一个 RFID 应答器，在轮胎制造过程中进行嵌入，使轮胎的识别号码与车辆识别号码（vehicle identification number，VIN）相联系，从而使轮胎与车辆可以相互识别，并可以记录轮胎制造的时间、地点、最大胎压、轮胎大小等信息。而这些信息使用小型手持阅读扫描器就可以读取，就像杂货店的条形码扫描一样。

轮胎电子产品有三个主要用途，包括识别以及一些作业功能如胎压监测系统和车辆性能监测系统，轮胎可以实际探测道路状况，并通过与车辆的操控系统进行联系以调整车辆的性能。

除了能够存储有价值的信息，RFID 技术还可以提供额外的物流好处，比如通过减少手工检查而节省大量工作时间和提高效率，从而提高货运绩效。此外，RFID 可以减少处理返回产品的时间，同时提高货运的准确性和减少销售损失 [142]。

商店应用

实例 15—8　玛莎百货

玛莎百货是英国在零售领域较早使用 RFID 标签的先驱之一，并于 2003 年在 High Wycombe 商店首次试验，对一些男装运用跟踪技术。RFID 标签被放在附在衣服上的一次性纸标签中，但没有嵌入商店内各式各样的男女服装。玛莎百货使用移动扫描器扫描服装上的标记，可以在生产车间、分销中心入口和商店等多处进行操作，使服装在运送过程中就可以快速读取信息。

在 42 个商店取得成功之后，玛莎百货计划扩大 RFID 标签在衣物上的应用。衣物上的 RFID 标签将会在 2007 年春季扩大到 80 家商店。衣物包括各种复杂的尺寸，如男式西装、女式裤子和裙子等。

该公司的目标是使用 RFID 标签，以帮助其实现库存 100％准确的目标，并确保在商店内有合适的商品和正确的尺寸，以满足需求 [136]。

生产应用

实例 15—9　CLUB CARD INC.

佐治亚州的一家生产高尔夫球车和多功能车的厂商，在生产一款新的高档车 Precedent 时开始应用 RFID。这一过程开始于在每辆车的车厢初始装配时都植入 RFID 标签。在装配线的每一个工作站上，车厢里的 RFID 都会将该车的数据发送到专有的制造执行系统中。再由软件确定哪些客户定制的选择应安装在车辆上，哪些是车辆必须完成的操作，如扭矩调整。在汽车离开该工作站之前，工人必须确保各项安装都已经完成。这一过程取代了传统的使用纸质文件指示的方法，并将生产一辆 Precedent 的时间从 88 分钟减少到 45 分钟。而该系统的花费低于 10 万美元 [183]。

仓库管理

实例 15—10　吉列公司

吉列公司于 2003 年对设在马萨诸塞州 Fort Devens 的包装及分销中心进行了重大的 EPC 试验。该公司正在跟踪该设施内所有的女性剃刀产品的货箱和托盘。现在知道在包装中心每一货箱的维纳斯（Venus）剃刀在什么地方，货箱在那里存放了多久，以前存放在什么地方以及什么时候发运。该试点的目标是开发具有很高效率水平和生产率的系统和业务流程。当该公司达到沃尔玛对标签的要求水平之后，它也将能够消除手工清点货箱、扫描以及其他费用等 [179]。

产品推出

实例 15—11　吉列公司

吉列公司在 2006 年 3 月推出的 Fusion 剃须刀完全支持 EPC，将贴有 RFID 技术智能标签的所有剃须刀货箱和托盘运到有两家客户参与试验的 400 个零售地点。吉列公司也将贴有 RFID 标签的促销显示器发运给零售商，自吉列分销中心出货后 3 天即摆上货架。而新产品推出的这一过程通常需要 14 天。

Fusion 剃须刀的迅速推出得益于 RFID 标签为公司提供的商品可追踪性。这种可追踪性开始于货物到达零售商的分销中心，结束于零售商将货箱打开，而这时吉列公司基本可以推断产品已经摆上货架。如果 EPC 网络的反馈显示 Fusion 剃须刀或促销显示器已经运送到了零售商店的库房，但却没有信息显示剃须刀被及时地放到销售场地，吉列公司就会与这些商店的经理联系，要求其尽快将剃须刀和显示器放到销售场地。

吉列公司预测在未来 10 年内其 RFID 投资有 25％的回报率，主要是通过销售额的增长和生产成本的节约来实现。该公司能够将 Fusion 剃须刀的上架时间加快 90％以上的事实表明，RFID 可以提高供应链运作的效率，并带来显著的有益影响 [153]。

■ RFID 和销售点数据

零售商及其供应商经常用来预测需求的数据是销售点（POS）数据。POS 数据来源于收银机，用以衡量实际销售。具体来说，这是许多需求规划工具预测需求时所使用的历史数据。然而，POS 数据不能完全衡量实际的需求，因为由于脱销造成的销售缺口无法记录。

事实上，大量的销售缺口是由于物品在货架上摆放位置错误，或者没有摆在消费者能够找到的货架上。脱销量保守估计是销售量的 7％ [14]，但事实是没有人知道真正的数字是多少。例如，拉曼（Raman）、德霍拉特优斯（Dehoratius）和托恩（Ton）[172] 整理了许多分销中心和商店执行中的问题，这些问题导致客户无法在商店找到想要的产品。一些执行问题的原因涉及分销中心和商店补货流程中的错误，如扫描错误，产品没有从仓库摆放到货架上，在分销中心拿错了货，产品在商店没有进行确认等。产品种类繁多、储存空间狭小以及高库存导致难以维持补货的准确性。这导致了一些产品的错误摆放以及实物库存水平和信息系统记录的库存水平之间的巨大差异。

这对 RFID 来说当然是一个巨大的机会，RFID 能够对现有库存提供更准确的信息。例如，遵守沃尔玛相关标准的公司将得到比 POS 数据更详细的信息 [4]。包括下列活动：

- 到达沃尔玛分销中心。
- 离开沃尔玛分销中心。
- 到达沃尔玛商店。

- 离开商店仓库（摆上货架）。
- 货箱（或标签）被毁。

此信息可获得以下直接的好处：

- 更好地控制商品过剩、短缺以及损失索赔管理能力，同时能更好地在供应商、承运人和沃尔玛之间分清责任。
- 更好地控制产品召回。
- 利用数据改善供应商和沃尔玛之间的协作流程。

但是，使用 RFID 优于 POS 数据的真正好处是，首次实现了销售缺口的量化。由于零售商知道销售是多少，库存是多少，什么时间货架上没有储备，将有可能根据实际销售加销售缺口来计算出实际的需求。这项分析将需要新的统计和预测技术，以利用这些新的信息。

■ 商业利益

RFID 的实施将改善数据收集工作的准确性和速度。准确性是通过减少扫描的错误以及更好地防止盗窃、挪用，并能够有效地跟踪过期日期以防止腐坏来实现的。速度是通过更少的存货、通过多目标扫描以清点存货等手段来实现的，等等。加上新的业务流程将导致供应链加速，这将带来更高的供应链效率。

零售商预计将成为实施 RFID 的主要受益者。据 A. T. 卡尼（A. T. Kearney）的一份研究报告［14］，零售商预期效益的三个主要方面是：

1. 降低库存：一次性节省相当于总系统库存 5% 左右的现金。这是由于缩短的订单周期和更高的可追踪性带来了更好的预测。订单周期的缩短带来了周转库存和安全库存量同时降低，而预测准确性的提高则带来了安全库存的降低。

2. 商店和仓库劳动力减少：每年减少商店和仓库劳动力费用的 7.5%。

3. 减少脱销：由于减少了脱销和盗窃，每年的经常性收益每 1 美元可以增加 7 美分。

总体而言，考虑到实施成本，零售商配备全面的 RFID 系统，包括读取设备和可操作的实时企业信息数据库，每 1 美元的销售额可以节省 32 美分［14］。

公司觉得估算实施 RFID 的成本非常困难，而这个成本对制造商和零售商是显然不同的。估计 RFID 实施中的直接费用包括：

- 标签：这是制造商的一个经常性费用。大多数销售标签的公司都不直接对标签进行报价，因为定价的基础是数量、标签的内存大小以及包装（例如是封装在塑料中还是嵌入一个传统标签中）［20］。一般而言，一个 96 位 EPC 标签的费用约为 20 美分～40 美分，具有较高级功能，如热转移和其他特别要求的价格会更高一些。① 标签是在生产过程中植入的，公司将在所有的货箱上使用标签，即便是那些运送给并不需要标签的顾客的货箱。因此，每年运送 2 000 万箱产品的公司将有 400 万美元的成本，以后几年将逐渐下降。
- 读取设备：这主要是一个固定费用，将由零售商和制造商承担。初步的估计

---

① www.rfidjournal.com/faq/20/85.

是，大型零售商的配送中心将需要 40 万美元的成本，而商店则需要 10 万美元 [14]。唯一的持续成本（可变成本）是硬件和软件的维护。

● 信息系统：我们将在下面说明，信息系统将长期受益于 RFID，因为信息系统需要能够处理由 RFID 提供的实时的、产品层级的信息。

根据业务类型，制造商也可以从 RFID 中受益。内部实施的即时好处包括：

1. 存货可视化：在所有的设施中更好地追踪库存信息。

2. 劳动效率：减少循环清点产品、条码扫描和手工记录等工作。

3. 改进执行能力：减少货物价值缩水，提高码头和卡车利用率，提高产品的可追溯性。

从长远来看，制造商和零售商都将受益于显著减少的牛鞭效应（不确定性越往供应链上游越大，见第 5 章）。事实上，正如在第 5 章中看到的，整个供应链完全的信息透明（比如 RFID 所提供的透明度）可以显著降低供应链的不确定性。这不仅可以减少库存水平，还可以更好地利用资源，例如制造和运输资源。同时，减少牛鞭效应也有利于零售商服务水平的改善，而制造商将受益于零售商缺货情况的减少。脱销减少 50%，供应商的收入将提高 5% [183]。

的确，RFID 对于制造和销售量少而昂贵商品（如药品）的企业好处相当多 [14]。而另一方面，对量大、低成本产品（如食品和杂货）的制造企业，其好处就不明确。这主要是由两个原因造成的：

1. 通过实施各种各样的技术和工艺，这些行业已经具备了很高效率的供应链。

2. 不确定性在这些行业相对较小，因而具有高度的需求可预测性。

因此，很可能这些量大而低成本的产品制造商会在技术发展更成熟和价格大大降低之后，才会将 RFID 技术应用到产品货箱和托盘级别。这意味着，RFID 的好处（如防止商店盗窃和直接读取顾客购物车中商品的信息），将要花很长时间才能实现。

然而，货箱一级的 RFID 应用有许多好处。例如，吉列公司认为该技术的应用具有以下商业利益 [179]：

1. 减少托盘接触点，从而提高效率和节省劳动力。

2. 消除人工的货箱和托盘扫描。

3. 取消手工清点货箱的情况。

4. 削减了纸质标签的打印和使用。

5. 缩短了发运之前检查订单的时间。

6. 提高了订单准确性。

7. 减少了与零售商之间对失踪产品的谈判。

8. 减少了在分销中心、仓库和运输过程中的产品流失。

9. 提高了预测效果。

10. 降低了整体库存水平。

11. 减少产品在货架上的缺货。

12. 提高了客户服务水平。

注意收益 1~8 是源于 RFID 技术的硬件实现，并不需要开发新的业务流程。然而，收益 9~12 需要供应链的协调以及新的供应链流程才能够实现。

■ 供应链效率

从 RFID 系统收到的整个供应链的信息中，几乎可以即时看到实时库存和在途产品状态。依靠这方面信息有助于提高库存、运输和补货系统的绩效。

在一个零提前期、没有能力限制、没有规模经济的供应链中，RFID 技术将实现对每一个需求的立即供应。因此，在这样一个理想的供应链中，生产和运输批量是单件规模的，供应链管理基于每个设施的状态。具体来说，在这样的环境中，当一个客户在货架上取走一个产品之后，将会引发分销中心向零售商店配送此产品，并进一步引发另一个产品的生产。

这正是精确的精益生产，每个生产设施都是对其下游的设施做出反应，这是一个拉动战略，而不是基于预测的推动战略。因此，在一个理想的供应链中，从 RFID 技术获得的主要收益将来源于与精益生产有关的战略。

当然，在现实的供应链中，对需求的反应并不是那么简单。首先，需求可以由分销中心的补货来满足，也可以转移到附近的商店，或者可以通过从生产厂紧急装运来满足。这些替代选择提供了更好管理供应链的机会，也同时带来了挑战，这是由于供应链的复杂性因此而增加。更重要的是，由于供应链具有较长的初始准备时间和较高的成本、较长的交货时间、生产和运输中显著的规模经济，从而使个人需求引发工厂生产变得不切实际。

因此，即使有 RFID 技术提供的实时数据，也并不总是需要对每一个事件实时响应。具体来说，RFID 技术并不意味着就可以执行纯拉动战略。因此，供应链使用 RFID 数据时如何考虑到规模经济和交货提前期的影响？答案是用一种混合的办法，将规划和执行系统集成起来，在采用由 RFID 技术提供的拉动战略和为满足交货提前期和规模经济要求的推动战略之间取得恰当的平衡。

小结

标准的发展对供应链提高绩效的能力做出了重大的贡献。20 世纪 90 年代，互联网的演变是影响供应链变化的一个主要因素。在未来 10 年，两个主要的标准则是 SOA 和 RFID。

SOA 提供了建设适应性更强的系统的主要基础，而这些系统可以在不同的技术基础设施上运行。虽然现在它仍然处于基本技术的开发和部署阶段，但它肯定会对系统的开发产生很大影响。新的业务流程技术将使得界定和执行新的业务流程更容易、更灵活。

RFID 是一项将显著影响供应链管理方式的革命性技术，并将带来更高的供应链效率。RFID 标签不仅将取代条形码，还可以实现实时产品跟踪，或者至少是包装箱和托盘跟踪。特别是，它将大大减少对公司来说很重要的销售缺货损失。然而，实现这些收益还需要新的信息系统，以利用由 RFID 技术提供的实时和详细的产品位置信息。

问题讨论

1. SOA 技术对供应链管理有什么影响？具体来说，运输公司如何才能利用这种技术改善服务或提供新的服务？

2. 管理全球供应链时，标准的重要性是什么？

3. 对于利用 RFID 来管理促销活动，你有什么建议？

4. 当所有产品都贴有标签时，你如何看待未来的供应链？

电脑啤酒游戏

■ 简介①

　　如果你在过去的 20 年中学习过运营管理课程，那么你对啤酒游戏（Beer Game）应该不会感到陌生。自 20 世纪 60 年代 MIT 最先开发出啤酒游戏以来，这个模拟简单生产、分销系统的角色扮演游戏就被无数的本科生、研究生以及经理人员的培训课程采用。

　　本文中的电脑啤酒游戏与传统的啤酒游戏有很多相似之处。然而正如你将要在下文中学到的一样，它有很多可供选择和有特色的地方，能让你领悟到无法在传统的啤酒游戏中学到的简单先进的供应链管理思想。

　　运行这个游戏程序需要 Windows 95 或更高版本的操作系统。要安装游戏，将光盘放入光驱中即可。如果安装程序无法自动安装，打开资源管理器，选择 CD，双击启动图标。

■ 传统的啤酒游戏

　　为了比较传统的啤酒游戏和电脑啤酒游戏，我们先简单地回顾一下传统的啤酒游戏，它通常在一块木板上进行。木板上的四个位置代表的是供应链上的 4 个环节，或者说是 4 个阶段：制造工厂、分销商、批发商、零售商。由各个部分的管理者发出的订单、运输途中以及每个位置上的存货，都由相应位置上的标记物和便士代替。外部需求由一叠卡片代替。

　　一个玩家管理一个供应链的环节。每周，零售商获得外部需求（通过抽取下一张"需求卡"），尽可能地满足需求，记录需要满足的拖欠订货量，再向批发商发出订单。同样，批发商收集零售商的需求，也是尽可能地满足需求，记录拖欠订货量，再向分销商发出订单。分销商重复上述过程，向制造工厂发出订单。最后，工厂的管理者在收集和满足需求及记录拖欠订货量之后，开始生产。游戏中用订货和供货过程的延迟来体现订货过程、运输和制造的提前期。游戏的规则之一是要尽快地满足所有拖欠的订货量。在供应链的每一个阶段，管理者只能记录本阶段信息，只有零售商知道最终客户的需求。游戏的目标是在你管理的阶段上将总的持有和拖欠订货量成本降到最低。每周每单位的存货持有成本是 0.5 美元，每单位订单拖欠费用是 1 美元。

　　一个传统的游戏时间通常是 25～50 "周"。在游戏中，每位玩家之间是不允许交流的。库存和订单拖延水平通常每周之间会有戏剧性的变化。到了游戏的最后阶段，玩家需要估算出客户需求。除了真正知道需求的零售商管理者，玩家通常估算

---

　　① 网络版本的啤酒游戏在 MIT 供应链创新论坛中，http：//supplychain. mit. edu/。

的需求与实际需求相差甚远。当玩家被告知需求是稳定的，即在前 4 周中，每周的订货是 4 个单位，后几周每周订货是 8 个单位时，玩家常常惊讶不已。出于本能，他们一般会指责其他的玩家采取了不适当的策略。

■ 传统啤酒游戏的困难之处

当在 20 世纪 60 年代引入啤酒游戏时，集成供应链管理的理念和支持这一理念的先进的信息系统都还没有得到发展。很多情况下，供应链在每个阶段被不同管理者按照他们个人的直觉、经验以及目标管理着。然而从那时起，该供应链管理的理论和实践都得到了显著的改进。遗憾的是，传统的啤酒游戏不能充分反映当前供应链管理情况。也许更重要的是，啤酒游戏不能提供给学生如何更好地管理供应链的洞察力。

传统啤酒游戏的这些弱点可以归咎于它自身的一些特点。我们关于游戏的经验指出，学生通常沉迷于游戏的技术上的细节，确保他们正确地遵守游戏的规则，然而他们却没有时间思考一个有效的策略。即使一个参与者使用高明的策略，他也可能试图将存货和订单拖欠问题、超出预期成本的问题都归咎于其他玩家的策略，而没有找出他自己战略决策之中潜在的缺陷。

另外，啤酒游戏中的需求模式并没有反映出供应链管理中其他几个重要的问题。在传统的啤酒游戏中，游戏进行 15 周后需求会不可预料地翻倍，并保持需求量到游戏结束。在实际中，期望每个供应链成员的经理们不被告知这样一个巨大的需求形式变化是不切实际的。

最终，传统的啤酒游戏并不能表现其他一些重要的供应链管理问题。例如，在很多现实世界中的供应链，几个（或者全部）阶段都只有唯一的所有者。因此，实际目标就是整个系统的成本，而不是个人的业绩如何。遗憾的是，在传统的啤酒游戏中，不能判断单个所有者总共损失了多少。

啤酒游戏中体现出来的供应链管理中的很多困难，都可以通过缩短周期以及集中信息和决策来解决。解决供应链管理问题的方法并没有在传统的啤酒游戏中体现出来，学生只能在游戏后的课程学习中了解。

开发电脑啤酒游戏正是为了解决传统啤酒游戏中的缺陷。在接下来的几节中，我们描述一下该游戏的方案、命令和可行的选项，最后，就我们成功地使用电脑啤酒游戏教授给学生几个供应链管理的理念。

■ 方案

啤酒游戏（电脑的和传统的）以下面的方案为模型。首先考虑一个简单的啤酒供应链，包括一个单一的零售商、一个单一的供货给零售商的批发商、一个单一的供货给批发商的分销商、一个有无限生产能力生产啤酒并供货给分销商的制造工厂。供应链中的每个环节有无穷的储存能力，在每个环节之间有固定的供应提前期和订单滞后时间。

每一周，供应链中的每个环节都必须试图满足下游环节的需求。任何不能满足的订货量都要记录下来，拖欠订货量应尽快地补足。没有订单会被忽略，所有的订单最后都必须被满足。每一周，供应链中的每个环节的每件库存缺货按 1.00 美元计算缺货成本。同样，在每周每个环节记录下该环节持有的库存。另外，批发商拥有给零售商的运输库存，分销商拥有给批发商的运输库存，工厂拥有制造出来的产品以及给分销商的运输库存。每个环节的每单位库存持有成本是 0.50 美元。同时，每个供应链成员向它的上游成员订货。一份订单在一周的周末到达供应商处并于下周初发出。一旦订单到达，供应商就试图以已有的库存满足订单。因此，一份订单在 w 周末到达供应商处，并于 $w+1$ 周发出。原料（如果有现货）将于 $w+1$ 周初运输，并在 $w+3$ 周之后到达供应链订货成员处。这意味着实际订单提前期是 2 周。每一个供应链成员都不知道外部的需求（当然除了零售商）或者其他成员的订单和库存。零售商、批发商、分销商、制造工厂的目标是自身或者系统总成本最小化。

电脑啤酒游戏可以具有模拟其他情况的选项。这些不同的选项能让教师说明和对比诸如缩短提前期、全体信息共享或者集中式管理的理念。例如，考虑一个与上述情况极其相似的方案，假设每个供应链成员都知道外部需求信息、全部其他成员的订单和库存。另外一个可能的方案是提前期从 2 周缩短到了 1 周。

最后，对于一个集中化管理的情况，游戏做出如下更改：制造工厂的管理者控制着整个供应链，并且拥有整个供应链各个环节的库存水平信息，也拥有外部需求信息。因为系统是集中化管理的，除工厂之外的环节是不发出订单的，所有的库存都可以在系统之间尽快地流动。另外，因为除了第一个阶段之外供应链中的其他阶段都没有货物拖欠，所以零售商为每个拖欠订单商品的缺货支付 4.00 美元的缺货费用。我们能对先前的没有集中化管理的方案与集中化管理的方案进行公平的对比。因为供应链的三个环节的订单都可以不用考虑，所以产品在供应链中流动要比先前的供应链系统快 3 周。这些都是电脑啤酒游戏的主要方案。在下面的章节中，我们将具体描述如何使用软件来分析这些情况。

进行一轮游戏

在本节中，我们介绍在缺省设置下如何进行一轮电脑啤酒游戏，以模拟上述方案。在下一节中，我们将详细介绍每一个菜单命令的用法，来模拟各种不同方案。

游戏介绍

当运行电脑啤酒游戏软件时，会有如下屏幕显示。

在模拟过程中，玩家要扮演啤酒供应链中的一个组成部分的管理者，或者是零售商、分销商，或者是工厂。这被称为交互式角色。电脑接着扮演余下的角色。在

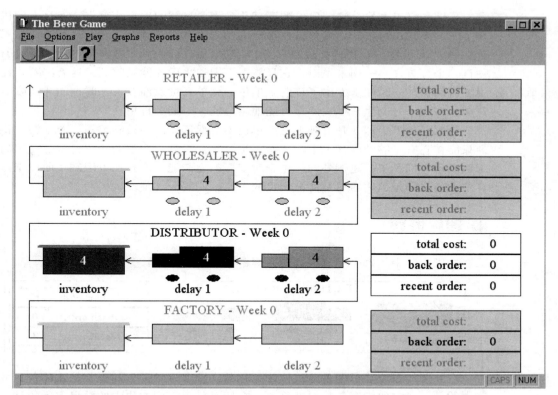

游戏的演示过程中，交互式角色用彩色表示出来，余下的角色就用灰色表示。交互式角色的信息同样也会显示出来，但是其他角色的信息将会被隐蔽（交互供应链成员的直接上游拖欠的订单和两个向外分支交易除外）。在上面显示的示例屏幕中，分销商就是交互式角色。下游意味着外部需求的供应方向，上游就意味着需求的生产方向。另外，供应链的组成部分称为机构。

订货事件。仿真运行时间是以周为单位的。每周，先是零售商，再是批发商、分销商，最后是制造工厂，都会运行着以下的事件，仿真从上游开始。对于每个机构：

步骤 1。延迟 2 的内容被移到延迟 1，延迟 1 的内容被移到库存中。延迟 2 在此时的状态是 0。

步骤 2。尽可能满足直接下游的订单（对于零售商来说，其下游指的是客户）。切记订货量要包括当前订货和所有累积下来的拖欠订货。将暂时未完成的订货量先记录下来（等于当前库存减去当前订货量与缺货量之和），并在条件允许时尽快满足。除了零售商把货物送到系统外部，订货都被送到直接下游延迟 2 的位置。这是 2 周延迟的开始。

步骤 3。计算缺货和库存成本，并加总到前一时期累计的总成本中。这一增值的成本计算如下：在这一机构和运输到下游机构的总库存乘以持有成本 0.50 美元，延迟交货数目乘以缺货成本 1.00 美元。

步骤 4。发出订单。如果这是一个交互式的工作，使用者指定订单的需求量。如果是一个自动运行的工作，计算机根据典型库存控制方案给出订货数量。方案可由指导者进行选择，我们将在下一节中解释。

延迟和订单满足。这一事件顺序有几个需要注意的地方。首先，一旦下游机构在第一周末发出订单，该订单将在第三周初之后才能被满足。（也就是说，如果订单在 w 周末被发出，物料将会在 $w+3$ 周初之后才能收到，有 2 周的延迟。）同样，一旦一个订单在某一周末发出，它只能在下周初之后才能被收到。这意味着，比如说零售商在某一时期末发出了订购 5 单位的订单，批发商在下一时期初才能收到该订单。在这一时期里，批发商尽可能地满足前一时期的订单。

再回忆一下，即使是有延迟，订单也不能保证一定会被满足。一个上游的供应商只能在它有足够的库存水平时才能满足订单。否则，它就会积压订单并在以后再尽快满足它们。工厂是例外的。由于对工厂的生产能力没有加以限制，所以工厂的订单在适当的延迟之后总是能被满足的。

■ 理解屏幕

在供应链中的每一个机构都能在屏幕上显示。例如，分销商如下显示。

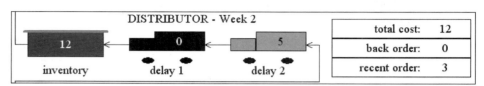

在屏幕的左边显示的是该机构的库存量。接下来的两个部分（从左往右）分别代表的是运输中的库存量。也就是说，在标有延迟 1 的方块中的数目表示的是一周内将会到达的库存。延迟 2 的含义也类似。在右边的方块列出：（1）当前的库存与缺货总成本；（2）拖欠订单，就是该机构已收到但由于库存短缺而没有满足的订单；（3）该机构最近提出的订单，在本例中，分销商向它的上游机构也就是工厂发出订单。注意，在本例中，拖欠订单指的是分销商收到的但是目前库存中无法满足的订单。为了找出分销商发出的但是被拖欠的订单——也就是没被工厂满足的订单——就要检查工厂的拖欠订单。同样，由分销商发给工厂最近的订单在方块中用最近的订单号表示。这些订单在到达上游供应商处将有 1 周的延迟。

■ 运行游戏

开始游戏，可以通过从 Play 菜单中选择 Start 运行，或者按下工具栏中的 Start 按钮。计算机将会自动地为交互式机构下游的自动机构进行一轮游戏。例如，如果分销商是交互式的机构，计算机将按照上述顺序扮演零售商和批发商。

一旦游戏结束，就运行交互式机构的第一轮游戏。步骤 1 和 2（提高库存和满足订单，都在"订货事件"中描述过了）完成了。此时，在屏幕上更新了库存水平，并且出现了订单输入（Order Entry）对话框。屏幕如下所示。

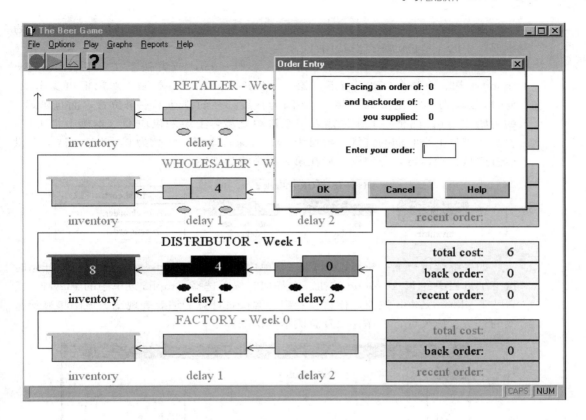

　　仔细检查此屏幕。再回过头看（你可以从前面显示的图中看见），初始库存是4时，延迟1和2都保持着4单位。这是为供应链中的每一个机构准备的。现在完成了步骤1和2。和你在订单输入对话框中所见的一样，开始没有拖欠订单，也没有批发商发出的订单。即使一开始的库存是8单位（初始的4单位加上延迟1中的4单位），仍然有8单位库存。延迟2现在为0。在批发商的延迟1中，有4单位需要批发商支付持有成本。这是第一轮，所以没有分销商向工厂的上一次订货，因此近期订货栏中是0。然而，如果再运行一轮，在以前的时期中就有分销商向工厂发出了订货，这就会在近期订货栏中显示出来。

　　订单输入对话框显示了拖欠订货量的总数以及本轮交互使用者（在本例中是指分销商）发出的订货量数目，以及其中有多少能成功地被满足。注意到在使用者（本例中是分销商）试图满足下游（本例中是批发商）订单时，在屏幕右侧的延迟订货框中显示的是目前的拖欠订货数量，对话框显示的是在本轮开始之前的拖欠订货。

　　此时要输入一个需求量，可以是0或者其他整数。记住，你正试图平衡库存持有成本以及缺货成本。同样，通过观察你的供应商（本例中是工厂）的拖欠订货栏，你能看到你的上游供应商必须满足多少拖欠订货量，也就是你在前几轮已订货但还未收到的订货量。一旦输入一个数量，余下的供应链成员自动运行，屏幕被更新。如果你在分销商栏中键入3单位的订货量，第1周的其他操作均已完成，屏幕中分销商部分如下。

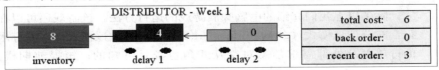

　　在近期订货栏中显示的是 3，总成本栏中是 6，是库存中的 8 单位和批发商的延迟 1 中的 4 单位的库存总费用。

　　运行下一轮，选择 Play 菜单中的 Next round，或者按下工具栏中的 Next round 按钮。电脑会自动运行下一轮。一旦再次开始，订单输入对话框再度出现。此时，延迟 1 和延迟 2 的库存为 0，因为存货都往前挪动了一个位置，而且延迟 2 的初始值为 0。回想一下在你输入一个订单之后，上游的供应商（本例中是工厂）将试图满足上个时期的订货（数目为 3）。如果你本期订货数为 6，并且保持上游供应链成员自动运行，分销商一栏在第 2 周末将如下图所示。

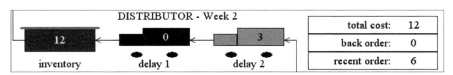

　　如果继续运行下一轮，选择 Play 菜单中的 Next round，或者在每一轮开始时按下工具栏中的 Next round 按钮。在任何时候，选择 Graphs 菜单中的 Player，或者按下 player graph 按钮，你将会看到一幅按日计算的绩效表现图。该图将显示每次的订货、拖欠订货、库存以及总成本。例图如下。

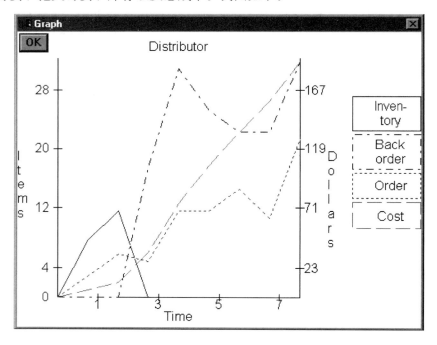

　　你也可以在 Reports 菜单中选择 Player 来查看各期的订货清单。

■ 其他特征

　　除了以上我们介绍的电脑啤酒游戏的运行方法，该游戏还可以在三种模式下运行：充分信息模式（global information mode），在该模式下，库存水平、各个机构的订单以及外部需求信息对交互式角色都是可知的；短提前期模式（short lead time mode），在该模式下，整个系统的各个环节可通过去除延迟 2 来缩短提前期；集中模式（centralized mode），在该模式下，交互式角色能获得全部的信息，订单的货物由工厂发出并且尽快地通过系统运输到零售商处。这些功能将会在下一节中描述。

软件还有其他功能，大多数通过 Options 菜单和控制游戏设置的选项来实施。例如，它们可以让电脑的自动角色和交互式角色选择库存策略。此外，还可以看到每一个供应链成员绩效的图形和报告以及以整个系统为整体的图形和报告。这些功能将在下一节中详细阐述。

选项与设置

本节主要介绍了电脑啤酒游戏的菜单，以及每个使用者能设置的参数和选项的功能。在接下来的内容中，使用"menu—selection item"来描述菜单的选项。

■ 文件命令

这些命令被用来停止、重新运行以及退出系统：

File—Reset. 该命令是重新运行游戏。所有从上一次游戏获得的数据都将会丢失。

File—Exit. 该命令是退出电脑啤酒游戏并且回到 Windows 状态。

■ 选项命令

这些命令可以设置游戏选项，这样就可以产生不同的游戏背景情况。

Options—Player. 该命令会出现以下的角色对话框来选择交互式角色，也就是操作者需要扮演的角色。电脑担当其他三个角色。

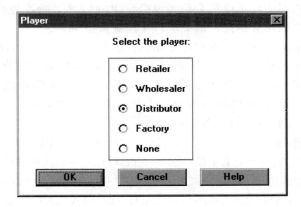

单击角色按钮或者选择一个角色再选择 OK。要取消命令则选择 Cancel。注意，如果没有选择任何一个角色，电脑将担当全部的角色，这样的结果也是可以看到的。

Options—Policy. 该命令将显示如下的策略对话框，为自动角色选择策略。

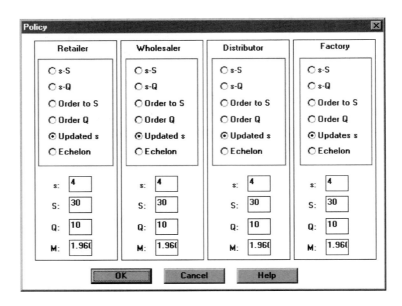

这些策略和参数只适用于电脑模拟的角色。可以为不同的自动模拟角色选择不同的策略。六个可供选择的策略如下（注意，我们下面所说的库存状态是指，一个地方的总库存、此处的拖欠订货、发送到此处的货物以及此处产生的拖欠订货）：

s—S. 当库存低于 s 时，系统将会发出订单使库存达到 S 水平。在本例中，s 是 4，S 是 30。

s—Q. 当库存低于 s 时，系统将会发出数目为 Q 的订单。

Order to S. 每周，系统会发出订单使得库存数目达到 S。

Order Q. 系统在每周都会发出数目为 Q 的订单。

Updated s. 订货水平 s 会不断更新，其值如下：一个角色在过去的 10 周内的移动平均需求（或者少一些，当还没有运行到 10 周时）乘以该角色的订单提前期，再加上 M 倍提前期（同样是 10 周的时间）的期望标准差。当库存水平低于 s 时，系统将会发出订单使库存水平补充到 s。然而最大可能的订货量是 S。同样，将会调整前四周的订单以符合初始没有订单的情况（或者包含在移动平均中），即批发商在第 1 周，分销商在前 2 周，工厂在前 3 周。

Echelon. 这是标准库存策略的修改版本。每一个角色的 s 值是通过如下方法确定的。设 $AVG (D)$ 为 10 周外部客户需求的移动平均值，设 $STD (D)$ 为外部需求的标准差，在一般状态下设 $L+r$ 等于 3（像先前讨论的提前期是 2 周，订单间隔期是 1 周），在缩短提前期模式中（如下所述），$L+r$ 等于 2。这样，在每一阶段的各个时期中，s 计算如下：

零售商：$s= (L+r) \times AVG (D) + M \times STD (D) \times (L+r)^{0.5}$

批发商：$s= (L+L+r) \times AVG (D) + M \times STD (D) \times (L+L+r)^{0.5}$

分销商：$s= (2 \times L+L+r) \times AVG (D) + M \times STD (D) \times (2 \times L+L+r)^{0.5}$

工厂：$s= (3 \times L+L+r) \times AVG (D) + M \times STD (D) \times (3 \times L+L+r)^{0.5}$

当库存水平低于 s 时，系统将发出订单使库存水平达到 s，然而最大订货量是 S。

Options—Short Lead Time. 该命令是通过去除系统中的延迟 2 来达到缩短提前期的目的。每一个提前期因此就缩短一周，系统的显示也随之而变，如下图所示。

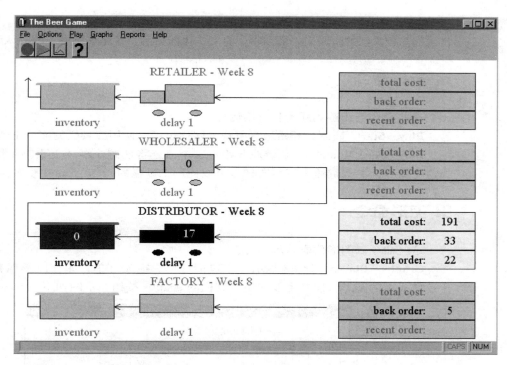

Options—Centralized. 该命令连接了标准模式与集中模式。在集中模式中，游戏中各角色管理工厂，能知道外部需求信息，工厂管理者能对它做出反应。另外，当库存到达一个阶段后，将会立刻被发往下一个阶段，这样只有零售商会持有库存。这也就意味着角色能获得更多的信息，提前期也会缩短，因为除了在工厂处之外没有任何阶段有订单延迟的情况。

Options—Demand. 该命令弹出需求对话框来设置外部客户需求。

使用这个对话框，游戏就能在随机需求和确定需求之间转换。对于确定需求，各角色能对开始和剩余几个星期数选择一个不同的持续需求。同样，对于随机需求，各角色能对开始和剩余几个星期数选择一个不同的均值和标准差。

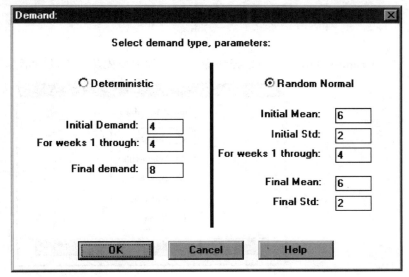

Options—Global Information. 该命令显示各个阶段的库存和成本信息，并不仅仅是内部互相关联的阶段。外部需求信息同样也能显示。这是集中模式的默认设置。

■ 运行命令

这些命令能让游戏开始和持续运行。

Play—Start. 该命令开始运行游戏。同样也可以使用工具栏的 play 按钮。

Play—Next Round. 一旦游戏开始，这个命令将使游戏继续下去。每周都要选择这个命令让游戏继续进行。同样也可以使用工具栏的 Next round 按钮。

■ 图形命令

这些命令以图形代表状态信息。

Graphs—Player. 该命令显示一个包括订单、拖欠订单、库存以及现有交互式角色的成本的图形。同样也能使用工具栏的 graphs 按钮。示图如下。

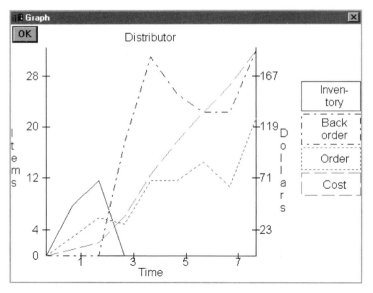

Graphs—Others. 当选择该命令后，你需要先从下面的对话框中选择一个角色。

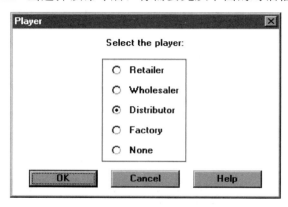

该命令显示一个包括订单、拖欠订单、库存以及选定角色的成本的图形。与
Graphs—Player 命令不同的是，Graphs—Others 命令只显示当前角色的图形。

Graphs—System. 该命令显示的是每个阶段订单的图形。

■ 报告命令

当选择了这些命令后，将会显示一系列系统状态的报告。

Reports—Player. 该命令显示当前角色的状态报告。一个示例如下图所示。

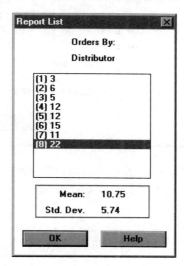

报告在对话框的顶部列出了该角色的所有订货，也列出了这些订货的均值和标
准差。

Reports—Other. 选择该命令后，你需要先从下面的对话框中选择一个角色。

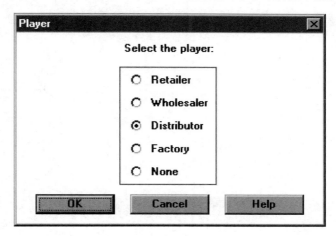

将会显示出一份关于选定角色的状态报告。与前面的 Reports—Player 命令不
同的是，Reports—Other 命令只显示当前角色的状态报告。

Reports—System. 该命令显示的是系统总结报告。

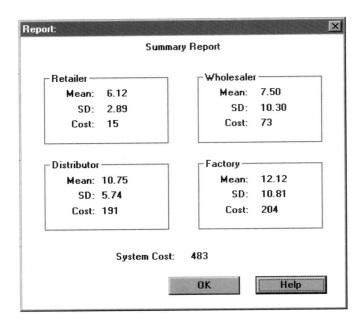

　　该报告总结了到目前为止所有角色发出的订单的均值和标准差，以及每个角色的总成本和系统总成本（在对话框的底部）。

风险分担游戏

■ 简介

选择 Done 隐藏报表。

风险分担游戏

简介

在供应链管理中，最重要的概念之一就是"风险分担"。风险分担涉及使用集中库存策略。因为存在这样一个事实：如果某些零售商的需求高于平均水平，那么必然有些零售商的需求会低于平均水平。在这种情况下，集中化库存管理模式可带来风险分担的优势。因此，如果每个零售商都独立持有库存和安全库存，将会比让库存和安全库存都共享使用的总库存水平要高。因此，风险分担系统能保持一个较低水平的库存，也能在提供相同服务水平的情况下使成本更低。

我们开发了"风险分担"游戏，在下文中将会做介绍，用于解释风险分担的概念。在游戏中，你将模拟管理有风险分担功能的系统（我们称这样的系统为集中系统），以及没有风险分担功能的系统（我们称这样的系统为非集中系统）。游戏系统将记录每一个系统的利润，这样你就能比较两个系统的绩效。

运行这个游戏程序需要 Windows 95 或更高版本的操作系统。要安装游戏，将光盘放入光驱中即可。如果安装程序无法自动安装，打开资源管理器，选择 CD，双击启动图标。

方案

风险分担游戏模拟的是以下的情景。屏幕的上半部分是集中游戏，由以下供应链组成：一个供应商服务一个仓库，仓库又服务 3 个零售商。将物料从供应商处运送到仓库需要花费 2 个单位时间。物料在同一时间内被储存或能被运出。一旦运输，就要花费额外的 2 个单位时间到达零售商处。零售商将用这些物料来尽可能满足所有的需求，如果需求在物料到达时没有被满足，那么需求就会损失掉。

屏幕的下半部分是非集中游戏系统。3 个零售商单独向供应商订货，供应商直接将物料单独地运往每一个零售商处。每份订单从订货开始到货物到达零售商处需要花费 4 个单位时间，这与集中系统的最小提前期的长度一样。同在集中系统中一样，零售商必须尽可能地满足需求，如果需求没有被满足，那么它也将损失掉。在每个系统中，总的持有成本、物料成本以及收入都会被记录下来。两个系统的目标都是使利润水平最大化。

进行几轮游戏

在本节中，我们将介绍如何在缺省设置下进行几轮风险分担游戏。在下一节中，我们将详细介绍每个菜单设置和选项，这样你能自己定制想要的游戏设置。

■ 游戏介绍

当开始运行风险分担游戏时，将会出现以下屏幕。

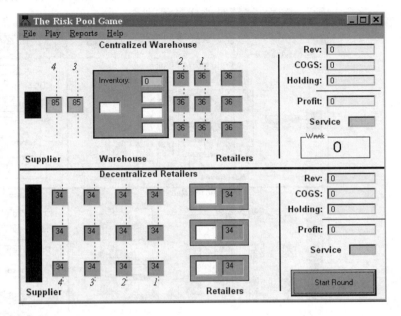

订货事件。在游戏的每一个时期或者轮次，将会发生以下事情。

步骤 1。按下 Start Round 按钮开始运行此步骤。存货向前移动。在集中游戏中，这也就意味着 4 个单位时间的库存移动到 3 个单位时间，3 个单位时间的库存再移动到仓库库存中，库存再从 2 个单位时间移动到 1 个单位时间，再由 1 个单位时间移动到零售商库存处。在非集中游戏中，库存分别以 4、3、2 个单位时间移动到 3、2、1 个单位时间。1 个单位时间的库存再移动到零售商库存中。

步骤 2。此步骤自动开始。满足需求。每一个零售商面临需求，并要尽可能地满足需求。注意无论是集中系统还是非集中系统，在两种系统中同一位置的零售商所面临的需求是一致的。同样，需求不能被拖延。需求一旦不被满足就损失掉。

步骤 3。发出订单。在集中系统中，在离供应商最近的方框中输入一份订单。把仓库库存分配给 3 个离零售商最近的 3 个方框中。注意，分配的数目必须小于等于总的仓库库存数目。在非集中系统中，为每个零售商输入订货数。系统也会提供默认的选择。你可以保持默认的选择或者重新输入数值。我们将在下一节中描述如何自己设置默认值。当输入完成时（或者选择保持默认数值），按下 Place Order 按钮。

步骤 4。此步骤自动开始。满足订单。订购的物料将在 4 个星期后进入存货点。在集中系统中，物料将在 2 个星期后到达每个零售商处。

步骤 5。此步骤自动开始。成本、收入、服务水平：每件库存都有库存持有成本，每一单位货物卖出都会有一份收入，成本将从收入中扣除。服务水平通过满足的需求与总需求之比得到。因此，我们将游戏中的服务水平称为满足率。

提前期。注意在两个系统中，货物从订货到达零售商处至少要花费 4 个单位时间。而在集中系统中，如果货物在仓库中，则需更多的时间。

■ 理解屏幕

在每一轮开始时，屏幕是这样显示的。

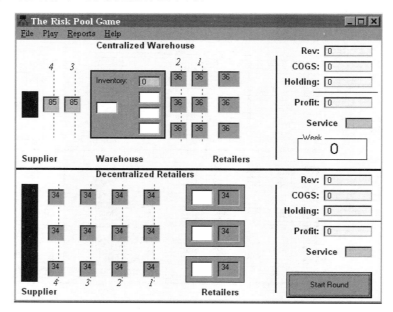

在屏幕上半部分的左边是供应商。两条标有 3 和 4 的虚线分别表示库存至少要经过 3、4 个单位时间才能到达零售商处。中间的大方框表示的是仓库。在仓库的最上一行表示的是库存量，其他的方框用来输入仓库向供应商发出的订单和在适当时候向仓库分配的货物。注意在屏幕的右下角处一开始有个 Start Round 按钮，这说明目前还不是输入订单和分配的合适时间。在仓库的右边标有 2 和 1 的垂直虚线表示，库存分别要经过 2、1 个单位时间才能到达零售商处。注意与在仓库左边的虚线 3、4 不同的是，虚线 1、2 连着三个库存框，分别表示将存货发送给三个零售商，框中的数字就代表发送货物的数目。屏幕右边显示的是成本和利润数据。收入要减去持有成本和货物销售成本（COGS）之后得到利润。服务水平和时间数也会显示出来。

屏幕的下半部分除了其中没有仓库这一部分，其余与上半部分相似。同样，在适当的时候，零售商直接发出订单。

在右下角的按钮一开始显示的是 Start Round，当一轮游戏开始后，它将会变成：

■ 运行游戏

　　游戏按照以上列出事件的先后顺序进行。在运行每一轮时，按下 Start Round 按钮。库存是预先确定的，并且尽可能地满足需求。此时，屏幕右下角的按钮变成 Place Orders。接下来，你可以接受默认的选择，也可以自己输入新的数据。请记住，在集中库存中，你能将仓库中的所有存货分配给零售商。一旦订单发出，按下 Place Orders 按钮。订单满足之后将计算成本、收入以及服务水平。你想继续运行几次游戏都可以。

■ 其他特征

　　该游戏还有其他的特点，我们将在下一节中再详细介绍。在 Play 菜单中有允许你选择设置游戏的各种参数。Reports 菜单能显示直到最近一次的所有需求和订单数目的列表。

■ 选项与设置

　　本节将介绍风险分担游戏的菜单，并描述每个能由使用者或指导人员设置的参数和选项。在接下来的内容中，使用 "menu—selection item" 来描述菜单的选项。

■ 文件命令

　　这些命令被用来停止、重新运行以及退出系统。

　　File—Reset. 该命令是重新运行游戏。所有从上一次游戏中获得的数据都将会丢失。

　　File—Exit. 该命令是退出电脑啤酒游戏。

■ 运行命令

　　这些命令控制游戏运行并允许设置各种参数。

　　Play—Start Round. 该命令与屏幕右下角的 Start Round 按钮的作用相同。选择它后就开始运行每一轮的游戏。

　　Play—Place Orders. 该命令与屏幕右下角的 Place Orders 按钮的作用相同。在输入订单和分配之后按下它。

　　Play—Options. 该命令包括以下选择的子菜单。

　　Initial Conditions. 该命令显示下列对话框。

　　这允许你在两个系统开始运行时选择初始库存量。注意在集中系统中，每个零

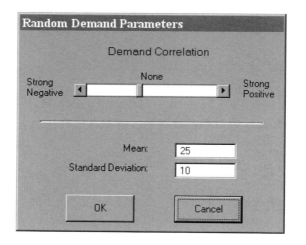

售商必须有相同的初始库存水平，并且每个零售商、每个时段从仓库到零售商的运输过程中的库存必须相同。对于非集中系统也有类似的限制条件。在做出改变后，按下 OK 接受改变，按下 Cancel 保持现在水平。注意该选项只能在第一轮开始运行之前使用。

　　Demand. 该命令显示下列对话框。

这允许你控制每个零售商面临的需求。该需求服从正态分布，可以在对话框中输入分布的均值和标准差。对话框上方的滚动条能让你控制零售商之间的需求相关程度。如果滚动条在其变化范围的正中，就说明需求是独立的；在最右边，需求就是极大正相关；在最左边，需求就是极大负相关。其他的中间位置允许相关性在这两个极端之间。① 在做出改变后，按下 OK 接受改变，按下 Cancel 保持现在水平。
注意，该选项只能在第一轮开始运行之前使用。

Inventory Policy. 该命令显示下列对话框。

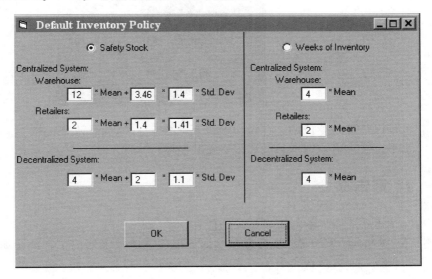

这允许你控制库存策略，该策略将显示默认的订货以及分配的数量。注意，当
你在运行游戏时，你可以忽略默认值，但是好的默认值将会加快游戏进程。有两种
类型的默认策略——安全库存策略以及定期订货策略。使用对话框上端的单选框来
选择策略。安全库存策略让你在集中系统中选择仓库和零售商的库存水平，在非集
中系统中选择零售商的库存水平，以作为需求均值和标准差的函数。在每一个水平
上都有三个输入框，第一个框代表的是均值乘数，第二个和第三个将与标准差相
乘。这些数据被处理后将得出最后的订货水平。

在使用定期订货策略时，需求均值乘以某一数据得出订货水平。

为了确定默认的订单，系统将进行如下操作：对于集中系统，仓库级库存（例
如，向仓库运输的库存，仓库中的库存，向零售商运输的库存，以及零售商的库
存）从订货水平中减去，从而得到订货量。零售商的订货水平减去零售商处的库存
以及从仓库运往零售商的库存，从而得到分配量。如果仓库中没有充足的库存，存
货将以所希望的相同比例分配给零售商。对于非集中系统，每个零售商的库存加上
运输给零售商的库存就得到订货水平。

在做出改变后，按下 OK 接受改变，按下 Cancel 保持现在水平。注意，该选
项能在任一轮开始运行之前使用。

Cost. 该命令显示下列对话框。

你可以使用对话框来调节成本。持有成本是以每件每时段为单位的，成本和收

---

① 如果需求是极大正相关，就意味着如果一个零售商面临很高的需求，那么其他的零售商也一样面
临高需求；如果一个零售商面临很低的需求，那么其他零售商也一样。如果需求是极大负相关，就意味着
如果一个零售商面临很高的需求，那么至少有一个其他的零售商面临低需求。

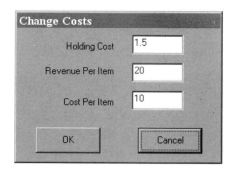

入是以每件为单位的。在做出改变后，按下 OK 接受改变，按下 Cancel 保持现在水平。注意，该选项只能在第一轮开始运行之前使用。

■ 报告命令

这些命令显示与游戏相关的信息。

Report—Orders. 该命令显示如下报表，该报表列出了在集中游戏中仓库发出的订单，或者是在非集中游戏中零售商发出的订单。

Week	Decentralized Retailer 1	Decentralized Retailer 2	Decentralized Retailer 3	Centralized Warehouse
1	0	0	0	0
2	11	10	9	28
3	23	29	2	54
4	6	25	43	74
5	37	25	36	88
6	27	8	15	50
7	26	24	23	73

Order Report — Done

选择 Done 隐藏报表。

Report—Demands. 该命令显示如下报表，该报表列出了在游戏开始后零售商面临的需求。

Week	Retailer 1	Retailer 2	Retailer 3
1	31	30	29
2	28	28	28
3	23	29	2
4	6	25	43
5	37	25	36
6	27	8	15
7	26	24	23
8	24	27	17

Demand History — Done

选择 Done 隐藏报表。